THOMAS DE WESSELOW

Das Turiner Grabtuch und das Geheimnis der Auferstehung

THOMAS DE WESSELOW

Das Turiner Grabtuch und das Geheimnis der Auferstehung

Aus dem Englischen übertragen von
Susanne Kuhlmann-Krieg

C. Bertelsmann

Die Originalausgabe ist 2012 unter dem Titel
»The Sign. The Shroud of Turin and the Secret of Resurrection«
bei Viking, London, erschienen.

Verlagsgruppe Random House FSC-DEU-0100
Das für dieses Buch verwendete FSC®-zertifizierte Papier *EOS*
liefert Salzer, St. Pölten, Österreich.

1. Auflage

Umschlaggestaltung: buxdesign München
Bildredaktion: Dietlinde Orendi
Satz: Uhl + Massopust, Aalen
Druck und Bindung: GGP Media GmbH, Pößneck
Printed in Germany
ISBN 978-3-570-10150-6

www.cbertelsmann.de

Meiner Mutter, die mir den Mut gab,
Dingen auf den Grund zu gehen,
in Liebe gewidmet

Inhalt

TEIL 4
Der Blick durch das Grabtuch

TEIL 5
Ostern

TEIL 6
Die Geburtsstunde der Kirche

TEIL 7
Fazit

Das Heilige Land

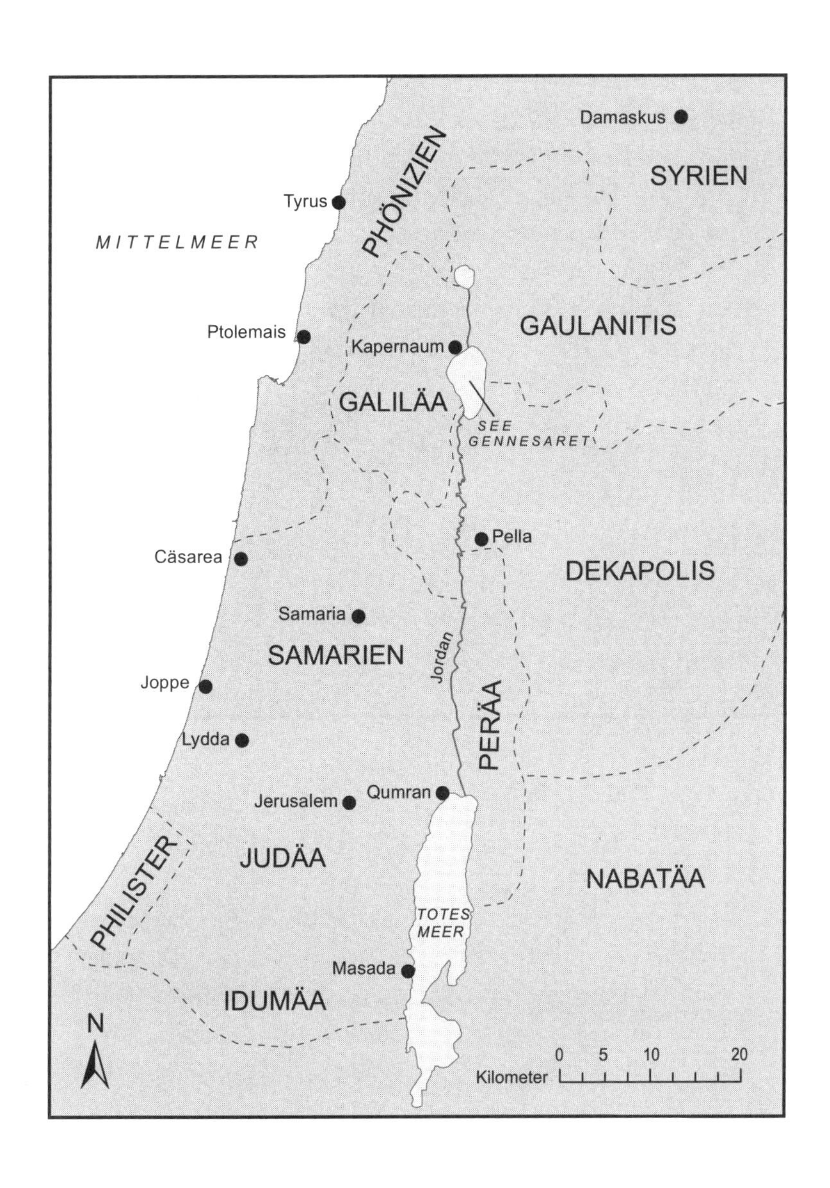

Aufenthaltsorte des Grabtuchs/Mandylions

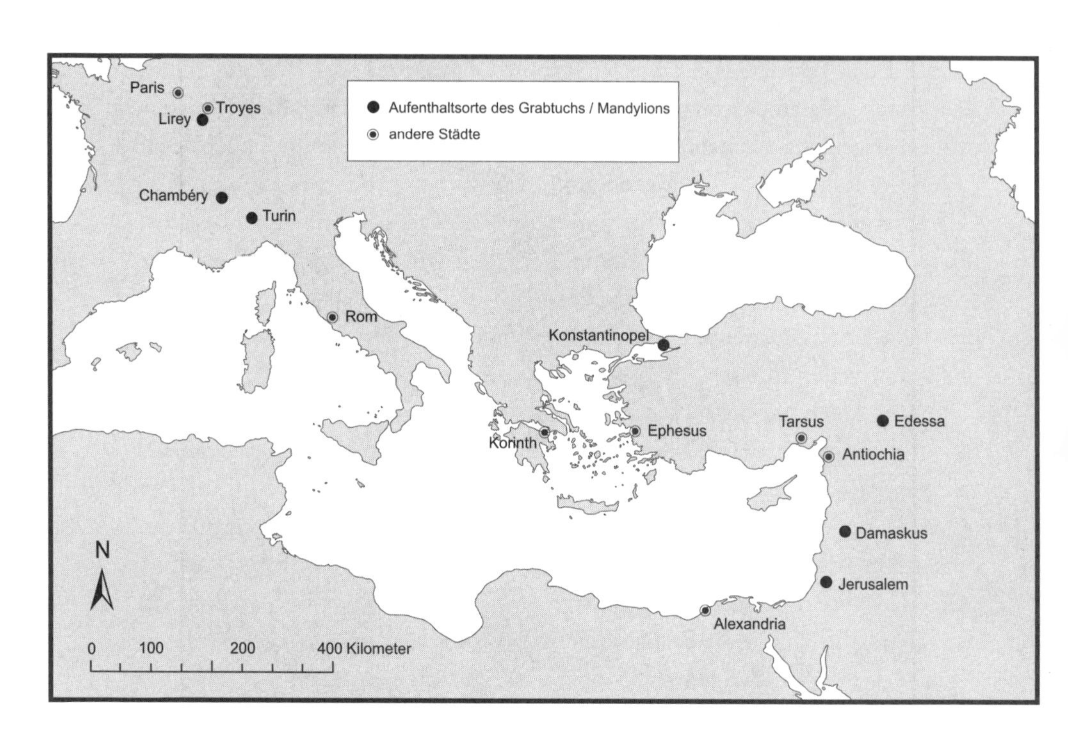

Vorwort

Dieses Buch handelt von zwei der größten Mysterien der Weltgeschichte. Das erste – das zu erörtern die Gelehrten bereits vor Langem müde wurden, ohne es je gelöst zu haben – ist das Rätsel Ostern und die mutmaßliche Auferstehung Jesu nach seiner Kreuzigung. Das zweite – das zu diskutieren die Gelehrtenwelt gar nicht erst begonnen hat – ist das Geheimnis der berühmtesten Reliquie der Welt: des Grabtuchs von Turin, in dem Jesus beigesetzt worden sein soll. Ich bin davon überzeugt, dass diese beiden Mysterien eng miteinander zusammenhängen und dass wir, um das erste zu ergründen, über das zweite reden müssen.

Dieses Buch ist kein wissenschaftliches Lehrwerk. Jeder, der wissen möchte, wie es mit dem Christentum begonnen hat, jeder, den das Grabtuch interessiert, kann es lesen, Vorkenntnisse sind nicht vonnöten. Mein Anliegen ist es, so detailliert wie möglich einen revolutionär neuen Weg aufzuzeigen, die Anfänge des Christentums zu begreifen. An jedem Punkt meiner Ausführungen könnte noch vieles mehr gesagt werden, doch möchte ich im Interesse der Übersichtlichkeit die Diskussion von Nebenschauplätzen und zweitrangigen Gesichtspunkten auf einen anderen Zeitpunkt verschieben.

Manch einer mag fürchten, dass ich mit meiner Einmischung in die Debatte um die Ursprünge des Christentums in unzulässiger Weise die Grenzen zum Terrain von Theologen und Neutestamentsgelehrten überschreite. Bei allem Respekt vor diesen Forschern bin ich doch der Ansicht, dass Gedanken und Überlegungen schwerer wiegen als Glaubensbekenntnisse und dass es an der Zeit ist, auch Außenstehende an der Debatte zu beteiligen. Als Kunsthistoriker habe ich den Vorteil, das Problem aus einem völlig neuen Blickwinkel zu sehen. Ich bin mit Sicherheit qualifizierter als mancher andere, über das Grabtuch von Turin zu sprechen, und ebendiese Reliquie ist, so glaube ich, der Schlüssel zu einer geschichtswissenschaftlichen Erklärung des Mysteriums Ostern. Hinzu kommt, dass ein gerüttelt Maß an Erfahrung in der Analyse visueller Botschaften nützlich ist, wenn man sich mit den schriftlichen Darstellungen der Osterereignisse befasst – den Evangelien.

Meine Beweisführung muss zwangsläufig zu Kontroversen führen, denn sie gibt neuen Zweifeln an der Realität der Auferstehung, Dreh- und Angelpunkt traditionellen christlichen Glaubens, Raum. Es ist mir daher wichtig zu betonen, dass das, was ich schreibe, in keiner Weise einen Angriff auf das Christentum darstellen soll. Mein Anliegen besteht schlicht und einfach darin, eine der wichtigsten und geheimnisvollsten Episoden der Menschheitsgeschichte zu erhellen. Die Schlussfolgerung, zu der ich im Zusammenhang mit der Auferstehung komme, verträgt sich in jeder Hinsicht mit fortschrittlichem christlichem Denken und ist bei Licht besehen kein bisschen kleingläubiger als die so manches christlichen Theologen. Wenn sie radikaler scheint, dann nur deshalb, weil sie nicht auf philosophischen Annahmen, sondern auf der Untersuchung einer umstrittenen Reliquie fußt.

Es geht in diesem Buch also um die Neubewertung sowohl der Auferstehung als auch des Turiner Grabtuchs. Mein Vorgehen dabei folgt einer klaren Linie: In Teil 1 will ich die beiden Gegenstände meiner Betrachtungen vorstellen, um dann in Teil 2 die historischen Belege für die Auferstehung in Augenschein zu nehmen. In Teil 3 werde ich einen detaillierteren Blick auf das Grabtuch und die verschiedenen wissenschaftlichen und historischen Befunde über seine Beschaffenheit werfen, um in Teil 4 zu erklären, warum das Grabtuch und die Auferstehung durchaus in engster Weise miteinander verflochten sein könnten. Der Rest des Buches ist im Prinzip eine Erzählung, ein Versuch, die Ereignisse rund um die Geburt des Christentums im Licht der Hauptthesen des Buches zu erzählen.

Am Ende werden, so hoffe ich, Ostern und das Grabtuch ein bisschen weniger geheimnisvoll, die Geschichte als Ganzes dafür ein bisschen wundersamer erscheinen.

TEIL I

Exposition

I

Die Auferstehung

Vor fast 2000 Jahren ereignete sich in einer von Unruhen geschüttelten abgelegenen Provinz des Römischen Reiches unter Kaiser Tiberius etwas, das die Welt nachhaltiger verändern sollte als jedes andere Ereignis der Geschichte. Ein Funke entfachte den religiösen Kienspan des alten Israel, und dieser Funke wuchs sich innerhalb kürzester Zeit zu einem spirituellen Feuersturm aus, der den gesamten Mittelmeerraum durcheinanderwirbelte. Schon bald wurde dieses metaphorische Feuer durch eine Kulisse aus echten Flammen ersetzt. Eine Generation nach Gründung der Kirche wurden die römischen Anhänger jenes »Lichts, das in der Finsternis leuchtet«, von Nero als menschliche Fackeln entzündet – »zum Feuertod bestimmt, sobald sich der Tag neigte, als nächtliche Beleuchtung verbrannt«, wie Tacitus uns kühl und distanziert wissen lässt.[1] Gut drei Jahrhunderte später, Kaiser Theodosius hatte (im Jahr 380) soeben das Christentum zur Staatsreligion erklärt, ließen die Christen selbst die Flammen lodern – Bischöfe und die von ihnen aufgehetzten Horden zogen aus, heidnische Tempel und Heiligtümer dem Erdboden gleichzumachen, darunter, wie man annimmt, auch die berühmte Bibliothek von Alexandria, die größte Lehr- und Lernstätte der antiken Welt. Vom Ende des 4. Jahrhunderts an stand dem Siegeszug der Kirche nichts mehr im Wege. Europa hat ein Gutteil seiner fast zweitausendjährigen Geschichte dafür benötigt, dieses religiöse Inferno einigermaßen zur Ruhe zu bringen, andernorts – vor allem in Afrika und Amerika – wütet es immer noch.

Worin also bestand dieser Funke? Woran entzündete sich das Christentum? Diese Frage gehört mit Sicherheit zu den wichtigsten historischen Fragen, die wir uns stellen können. Wir können gewiss sein, dass das Ganze etwas mit einem Juden namens Jesus zu tun hatte, der um das Jahr 30 n. Chr. vom damaligen Statthalter Roms in Judäa, Pontius Pilatus, als Revolutionsführer hingerichtet worden war. Doch wie dieser einigermaßen undurchsichtige einzelne Mann, dessen Wirken in keiner zeitgenössischen Quelle erwähnt wird, zu einer derart außergewöhnlichen posthumen Karriere hat kommen können, ist ein historisches Rätsel von wahrhaft epischen Ausmaßen.[2] An der Entzauberung dieses Mysteriums werde ich mich im Folgenden versuchen.

Christen selbst haben den Ursprung ihrer Religion stets mit einem göttlichen Wunder – der Auferstehung – erklärt, mit dem grob umrissen gemeint ist, dass Gott Jesus nach dessen kurzem Intermezzo im Reich der Toten zu neuem Leben erweckt haben soll.

In der biblischen Apostelgeschichte, einer mit zahlreichen Mythen angereicherten Historie der frühen Kirche, erscheint der auferstandene Jesus seinen Jüngern in den vierzig Tagen nach Ostern mehrfach und verkündet ihnen, kurz bevor er zum Himmel auffährt: »… ihr werdet die Kraft des Heiligen Geistes empfangen, der auf euch herabkommen wird; und ihr werdet meine Zeugen sein in Jerusalem und in ganz Judäa und Samarien und bis an die Grenzen der Erde.«[3] Des Weiteren lesen wir, wie die elf verbliebenen Jünger einen Nachfolger für Judas Iskariot, der Jesus verraten hatte, wählten, damit der mit ihnen gemeinsam »Zeuge der Auferstehung« sein sollte, und wie Petrus am Pfingsttag vor der versammelten Menschenmenge eine große Predigt hielt, die in den Worten gipfelte: »Diesen Jesus hat Gott auferweckt, dafür sind wir alle Zeugen.«[4] Was immer Jesus vor seinem Tod auch getan oder gesagt haben mag, die Apostelgeschichte lässt keinen Zweifel daran, dass die frühe Kirche vor allem im Dienste der Verkündigung seiner Auferstehung stand.

Die Apostelgeschichte mag alles in allem keine übermäßig verlässliche historische Quelle sein, in dieser Hinsicht aber ist sie absolut geschichtstreu. Auch bei den frühesten christlichen Schriften, die uns erhalten sind, den Briefen (oder Episteln) des Apostels Paulus, steht das Bezeugen der Auferstehung im Mittelpunkt. Sie alle wurden in den 50er-Jahren des 1. Jahrhunderts n. Chr., ungefähr ein halbes Jahrhundert vor der Apostelgeschichte, geschrieben. Interessanterweise zeigt Paulus an keiner Stelle auch nur das geringste Interesse an Leben und Lebensweg Jesu, sondern konzentriert sich einzig und allein auf Tod und Auferstehung des Mannes, den er freudig »den Herrn« nennt. Er erklärt die Auferstehung unmissverständlich zum Herzstück all dessen, was er predigt: »Ist aber Christus nicht auferweckt worden, dann ist unsere Verkündigung leer und euer Glaube sinnlos.«[5] Seine ausschließliche Beschränkung auf die Auferstehung wird gelegentlich als skurril empfunden, fügt sich aber logisch in das von der Apostelgeschichte gezeichnete Gesamtbild. Denselben Schwerpunkt finden wir auch in den allerersten von ihm immer wieder zitierten kirchlichen Glaubensgrundsätzen. Am Anfang seines Briefes an die Römer beispielsweise heißt es über Jesus: »der dem Geist der Heiligkeit nach eingesetzt ist als Sohn Gottes in Macht seit der Auferstehung von den Toten.«[6] Diese Glaubensaussage, getroffen offenbar binnen eines Vierteljahrhunderts nach Jesu Tod, zeugt von der eminenten Bedeutung der Auferstehung für das frühchristliche Denken.

Das Dogma von der Auferstehung reicht somit zurück bis in die Gründungstage der Kirche, es war immer und ist noch heute zentrales Element des christlichen Glaubens. Die Frage, was den christlichen Glauben entzündet hat, ist daher gleichbedeutend mit der Frage, was den Glauben an die Auferstehung ausgelöst hat. Denn die Kirche wurde erst nach Jesu Tod begründet, ihr Fundament war der Glaube an den auferstandenen Christus. Wäre an Ostern nichts geschehen, hätten sich Jesu verlassene und desillusionierte Jünger nie veranlasst gesehen, in seinem Namen eine religiöse Bewegung anzustoßen.

Es wäre freilich hilfreich, wenn wir mit Gewissheit sagen könnten, was die ersten Christen unter dem Begriff »Auferstehung« verstanden haben – insbesondere jene, die wie Paulus behaupteten, den Auferstandenen mit eigenen Augen gesehen zu haben. Bisher haben die Gelehrten sich über diese Frage nicht einigen können, in erster Linie deshalb, weil sie unauflöslich verknüpft ist mit der umstrittenen Frage nach der Natur des Phänomens. Haben die Apostel geglaubt, dass Jesus physisch, in Fleisch und Blut, wieder zum Leben erweckt worden ist? Haben sie geglaubt, dass er im Himmel in eine rein geistige Existenzform übergegangen ist? Oder haben sie vielleicht nur die Rede von der Auferstehung bemüht, um seine gefühlte immerwährende »Anwesenheit« unter ihnen zu beschreiben? Alle drei Möglichkeiten (und etliche andere) werden von der neutestamentlichen Forschung untersucht, in ihnen spiegelt sich ein ganzes Spektrum an religiösen und nichtreligiösen Überzeugungen.

Am Ende des 1. Jahrhunderts n. Chr. jedenfalls, darüber besteht kein Zweifel, deuteten viele Christen die Auferstehung im physischen Sinne als »Auferstehung des Fleisches«: Jesu sterbliche Hülle war wieder in ihrer vormaligen Gestalt erstanden und hatte die Grabkammer verlassen. Diese Lesart einer Erscheinung in »Fleisch und Blut« legte den Grundstein für die Auferstehungsberichte in den vier kanonischen Evangelien (Matthäus, Markus, Lukas und Johannes), Texte, die, wie man im Allgemeinen annimmt, zwischen 70 und 100 n. Chr. von Christen der zweiten und dritten Generation verfasst worden sind. Den Evangelien zufolge ist die Auferstehung Christi durch drei Phänomene belegt: das leere Grab – gleichzusetzen mit der Wiederbelebung des dort beigesetzten Leichnams –, ein (oder zwei) Himmelsboten am Grab als Zeugen und verschiedene Begegnungen des auferstandenen Jesus mit seinen engsten Vertrauten, bei denen er unter anderem durch feste Mauern gegangen sein und sich in Luft aufgelöst, mit diesen gegessen haben und von ihnen berührt worden sein soll.

Falls die Vorstellung von einer Auferstehung des Fleisches nicht bereits vorherrschend war, als die Evangelien geschrieben wurden, so ist sie es spätestens in der Zeit nach deren Verbreitung geworden. Am Ende des 2. Jahrhunderts waren die vier Evangelien im Begriff, sich als allgemein gültige Lehre zu etablieren, und die darin geschilderte leibliche Auferstehung wurde Teil der allgemein akzeptierten christlichen Überzeugung. Von da an wurden alle anderen Auslegungen von den Oberhäuptern der Urkirche, den mächtigen Bischöfen, die in großen Zentren des frühen Christentums den Gemeinden vorstanden, als Häresie gebrandmarkt.

Die traditionelle Vorstellung von einer Auferstehung in Fleisch und Blut blieb in der christlichen Welt über anderthalbtausend Jahre unangetastet. Im Rückblick verwundert es nicht wenig, dass ein so unerhört erfahrungsfernes Dogma die Köpfe so vieler Menschen eine so lange Zeit hindurch hat beherrschen können. Es zeugt von der imperialistischen Macht der Kirche, die das geistige Leben fortwährend fest im Würgegriff hielt, den sie erst im Zeitalter von Renaissance und Reformation allmählich zu lockern begann. Selbst dann dauerte es noch weitere 200 Jahre, bis religiöse Skeptiker begannen, an den Grundfesten des christlichen Glaubens zu rütteln, und erneut Stimmen vernehmbar wurden, die seit der Antike zum Schweigen verurteilt gewesen waren.

Zweifel an der Auferstehung gehen zurück bis in die Tage, da diese erstmals in den Straßen Jerusalems verkündet wurde. Einige Juden des 1. Jahrhunderts hielten die Vorstellung von einer Wiederauferstehung für einigermaßen hanebüchen, andere akzeptierten sie im Prinzip, waren jedoch nicht davon überzeugt, dass Jesus von den Toten auferweckt worden war. Matthäus zufolge hatten sogar einige seiner Jünger Zweifel an der Auferstehung.[7] Matthäus liefert uns auch die erste alternative Erklärung für die angeblich leere Grabkammer. Offenbar gab es zu der Zeit, da das Matthäusevangelium geschrieben wurde, Juden, die behaupteten, Jesu Jünger hätten seinen Leichnam nächtens gestohlen.[8] So gesehen würde sich das Christentum auf einen Betrug gründen.

Auch Nichtjuden standen der Vorstellung, jemand könne von den Toten zurückkehren, im Allgemeinen eher skeptisch gegenüber, und mancher Gelehrte der Antike machte sich über die christliche Vorstellung von einer Wiedererweckung der Toten lustig. Am bemerkenswertesten ist hier vielleicht Porphyrios, ein Philosoph des 3. Jahrhunderts, der eine – nicht mehr erhaltene – fünfzehnbändige Kampfschrift gegen das Christentum verfasste, in der er das Zeugnis der Evangelien verspottete und sich über die Vorstellung von einer Auferstehung der Toten lustig machte.[9] In ähnlicher Weise bedachte ein Philosoph namens Kelsos am Ende des 2. Jahrhunderts in seinem Werk *Wahre Lehre* die Vorstellung von einer Auferstehung der Toten, die er für »ganz abscheulich [...] und zugleich verwerflich und unmöglich zu beweisen« hielt, mit Hohn und Spott und fragte: »Welcher völlig zerstörte Leib wäre dann in der Lage, zu derselben Beschaffenheit, die er von Anfang an hatte, zu seinem ersten Zustand, aus dem er gelöst wurde, zurückzukehren?«[10] Tertullian, ein früher christlicher Apologet, begegnete solcherlei rationalen Einwänden, indem er entwaffnend schlicht feststellte: »Es ist sicher, weil unmöglich – Certum est, quia impossibile.«[11] Unnötig zu sagen, dass Tertullians Erben dafür Sorge trugen, dass die Werke von Kelsos und Porphyrios den pietistischen Buchverbrennungen des 4. und 5. Jahrhunderts zum Opfer fielen. Wir wissen von ihren Argumenten nur, weil gläubige christliche Autoren sie immer wieder ausführlich zitiert haben, um sie zu widerlegen.[12]

Sobald das Christentum einmal als römische Staatsreligion etabliert war, wurden das Neue Testament und die Apostelgeschichte als heilige Schriften verehrt, und für römische Staatsbürger war es gefährlich, ihre Version der Ereignisse infrage zu stellen. Das Meer des Glaubens überflutete das Römische Reich, und der Geist rationaler Erkenntnis wurde hinweggespült.

Erst die Aufklärung des 18. Jahrhunderts läutete einen Gezeitenwechsel ein. Von der wissenschaftlichen Revolution beflügelt, begannen Philosophen erneut Sturm zu laufen gegen einen christlichen Wunderglauben, der gegen ihr eigenes leidenschaftliches Bekenntnis zu einem rational erklärbaren Universum verstieß. Zur gleichen Zeit erfanden die Historiker der Aufklärung ihr Arbeitsgebiet als »Humanwissenschaft« neu, und die Geschichtswissenschaft wurde zu einer Disziplin, die die Vergangenheit der Zivilisation vor allem mit Blick auf den Menschen und sein Verhalten zu erklären suchte. Man war bestrebt, Gesetzmäßigkeiten zu erkennen, die dem menschlichen Wesen zugrunde liegen, und verachtete jegliche Lehre von göttlicher Vorsehung oder Intervention. In der akademischen Diskussion wurde Gott peu à peu an den Rand gedrängt, und am Ende des 19. Jahrhunderts wurde nur noch in theologischen Fakultäten über ihn nachgedacht.[13] In diesem neuen Klima hatten die traditionellen christlichen Überlieferungen zur Entstehung der Kirche – die Geschichte von einer göttlichen Mission, angestoßen durch den auferstandenen Christus, wie sie die Apostelgeschichte erzählt – ihre Überzeugungskraft eingebüßt. Der Glaube an die Auferstehung, das unerhörteste Wunder von allen, wurde zunehmend unpopulärer.

Das aber bedeutete, dass die Rationalisten die Geburt der Kirche auf irgendeine andere Weise erklären mussten. Mit einem Mal standen sie mit einer Geschichtslücke in Gestalt der Auferstehungshistorie da.

Wie ließ sich diese Lücke füllen? Einer der Ersten, die sich dieser Herausforderung stellten, war der Philosoph und Linguist Hermann Samuel Reimarus, der im 18. Jahrhundert lebte und wirkte und sich auf das jüdische Gerücht berief, Jesu Jünger hätten seinen Leichnam aus der Grabkammer gestohlen. Reimarus vertrat die Ansicht, die Jünger Jesu hätten – höchst angetan von dem geruhsamen Leben, dem sie hatten frönen können, solange sie Jesus geholfen hatten, seine Heilsbotschaft zu verbreiten, und wenig bereit, ihren Status als weise und heilige Männer aufzugeben – einen einigermaßen zynischen Plan ausgebrütet, um ihren Predigerkarrieren neuen Schub zu geben: Sie hätten das leere Grab in Szene gesetzt und behauptet, Jesus sei ihnen als Auferstandener erschienen.[14] Wenige Menschen waren von dieser respektlosen Theorie, die posthum und, um den Leumund des Autors zu wahren, anonym veröffentlicht wurde, wirklich überzeugt, aber der Geist der Spekulation war nun aus der Flasche. Reimarus hatte Ostern neu erfunden, und zwar als ganz gewöhnliches historisches Ereignis, das sich wie jede andere Episode der Vergangenheit mit den Methoden und Überlegungen der Geschichtswissenschaften untersuchen und hinterfragen ließ.

Von rationalistischer Seite wurde schon bald eine weitere Theorie entwickelt, um die erwähnte Lücke zu stopfen. Statt von den Toten auferweckt worden zu sein, so mutmaßte man, sei Jesus lediglich wiederbelebt worden: Er habe am Kreuz das Bewusstsein verloren, in der Kühle der Grabkammer (mit oder ohne Hilfe) überlebt, heimlich das Grab verlassen und sei dann noch einige Male kurz mit seinen Jüngern zusammengekommen.[15] Mehrere Varianten dieser »Ohnmachtstheorie« wurden ins Spiel gebracht, aber David Friedrich Strauß versetzte dieser 1865 einen vernichtenden Schlag, als er scharfzüngig darauf verwies, dass »[e]in halbtodt aus dem Grabe Hervorgekrochener, siech Umherschleichender, der ärztlichen Pflege, des Verbandes, der Stärkung und Schonung Bedürftiger« seinen Schülern kaum »den Eindruck des Sieges über Tod und Grab, des Lebensfürsten« vermittelt haben kann.[16] Dabei gehörte Strauß keineswegs zum konservativen Lager. Er lehnte nur die Lehre vom leeren Grab als historisch nicht belegbare Legende ab und interpretierte das wiederholte Erscheinen Jesu vor seinen Jüngern als eine Reihe von »subjektiven Visionen«, Halluzinationen, die sich trauerbedingt in den Köpfen der Jünger ergeben hätten. Die Jünger waren in Strauß' Augen keine Scharlatane oder Narren, sondern naive Visionäre, eine Sicht, die sich unter Rationalisten bald großer Beliebtheit erfreute.[17]

Obschon die Halluzinationstheorie zu jeder Menge Einwänden einlud, zwang sie konservativere Theologen, die nicht willens waren, die Lehre vom göttlichen Eingreifen aufzugeben, die Ereignisse um Ostern neu zu durchdenken. Eine neue Deutung, die für viele Menschen von großer Anziehungskraft war und noch immer ist, war die Vorstellung, dass die Erscheinungen keine Selbsttäuschungen, sondern vielmehr »objektive Visionen« im Sinne echter spiritueller Wahrnehmungen des auferstandenen Jesus waren. Diese Theorie wurde von Theodor Keim in einem 1872 veröffentlichten Buch vertreten, in dem er die Erscheinungen mit einer Art »Telegramm vom Himmel« verglich.[18] Die Analogie griff. Zwar bedeutete Keims Theorie den Abschied von der Lehre, dass Jesus in Fleisch und Blut auferstanden sei und ein leeres Grab hinterlassen habe, doch schien sie die Auferstehung vor gottlosem Psychologisieren gerettet zu haben.

Zum Ende des 19. Jahrhunderts war die traditionelle christliche Sichtweise also überholt. Rationalisten und konservative Glaubensforscher gleichermaßen interpretierten Ostern als eine Serie von Visionen – eingebildeten oder realen – neu und verwiesen das leere Grab ins Reich der frommen Legenden. Nachdem sie sich der kirchlichen Mythen entledigt hatten, schienen die Gelehrten nunmehr bereit, sich mit der historischen Wahrheit der Auferstehung zu befassen, doch dazu sollte es nicht kommen.

Im Verlauf der vergangenen 150 Jahre ist das ungelöste »Auferstehungsproblem« zu einer Dauereinrichtung geworden. Unzählige Gelehrte sind in die Fußstapfen der Pioniere aus dem 18. und 19. Jahrhundert getreten, haben viele seltsame und wundervolle Möglichkeiten erwogen, die Geburt des Christentums zu begründen, doch bei jeder bislang vorgeschlagenen Lösung ergeben sich größere Schwierigkeiten, und keine ist bisher allgemein akzeptiert. Allem intellektuellen Optimismus der Aufklärung zum Trotz hat sich das Geheimnis der Auferstehung als ebenso wenig fassbar erwiesen wie der Snark, jenes geheimnisvolle Wesen, dem die Jagdgesellschaft in Lewis Carrolls wunderbarem Nonsensgedicht gleichen Namens vergeblich nachstellt. Irgendetwas an dem Ganzen scheint sich unserer Alltagsweisheit zu entziehen.

Es wäre hilfreich, wenn wenigstens über einen Teil der Tatsachen, die es grundsätzlich zu klären gilt, Einigkeit bestünde, aber das Problem ist derart umfassend, dass nicht ein einziger Punkt unangefochten ist. Nach all den Jahren gibt es noch immer keine Übereinstimmung darüber, ob das Grab nun leer gefunden wurde oder nicht, ob die Jünger etwas gesehen haben oder nicht, ja nicht einmal darüber, ob etwas geschehen ist oder nicht. Jeder Gelehrte misst jeweils anderen Elementen der neutestamentlichen Überlieferung besondere Bedeutung bei, als dies sein Kollege tut, und manch einer weist anderslautende Standpunkte als bloße Mythologie zurück. Manche glauben, dass das Grab tatsächlich leer gewesen sei, mutmaßen jedoch, Handlanger der römischen Machthaber oder Vertreter des jüdischen Establishments hätten den Leichnam heimlich entfernt, um zu verhindern, dass dieser zum Mittelpunkt eines Märtyrerkults würde.[19] Andere erachten solcherlei Spekulationen als völlig irregeleitet und verweisen sämtliche Berichte über ein leeres Grab ins Reich der Fiktion. Einige sagen, die Erscheinungen seien Begegnungen mit Jesus oder jemandem gewesen, der ihm ähnlich sah – einem Zwillingsbruder vielleicht, andere wiederum, es handle sich lediglich um Sinnestäuschungen, hervorgerufen durch Trauer, Enttäuschung oder posthypnotische Suggestion.

Die Folge von alledem ist, dass wir es heute, am Beginn des 21. Jahrhunderts, nicht nur mit der »Betrugstheorie«, der »Ohnmachtstheorie«, zwei verschiedenen Visionstheorien – der Theorie von Selbsttäuschung und schwärmerischem Irrtum, wie Theodor Keim es nennt, sprich subjektiven Visionen, und der Theorie von einem echten Lebenszeichen Jesu, objektiv erzeugten Visionen also –, die alle seit Langem auf dem Tisch liegen, zu tun haben, sondern obendrein auch noch mit der »Theorie der kognitiven Dissonanz«, der »Verwechslungstheorie«, der »Leichenraubtheorie«, der »Trauerschmerztheorie« und diversen anderen Ansätzen.[20] Diese außerordentliche Verwirrung unter den Gelehrten in Bezug auf die einflussreichste Episode der Weltgeschichte ist, gelinde ausgedrückt, enervierend.

Man hat versucht, dieser Situation zu begegnen, indem man bezüglich der Auferstehung jegliche wie auch immer geartete geschichtliche Entsprechung leugnete und sich auf den Standpunkt stellte, die Kirche sei gar nicht in Reaktion auf ein besonderes Ereignis »geboren«, das nach Jesu Tod eingetreten ist, sondern habe als große, vielschichtige soziale Bewegung aus verschiedenen Gruppen von »Jesus-People« begonnen, die nach und nach miteinander verschmolzen sind und ihre Überzeugungen sowohl aus jüdischen als auch aus heidnischen Überlieferungen herleiteten. Die Auferstehung, so argumentieren diese Gelehrten, sei ein Konzept, das sich aus antiken Mythen von zyklisch sterbenden und wiederauferstehenden Gottheiten (Osiris, Attis, Adonis und Tammuz) entwickelt hat, und sei von den frühen Christen übernommen worden, um ihrer neuen Religionsgemeinschaft ein Fundament zu geben.[21]

Die Frage nach den Ursprüngen des Christentums wird damit aus dem Reich der Geschehnisse in das Reich der Ideen verlagert: Es gibt keine historische Lücke mehr, die gefüllt werden müsste, sondern lediglich ein bisschen intellektuellen Gedankenschutt, den es aufzuräumen gilt.

Dieser Ansatz hat seine Verdienste. Abgesehen von allem anderen zwingt er uns, das Wesen des historischen Rätsels zu klären, mit dem wir es zu tun haben. Was genau bedarf hier eigentlich einer Erklärung? Wie können wir sicher sein, dass wirklich etwas vorgefallen ist, das der Kirche einen Turbostart beschert hat, und sie sich nicht einfach ganz allmählich entwickelt hat? Woher wissen wir, dass die Auferstehungshistorie nicht als reiner Mythos begonnen hat, der von den Verfassern der Evangelien schließlich in den Stand eines historischen Faktums erhoben wurde? Es ist wichtig, diese Fragen zu stellen, um sicherzugehen, dass wir es mit einem echten Geschichtsproblem zu tun haben und nicht mit einer Fiktion, die sich den literarischen Aktivitäten von ein paar frühen Christen verdankt. Letztlich lässt sich Jesus, auch wenn das Argument wenig überzeugend daherkommen mag, nicht komplett aus der Geschichte ausradieren, und eine Reihe historischer Beweise deutet darauf hin, dass im Nachhall seiner Hinrichtung irgendetwas Außerordentliches vorgefallen ist. Die Auferstehungslücke in der Geschichte lässt sich nicht einfach als Trugbild abtun.

Vor einigen Jahrhunderten forderten die Rationalisten der Aufklärung das Lager der christlichen Traditionalisten zu einer Debatte über die Auferstehung heraus, einem Diskurs direkt am Puls des Widerstreits zwischen Glaube und Vernunft. Sie hätten nie und nimmer ahnen können, wie anhaltend, vielschichtig und ergebnislos die Diskussion verlaufen würde. Mit dem schwindenden Einfluss des Christentums gegen Ende des 19. Jahrhunderts verloren die Rationalisten das Interesse an dem so unergründlichen Thema, und es blieben nur die Theologen, die sich daran vergnügten. Der große Diskurs wurde zu einem akademischen Nebenschauplatz.

Das wäre belanglos, wenn es sich bei der Auferstehung nur um eine weitere Wundererzählung wie der vom Zähmen des Sturms auf dem See Gennesaret oder der Heilung des blinden Bartimäus handelte. Doch sie ist weit mehr als das: Es handelt sich um ein Thema von fundamentaler Bedeutung, sowohl in theologischer als auch in historischer Hinsicht. Ohne Sicherheit im Hinblick darauf, was an Ostern geschehen ist, geht der Christenheit ihre Geburtsurkunde ab. Das ist so, als wüssten die modernen Amerikaner nicht so genau, wie die ersten europäischen Siedler in New York angekommen sind, oder als hätten die Anthropologen keine Vorstellung davon, wie und wo sich die Evolution des Menschen abgespielt hat. Und da das Christentum im Verlauf der vergangenen zweitausend Jahre von so immensem Einfluss gewesen ist, hat die gesamte moderne Welt an dieser Identitätskrise in beträchtlichem Maße teil. Solange die Ereignisse rund um Ostern im Dunkeln bleiben, werden wir nicht wissen, wie die christliche Zeitrechnung – unsere Zeitrechnung – zustande gekommen ist. Die Geburt des Christentums ist für niemanden eine Marginalie.

Dessen ungeachtet bleibt das kollektive Unvermögen, die Auferstehung nachzuvollziehen, im Großen und Ganzen unbemerkt und unbenannt. Historiker haben sich so daran gewöhnt, das Auferstehungsproblem – und mit ihm die Frage nach den christlichen Ursprüngen insgesamt – zu ignorieren, dass sie nur selten den Versuch unternehmen, ihm selbst auf den Grund zu gehen.[22] Vielmehr geben sie den Kelch an die Theologen und die spezialisierte Zunft der Neutestamentler weiter (deren Arbeit sehr häufig rein theologisch motiviert ist).

Es entbehrt nicht der Ironie, dass viele liberale Theologen des vergangenen Jahrhunderts dem Thema Ostern ähnlich skeptisch gegenüberstanden wie viele Anhänger der Mythentheorie. Aus mancherlei Gründen hatten sie es aufgegeben, über die historischen Grundlagen des Auferstehungsglaubens zu spekulieren, oder vertraten die Ansicht, dieser habe sich entwickelt, ohne dass ihm ein besonderes Ereignis zugrunde lag.[23] Solchen Gelehrten stehen jene gegenüber, die auch heute noch auf der Realität einer Auferstehung des Fleisches beharren. Jener traditionellen Lesart hängt noch immer eine Vielzahl von Christen an, und von konservativen Theologen wird sie mit zunehmendem Nachdruck vertreten.[24] Dieser Trend hat mehr mit der erfolgreichen Institutionalisierung einer evangelikalen Gelehrtenschar und postmoderner Aufgeschlossenheit als mit dem inhärenten Wert der Vorstellung selbst zu tun, muss aber als gewichtiges Indiz dafür gesehen werden, dass das geschichtswissenschaftliche Establishment es noch immer nicht geschafft hat, Ostern zu erklären.

Die wuchtigste jüngere Arbeit zum Gründungsereignis der Christenheit ist eine glühende Verteidigungsschrift des anglikanischen Bischofs Tom Wright, der aus dem anhaltenden Unvermögen des säkularen Lagers, mit einer eigenen überzeugenden Theorie aufzuwarten, üppigen Gewinn zieht. Wright schließt nicht aus, dass eines Tages jemand mit »dem Traum eines jeden Skeptikers«, einer komplett natürlichen Erklärung für die Genese des Christentums, aufwarten wird, die »im Taubenschlag ihrer Kritiker nicht zu aufgeregtem Flügelschlagen führt«. Aber er findet Trost in dem Gedanken, dass dies »ungeachtet der einigermaßen verzweifelten Versuche von zahlreichen Gelehrten im Verlauf der vergangenen 200 Jahre (von den Kritikern mindestens seit Kelsos ganz zu schweigen) nicht gelungen« ist.[25] Es ist ein faszinierender Gedanke – Kritiker suchen beinahe genauso lange nach einer rationalen Erklärung für die Auferstehung, wie die Christen auf das Reich Gottes warten.

Kühn forderte Wright die Historiker heraus: »Welche alternative Deutung [der Ereignisse] ließe sich denken, die die Datenlage genauso gut erklärt, eine *hinreichende* neue Erklärung für alle vorliegenden Belege liefern und so das Recht infrage stellen würde, die leibliche Auferstehung als *notwendig* zu erachten?«[26] Fast ein Jahrzehnt danach liegt der Fehdehandschuh noch immer unberührt im Ring.[27] Für die gegenwärtige Haltung der Historiker steht exemplarisch Charles Freeman, der missmutig einräumt: »Es ist möglich, dass nie eine ›alternative Interpretation, die die Datenlage für die gesamte Beweislage erklärt‹, vorgelegt werden wird.«[28] Reimarus hätte seine Feder ebenso gut ruhen lassen können.

Wir befinden uns in einer Sackgasse: Die »Humanwissenschaft« ist nicht in der Lage, den Weg nach vorne zu weisen, der traditionelle Glaube vermag nur rückwärtsgewandt zu agieren. Wie können wir uns aus diesem jahrhundertealten Dilemma befreien? Die einzige Möglichkeit besteht darin, einen neuen Ansatz auszuprobieren, der sich, von den üblichen historischen und theologischen Denkschemata losgelöst, ungehindert entfalten kann. Ich glaube, dass es in der Tat eine Möglichkeit gibt, die Auferstehung rational zu begreifen, eine Möglichkeit, die uns in die Lage versetzt, die Ereignisse an Ostern bemerkenswert detailliert darzustellen und diese große historische Unbekannte in eine der bestbeschriebenen Episoden der älteren Geschichte zu überführen. Aber sie wird nicht ohne Flügelschlagen im Taubenschlag der Kritiker auskommen, denn sie bedeutet, einen Gegenstand mit allem Ernst zu betrachten, der lange an den alleräußersten Rand des wissenschaftlichen Diskurses verbannt schien. Dieser Gegenstand ist das Grabtuch von Turin.

2

Das Grabtuch von Turin

Das Grabtuch von Turin ist ein großes Leinentuch, auf dem sich das geheimnisvolle Abbild eines gefolterten, gekreuzigten Mannes befindet. Der Überlieferung nach soll es zusammen mit anderen Tüchern verwendet worden sein, um Jesu Leichnam darin zu bestatten, und das Bild darauf, so sagen Gläubige, sei ein wundersamer, auf übernatürliche Weise entstandener Abdruck des gekreuzigten Herrn. Von vielen Katholiken noch heute als eine der heiligsten Reliquien der Christenheit verehrt, wird das Grabtuch von fast jedermann sonst als mittelalterliche Fälschung betrachtet, dies vor allem seit einer Radiokarbondatierung aus dem Jahr 1988. In gleichem Maße geheiligt wie umstritten, wird das Leichentuch nur sehr selten der Öffentlichkeit gezeigt und ruht normalerweise gut verschlossen in einer Schatulle im Dom von Turin, wo es seit dem 17. Jahrhundert aufbewahrt wird.[1] Dort harrt es aus, einem trägen Geist gleich, der hin und wieder die intellektuelle Selbstzufriedenheit der modernen Welt aufstört, die meiste Zeit aber ungesehen, verrufen und unbeachtet bleibt.

Sehr viele Menschen haben von diesem Grabtuch zumindest schon einmal gehört und sind sich vage darüber im Klaren, dass man auf ihm etwas erkennen kann, das nach dem Gesicht eines Mannes aussieht, und dass dieses Bild als wahres Antlitz Christi um die Welt ging. Nur wenigen ist die tatsächliche Größe des Bilds bewusst. Das Tuch ist fast viereinhalb Meter lang und zeigt nicht nur ein Gesicht, sondern zwei vollständige Körperabbilder, Vorder- und Rückansicht eines gegeißelten und gekreuzigten Mannes (Abbildung 1). Zwangsläufig fesselt die Vorderansicht die Aufmerksamkeit des Betrachters in besonderem Maße (Abbildung 2). Wir erkennen hier das wohlbekannte Bild, das maskenhafte Antlitz eines bärtigen Mannes mit zwei großen, eulenhaft wirkenden Augen, Stirn und Haar sind blutbefleckt (Abbildung 3), der Leib wirkt kraftvoll. Auf der rechten Seite ist unterhalb der Rippen eine größere Wunde zu erkennen, die mit der Überlieferung übereinstimmen würde, der zufolge ein Soldat dem gekreuzigten Jesus mit einem Speer in die Seite stach. Über die Unterarme scheinen Rinnsale von Blut zu fließen, sie könnten von Nägeln stammen, die durch die Handgelenke getrieben wurden. Nur eines von beiden ist sichtbar, weil die Arme gekreuzt übereinanderliegen. Die eher schmalen Hände ruhen auf Leistenhöhe in der Körpermitte. Die gesamte Gestalt ist deutlich erkennbar, nur die Füße verschwinden in einem blutgetränkten Nichts.

In ihrer verzerrten Formlosigkeit legt die Rückansicht fast noch deutlicher Zeugnis von physischer Qual ab (Abbildung 4). Die Striemen der Geißelhiebe sind hier deutlich zu sehen, sie bedecken die gesamte Rückansicht des Körpers von den Schultern bis hinunter zu den Waden. Den Kopf umgeben viele kleinere Rinnsale aus Blut, die an die Abdrücke einer Dornenkrone denken lassen. Die Füße, allem Anschein nach ebenfalls über Kreuz gelagert, zeigen die blutigen Spuren von Nagelwunden. Die beiden eigentümlichsten Merkmale sind zwei unregelmäßige Ansammlungen eines Blut-Wasser-Gemischs (Abbildung 5), die dem Betrachter den Bericht des Johannesevangeliums in den Sinn kommen lassen, dem zufolge ein Soldat Jesus mit einer Lanze in die Seite stach, aus der »sogleich [...] Blut und Wasser heraus[floss]«.[2]

Obschon klar sichtbar, sind die Abbilder extrem blass und heutzutage längst nicht mehr die auffälligsten Spuren, die auf dem Leintuch sichtbar sind. Umrahmt werden sie von mehreren großen Brandflecken, Löchern und Spuren leichterer Versengungen, die sich entlang zweier paralleler Linien aneinanderreihen. Diese Schäden stammen aus dem 16. Jahrhundert, als die Reliquie um ein Haar einer Feuersbrunst zum Opfer gefallen wäre. Gerade als das Silberbehältnis, in dem das Tuch aufbewahrt wurde, zu schmelzen und auf die darin befindliche Reliquie zu tropfen begann, wurde das Tuch gerettet.[3] Entlang derselben Linien findet sich eine weitere Serie von Brandflecken, auch bekannt als *poker holes* (zu Deutsch etwa »Schürhakenlöcher«, ihrer Anordnung halber auch »L-Löcher« genannt), die bei einer früheren Gelegenheit entstanden sind: vier Gruppen von Flecken, die jeweils ein Muster bilden, das an den Rösselsprung beim Schach erinnert (Abbildung 6). Des Weiteren findet sich auf dem Tuch eine Reihe von diamantförmigen Wasserflecken, die am deutlichsten in der Knieregion der Vorderansicht zu sehen sind. All diese Flecken, Löcher und Spuren sind symmetrisch angeordnet und demnach entstanden, solange das Tuch gefaltet war (was, wie wir sehen werden, bei verschiedenen Gelegenheiten auf unterschiedliche Weise geschehen ist).

Davon abgesehen ist das Tuch in relativ gutem Zustand, auch wenn seine Farbe deutlich sein Alter widerspiegelt: Ursprünglich hatte man es vermutlich zu reinem Weiß gebleicht, die allmähliche Oxidation der Leinenfasern hat es jedoch vergilben lassen, sodass es nun die Farbe von altem Elfenbein aufweist.[4]

Kann dieses Stück Stoff wirklich das Grabtuch Jesu sein?

Allein die Mutmaßung kommt manchen Menschen albern vor. Das Grabtuch wird in der Regel gerne mit anderen Sujets der medialen Saure-Gurken-Zeit des Sommerlochs – Atlantis, Yetis und UFOs – in einen Topf geworfen. Unter Wissenschaftlern wird das Grabtuch als Spielzeug von »Pseudohistorikern« wahrgenommen, die es mit der historischen Realität nicht so genau nehmen und die Leichtgläubigkeit einer gewissen Klientel der lesenden Allgemeinheit mit fantasievollen Darstellungen von Tempelritterverschwörungen, Freimaurergeheimnissen und Heiligenstammbäumen ausnutzen. Doch im Unterschied zu solcherlei konspirativen Gralslegenden (sowie zu Atlantis, dem Yeti und UFOs) existiert das Grabtuch wirklich. Es mag etwas Sonderbares an sich haben, aber es ist ein reales Phänomen und verlangt nach einer Erklärung – nicht nach Aburteilen mit flinker Zunge und faulen Ausreden.

Der Vorstellung, dass ein Grabtuch aus Palästina seit dem 1. Jahrhundert überdauert haben soll, haftet zunächst einmal nichts grundsätzlich Unwahrscheinliches an. Jede Menge antiker Leichentücher sind erhalten, darunter auch zahlreiche Exemplare aus Ägypten, Palästinas Nachbarschaft im Süden (siehe Abbildungen 7 und 8). Keines dieser Tücher aber trägt ein Bild, das auch nur im Entferntesten den verwunschen anmutenden Gestalten ähnelt, die das Grabtuch von Turin zieren. Es ist das Bildnis, das das Tuch so unvergleichlich macht. Es lässt sich mit keinem anderen gegenwärtig bekannten – künstlichen oder natürlich entstandenen – Abbild vergleichen. Im Lauf der Jahrzehnte hat trotz zahlreicher Versuche bisher kein moderner Experimentator es reproduzieren, trotz Forschung kein Wissenschaftler schlüssig erklären können, wie es entstanden ist.[5] Das Grabtuch ist etwas durch und durch Außergewöhnliches. Das macht es nicht zu einem Wunderding, aber es macht es sehr schwierig, zu verstehen, was man da vor sich hat.

Tatsächlich ist das Grabtuch in seinem Wesen genauso schwer zu begreifen wie die Auferstehung. Das sollte uns einen Augenblick innehalten und nachdenken lassen, denn es handelt sich um eine bemerkenswerte Koinzidenz. Wie immer wir die Angelegenheit zu betrachten geneigt sind, das Grabtuch kann mit Sicherheit für sich in Anspruch nehmen, einer der rätselhaftesten Gegenstände der Welt zu sein, und es ist – über die Grablegung Jesu, für die es steht – mit der rätselhaftesten Episode in der Geschichte der Menschheit verknüpft, der Auferstehung. Zwei zutiefst unergründliche Phänomene, beide direkt oder indirekt mit demselben historischen Ereignis assoziiert: Das Ganze hat etwas Frappierendes und suggeriert eine bisher verborgen gebliebene Gemeinsamkeit. Der gesunde Menschenverstand, stets darauf bedacht, Wissenschaft und Religion säuberlich zu trennen, verlangt, Grabtuch und Auferstehung als zwei getrennte Probleme zu sehen. Doch wenn man jede Beziehung zwischen beiden aus Prinzip leugnet, so ist das kaum vernunftbegründet. Als Zwillingsmysterium könnten sie durchaus von gegenseitigem Einfluss aufeinander gewesen sein. Womöglich wirken Grabtuch und Auferstehung genau deshalb so mysteriös, weil man sie immer säuberlich auseinanderzuhalten gesucht hat.

Um zu verstehen, warum das Thema Grabtuch bis heute getrennt vom Thema Auferstehung betrachtet wurde, müssen wir der Geschichte der Reliquie seit dem Mittelalter nachgehen und dem verwickelten Auf und Ab seiner Wahrnehmung im Verlauf der vergangenen sechseinhalb Jahrhunderte nachspüren. Die separate Behandlung ist, wie wir feststellen werden, weder unausweichlich gewesen noch zufällig geschehen, sondern Produkt historischer Zufälle, unvorhergesehener historischer Fährnisse und Ängste im Hinblick darauf, was eine Zusammenführung bedeuten könnte.

Sein europäisches Debüt hatte das Grabtuch Mitte des 14. Jahrhunderts in dem Dörfchen Lirey nahe der nordostfranzösischen Stadt Troyes im Herzen der Champagne.[6] Um die Mitte des 14. Jahrhunderts ließ der Herr von Lirey, ein armer, aber ruhmreicher Ritter namens Geoffroy I. de Charny, dem Dorf eine Kirche bauen, eine relativ bescheidene Stiftung, die er bald mit einem bemerkenswerten Schatz zierte – dem Grabtuch Jesu. Diese Reliquie, die, so sie echt war, jeden anderen heiligen Hort der Christenheit hätte überstrahlen müssen, wurde in den Jahren 1355/56 in Lirey ausgestellt und zog die Pilger in Scharen an. Das erhaltene Medaillon eines dieser Pilger stellt ein unschätzbares Dokument der Zurschaustellung des Tuchs im 14. Jahrhundert dar (Abbildung 9).

Zeitgenössische Dokumente deuten darauf hin, dass die Verehrung von einem Gremium aus Bischöfen am päpstlichen Hof und dem Bischof von Troyes, Henri de Poitiers, zunächst gebilligt worden war. Einem später datierten Bericht zufolge wurde die Ausstellung des Grabtuchs jedoch bald darauf von Bischof Henri, der dessen Herkunft zu ergründen versucht und es für eine gemalte Fälschung befunden hatte, als skandalös verurteilt. Es ist nicht leicht zu sagen, was man von diesen beiden widersprüchlichen Aussagen zu halten hat. Doch was auch immer zwischen dem örtlichen Bischof und den Hütern des Grabtuchs vorgefallen sein mag, die öffentlichen Ausstellungen hörten bald auf, und als Geoffroy in der Schlacht von Poitiers 1356 den Heldentod gestorben war, wurde das Tuch Geoffroys Witwe, Jeanne de Vergy, zurückgegeben.[7]

Mehr als dreißig Jahre gingen ins Land, bis das Tuch in Lirey erneut gezeigt wurde. Nach dem Tode Geoffroys I. wurde dessen Sohn Geoffroy II. zum Herrn von Lirey, und 1389 entschied er, dass die Zeit reif sei, dem Kult neues Leben einzuhauchen. Gegen dieses Ansinnen leistete der neue Bischof von Troyes, ein Mann namens Pierre d'Arcis, erbitterten Widerstand, denn er war überzeugt davon, dass sein Vorgänger Henri de Poitiers bewiesen hatte, dass es »mit Schlauheit gemalt« war – mit anderen Worten: es sich um einen verwerflichen Betrug handelte.[8] Nach erfolglosen Versuchen, die Ausstellung selbst zu unterbinden, bat er sowohl den König von Frankreich als auch den Papst um Unterstützung. Es folgte erhebliches Machtgerangel auf höchster Ebene, Geoffroy II. veranstaltete auf eigene Faust Ausstellungen, und im Jahr 1390 sprach Papst Clemens VII. schließlich sein Urteil: Die Hüter des Grabtuchs durften mit ihren Ausstellungen fortfahren, solange sie dieses als *Abbildung* oder *Darstellung* des Leichentuchs Christi und nicht als echte Reliquie bezeichneten. Und Pierre d'Arcis wurde unter Androhung der Exkommunikation untersagt, das Thema je wieder aufs Tapet zu bringen. Mit dieser seltsam ambivalenten Entscheidung war die Kontroverse des 14. Jahrhunderts vorerst beigelegt.

Etwa die nächsten drei Jahrzehnte hindurch blieb das Grabtuch in der Schatzkammer der Kirche von Lirey, bewahrt in einer Schatulle, die das Wappen derer von Charny zierte. Vermutlich wurde es weiter hin und wieder gezeigt, aber in Anbetracht der mit seiner Zurschaustellung verknüpften Bedingungen kann es nicht allzu viel Interesse erregt haben. Dann, im Jahr 1418, als das Dorf von marodierenden englischen Truppen bedroht wurde, beschlossen der Dekan und die Stiftsherren der Kirche, das Grabtuch Humbert de Villersexel, dem Ehemann von Geoffroy II. de Charnys Tochter Margaret, zur sicheren Verwahrung auszuhändigen. Das war ein unverzeihlicher Fehler. Das Grabtuch wurde in Lirey nie wieder gesehen. Zwanzig Jahre nachdem man ihn zum vorübergehenden Treuhänder des Tuchs gemacht hatte, starb Humbert und hinterließ die Reliquie seiner Witwe. Falls die Stiftsherren von Lirey geglaubt haben sollten, sie würden nun in der Lage sein, das Grabtuch zurückzufordern, so hatten sie sich gewaltig geirrt. Margaret, die ihr Familienerbe nun wieder in Händen hielt, war entschlossen, es auf keinen Fall preiszugeben. Von 1443 bis 1459, dem Jahr vor ihrem Tod, führte sie eine langwierige gerichtliche Auseinandersetzung mit den Stiftsherren von Lirey und wurde aufgrund ihrer Weigerung, das Tuch herauszugeben, sogar für kurze Zeit exkommuniziert. Schließlich und endlich willigten ihre Gegner in einen Vergleich ein und zeigten sich bereit, sich für ihren Verlust entschädigen zu lassen. Zu diesem Zeitpunkt war Margaret allerdings nicht mehr im Besitz des Tuchs. Es hat den Anschein, als habe sie, kinderlos und vom Alter gezeichnet, beschlossen, selbst einen Erben zu bestimmen, der die Sache ihrer kostbaren Reliquie vertreten und ihr ein passendes Zuhause geben würde. Ihre Wahl fiel auf Herzog Ludwig von Savoyen, dessen Familie das Grabtuch die nächsten 530 Jahre verwahren sollte.

Die Schenkung wurde offenbar 1453 getätigt. Im März desselben Jahres erhielt Margaret von Herzog Ludwig als Gegenleistung für »wertvolle Dienste«, mit denen nur die Überlassung des Grabtuchs gemeint sein kann, ein Schloss und die Einkünfte von einem der dazugehörigen Güter zur freien Verfügung. Die erste offizielle Erwähnung findet die Eigentümerschaft der Savoyer im Jahr 1464, als der Herzog sich mit den Stiftsherren von Lirey auf eigene Faust einigte. Die loyale Hingabe der Savoyer an das Grabtuch wird aufs Schönste deutlich an einer Miniatur des »Schmerzensmannes«, die eines der berühmtesten Manuskripte des 15. Jahrhunderts, das *Stundenbuch des Herzogs von Berry* (im französischen Original: *Très Riches Heures du Duc de Berry*) ziert (Abbildung 10). Das Bild zeigt Herzog Ludwigs Enkel Karl I. und dessen Gattin Blanche, wie sie eine leicht zur Seite geneigte Christusgestalt anbeten, deren Körper mit seinen Wunden klar das Bild auf dem Grabtuch widerspiegelt.[9]

Hatte Margaret de Charny Ludwig etwas über die Herkunft der Reliquie sagen können, was ihn und seine Familie davon überzeugt hat, dass es sich um mehr als um eine »mit Schlauheit gemalte« Fälschung handelte? Das Einzige, was wir mit Sicherheit wissen, ist, dass die neuen Besitzer des Grabtuchs dieses als echt erachteten, und ab den 60er-Jahren des 15. Jahrhunderts änderte sich auch die Haltung der Kirchenoberen.[10]

Die zweite Hälfte des 15. Jahrhunderts begleitete das Grabtuch die Angehörigen des Hauses Savoyen auf ihren Reisen durch das Herzogtum. Im Jahr 1502 wurde beschlossen, es auf Dauer in der Schlosskapelle von Chambéry, der Residenz der Savoyer im Süden Frankreichs, unterzubringen. Hier, in einer Nische hinter dem Hochaltar in einem Silberkästchen wohlverwahrt, wurde der zu neuen Ehren gelangten Reliquie erstmals internationaler Ruhm zuteil. Vier Jahre später widmet Papst Julius II. dem Grabtuch einen eigenen regionalen Festtag, den 4. Mai. Im Jahr 1516 hatte sich dieses Fest weit genug herumgesprochen, sodass auch König Franz I. von Frankreich Chambéry als Pilger aufsuchen kam. Die erste Kopie des Grabtuchs in voller Größe wurde im selben Jahr gefertigt (Abbildung 11).

Dann, im Jahr 1532, ereignete sich eine Katastrophe. In der Schlosskapelle wütete ein Feuer, das, nachdem es das kostbare Mobiliar ringsum verschlungen hatte, nun auch die kostbare Reliquie zu zerstören drohte. Als der eilends herbeigerufene Schmied das schützende Behältnis endlich aufbrechen konnte, hatte das Silber bereits zu schmelzen begonnen und war auf das zusammengefaltete Tuch in seinem Inneren flüssiges Metall getropft. Glücklicherweise konnte das Feuer erstickt werden, bevor der Schaden zu groß wurde, aber das Tuch war nun durch Brandflecken stark in Mitleidenschaft gezogen.[11] Nach dem Feuer wurde es von Ordensschwestern vor Ort unterfüttert und ausgebessert und ging dann während eines Kriegs gegen die Franzosen wieder auf Reisen. Am 4. Mai 1535 wurde es erstmals in Turin ausgestellt, doch erst 1578, nach einer vorübergehenden Rückkehr nach Chambéry, wurde das Tuch endgültig nach Turin überführt.

Dort, in der neuen Residenz der Savoyer, als göttlicher Schutzschild verehrt, gepriesen als Heilsbringer einer der mächtigsten Familien Europas, sollte das Grabtuch die glanzvollste Epoche seiner wechselvollen Geschichte erleben. Als es am 12. Oktober 1578 auf Turins Piazza del Castello in die Höhe schwebte, waren 40 000 Menschen zugegen, um dem Spektakel beizuwohnen, unter ihnen Bischöfe, Erzbischöfe und Kardinäle. Im Lauf des folgenden Jahrhunderts wurde das Grabtuch sechzehnmal in der Öffentlichkeit ausgestellt, oft anlässlich einer königlichen Hochzeit oder als Dank für die Rettung vor einer Seuche. Es wurde zur Vorlage für zahllose Kopien und Erinnerungsstiche, die sein Bildnis über die gesamte katholische Welt verbreiteten (ein Beispiel hierfür ist in Abbildung 12 zu sehen). Im 17. Jahrhundert war das Grabtuch häufiger zu betrachten und wurde mehr verehrt denn je zuvor. Im Jahr 1694 brachte man es dann aus dem Altarraum der Kathedrale von Turin, wo es mehr als ein Jahrhundert hindurch aufbewahrt worden war, in eine prächtige, neu errichtete Kapelle zwischen der Kathedrale und dem Herzogspalast.[12] Dort ist es seither sicher verwahrt, außer wenn es zu Ausstellungszwecken oder im Rahmen von Restaurierungsmaßnahmen vorübergehend hervorgeholt wird. Nur im Verlauf des Zweiten Weltkriegs gab es ein sechsjähriges Intermezzo in einem Kloster in der Nähe von Neapel.

Während der Gegenreformation, als sich die Katholiken mit protestantischen »Häretikern« nicht nur spirituell, sondern auch physisch handfest im Krieg befanden, wurde das Grabtuch der katholischen Gelehrtenwelt zum beliebten Studienobjekt. Alfonso Paleotto, der Erzbischof von Bologna, verfasste 1598 einen langen Traktat darüber. Ihm folgte Jean-Jacques Chifflet, der 1624 eine Geschichte der Leichentücher Christi vorlegte. Chifflet betrachtete das Grabtuch nicht als Leichentuch im eigentlichen Sinne, sondern nahm an, es sei verwendet worden, um Christi Leichnam unter dem Kreuz darin einzuhüllen und zum Grab zu tragen (siehe Abbildung 13).[13] Er deutete das Bild, wie andere vor und nach ihm auch, als wundersame Färbung, hervorgerufen durch Blut und Schweiß des toten Körpers, bevor der Leichnam für die Grablegung gewaschen und gesalbt worden war – sprich: das Abbild des toten Christus, nicht das des erstandenen. Das mag helfen zu erklären, warum, als im 19. Jahrhundert die Debatte um die Auferstehung losbrach, kein Katholik daran dachte, das Grabtuch als Beleg für ein Wunder in Christi Grabkammer anzuführen.

Es hätte ihm allerdings auch nicht viel genützt. Der Reliquienkult war im Niedergang begriffen, und sogar unter Katholiken begann das Grabtuch sein spirituelles Renommee einzubüßen. Das Hauptproblem war seine nebulöse Herkunft: Niemand wusste, woher es kam. Während der Gegenreformation konnte dieses Problem noch ignoriert werden: Die Existenz des Tuchs selbst galt als »Zeugnis seiner eigenen Echtheit«, wie ein Kommentator bemerkte.[14] Mit der Aufklärung machten sich jedoch zunehmend Zweifel an seiner Authentizität – und der von Reliquien im Allgemeinen – breit. Es wurde noch immer relativ regelmäßig gezeigt (im Verlauf des 18. Jahrhunderts neunmal), und seine Ausstrahlung auf die Gläubigen blieb ungebrochen, aber als Objekt wissenschaftlichen Interesses war es nunmehr entschieden suspekt. Es gab keinen besonderen Grund anzunehmen, dass es sich um mehr als eine gut gemachte Fälschung handelte, eine der vielen falschen Reliquien, die sich auf den Altären katholischer Kirchen häuften. Als deutsche Wissenschaftler begannen, das Thema Auferstehung einmal mehr zu diskutieren, ließen sie das Grabtuch daher außer Acht. Bilder und Kunstgegenstände wurden zu jener Zeit ohnehin nicht sehr häufig als historische Quellen herangezogen, und aus der Beschäftigung mit einer in weiter Ferne befindlichen Reliquie von dubioser Herkunft, die nur von wenigen je gesehen worden war, hätte sich nicht viel gewinnen lassen.

In Turin wurde das Grabtuch unvermindert verehrt, und bei festlichen Gelegenheiten wie einer königlichen Hochzeit oder dem Besuch eines Papstes wurde es weiterhin ausgestellt. Doch selbst vor Ort begann das Interesse an der Reliquie allmählich zu erlahmen. Als die Savoyer darangingen, ihren lang gehegten Traum von der Herrschaft über ein geeintes Italien zu verwirklichen, was ihnen 1861 endlich gelingen sollte, ging ihr treuer Talisman, der der Familie so lange loyal zur Seite gestanden hatte, in den »Vorruhestand«. Über einen Zeitraum von mehr als fünfzig Jahren hinweg wurde er der Öffentlichkeit nur ein einziges Mal präsentiert. Wie ein alternder Geistlicher, der seine letzten Tage in frommer Abgeschiedenheit verbringt, gehörte auch das Grabtuch, so schien es, der theologischen Vergangenheit an.

Doch auch alternde Kleriker halten gelegentlich Überraschungen bereit. Im Jahr 1898 gab das Grabtuch während einer seiner seltenen Ausstellungen anlässlich der Feierlichkeiten zum 50. Jahrestag der italienischen Verfassung ein verborgenes Attribut seiner selbst preis, das ihm mit einem Schlag weltweite Aufmerksamkeit einbrachte – und noch heute fasziniert. Das Mittel, durch das sein Geheimnis offenbar wurde, war die damals brandneue Technik des Fotografierens.

Ursprünglich hatte der damalige Besitzer des Grabtuchs, König Umberto I., Bedenken gehabt, das Tuch ablichten zu lassen, weil er solches irgendwie als unangebracht empfand. Er sah jedoch ein, dass es nützlich sein könnte, ein wirklichkeitsgetreues Dokument vom Erscheinungsbild der Reliquie zu haben, und ließ sich schließlich auf diese Idee ein. Der für diese Aufgabe ausersehene Fotograf war ein erfahrener Amateur namens Secondo Pia (Abbildung 14).[15] Am 25. Mai baute Pia vor dem Hochaltar, von dem das Grabtuch herabhing, auf einer eigens angefertigten Bühne seine Kamera und ein paar hochmoderne elektrische Scheinwerfer auf und versuchte sich mit unterschiedlichen Belichtungszeiten an ein paar Aufnahmen. Leider hatte er mit Zeitdruck und technischen Problemen zu kämpfen, sodass er es nur auf eine Aufnahme brachte, die ihm obendrein leider misslang. Am Abend des 28. Mai kehrte er in die Kathedrale zurück und versuchte es erneut. Dieses Mal funktionierte seine Ausrüstung fehlerlos. Er belichtete vier Platten, und gegen Mitternacht begab er sich zurück in sein Atelier, um diese zu entwickeln.

Was Pia in jener Nacht in seiner Dunkelkammer sah, überraschte ihn aufrichtig, denn als das Negativ auf seiner Platte vor seinen Augen allmählich Konturen annahm, blickte er nicht wie sonst auf ein wirres Durcheinander aus hellen und dunklen Flecken, sondern auf das deutlich erkennbare Bild eines Gekreuzigten. Im Unterschied zu dem flachen geheimnisvollen Abbild auf dem Tuch vermittelte die Negativplatte einen lebhaften räumlichen Eindruck von einer Gestalt, die sich reliefartig vom Hintergrund abhob und aussah wie ein von vorne angestrahlter menschlicher Körper (siehe Abbildung 15). Statt der ausdruckslos wirkenden Maske, die einem vom Grabtuch entgegenstarrt, vermittelt das Negativ ein bemerkenswert überzeugendes dreidimensionales Bild von einem menschlichen Gesicht mit geschlossenen Augen (siehe Abbildung 16). Man hätte meinen können, das Grabtuch selbst sei ein fotografisches Negativ, das sich zu einem atemberaubenden Positivbild des gekreuzigten Jesus entwickeln ließ.

»Allein in meiner Dunkelkammer«, erinnert sich Pia später, »ganz in meine Arbeit vertieft, empfand ich eine unbeschreibliche Gemütsbewegung, als ich während der Entwicklung zum ersten Mal das heilige Antlitz in einer Klarheit erkannte, die mir die Sprache verschlug.«[16]

Pias Fotografien waren der Zündfunke für die moderne Debatte über das Grabtuch. Als die italienische und die internationale Presse begannen sie abzudrucken, wurden sie augenblicklich als ungeheure Sensation gefeiert. Manche priesen das Bild als Wunder, andere prangerten es als plumpe Fälschung an. Viele empfanden Staunen, aber die meisten Menschen brachten es nicht über sich, Fotografien von einer geheimnisvollen, kaum dokumentierten Reliquie Glauben zu schenken. Vor allem Atheisten waren entsetzt bei dem Gedanken, die moderne Wissenschaft habe möglicherweise ein gleichsam übernatürliches Porträt Christi aufgedeckt. Manche Leute beschuldigten Pia gar der Fälschung. Die Emotionen kochten über, denn das religiöse Gewicht dieses Bilds schien so unfassbar.

Überraschenderweise kam der wichtigste Wortführer der Opposition aus den Reihen der katholischen Kirche. In den Jahren unmittelbar nach Pias Entdeckung verfasste Canon Ulysse Chevalier eine Reihe von kritischen Schriften über das Grabtuch und seine Geschichte im Mittelalter, in denen er zahlreiche Dokumente zum abenteuerlichen Werdegang der Reliquie im 14. Jahrhundert erstmals veröffentlichte und interpretierte. Auf der Grundlage des päpstlichen Urteils von 1390, in dem Clemens VII. verfügt hatte, das Tuch dürfe lediglich als »Abbildung oder Darstellung« von Christi Grabtuch ausgestellt werden, kam Chevalier zu dem Schluss, es könne sich nicht um eine echte Reliquie handeln, sondern sei »mit Schlauheit gemalt«, wie Bischof Henri de Poitiers seinerzeit gemutmaßt hatte.[17] Das war genau die Schlussfolgerung, die das akademische Establishment sich gewünscht hatte, und so wurde Chevalier von der Académie des Inscriptions et Belles-Lettres (zu Deutsch etwa: Akademie für Inschriften und Literatur) prompt mit einer goldenen Medaille geehrt.[18]

Bis zum heutigen Tage liefert Chevaliers Stellungnahme das Fundament für die Ansicht, dass es sich bei dem Grabtuch um eine Fälschung handelt, obwohl die Behauptung, dass hier ein gemaltes Bild vorliege, wie wir sehen werden, bereits seit Langem widerlegt ist.

Für die meisten Menschen war die Angelegenheit damit erledigt, aber ein Mann war nicht so leicht zufriedenzustellen. Yves Delage, ein angesehener Wissenschaftler an der Sorbonne, Zoologe und Biologe mit einem speziellen Interesse an Fragen der Evolution, war ein eingeschworener Agnostiker – und blieb dies auch nach seiner Beschäftigung mit dem Grabtuch. Er, der das Bild mit den Augen des erfahrenen Anatomen betrachtete, war von dessen ungeheurer lebensnaher Präsenz beeindruckt – weit mehr übrigens als von Chevaliers historischer Beweisführung. Im Jahr 1900 zeigte er Pias Fotografien seinem fleißigen und wissbegierigen jungen Assistenten Paul Vignon, der sich auf der Stelle an die wissenschaftliche Untersuchung des Bilds machte. Delage begleitete Vignons Arbeiten als Mentor und schloss sich dessen Schlussfolgerung an, nach der die Indizienlage insgesamt für die Echtheit des Tuchs sprach. Im April 1902 legte der Sorbonne-Professor der Französischen Akademie der Wissenschaften in Paris eine Arbeit über das Grabtuch vor, in der er den Standpunkt vertrat, das Bild sei vom medizinischen Standpunkt aus gesehen glaubwürdig, es handle sich nicht um ein Gemälde, sondern höchstwahrscheinlich um eine »Vaporografie« (so die neu geprägte Bezeichnung für Verfärbungen, die durch die Einwirkung der Körperausdünstungen eines frisch Verstorbenen entstanden seien). Aus wissenschaftlichen und historischen Gründen, so schloss er, sei anzunehmen, dass die Reliquie echt sei und in der Tat das Leichentuch Jesu vorliege.[19]

Obwohl Delage klarmachte, dass er Jesus nicht als den auferstandenen Sohn Gottes ansah, brachte seine Arbeit die Atheisten unter den Akademiemitgliedern, darunter auch deren Sekretär, Marcellin Berthelot, der die Veröffentlichung des vollen Wortlauts im Bulletin der Akademie letztlich zu verhindern wusste, gehörig auf.[20] Dieser Akt wissenschaftlicher Zensur steht exemplarisch für die kollektive Weigerung der akademischen Welt, den Ursprung des Grabtuchs auch nur zu diskutieren, und diese Abneigung hält bis zum heutigen Tag ungebrochen an. Seinerseits nicht bereit, sich zum Schweigen bringen zu lassen, veröffentlichte Delage seine Argumente im folgenden Monat in einem Brief an die *Revue Scientifique* und kommentierte seinen Artikel und die feindselige Reaktion, die dieser hervorgerufen hatte, mit folgenden Worten:

> »Ich gestehe gern, dass keines der dargelegten Argumente die Merkmale unwiderlegbarer Beweisführung besitzt, aber es sollte anerkannt werden, dass sie als Ganzes ein Bündel achtungsgebietender Wahrscheinlichkeiten darstellen, von dem einige Komplexe dem absoluten Beweis sehr nahe gerückt sind. [...] Überflüssigerweise hat man die religiöse Frage in ein Problem hineinprojiziert, das als solches rein wissenschaftlicher Natur ist. Als Ergebnis liefen die Gefühle Amok, und die Vernunft wurde beiseite-

geschoben. Wenn es statt um Christus um einen Menschen wie Argon, Achilles oder einen der Pharaonen gegangen wäre, hätte niemand auch nur an Widerspruch gedacht. Ich bin bei der Behandlung dieses Problems der Wissenschaft treu geblieben, habe mich stets nur an die Wahrheit gehalten und mich über die möglichen Auswirkungen auf die Interessen irgendeiner religiösen Partei völlig hinweggesetzt. [...] Ich erkenne Christus als historische Persönlichkeit an und sehe keinen vernünftigen Grund, weshalb jemand es anstößig finden sollte, dass noch reale Spuren seines irdischen Daseins existieren.«[21]

Hätten die anderen Mitglieder der Französischen Akademie der Wissenschaften denselben Gleichmut besessen wie Delage, hätte sein Vortrag womöglich eine fruchtbare Diskussion über Beschaffenheit und Bedeutung des Grabtuchs von Turin angestoßen. Dass diese Gelegenheit ungenutzt verstrich, ist insofern besonders bedauerlich, als gerade zu dieser Zeit britische Anthropologen neue Religionstheorien zu entwickeln begannen, die das Potenzial gehabt hätten, die historische Bedeutung der Reliquie auszuleuchten.[22] Damals hätte die Debatte um die Auferstehung, die ihre Blütezeit lange hinter sich hatte, dringend einer Revision bedurft, die verhindert hätte, dass die Christenheit sich von dem unaufhaltsamen Vordringen modernen Denkens allzu weit entfernte. Wären Wissenschaftler und Gelehrte vor hundert Jahren dem Beispiel Delages gefolgt und hätten das Grabtuch statt als diffuse Bedrohung als intellektuelle Herausforderung betrachtet, die es anzunehmen gilt, hätte sich das religiöse Leben im 20. Jahrhundert möglicherweise völlig anders entwickelt. Aber die Vorurteile haben gesiegt, und des aufgeschlossenen Professors Forschungen gerieten in Vergessenheit.

So zumindest hoffte man. Glücklicherweise ließ sich Delages Schützling Paul Vignon nicht so leicht abschrecken. Er veröffentlichte seine eigenen Untersuchungen zum Grabtuch im selben Jahr – 1902 –, lieferte anatomische und archäologische Argumente zugunsten seiner Echtheit und wurde für die nächsten vierzig Jahre zu dessen wichtigstem Verteidiger. Vignon war im Unterschied zu Delage bekennender Christ, als Wissenschaftler allerdings entschlossen darum bemüht, das Tuch mit rein rationalen Argumenten zu erklären. Er entwickelte die Theorie, dass es sich bei dem Abbild um ein natürliches Phänomen handelte, verursacht durch »Vaporografie«. Als Künstler, der auch selbst ausstellte, brachte er den Blick des Malers in seine Betrachtungen mit ein und zählte eine Reihe von kunsthistorischen Indizien auf, die für das Alter der Reliquie sprachen.

Im Jahr 1931 wurde das Grabtuch im Zuge der Hochzeitsfeierlichkeiten für Prinz Umberto von Piemont ein weiteres Mal ausgestellt, zum ersten Mal seit der denkwürdigen Ausstellung von 1898. Dieses Mal wurde ein Berufsfotograf, Giuseppe Enrie, beauftragt, es abzulichten, und die Ergebnisse waren spektakulär.

Enries Fotos bestätigten, was Pias erste Aufnahmen gezeigt hatten, und ermöglichten es, das Tuch noch sehr viel genauer unter die Lupe zu nehmen als je zuvor. Schon bald erregten sie die Aufmerksamkeit des Pariser Chirurgen Dr. Pierre Barbet, und auch er war von dem Bildnis darauf fasziniert. Die 1930er-Jahre hindurch widmete er sich mit Hingabe dessen medizinischen Aspekten und verhalf der Pathologie zu hohem Ansehen auf dem Gebiet der Grabtuchforschung – oder Sindonologie, wie man sie (nach dem griechischen Wort *sindón* für Leinentuch) fortan nennen sollte.[23] Im Jahr 1939 war das Interesse groß genug geworden, um eine Konferenz zu dem Thema in Turin zu rechtfertigen. Fast vier Jahrzehnte nachdem man Delage mundtot gemacht hatte, war die Diskussion um das Grabtuch endlich in vollem Gange, wenn auch in einem Forum von eher marginaler Bedeutung.

Der Zeitpunkt war ungünstig, doch die Untersuchung des Leintuchs wurde nach dem Krieg wiederaufgenommen. In den 1950er-Jahren war es Gegenstand einer bedeutenden internationalen Tagung in Rom, und 1959 wurde in Turin das Centro Internazionale di Sindonologia gegründet. Ungeachtet allen Hohns aus den Reihen des akademischen Establishments begann eine Reihe engagierter Forscher, sich der Untersuchung der Reliquie zu widmen, und das dünne Rinnsal an Publikationen schwoll stetig an, bis es zu einem im Untergrund sprudelnden Strom an spekulativem Wissen geworden war.

In den 1970er-Jahren nahm das Interesse am Grabtuch sprunghaft zu, das »Goldene Zeitalter« der Grabtuchforschung brach an. Endlich wurde das Grabtuch der wissenschaftlichen Untersuchung zugänglich gemacht – es hatte zwar 1969 eine vorläufige Untersuchung stattgefunden, doch erst 1973 durften Wissenschaftler Proben nehmen. Ihre Beobachtungen waren immerhin so spannend, dass sie zu weiteren Forschungen anregten. Und so wurde einer Gruppe von etwa 30 amerikanischen Wissenschaftlern, die ihr Unterfangen selbst als *Shroud of Turin Research Project* (kurz STURP) bezeichneten, gestattet, die Reliquie einer Reihe von Untersuchungen nach dem neuesten Stand der Technik zu unterziehen, um zu klären, wie das Bild wirklich zustande gekommen war (Abbildung 17). Auch wenn über diesen Punkt am Ende keine definitive Einigkeit erreicht wurde, so trugen die STURP-Forscher doch eine Unmenge an nützlichen Erkenntnissen zusammen und, ganz entscheidend, konnten keine Fälschung nachweisen, weil es ihnen nicht gelang, irgendwelche Anzeichen von vorsätzlichem Betrug zu finden. Ihren Erkenntnissen zufolge war das Grabtuch ein echtes Leichentuch. Ihre Arbeit zog jede Menge Schmähungen von Skeptikern auf sich, war aber wissenschaftlich fundiert, und die Ergebnisse wurden von den Gutachtern renommierter Zeitschriften akzeptiert.[24] Ebenfalls 1978 veröffentlichte Ian Wilson sein bahnbrechendes Buch *Das Turiner Grabtuch,* in dem die mögliche Herkunft des Tuchs rekonstruiert wurde. Dabei wurden dessen mutmaßliche Spuren bis weit vor das mittelalterliche Frankreich bis ins 6. Jahrhundert zurückverfolgt, genauer gesagt bis in die Stadt Edessa, das heutige Şanlıurfa im Osten der Türkei. Ende der 1970er-Jahre waren die Grabtuchforscher in bester Stimmung und sahen gespannt dem entgegen, was viele von ihnen naiverweise als den »ultimativen« wissenschaftlichen Test betrachteten: die Radiokarbondatierung.

Die 1980er-Jahre standen ganz im Zeichen dieser archäologischen Technik. Nach dem Tod von König Umberto II. 1983 erbte der Heilige Stuhl das Grabtuch (womit dessen lange Verweildauer im Besitz des Hauses Savoyen zu Ende ging), und bald darauf wurde den zunehmend lauter werdenden Forderungen nach einer Radiokarbondatierung des Tuchs eine Antwort zuteil. Nach mehrjährigem Gerangel und einiger Kompromissbereitschaft seitens der Wissenschaft war die Kirche schließlich bereit, diese zuzulassen, doch durchgeführt wurde der Test erst 1988.

Das Ergebnis war für die Welt der Grabtuchforscher höchst unliebsam. Den Laboratorien zufolge, die man mit der Datierung betraut hatte, war das Tuch zwischen 1260 und 1390 hergestellt worden – genau wie Chevalier behauptet und die akademische Welt bis dahin angenommen hatte. Jahrzehntelang hatten die Erben von Delage und Vignon ein immer solider erscheinendes Indiziengebäude zugunsten der Echtheit der geheimnisvollen Reliquie errichtet, und mit einem einzigen tödlichen Streich wurde dieses Gebäude nun zum Einsturz gebracht. Die Skeptiker, so schien es, hatten auf der ganzen Linie recht gehabt.

Man hätte nun vielleicht erwarten können, dass die Grabtuchforschung nach 1988 eine andere Richtung nehmen würde. Vor dem Hintergrund der Radiokarbondatierung hätten sich die Kunsthistoriker auf das Grabtuch stürzen und es als eine der faszinierendsten optischen Kreationen des Mittelalters untersuchen können, ein echtes Meisterwerk von einem Andachtsbild. Seltsamerweise aber blieben sie nahezu einmütig stumm.[25] Der Grund dafür ist leicht einzusehen: Das Negativ der Tuchfotografie ist ein unumstößlicher Beleg dafür, dass das berühmte Bild nicht von einem Künstler des Mittelalters geschaffen worden sein kann. Technisch, ideengeschichtlich und stilistisch ergibt das Grabtuch als mittelalterliches Kunstwerk keinerlei Sinn. Die Kunstgeschichte hatte, seitdem es erstmals fotografiert worden war, mehr als ein Jahrhundert Zeit, das Tuch zu untersuchen. Und in all der Zeit hat kein einziger Kunsthistoriker es gewagt, es einem mittelalterlichen Künstler zuzuschreiben.[26]

Unterdessen haben die Sindonologen Bilanz gezogen, sich neu formiert und ihre Diskussionen weitergeführt, in den vergangenen Jahren in hohem Maße getragen durch die Möglichkeiten des Internets. Das Ergebnis der Radiokarbondatierung wirft zwangsläufig einen langen Schatten auf ihre Arbeit, und man hat eine Menge Energie in Versuche investiert herauszufinden, was dabei im Einzelnen schiefgelaufen sein könnte. Andere hingegen möchten einfach nur vorankommen in dem Bestreben, die geheimnisumwitterte Geschichte des Tuchs fertigzuschreiben, eine Aufgabe, die anderen Menschen müßig scheinen mag, aber nach wie vor faszinierende Fragen aufwirft.

Insgesamt hat die Radiokarbondatierung von 1988 die Sindonologie nicht nachhaltig verändert. Sie hat es qualifizierten Forschern lediglich noch schwerer gemacht, sich auf die Untersuchung des faszinierendsten Gegenstands der Welt einzulassen.

Die Reaktion der katholischen Kirche auf die Radiokarbondatierung von 1988 ist beinahe genauso rätselhaft wie die Reliquie selbst. Zunächst einmal hat der Erzbischof von Turin, Kardinal Ballestrero, obwohl er sich der ungeheuren Tragweite bewusst war und wusste, dass die wissenschaftlichen Belege zu jener Zeit eher dafür sprachen, dass das Tuch ein echtes Leichentuch ist, das Ergebnis ohne Zögern akzeptiert. »Jetzt kennen wir die Wahrheit!«, hatte er frohgemut verkündet. »Das Grabtuch ist nicht, wofür wir es gehalten haben, aber zum Allermindesten bleibt es ein wunderbares Gnadenbild.«[27]

Die Kirche ist nicht immer so rasch bei der Hand, wenn es darum geht, wissenschaftliche Beweise zu akzeptieren, die mit den Gefühlen der Gläubigen kollidieren: Beispielsweise hat der Papst erst 1996, immerhin 137 Jahre nach der Veröffentlichung von Charles Darwins *Die Entstehung der Arten*, endlich eingelenkt und zugebilligt, dass in der Evolutionstheorie »mehr als eine Hypothese« zu sehen sei.[28] Bei dem Grabtuch handelt es sich um eine außerordentlich bedeutende Reliquie, möglicherweise um das Leichentuch Jesu, und doch erklärte es dessen kirchlicher Hüter auf der Grundlage eines einzigen, nie verifizierten wissenschaftlichen Tests zu einem Artefakt aus dem Mittelalter.[29]

Nicht minder erstaunlich ist die Weigerung, weitere Untersuchungen an dem Grabtuch zu gestatten. Über zwanzig Jahre hindurch haben Sindonologen nicht nur um eine zweite Radiokarbondatierung gebeten, weil sie hofften, das Ergebnis von 1988 würde sich dadurch widerlegen lassen, sondern auch um die Chance, das Tuch auf andere Weisen zu untersuchen, die das Mysterium des Abbilds womöglich erhellen könnten. Man hätte annehmen mögen, die Kirche würde alles, was angetan wäre, das Renommee des Grabtuchs wieder zu heben, begrüßen, aber die Bitten um weitere Tests verhallten ungehört.

Unterdessen wurde das Grabtuch im Jahr 2002 in aller Stille einer Restaurierung unterzogen, die seine Beschaffenheit dramatisch verändert hat. Unter anderem wurde alles verkohlte Material entfernt und das gesamte Tuch unter Vakuumbedingungen gespannt. William Meacham, ein erfahrener Archäologe und anerkannter Grabtuchexperte, hat diesen Eingriff als einen Akt von »Vandalismus« bezeichnet, der »einen wichtigen Teil des historischen Erbes der Reliquie ausradiert, wertvolle wissenschaftliche Belege zerstört und das Tuch und seine Untersuchung unwiderruflich verändert hat«.[30] Die Hüter des Grabtuchs in Turin sind nicht davon abzubringen, dass diese Konservierungsmaßnahme verantwortbar und notwendig gewesen sei, doch viele engagierte Sindonologen fürchten, dass ihr Studienobjekt als Gegenstand wissenschaftlicher Untersuchungen nunmehr wertlos geworden ist.

Erstaunlicherweise hat die katholische Kirche ihren Glauben an die Ausstrahlung des Grabtuchs trotz des Resultats der Radiokarbondatierung allem Anschein nach nicht aufgegeben. In dem Vierteljahrhundert seit der Radiokarbondatierung ist das Tuch nicht weniger als dreimal mit Pomp und Feierlichkeiten ausgestellt worden (1998, 2000 und 2010), so häufig wie seit dem Beginn des 19. Jahrhunderts nicht mehr. (Eine weitere Ausstellung ist für 2015 geplant.) Das ist kaum vereinbar mit der Aussage, es handle sich um eine mittelalterliche Fälschung, und mit Sicherheit wird es den Gläubigen nicht als solche präsentiert.

Die Worte und Taten der beiden Päpste, Johannes Paul II. und Benedikt XVI., die diese Ausstellungen gestattet haben, jedenfalls vermitteln mit Sicherheit den Eindruck, als habe der Vatikan den Glauben an die Echtheit des Tuchs nicht verloren. Im Jahr 2010 beispielsweise hielt Benedikt vor der Reliquie eine kurze Ansprache, in der er insbesondere über die Bedeutung der Blutspuren auf ihr meditierte. Bei dem Grabtuch, erklärte er, »handelt es sich um ein beim Begräbnis verwendetes Tuch, in das der Leichnam eines gekreuzigten Mannes gehüllt wurde. Es stimme in allem mit dem überein, was die Evangelien von Jesus berichten. [...] Das Grabtuch ist eine Ikone, die mit Blut gemalt wurde, mit dem Blut eines gegeißelten, dornengekrönten und gekreuzigten Mannes, dessen rechte Seite verwundet wurde. Das dem Grabtuch eingeprägte Bild ist das eines Toten, aber das Blut spricht von seinem Leben. Alle Blutspuren sprechen von Liebe und Leben, besonders der große Fleck in der Rippengegend, der durch das Blut und Wasser entstand, die reichlich aus einer großen, von einem Lanzenstoß verursachten Wunde strömten. Dieses Blut und dieses Wasser sprechen vom Leben.«[31]

Kirchliche Verlautbarungen zum Grabtuch sind in der Regel Musterbeispiele wohlüberlegter Zweideutigkeiten, nicht so diese. Das Tuch wird hier dezidiert als echtes, blutgetränktes Leichentuch bezeichnet, und die Lanze, die die Wunde an der Seite – aus der sich nicht nur Blut, sondern bezeichnenderweise auch »Wasser« ergossen haben soll[32] – verursacht hat, wurde (in allen Übersetzungen außer der deutschen) als römische bezeichnet, auch hier ist keine Rede vom Mittelalter. Papst Benedikt hält das Grabtuch offenbar für echt. Warum lässt er es dann zu, dass die Welt insgesamt – und auch viele Katholiken – es als Fälschung abtun? Warum wird das Ergebnis der Radiokarbondatierung stillschweigend aufrechterhalten und kein zweiter Test gestattet? Wenn die Kirche, wie Johannes Paul II. 1998 verkündet hat, Wissenschaftlern die Aufgabe anvertraut, »ohne vorgefasste Meinungen« weiterzuforschen, auf dass befriedigende Antworten gefunden werden[33] – warum wird ihnen dann vierzehn Jahre später der Zugang zu dem Tuch noch immer verwehrt, wohingegen man eine Konservierung zugelassen hat? Diese Fragen werden immer drängender, je länger die Kirche mit doppelter Zunge redet, keine klare Stellung bezieht und Kapital aus einer Reliquie schlägt, zu deren Diskreditierung sie selbst nicht unwesentlich beigetragen hat.

So unbegreiflich die Haltung der katholischen Kirche sein mag, so vollkommen verständlich ist dagegen die der säkularen Welt. In den Augen der breiten Öffentlichkeit ist das Grabtuch eine amtlich beglaubigte Fälschung, eine mittelalterliche Kuriosität, mehr nicht. Es mag interessant sein herauszufinden, wie es hergestellt wurde, doch wenn das ein Rätsel bleibt, auch gut, was soll's. Nur Spinner glauben, es könne wirklich etwas mit Jesus zu tun haben. Diese verbreitete Einschätzung wird von vielen Akademikern geteilt, was insofern bedauerlich ist, als es bedeutet, dass nur sehr wenige Gelehrte und Wissenschaftler überhaupt je über das Grabtuch nachgedacht haben.

Das Mysterium, das es umgibt, verdankt sich zu einem großen Teil dem Umstand, dass es über lange Zeit an ebendiesem konsequenten Nachdenken gefehlt hat.

In unseren Tagen mag die Radiokarbondatierung dafür verantwortlich sein, dass so viele Leute das Tuch als mittelalterliche Schwindelei abtun. Den bei Weitem größten Teil des 20. Jahrhunderts aber stützte sich die Ablehnung auf Chevaliers Ausführungen zu dessen Geschichte im 14. Jahrhundert, die bis heute nichts an Einfluss eingebüßt haben, obwohl sich inzwischen weithin die Erkenntnis durchgesetzt hat, dass das Bild keine Malerei sein kann. Zugrunde liegt dieser ungehindert anhaltenden Skepsis eine fundamentale Frage, die die Haltung jedes Menschen gegenüber dem Grabtuch beeinflusst und nicht wenig dazu beigetragen hat, dass Chevaliers Zeitgenossen das Thema flugs unter den Teppich gekehrt und die akademische Diskussion von Stund an blockiert haben: Es handelt sich um die Frage, was seine Echtheit eigentlich bedeuten würde, oder genauer: was sie für die Frage der Auferstehung bedeuten würde.

Seit Pias Darstellung des fotografischen Negativs 1898 hat die potenzielle Bedeutung des Grabtuchs zu Begeisterung und Befürchtungen gleichermaßen Anlass gegeben. Die Frage liegt auf der Hand: Wenn das Tuch echt ist, was könnte es uns nicht nur über Tod und Begräbnis Jesu sagen, sondern auch über die Auferstehung? Sobald Pias Fotografien veröffentlicht waren, fingen glühende Verehrer an, sich zu fragen, ob das Bildnis nicht statt, wie bis dahin angenommen, auf geheimnisvolle Weise durch Schweiß und Körperausdünstungen vielleicht durch irgendeine geheimnisvolle Form von Energie entstanden sein könnte, die bei der Auferstehung freigesetzt worden ist. Ein französischer Journalist namens Arthur Loth mutmaßte, es könne vielleicht durch eine elektrische Entladung des auferstehenden Körpers Christi zustande gekommen sein.[34] Es erübrigt sich zu sagen, dass solche Spekulationen von den säkularen Vertretern der Wissenschaft mit einigem Entsetzen zur Kenntnis genommen wurden. In ihrer Sorge, das Grabtuch könnte zu einem Banner für den Glauben an die fleischliche Auferstehung mutieren, versuchten sie jede weitere Diskussion zu unterbinden und ließen überhaupt keinen Raum mehr für die Möglichkeit, dass es echt sein könnte.

Auf dem schmalen Grat zwischen Enthusiasten und Bedenkenträgern hatte Delage das Bild als natürliches Phänomen zu erklären versucht und, ohne einen Gedanken an dessen kulturelle Bedeutung zu verschwenden, die These aufgestellt, es handle sich dabei um eine ganz normale chemische Reaktion. Eine solche wissenschaftliche Distanz war und ist unerlässlich für den

Versuch, die materiellen Eigenschaften des Grabtuchs zu erkunden und zu verstehen, aber es ist naiv zu glauben, dass die Frage seiner *Echtheit* eine »rein wissenschaftliche« sei. Um das Grabtuch als kulturelles Objekt zu erklären, um zu entscheiden, ob es echt ist oder nicht, muss man über die bloße wissenschaftliche Beschreibung hinausgehen und es in eine umfassende Betrachtung der Vergangenheit einbetten, die auf Texten, Bildern und archäologischen Funden fußt. Delages Schlussfolgerung, der zufolge das Grabtuch einst den Leichnam eines gekreuzigten Mannes eingehüllt hat, mag »rein wissenschaftlich« fundiert gewesen sein, aber seine Mutmaßung, dass dieser Mann Jesus gewesen sei, erfordert eine Neuinterpretation der Evangelien und hat Konsequenzen für die Art und Weise, wie die Evangelien als historische Darstellungen zu lesen sind, wie sie aufgenommen und verstanden wurden.

Das ist der Grund dafür, dass Marcellin Berthelot Delage einen Maulkorb verpasst hat. Ohne Zweifel hatte er Sorge, dass das Grabtuch, sollte es in einer seriösen Publikation als echt eingestuft werden, von vielen Menschen als Beweis für die Auferstehung betrachtet werden würde. Diese Überlegung wird von Ian Wilson unverblümt beim Namen genannt:

> »Wenn ein ähnlicher Abdruck auf dem Grabtuch eines ägyptischen Pharaos oder eines chinesischen Kaisers aufgetreten wäre, hätte man dies einfach ohne weitere Gedanken als eine Laune der Natur abgetan. Doch es geschah nach allem, was man feststellen kann, einzig auf dem Grabtuch von Jesus von Nazareth, einem Mann, von dem es heißt, dass er Wunder wirkte und aus dem Grabe auferstand.«[35]

Diese offensichtliche Koinzidenz ist es, die das Grabtuch zu einer solchen Faszination für die Gläubigen macht und es zu einem potenziellen Auferstehungsbeleg werden lässt. Und es ist ebendiese offensichtliche Koinzidenz, die Skeptiker mehr als jeder verfügbare Beweis ein ganzes Jahrhundert hindurch dazu gebracht hat, das Grabtuch zu ignorieren und zu diffamieren. Obwohl es theoretisch durchaus echt sein und gleichzeitig mit dem Geheimnis der Auferstehung gar nichts zu tun haben könnte, erachten wir die Chance dafür instinktiv als verschwindend gering: Wie sollte es angehen, dass zwei große Mysterien, die mit ein und demselben Begräbnis zusammenhängen, nicht miteinander verknüpft sind? Ganz sicher mussten außergewöhnliche Spuren auf Jesu Leichentuch bedeuten, dass seinem Körper etwas Außergewöhnliches zugestoßen ist. Ist das Grabtuch echt, so unsere unwillkürliche Assoziation, beweist dies die Wirklichkeit der Auferstehung.

Letzten Endes ist es also die Furcht vor der mutmaßlichen Bedeutung des Grabtuchs, die seine vehemente Ablehnung durch moderne Rationalisten bewirkt. Was aber, wenn wir die potenzielle Bedeutung des Grabtuchs völlig falsch einschätzen? Was, wenn die festgemeißelte Vermutung, es könne helfen, die Auferstehung zu belegen, eine gigantische Fehleinschätzung war? Was, wenn es uns bei sorgfältigerer Deutung im Licht der jüdischen Kultur des 1. Jahrhunderts sagt, dass das »Gründungswunder« des Christentums nichts weiter war als allgemeine Verwirrung? Wären die Rationalisten unter uns dann geneigt, das Grabtuch mit freundlicheren Augen zu betrachten? Würden sie dann in den Ausführungen der gering geschätzten Sindonologen Verdienste entdecken, die ihnen bisher entgangen sind? Bei der Beantwortung dieser Fragen werden wir womöglich nicht nur das Grabtuch ein wenig besser kennenlernen, sondern auch uns selbst.

Es ist, als läge ein Bannspruch auf dem Grabtuch, der in etwa den Wortlaut hat: »Wenn das Grabtuch echt ist, ist auch die Auferstehung Wirklichkeit.« Dieser unausgesprochene Gedanke hindert die meisten Menschen daran, das Grabtuch ernst zu nehmen. Der Weg, den Bann zu brechen, besteht nicht darin, in naturwissenschaftlicher und historischer Hinsicht immer mehr über das Grabtuch herauszufinden, sondern darin, die Auferstehung neu zu überdenken. Es ist die Magie dieses Wortes, die die Befürworter blendet und seine Kritiker blind macht.

TEIL 2

Das historische Rätsel

3

Das Judentum vor Ostern

»Unter Kaiser Tiberius herrschte Ruhe«, so schrieb Tacitus zu Beginn des 2. Jahrhunderts über die Situation in Palästina zur Zeit der Kreuzigung Jesu, mit der das Christentum seinen Ausgang nahm.[1] Aus der Sicht der von den Mühen und Plagen der Juden unberührten römischen Aristokratie war dies ohne Zweifel eine zutreffende Feststellung. Vor Ort in Judäa aber war nicht alles ruhig. Im Jahr 26 n. Chr. hatte Tiberius einen neuen Statthalter nach Judäa beordert, dessen zehnjährige Amtszeit die *Pax Romana* im Osten des Römischen Reichs auf eine schwere Probe stellen sollte. Der Name dieses Statthalters lautete Pontius Pilatus.

Die Evangelien porträtieren Pilatus als rückgratlosen Zauderer, gefangen zwischen einer besorgten Ehefrau, die ihn mahnt, sich an der Exekution Jesu auf keinen Fall zu beteiligen, und blutgierigen Juden, die ihn, von verachtenswerten Rädelsführern angestachelt, letztlich dazu überreden, den Sohn Gottes der Kreuzigung zu überantworten. Dieser kleinmütige Pilatus ist eine Karikatur seiner selbst, eigens dazu erdacht, die Schuld an Jesu Tod vom römischen Statthalter in Judäa auf die Juden abzuwälzen. Der wahre Pilatus war ein finsterer, provokanter Tyrann, dem der Ruf anhing, ungerecht, gewalttätig und von niederer Gesinnung zu sein.[2] Eine Episode illustriert den krisenhaft-fragilen Zustand Judäas unter seiner Ägide besonders anschaulich. Nach Josephus, einem jüdischen Historiker, dessen Schriften vom Ende des 1. Jahrhunderts datieren, ereignete sie sich offenbar im Jahr 26, kurz nach der Ankunft des Präfekten in der Provinz, und trug nicht unwesentlich dazu bei, den Boden für das plötzliche Aufkeimen des Christentums zu bereiten.[3]

Das Unheil nahm seinen Lauf, als der unerfahrene Pilatus eine Kohorte Soldaten aus der Küstenstadt Cäsarea nach Jerusalem befehligte, wo sie den Winter über bleiben sollte.[4] Alle Einheiten der römischen Armee marschierten unter einem Signum, einem auf eine Lanze oder Stange montierten Feldzeichen, das – ähnlich den Truppengattungsabzeichen einer modernen Armee, nur mit einer gehörigen Portion an religiösem Symbolgehalt aufgeladen – ihre Herkunft und Zugehörigkeit verriet. Manche dieser Legionsfeldzeichen trugen das in Metall geprägte Bildnis des Kaisers, das als Verkörperung des als halbgöttlich angesehenen Herrschers galt.[5] Wie selbst der geringste Infanterist jener Zeit wusste, wurden solche Bilder von den Juden als zutiefst anstößig empfunden, für sie waren dies verabscheuenswürdige Götzenbilder, die gegen göttliches Gesetz verstießen. Um den Frieden nicht zu gefährden, verwendeten alle in Jerusalem stationierten römischen Truppen schlichte, unbedenkliche Feldzeichen. In seinem Leichtsinn beschloss der neue Statthalter, dieses Tabu zu missachten, und befahl der Kohorte, unter ihrem üblichen Feldzeichen – einem Konterfei des Kaisers – nach Jerusalem zu ziehen. Da man ihn vor dem Aufruhr gewarnt hatte, den dies nach sich ziehen könnte, ließ er die Soldaten bei Nacht in die Stadt schmuggeln, damit der Coup, wenn er bei Tage offenbar wurde, die Menschen vor vollendete Tatsachen stellen würde.

Als den Einwohnern von Jerusalem am anderen Tag klar wurde, was da geschehen war, waren sie fassungslos vor Empörung. Je weiter die Kunde sich ausbreitete, desto mehr Juden versammelten sich vor der Residenz des Statthalters und verlangten, dass dieser ihr Gesetz achte und die Bilder entfernen lasse. Pilatus weigerte sich mit der Begründung, damit würde er den Kaiser entehren. Die Juden gaben jedoch nicht nach: Fünf Tage und Nächte harrten sie vor seinem Palast aus und baten ihn, seinen Affront wiedergutzumachen. Am sechsten Tag riss dem Statthalter der Geduldsfaden. Er gab vor, ihnen eine faire Anhörung gewähren zu wollen, und rief die Menschen dazu auf, sich im Stadion vor der Stadt zu versammeln – nachdem er zuvor eine Kompanie Soldaten unter den Tribünen hatte Stellung beziehen lassen. Sobald die Juden ihre Bitte erneut vortrugen, gab Pilatus den Soldaten ein Signal, und die Bewohner von Cäsarea sahen sich von gezückten Schwertern umringt. Er drohte ihnen mit dem Tod, sollten sie ihren Protest nicht einstellen. Aber er hatte seine Gegner falsch eingeschätzt. Statt sich eingeschüchtert zurückzuziehen, »warfen sich [die Juden] zu Boden, entblößten ihren Hals und erklärten, sie würden lieber sterben, als etwas geschehen zu lassen, was der weisen Vorschrift ihrer Gesetze zuwiderlaufe.«[6] Pilatus, dem klar war, dass er es sich nicht leisten konnte, so viele Menschen in Märtyrer zu verwandeln, traf die weise Entscheidung, seine Drohung nicht wahr zu machen. Der Protest war erfolgreich, und die anstößigen Feldzeichen wurden nach Cäsarea zurückgebracht.

Historische Darstellungen aus dieser Zeit sind dünn gesät, und wir können uns in der Tat glücklich schätzen, diesen Bericht über ein so bedeutsames Ereignis in Händen zu halten, das sich am Vorabend der Auferstehung ereignet hat. Es liefert uns eine unschätzbare Momentaufnahme von Menschen, die im selben politischen Klima lebten wie die Jünger Jesu, jüdische Glaubensbrüder, die genau wie jene während der Amtszeit von Pontius Pilatus eine schwere religiöse Krise durchmachten. Man darf nicht vergessen, dass die ersten Christen (wie wir sie heute nennen) Juden waren und sich auch nie als etwas anderes betrachtet hätten. Es ist in der Tat wahrscheinlich, dass einige derjenigen, die Pilatus im Stadion von Cäsarea die Stirn geboten haben, später zu den Anhängern Jesu gehörten, womöglich haben einige von ihnen den auferstandenen Jesus mit eigenen Augen gesehen. (Es gibt, wie wir sehen werden, weit mehr solcher Augenzeugen, als für gewöhnlich angenommen wird.) Wir müssen, um mit der wundersamen Vorstellung von der Auferstehung zurande zu kommen, verstehen, wie die ersten Christen gedacht haben und was sie *vor* den Osterereignissen – das heißt, bevor sie Christen wurden – geglaubt haben. Die protestierenden Einwohner von Cäsarea können als exemplarisch für ihre Gesinnung gelten. Wenn wir die Mentalität dieser jüdischen Radikalen verstehen können, verstehen wir vielleicht auch die geistige Haltung derer, die kurz darauf die Auferstehung proklamiert haben.

Die alte jüdische Weltsicht basierte auf einem einzigartigen Erbe aus Mythen, Legenden und Historie, das (so glaubte man) bis an den Anfang aller Zeiten zurückreichte. Dieses Erbe war in den Schriften der hebräischen Bibel (Tanach) niedergelegt, die von den Christen übernommen wurden und heute deren Altes Testament bilden (darunter die fünf Bücher Mose). In ihrer Gesamtheit stellen diese Schriften ein ganz außerordentliches Epos über die Vergangenheit des jüdischen Volkes dar: die Geschichte Israels. Heute geht man davon aus, dass nur ein geringer Teil der in den hebräischen Schriften geschilderten Episoden sich tatsächlich ereignet hat. Statt um eine nüchterne Chronologie historischer Ereignisse handelt es sich um eine im Verlauf des 8. bis 5. Jahrhunderts v. Chr. entstandene »erstaunlich reichhaltige Sammlung historischer Schriften, Erinnerungen, Sagen, volkstümlicher Erzählungen Anekdoten, königlicher Propaganda, Prophezeiungen und uralter Dichtung«.[7] Für Juden des 1. Jahrhunderts aber war die Geschichte Israels die einzige historische Darstellung, die es gab, und galt als unumstößliche Wahrheit.

Die erste Hälfte der Geschichte findet sich in den ersten fünf Büchern des Alten Testaments. Genesis, Exodus, Levitikus, Numeri und Deuteronomium. Im Hebräischen sind diese Bücher als Tora bekannt – die »Lehre« oder die »mosaischen Gesetze« –, denn sie enthalten neben der großen Erzählung von der Gründung Israels auch die ursprünglichen Statuten des Volkes Israel, die Gesetze Gottes. Die Tora wurde, so glaubten die Juden, Mose von Gott auf dem Berg Sinai diktiert, sie bedachte jeden Aspekt antiken jüdischen Lebens. Sie schrieb verschiedene Bräuche und Überzeugungen vor, die die Juden von anderen Völkern unterschieden, vor allem der Glaube an einen einzigen Gott, die männliche Beschneidung, das Sabbatgebot, die ethnische Reinheit und bestimmte Speisegesetze. Sie setzte strenge ethische Regeln fest, bestimmte Feste und Fastenzeiten, regelte die Priesterweihe und gab detaillierte Anweisungen für Opferriten. An der Mehrheit der jüdischen Bevölkerung werden die Feinheiten dieses Gesetzessystems ohne Zweifel vorbeigegangen sein, aber die Historie insgesamt sowie der moralische und ethische Kodex, den es verkörperte, wurden von jedermann gelebt. Er wurde Kindern von der Wiege an (da die Hälfte von ihnen beschnitten wurde) gelehrt, und in der Synagoge bekamen sie regelmäßig Texte aus der Tora zu hören. Jüdisch sein bedeutete, die Tora zu kennen und zu befolgen.

Die Geschichte Israels beginnt am Anfang aller Zeiten, da Gott – im Alten Testament »Jahwe« oder »der Herr« genannt – Himmel und Erde entstehen lässt.[8] Jahwe war kein lokaler Himmelsgott, der einen bereits existierenden Kosmos bewohnte, auch war er kein gewöhnlicher Schöpfergott wie der griechisch-antike Demiurg, der eine mit vielen Übeln behaftete Welt geschaffen hatte. Er war Herr über die Schöpfung, und diese Schöpfung war im Wesentlichen gut – »Gott sah alles an, was er gemacht hatte. Es war sehr gut.«[9] Das allerdings warf zu Beginn des 1. Jahrhunderts ein Problem auf, denn für jedermann war klar ersichtlich, dass Gottes Schöpfung längst nicht mehr die beste aller möglichen Welten war. Irgendetwas war furchtbar aus dem Ruder gelaufen. Die gesamte Geschichte des Volkes Israel (und der gesamte Gesetzeskorpus der Tora) war im Prinzip eine Reaktion auf das Problem von Leiden und Übel. Sie erklärte, was missraten war und dass Gott einen mehr oder minder undurchschaubaren geheimnisvollen Plan geschmiedet hatte, um seine Schöpfung zu retten, und warum es so lange dauerte, bis der Plan verwirklicht sein würde.

Das Problem – wer hätte es gedacht! – war durch den Menschen in die Welt gekommen. Die Genesis beschreibt zwei Aspekte der Schöpfung des Menschen, und beide zusammen bestimmten die jüdische Wahrnehmung dessen, was es bedeutet, Mensch zu sein. Einerseits schuf Gott den Menschen, Mann und Frau, nach seinem eigenen Bilde, andererseits formte er Adam aus Erde vom Ackerboden und blies ihm den Lebensatem ein.[10] Der Mensch wurde wohl mit verschiedenen Privilegien wie der Herrschaft über »die ganze Erde«[11] ausgestattet, aber es dauerte nicht lange, bis er seinen Schöpfer gegen sich aufgebracht hatte. Von der Schlange verführt, aßen Adam und Eva von den Früchten am Baum der Erkenntnis, dem einzigen Baum im Garten Eden, deren Frucht Gott ihnen zu essen verboten hatte, und wurden dafür aus dem Paradies verstoßen. Eva wurde verdammt, ihre Kinder unter Schmerzen zu gebären, Adam dazu, im Schweiße seines Angesichts auf seinen Feldern zu schuften, und beide wurden dazu verurteilt zu sterben – »denn Staub bist du, und zum Staub musst du zurück«.[12] Die Ursünde von Adam und Eva – ihr Ungehorsam gegen Gottes uraltes Gebot – wurde zur Quelle allen menschlichen Leidens und Sterbens. Die Auferstehung würde die lang erwartete Aufhebung dieses allmächtigen Fluchs bringen.

Nach Adam und Eva wurden die Dinge nicht besser. Das Unheil nahm seinen Lauf mit Kain, dem erstgeborenen Sohn der beiden, der seinen Bruder Abel in einem Anfall von Eifersucht erschlug. Nur acht Generationen später hatte sich die Sündhaftigkeit überallhin ausgebreitet, und Gott beschloss, seine Geschöpfe mit einer großen Flut auszurotten, vor der er allein den rechtschaffenen Noah warnte. Selbst das löste das Problem nicht. Nach der Sintflut kehrte die wieder bevölkerte Welt nur allzu rasch zu moralischer Verwerflichkeit zurück. Doch statt die Welt mit einer zweiten Sintflut reinzuwaschen, beschloss Gott, dass er dem Menschen dieses Mal helfen wollte, sich selbst zu erlösen. Er wollte sich ein Volk erwählen, das ihm diente, ein Volk, dessen Gehorsam alle Sünden Adams und seiner Nachfahren wiedergutmachen würde. Der Vater dieses Volkes – des auserwählten Volkes Gottes – war Abraham, Stammvater der Juden.

Um seinen Plan in die Wirklichkeit umzusetzen, schloss Gott mit Abraham einen Bund. Als Gegenleistung für dessen treue Ergebenheit wollte Gott Abraham zum »Stammvater einer Menge von Völkern« machen, mehr noch, er wollte ihm und seinen Nachkommen »ganz Kanaan, das Land, in dem du als Fremder weilst, für immer zu eigen« geben.[13] Im Guten wie im Bösen ist die Verheißung von einem gelobten Land für die Juden schon immer von zentraler Bedeutung gewesen, hat ihre Fantasie beflügelt und ihr Schicksal beeinflusst. Für die Juden im 1. Jahrhundert wird die Überzeugung, dass Israel ein unveräußerliches, von Gott verliehenes Recht auf sein Land hat, die Beherrschung durch die Römer nur umso schwerer zu ertragen gemacht haben.

Wie in allen guten Geschichten gibt es auch in der Geschichte Israels jede Menge überraschende Entwicklungen und Wendungen. Nach Abrahams Tod gelangte dessen Sohn Isaak als Nomade zu einigem Wohlstand im Land Kanaan, das Leben seiner Enkel Jakob und Esau aber verlief weniger glücklich. Esau, der Ältere, verkaufte sein Erstgeburtsrecht für eine Schüssel Linseneintopf an Jakob (der später den Namen Israel tragen sollte). Jakob hingegen endete mit seinen zwölf Söhnen, den späteren Stammvätern der zwölf Stämme Israels, als Flüchtling in Ägypten. Dieser sagenumwobene Aufenthalt in Ägypten versah das Judentum mit den beiden großen Konnotationen Exil und Verzweiflung. Über 400 Jahre, so will es die Erzählung, wurden die Kinder Israels von den Pharaonen als Sklaven gehalten und als billige Arbeitskräfte auf Baustellen und Feldern ausgebeutet.

Der Bund, so schien es, war gelöst. Aber Gott hatte sein Volk nicht für immer verlassen. Das große Epos des Exodus erzählt die Geschichte von der Befreiung des Volkes Israel aus der Knechtschaft, eine Darstellung, die als Sinnbild der alles überragenden Macht Gottes gelesen wird, das jüdische Volk immer und jederzeit aus den Klauen seiner Feinde zu retten. Der Held dieses Epos ist Mose, der Erste unter den Weisen der hebräischen Überlieferung. Er, der als Gottes Mittler den Pharao vor den zehn Plagen, die das Land Ägypten heimsuchen würden, im Voraus gewarnt hatte, führte die Israeliten durch das Rote Meer – dessen Wasser sich auf wunderbare Weise teilten – in die Wüste Sinai.

Dort in der Wüste gab sich Gott Mose und den Israeliten zu erkennen. Der berühmteste Teil seiner Offenbarung war die Einsetzung der Zehn Gebote auf dem Berg Sinai. Sie wurden vom »Finger Gottes« auf zwei Steintafeln verewigt, die Mose in der Bundeslade bewahrte, einer vergoldeten Truhe, die das Volk Israel als Garant der Gegenwart Gottes überallhin begleitete. Die meisten der zehn Gebote sind einfache ethische Vorschriften, über deren Berechtigung im Allgemeinen keinerlei Uneinigkeit besteht – »Du sollst nicht morden« ist ein solches Beispiel. Drei davon aber heben sich von den anderen ab und unterstreichen Israels religiöse Sonderstellung.[14]

Das wichtigste ist das erste Gebot: »Du sollst neben mir keine anderen Götter haben.« Der Monotheismus – die Verehrung einer einzigen Gottheit – war der Fels, auf den das Judentum gegründet wurde.[15] Die ausschließliche Hingabe an einen Gott hob die Juden von ihren heidnischen Nachbarn ab, die kein Problem darin sahen, eine Vielzahl an Göttern zu verehren. Das zweite Gebot, das Verbot der Götzenverehrung, des Anbetens vom Menschen geschaffener Gottesbilder, ist im Grunde eine Erweiterung des ersten:

> »Du sollst dir kein Gottesbild machen und keine Darstellung von irgendetwas am Himmel droben, auf der Erde unten oder im Wasser unter der Erde. Du sollst dich nicht vor anderen Göttern niederwerfen und dich nicht verpflichten, ihnen zu dienen. Denn ich, der Herr, dein Gott, bin ein eifersüchtiger Gott ...«

In den frühen Tagen des Judentums war offenbar die Versuchung groß, die Anbetung Jahwes durch die Verehrung rivalisierender Götter zu ergänzen, und die hebräischen Schriften geizen nicht mit finsteren Warnungen vor den Folgen solcher Abtrünnigkeit. Zu den trostlosesten Geschichten gehört die Geschichte vom Goldenen Kalb, einem Kultbild, das die Kinder Israels sich selbst geschaffen hatten, während Mose auf dem Berg Sinai mit Gott im Gespräch war. Dreitausend Israeliten mussten für dieses Vergehen ihr Leben lassen, und um das Maß vollzumachen, »schlug [er] das Volk mit Unheil, weil sie das Kalb gemacht hatten«.[16]

Aus dem Rahmen fällt auch das im Exodus als viertes – in der evangelisch-lutherischen und der römisch-katholischen Kirche als drittes – geführte Gebot: »Sechs Tage darfst du schaffen und jede Arbeit tun. Der siebte Tag ist ein Ruhetag, dem Herrn, deinem Gott, geweiht.« Das Sabbatgebot wird ausdrücklich zu Gottes großem Schöpfungsakt in Bezug gesetzt: »Denn in sechs Tagen hat der Herr Himmel, Erde und das Meer gemacht und alles, was dazugehört; am siebten Tag ruhte er. Darum hat der Herr den Sabbattag gesegnet und ihn für heilig erklärt.«[17] Der Sabbat wurde damit zur wöchentlichen Besinnung darauf, dass Jahwe kein einfacher Stammesgott auf Augenhöhe mit anderen lokalen Gottheiten war, sondern der Schöpfer des Kosmos, alleinherrschender, allmächtiger Gott.

Die Tora lässt den Ausgang der epischen Reise des Volkes Israel offen. Fortgeführt wird die Erzählung im nächsten Abschnitt der hebräischen Bibel, den Büchern der Propheten, aus denen die Juden ihr Bild von Israels heroischer und sorgenvoller Vergangenheit herleiteten, einer Zeit, in der die Verheißung des Gelobten Landes sich vorübergehend erfüllte, dann aber erneut von Unheil abgelöst wurde. Die moderne Wissenschaft hat zeigen können, dass die biblische Geschichte der Besiedelung und Beherrschung Kanaans durch Israel historisch nicht zuverlässiger ist als die Mythen der Genesis und des Exodus, aber im Judäa des 1. Jahrhunderts bestand an deren Wahrheitsgehalt nicht der geringste Zweifel.[18] Die ersten Christen glaubten aus ganzem Herzen an diese Überlieferungen, und ihr Traum vom Reich Gottes machte sich, beflügelt durch die Auferstehung Jesu, an dieser Zeit der großen Taten fest.

Unter der Führung Josuas schritt die Eroberung des Gelobten Landes zügig voran. Als das Land eingenommen war, wurde es unter den zwölf Stämmen Israels aufgeteilt und diesen als Erbteil auf ewig zugesprochen. Nach dem Tod Josuas aber begannen die Israeliten, kanaanitische Frauen zu ehelichen und die Götter ihrer nichtjüdischen Gattinnen zu verehren. Immer wieder erregten sie auf diese Weise Gottes Zorn, und das auserwählte Volk fand sich in einem gewalttätigen Teufelskreis aus Krieg und Unterdrückung gefangen. Zum Glück ersann Gott jedoch eine Möglichkeit, sein Volk aus seinem selbst verschuldeten Leid zu erlösen. Was die Israeliten brauchten, war ein König, der ihre Kräfte zum Kampf gegen ihre Feinde bündeln und sie selbst unbeirrt auf dem rechten Weg halten würde. Der erste König, Saul, war eine erbärmliche Fehlbesetzung, doch sein Nachfolger David wurde zu Israels Nationalhelden. David war ein großer Krieger und schuf, nachdem er Israels Feinde im eigenen Land niedergeworfen hatte, ein großes Reich, das sich weit jenseits des Jordan nach Syrien hinein bis an den Euphrat erstreckte. Unter David wurde die Verheißung, die Abraham zuteil geworden war, ruhmreich erfüllt.

David stand so hoch in Gottes Gunst, dass er das göttliche Versprechen erhielt, seine Nachkommen würden ein ewiges Königreich regieren, dessen Mittelpunkt Jerusalem sei:

> »Wenn deine Tage erfüllt sind und du dich zu deinen Vätern legst, werde ich deinen leiblichen Sohn als deinen Nachfolger einsetzen und seinem Königtum Bestand verleihen. Er wird für meinen Namen ein Haus bauen, und ich werde seinem Königsthron ewigen Bestand verleihen.«[19]

Davids unmittelbarer Nachfolger war sein Sohn, der weise und märchenhaft reiche Salomo, der, wie es die Prophezeiung vorsah, dem Herrn »ein Haus« in Jerusalem baute, den sagenumwobenen salomonischen Tempel. Sobald das Werk vollendet war, wurde die Bundeslade in den Tempel überführt und dort im »Allerheiligsten« untergebracht. »Als dann die Priester aus dem Heiligtum traten, erfüllte die Wolke das Haus des Herrn. [...] denn die Herrlichkeit des Herrn erfüllte das Haus des Herrn.«[20] Damit weihte Gott Salomos Tempel zu seiner Wohnstatt auf Erden. So wurde Jerusalem zur Heiligen Stadt, und deshalb konnten, fast tausend Jahre nach Salomos Zeit, fromme Juden es nicht dulden, dass römische Bildnisse in die Stadt gebracht wurden.

Nach König Salomos Tod wurde das vorübergehende Großreich aufgeteilt in zwei Königreiche, das den Jordan überspannende Israel im Norden und das kleinere Juda, die Region um Jerusalem, im Süden. Von seinem ersten König Jerobeam an, der die Anbetung eines goldenen Kalbes einführte, taten sämtliche Königreiche des Nordens, »was dem Herrn missfiel«. Schließlich verlor Jahwe endgültig die Geduld. Als Werkzeug seines Zorns suchte er sich Salmanassar, den König von Assur, der in das Nordreich einfiel, dessen Hauptstadt Samaria einnahm, deren Bevölkerung umsiedelte und durch Fremde ersetzte. Zehn der zwölf Stämme Israels waren damit aus dem Gelobten Land vertrieben.

Die Könige von Juda waren nicht wesentlich gefügiger als ihre Pendants im Norden, und Jahwe machte seinem Ärger schließlich Luft, indem er auch das Südreich den Händen seiner Feinde auslieferte. Im Jahr 597 v. Chr. eroberte der babylonische König Nebukadnezzar Juda: »Von ganz Jerusalem verschleppte er alle Vornehmen und alle wehrfähigen Männer, insgesamt zehntausend Mann, auch alle Schmiede und Schlosser. Von den Bürgern des Landes blieben nur die geringen Leute zurück.«[21] Zum letzten Schlag kam es zehn Jahre später, als Nebukadnezzar wegen eines Aufstands nach Jerusalem zurückkehrte und die Stadt verwüstete. Der Tempel wurde seiner Schätze beraubt und zerstört, die verbliebenen Einwohner verschleppt. Jahrhunderte nach dem Exodus war der Albtraum Exil erneut Wirklichkeit geworden.

Die Geschichte Israels – jenes große Narrativ, das in groben Umrissen vorgab, wie die Juden der Antike die Welt sahen – fand mit der Babylonischen Gefangenschaft ein abruptes Ende. Das auserwählte Volk war in das Gelobte Land geführt worden, hatte es endlich erobert, besiedelt … und war dann schändlich vertrieben worden. Von da an wurde die Geschichte selbst zum Hauptgegenstand seiner religiösen Betrachtungen.[22] Wenn wir nun fortschreiten zur Zeit des Exils und darüber hinaus, lassen wir das Reich der Legenden hinter uns und begeben uns auf das Terrain der dokumentierten Geschichte.

Nachdem Nebukadnezzar Jerusalem zerstört hatte, blieben dessen führende Bürger noch vierzig Jahre in Babylon gefangen, weit weg von ihrem Land, ihrem Tempel und ihrem Gott. Sie fanden offenbar Trost in kleineren religiösen Zusammenkünften vor Ort, begannen sich in Synagogen zu treffen, um zu beten, Psalmen zu singen, die Schrift zu hören und zu lesen, zu predigen und zu diskutieren.[23] Eine andere Art, mit der Situation Exil umzugehen, boten die Propheten mit ihren Weissagungen, die für sich in Anspruch nahmen, Gottes Wort und Wille in göttlichem Auftrag zu verkünden. Im 6. Jahrhundert v. Chr. wirkten mehrere Propheten: Jeremias, Ezechiel, ein sogenannter »zweiter Jesaja« oder Deuterojesaja und Sacharja, um nur einige zu nennen.[24] Die orakelhaften Worte dieser Männer waren von machtvoller Wirkung auf die jüdische Vorstellungswelt. Am spannendsten waren vielleicht die martialischen Visionen und Allegorien des Ezechiel, eines ehemaligen Priesters, der zu denen gehörte, die vor der Zerstörung Jerusalems im Jahr 597 v. Chr. ins Exil verschleppt worden waren.

Ezechiels Berufung zum Propheten begann, so berichtet er, mit der atemberaubenden Vision von einem himmlischen Gefährt und dem Thron Gottes. »Auf dem, was einem Thron glich, saß eine Gestalt, die wie ein Mensch aussah«, umgeben von einem hellen Schein, der Ähnlichkeit mit einem Regenbogen hatte. Nach dieser Offenbarung begann Ezechiel seinen israelitischen Mitbrüdern die zornigen, rachsüchtigen Botschaften Jahwes zu übermitteln. Der »Gräueltaten« wegen, »die das Haus Israel begeht«, werden dessen Bewohner »durch Schwert, Hunger und Pest umkommen«, heißt es, und Jerusalem, Jahwes treulose Braut, werde zerstört, geplündert und »nackt und bloß daliegen«.[25] Wenn aber das Volk von seinen Sünden gereinigt sei, werde ER, Jahwe, es wieder ins Gelobte Land führen.

Vor diesem Hintergrund schilderte Ezechiel dann zwei versöhnliche Prophezeiungen, die im Judentum über Jahrhunderte vor sich hingären sollten, um sich schließlich im Urchristentum zu entladen. Die erste war die Vorstellung, dass Israel nach dem Exil erneut von einem Spross aus dem Geschlecht Davids regiert werden würde. Durch Ezechiel ließ Gott verkünden, dass eine Zeit kommen werde, da Israel als die Herde des guten Hirten wieder in seinem eigenen Land unter einem König aus dem Hause Davids leben würde: »Ich setze für sie einen einzigen Hirten ein, der sie auf die Weide führt, meinen Knecht David. Er wird sie weiden [...] und mein Knecht David wird in ihrer Mitte der Fürst sein.«[26] Diese Prophezeiung erwies sich als falsch. Die davidische Königsherrschaft sollte nie wieder Wirklichkeit werden. Aber sie war ein Traum, der in regelmäßigen Abständen Hoffnungen auf ein Wiederaufblühen des Volkes Israel säte, so lange, bis die Juden unter Kaiser Hadrian 135 schließlich endgültig aus Judäa vertrieben wurden.

Von Saul an waren alle israelitischen Könige, darunter auch David, geweiht worden, indem man sie mit Öl salbte, daher hießen sie auch die »Gesalbten« des Herrn. Das hebräische Wort für »gesalbt« lautet *maschiach*, eingedeutscht als »Messias« (ins Griechische übersetzt als *christos* – Christus). Ein Messias war demnach nichts anderes als ein gesalbter Herrscher über Israel. Sechs Jahrhunderte nach dem Sturz der davidischen Dynastie erwartete ein großer Teil der Bewohner Judas hoffnungsfroh die Ankunft eines neuen Messias, der ihr Volk zu vormaliger Größe führen würde. Dieser Messias würde ein ebenso siegreicher Held sein, wie David selbst es gewesen war.[27] Durch einen geheimnisvollen alchemistischen Akt mutierte diese nationalistisch geprägte Hoffnung zum christlichen Urbild von einem überirdischen, gekreuzigten Messias. Teil dieser Alchemie war der Glaube an eine Auferstehung der Toten, womit wir bei der zweiten Heilsbotschaft Ezechiels wären.

In der Vorausschau auf Israels Rückkehr ins Gelobte Land entwarf Ezechiel eine der fantastischsten und einflussreichsten Allegorien der gesamten Literaturgeschichte. In einer Textpassage, die von entscheidender Bedeutung für die Entstehung des jüdischen Begriffs der Auferstehung sein sollte, malte er Israel als ein Meer aus vertrockneten Knochen, das durch den Geist Gottes zu neuem Leben erweckt wird:

> »Die Hand des Herrn legte sich auf mich, und der Herr brachte mich im Geist hinaus und versetzte mich mitten in die Ebene. Sie war voll von Gebeinen. Er führte mich ringsum an ihnen vorüber, und ich sah sehr viele über die Ebene verstreut liegen; sie waren ganz ausgetrocknet. Er fragte mich: Menschensohn, können diese Gebeine wieder lebendig werden? Ich antwortete: Herr und Gott, das weißt nur du. Da sagte er zu mir: Sprich als Prophet über diese Gebeine, und sag zu ihnen: Ihr ausgetrockneten Gebeine, hört das Wort des Herrn! So spricht Gott, der Herr, zu diesen Gebeinen: Ich selbst bringe Geist in euch, dann werdet ihr lebendig. Ich spanne Sehnen über euch und umgebe euch mit Fleisch; ich überziehe euch mit Haut und bringe Geist in euch, dann werdet ihr lebendig. Dann werdet ihr erkennen, dass ich der Herr bin. Da sprach ich als Prophet, wie mir befohlen war; und noch während ich redete, hörte ich auf einmal ein Geräusch: Die Gebeine rückten zusammen, Bein an Bein. Und als ich hinsah, waren plötzlich Sehnen auf ihnen, und Fleisch umgab sie, und Haut überzog sie. Aber es war noch kein Geist in ihnen. Da sagte er zu mir: Rede als Prophet zum Geist, rede, Menschensohn, sag zum Geist: So spricht Gott, der Herr: Geist, komm herbei von den vier Winden! Hauch diese Erschlagenen an, damit sie lebendig werden. Da sprach ich als Prophet, wie er mir befohlen hatte, und es kam Geist in sie. Sie wurden lebendig und standen auf – ein großes, gewaltiges Heer.«[28]

So groß war die Not, die Israel heimgesucht hatte, so umfassend seine Erniedrigung, dass das Volk Israel in Ezechiels Augen gestorben war und seine Erneuerung symbolisch gesehen einer Wiedergeburt gleichkam. Es ist eine wunderbar radikale Versinnbildlichung des Elends, das ein Exil für die Heimatlosen bedeutet, und der vorweggenommenen Freude bei der Rückführung in die Heimat. Die Bedeutung des Gleichnisses wird vom Geist des Herrn selbst wie folgt erläutert:

»Er sagte zu mir: Menschensohn, diese Gebeine sind das ganze Haus Israel. Jetzt sagt Israel: Ausgetrocknet sind unsere Gebeine, unsere Hoffnung ist untergegangen, wir sind verloren. Deshalb tritt als Prophet auf, und sag zu ihnen: So spricht Gott, der Herr: Ich öffne eure Gräber und hole euch, mein Volk, aus euren Gräbern herauf. Ich bringe euch zurück in das Land Israel.«[29]

Ezechiel sprach diese Worte im 6. Jahrhundert v. Chr. und schrieb sie nieder, um ein paar tausend unglückliche, von ihrer angestammten Heimat und ihrem Gott abgeschnittene Israeliten zu trösten. Die sonderbaren Hoffnungen, die sein Bild in späteren Generationen von in ihre Heimat zurückgekehrten, aber noch immer unglücklichen Juden heraufbeschwören würde, hat Ezechiel nie und nimmer vorausahnen können. Wie hätte es ihn verwundert festzustellen, dass sein Gleichnis wörtlich genommen werden würde als Ereignis, dessen Zeuge er gewesen war, und als Wunder, das eines Tages wahr werden würde.

Ezechiels Hoffnung war nicht vergebens. Als der persische König Kyrus die Babylonier besiegte und ein Dekret erließ, das es den gefangenen Israeliten ermöglichte, in das nunmehr unter seiner Herrschaft stehende Juda zurückzukehren, wurde den knöchernen Überbleibseln Israels in der Tat neues Leben eingehaucht. Das Exil war vorüber. Was für einen Staat aber würden die Heimkehrer errichten können, und wie würde das wiedererstandene Israel mit seiner schweren Vergangenheit umgehen? Alles, was nach dem Exil kam, war in gewisser Weise der Versuch, die Geschichte Israels erneut fortzuschreiben, den Bund zwischen Jahwe und seinem auserwählten Volk zu erneuern, eine schmerzvolle historische Episode zu einem mythischen Schicksalsweg zu verklären.

Unter persischer Herrschaft wurde das Volk von Juda jüdisch im eigentlichen Sinne, es festigte sein Bewusstsein dafür, woher es gekommen war und wohin es gehen würde.[30] Es war eine Zeit der Zuversicht, aber auch der Frustration. Das auserwählte Volk war zurück in Juda, und der 516 v. Chr. fertiggestellte Zweite Tempel gab seiner Identität einen neuen Mittelpunkt. Solange es jedoch der Unabhängigkeit entbehrte, ging sein Exil in gewissem Sinne weiter. Freiheit und die letztendliche Erfüllung des göttlichen Plans würden erst möglich, wenn Israel für eine Vielzahl an Sünden gebüßt hatte. Sühne war nur zu erreichen, wenn das Volk sich strikt an das göttliche Recht, die Tora, halten und Jahwe in seinem Tempel hinreichend Anbetung widerfahren lassen würde. Es war eine recht schnörkellose Heilsverheißung, und solange Juda von Persien regiert wurde, muss sie nach einer realistischen Chance ausgesehen haben.

Im Jahr 332 v. Chr. aber änderte sich die Richtung der jüdischen Geschichte erneut, und die Erfüllung des göttlichen Plans verkomplizierte sich. In jenem Jahr marschierte Alexander der Große auf dem Weg nach Ägypten durch Palästina und lieferte sich mit dem Perserkönig Darius einen erbitterten Kampf der Titanen, an dessen Ende Juda seinem hellenistischen Reich einverleibt wurde. Plötzlich fanden sich die Juden als Teil einer fremden griechischen Welt wieder. Das bedeutete für die Lebensanschauung des jüdischen Volkes und des jüdischen Selbstverständnisses eine unerwartete und letztlich tödliche Anfechtung. Denn im Unterschied zu den Persern verfolgten die Griechen unbeirrt einen Weg des kulturellen Imperialismus.

Während der hellenistischen Periode wurden in ganz Judäa (so der griechische Name für Juda), in Samarien und Galiläa, im Ostjordanland und entlang der Mittelmeerküste griechische Städte gegründet. In diesen Städten kamen die Juden mit allen herkömmlichen Einrichtungen des griechischen Lebens – Tempeln, Theatern, Stadien, Schulen – ebenso in Kontakt wie mit der griechischen Literatur und Philosophie. Viele Juden, darunter auch Bewohner Jerusalems, ließen sich von dieser neuen, hochzivilisierten, gelehrten Welt beeindrucken, und Griechisch wurde bald zur Sprache von Regierung und Verwaltung, Literatur und Bildungswesen.

Gleichzeitig aber hoben ihr Glaube an einen einzigen Gott und ihre exklusive Glaubenspraxis die Juden von der übrigen hellenistischen Welt ab, was zwangsläufig zu Spannungen zwischen Juden und Nichtjuden, aber auch innerhalb der jüdischen Gemeinschaft selbst führte. Es stellte sich die Frage, wie weit die jüdisch-hellenistische Annäherung gehen sollte – das galt insbesondere für Judäa. Im Lauf der nächsten vierhundert Jahre sollten die unterschiedlichen Antworten auf diese Frage (von den Juden selbst und von mächtigen Außenstehenden) zur Zersplitterung und schlussendlich zum Zerfall des antiken Judentums führen.

Nach dem Tod Alexanders des Großen im Jahr 323 v. Chr. wurde Judäa zunächst dem ägyptischen Reich der Ptolemäer einverleibt, dann, nach 198 v. Chr., dem syrisch-mesopotamischen Reich der Seleuziden. Das Land erlebte unter den Seleuziden eine Blütezeit, die anhielt, bis Antiochus IV. Epiphanes im Jahr 175 den Thron bestieg. Der neue Herrscher war ein glühender Hellenist, und seine erste Amtshandlung bestand darin, den Hohenpriester Onias durch dessen Bruder Jason zu ersetzen, der davon träumte, Jerusalem in einen hellenistischen Stadtstaat umzuwandeln. Weitere Intrigen, darunter die Ermordung Onias', sorgten für zunehmenden Unmut und ließen Feindseligkeiten um sich greifen. Im Jahr 169 v. Chr. verbreitete sich das Gerücht, Antiochus sei auf einem Feldzug in Ägypten gefallen, und die Bewohner Jerusalems erhoben sich gegen sein Regime.

Doch die Berichte vom Tod des Herrschers waren offenbar eine Falschinformation gewesen. Antiochus zog mit einer gewaltigen Armee nach Jerusalem ein, riss die Mauern ein, metzelte die Einwohner nieder und versklavte sie und plünderte den Tempel. Im Anschluss an weitere Unruhen im folgenden Jahr beschloss er, sein »jüdisches Problem« ein für alle Mal zu lösen, indem er das Judentum in seinem Ursprungsland systematisch auslöschte. Eine Reihe von Verordnungen wurde erlassen, die das Beschneiden verboten, die Speisegesetze und jüdischen Feste abschafften, die Einhaltung des Sabbatgebots unter Strafe stellten und die Zerstörung aller Torarollen anordneten. Die Juden wurden unter Androhung der Todesstrafe gezwungen, Schweinefleisch zu essen – ihren Gesetzen nach Fleisch eines unreinen Tieres –, und auf dem Brandopferaltar wurden Schweine geopfert. Am 14. Dezember 167 v. Chr. schließlich wurde im Tempel eine Zeusstatue aufgestellt, die das endgültige Ende der Jahwe-Verehrung dort besiegelte. Die Erinnerung an diesen Frevel verfolgte Israel, solange der Tempel stand.

Bald war ganz Judäa in Aufruhr. Angeführt wurden die Aufständischen von einem Priester namens Mattatias, nach dessen Tod von seinen Söhnen, in vorderster Reihe Judas Makkabäus, einem Meister des Guerillakriegs. Nach einer Reihe von Siegen im Hinterland von Judäa fielen Judas und seine Männer in Jerusalem ein und nahmen den Tempel ein. Das frevelhafte Bildnis wurde vom Sockel gestürzt und der Brandopferaltar wieder errichtet. Am 14. Dezember 164 v. Chr., dem dritten Jahrestag seiner Entweihung, wurde der Tempel erneut Jahwe geweiht, und kurz darauf sah sich Antiochus gezwungen, sein Verbot der jüdischen Religionsausübung zu widerrufen. Nach zwei weiteren Jahrzehnten der Kämpfe und diplomatischen Vorstöße war unter Judas' Bruder Simon endlich die Unabhängigkeit der Juden erreicht.

Der Aufstand der Makkabäer war ein wichtiges Ereignis in der Geschichte Israels und gab den Anstoß für ein Prophetenbuch, das für die Entstehung des Christentums von entscheidender Bedeutung sein sollte: das Buch Daniel. Dieser unter einem Pseudonym verfasste Text, der angeblich die Prophezeiungen des Propheten Daniel wiedergibt, einer Legendengestalt, die zur Zeit der Babylonischen Gefangenschaft gelebt haben soll, enthält einen apokalyptischen Kommentar zum Kampf der Juden gegen Antiochus IV. Epiphanes.

Der Höhepunkt findet sich in einer Vision von einem Mann mit schneeweißem Gewand und »Haar wie reine Wolle«, einem »Hochbetagten«, der einem »wie einem Menschensohn«, einer Engelsgestalt, die für Israel steht, den Sieg verheißt:

> »Immer noch hatte ich die nächtlichen Visionen: Da kam mit den Wolken des Himmels / einer wie ein Menschensohn. Er gelangte bis zu dem Hochbetagten / und wurde vor ihn geführt. Ihm wurden Herrschaft, / Würde und Königtum gegeben. Alle Völker, Nationen und Sprachen / müssen ihm dienen. Seine Herrschaft ist eine ewige, / unvergängliche Herrschaft. / Sein Reich geht niemals unter.«[31]

Genau wie Ezechiels Erzählung von der Ebene voller Gebeine ist auch dieser Abschnitt als Allegorie auf die Zukunft Israels zu lesen, eine Zukunft, die noch immer als Rückkehr der glorreichen Tage von David und Salomo gedacht wurde. Wenn der Verfasser des Buches Daniel von »ewiger Herrschaft« schreibt, denkt er an das unabhängige, gerechte, ewige Israel. Die ersten Christen, die den »einen wie ein Menschensohn« mit Jesus gleichsetzten, werden diese Vision ebenfalls wörtlich genommen haben, als irdisches, von Gott gewolltes Königreich. Erst im Rückblick also, nachdem die Römer den jüdischen Staat ausgelöscht hatten, wurde das Königreich Gottes als überirdisches, geistiges Reich neu interpretiert.

Der Verfasser des Buches Daniel präsentiert auch eine entscheidend wichtige Prophezeiung über die Wiedererweckung der Toten. Im Zusammenhang mit dem Ende der Zeiten, da Israel endlich erlöst sein wird, beschreibt er das Schicksal der Toten am Jüngsten Tag mit den Worten:

> »Von denen, die im Land des Staubes schlafen, werden viele erwachen, die einen zum ewigen Leben, die anderen zur Schmach, zu ewigem Abscheu. Die Verständigen werden strahlen, wie der Himmel strahlt; und die Männer, die viele zum rechten Tun geführt haben, werden immer und ewig wie Sterne leuchten.«[32]

Im Unterschied zu Ezechiel will der Autor dieser Zeilen seine Worte wörtlich verstanden wissen. Er glaubt, dass es nach einer Zeit unsagbarer Mühsal ein allgemeines Wiederauferstehen der Toten geben und Gottes Gerechtigkeit schlussendlich siegen wird. Die Weisen und Gerechten werden im Glanz wiedergeboren, die Bösen der Verdammnis preisgegeben. Wir haben es hier mit der ersten konkreten Formulierung der jüdischen Vorstellung von einer Auferstehung der Toten zu tun.[33]

Dieser von alters her überlieferte jüdische Glaube ist nicht zu verwechseln mit dem modernen Glauben an ein spirituelles Weiterexistieren nach dem Tod. Von Daniels auferstandenen Schatten wird nicht angenommen, dass sie nach ihrem Tod einfach in den Himmel auffahren. Sie ruhen vielmehr eine Zeit lang »im Land des Staubes« und werden dann – in irdischen oder himmlischen Körpern – zu neuem Leben (glorreichem oder schmachvollem, im Himmel oder auf Erden) wiedergeboren. Das ist eine neue Version des alten israelitischen Glaubens daran, dass alle Menschen nach ihrem Tod dazu bestimmt sind, auf immer in der Finsternis einer trostlosen Unterwelt, dem Totenreich Scheol, zu schlafen.[34] Diese düstere Vorstellung schien im Nachhall der Verfolgung durch Antiochus, der das Totenreich mit Heerscharen rechtschaffener Juden bevölkert hatte, die für ihren Glauben gestorben waren, nicht mehr haltbar. Viele ihrer jüdischen Glaubensbrüder und -schwestern konnten offenbar nicht glauben, dass ein gerechter Gott seine treuen Anhänger bis in alle Ewigkeit im Grab vermodern lassen würde. Ganz sicher, so dachten sie, würden die Märtyrer letztlich wieder in das Leben zurückgeholt werden, das sie so edelmütig geopfert hatten. Hinter dem christlichen Glauben an die Auferstehung verbirgt sich demnach ein unerschütterliches Vertrauen in die göttliche Gerechtigkeit.

Ihrem Grundsatz nach bedeutet Auferstehung die Rückkehr ins Leben (eine positive Form des Daseins) nach einer gewissen Zeitspanne unter den Toten (einer negativen Existenzform). Die Juden der Antike sahen Leben und insbesondere die Erschaffung Adams im Zusammenhang mit der göttlichen Schöpfung, die Auferstehung wurde daher als Rückkehr zu einer körperlichen, von Gott geschaffenen Daseinsform verstanden. Dass ein Toter ganz und gar aufhören könnte zu existieren, war gänzlich unvorstellbar. Sterben hieß nicht, zu Nichts zu werden, sondern es hieß, kein Geschöpf, nichts Geschaffenes mehr zu sein. Scheol, das Reich, in das die menschlichen Schatten hinabstiegen, war ein Relikt der dunklen, gestaltlosen Leere, die der Schöpfung vorausgegangen war.[35] Die Auferstandenen würden aus diesem Reich des ewigen Todes errettet, indem Gott sie neu erschuf. Welche Form diese neue Schöpfung haben würde, blieb jedoch ein Geheimnis. Vielleicht würde Gott seinen ursprünglichen Entwurf wiederholen, vielleicht aber auch etwas ganz anderes erschaffen.

Die vorchristliche – jüdische – Hoffnung auf die Auferstehung wird besonders lebendig formuliert in einem Buch der Bibel, das gegen Ende des

2. Jahrhunderts v. Chr. verfasst wurde und als Zweites Buch der Makkabäer zu den Spätschriften des Alten Testaments gehört.[36] Es gibt darin eine Erzählung über sieben Brüder, die man als die »makkabäischen Märtyrer« bezeichnete, Männer, die sich gegen Antiochus zur Wehr gesetzt und sich unter anderem geweigert hatten, Schweinefleisch zu essen. Die Brüder wurden einer nach dem anderen zu Tode gefoltert, doch jeder von ihnen bekundete sterbend seinen Glauben an eine künftige Auferstehung. Von einem der Brüder heißt es zum Beispiel: »Als sie seine Zunge forderten, streckte er sie sofort heraus und hielt mutig die Hände hin. Dabei sagte er gefasst: Vom Himmel habe ich sie bekommen, und wegen seiner Gesetze achte ich nicht auf sie. Von ihm hoffe ich sie wiederzuerlangen.« Die Mutter der Brüder, die gezwungen wurde zuzusehen, wie man ihre Söhne umbrachte, sprach ihnen unterdessen mit Verweisen auf die Schöpfungsgeschichte Mut zu:

> »In edler Gesinnung [...] sagte [sie]: Ich weiß nicht, wie ihr in meinem Leib entstanden seid, noch habe ich euch Atem und Leben geschenkt; auch habe ich keinen von euch aus den Grundstoffen zusammengefügt. Nein, der Schöpfer der Welt hat den werdenden Menschen geformt, als er entstand; er kennt die Entstehung aller Dinge. Er gibt euch gnädig Atem und Leben wieder, weil ihr jetzt um seiner Gesetze willen nicht auf euch achtet.«[37]

Die zukünftige Auferstehung der Märtyrer wird hier als Form einer neuen Schöpfung gesehen, die Gott gnädig denjenigen gewähren wird, die ihr Leben um seinetwillen gelassen haben. Sie werden eine Weile bei den Vorfahren in der Erde ruhen, bevor sie im Reich Gottes zu neuem Leben erweckt werden.

Wie die beiden unterschiedlichen Bildwelten im Zweiten Buch der Makkabäer und im Buch Daniel deutlich zeigen, handelte es sich bei der jüdischen Vorstellung von einer Auferstehung der Toten um eine vage Hoffnung und nicht um ein festgeschriebenes, ausformuliertes Dogma. Die unterschiedliche Haltung zu dieser Vorstellung manifestierte sich schließlich in drei religiösen Hauptströmungen innerhalb der jüdischen Gemeinschaft, die sich im 2. Jahrhundert v. Chr. herausgebildet hatten: den Sadduzäern, den Pharisäern und den Essenern. Die Sadduzäer, Vertreter der höheren Gesellschaftsschichten, lehnten die Idee der Auferstehung der Toten rundweg ab, möglicherweise, weil sie darin zu viel revolutionäres Potenzial witterten.[38] Die Pharisäer, die Israels Gehorsam gegenüber der Schrift zu mehren suchten, waren mit dem Status quo weniger zufrieden als die Sadduzäer und erwarteten die künftige Auferstehung der Toten eher freudevoll.[39] Ihre Ansichten hatten im jüdischen Volk alles in allem großes Gewicht, aber es ist unklar, wie sie sich die Auferstehung im Einzelnen vorstellten: Womöglich nahmen sie Ezechiels Prophezeiung wörtlich und rechneten mit einer Rückkehr zu einer körperlichen, leiblichen Existenz, vielleicht glaubten sie auch an etwas Ätherischeres, wie es Daniels Worte nahelegen. Aller Wahrscheinlichkeit nach haben die einzelnen Pharisäer höchst unterschiedliche Vorstellungen von diesem Ereignis gehabt. Die Essener, eine ordensähnliche Sekte, die davon überzeugt war, dass das Reich Gottes unmittelbar bevorstehe, glaubten an die Unsterblichkeit der Seele und möglicherweise auch an eine Form der fleischlichen Wiederauferstehung.[40]

Ab dem 2. Jahrhundert v. Chr. gab es demnach unter den Juden einen weitverbreiteten Glauben an irgendeine Form von Auferstehung der Toten. Irgendwie würde Gott beim Anbruch der neuen Zeit die Rechtschaffenen aus Scheol erheben und in neuen Leibern neu erschaffen, so wie er einst Adam und Eva erschaffen hatte.

Im Jahr 63 v. Chr., ein Jahrhundert nachdem Judas Makkabäus die Syrer aus dem Tempel vertrieben und diesen erneut Jahwe geweiht hatte, marschierte der römische Feldherr Pompeius in Jerusalem ein und belagerte den Tempelberg. Nach drei Monaten hatte er die Festungsmauern eingerissen, die Römer stürmten den Tempel und töteten dessen beklagenswerte Hüter.[41] Die Priester brachten unbeirrt weiter ihre Opfer dar und wurden am Altar niedergemetzelt. Am Ende marschierte Pompeius in das Allerheiligste, Gottes höchsteigenes Gemach, das nur der Hohepriester betreten durfte. Nach diesem furchtbaren Übergriff kehrte er im Triumph nach Rom zurück. Judäa war fortan eine Provinz des Römischen Reiches.

Pompeius legte die Geschicke des Landes offiziell in die Hände von Hyrkanus II., die wirkliche Macht aber lag bei Antipater, dem Statthalter der benachbarten Provinz Idumäa.[42] Im Verlauf der nächsten zwei Jahrzehnte taktierte Antipater an seinem angestammten Platz und andernorts geschickt, erwarb das Wohlwollen mehrerer aufeinanderfolgender römischer Befehlshaber und setzte schließlich seinen Sohn Herodes als Statthalter in Galiläa ein. Im Jahr 37 v. Chr. schlug Herodes einen Aufstand nieder und wurde vom römischen Senat als König von Judäa anerkannt. Es war der Beginn einer der berüchtigtsten Regentschaften der Geschichte. Von – realen und eingebildeten – Verschwörungen sich verfolgt fühlend, brachte Herodes am Ende seine geliebte Frau Mariamne und mehrere seiner eigenen Söhne um. Doch ungeachtet aller Grausamkeit und Paranoia war Herodes ein bedeutender Herrscher. Er schenkte dem Reich Frieden und Ordnung, und Judäa wurde unter seiner Herrschaft wohlhabend. Seine größte Leistung war der 19 v. Chr. begonnene monumentale Wiederaufbau des Tempels, eines der ehrgeizigsten Bauprojekte in der antiken Welt überhaupt. Der Entwurf war dermaßen ambitioniert, dass zwar die Hauptbauten binnen acht Jahren abgeschlossen waren, der gesamte Komplex jedoch erst 63 n. Chr. fertiggestellt wurde – sieben Jahre vor seiner endgültigen Zerstörung durch die Römer.[43]

Nach Herodes' Tod im Jahr 4 v. Chr. wurde sein Reich unter den überlebenden Söhnen aufgeteilt. Galiläa und Peräa gingen an Herodes Antipas, der noch in den ersten Tagen des Christentums die Macht innehatte. Samarien, Judäa und Idumäa wurden Herodes Archelaus zugesprochen, der 6 n. Chr. als Tyrann entthront und nach Gallien verbannt wurde. Kaiser Augustus unterstellte sein Reich danach direkt römischer Herrschaft. Das aber machte aus Gründen der Steuerschätzung eine Volkszählung nötig, eine Aufgabe, die Quirinius, der kaiserliche Gesandte in Syrien, übernahm. Für viele Juden war dies untragbar und glich einer Versklavung des auserwählten Volkes in dessen eigenem Gelobten Land. Es kam zu schweren Unruhen, angeführt von einem Mann namens Judas der Galiläer, Begründer dessen, was Josephus als »vierte Philosophenschule« bezeichnet. Die fanatische Bewegung vereinigte die unbeugsame Entschlossenheit, niemand anderen denn Gott als Herrscher anzuerkennen, mit den überlieferten Lehren der Pharisäer – mit anderen Worten: Sie predigten den Anbruch der Gottesherrschaft auf Erden.[44] Obwohl Quirinius den Aufstand rasch niederschlug, hörte die »vierte Philosophenschule« nie auf zu agitieren und hat möglicherweise die Geburt des Christentums mit befördert.

Ab dem Jahr 6 n. Chr. blieb Judäa zwanzig Jahre hindurch friedlich. Vier römische Statthalter kamen und gingen, ohne dass es zu irgendwelchen Schwierigkeiten gekommen wäre. Dann kam Pilatus. Binnen eines Jahres brachte dieser hartleibige, anmaßende Beamte es fertig, den Geist Judas' des Galiläers wieder lebendig werden zu lassen und seine Provinz an den Rand einer Revolte zu manövrieren. Trotz aller Grobschlächtigkeit und mangelnden Sensibilität schaffte es Pilatus jedoch, den zivilen Widerstand, den seine Herrschaft provozierte, unter Kontrolle zu halten, sodass Judäa aus römischer Sicht betrachtet relativ friedlich wirkte. Nach seiner Abreise aber verschlechterte sich die Situation allmählich, bis das Land im Jahr 66 schließlich in einen selbstmörderischen Krieg mit den Römern schlitterte. Dieser sogenannte Jüdische Krieg gipfelte in der Eroberung Jerusalems im Jahr 70 und der Zerstörung des Tempels, mithin der Zerschlagung des antiken Judentums und der ersten Phase des Christentums.

Wir verstehen jetzt, wie Jesu Anhänger die Welt gesehen haben, bevor sie mit dem Ostermysterium konfrontiert wurden.

Lassen Sie uns einen Augenblick auf die Standarten des Römischen Reiches und den kühnen Widerstand der protestierenden Juden in der Rennbahn von Cäsarea zurückkommen. Was ging in ihnen vor, als sie dort im Sand ausgestreckt den Reigen aus gezückten Schwertern aufforderten, das Gemetzel zu eröffnen? Was wollten sie mit dieser angebotenen Selbstaufopferung ausdrücken? Welche Hoffnungen und Überzeugungen haben sie in diesem Augenblick angetrieben?

Sie sahen sich selbst (und jeden anderen) als Nachkommen Adams, den Gott nach seinem Bild aus Erde geschaffen hatte. Hier lag die Wurzel all ihres Leidens, denn seit Adams Fehltritt im Garten Eden war der Mensch mit Plagen und Tod, der Rückkehr zum Staub der Vorzeit, geschlagen. Sie selbst aber waren ein erwähltes Volk, die Kinder Israels, von Gott ausersehen als Werkzeug zur Erlösung der gesamten Menschheit. Damit sie ihrer Verheißung gerecht werden konnten, hatte Gott ihnen ein Gesetz, die Tora, gegeben, an die sie sich peinlich genau zu halten hatten. Solange sie Gottes Gesetz treu gehorchten, würden sie Adams Sünden letztlich auslöschen und Erlösung erreichen. Und als Gegenleistung für ihren Gehorsam hatte Gott ihnen das Gelobte Land als ewiges Erbe geschenkt.

Aber die Dinge liefen nicht nach Plan. Aufgrund früherer Vergehen waren ihre Vorfahren des Gelobten Landes verwiesen und dann bei ihrer Rückkehr unter die Herrschaft von Nichtjuden gestellt worden. Eines Tages hatten sie sich ihre Unabhängigkeit erstritten, jetzt aber sahen sie sich erneut einer fremden Obrigkeit unterworfen. Nichts hätte die trostlose Situation des auserwählten Volkes Gottes am Vorabend der österlichen Ereignisse besser widerspiegeln können als dieser Massenprotest im Stadion von Cäsarea. Um das göttliche Gesetz zu verteidigen, die Tradition ihrer Vorväter fortzuführen, mussten die Protestierenden sich in dieser unheiligem und zügellosem Sport gewidmeten Arena selbst als Opfer darbieten. Römischer Macht unterworfen, dem Würgegriff einer fremden heidnischen Kultur ausgeliefert, bestand für sie wenig Aussicht, ihre eigenen Ideale verwirklichen zu können. Kein Wunder, dass sie in ihrer Fantasie Zuflucht zu Träumen von künftigem Ruhm nahmen.

Fürs Erste wollten sie lediglich Pilatus dazu bringen, die kaiserlichen Standarten aus Jerusalem verschwinden zu lassen und damit die Heilige Stadt von Götzenverehrung reinzuhalten. Auf lange Sicht harrten sie und viele ihrer Zeitgenossen erwartungsfroh der Herrschaft Gottes, da Israel endlich von fremder Tyrannei befreit und die Welt zu jenem Zustand der Vollkommenheit zurückkehren werde, der vor dem Sündenfall geherrscht hatte. Viele nährten in sich die vage Hoffnung, dass Gottes Reich durch die Ankunft eines Messias, eines gesalbten Königs, Wirklichkeit würde, der sie zum Sieg führte und das ruhmreiche Königtum Davids wiederaufnähme. Aber wie sie so dalagen im Staub der Rennbahn, die Römer mit gezückten Schwertern über sich, werden die Vorstellungen der Protestierenden von einer noch viel kühneren Hoffnung beseelt gewesen sein: der Aussicht auf die Auferstehung aus dem Totenreich. Im vollkommenen Vertrauen in die Gerechtigkeit Gottes werden sie erwartet haben – zusammen mit den makkabäischen Märtyrern –, wieder zum Leben erweckt zu werden, sobald Gottes Reich endlich anbrechen würde. Niemand hätte sagen können, wie diese künftige Auferstehung aussehen würde, ob sie eine himmlische Gestalt annehmen oder in Fleisch und Blut wiedererstehen würden. Sicher war allein, dass sie wiedergeboren würden und dass zu ihrer Auferweckung irgendeine Form der Verkörperung gehören würde – denn ohne Körper zu sein hieß, ein Schatten im Scheol zu bleiben.

Die Macht dieser tröstlichen Hoffnung trug den Sieg davon. Der Statthalter gab klein bei, die Schwerter wurden wieder in die Scheide gesteckt, und die Protestierenden zogen von dannen.

Wenig später müssen dieselben Leute mit großem Erstaunen vernommen haben, dass die Auferweckung der Märtyrer lange vor der Zeit begonnen hatte: Ein Mann namens Jesus, ein Nachkomme Davids, war soeben von den Toten auferstanden, drei Tage nachdem die Römer ihn als künftigen König Israels gekreuzigt hatten. Das waren, so sie denn zutrafen, bemerkenswerte Neuigkeiten von ungeheurer Bedeutung. Wenn sie die Schrift zurate zogen, konnten sie sehen, dass es sich um einen geweissagten historischen Moment handelte, ein Zeichen dafür, dass die Geschichte Israels auf ihren unvermeidlichen Höhepunkt zusteuerte. Das christliche Evangelium, wie es später einmal genannt werden würde, bildete ein neues und aufregendes Kapitel in der jahrhundertealten Geschichte, für die die Bittsteller im Stadion von Cäsarea zu sterben bereit gewesen waren. Das ruhmreiche Ende war garantiert.

Doch all das hing an einem recht dünnen Faden: dem Zeugnis derer, die behaupteten, gesehen zu haben, wie Jesus aus seinem Grab auferstanden war.

4

Das Zeugnis des Paulus

Der Versuch herauszufinden, was an Ostern wirklich geschah, gleicht der Aufklärung eines Verbrechens, das vor 2000 Jahren verübt wurde. Die einzigen Indizien, die wir in Händen halten, sind schriftliche Quellen, die uns mitteilen, was die Menschen jener Zeit über die Geschehnisse selbst und über das, was hernach passiert ist, berichtet haben. Die Aufgabe ist nicht leicht. Wir versuchen, in eine ferne, uns fremde Vergangenheit zurückzugehen und etwas zu begreifen, das selbst Zeitgenossen damals suspekt gewesen ist. Wenn wir Aussicht auf Erfolg haben wollen, müssen wir die Anhaltspunkte der schriftlichen Quellen sehr genau untersuchen, so als wären wir Detektive, die Zeugen verhören und wichtige Hinweise zusammentragen.

Unsere Quellen liefern uns drei Arten von Aussagen.

Da gibt es erstens die Augenzeugenberichte derer, die vor Ort dabei gewesen sind. Sie sind es, die andere zu jener Zeit – Juden zuerst, später auch Nichtjuden – davon überzeugt haben, dass Jesus von den Toten auferstanden ist. Glücklicherweise liegen uns mit den Briefen des Paulus, die im Neuen Testament erhalten sind, Fragmente dieser Zeugnisse aus erster Hand vor. Einer der Paulusbriefe, sein Erster Brief an die Korinther, ist besonders aufschlussreich und eröffnet eine erstaunliche Perspektive auf Ostern, er zeigt, wie die Geschehnisse aus dem Blickwinkel der Apostel wahrgenommen wurden. Was Paulus im Ersten Korintherbrief über die Auferstehung zu sagen hat, bringt uns Ostern so nahe, wie wir dem Geschehen überhaupt kommen können.

Des Weiteren können wir vermittels einer Vielfalt an Quellen christlichen und nichtchristlichen Ursprungs den Folgen nachspüren, die das Osterereignis für die Geschichte des 1. Jahrhunderts n. Chr. hatte. Will sagen, wir können gewisse historische Entwicklungen sozialer und kultureller Art ausmachen, die auf etwas Außerordentliches hindeuten, das sich nach Jesu Tod ereignet hat. Diese Entwicklungen liefern uns indirekte Hinweise auf die Natur des Auferstehungsphänomens, und sie helfen zu belegen, dass Ostern ein wahres, historisch verbürgtes Ereignis gewesen ist.

Drittens gibt es noch die Überlieferungen, die in den frühen christlichen Gemeinden über Ostern erzählt wurden und die sich in den Evangelien wiederfinden. Diese Erzählungen sind uns relativ vertraut und oberflächlich gelesen leicht zu verstehen, daher haben sie die landläufige Vorstellung vom Phänomen der Auferstehung entscheidend mitgeformt. Aber sie sind nicht annähernd so geradlinig, wie sie scheinen. Als mythische Erzählungen, die im ausgehenden 1. Jahrhundert verfasst wurden, wurzeln sie einerseits in der geschichtlichen Wirklichkeit, enthalten andererseits jedoch alle möglichen Arten von Voreingenommenheiten, Widersprüchen und Missverständnissen. Von Rechts wegen sind sie nichts anderes als Hörensagen.

Diese drei Arten von Belegen – Augenzeugenberichte, historische Entwicklungen und die Erzählungen der Evangelien – bilden den Inhalt der folgenden drei Kapitel. Und genau wie ein Detektiv, der ein Verbrechen zu verstehen versucht, der Augenzeugenberichten als der im Allgemeinen unmittelbarsten und verlässlichsten Form von Belegen Priorität einräumt, sollten wir dem Zeugnis des Paulus Priorität geben, eines Mannes, der mit den Gründern der Kirche in Verbindung stand und sich selbst als Augenzeugen des auferstandenen Jesus betrachtete.

Wenn uns jemand helfen kann, Ostern zu verstehen, dann Paulus.

Über die frühen Jahre des Paulus haben wir wenige bis gar keine Informationen.[1] Sicher wissen wir nur, dass er als junger Mann ein rigoroser Pharisäer gewesen ist, der noch Anfang der 30er-Jahre des 1. Jahrhunderts die junge Kirche erbittert verfolgt hat – so ziemlich der letzte Mensch in Palästina, bei dem man mit einer plötzlichen Hinwendung zu deren Anliegen gerechnet hätte.[2] In der Apostelgeschichte wird er, damals noch unter seinem ursprünglichen Namen Saulus, als sympathisierender Zuschauer bei der Hinrichtung des Stephanus eingeführt, eines Almosenpflegers (»Diakon«), den eine wütende Volksmenge aus Jerusalem zu Tode steinigte. Diese bildhafte Geschichte ist womöglich nicht minder der Fantasie des Lukas geschuldet als einer echten Erinnerung an einen Märtyrer, aber das Bild des jungen Paulus, der billigend (in Martin Luthers Übersetzung gar mit Wohlgefallen) die Ermordung eines weithin bekannten Christen zur Kenntnis nimmt, ist durch und durch glaubhaft. Die Apostelgeschichte berichtet von ihm, er »wütete [...] mit Drohung und Mord gegen die Jünger des Herrn«, und Paulus selbst teilt über sich mit, wie er in seiner Jugend »maßlos [...] die Kirche Gottes verfolgte und zu vernichten suchte«.[3]

Dann wurde seine ganze Welt plötzlich auf den Kopf gestellt.

Der Apostelgeschichte (Kapitel 9) zufolge begab sich Paulus, nachdem er in Jerusalem alles daran gesetzt hatte, »die Kirche zu vernichten«, mit etlichen Briefen des Hohenpriesters Kajaphas bewaffnet nach Damaskus, um dort die Christen in den Synagogen der Stadt gefangen zu nehmen und in Ketten nach Jerusalem zu bringen. Der Hohepriester muss jede Menge Zutrauen zu seinem rührigen Inquisitor gehabt haben. Aber die geplante Razzia endete mit einer Überraschung. Irgendwo in der Nähe von Damaskus hatte Paulus eine Erscheinung (Jesus Christus selbst zeigte sich ihm, wie er später berichten sollte) und wechselte die Seiten. Von einem rabiaten Gegner der Kirche wurde er buchstäblich über Nacht zu einem ihrer glühendsten Verfechter. In der gesamten Historie findet sich womöglich keine überraschendere – oder bedeutsamere – Kehrtwende. Als ihnen die Nachricht davon nach Jerusalem überbracht wurde, müssen Kajaphas und seine Mitstreiter einigermaßen ungläubig reagiert haben. Es muss so ähnlich gewesen sein, als schlügen Sie eines Morgens eine Zeitung auf und läsen darin, dass Richard Dawkins, der Schrecken aller Kreationisten, zum Sieben-Tage-Adventisten konvertiert sei.

Die Bekehrung des Paulus ist ein nicht minder großes Geheimnis als der Zündfunke, der zur Gründung der Kirche geführt hat, und in gewisser Weise ist sie mit Letzterem eng assoziiert. Wir werden uns später in diesem Buch genauer damit befassen, was im Einzelnen wirklich geschehen ist (und dabei feststellen, dass die berühmte Szene der Apostelgeschichte, in der Paulus auf der Straße nach Damaskus plötzlich von einem »Licht vom Himmel« umstrahlt wird, kein historisch verbürgtes Ereignis ist). Für den Augenblick müssen wir lediglich zur Kenntnis nehmen, dass Paulus definitiv eine traumatische Erfahrung gemacht hat, die sein Leben veränderte, und dass dazu seinen eigenen Worten nach der Anblick des auferstandenen Jesus gehört hat.

Wann genau die Bekehrung des Paulus erfolgte, ist ungewiss, aber es muss wenige Jahre nach der Kreuzigung, vermutlich im Jahr 33, gewesen sein.[4] Nach seiner Läuterung ging er für kurze Zeit nach Arabien und kehrte dann nach Damaskus zurück. Es ist schwer zu sagen, was er in dieser Zeit getan hat. Vielleicht hat er begonnen, auf eigene Faust als Prediger zu arbeiten, sich auf die Bekehrung von Nichtjuden konzentriert und dabei vehement gegen die jüdischen Gesetze gewettert, die er einst so hochgehalten hatte. Im Jahr 36 oder zumindest zeitnah besuchte Paulus Jerusalem, um die Bekanntschaft des Petrus zu machen. Dort traf er auch Jakobus, einen der Brüder Jesu und zentrale Gestalt der Jerusalemer Urkirche, einen Mann, der in unserer Geschichte noch eine große Rolle spielen wird. Vermutlich ist es bei dieser Begegnung dazu gekommen, dass Paulus zum Apostel und offiziellen Vertreter der Kirche berufen wurde.

Nach einem zweiwöchigen Aufenthalt in der heiligen Stadt machte sich Paulus auf, das Evangelium in Syrien und Kilikien zu verkünden. Er wirkte in diesen Regionen über mehr als ein Jahrzehnt als Missionar und ist besonders als Mitbegründer der wichtigen Kirche in Antiochia in Erinnerung. Diese syrische Metropole war Schauplatz eines heftigen Disputs, der Paulus vierzehn Jahre nach seinem ersten Besuch wieder zurück nach Jerusalem trieb. Dieser Disput hatte sich an der Praxis der Beschneidung entzündet. Während Paulus unerschütterlich auf dem Standpunkt beharrte, dass nichtjüdische Männer, die sich zum Christentum bekehren ließen, unbeschnitten bleiben sollten, bestanden einige seiner Glaubensgenossen – »falsche Brüder«, wie er sie nennt – darauf, dass alle Christen unter jüdisches Gesetz fielen und daher beschnitten werden müssten. Um das Jahr 47 ging Paulus demzufolge zusammen mit Barnabas, einem Mitapostel, und Titus, einem konvertierten Nichtjuden, nach Jerusalem, um den Fall den »drei Säulen« der Jerusalemer Kirche – Jakobus, Petrus und Johannes – vorzutragen.[5] Diese wichtige Zusammenkunft (das sogenannte Apostelkonzil in Jerusalem) war aus Paulus' Sicht ein großer Erfolg. Wie er uns berichtet, hätten die »Säulen« seiner Sicht des Evangeliums beigepflichtet, und man habe sich geeinigt, dass er und Barnabas sich der Bekehrung der Nichtjuden zum Evangelium widmen sollten, während sie selbst sich um die Bekehrung der Juden bemühen wollten.

Damit begann eine der größten Heldensagen in der Geschichte des frühen Christentums: Paulus' bewegte jahrzehntelange Odyssee auf der Suche nach dem ewigen Heil. Im Verlauf dreier langer beschwerlicher Reisen gründete er in den größeren Städten Anatoliens und rings um die Ägäis Kirchen, und an ebendiese richteten sich die meisten seiner Briefe, Briefe voller Grüße und Ermahnungen, Bitten und Anschuldigungen, Anweisungen und Erklärungen. Sie waren in Griechisch abgefasst, der ursprünglichen Sprache aller Bücher des Neuen Testaments.

Der Weg des Paulus endete, als er im Jahr 57 in Jerusalem verhaftet wurde. Nach mehreren Jahren der Gefangenschaft in Cäsarea wurde er nach Rom gebracht, um im Beisein von Kaiser Nero vor Gericht gestellt zu werden. Apostelgeschichte 28, 30–31 teilt uns mit, er habe zwei volle Jahre in einer Wohnung in Rom gelebt und gepredigt, berichtet aber nichts von seinem Ende. Es ist unwahrscheinlich, dass er Neros Säuberungsaktionen nach dem großen Feuer im Jahr 64 entkam, an dem dieser den Christen die Schuld gab. Die Überlieferung will es, dass Paulus südlich von Rom an einem Ort enthauptet worden sei, an dem später ein berühmtes Kloster mit dem Namen *Tre Fontane* errichtet wurde. Sein abgetrennter Kopf sei angeblich dreimal auf dem Boden aufgeschlagen, und überall dort, wo er aufgetroffen sei, habe eine Quelle zu sprudeln begonnen, woher das Kloster seinen Namen habe – *Tre Fontane* (deutsch: drei Quellen).

Im Gegensatz zu solchen frommen Legenden sind die Informationen, die wir aus den Briefen des Paulus herauslesen können, von unschätzbarem Wert. Seine sieben verbürgten Briefe (der Brief an die Römer, der Erste und der Zweite Brief an die Korinther, die Briefe an die Galater und die Philipper, der Erste Brief an die Thessalonicher und der Brief an Philemon) bilden ein einzigartiges Archiv apostolischen Denkens und Glaubens.[6] Es ist von größter Bedeutung, dass Paulus mit den ersten Kirchenhäuptern persönlich bekannt war. Bevor er einen seiner Briefe geschrieben hatte, lernte er Petrus sehr gut kennen – nicht nur in Jerusalem, sondern auch in Antiochia (wo die beiden sich zerstritten), Jakobus ist er mindestens zweimal begegnet. Bei dem zuvor erwähnten Apostelkonzil legte er seine Auslegung des Evangeliums den drei »Säulen« vor, um sicher zu sein, »dass ich nicht vergeblich laufe oder gelaufen bin«[7], und da sie seiner Mission ihren Segen erteilten, kann kein Zweifel darüber bestehen, dass sie mit den Kernaussagen seiner Lehren einverstanden waren. Er war alles andere als ein friedfertiger Charakter, und seine Ansichten zu manchen Fragen mögen sich sehr von denen anderer Judenchristen unterschieden haben, aber er war kein ignoranter Außenseiter, wie manchmal behauptet wird, dessen Lehren nichts mit den Lehren der Jerusalemer Kirche zu tun hatten.

Paulus wusste demnach alles, was es über das aufkeimende Christentum zu wissen gab. Vor allem wusste er sehr genau, was die Apostel unter Auferstehung verstanden. Von ihm selbst glaubte man, er habe den Auferstandenen gesehen, und er muss seine »Offenbarung« mit den Köpfen der Jerusalemer Kirche diskutiert haben, die den auferstandenen Jesus ebenfalls gesehen haben sollen. Das macht seine Briefe als Quellen zur Frage der Auferstehung so ungemein wertvoll und weit unschätzbarer als die viel später entstandenen Evangelien aus anonymer Quelle. Paulus war kein Möchtegern-Biograf des ausgehenden 1. Jahrhunderts, der mit wirren kirchlichen Überlieferungen handelte, er war Augenzeuge und Sendbote des auferstandenen Jesus, jemand, der an der Begründung des Christentums direkt beteiligt war.

Vermutlich im Frühling des Jahres 54, als Paulus in Ephesus, der damals wichtigsten Stadt in Kleinasien, weilte, schrieb er einen leidenschaftlichen Brief an seine einstigen Gefolgsleute in Korinth, da ihm zu Ohren gekommen war, sie seien untereinander zerstritten und führten ein ausschweifendes Leben. Paulus' Erster Brief an die Korinther war der Versuch, seine Anhänger in Korinth aus der Ferne erneut auf das Evangelium einzuschwören, ihren Glauben an den Herrn ungebrochen zu halten, bis er sie wieder persönlich besuchen konnte – oder bis der Herr selbst zurückkäme.[8]

Eine der Schlüsselpassagen des Briefs befasst sich mit der Auferstehung der Gläubigen am Ende aller Tage, ein Glaubensinhalt, der in Korinth nachweislich zu einem größeren Zankapfel geworden war. Wie Paulus gegen Ende seines Briefs erläutert, ist die Erwartung eines glorreichen künftigen Lebens unauflöslich verknüpft mit der Auferstehung Christi, dem Ereignis, das die »gute Nachricht« – das Evangelium – des Christentums ausmacht. »Wenn es keine Auferstehung der Toten gibt«, lässt er seine abtrünnigen Glaubensbrüder wissen, »ist auch Christus nicht auferweckt worden. Ist aber Christus nicht auferweckt worden, dann ist unsere Verkündigung leer und euer Glaube sinnlos.«[9]

Fest entschlossen, diesem entscheidenden Dogma mit allen Mitteln zur Durchsetzung zu verhelfen, versucht Paulus im Licht seiner Erkenntnisse über den auferstandenen Jesus ein für alle Mal klarzumachen, was es mit der Auferstehung der Toten auf sich hat. Er beginnt, indem er seine Glaubensbrüder an das eigentliche »Evangelium« erinnert, das er sie gelehrt hatte, als er ihre Stadt (etwa um das Jahr 49 herum) missioniert hatte, und das ihm selbst von den Gründern der Kirche nahegebracht worden war.[10]

> »Ich erinnere euch, Brüder, an das Evangelium, das ich euch verkündet habe. Ihr habt es angenommen; es ist der Grund, auf dem ihr steht. Durch dieses Evangelium werdet ihr gerettet, wenn ihr an dem Wortlaut festhaltet, den ich euch verkündet habe. Oder habt ihr den Glauben vielleicht unüberlegt angenommen? Denn vor allem habe ich euch überliefert, was auch ich empfangen habe: *Christus ist für unsere Sünden gestorben, gemäß der Schrift, und ist begraben worden. Er ist am dritten Tag auferweckt worden, gemäß der Schrift, und erschien dem Kephas [d. h. dem Petrus], dann den Zwölf. Danach erschien er mehr als fünfhundert Brüdern zugleich*; die meisten von ihnen sind noch am Leben, einige sind entschlafen. *Danach erschien er dem Jakobus, dann allen Aposteln.*«

Das ist eine wahrlich bemerkenswerte Passage. Es sieht ganz so aus, als enthalte sie den Inhalt der ursprünglichen christlichen Heilsbotschaft (kursiv gedruckt) in genau der Form, wie Paulus sie ungefähr zwanzig Jahre nach der Kreuzigung den Korinthern verkündigt hat.[11] Lange bevor Markus das vermeintlich älteste und erste »Evangelium« niederschrieb, hatte Paulus für dieses erste maßgebliche Glaubenszeugnis, das letztlich auf eine authentische historische Zusammenfassung der Entstehung der Kirche hinausläuft, genau dieselbe Bezeichnung gewählt.

Der genaue Ursprung dieses Auferstehungscredos, des allerersten Glaubensbekenntnisses, ist umstritten, aber es besteht wenig Zweifel daran, dass es die Kernaussagen im Glauben jener Männer wiedergibt, die die Kirche begründet haben.[12] Paulus selbst betrachtet es als absolute Instanz, und genau deshalb stellt er es seiner Streitschrift über die Auferstehung voran. Er erklärt den Korinthern, wie wichtig es ist, dass er ihnen dies verkündet habe, und dass sie durch dieses Evangelium gerettet werden, wenn sie »an dem Wortlaut festhalten«.[13] Sicher hat es in der Diskussion mit Petrus, Jakobus und Johannes um das Evangelium, wie er es den Nichtjuden verkündete, eine Rolle gespielt[14], und die Tatsache, dass Paulus' Verkündigung von den »Säulen« akzeptiert wurde, von denen zwei in der Liste derer auftauchen, die Jesus gesehen haben sollen, bedeutet, dass sie deren Inhalt gutgeheißen haben müssen. Mehr noch, Paulus erklärt ausdrücklich, dass es sich um ein Bekenntnis handelte, das er mit den anderen Aposteln teilte: »Ob nun ich verkündige oder die anderen: Das ist unsere Botschaft, und das ist der Glaube, den ihr angenommen habt.«[15]

Dieses erste Bekenntnis kann daher als christliche Ursprungsbotschaft gelten. Es gibt wieder, wie die Apostel selbst die Auferstehung verkündigt haben. Was aber bedeutet es?

In einer Hinsicht ist es völlig unkompliziert: Es verkündet schlicht und einfach, dass Jesus gestorben und begraben wurde, dass er von den Toten auferstanden und hernach von einer Menge Zeugen gesehen worden sei. Auf einer anderen Ebene aber scheint das Credo paradox, denn es bezeugt ein augenscheinlich unmögliches Phänomen: Ein Toter wurde zurück ins Leben geholt. Zu gegebener Zeit werden wir sehen, wie wir diese Serie von Ereignissen, von denen dieses Glaubensbekenntnis berichtet, historisch sinnvoll deuten können. Für den Augenblick aber wollen wir uns auf einige Aspekte des Textes konzentrieren, die uns etwas über das wahre Wesen des Auferstehungsphänomens verraten können. Diese Hinweise richtig zu deuten ist von entscheidender Bedeutung, wenn wir dem Geheimnis Ostern näherkommen wollen.

Zunächst einmal berichtet uns das Bekenntnis, dass Jesus begraben wurde. Das ist nicht unerheblich, weil manchmal das Argument vertreten wird, dass Jesus als Opfer einer Kreuzigung nicht beerdigt, sondern entweder Raubtieren zum Fraß überlassen oder in einem Massengrab verscharrt worden sei.[16]

Es mag sein, dass Kreuzigungsopfern im Judäa des 1. Jahrhunderts grundsätzlich die Beisetzung verweigert wurde, aber wir wissen, dass es Ausnahmen gab. Der jüdische Philosoph Philon berichtet von Beispielen, da die Leichname Gekreuzigter ihren Verwandten übergeben wurden, damit diese sie zur letzten Ruhe betten konnten, und israelische Archäologen haben in einem Ossuarium (Beinhaus, einem Steinbehältnis zur Bewahrung der Gebeine nach dem Verwesen des bestatteten Leichnams) die Überreste eines Gekreuzigten namens Jehohanan gefunden.[17] Dass es in diesem ersten Bekenntnis des Paulus heißt, dass Jesus begraben wurde, zeigt, dass er wie Jehohanan zu den glücklichen Seelen gehört hat, deren sterbliche Überreste vom Kreuz genommen und den jüdischen Begräbnisriten entsprechend vorschriftsmäßig versorgt worden sind.

Man beachte, dass Jesus in dieser frühesten aller Quellen bereits »Christus« genannt wird (abgeleitet vom griechischen Wort für Messias). Die Verwendung dieses jüdischen Titels als Beiname ist auffällig und muss etwas mit der Auferstehung zu tun haben. Jesus wurde nicht einfach als ein beliebiger Gesalbter des Herrn (*maschiach*) auferweckt, sondern als »*der* Messias«.

Des Weiteren verkündet das Credo, dass Christus »am dritten Tag« auferweckt worden sei. Diese Formulierung scheint sich auf Hosea 6,2 zu beziehen (»Nach zwei Tagen gibt er uns das Leben zurück, / am dritten Tag richtet er uns wieder auf, / und wir leben vor seinem Angesicht«), aber sie reflektiert vermutlich auch die tatsächliche Chronologie der Ereignisse. Die Zeitangabe von drei Tagen meint allem Anschein nach den Tag, an dem Christus von Petrus (hier nach der aramäischen Form des Namens als Kephas bezeichnet) gesehen worden ist, denn der Text gibt sonst keinerlei Hinweise darauf, woher die Gewissheit stammt, dass Christus auferstanden sei.[18] Bezeichnenderweise ist nicht die Rede davon, dass das Grab leer vorgefunden worden sei.

Die Auferstehung ist, so heißt es, »gemäß der Schrift« geschehen, ein Hinweis darauf, dass das, was den Auferstehungsglauben entzündet hat (was immer das gewesen sein mag), von Anfang an mit Bezug auf die Prophezeiungen der alten Schriften gedeutet wurde. Die Idee von der Auferstehung schuldet womöglich der schöpferischen Fantasie des Lesens nicht minder viel als der Bezeugung eines bemerkenswerten Phänomens. Es ist mit Sicherheit kein Zufall, dass die kultische Verehrung des auferstandenen Jesus in einer Kultur entstanden ist, in der die Vorstellung von einer Auferstehung der Toten bereits ihren festen Platz hatte.

Bei der Beschreibung der einzelnen Erscheinungen wird dreimal dasselbe griechische Wort verwendet, um die Daseinsform des auferstandenen Jesus zu beschreiben: *ophthe* – deutsch »gesehen worden« (nach Luther) oder »erschienen« (Einheitsübersetzung).[19] Die grammatikalische Konstruktion ist ein wenig ungewöhnlich, was möglicherweise darauf hindeutet, dass die Erfahrung schwer in Worte zu fassen ist. Vielleicht wäre »zeigte sich« die beste Übersetzung.[20] Es scheint auf jeden Fall klar, dass es sich um irgendeine Form – eine natürliche oder übernatürliche – von Vision gehandelt hat.

Besonders interessant ist die Liste der Zeugen. Zuerst einmal handelt es sich um eine überraschend große Zahl – mindestens 517 Personen, vermutlich viel mehr. Aufgrund der Darstellung in den Evangelien glauben viele Christen, der auferstandene Jesus sei nur seinen zwölf Jüngern und ein paar anderen seiner nächsten Anhänger erschienen, aber das Credo des Paulus berichtet, dass er sehr viel umfassender bezeugt wurde. Die dritte Erscheinung – »vor mehr als fünfhundert Brüdern zugleich« – lässt auf eine größere Öffentlichkeit schließen. Viele Menschen finden diese Behauptung unglaubwürdig und mit ihrer Vorstellung von der Auferstehung unvereinbar, aber Paulus erachtet die Erscheinung vor den mehr als Fünfhundert offenbar als entscheidend wichtig, er betont gar, dass die meisten von diesen in den 50er-Jahren des 1. Jahrhunderts noch am Leben sind, um Zeugnis abzulegen. Die Zahl der Apostel bei der fünften Erscheinung bleibt im Dunkeln, aber wir wissen aus den Briefen des Paulus, dass es recht viele, vermutlich mehrere Dutzend (siehe unten, Seite 88), gewesen sein müssen. Aller Wahrscheinlichkeit nach sah jeder von ihnen den auferstandenen Jesus einzeln für sich, denn es wird nicht gesagt, sie hätten ihn »zugleich« erlebt, wie die mehr als Fünfhundert. Falls dem so ist, müssen die Erscheinungen recht zahlreich gewesen sein – beinahe schon Routine. Das passt kaum zu der verbreiteten Vorstellung von den Auferstehungserscheinungen als einigen wenigen Exklusivoffenbarungen vor ein paar Auserwählten.

Nebenbei bemerkt werden die Apostel häufig mit dem Zwölferkreis um Jesus gleichgesetzt, ein Missverständnis, das Lukas als Erster (oder einer der Ersten) in Umlauf gebracht hat. Aus den Briefen des Paulus aber geht klar hervor, dass die Bezeichnung *apostolos* (deutsch: »Abgesandter«, »Bote«) auf jeden rechtmäßig berufenen christlichen Missionar angewendet wurde, unabhängig davon, ob er nun zu den Zwölf gehörte oder nicht.[21]

In aller Kürze teilt uns das Credo des Ersten Korintherbriefs demnach mit, dass Christus aus einem Grab auferstanden ist, von Petrus am dritten Tag nach der Kreuzigung gesehen wurde, danach von mehreren Einzelpersonen, Gruppen und sogar einer größeren Menge, und dabei jedes Mal im Zusammenhang mit den hebräischen Schriften – ja vielleicht nur durch diese als Auferstandener – wahrgenommen wurde. Das ist eine ganze Menge an Informationen, und so verwirrend sich diese im Augenblick auch ausnehmen mögen, sie werden uns letztlich helfen zu verstehen, was an Ostern wirklich geschehen ist.

An das Ende seines Glaubensbekenntnisses setzt Paulus noch eine sehr persönliche Schlussbemerkung, in der es um seine eigene Begegnung mit dem auferstandenen Jesus geht:

> »Als Letztem von allen erschien er auch mir, dem Unerwarteten, der ›Missgeburt‹. Denn ich bin der geringste unter den Aposteln; ich bin nicht wert, Apostel genannt zu werden, weil ich die Kirche Gottes verfolgt habe.«[22]

Das ist so ziemlich alles, was Paulus uns über sein Bekehrungserlebnis berichtet, etwas weiter hinten im Ersten Korintherbrief aber tut er das Nächstbeste. In seiner Antwort auf die Klage, einige seiner korinthischen Glaubensbrüder hätten begonnen, die Aussicht auf die Wiederauferstehung der Toten zu leugnen, holt er zu einer ausführlichen Diskussion über dieses entscheidende Dogma aus, der wir eine genauere Beschreibung seiner Begegnung mit dem auferstandenen Jesus entnehmen können.

Paulus glaubte, dass die Auferstehung der Toten unmittelbar bevorstehe und die Auferstehung Jesu die »erste Frucht« einer großen Auferstehungsernte sei, die im Anschluss an die Parusie, die Wiederkunft Christi als vom Himmel entsandtem Messias, eingebracht werden wird. Sinn dieser Erläuterungen ist es, den Korinthern eine genaue Vorstellung von diesem bevorstehenden Ereignis zu vermitteln, ihnen zu erklären, wie die Toten auferweckt werden und welche Art von Leib sie dann haben werden. Da Paulus die Auferstehung Jesu als Prototyp aller künftigen Auferstehungsereignisse betrachtet, muss er sich bei seiner Beschreibung des auferstandenen Leibes zwangsläufig auf Christus beziehen, den einzigen Auferstandenen, den er und alle anderen seiner Zeitgenossen je gesehen haben.

Indirekt gibt uns Paulus damit eine Darstellung des auferstandenen Jesus aus erster Hand. Doch obwohl sie wunderbar blumig verfasst ist, fällt seine Beschreibung eher kompliziert und schwer nachvollziehbar aus. Insbesondere die neue Vorstellung von einem »überirdischen« Leib, um die sich das Ganze rankt, ist so schwer zu fassen wie ein zappelnder Fisch. Es lohnt sich, den Abschnitt zweimal zu lesen, um ein Gefühl für dessen Struktur und Inhalt zu entwickeln.[23]

»Nun könnte einer fragen: Wie werden die Toten auferweckt, was für einen Leib werden sie haben? Was für eine törichte Frage! Auch das, was du säst, wird nicht lebendig, wenn es nicht stirbt. Und was du säst, hat noch nicht die Gestalt, die entstehen wird; es ist nur ein nacktes Samenkorn, zum Beispiel ein Weizenkorn oder ein anderes. Gott gibt ihm die Gestalt, die er vorgesehen hat, jedem Samen eine andere. Auch die Lebewesen haben nicht alle die gleiche Gestalt. Die Gestalt der Menschen ist anders als die der Haustiere, die Gestalt der Vögel anders als die der Fische. Auch gibt es Himmelskörper und irdische Körper. Die Schönheit der Himmelskörper ist anders als die der irdischen Körper. Der Glanz der Sonne ist anders als der Glanz des Mondes, anders als der Glanz der Sterne; denn auch die Gestirne unterscheiden sich durch ihren Glanz.
So ist es auch mit der Auferstehung der Toten. Was gesät wird, ist verweslich, was auferweckt wird, unverweslich. Was gesät wird, ist armselig, was auferweckt wird, herrlich. Was gesät wird, ist schwach, was auferweckt wird, ist stark. Gesät wird ein irdischer Leib, auferweckt ein überirdischer Leib. Wenn es einen irdischen Leib gibt, gibt es auch einen überirdischen. So steht es auch in der Schrift: Adam, der Erste *Mensch, wurde ein* irdisches *Lebewesen*. Der Letzte Adam wurde lebendigmachender Geist. Aber zuerst kommt nicht das Überirdische; zuerst kommt das Irdische, dann das Überirdische. Der Erste *Mensch* stammt *von der Erde* und ist *Erde;* der Zweite Mensch stammt vom Himmel. Wie der von der Erde irdisch war, so sind es auch seine Nachfahren. Und wie der vom Himmel himmlisch ist, so sind es auch seine Nachfahren. Wie wir nach dem Bild des Irdischen gestaltet wurden, so werden wir auch nach dem Bild des Himmlischen gestaltet werden.«[24]

Die Eingangsfragen – »Wie werden die Toten auferweckt, was für einen Leib werden sie haben?« – dienen Paulus als eine Art Kampfansage gegen alle Zweifler.[25] Offenbar äußerten Skeptiker grundsätzliche Einwände gegen die Vorstellung von einer Auferstehung der Toten, unter anderem den, dass es offensichtlich unmöglich sei, einen Leichnam nach seiner Verwesung unversehrt wiederherzustellen.[26] Angesichts dieser Herausforderung sieht sich Paulus gezwungen, die Kernaussagen seines Glaubens vehement zu verteidigen.

Seine Verteidigungsrede hat im Prinzip folgenden roten Faden: Argumente bezüglich der Wiederherstellung des irdischen Leibes sind irrelevant, da die Gläubigen nicht in Fleisch und Blut auferstehen werden, sondern als

»überirdische Leiber«.[27] Bei der Auferstehung geht es nicht um vergängliches Fleisch, das da wiederhergestellt und mit neuem Leben erfüllt wird, vielmehr gibt Gott den Angehörigen seines Volkes völlig neue Körper, die zu einer neuen, vollkommenen Schöpfung passen. Der auferstandene Christus, von dem die Apostel Zeugnis ablegen, ist der Allererste in der Reihe der künftig auferstehenden beseelten Gläubigen. Die korinthischen Häretiker hätten die entscheidende Idee von einem überirdischen Körper nicht begriffen, und töricht, wie sie nun einmal seien, hätten sie sich dazu verleiten lassen, die Auferstehung im Sinne einer Auferstehung des Fleisches misszuverstehen.

Paulus stützt seine Argumentation auf die Überlegung, dass die Schöpfung verschiedene Arten von körperlichen Existenzen kennt. Nachdem er seiner Zuhörerschaft die Unterschiede zwischen den verschiedenen Gestalten und irdischen Körpern von Menschen, Haustieren, Vögeln und Fischen ins Gedächtnis gerufen hat, geht er zu den Unterschieden zwischen irdischen Körpern und Himmelskörpern wie Sonne, Mond und Sterne über.[28] Er glaubte, dass Gott eine Vielfalt an unterschiedlichen Körpern geschaffen hat, jeder davon mit seinem ganz eigenen »Glanz« (womit die innere Beschaffenheit gemeint ist, kein äußeres Schimmern).[29] Auferstandene Körper müssten daher nicht dieselben sein wie sterbliche, Gott könnte sie völlig anders erschaffen.

Gleichzeitig muss der auferstandene Leib die Identität des Sterblichen bewahren. Paulus verwendet das Alltagsbeispiel vom Keim, der einem (wie ein Leichnam ins Grab) in die Erde versenkten Samenkorn entsprießt, um die enge Beziehung zwischen dem sterblichen Körper des Menschen und dessen auferstandenem Double zu illustrieren.[30] Er verdeutlicht den Unterschied zwischen dem Samenkorn (dem alten sterblichen Körper) und dem, was aus diesem hervorgeht (der neue überirdische Körper). Beides ist nicht ein und dasselbe. Er sagt ausdrücklich: »Was du säst, hat noch nicht die Gestalt, die entstehen wird« – es ist nicht der Keimling, der gesät wird. Unsterblichkeit wird von Gott in Form einer neuen Art von Gestalt verliehen, so wie Gott dem »nackten Samenkorn« in der Erde »die Gestalt, die er vorgesehen hat, jedem Samen eine andere«, gibt.

Während das, was »gesät« (das heißt begraben) wird, verweslich, armselig und schwach ist, wird das, was auferweckt wird, unverweslich, herrlich und stark sein. Ein Körper, der verwest, kann *per definitionem* nicht zurückverwandelt werden – verwesen heißt, aufhören zu existieren. Es ist der überirdische Mensch, der überlebt und neu geschaffen wird, nicht sein Fleisch. Paulus fasst die Verwandlung von der Sterblichkeit in die Unsterblichkeit mit dem berühmten Satz zusammen: »Gesät wird ein irdischer Leib, auferweckt ein überirdischer Leib.« Der irdische Leib und der überirdische Leib sind zwei verschiedene Daseinsformen, von denen eine auf die andere folgt.[31]

Im Weiteren erklärt Paulus den Unterschied zwischen irdischem Leib und überirdischem Leib anhand zweier archetypischer Gestalten: Adam und Christus. Der erste Mensch, Adam, steht für die sterbliche Menschheit. Gleich dreifach erinnert Paulus uns daran, dass Adam »von der Erde«, ein »irdisches Lebewesen« ist, und unterstreicht damit sowohl die Niedrigkeit seines Fleisches als auch seine Vergänglichkeit: »Denn Staub bist du, zum Staub musst du zurück.«[32] Adam gegenüber steht Christus als neuer Mensch, Beispiel und Vorbild der auferstandenen Menschheit. Indem er Christus als »vom Himmel« beschreibt und ihn dem Menschen »von der Erde« gegenüberstellt, erinnert uns Paulus an seine frühere Unterscheidung zwischen irdischem und überirdischem Leib. Natürlich muss der Körper des himmlischen Christus himmlische Eigenschaften haben, die denen von Sonne, Mond und Sternen vergleichbar sind.[33]

Paulus' letzte Aussage, der zufolge wir, auch wenn wir zunächst »nach dem Bild des Irdischen« gestaltet wurden, später »nach dem Bild des Himmlischen« gestaltet werden, pariert jeden Versuch, den auferstandenen Christus auf ein himmlisches Leuchten gemäß der Lukas'schen Vorstellung von den Ereignissen auf der Straße nach Damaskus zu reduzieren. Christus mag Paulus mehr wie Sternenstaub als wie sterbliches Fleisch erschienen sein, aber er war mehr für ihn als reines Licht – wenn er denn überhaupt geleuchtet hat. Er besaß eine Gestalt, der Adams vergleichbar, aber doch ganz anders. Wenn wir auferstanden sind, glaubte Paulus, werden unsere überirdischen Leiber die gleiche Gestalt haben wie der auferstandene Christus, der nach dem Bild »des Himmlischen« gemacht war.

Nur für den Fall, dass irgendwer in Korinth es noch immer nicht begriffen haben sollte, schließt Paulus seine Diskussion mit einer unmissverständlichen Zurückweisung der fleischlichen Auferstehung. »Damit will ich sagen, Brüder«, unterstreicht er mit Nachdruck seine Worte:

> »Fleisch und Blut können das Reich Gottes nicht erben: das Vergängliche erbt nicht das Unvergängliche.«[34]

Da steht es in schlichtem Griechisch: Fleisch und Blut werden am Reich Gottes nicht teilhaben, spielen bei der Auferstehung der Toten demnach keine Rolle. Auferstehung hat nichts mit Leichnamen zu tun, die wiederhergestellt werden und die Gräber verlassen, sondern damit, dass Gottes Kinder als Teil einer neuen Schöpfung als überirdische Gestalten wiedergeboren werden. Die landläufigen philosophischen Einwände gegen die Idee von einer Auferstehung werden damit hinfällig.[35]

Wenn wir alles zusammen nehmen, kommen wir zu folgendem »Phantombild« des auferstandenen Christus:

Die Person, die Paulus im Augenblick seiner Bekehrung erschienen ist, hatte nicht allzu viel von einem normalen Sterblichen. Sie erschien als himmlisches Wesen mit einem Leib, der nicht aus Fleisch, sondern wie Sonne, Mond und Sterne aus Himmelsmaterie bestand. Dieser himmlische Mensch war »lebendig machender Geist«, gekleidet in einen überirdischen Leib, unverweslich, herrlich und stark. Er erschien Paulus so erhöht, dass dieser ihn buchstäblich als gottgleich ansah und gleichsetzte mit dem am sechsten Tag der Schöpfung »als Abbild Gottes« geschaffenen Menschen (im Gegensatz zum sterblichen Adam, der am zweiten oder dritten Tag geschaffen wurde – ein etwas anderer Blick auf die ersten beiden Kapitel der Genesis als der übliche).[36]

Aus geheimnisvollen Gründen erkannte Paulus in diesem Sternenbild jedoch Jesus, den künftigen Messias, dessen Anhänger er emsig hatte exekutieren lassen. Und er erkannte irgendwie auch, dass Jesus auferstanden war. Er war nicht nur einfach ein Geist, ein vorübergehender Besucher aus dem Reich der Toten. Hier war sie, die Erfüllung der Prophezeiung aus dem Buch Daniel, in der es über die Männer, die viele zum rechten Tun geführt haben, heißt, sie werden »immer und ewig wie Sterne leuchten«. Aber Jesus war nicht einfach wie irgendein heidnischer Held in einen Stern verwandelt worden. Sein überirdischer himmlischer Leib war offenbar genau wie ein Sämling, der aus einem Samenkorn hervorgeht, aus seinem irdischen, dem Staub ähnlichen Leib hervorgegangen, der nun im Grabe ruhte, und eine Zeit lang auf Erden gesehen worden.

Das ist das Bild, das Paulus vom auferstandenen Christus malt. Es ist bemerkenswert detailliert und beschreibt sein Wesen, seine Form und seine Beziehung zum sterblichen Jesus. Dass Paulus seine Bekehrung nicht detaillierter beschreiben kann, scheint damit nicht mehr so bedauerlich zu sein. Das Problem ist nicht so sehr, *wie* Paulus den auferstandenen Christus wahrgenommen hat, als vielmehr, *warum* er ihn so wahrnahm, wie er es getan hat. Litt er unter Wahnvorstellungen? Hat er Jesus wirklich in einem überirdischen Körper auferstanden gesehen? Oder hat er irgendetwas anderes erfahren, das er als die Erscheinung des auferstandenen himmlischen gottähnlichen Jesus gedeutet hat?

An diesem Punkt stoßen wir an die Grenzen unserer historischen Vorstellungskraft. Wir werden jedoch zu gegebener Zeit einen Weg finden, diese Grenzen zu überschreiten und ein wenig besser zu verstehen, was vor zwei Jahrtausenden in Paulus vor sich gegangen sein mag, und einen Blick auf die himmlische ätherische Gestalt zu erhaschen, die er gesehen hat.

5

Ostern und die Folgen

Basierend auf den Berichten der Evangelien wird es gemeinhin als gesicherte historische Tatsache erachtet, dass die Kirche im Nachhall der Kreuzigung Jesu gegründet wurde und dass Letztere stattgefunden habe, als Pontius Pilatus Statthalter von Judäa war. So bedeutsam es sein mag, so fällt es erstaunlich schwer, dieses Bild aus anderen antiken Quellen zu untermauern, in denen sich nur sehr wenig über die Ursprünge des Christentums finden lässt. Glücklicherweise gibt es eine hervorragende nichtchristliche Quelle, die das Zeugnis der vier Evangelisten stützt: eine Passage aus den um das Jahr 115 verfassten *Annalen* des P. Cornelius Tacitus:

> »Daher schob Nero, um dem Gerede ein Ende zu machen, andere Schuldige vor und belegte die mit den ausgesuchtesten Strafen, die, wegen ihrer Schandtaten verhasst, vom Volk Chrestianer genannt wurden. Der Mann, von dem sich dieser Name herleitet, Christus, war unter der Herrschaft des Tiberius auf Veranlassung des Prokurators Pontius Pilatus hingerichtet worden; und für den Augenblick unterdrückt, brach der unheilvolle Aberglaube wieder hervor, nicht nur in Judäa, dem Ursprungsland dieses Übels, sondern auch in Rom, wo aus der ganzen Welt alle Gräuel und Scheußlichkeiten zusammenströmen und gefeiert werden.«[1]

Tacitus mag vom Christentum »äußerst geringschätzig« gedacht haben, wie Tom Wright es ausdrückt, aber er weiß genug über den »unheilvollen Aberglauben«, um sagen zu können, wo und wann er entstanden ist.[2]

Derselbe geschichtliche Hintergrund spiegelt sich im Glaubensbekenntnis des Ersten Korintherbriefs, dem zufolge die Gründung der Kirche Christi Tod und Begräbnis unmittelbar auf dem Fuße folgt; in diesem Fall reduziert sich das Gründungsereignis auf eine Reihe von Erscheinungen. Im Unterschied zu späteren Glaubensbekenntnissen sagt dieses erste Credo nicht ausdrücklich, dass Jesus unter Pontius Pilatus gelitten hat, aber sein Bezug auf Petrus und Jakobus, zwei gut belegte historische Persönlichkeiten, lässt diesen Zeitrahmen als fast gesichert erscheinen. Es gibt somit wenig bis gar keine Rechtfertigung dafür, die traditionell gehandelte Chronologie der Entstehung des Christentums infrage zu stellen.[3]

Das Zeugnis des Paulus macht uns mit den Gründervätern der Kirche bekannt: Petrus, Jakobus, den Zwölf und den Aposteln. Da all diese Menschen Akteure in jenem Auferstehungsdrama waren, das wir zu rekonstruieren versuchen, müssen wir herausfinden, wer sie waren. Wir sollten uns klarmachen, dass sie sich zunächst nicht als Angehörige einer neuen Religion betrachteten und sie auch nicht als Christen bezeichnet wurden. Sie gehörten einer jüdischen Sekte an und nannten sich selbst Nazoräer oder »Anhänger des (neuen) Weges«.[4]

Petrus, auch genannt Simon, ist eine Gestalt, die unter der Last christlicher Mythenbildung nahezu verschüttet wurde.[5] Aus den vielen Geschichten, die über ihn in den Evangelien berichtet werden, haben wir von ihm das Bild eines impulsiven, leidenschaftlichen Mannes, eines glühenden Anhängers Jesu, der, obwohl er voller menschlicher Schwächen ist, am Ende treu im Glauben bleibt. Im einen Augenblick schläft er im Garten Getsemani, da er eigentlich wachen sollte, im nächsten schlägt er bei dem verzweifelten Versuch, die Gefangennahme seines Herrn und Meisters zu verhindern, dem Diener des Hohenpriesters ein Ohr ab (so in Joh 18,15–27). Dann verlässt ihn sein Mut, und er verleugnet Jesus im Haus des Hohenpriesters dreimal hintereinander. Kurze Zeit später wird er die Scharte wieder auswetzen, indem er am See von Tiberias – ebenfalls dreimal – seine Liebe zu Jesus beteuert.[6] Dieser faszinierende überlebensgroße Charakter – eine Art spiritueller Falstaff – ist der christlichen Vorstellungswelt fest eingeprägt. Wenig von diesem Evangelienstoff aber ist historisch verbürgt. Der echte Petrus war vermutlich ein weit weniger schillernder Charakter, als die Legenden über ihn vermuten lassen.

Der Apostelgeschichte zufolge war Petrus der ursprüngliche Kopf der Kirche. Er war es, der in Jerusalem die ersten Predigten hielt, und er soll durch die Kraft des Heiligen Geistes die ersten Zeichen und Wunder vollbracht haben. Nach dem Tod des Stephanus wurde er zum wichtigsten christlichen Missionar seiner Kirche, die nach der Bekehrung des Paulus »in ganz Judäa, Galiläa und Samarien« nun Frieden hatte (Apg 9,31).[7] So reiselustig er war, verbrachte Petrus doch einen Gutteil seiner Zeit in Jerusalem, wie seine Zusammenkünfte mit Paulus belegen. Die letzte Phase seines Lebens liegt hoffnungslos im Dunkeln. Einer eher fragwürdigen kirchlichen Überlieferung zufolge soll er in Rom unter Nero gekreuzigt worden sein.[8] Man behauptet, er habe sich dafür entschieden, mit dem Kopf nach unten gekreuzigt zu werden, weil er sich unwürdig fühlte, dieselbe Todesart zu erleiden wie Jesus. Doch wenn er wirklich mit dem Kopf nach unten gekreuzigt wurde, werden seine Wünsche nichts damit zu tun gehabt haben. Die römischen Soldaten hatten Gefallen daran, mit Foltermethoden zu experimentieren, und pflegten Menschen in allen möglichen Stellungen hinzurichten.[9]

Auch wenn Petrus als Hauptheld der frühen Kirche in Erinnerung geblieben ist, so hat er doch schon bald alle Autorität an Jakobus, den Bruder Jesu, abgetreten.

Der heute fast in Vergessenheit geratene Jakobus war bis zu seiner Ermordung im Jahre 62 die beherrschende Gestalt des Christentums.[10] Seinen Führungsanspruch bezog er aus seiner Verwandtschaft zu Jesus. Die beiden waren definitiv leibliche Brüder, nicht, wie von Theologen oft behauptet, Cousins oder Halbbrüder. Die Bruderbeziehung wird sowohl von Paulus als auch von Flavius Josephus attestiert, und ihr Zeugnis wird durch frühe kirchliche Überlieferungen gestützt.[11] Vor dem 4. Jahrhundert, in dem das Dogma der unversehrten Jungfräulichkeit Mariens an Einfluss gewann und Theologen sich bemüßigt fühlten, die Beziehung der beiden als die von Halbbrüdern oder Cousins umzudeuten, um Marias Mutterleib rein zu erhalten, wäre niemand auf den Gedanken gekommen zu bestreiten, dass Jesus Brüder gehabt hat. Tatsächlich, so scheint es, hatten Maria und Josef fünf Söhne und mindestens zwei Töchter miteinander. Jakobus war vermutlich nach Jesus der nächstältere, was ihn zu dessen natürlichem Erben machte.[12]

Wir haben bereits gesehen, dass Paulus und Barnabas anlässlich des Apostelkonzils in Jerusalem mit den drei »Säulen« Jakobus, Petrus und Johannes zusammengekommen waren, um ihren Weg der Missionierung von Nichtjuden absegnen zu lassen. Offenbar bildeten die drei »Säulen« so etwas wie den Hohen Rat der frühen Kirche.[13] Der weit berühmtere Zwölferkreis ist aus historischer Sicht praktisch nicht auszumachen. Natürlich ist jedermann vertraut mit den zwölf Jüngern Jesu, die in den Evangelien porträtiert werden, seinen treuen, gelegentlich fehlbaren Anhängern, die manches Mal große Probleme haben, Christi göttliche Mission zu begreifen. Man kann sich jedoch darüber streiten, wie viel Glauben man diesem Gruppenbild letztlich schenken soll. Die Tatsache, dass die Zwölf im ersten Glaubenszeugnis des Paulus als Zeugen der zweiten Erscheinung Jesu genannt werden, legt die Vermutung nahe, dass es eine solche Gruppe vor der Kreuzigung tatsächlich gegeben hat, aber es ist nicht klar, wie lange sie als geschlossener Kreis von Bedeutung gewesen ist, ja nicht einmal, ob sie bis in die Tage der Kirche überlebt hat.[14] Ihre Zahl, eine Anspielung auf die zwölf Stämme Israels, war von religiös-politischer Bedeutung, denn die Wiedervereinigung der zwölf Stämme war eng mit dem bevorstehenden messianischen Zeitalter verknüpft. Das alles passt zu der Tatsache, dass Jesus von den Römern als falscher Messias – als selbst ernannter König der Juden – hingerichtet wurde.[15]

Dann gab es noch die »Apostel«, eine Gruppe von Nachfolgern Jesu, zu der Paulus als prominentes Mitglied zählte.[16] Diese offiziellen Glaubensboten waren das Werkzeug, das für die Verbreitung des Christentums sorgte. Sie predigten das Evangelium und errichteten in ihrem Land und in der Fremde Kirchen, wobei Petrus als Hauptapostel der Juden und Paulus als sein Gegenstück bei den Nichtjuden galt.

In den Briefen des Paulus tauchen immer wieder unbekannte Apostelnamen auf, weshalb sich der Eindruck aufdrängt, dass es eine recht große Zahl von Glaubensboten gegeben haben muss. Silvanus und Timotheus, Mitunterzeichner des Ersten Paulusbriefs an die Thessalonicher, werden als Apostel bezeichnet, ebenso zwei weitere Begleiter von Paulus, Apollos und Barnabas, sowie zwei nicht namentlich genannte Brüder, die nach Korinth gesandt wurden, um das Wort Gottes zu verkündigen.[17] Besonders interessant ist eine Erwähnung von zwei Personen in Rom – Andronikus und Junia (vermutlich ein Ehepaar) –, die Paulus als »angesehene Apostel« bezeichnet.[18] Im Mittelalter haben nachlässige (oder voreingenommene) Schreiber aus dem Namen Junia den männlichen Namen »Junias« gemacht, aber es ist heute belegt, dass der Name in älteren Quellen die weibliche Form hat. Zumindest einer der Apostel – und eine angesehene Person noch dazu – war demnach eine Frau.[19]

Der Aussage des Paulus zufolge haben alle Apostel den auferstandenen Jesus gesehen. Diejenigen, die nicht wie Petrus, die Zwölf, die mehr als Fünfhundert und Jakobus zu den ersten Augenzeugen gehörten, müssen ihn später zu Gesicht bekommen haben, ebenso Paulus. Das mag ein wenig überraschend scheinen, denn in den Evangelien findet sich nichts über weniger bekannte christliche Missionare, die den auferstandenen Jesus gesehen haben. Nun liefern die Evangelien allerdings eine sehr unvollständige Darstellung der Erscheinungen des Auferstandenen. So seltsam es anmuten mag, aber der Mittelmeerraum muss um die Mitte des 1. Jahrhunderts von mutmaßlichen Auferstehungszeugen gewimmelt haben.

Diese Menschen waren anerkannte Führungspersönlichkeiten der Urkirche und bezogen ihre Autorität zumindest teilweise daraus, dass sie den auferstandenen Christus gesehen hatten. Neben den Aposteln, so berichtet es Paulus, gab es eine Hierarchie, die sich über Propheten und Lehrer bis hin zu Wundertätigen, Heilern, Helfern, Verwaltern und solchen erstreckte, die »in Zungen« redeten.[20] Es war eine rührige Organisation, und binnen weniger Jahrzehnte nach ihrer Gründung machte sie rund ums Mittelmeer – sowohl buchstäblich als auch im übertragenen Sinn – eine ganze Menge Lärm.

Die Ausbreitung des Evangeliums war eine heiß umstrittene Angelegenheit. Wo immer Paulus hinging, stieß er zuerst auf Feindseligkeit, und bei mindestens zwei Gelegenheiten haben seine Lehren, so scheint es, einen regelrechten Aufstand provoziert.[21] Andere Apostel, die das Wort Gottes in Rom verkündigten, stießen auf nicht minder deutliche Ablehnung. Sueton berichtet, dass die Juden von Kaiser Claudius aus Rom vertrieben wurden, weil sie »sich von Chrestos ständig zu Unruhen anstiften ließen«.[22] Ereignet hat sich dies vermutlich um das Jahr 49 herum, und dies lässt vermuten, dass die Nazoräer bereits Mitte des 1. Jahrhunderts als eine Art Bedrohung wahrgenommen wurden.

Vor allem anderen aber war diese neue jüdische Sekte ein Rätsel. Ein kenntnisreicher Außenseiter hätte an diesem christlichen Kult mindestens fünf Kriterien entdecken können, die ihn vom regulären Judentum unterschieden, schwer nachzuvollziehen waren und auf etwas höchst Mysteriöses als Herzstück der Bewegung hindeuteten.

Das erste und offensichtlichste der Rätsel im Zusammenhang mit dem Christentum ist der Umstand, dass seine Begründer, die einstigen Jünger Jesu, durch die Kreuzigung ihres Anführers positiv motiviert wurden. Nirgendwo in der frühen christlichen Literatur findet sich auch nur ein Hinweis darauf, dass die Kreuzigung als Tiefschlag empfunden wurde (wie Tacitus irrigerweise angenommen hatte). Im Gegenteil: Sie wurde nahezu von Stund an als großes Liebesopfer gepriesen, durch das Gott die Menschheit erlöst habe.

Das ist die außergewöhnlichste Reaktion auf eine Hinrichtung, die man sich denken kann. Revolutionäre verklären sehr häufig das Andenken an einen Märtyrer, aber sie preisen dessen Märtyrertum in der Regel nicht als Mittel ihrer eigenen Erlösung. Als Martin Luther King ermordet wurde, jubelte seine Gemeinde mitnichten über die Schüsse und fand in ihren Gedanken über deren Bedeutung auch nicht zu einem neuen Bekenntnis. Trotzdem taten die ersten Christen offenbar genau das. Hätte man Tacitus mitgeteilt, dass das Christentum die Kreuzigung nicht nur überleben, sondern gestärkt daraus hervorgehen würde, wäre er bass erstaunt gewesen. Revolutionsbewegungen haben zu sterben, wenn sie enthauptet werden, statt ihr abgetrenntes Haupt zu feiern.

Die Evangelien versuchen folgendermaßen zu erklären, wie die Jünger zu ihrer positiven Verklärung der Kreuzigung gelangt sind: Drei Tage nachdem man ihn ins Grab gelegt hatte, erschien Jesus ihnen in auferstandener Gestalt und erklärte ihnen, es habe alles so sein müssen, denn: »So steht es in der Schrift: Der Messias wird leiden und am dritten Tag von den Toten auferstehen.«[23] Und dann verpflichtet er sie als Zeugen »in Jerusalem und in ganz Judäa und Samarien und bis an die Grenzen der Erde«.[24] In den Evangelien wird Jesus von seinen Jüngern immer wieder im Stich gelassen, unter anderem fliehen sie in dem Augenblick, in dem er gefangen genommen wird. Dieses Mal aber scheinen sie seinen Anforderungen erstaunlicherweise zu genügen. Jesu Tod ist für diese hasenfüßigen Galiläer nicht nur ein Grund zu befremdlicher Freude, sondern ein moralischer Wendepunkt. Nach der Kreuzigung verwandeln sie sich aus einem Haufen tumber, unzuverlässiger Mitläufer in eine Schar von weisen Helden – eine Transformation, für die vor allen anderen die Gestalt des Petrus exemplarisch steht.

Wir mögen dieses Szenario unglaubwürdig finden, in dem Fall aber müssten wir mit einer plausibleren alternativen Erklärung aufwarten. Wie der Bibelforscher Reginald Fuller es ausdrückt, muss »selbst der skeptischste Historiker [...] dem kompletten Wandel im Verhalten der Jünger Rechnung tragen«.[25]

Eine zweite Ungereimtheit ist der Umstand, dass die Nazoräer Jesus nach seinem Tod als den Messias, den gesalbten Führer des jüdischen Volkes, priesen. Jesus wird bereits in den frühesten christlichen Überlieferungen, die die Wissenschaft hat ausfindig machen können, als Christus bezeichnet.[26] Damit nicht genug, hatte der Glaube, dass Jesu Tod die Vergebung der Sünden bewirkt hatte (ein Glaube, dem auch im ersten Bekenntnis des Paulus Ausdruck verliehen wird), eine messianische Dimension: Die Vergebung der Sünden galt nicht nur für den einzelnen Menschen, sondern für Israel als Ganzes – eine Kollektivabsolution mit dem Anbruch des messianischen Zeitalters.[27]

Heutzutage sind Christen so daran gewöhnt, Jesus als ihren »Messias« zu betrachten und damit ihren spirituellen Retter zu meinen, dass es problematisch für sie sein kann zu erkennen, wie seltsam – ja, wie unangebracht – dieser Titel den meisten Juden im 1. Jahrhundert erschienen sein muss. Wie wir gesehen haben, wurde der Messias traditionell als Siegesheld, als neuer David gesehen, der die Juden vom Joch der Fremdherrschaft befreien würde, und er sollte als solcher erst anerkannt werden, nachdem er die Nichtjuden aus dem Gelobten Land vertrieben und seine rechtmäßige Herrschaft angetreten hatte. Wenn also die Menschen vor Jesu Tod gehofft hatten, er könne der Messias sein, müssten sie von seiner Gefangennahme und Kreuzigung zutiefst entmutigt gewesen sein: Sie hätten ihren Glauben an ihn verlieren müssen, weil seine Hinrichtung für sie Beweis genug schien, dass er nicht Gottes »Gesalbter« ist. Jesus als Messias zu feiern muss im 1. Jahrhundert genauso widersinnig erschienen sein, als hätte man am Ende des 20. Jahrhunderts Che Guevara zum triumphalen Sieger von Kuba erklärt.

Damit nicht genug, muss die Vorstellung von einem gekreuzigten Messias von vielen Juden als Kränkung des jüdischen Volkes empfunden worden sein.[28] Der Tod am Kreuz ist gleichbedeutend mit Gehenktwerden, und der Tora zufolge ist ein Gehenkter »ein von Gott Verfluchter«.[29] Einen Gekreuzigten als gesalbten König Israels zu erhöhen muss als moralisch verwerflich, Betrug am Volk Israel und Affront gegen Gott wahrgenommen worden sein. Nichtjuden müssen das Geschehen mit ähnlicher Missbilligung betrachtet haben, denn Kreuzigung galt in der gesamten antiken Welt als Schande. Ermordet, geschmäht und verflucht war Jesus als Messias so unvorstellbar wie nur irgendwer.

Was hätte die ersten Nazoräer dazu veranlasst haben können, sich die urjüdische Idee von einem Messias zu eigen zu machen und auf die bedauernswerte Person Jesu anzuwenden? Sie müssen nach seinem Tod etwas sehr Machtvolles gesehen oder erfahren haben, etwas, das sie hat annehmen lassen, er sei von Gott legitimiert worden und stehe unter dessen besonderem Schutz. Andernfalls hätte sein Anspruch, der Messias zu sein, mit ihm am Kreuz erlöschen müssen.

Ein dritter besonderer Aspekt am Christentum ist dessen bedingungslose Hingabe an die jüdische Vorstellung von einer Auferstehung der Toten. Wie wir gesehen haben, war die Vorstellung, dass Gott die Toten wiederauferweckt, bereits seit dem 2. Jahrhundert v. Chr. im Judentum verankert, aber die meisten Juden des 1. Jahrhunderts n. Chr. hätten sich über die Ansichten der Nazoräer zu diesem Thema schwer gewundert.[30]

Während ihre jüdischen Zeitgenossen die Auferstehung eher als Randthema betrachteten, war sie für die Nazoräer von zentraler Bedeutung. Paulus pocht in seinem Ersten Brief an die Korinther energisch auf die fundamentale Wichtigkeit dieses Glaubens: »Denn wenn Tote nicht auferweckt werden, ist auch Christus nicht auferweckt worden. Wenn aber Christus nicht auferweckt worden ist, dann ist euer Glaube nutzlos, und ihr seid immer noch in Sünden.«[31] Gewöhnliche Juden nahmen es hin, dass sie »noch in Sünden« waren, und erwarteten freudig Gottes endgültige Aussöhnung mit Israel, zu der die Auferweckung der Toten gehören würde – oder auch nicht. Für viele war diese gemeinsame Auferstehung ein Ereignis, mit dem sie zwar rechneten, das aber nicht den gleichen Symbolgehalt hatte wie das Gelobte Land, der Tempel oder die Tora, die den jüdischen Glauben im täglichen Leben definierten.[32] Für die Nazoräer aber war sie wichtiger als alles andere. Die Apostel waren die allerersten Zeugen des auferstandenen Christus, und ihre Mission bestand darin, die künftige Auferweckung von so vielen Menschen wie möglich zu sichern.

Nicht minder revolutionär war, dass ihrer Überzeugung nach die allgemeine, zum Ende der Zeiten vorgesehene Auferstehung bereits begonnen haben sollte. Sie war nicht mehr nur eine Hoffnung auf die ferne Zukunft, sondern ein zweistufiger Prozess, der mit Jesu Auferstehung begonnen hatte und mit der Wiederkunft Christi auf Erden – der Parusie – ein Ende haben würde, bei der er erneut mit seinen Anhängern zusammenkommen würde.[33] Der erstandene Jesus war »die erste Frucht« der künftigen Ernte.

Da die Auferstehung der Toten so eng verknüpft war mit dem Anbruch des revolutionären Reiches Gottes, bedeutete dies, dass das Reich Gottes bereits irgendwie zugegen sein oder begonnen haben musste, obwohl die Römer noch das Sagen hatten. Für einen gläubigen Juden außerhalb der Nazoräergemeinde war solche Rede unbegreiflich: Die Tatsache, dass Rom die Geschicke des Landes noch immer lenkte, musste ihm Beweis genug dafür gewesen sein, dass die Zeit der Auferstehung noch nicht gekommen sein konnte. Wie haben die Nazoräer Ezechiels Begriff von der Auferstehung als dem Wiederaufstieg des Volkes Israel aufgeben können? Wie konnten sie die Auferstehung eines Märtyrers gesondert von der aller anderen betrachten? Für die Juden jener Zeit müssen diese Fragen von drängender Wichtigkeit gewesen sein. Die Nazoräer hatten die damals herrschende Vorstellung von der Auferstehung genauso für ihre Belange zweckentfremdet wie die Vorstellung von einem Messias.

Die Nazoräer redeten auch von sich selbst, als seien sie in gewissem Sinne in diesem Leben bereits auferstanden – oder im Begriff, auferweckt zu werden. Paulus verleiht dieser Überzeugung besonders deutlich Ausdruck in seinem Brief an die Römer:

> »Wenn Christus in euch ist, dann ist zwar der Leib tot aufgrund der Sünde, der Geist aber ist Leben aufgrund der Gerechtigkeit. Wenn der Geist dessen in euch wohnt, der Jesus von den Toten auferweckt hat, dann wird er, der Christus Jesus von den Toten auferweckt hat, auch euren sterblichen Leib lebendig machen durch seinen Geist, der in euch wohnt.«[34]

Das äußere Zeichen dieser metaphysischen Wiedergeburt war die Taufe, eine mystische Vereinigung mit Christus, die den Gläubigen in das kommende Reich Gottes einband.[35]

Wie neuartig diese Lehre war, zeigt sich besonders eindrücklich an einem Gespräch zwischen Jesus und einem Pharisäer namens Nikodemus, über das Johannes berichtet. Als Jesus zu ihm sagt: »Amen, amen, ich sage dir: Wenn jemand nicht von Neuem geboren wird, kann er das Reich Gottes nicht sehen«, fragt Nikodemus: »Wie kann ein Mensch, der schon alt ist, geboren werden? Er kann doch nicht in den Schoß seiner Mutter zurückkehren und ein zweites Mal geboren werden.«[36] Daraufhin erklärt Jesus, er müsse »aus Wasser und Geist geboren« werden. Doch der Pharisäer ist nach wie vor verwirrt: »Wie kann das geschehen?« Es muss viele Unterhaltungen wie diese zwischen den Predigern der Nazoräer und ihren potenziellen Konvertiten gegeben haben, für die die Vorstellung, noch zu Lebzeiten »von Neuem geboren« zu werden, äußerst verwirrend geklungen haben muss.

Tom Wright nennt die christliche »Umdeutung« der jüdischen Auferstehungshoffnung ein »Phänomen, das so unerhört und bemerkenswert ist, dass es nach einer ernsthaften und wohlbegründeten historischen Erklärung verlangt«.[37] Eine solche Erklärung lässt noch immer auf sich warten.

Viertens wäre da die bemerkenswerte Tatsache, dass die Nazoräer den Sonntag, den ersten Tag der Woche, zum neuen Tag der Verehrung Gottes erklärten und so eine Konkurrenz schufen zu der bis dahin unangefochtenen Einzigartigkeit des Sabbats. Tatsächlich wurde dem Sonntag größere Bedeutung zugemessen als dem Sabbat, denn nichtjüdischen Konvertiten wurde als Feiertag nachweislich »der Tag des Herrn« und nicht der Sabbat ans Herz gelegt.

Belege für Sonntagsgottesdienste in der jungen Kirche sind rar, aber überzeugend. In der Apostelgeschichte 20,7 wird beispielsweise berichtet, dass Paulus und seine Gefährten am ersten Tag der Woche zusammenkamen, »um das Brot zu brechen«. Mit diesem Ritual, aus dem später die Eucharistiefeier und die heilige Kommunion hervorgehen sollten, wurde allwöchentlich auf Jesu letztes Mahl Bezug genommen.[38] Hinweise darauf, dass sich irgendeine christliche Gruppe je an einem anderen Wochentag zum Gottesdienst getroffen hat – am Freitag zum Beispiel, dem Tag der Kreuzigung, oder am Donnerstag, dem Tag des Letzten Abendmahls, gibt es hingegen nicht. Damit sich dieser Brauch so allgemein verbreiteten konnte, musste der Sonntagsgottesdienst in der Tat zu einem sehr frühen Zeitpunkt eingeführt worden sein, vermutlich bereits bevor die Jerusalemer Urgemeinde durch Verfolgung versprengt worden war, das heißt also binnen weniger Jahre nach der Kreuzigung, denn Paulus hatte die Nazoräer von Damaskus bereits im Jahr 33 verfolgt.[39]

Das Glück will es, dass uns in einem von Plinius dem Jüngeren verfassten Brief eine kurze Beschreibung dieser wöchentlichen Zusammenkünfte einer christlichen Gemeinde aus dem frühen 2. Jahrhundert erhalten ist. Als Statthalter Roms in der nordwestanatolischen Provinz Bithynien war Plinius maßgeblich an der Verfolgung von Christen beteiligt, die damals als Staatsfeinde galten. Im Verlauf einer Befragung fand er ein paar Dinge über ihre religiösen Gepflogenheiten heraus:

> »Sie behaupteten aber, ihre ganze Schuld – oder ihr ganzer Irrtum – habe darin bestanden, dass sie sich an einem bestimmten Tag vor Sonnenaufgang zu versammeln pflegten, Christus zu Ehren, wie einem Gotte, im Wechselgesang ein Lied anstimmten und sich eidlich nicht etwa zu einem Verbrechen verpflichteten, sondern keinen Diebstahl, keinen Raub, keinen Ehebruch zu begehen, kein gegebenes Wort zu brechen, kein anvertrautes Gut, wenn es zurückgefordert wird, abzuleugnen. Darauf seien sie in der Regel auseinandergegangen und wieder zusammengekommen, um ein Mahl einzunehmen, das jedoch ganz gewöhnlich und harmlos war.«[40]

Plinius bezeichnet den Tag, an welchem sie sich treffen, nicht genauer, aber wir können sicher sein, dass es (wie andernorts) der Sonntag, der erste Tag der Woche, gewesen ist. Aus irgendeinem Grund trafen sie sich zweimal, zum ersten Mal vor Sonnenaufgang, um zu singen und ihren Eid abzulegen, und dann noch einmal, nachdem das Tagwerk geschafft war, um ein gemeinsames Mahl – das Herrenmahl – einzunehmen.

Warum schufen die Nazoräer einen neuen »heiligen Tag«, der mit der uralten Institution des Sabbats rivalisieren musste? Eine derart wichtige Veränderung des religiösen Brauchtums muss einen enormen Einfluss gehabt haben. Man kann sich der Schlussfolgerung nicht entziehen, dass Jesu Anhänger davon überzeugt waren, dass an einem Sonntag etwas höchst Bedeutsames geschehen sein musste, dessen Woche für Woche an ebendem Tag, an dem es sich ereignet hatte, gedacht werden sollte.[41]

»Unsere Neugier«, schrieb Edward Gibbon in *Verfall und Untergang des römischen Imperiums,* »drängt uns naturgemäß nachzuforschen, wie der christliche Glaube diesen bemerkenswerten Sieg über die anderen herrschenden Religionen der Erde errang.«[42] Bis zum 18. Jahrhundert, da Gibbon dies schrieb, kann an dieser Frage absolut nichts Selbstverständliches gewesen sein: Das Christentum hatte gesiegt, so dachte man, weil seine Botschaft wahr, es von Gottes Sohn begründet und durch die göttliche Vorsehung gelenkt sei. Für Gibbon waren solche vorschnellen Erklärungen nicht mehr ausreichend. Ihn interessierten die sozialen und psychologischen Faktoren, die dem Christentum im Römischen Reich zur Blüte verholfen hatten.[43] Sein Ansatz machte den Aufstieg des Christentums erstmals zum Gegenstand rationaler Forschung, verschleierte aber auch ein tiefergehendes Problem, das die Vorstellung von einer göttlichen Vorsehung (wie unbefriedigend auch immer) zumindest angesprochen hatte. Dieses fünfte und größte Rätsel im Zusammenhang mit den Nazoräern ist die naheliegende Frage: Wie ist es den Aposteln gelungen, überhaupt eine Kirche, einen Zusammenschluss von so gewaltigem Wachstumspotenzial, zu gründen? Mit anderen Worten: Warum ist das Christentum nicht wie so mancher Modekult unserer Tage mehr oder weniger gleich nach seiner Geburt wieder von der Bildfläche verschwunden?[44]

Als die Kirche einmal etabliert war und die Nazoräergemeinden in Palästina und anderswo Fuß gefasst hatten, kamen soziale Kräfte ins Spiel, die die Selbsterhaltung der Sekte sicherten und zu ihrem kontinuierlichen Wachstum beitrugen. Doch damit es dazu kommen konnte, musste die Kirche eine gewisse kritische Masse erreichen, sodass es zu einer gesellschaftlich möglichen Option wurde, Christus nachzufolgen. Irgendwie hat es das Christentum geschafft, diese kritische Masse zu erreichen, statt zu stagnieren und lediglich eine Handvoll leichtgläubiger Exzentriker anzusprechen. In gewisser Weise ist die Gründung der Urkirche das großformatige gesellschaftliche Äquivalent der genauso unwahrscheinlichen Bekehrung der Einzelperson Paulus. Es gibt jedoch einen großen Unterschied: Paulus sah etwas, das ihn von der Realität der Auferstehung überzeugt hat, Tausende andere sahen nichts und setzten dennoch ihr Vertrauen in den auferstandenen Jesus. Das »Wunder« der Massenbekehrung wurde allein durch Predigen vollbracht.

In Anbetracht der enormen Hindernisse, die den Aposteln im Weg standen, war der Erfolg dieser Predigten bemerkenswert. Wie wir gesehen haben, muss das Evangelium den meisten Juden unglaubwürdig, unpatriotisch und unmoralisch erschienen sein. Sie müssen sich gegen die Vorstellung gesträubt haben, dass der Messias, ihr Nationalheld, ein Mann sein sollte, der soeben von den Römern gekreuzigt worden war, und selbst wenn sie an die künftige Auferstehung der Toten glaubten, hätten sie für die Vorstellung, dass ein einsamer Märtyrer auferweckt worden sei, während das Heilige Land noch immer von den Truppen des Kaisers besetzt war, nichts als Hohn übrig gehabt.

Die Apostel mussten ihre jüdischen Glaubensbrüder dazu bringen, die beiden großen Symbole der Erlösung Israels neu einzuordnen, und hatten als Grundlage nichts anderes zu bieten als ihre eigene Autorität. Zur gleichen Zeit mussten sie sich gegen ein feindlich gesonnenes jüdisches Establishment behaupten. Kajaphas und seine Verbündeten müssen von Anbeginn an versucht haben, die Nazoräer zum Schweigen zu bringen.[45] Mit Sicherheit war die Verfolgung, bei der Paulus eine führende Rolle spielte, binnen weniger Jahre nach der Kreuzigung in vollem Gange.

Diesen beträchtlichen Widerständen zum Trotz scheint die Kirche in Palästina bemerkenswert rasch gewachsen zu sein. Paulus verweist auf die »Gemeinden Christi in Judäa« (Gal 1,22) und preist die Nachricht von deren Bekehrung, woraus hervorgeht, dass es in der Region um das Jahr 33 mehr als eine christliche Gemeinde gegeben haben muss. Laut der Apostelgeschichte (9,31) existierte die »Kirche in ganz Judäa, Galiläa und Samarien«; das steht im Einklang mit der Aussage, dass Paulus die Nazoräer im Norden bis Damaskus verfolgt hat. Im Verlauf der 30er-Jahre des 1. Jahrhunderts schienen die Anhänger der neuen Bewegung sich in großen Städten wie Antiochia, Lydda, Joppe, Cäsarea, Ptolemais und Tyrus etabliert zu haben.[46] Das Volk Israel war demnach für die Botschaft des gekreuzigten Christus überraschend empfänglich.

Nicht minder verwunderlich war die Ausbreitung des Evangeliums unter den Nichtjuden. Die ersten nichtjüdischen Konvertiten waren vermutlich gottesfürchtige Menschen, das heißt Nichtjuden, die dem Judentum positiv gegenüberstanden und die Zusammenkünfte in den örtlichen Synagogen besuchten. Diese Menschen werden mit dem jüdischen Erbe der Nazoräer vertraut gewesen sein und haben die von Paulus gepredigte Abkehr von den jüdischen Vorschriften – insbesondere den Speisegesetzen und der Beschneidung – vermutlich begrüßt. Wie aber konnten echte, götzenverehrende Heiden wie die Anhänger des Paulus in Galatien und Korinth für den »Aberwitz« eines gekreuzigten Christus gewonnen werden? Schließlich befand sich das Christentum, wie Charles Freeman betont, in Fragen von Sexualität, Kunst und Philosophie »im Konflikt mit der griechisch-römischen Gesellschaft und deren Traditionen« und verlangte von Nichtjuden, »wichtigen Aspekten ihrer traditionellen Kultur den Rücken zu kehren«.[47] Dennoch ließen sich viele überreden, ihre bisherige Lebensweise aufzugeben und sich dem paradoxen Kult um einen jüdischen Märtyrer anzuschließen.

Sie wählten damit gewiss kein einfaches Leben. Paulus und seine Gefährten wurden regelmäßig von wütenden Volksmengen misshandelt, und wer ihnen nachfolgte, riskierte ein ähnliches Schicksal.[48] Und nicht nur die örtliche Bevölkerung hatten sie zu fürchten. Der römische Staat war für sie eine noch größere Bedrohung. Neben dem römischen Kaiser einen göttlichen König anzubeten und nicht auf das Reich des Kaisers, sondern auf das Reich Gottes hinzuleben konnte als höchst subversiv gelten. Es gibt zwar bis zum Jahr 64, da Nero die Christen Roms kreuzigen, verbrennen und den Hunden vorwerfen ließ, keine Belege für eine flächendeckende Christenverfolgung, aber es ist anzunehmen, dass über die Angehörigen der Provinzkirchen auch zuvor schon harte Strafen verhängt worden sind. Dazu Tom Wright:

> »Das Christentum forderte stolze Heiden auf, aus Treue zu einem jüdischen Mann vom Dorf, der von Rom hingerichtet worden war, Folter und Tod auf sich zu nehmen. Das Christentum verteidigte Liebe, die ethnische Grenzen überwand. […] Für den durchschnittlichen Heiden war es keine leichte oder natürliche Sache, Christ zu werden.«[49]

Die ersten Anhänger des neuen Weges trafen keine Lifestyle-Entscheidung wie ein New-Age-Suchender, der sich einer exotischen östlichen Religion verschreibt, die seinen spirituellen Neigungen entgegenkommt, oder wie einige moderne Christen, die sich gesellschaftlich angesehenen religiösen Zirkeln anschließen. Sie folgten dem neuen Weg, so schwer dieser auch sein mochte, weil die Predigten von Paulus und seinen Gefährten sie überzeugten. Irgendetwas ließ sie daran glauben, dass diese die Wahrheit sprachen.

Mehr als zweihundert Jahre nach Gibbon können wir die flächenbrandartige Ausbreitung des christlichen Evangeliums noch immer nicht nachvollziehen. Warum wurden die Apostel nicht einfach als Scharlatane abgetan? Wie kam es, dass so viele Menschen ihren absonderlichen Ausführungen folgten? Lukas schreibt die Macht ihrer Rede dem Einfluss des Heiligen Geistes zu. Moderne Historiker verzichten zwar auf diese metaphysische Erklärung, aber eine physische, die diese ersetzt, müssen sie erst noch ersinnen. Wieder einmal scheint in unserem Bild von den Ursprüngen des Christentums etwas zu fehlen.

Fünf bemerkenswerte Aspekte der frühen Kirche, fünf geheimnisvolle Hinweise auf ihren Ursprung. In ihrer Gesamtheit zeichnen diese Entwicklungen ein Bild von der historischen Bedeutung der Ostereignisse vor dem Hintergrund des Judentums zur Zeit des zweiten Tempels und des ausgedehnten Römischen Reiches. Lauter Fakten über die Nazoräer, die gut informierten Zeitgenossen bekannt gewesen wären, auch wenn sie keine Vorstellung davon gehabt hätten, warum die Sekte so unorthodox war oder was ihr eine solche Überzeugungskraft verliehen hat.

Die Nazoräer selbst führten alles auf das mutmaßliche Osterwunder zurück. Ihr Kult wurzelte in einer einzigen unglaublichen Idee: dass Jesus kurz nach seinem Tod und Begräbnis von den Toten auferweckt und von zahlreichen Zeugen lebend gesehen worden sei. Außerstande, solcherlei Irrsinn zu begreifen, müssen Außenstehende der sozialen Revolution, die sich da in ihrer Mitte abspielte, einigermaßen ratlos gegenübergestanden haben. Wir befinden uns heute in fast der gleichen Lage. Weniger der Umstand, dass uns Informationen fehlen, macht uns zu schaffen als vielmehr die Tatsache, dass wir aus den Informationen, die uns zur Verfügung stehen, keinen Sinn herauslesen können. Vielleicht sollten wir daher aufhören, Sinn darin sehen zu wollen, und einfach die apostolische Behauptung hinnehmen – der wörtlichen Auslegung der Auferstehung vertrauen. Doch das wäre verfrüht. Vielleicht wartet gleich hinter der nächsten Ecke ja doch noch eine rationale Erklärung. Außerdem müssen wir uns noch damit auseinandersetzen, was uns die Evangelien an Hinweisen liefern.

6

Die Evangelienerzählungen

Faszinierend, befremdlich und vor allem von verführerischer Eloquenz, bilden die vier im Neuen Testament enthaltenen Evangelien das Glaubensbild einer ganzen Generation von Christen ab, die versucht, mit ihrem konfusen religiösen Erbe klarzukommen. Um sie richtig verstehen zu können, muss man die Inhalte im Zusammenhang sehen – als Produkte einer kirchengeschichtlichen Epoche nahe an, aber doch bereits ein gutes Stück weit weg von der Zeit des Paulus und der anderen Apostel.

Am Ende des 1. Jahrhunderts war das Christentum bereits mehr als nur eine Sekte des Judentums. Es war zu einem eigenständigen Glauben geworden, von Insidern und Außenstehenden gleichermaßen als solcher anerkannt. Die Absplitterung wurde in erster Linie durch den Jüdischen Krieg in den Jahren 66 bis 70 vorangetrieben, in dessen Verlauf die Jerusalemer Kirche zusammen mit der Stadt selbst zerstört wurde.[1] Die Aversion gegen die Urkirche vonseiten der jüdischen Gemeinde nahm im Nachhall des Kriegs vermutlich zu, denn ihre messianischen Heilserwartungen wurden für die Katastrophe mitverantwortlich gemacht. Hinzu kam, dass viele Christen außerhalb Judäas, in vielen Fällen nicht beschnittene Nichtjuden, eine ambivalente – teils sogar feindselige – Einstellung gegenüber den jüdischen Gesetzen hatten. Ohne ihren jüdischen Kern politisch wie theologisch suspekt und in ihrer Zusammensetzung zunehmend von Nichtjuden bestimmt, wurde die Kirche vom jüdischen Establishment bald ganz abgelehnt. Irgendwann gegen Ende des 1. Jahrhunderts nahmen die Juden in eines ihrer Hauptgebete, das Achtzehnbittengebet, eine Verwünschung gegen Frevler und Verleumder auf, und die Christen wurden ausdrücklich aus der Synagoge verbannt. Fortan galten Juden und Christen als getrennte Glaubensrichtungen.[2]

Einstmals als Teil einer anerkannten Religion, als jüdische Reformbewegung, die von Jerusalem ausgegangen war, geduldet, war die Kirche nun zu einem losen Zusammenschluss aus schutzlosen, keiner festen Konfession angegliederten Gemeinden geworden. Losgelöst in der Welt treibend wie eine Flotte aus winzigen Booten, die verzweifelt versuchen, in stürmischer See einen Hafen anzulaufen, sahen sich die christlichen Gemeinden des Reichs gezwungen, sich neu zu formieren. Von den ersten Anfängen an, so scheint es, hatten den Kirchen der einzelnen Provinzen Bischöfe vorgestanden, die die Gemeinden leiteten, und Diakone hatten liturgische und seelsorgerische Aufgaben erfüllt. Diese lokalen Gemeindevorsteher und Diakone übernahmen jetzt die Führung der spirituell verwaisten Kirche.[3]

Zu der Zeit, als die Evangelien verfasst wurden, hatten Fragen der religiösen Autorität und Kirchenführung großes Gewicht. Ein besonders heikles Thema war die Frage der weiblichen Nachfolge. Die Spannung zwischen unbeugsamer patriarchalischer Gesinnung einerseits und großen Hoffnungen auf weiblicher Seite andererseits reicht vermutlich bis in die Morgendämmerung des Christentums zurück. Es gibt vereinzelte, aber solide Hinweise darauf, dass Maria Magdalene eine bedeutende Gestalt der Urkirche gewesen ist und ihre Bekanntheit und Bestimmtheit sie in Konflikt mit gewissen männlichen Aposteln, in erster Linie mit Petrus, gebracht haben.[4] In den frühen Tagen der Kirche haben mit Sicherheit auch Frauen als Verkünderinnen des Evangeliums gewirkt,[5] und die Gleichberechtigung von Männern und Frauen lässt sich unter anderem an dem Pauluswort ablesen, in dem es heißt: »Es gibt nicht mehr Juden und Griechen, nicht Sklaven und Freie, nicht Mann und Frau; denn ihr alle seid ›einer‹ in Christus Jesus.«[6] Doch trotz dieses Grundsatzes waren Frauen als Kirchenführerinnen in der patriarchalischen Welt der Antike hoch umstritten und wurden aus der kirchlichen Hierarchie nach und nach ausgeschlossen.

Der Kampf der Geschlechter wird gut sichtbar im Ersten Brief an Timotheus, einem der sogenannten Pastoralbriefe, dessen nicht bekannter Verfasser die Existenz weiblicher Diakone und Presbyter (jenes Kollegiums aus »Ältesten«, aus dem die Priester hervorgehen sollten) zwar zur Kenntnis nimmt, aber kategorisch feststellt: »Dass eine Frau lehrt, erlaube ich nicht, auch nicht, dass sie über ihren Mann herrscht; sie soll sich still verhalten.«[7] Wie der Neutestamentler Bruce Chilton es formuliert, war das »die Parteilinie der aufstrebenden christlichen Hierarchie, mit der man bestrebt war sicherzustellen, dass genau wie in einem gut geführten römischen Haushalt auch innerhalb der Kirche Männer die Führungsposition innehaben und Frauen ihre Rolle als Ehefrauen und Mütter nicht aufgeben würden«.[8] Am Ende des 2. Jahrhunderts galten Priesterinnen als Frevel, und in den Hauptkirchen waren Frauen den Männern in jeder Hinsicht untergeordnet.[9] Ein Jahrhundert davor aber, als die Evangelien geschrieben wurden, tobte der Kampf noch, und wir sehen ihn gespiegelt in den Geschichten, die über die Auferstehung erzählt werden.

Ungeachtet solcher Kontroversen und trotz des frustrierend lange andauernden Wartens auf die Wiederkehr Christi brachten es die Männer und Frauen der postapostolischen Kirche fertig, das junge Christentum lebendig zu halten. Ja, die neue Religion blühte und gedieh. Im Zuge ihrer Verbreitung ließ sie eine Fülle an neuer Literatur entstehen, darunter auch Texte, die eines Tages den Glauben späterer Generationen von Christen prägen sollten. Erzählungen und Überlieferungen über Jesu Leben und Wirken zirkulierten bereits vor dem Jüdischen Krieg, aber nach dessen Ende im Jahr 70 nahmen die Schriftgelehrten des Mittelmeerraums dieses Material auf und formten es ihren Ideen und den Erfordernissen ihrer eigenen Gemeinden entsprechend um. So entstanden unter anderem die Texte, die wir heute als Evangelien kennen. Viele solcher Evangelien wurden verfasst, jedes davon trug den ideologischen Stempel der Gemeinde, für die es geschrieben worden war. Wenigstens zwanzig sind belegt, erhalten geblieben sind jedoch weniger. Im Lauf der Zeit erlangten vier davon – die Evangelien nach Matthäus, Markus, Lukas und Johannes – einen Sonderstatus und wurden in den Kanon des Neuen Testaments aufgenommen. Der Rest fiel dem Vergessen anheim. Glücklicherweise sind in antiken Bibliotheken und trockenen Sandklippen am Toten Meer hier und da Fragmente dieser vergessenen Evangelien erhalten geblieben, die uns eine Ahnung von den frühen christlichen Erzählungen vermitteln, deren Botschaft letztlich zum Verstummen gebracht wurde.[10]

Die vier kanonischen Evangelien, deren Ostererzählungen die traditionellen Vorstellungen von der Auferstehung geformt haben, sind sämtlich anonym. Ihren jeweiligen Autorennamen zugeordnet wurden sie erstmals im Jahr 185 von Irenäus, dem Bischof von Lyon, aber es besteht so gut wie keinerlei Anlass, diese Zuordnung als korrekt anzusehen.[11] Dennoch ist es üblich geworden, sie mit diesen Autorennamen zu zitieren. Das Markusevangelium wird gewöhnlich als ältestes angesehen und etwa um das Jahr 70 angesiedelt. Die Evangelien nach Matthäus und nach Lukas werden ein bis zwei Jahrzehnte später verortet, das Johannesevangelium gilt allgemein als letztes und soll um das Jahr 100 entstanden sein.[12] Über diese Einordnung herrscht ein breiter, relativ stabiler Konsens, aber sie basiert auf wenig mehr als Vermutungen.

Das Markusevangelium ist das kürzeste der vier Bücher. Die Evangelien nach Matthäus und nach Lukas, die sehr viel blumiger ausgeschmückt sind, haben eine Menge Material mit ihm gemein, manches stimmt gar wörtlich überein. Da man ihre Texte nebeneinanderlegen und Wort für Wort vergleichen kann, nennt man die ersten drei Evangelien auch synoptische Evangelien und ihre Autoren Synoptiker (abgeleitet von dem griechischen Wort *syn-opsis*, was so viel bedeutet wie »mit demselben Blick auf etwas schauen«). Das vierte Evangelium unterscheidet sich in mancher Hinsicht von den drei anderen, hat jedoch gewisse Ähnlichkeiten mit den synoptischen Evangelien. Es wird manchmal angenommen, dass der Verfasser des Johannesevangeliums die synoptischen Fassungen gekannt hat, aber es gibt kaum wörtliche Übereinstimmungen zwischen seinem Text und den anderen, und die, die es gibt, könnten sehr gut Zufall sein. Das Johannesevangelium lässt sich daher mit Fug und Recht als unabhängige Quelle betrachten.[13]

Die Auferstehungsberichte in den Evangelien lassen sich in zwei Kategorien unterteilen: die »Graberzählungen«, die von Menschen berichten, die sich am Ostermorgen in aller Frühe zu Jesu Grab begaben, und die »Erscheinungserzählungen«, in denen von den späteren Begegnungen des auferstandenen Jesus mit seinen engsten Vertrauten die Rede ist.

Bei Johannes ist Maria aus Magdala, in vielen Übersetzungen und Veröffentlichungen auch Maria Magdalene genannt, die einzige Frau, die am Ostermorgen zum Grab geht.[14] Sie erreicht die Grabkammer noch im Dunkeln, sieht, dass der Stein vor deren Eingang weggenommen wurde, und macht auf der Stelle kehrt, um Petrus und dem nicht näher benannten Jünger, »den Jesus liebte«, zu berichten, dass Jesu Leichnam verschwunden sei.[15] Die beiden Männer kommen mit ihr, um selbst das Grab in Augenschein zu nehmen, während Maria Magdalene weinend draußen verbleibt. Als die Männer gegangen sind, schaut sie selbst ins Grab und sieht »zwei Engel in weißen Gewändern sitzen, den einen dort, wo der Kopf, den anderen dort, wo die Füße des Leichnams gelegen hatten«. Sie fragen sie, warum sie weint, und sie antwortet: »Man hat meinen Herrn weggenommen, und ich weiß nicht, wohin man ihn gelegt hat.« In dem Augenblick, in dem sie das sagt, dreht sie sich um und sieht den auferstandenen Jesus, den sie allerdings zunächst für den Gärtner hält. Er wiederholt die Frage der Engel, und als sie ihn erkennt, mahnt er, sie möge ihn nicht berühren. Am Ende trägt er ihr auf, seinen Jüngern mitzuteilen, dass er zum Himmel, zu seinem Vater, hinaufgehen werde. Das tut sie.

Die Johannes-Darstellung unterscheidet sich deutlich von den drei synoptischen Graberzählungen.

Bei Markus wird Maria Magdalene von zwei anderen Frauen begleitet, von Salome und Maria, der Mutter des Jakobus.[16] Die drei Frauen machen sich nicht im Dunkeln auf den Weg zum Grab, sondern nach Sonnenaufgang. Als sie sehen, dass der Stein vom Grabeingang weggerollt ist, beschließen sie, der

Sache auf den Grund zu gehen, und betreten selbst das Grab, statt davonzueilen und Petrus Bescheid zu sagen. Im Inneren finden sie »einen jungen Mann« (keine zwei Engel), »der mit einem weißen Gewand gekleidet war, auf der rechten Seite sitzen«. Er verkündet ihnen, dass Jesus auferstanden ist, weist auf die Stelle, wo man ihn hingelegt hatte, und trägt ihnen auf, Petrus und den anderen Jüngern mitzuteilen, dass Jesus ihnen nach Galiläa vorausgegangen sei, wo sie ihn sehen würden. Die Frauen fliehen entsetzt und reden mit niemandem darüber. Nichts von alledem korrespondiert mit Johannes' Darstellung, der zufolge Maria Magdalene sowohl zwei Engel als auch den auferstandenen Jesus zu Gesicht bekommen hatte.

Die Berichte von Matthäus und Lukas erinnern in manchem an den von Markus, aber auch hier gibt es Abweichungen.

Bei Matthäus gehen nur zwei Frauen ans Grab, und dies kurz vor Morgengrauen: Maria Magdalene und »die andere Maria«.[17] Im Augenblick ihrer Ankunft gibt es ein gewaltiges Erdbeben, und »der Engel des Herrn« kommt vom Himmel herab, wälzt den Stein vom Grab und setzt sich darauf. Das ängstigt die römischen Soldaten, die das Grab bewachen, eine Gruppe Männer, die in keinem anderen Evangelium Erwähnung findet, zu Tode.[18] Dann richtet der Engel fast genau dieselben Worte an die beiden Frauen wie der »junge Mann« bei Markus, und die beiden Marien machen sich eilends auf den Weg, um den Jüngern die Kunde zu überbringen. Hier ist keine Rede von ungehorsamem Stillschweigen. Auf ihrem Weg zurück tritt ihnen der auferstandene Jesus in ganz ähnlicher Weise entgegen, wie er Maria Magdalene bei Johannes erscheint. In dieser Version dürfen die Frauen jedoch seine Füße umfassen. Und statt sie zu fragen, warum sie weinen, und sie von seiner bevorstehenden Himmelfahrt zu unterrichten, wiederholt er einfach die Botschaft des Engels, dass die Jünger ihn in Galiläa sehen werden.

Bei Lukas ist die Darstellung der Ereignisse am Grab sehr viel weniger verwickelt[19], doch bleibt er beunruhigend vage, was die beteiligten Zeugen angeht: Er nennt Maria Magdalene, Johanna und Maria, die Mutter des Jakobus, und »die übrigen Frauen, die bei ihnen waren« – insgesamt also fünf oder mehr. Diese Schar Frauen begibt sich in aller Frühe zum Grab, um die Begräbnisriten vorschriftsmäßig fortzusetzen. Sie finden den Stein vom Grab weggerollt, wagen sich in die Grabkammer und stellen fest, dass der Leichnam nicht mehr dort ist. Plötzlich treten zwei Männer in leuchtenden Gewändern zu ihnen. Die Frauen erschrecken und blicken zu Boden. »Was sucht ihr den Lebenden bei den Toten?«, fragen die Männer und erinnern sie dann daran, dass Jesus ihnen prophezeit hatte, er werde »am dritten Tag« auferstehen. Wie bei Matthäus kehren die Frauen nach Hause zurück und berichten den Jüngern, was sie gesehen haben. Den auferstandenen Jesus treffen sie auf ihrem Weg allerdings nicht.

Die vier Evangelisten beziehen sich klar auf dieselbe Überlieferung, aber als Sammlung von Zeugenaussagen sind ihre Darstellungen furchtbar unbefriedigend. Sie sind sich nicht einig, wer zum Grab gegangen ist, warum die Betreffenden dorthin gingen, ob das Grab bewacht wurde, ob es offen war, als sie dort anlangten, wen sie dort sahen, was der Bote oder die Boten sagte(n) und wie sie darauf reagierten. Die Evangelisten sind sogar uneins, ob die Frauen den auferstandenen Christus sahen oder nicht. Ein Teil der Unstimmigkeiten könnte schlicht auf Fehler oder Abweichungen in der mündlichen Überlieferung zurückzuführen sein, während andere, wie der erscheinende »Engel des Herrn« bei Matthäus, nach schöpferischem Ausschmücken seitens der Evangelienverfasser aussehen. Wie dem auch sei: Auch was den Beitrag der Frauen am Geschehen anbelangt, sind die Graberzählungen hoffnungslos uneinheitlich. Sogar ein evangelienbewanderter Gelehrter wie Tom Wright gesteht im Zusammenhang mit Berichten über den Besuch der Frauen am Grab, dass »es einem leichtgemacht wird zu glauben, die Evangelisten hätten sich vorgenommen, auszuprobieren, wie weit sie sich wohl voneinander entfernen könnten«.[20]

Trotz alledem gibt es einen klaren Hinweis darauf, dass die Graberzählungen auf ein wahres Ereignis zurückgehen, und zwar die Tatsache, dass in allen vieren Frauen eine Hauptrolle spielen. In der antiken Welt galten Frauen allgemein als wenig gefragte Zeugen, sie redeten in der Öffentlichkeit meist nicht beziehungsweise legten nicht öffentlich Zeugnis ab.[21] In Anbetracht dieses Vorurteils ist es bemerkenswert, dass Frauen in diesen Erzählungen als die einzigen oder zumindest als die Hauptzeugen der Auferstehung dargestellt werden. Wie zu erwarten moniert der Spötter Kelsos, jener entschiedene Kritiker des Christentums aus dem 1. Jahrhundert, dass es »eine exaltierte Frau« war, die den auferstandenen Jesus als Erste gesehen haben will.[22] Als Belege für die Auferstehung sind diese Berichte somit alles andere als vollkommen. Das alles lässt vermuten, dass sie auf eine vielen Menschen bekannte historische Episode zurückgehen, deren Protagonisten in der Tat Frauen waren.

Bislang aber gibt es keine Belege, die irgendeinen anderen Aspekt der Graberzählung stützen würden. Dazu gehört auch die Annahme, dass Jesu Leichnam verschwunden gewesen sei. Die Graberzählungen sind fraglos eine Mischung aus Fakten und Fiktion, Tatsachen und Wunschdenken, und keines ihrer Details lässt sich als historisch gesichert betrachten, solange nicht irgendwelche äußeren Indizien hinzukommen, die sie stützen.

Dem Graberlebnis der Frauen stellen Johannes und Lukas eine jeweils kürzer erzählte »männliche Graberzählung« an die Seite.

Johannes zufolge eilt Maria Magdalene, sobald sie sieht, dass der Stein vom Grab gerollt wurde, zu Petrus und dem »geliebten Jünger«, um zu berichten, dass Jesu Leichnam weggenommen worden sei.[23] Die beiden Männer gehen zum Grab, um sich selbst ein Bild zu machen. Der »geliebte Jünger« ist schneller und erreicht die Grabkammer als Erster. Er beugt sich vor, um hineinzublicken, und sieht die Leichenbinden liegen, geht jedoch nicht hinein. Petrus kommt zwar nach ihm an, ist aber der Erste, der hineingeht und seinen Inhalt inspiziert. Er findet dort die Leinenbinden, in die Jesus gewickelt worden war, sowie das »Schweißtuch«, das »zusammengebunden daneben an einer besonderen Stelle« lag.[24] Der »geliebte Jünger« folgt Petrus dann ins Grab und sieht etwas, das ihn auf der Stelle glauben macht, dass Jesus von den Toten auferstanden ist – eine geheimnisvolle Offenbarung, die nicht näher erklärt wird. Dann kehren die Jünger nach Hause zurück.

Eine sehr viel kürzere Version dieser Erzählung findet sich bei Lukas (24,12), und manche Gelehrte nehmen an, diese sei dem Evangelium später hinzugefügt worden. Hier haben wir keine Erwähnung des »geliebten Jüngers«, einer Person, die nur bei Johannes vorkommt. Vielmehr begibt sich Petrus allein zum Grab, um den Bericht der vom Grab zurückgekehrten Frauen nachzuprüfen. Er beugt sich vor, um hineinzublicken, sieht ebenfalls »nur die Leinenbinden«, geht allerdings nicht in die Grabkammer und hat im Unterschied zum »geliebten Jünger« bei Johannes auch kein Offenbarungserlebnis, sondern ist auf seinem Weg nach Hause lediglich »voll Verwunderung über das, was geschehen war«.

Weiter unten in Kapitel 24 bei Lukas beziehen sich die beiden Jünger, die dem auferstandenen Jesus auf der Straße nach Emmaus begegnen, auf ebendiese Ereignisse, wenn sie berichten: »Einige von uns gingen dann zum Grab und fanden alles so, wie die Frauen gesagt hatten.«[25] Im Unterschied zu Vers 12 steht bei diesem kurzen Abschnitt definitiv fest, dass es sich um einen authentischen Teil des Evangeliums handelt, und er könnte durchaus als unabhängige Bestätigung des Vorfalls durchgehen. Wenn dem so ist, steigt die Wahrscheinlichkeit dafür, dass Petrus das Grab (allein oder in Begleitung) aufgesucht hat. Dennoch bleibt in Anbetracht der Knappheit der Überlieferung schwer zu entscheiden, welchen Elementen der Grabepisode um die Männer Glauben zu schenken ist.

Immerhin stimmen die Grabberichte in Bezug auf ein paar grundlegende Fakten wie Ort, Tag und (in etwa) Stunde überein. Die Erscheinungsberichte hingegen lassen eine solche Einheit von Zeit und Ort vermissen und bilden ein Sammelsurium an völlig unterschiedlichen Erzählungen.

Die erste Überraschung ist, dass Markus über keine einzige Erscheinung des auferstandenen Jesus berichtet. Das Evangelium bricht mit der Flucht der Frauen vom Grab unerwartet ab. In einigen frühen Handschriften des Markusevangeliums sind Kapitel 16 die Verse 9–20 hinzugefügt, die von drei Erscheinungen berichten – zuerst erschien Jesus Maria Magdalene, dann zwei nicht näher bezeichneten Jüngern, die »unterwegs waren und aufs Land gehen wollten«, und schließlich »den Elf« (die nach dem Verrat des Judas Iskariot von den einstigen Zwölf übrig waren), als diese bei Tisch saßen – aber unter Wissenschaftlern besteht allgemeine Einigkeit darüber, dass dieser Abschnitt (auch bezeichnet als »Pseudo-Markus«) dem Evangelium Anfang des 2. Jahrhunderts hinzugefügt worden ist.[26]

Johannes berichtet von drei Erscheinungen des Auferstandenen nach der Begegnung mit Maria Magdalene, die erste am Abend des Ostersonntags.[27] Die Jünger, die sich vor ihren jüdischen Mitbürgern fürchteten, waren hinter verschlossenen Türen zusammengekommen, und plötzlich tritt Jesus in ihre Mitte. Die Jünger freuen sich, er segnet sie und zeigt ihnen seine Hände und seine Seite, sein Körper weist demnach ungeachtet seiner Fähigkeit, aus dem Nichts aufzutauchen, noch die Wundmale der Kreuzigung auf. Er trägt ihnen auf, hinauszugehen und das Evangelium zu predigen, haucht ihnen den Heiligen Geist ein und verkündet ihnen, dass sie fortan die Macht haben, Sünden zu vergeben.

Johannes sagt nichts darüber, wie viele Jünger bei dieser Gelegenheit anwesend waren, aber der nächsten Episode, der Erzählung vom ungläubigen Thomas[28], ist zu entnehmen, dass es zehn gewesen sein müssen, denn Thomas war offenbar nicht dabei. Als man ihm von Jesu Erscheinung am Ostertag berichtet, weigert sich Thomas, daran zu glauben, bis er nicht die Wunden, die die Nägel geschlagen haben, und die Wunde an der Seite selbst berührt hat. Acht Tage später haben die Jünger sich erneut bei verschlossenen Türen in ihrem Haus versammelt, und dieses Mal ist Thomas dabei. Plötzlich steht Jesus genau wie beim letzten Mal in ihrer Mitte und fordert Thomas auf, seine Wunden zu berühren. Dieser antwortet mit seinem berühmten Bekenntnis: »Mein Herr und mein Gott!« Jesus aber relativiert seinen Glauben mit den Worten: »Selig sind, die nicht sehen und doch glauben.«

In Kapitel 21 des Johannesevangeliums verlagert sich der Schauplatz des

Geschehens an den See Gennesaret (auch See von Tiberias). Sieben Jünger (Petrus, Thomas, Natanaël, die Söhne des Zebedäus und zwei andere, deren Namen nicht genannt werden) haben offenbar Jesu Auftrag, das Evangelium zu verkünden, ignoriert und sind stattdessen fischen gegangen. Die ganze Nacht über bleiben ihre Netze leer. Im Morgengrauen sehen sie am Ufer eine Gestalt, die sie fragt, ob sie nichts gefangen hätten. Als sie ihr mit Nein antworten, weist sie sie an, das Netz auf der rechten Bootsseite auszuwerfen, dort würden sie fündig. Unnötig zu erwähnen, dass der Fang spektakulär ausfällt, und der »Jünger, den Jesus liebte« (offenbar einer der beiden nicht namentlich genannten Männer an Bord), erkennt die geheimnisvolle Gestalt am Ufer als Jesus. Petrus springt daraufhin ins Wasser und schwimmt an Land, während die anderen ihr mit Fischen prall gefülltes Netz einholen. Am Ufer finden sie ein Kohlenfeuer und darauf Fisch und Brot. Jesus fordert die Jünger auf, von den Fischen zu bringen, die sie gerade gefangen haben, und Petrus gehorcht. Dann lädt er sie zum Essen und teilt Brot und Fisch an sie aus. Merkwürdigerweise berichtet uns der Verfasser des Evangeliums, dass keiner der Jünger Jesus zu fragen wagte, wer er sei, obschon sie wussten, dass er es war.

Matthäus weiß nur von einer Begegnung Jesu mit den Jüngern zu berichten, und diese hat keinerlei Entsprechung zu den Ereignissen bei Johannes.[29] Laut Matthäus begaben sich die Elf auf einen Berg in Galiläa, den Jesus ihnen als Treffpunkt genannt hatte. Als er erscheint, fallen sie vor ihm nieder, aber ein wenig überraschend heißt es auch: »Einige aber hatten Zweifel.« Jesus erteilt den Jüngern dann den sogenannten Missionsbefehl und fordert sie auf, »zu allen Völkern« zu gehen, sie im Namen des Vaters, des Sohnes und des Heiligen Geistes zu taufen und weiterzugeben, was er sie gelehrt hatte. Schließlich versichert er ihnen, er werde alle Tage bei ihnen sein »bis zum Ende der Welt«.

Diese Erzählung stimmt in so gut wie nichts mit derjenigen über die Aussendung der Jünger im Johannesevangelium überein. Die Zahlen unterscheiden sich (es sind nicht zehn sondern elf, was bedeutet, dass Thomas dabei gewesen sein muss), der Ort ist ein anderer (nicht Jerusalem, sondern Galiläa), das Szenario ein anderes (kein geschlossener Raum, sondern ein Berg), die Reaktion der Jünger eine andere (keine Freude, sondern Anbetung und Zweifel) und der Auftrag ein anderer (nicht die durch den Heiligen Geist verliehene Gnade, Sünden vergeben zu können, sondern der Auftrag, zu taufen und zu lehren). Auch lässt sie sich nicht mit der Erscheinung am See Gennesaret aus Kapitel 21 des Johannesevangeliums in Einklang bringen. Kurz gesagt, Johannes und Matthäus liefern komplett unvereinbare Darstellungen der Begegnungen zwischen dem auferstandenen Jesus und den Jüngern.

Lukas verkompliziert die Dinge zusätzlich, indem er die berühmte Episode von den Emmaus-Jüngern hinzufügt.[30] Am Abend des Ostertags haben sich zwei trauernde Jünger (von denen einer den Namen Kleopas trägt) auf den Weg in ein Dorf namens Emmaus, mehr als 15 Kilometer von Jerusalem entfernt, gemacht und unterhalten sich unterwegs über die Ereignisse in jüngster Zeit. Zu ihnen gesellt sich der auferstandene Jesus, den sie nicht erkennen, und fragt sie, worüber sie reden. Verwundert über seine offensichtliche Unkenntnis, berichten sie ihm von seiner eigenen Festnahme und Kreuzigung und von dem leer vorgefundenen Grab. Als sie geendet haben, rügt Jesus sie dafür, dass sie es offensichtlich nicht fertigbringen zu glauben, was die Propheten über den Messias vorhergesagt haben, und legt ihnen (»ausgehend von Mose und allen Propheten«) dar, »was in der gesammelten Schrift über ihn geschrieben steht«.[31] Sie sind von seinen Ausführungen fasziniert und laden ihn – noch immer in Unkenntnis seiner Identität – ein, über Nacht bei ihnen in Emmaus zu bleiben. Bei Tisch nimmt er das Brot, spricht den Lobpreis, bricht es und gibt es ihnen. In diesem Augenblick erkennen ihn die beiden Jünger plötzlich, er aber ist im selben Moment verschwunden. Als sie über die Gefühle nachsinnen, die seine Worte in ihren Herzen hervorgerufen hatten, kehren sie trotz der späten Stunde auf der Stelle nach Jerusalem zurück, um den Elf zu berichten, was ihnen widerfahren war.

Bei Johannes und Matthäus findet sich kein Wort von dieser Begegnung in Emmaus. Als die Geschichte sich ihrem Ende zuneigt, hält Lukas noch eine weitere Überraschung bereit, denn bevor die beiden Jünger dazu kommen zu berichten, was sie erlebt haben, verkünden die Elf ihnen: »Der Herr ist wirklich auferstanden und ist dem Simon erschienen.«[32] In keinem der anderen Evangelien wird auch nur mit einem Wort von dieser Begegnung mit Simon (das heißt Petrus) berichtet.

Lukas beendet sein Evangelium mit der Erscheinung Jesu vor allen Jüngern.[33] Diese findet in Jerusalem statt, und zu den Anwesenden gehören die beiden Emmaus-Jünger, die Elf und eine nicht näher bezeichnete Zahl an Personen, die bei ihnen waren – insgesamt also fünfzehn Menschen oder mehr. Während sie miteinander reden, erscheint Jesus plötzlich in ihrer Mitte. Verblüfft und erschrocken denken die Jünger, sie sähen einen Geist. Jesus aber beruhigt sie, zeigt ihnen seine Hände und Füße und demonstriert ihnen, dass er im Unterschied zu einem Geist aus »Fleisch und Knochen« gemacht ist. Ihre Zweifel werden erst zerstreut, als er vor ihren Augen ein

Stück gebratenen Fisch isst. Nachdem er sie dergestalt von seiner Auferstehung überzeugt hat, erinnert er sie an die Prophezeiungen über seine Person bei Mose und in den Büchern der Propheten und legt ihnen die Schrift aus, genau wie er es auf der Straße nach Emmaus getan hat. Er schließt mit den Worten, dass er gemäß der Schrift gestorben und von den Toten auferstanden sei, und verkündet, dass die Vergebung der Sünden allen Völkern gepredigt werden wird. Die Jünger, so sagt er, seien Zeugen für all das und sollten in Jerusalem bleiben, bis sie »mit der Kraft aus der Höhe erfüllt« würden. Danach führt er sie in die Nähe des Dorfes Betanien, erhebt seine Hände, um sie zu segnen, und wird zum Himmel emporgehoben.

Dieser Bericht korrespondiert mit der ersten Erscheinung bei Johannes. Die Handlung findet in Jerusalem am Abend des Ostertags statt. Jesus kommt und steht plötzlich mitten unter seinen Jüngern, er zeigt ihnen seine Hände und Füße, und in beiden Abschnitten ist die Rede von der Vergebung der Sünden. Das lässt eine gemeinsame Quelle vermuten, die beiden Texten zugrunde liegt. Aber es gibt auch Abweichungen. Während Johannes von zehn Zeugen berichtet, sind es bei Lukas fünfzehn oder mehr. Johannes lässt die Begegnung in einem Haus stattfinden, Lukas gibt keinen Ort an und endet mit dem Gang nach Betanien. Bei Johannes erkennen die Jünger Jesus, sobald sie seine Hände und Füße sehen, bei Lukas verharren sie im Unglauben, bis er ein Stück Fisch isst. Bei Johannes spendet Jesus den Jüngern an Ort und Stelle den Heiligen Geist, bei Lukas verspricht er ihnen Kraft in nächster Zukunft. Auch wenn sich die Evangelisten über die Grunderzählung einig sind, in Bezug auf Einzelheiten sind sie sehr uneins.

Die Erscheinungserzählungen der Evangelien wirken auf den ersten Blick wie Konkretisierungen und Ausschmückungen eines rudimentären Auferstehungsberichts, wie ihn der Inhalt des Paulinischen Auferstehungscredos im Ersten Brief an die Korinther vorgibt. Leider enthalten sie augenfällige Elemente der Fiktion und stimmen weder miteinander noch mit dem Zeugnis des Paulus überein. Wie der Theologe Heinz Zahrnt dazu bemerkt, »enthalten die neutestamentlichen Ostergeschichten viele legendäre Züge, Widersprüche und Ungereimtheiten. Nicht zwei von ihnen stimmen überein oder lassen sich miteinander identifizieren. Die verschiedenen selbständigen Traditionen, die in ihnen zusammengeflossen sind, miteinander zu harmonisieren und so den Ablauf der Ereignisse nach dem Karfreitag zuverlässig zu rekonstruieren, ist ein äußerst heikles, wenn nicht hoffnungsloses Unterfangen.«[34] Man müsste ein tollkühner Historiker sein, wollte man sein Osterverständnis auf die Auferstehungserzählungen der Evangelien stützen.

Die Nichtübereinstimmungen mit dem Credo des Paulus (aufgelistet in Tabelle 1) sind in besonderer Weise verwirrend. Vier Erscheinungserzählungen – denen um Maria Magdalene (allein oder in Begleitung), die Emmaus-Jünger, den ungläubigen Thomas und die sieben Jünger am See Gennesaret – fehlen in jenem Bekenntnis aus dem Ersten Korintherbrief. Was sollen wir daraus machen?

Tabelle: Die Erscheinungen des auferstandenen Christus in den Evangelien und im Bekenntnis des Paulus aus dem Ersten Korintherbrief

Auferstehungscredo	Matthäus	Lukas	Johannes	Markus
–	**Maria Magdalene und Maria**	–	**Maria Magdalene**	–
–	–	auf der Straße nach Emmaus	–	–
Kephas	–	(Simon)	–	–
den Zwölf	den Elf	den Elf und anderen	den Elf (ohne Thomas)	–
–	–	–	Thomas (und den anderen zehn)	–
mehr als 500 Brüdern	–	–	–	–
Jakobus	–	–	–	–
allen Aposteln	–	–	–	–
–	–	–	den Sieben am See Gennesaret	–

Dass eine Begegnung mit Maria Magdalene im Credo des Paulus nicht erwähnt wird, ist zweifellos beachtenswert, aber nicht notwendigerweise ein Hinweis darauf, dass die Evangelienerzählungen über sie frei erfunden sind. Das Credo wurde vor dem Hintergrund der männlich dominierten Hierarchie der Jerusalemer Urkirche formuliert, und für die Männer dort gab es zwei machtvolle Motive, Maria Magdalene (und jede andere Frau) aus der Liste der Zeugen herauszuhalten: zum einen die Autorität des Zeugnisses selbst zu erhöhen, indem sie es exklusiv männlich gestalteten (was von besonderer Bedeutung wäre, wenn Maria Magdalene wirklich die erste Auferstehungszeugin war), und zweitens das eigene Ansehen zu mehren, indem sie eine weibliche Konkurrentin aus dem Rennen nahmen (was von besonderer Bedeutung wäre, wenn Maria Magdalene Jesus vor den Männern angetroffen hatte). Die von Johannes und Matthäus unabhängig voneinander berichtete Begegnung Jesu mit Maria Magdalene könnte demnach durchaus eine historische Grundlage haben und eine Tatsache widerspiegeln, die der Autor (die Autoren) des ersten Paulinischen Bekenntnisses gerne geleugnet hätte(n).

Zugunsten der Episode mit den beiden Emmaus-Jüngern lässt sich nichts Vergleichbares vorbringen. Wenn Kleopas und sein Gefährte dem auferstandenen Jesus am Abend des Ostertags tatsächlich begegnet sind, warum ist dann im Glaubensbekenntnis des Paulus (und bei Matthäus, Markus und Johannes) nirgendwo die Rede davon? Die Apologeten sind eifrig bestrebt, die Emmaus-Erzählung für die Historie zu bewahren, aber aller emotionalen Anziehungskraft zum Trotz scheint sie nichts mehr zu sein als eine fromme, schön ausgeschmückte Fiktion.[35] Die berühmte Geschichte vom ungläubigen Thomas steht auf vergleichbar wackligem Fundament. Auch sie fehlt im ersten Credo des Korintherbriefs und in drei der vier kanonischen Evangelien, und das untergräbt ihre historische Glaubwürdigkeit massiv. Dasselbe gilt für den Bericht über die Erscheinung am See Gennesaret, wie sie bei Johannes berichtet wird.[36] Es muss jedoch betont werden, dass diese Erzählungen, auch wenn sie Ereignisse darstellen, die nie geschehen sind, nicht notwendigerweise bar allen historischen Gehalts sind. Wie alle Legenden enthalten sie möglicherweise überlieferte Elemente, die auf wahren Erinnerungen gründen.

Die Verfasser der Evangelien erfinden jedoch nicht nur fiktive Begegnungen, die im Credo des Paulus nicht enthalten sind, sondern lassen auch dort erwähnte Erscheinungen weg. Mit Ausnahme von Lukas ignorieren sie die Begegnung mit Petrus völlig, und keiner der vier nimmt Bezug auf die »mehr als fünfhundert Brüder«, auf Jakobus und auf die Begegnung mit »allen Aposteln«. Diese in den Evangelien unerwähnt gebliebenen Erscheinungen zeichnen insgesamt ein Bild der Osterereignisse, das sich beträchtlich von dem unterscheidet, das die Evangelien widerspiegeln. Sie lassen die Begegnungen von Augenzeugen mit dem auferstandenen Christus als sehr viel häufiger und öffentlicher erscheinen als die wenigen privaten Erscheinungen, die die Evangelisten beschreiben.

Die einzige Erscheinung des auferstandenen Jesus aus dem Credo des Paulus, die mehr oder weniger mit den Erzählungen der Evangelien übereinstimmt, betrifft die Zwölf. Es muss sich um die Begebenheit handeln, die bei Johannes und Lukas als Erscheinung Jesu vor (zehn beziehungsweise zwölf) Jüngern im Schutz eines Privathauses in Jerusalem und bei Matthäus als jene Begegnung mit elf Jüngern auf einem Berg in Galiläa erinnert wird.[37] Nichts zeigt anschaulicher die Unzuverlässigkeit der Evangelien als historische Quelle.

Die Hinweise aus den Evangelien für sich genommen sind also zu dürftig, um irgendetwas zu belegen, oder gar, dass Jesus aus dem Grab auferstanden ist. Dennoch: Tief verborgen in diesen seltsam konfusen Erzählungen könnten sich sehr wohl Hinweise auf die wahren Osterereignisse und -erzählungen finden. Es lohnt sich, einmal über die Worte Strabons nachzudenken, eines griechischen Geschichtsschreibers und Geografen, der bereits im 1. Jahrhundert bemerkte, dass es mit der Geschichtsschreibung auf der Grundlage tradierter Berichte so eine Sache sei:

> »[...] da die Alten, die die natürlichen Begriffe, die sie sich von den Dingen machten, nur rätselhaft andeuteten und den Überlegungen der Vernunft stets die Fabel hinzufügten. Alle Rätsel restlos zu lösen, ist freilich nicht leicht; wenn man aber die große Menge des Gefabelten (das teils zueinander stimmt, teils sich widerspricht) vorlegt, dürfte es leichter sein, daraus die tatsächliche Wirklichkeit zu erschließen.«[38]

Das ist ein weiser Rat von jemandem, der mit dem Denken und der Praxis des Geschichtenerzählens der antiken Welt wohlvertraut ist. Um aus der »großen Menge des Gefabelten« in den Evangelienerzählungen »die tatsächliche Wirklichkeit zu erschließen«, müssen wir diese allerdings nicht nur untereinander, sondern auch mit den apostolischen Zeugnissen und historischen Berichten vergleichen, mit denen wir uns zuvor beschäftigt haben.

Gab es im Herzen des Christentums wirklich eine zentrale Begebenheit, die über fast 2000 Jahre hinweg durch dicke Schichten von nur rätselhaft angedeuteten natürlichen Begriffen samt einem Schuss Fabel verschleiert worden ist?

7

Wie es weiterging

Der Apostelgeschichte zufolge hat der römische Statthalter Festus Paulus, als dieser versuchte, ihm seinen Werdegang zu erklären, schlicht für unzurechnungsfähig erklärt: »Du bist verrückt, Paulus! Das viele Studieren in den (heiligen) Schriften treibt dich zum Wahnsinn!«[1] Für jeden aufgeklärten Rationalisten ist die Versuchung groß, ihm beizupflichten und die ganze Osteridee als haltloses Fantasiegebilde zu betrachten. Aber dieser Vorwurf hält einer Überprüfung nicht stand. Paulus und seine Mitapostel waren keine irren Fantasten: Sie versuchten lediglich krampfhaft, etwas zu erklären, das über ihren normalen alltäglichen Erfahrungshorizont hinausging.

Wir werden uns zu gegebener Zeit daranmachen, ihr Verhalten zu erklären. Zuerst aber müssen wir die historischen Belege anschauen und so genau wie möglich ergründen, was im Einzelnen genau zu erläutern ist. Und bevor wir damit anfangen, müssen wir auch sorgfältig darüber nachdenken, welche Art von Erklärung vielleicht funktionieren könnte.

Ostern war ein Schicksalsmoment in der jüdischen Geschichte des 1. Jahrhunderts, der erdrutschartige Veränderungen der religiösen Landschaft lostrat. An seinem Anfang stand die lebendige, uralte Vorstellungswelt des traditionellen Judentums, dessen Hoffnungen auf eine ruhmreiche Zukunft nach dem Bild seiner mythisch verklärten Vergangenheit unablässig durch die Realität des herrschenden Kaiserreichs zunichte gemacht wurden. In diese Welt platzte die Häretikersekte der Nazoräer, der ersten Christen, die glaubten, dass, was auch immer hier auf Erden geschehen möge, das Reich Gottes am Ende doch kommen werde. In beiden Lagern sollte die spirituelle Explosion, die wir heute Ostern nennen, lange nachhallen.

Wie wir gesehen haben, hatten die Osterereignisse klar benennbare historische Auswirkungen. Sie brachten Jesu Anhänger dazu, seinen Tod als Mittel zur Erlösung zu sehen, ihn als Messias zu feiern, die jüdische Idee von der Wiederauferstehung neu zu beleben und sich an jedem Sonntag zu einem rituellen Mahl zu treffen. Sie führten auch binnen bemerkenswert kurzer Zeit zur Bekehrung vieler Juden und Nichtjuden des Mittelmeerraums (besonders bemerkenswert in diesem Zusammenhang das Damaskus-Erlebnis des Paulus). Eine Lösung für das Auferstehungsproblem muss, wenn sie überzeugen will, jede dieser geheimnisvollen historischen Entwicklungen sinnvoll deuten.

Eine befriedigende Erklärung muss auch imstande sein, die Berichte begreiflich zu machen, denen zufolge Jesus kurz nach seinem Tod von zahlreichen Augenzeugen erneut lebend gesehen worden sein soll. Eine »amtliche« Zusammenfassung dieser Lehren liegt uns mit dem ersten Glaubensbekenntnis des Paulus im Ersten Korintherbrief vor, das da erklärt, »Christus ist für unsere Sünden gestorben, gemäß der Schrift, und ist begraben worden. Er ist am dritten Tage auferweckt worden gemäß der Schrift.« Danach wurde er von Petrus gesehen, den Zwölf, von mehr als fünfhundert Brüdern zugleich, dann von Jakobus und hernach von allen Aposteln, darunter auch von Paulus. Diese Liste wirkt wie eine schlichte, unverfälschte chronologische Aufzählung. Sie besagt, dass der auferstandene Christus visuell wahrgenommen wurde, dass er einer großen Menge und verschiedenen Einzelpersonen erschienen ist, dazu einer Gruppe von zwölf, und dass er häufig gesehen wurde – vermutlich mehrere Dutzend Male, wenn alle Apostel ihn einzeln gesehen haben sollen.

Dieses Zeugnis aus erster Hand, das die Bestätigung durch eine große Zahl an Zeugen enthält, ist zweifellos beeindruckend, büßt aber aus historischer Warte an Glaubwürdigkeit ein durch die Feststellung, dass Christus »gemäß der Schrift« gestorben und auferstanden sei. Das schafft Raum für die Möglichkeit, dass die Interpretation dessen, was die Augenzeugen gesehen hatten, möglicherweise entschieden durch ihre Vertrautheit mit den hebräischen Schriften beeinflusst worden ist.

Auch ist es für den Historiker von Relevanz, dass im Credo des Paulus an keiner Stelle vom leeren Grab die Rede ist.[2] Das lässt vermuten, dass das Schicksal von Jesu Leichnam für den ursprünglichen Auferstehungsglauben irrelevant gewesen ist. Wenn das verlassene Grab essenzieller Bestandteil des Glaubens gewesen wäre, warum ist es dann im ersten apostolischen Glaubensbekenntnis nicht erwähnt?

Das wiederum steht im Einklang mit Paulus' Beschreibung des auferstandenen Körpers, die darauf basiert, wie er den Auferstandenen wahrgenommen hat. Er beschreibt den Körper als ganz unvergleichbar und völlig anders als das physische Selbst eines Menschen aus Fleisch und Blut und nimmt ihn als Ergebnis eines eigenen Schöpfungsakts wahr. Die sterbliche Hülle, Erbe des »Ersten Menschen« (Adam), ist aus dem Staub der Erde gemacht und vergänglich. Der auferstandene Körper, der vom »Zweiten Menschen« (Christus) abstammt, hingegen ist ein überirdischer, himmlischer Leib und unverweslich. Paulus beschreibt nicht nur die Beschaffenheit des überirdischen Leibes, sondern liefert auch einen Verweis auf dessen Verhältnis zum irdischen Leib. Seine Analogie vom Samenkorn und dessen Keim legt den Schluss nahe, dass der überirdische Leib direkt aus dem irdischen hervorgegangen ist, der in der Erde begraben war. Außerdem ist zu bemerken, dass der auferstandene Jesus nicht nur sichtbar (oder sichtbar zu machen) war, sondern auch erkennbar identisch mit dem gekreuzigten Jesus. Christi sterblicher und auferstandener Leib waren wie eineiige Zwillinge aus grundsätzlich verschiedener Materie.

Das persönliche Zeugnis des Paulus in Kombination mit seinem ersten Credo liest sich, als beschrieben beide ein außergewöhnliches Phänomen, das als Zündfunke des Christentums hätte wirken können. Es gibt dabei nur ein Problem: Als historisches Szenario wirkt es ziemlich unhaltbar. Wörtlich genommen ist die Vorstellung von einem himmlischen, auferstandenen Menschen, der einer Schar von Augenzeugen erscheint, zutiefst unglaubwürdig. Aber müssen wir sie wirklich wörtlich nehmen? Vielleicht gibt es eine Möglichkeit, die Erscheinungen nicht buchstäblich, sondern völlig rational aufzufassen. Vielleicht haben die Apostel tatsächlich etwas Ungewöhnliches gesehen, etwas, das sie als den von den Toten auferstandenen Jesus *interpretiert* haben. In diesem Falle sind wir womöglich sogar heute noch in der Lage, den überirdischen Leib zu erkennen, der so spektakulär in die Geschichte des 1. Jahrhunderts hineingeplatzt ist.

Können die Evangelien uns helfen zu begreifen, was wirklich vorgefallen ist?

Die Evangelisten mögen schlecht informiert und besorgniserregend fantasievoll sein, aber wie wir gesehen haben, scheinen eine oder zwei ihrer Auferstehungserzählungen historische Ereignisse widerzuspiegeln, und selbst diejenigen, die das nicht tun, scheinen bestimmte Facetten der apostolischen Wahrnehmung des auferstandenen Christus zu reflektieren.

Ein allgemeines Merkmal dieser Berichte spricht dafür, dass sie, so abenteuerlich sie auch in mancher Hinsicht sein mögen, dennoch in der geschichtlichen Realität verwurzelt sind, und zwar der Umstand, dass sie kaum einen Verweis auf die hebräischen Schriften enthalten, was merkwürdig anmutet, denn die Auferstehung geschah, so heißt es noch bei Paulus, »gemäß der Schrift« – und die Evangelien sparen im Allgemeinen nicht mit Verweisen auf die alten Schriften.[3] Die Ostereignisse wurden demnach nicht als Erfüllung der hebräischen Prophezeiungen wahrgenommen. Das aber würden wir erwarten, wenn sie reine Fiktion wären. Das macht es wahrscheinlicher (belegt allerdings nicht), dass sie sich aus echten Erfahrungen herleiten.

Auch steht eine Reihe immer wiederkehrender Themen in den Evangelienerzählungen im Einklang oder ist zumindest vereinbar mit dem »Phantombild«, das Paulus von dem auferstandenen Christus zeichnet.

Erstens berichten die Evangelienerzählungen wiederholt davon, dass Jesu Freunde und Gefährten Schwierigkeiten hatten, ihn zu erkennen. Das berühmteste Beispiel findet sich bei Johannes, bei dem Maria Magdalene den auferstandenen Jesus irrtümlich für den Gärtner hält. Dann gibt es die Episode mit den beiden Jüngern auf der Straße nach Emmaus, denen sich der auferstandene Jesus zugesellt und die sich den ganzen Abend mit ihm unterhalten, bevor sie ihn schließlich daran erkennen, wie er das Brot bricht und ihnen reicht. Dieselbe Referenz findet sich in der kurzen Parallele zu der Emmaus-Erzählung in der Pseudo-Markus-Passage, in der es heißt, dass Jesus zwei Jüngern »in einer anderen Gestalt« erschien.[4] Schließlich erkennen ihn bei Johannes in Kapitel 21 die sieben Jünger zu Anfang nicht, sondern erst, als er ihnen hilft, eine Riesenmenge Fisch zu fangen. Das immer wiederkehrende Motiv des Auferstandenen, der von seinen Anhängern anfänglich nicht erkannt wird, wirkt wie eine Illustration zu den Paulus-Worten über den Unterschied zwischen dem sterblichen irdischen und dem unsterblichen überirdischen Leib. Wäre der Mann, der gekreuzigt wurde, einfach »in Fleisch und Blut« wiedergekehrt, so wäre kaum vorstellbar, dass seine Freunde und Gefährten ihn nicht auf der Stelle erkannt haben sollen. Wäre er aber »in einer anderen Gestalt« – einer himmlisch vergeistigten Form – wiedergekehrt, so wäre ihre Verwirrung durchaus verständlich.

Noch verwunderlicher ist vielleicht die ebenfalls mehrfach geschilderte Szene, in der die Jünger die Identität des auferstandenen Jesus auch dann noch anzweifeln, *nachdem sie ihn erkannt haben*. Bei Matthäus begegnen einige der Jünger auf dem Berg in Galiläa der Erscheinung des auferstandenen Jesus mit großer Skepsis, obwohl er sie selbst dorthin beordert hatte.[5] Lukas schreibt, wie die Jünger zwischen Glauben und Zweifel hin- und hergerissen sind, als ihnen der auferstandene Jesus in Jerusalem erscheint: Obwohl sie ihn seiner Erscheinung nach erkennen, halten sie ihn anfänglich für einen Geist, und er muss sie vom Gegenteil überzeugen, indem er ein Stück Fisch isst. Am deutlichsten geht Johannes zur Sache bei seinem Bericht über die Begegnung am See von Galiläa. Zuerst einmal erkennen sie ihn nicht, als sie es dann aber doch tun, trauen sie sich nicht, ihn zu fragen, wer er ist. Irgendwie haben sie offenbar den Eindruck, dass sein wahres Ich seinem äußeren Erscheinungsbild nicht entspricht. Das mag seltsam scheinen, aber es ist das, was wir erwarten sollten, wenn Jesus nach seiner Auferstehung eine andere Art von Leib bewohnt, der dem Samenkorn seines sterblichen Fleisches entsprungen, aber von anderer Beschaffenheit ist.

Trotz solcher Indizien für ihre Authentizität kollidieren die Evangelienberichte in einem wichtigen Aspekt mit dem Zeugnis des Paulus: Sie predigen eine leibliche Auferstehung, eine Vorstellung, die aus historischer Perspektive unhaltbar scheint. Die detaillierte Stellungnahme des Paulus zur Beschaffenheit des himmlischen, überirdischen Leibes und seine glatte Absage an eine Auferstehung in Fleisch und Blut brechen entschieden mit dem Glauben, Jesus habe das Grab aufrecht verlassen. Wie der Erste Korintherbrief klarmacht, ist die Vorstellung, dass Jesu Leichnam wiederbelebt worden ist, eine krasse Fehlinterpretation der ursprünglichen Auffassung und begann erst ungefähr eine Generation nach Ostern um sich zu greifen, als der Einfluss der Apostel zu schwinden begann. Deshalb wird das leere Grab im Credo des Paulus nicht erwähnt.

Faszinierenderweise gibt die Beschreibung des überirdischen Leibes bei Paulus als einem Keim, der dem Samen des sterblichen Leibes entsprießt, keinerlei Hinweis auf einen physischen Zusammenhang zwischen dem auferstandenen Christus und dem sterblichen Leib Jesu. Außerdem bezeugt dieses älteste aller Glaubensbekenntnisse, dass Christus begraben wurde, was impliziert, dass man die Auferstehung mit dem Grab in Verbindung gesehen hat. Wie wir gesehen haben, sind die Graberzählungen der Frauen mit großer Wahrscheinlichkeit wirklich historisch begründet, und die erste Ostererfahrung hat in der Tat in einem Grab stattgefunden. Die Auferstehung mag keine leibliche im Sinne einer Neubelebung in Fleisch und Blut gewesen sein, aber sie scheint eng mit Jesu Begräbnis verknüpft.

Ein letzter Aspekt der Evangelienerzählungen sollte noch betont werden: Diese enthalten nämlich keine unmittelbare Darstellung der Auferstehung selbst. Lukas berichtet (zweimal) voller Überzeugung, dass Christus zum Himmel aufgefahren sei, aber keiner der Evangelienverfasser gibt Auskunft darüber, wie er das Grab verlassen hat.[6] Vielmehr erzählen sie davon, was nach der Auferstehung geschehen ist, berichten von seinen Gefährten, die am Ostermorgen zum Grab gingen, und über den auferstandenen Jesus, der ihnen später erschienen ist. Die Evangelien geben nicht vor, unmittelbare Zeugen des Wunders zu sein, sie liefern indirekte Indizienbeweise, Berichte über Erfahrungen, die *gedeutet* werden, als zeugten sie von der Auferstehung.

Wie bei allen klassischen Verwandlungstricks bleibt das Wunder selbst den Augen verborgen.

Das Gleiche trifft auf das Credo des Paulus zu. Von keinem der in diesem ältesten Glaubensbekenntnis aufgeführten Zeugen wird gesagt, er habe das vermeintliche Wunder mit eigenen Augen gesehen: Sie alle schließen lediglich indirekt darauf aus dem Anblick dessen, was sie für den auferstandenen Christus hielten. Indirekte Schlüsse, die auf einem Fundament aus Theorien und Vermutungen plus ein paar Beobachtungen gründen, stehen immer auf wackligen Beinen.

Die Situation ruft einen berühmten Vorfall ins Gedächtnis, der sich etwa ein dreiviertel Jahrhundert zuvor im antiken Rom ereignet hatte. Kurz nach der Ermordung Cäsars im Jahr 44 v. Chr. erschien am Himmel ein Komet, und »[das] Volk glaubte, durch diesen Stern werde die Aufnahme der Seele Cäsars unter die Zahl der unsterblichen Götter angedeutet«.[7] Damit soll freilich nicht gesagt werden, dass die Apostel auf einen Kometen hereingefallen sind, aber die Episode mahnt uns, in die indirekten Schlussfolgerungen antiker Augenzeugenberichte nicht zu viel Vertrauen zu setzen. In Ermangelung einer wissenschaftlich begründeten Weltsicht können ungewöhnliche Phänomene leicht missverstanden werden.

Als normales historisches Problem ist Ostern offen gestanden nicht recht zu fassen – daher die vergangenen 200 Jahre fruchtlosen Theoretisierens. Es als göttliches Wunder zu betrachten ist andererseits naiv und übereilt – daher die vergangenen 2000 Jahre christlicher Enttäuschung. Was wir brauchen, ist ein neuer Ansatz, der Ostern in rationalen Dimensionen erklären kann, dabei aber gleichzeitig dem zutiefst Geheimnisvollen dieser Ereignisse Rechnung trägt. Voran kommen wir, glaube ich, nur, wenn wir davon ausgehen, dass die Apostel etwas Reales, aber Außergewöhnliches sahen, ein Phänomen, das sie in naiver Weise als Beleg für die erfolgte Auferstehung interpretiert haben. Damit haben wir die Möglichkeit, das apostolische Zeugnis so ernst zu nehmen, wie es genommen werden muss, es andererseits aber einer irdischen, wenn auch höchst eigentümlichen Ursache zuzuschreiben.

Dieser Ansatz ist nicht völlig neu. Die Gelehrtenwelt hat immer mal wieder gemutmaßt, dass der Glaube an die Auferstehung von einem seltenen natürlichen Phänomen inspiriert gewesen sein könnte, und sich auf »paranormale« Phänomene wie UFOs und den Yeti berufen.[8] Gary Habermas nennt diese Mutmaßungen »Illusionstheorien«, denn sie gründen auf der »fehlgelenkten Wahrnehmung oder Fehlinterpretation real vorhandener äußerer Reize«.[9] Bisher aber hat noch niemand eine Illusionstheorie präsentiert, die plausibel ist und der historischen Beweislage gerecht wird.[10] Doch da natürliche Phänomene im 1. Jahrhundert leicht falsch gedeutet wurden (wie das Beispiel des Kometen nach Cäsars Tod zeigt), lohnt es sich durchaus zu fragen, ob die Apostel, statt einem Wunder beizuwohnen, sich vielleicht einfach durch etwas Geheimnisvolles haben irreführen lassen.

Der Zufall will es, dass ein lange vergessener Auferstehungsmythos der antiken Welt – der im Übrigen einige Parallelen zu seinem christlichen Pendant aufweist – vor gar nicht langer Zeit eine höchst profane Auflösung erfahren hat. Ein Blick auf dieses Mysterium und seine Lösung lohnt sich schon deshalb, weil er zeigt, wie leicht das Auffinden von etwas Natürlichem, wenngleich Außergewöhnlichem den Glauben an ein übernatürliches Geschehen säen kann. Der christliche Glaube an die Auferstehung Jesu stand offenbar nicht ganz allein auf weiter Flur, und die heidnische Parallele dazu kann uns vielleicht helfen, Ostern einen Teil seines Geheimnisses zu nehmen.[11]

Von den zahllosen Kulten, die im antiken Griechenland blühten und gediehen, erinnert vor allem einer an das Christentum, weil auch er sich um einen Sterblichen rankt, von dem man glaubte, er sei durch göttliches Handeln wiederauferstanden. Diese Ehre wird Pelops, dem späteren König von Pisa in der Elis auf dem Peleponnes, zuteil. Dieser war von seinem Vater Tantalos als Kind in Stücke geschnitten, gekocht und dann bei einem Festessen den arglosen Göttern vorgesetzt worden. Demeter, die Göttin der Fruchtbarkeit, bemerkte als Einzige den Frevel nicht und aß von dem Mahl, alle anderen Götter des Olymps aber schöpften Verdacht. Als ihnen klar wurde, was Tantalos getan hatte, beschlossen sie, den Leib seines Sohnes wieder zusammenzufügen und erneut zum Leben zu erwecken. Leider hatte Demeter bereits eine seiner Schultern verzehrt, daher musste Hephaistos ihm eine neue aus Elfenbein formen. Pelops wurde darauf in einem wiederhergestellten – mit dem ursprünglichen fast, aber nicht völlig identischen – Körper wieder zum Leben erweckt und sollte in seinem späteren Leben für die Erneuerung der Olympischen Spiele sorgen.[12]

Dieser Mythos um Pelops, der nach seiner ruchlosen Ermordung durch spirituelle Schutzpatrone in einem teilweise neuen Körper wieder zum Leben erweckt wurde, eignet sich recht gut als Parallele zum Auferstehungsmythos. Sicher ist, dass die Griechen genauso an eine Auferstehung des Pelops glaubten wie die Christen an eine Auferstehung ihres Herrn, weil sie, so nahmen sie an, den letzten Beweis für das Geschehen als Reliquie in Händen hielten: Die Elfenbeinschulter des Helden – physisch greifbarer Beweis für das Wunder![13] Die Schulter war nicht nur (vermeintlich) aus Elfenbein, sie war auch von gigantischen Dimensionen – was wunderbar zu der Vorstellung passte, dass Pelops wie alle Helden von übermenschlicher Stärke und Statur gewesen sein musste. Diese bemerkenswerte Reliquie, deren Ruhm in der Antike weithin strahlte, wurde über Jahrhunderte hinweg in einem eigens dafür angefertigten Schrein im Pelopion von Olympia aufbewahrt.

Das Schulterblatt ist demnach der Schlüsselbeweis für die Auferstehung des Pelops. Dass es überhaupt eine Reliquie gab, mag auf den ersten Blick unerklärlich erscheinen, tatsächlich aber besteht guter Grund anzunehmen, dass dem so war. Im Jahr 2000 veröffentlichte Adrienne Mayor ihr erfolgreiches Buch *The First Fossil Hunters*, das sich mit Knochenfunden im antiken Griechenland befasst und solche Riesenknochen wie die Pelops-Schulter mit den Erkenntnissen der Paläontologie erklärt: Die Griechen fanden halb versteinerte Knochen von riesigen ausgestorbenen Säugetieren wie Mastodons, Urelefanten und Mammuts.[14] Bis heute, erklärt Mayor, haben Althistoriker den Hang, »die antiken Verweise auf die Knochen von Riesen oder Ungeheuern als blanke poetische Fantasien oder als Belege für grassierenden Aberglauben« abzutun.[15] Mit dem akribischen Vergleich zwischen den antiken Berichten und modernen paläontologischen Daten zeigt Mayor, dass solche Berichte sich in Wirklichkeit sehr oft auf spektakuläre Fossilienfunde gründen.

Die Herkunft der Pelops-Reliquie ist damit geklärt. Mayor geht davon aus, dass es sich vermutlich um die halb fossilisierte Scapula eines Mammuts gehandelt hat.[16] Dieses mit großer Ehrfurcht in Olympia bewahrte riesige Stück Knochen warf zwangsläufig Fragen auf, und die Antwort auf diese Fragen nahm unweigerlich die Gestalt von Mythen an.[17] Besonders verblüffte die Betrachter offenbar das ungewöhnliche Aussehen des Schulterblatts. Man hielt es für Elfenbein – ein verständliches Fehlurteil, da halb versteinerter Knochen, vor allem wenn er poliert wurde, in der Tat wie Elfenbein aussieht.[18] Wie um alles in der Welt aber konnte Pelops an ein elfenbeinernes Schulterblatt geraten sein?

Die fantastische Geschichte um seine Wiedererweckung zum Leben gab eine Antwort auf diese Frage. Felsenfest davon überzeugt, dass Pelops die legendäre Schulter von den Göttern gegeben worden sein musste, um den Verlust einer verlorenen wettzumachen, ist irgendein fantasievoller Mythendichter auf die Story mit Tantalos und seinem Eintopf verfallen. Der Mythos um die Auferstehung des jungen Helden war eine Möglichkeit, den Mammutknochen im Pelopion, einen Gegenstand, den die alten Griechen wissenschaftlich nicht zu erklären vermochten, sinnvoll zu deuten. Wie Gary

Habermas es ausdrücken würde, handelte es sich um eine Illusion, basierend auf der fehlgelenkten Wahrnehmung oder Fehlinterpretation eines real vorhandenen äußeren Reizes.

Könnte eine vergleichbare, bislang von den Gelehrten vernachlässigte fehlgelenkte Wahrnehmung auch die Geburt des Christentums befeuert haben? Haben die ersten Christen genau wie die antiken Mythenschöpfer Olympias eine ähnlich obskure, real vorhandene Reliquie zur Verfügung gehabt, auf die sie ihren Auferstehungsglauben gründen konnten? So wie Generationen von Althistorikern die mythische Aufladung großer Fossilienfunde lange Zeit entgangen ist, könnten Generationen an Neutestamentsgelehrten ein bedeutendes Wunderding ihres eigenen Untersuchungsgegenstands übersehen haben.

Aber Jesus war kein Held aus sagenumwobener Vergangenheit, als er zum Mythos wurde. Welche Art Wunderding könnte die Vorstellung genährt haben, dass ein Jude des 1. Jahrhunderts von den Toten auferstanden ist?

Es ist an der Zeit, unsere Aufmerksamkeit wieder auf das Grabtuch von Turin zu lenken.

TEIL 3

Das unfassbare Grabtuch

8

Ein einzigartiges Spektakel

Mai 2010. Unser Taxi rumpelt über Straßenbahnschienen und Pflastersteine auf die Piazza San Giovanni und kommt in der Mitte des Platzes zum Stehen. Beim Aussteigen werfen wir einen ersten Blick auf den Turiner Dom, eine Renaissancebasilika von schlichtem, elegantem Äußeren, das eine beruhigende Atmosphäre von religiöser Nüchternheit verbreitet. Nichts von der barocken Überladenheit, die ich mir vorgestellt hatte. Das Treiben auf dem Platz wirkt bemerkenswert ruhig und entspannt, wenn man die religiöse Bedeutung des Augenblicks bedenkt: die erste öffentliche Ausstellung des Turiner Grabtuchs seit der Jahrtausendwende. Es ist zwar einiges los, Menschen bummeln zu Füßen der Kathedralenstufen, weichen hin und wieder Autos und Straßenbahnen aus und machen sich auf die Suche nach einem Cappuccino oder Nougateis, doch das alles fühlt sich in keiner Weise an wie der Vorhof zum außergewöhnlichsten Schrein der Christenheit. Ich hatte einen großen Andrang an Pilgern erwartet, Menschenströme, die an den Rockschößen geschwätziger Gästeführer klebend rastlos durcheinanderschwärmen, dazwischen die unvermeidlichen aufdringlichen Andenkenverkäufer, ein kleines Stückchen Lourdes eben. Die Turiner Pilgerreise aber ist eine sehr viel ruhigere, kultiviertere Angelegenheit. Die meisten Pilger warten geduldig in der Schlange hinter der Kathedrale, um das Grabtuch zu sehen. Die einzigen Hausierer, die ins Auge fallen, preisen Regenschirme an und beten, dass die angekündigten Schauer recht bald niedergehen mögen.

Wir begeben uns zu dem mit Girlanden aus weißen und gelben Chrysanthemen geschmückten Aufgang zum Dom und warten auf ein paar Freunde, die das Grabtuch bereits gesehen haben. Zu diesem Zeitpunkt gehe ich noch davon aus, dass es in seiner angestammten Kapelle hinter dem Dom verwahrt und nur denjenigen zugänglich ist, die eigens dafür bezahlt haben, es anschauen zu dürfen. Mir kam gar nicht in den Sinn, dass ich nur die Stufen hinaufgehen und durch den Türeingang hätte lugen müssen, um endlich jenen Gegenstand, der meine Gedanken in den vergangenen sechs Jahren unablässig gefesselt hat, mit eigenen Augen betrachten zu können.

Unsere Freunde treffen ein, und statt in den Dom zu gehen, schlendern wir gemütlich in Richtung Piazza Castello, den größten Platz der Turiner Altstadt. Unterwegs kommen wir an ein paar Ständen vorbei, die Grabtuch-Geschirrtücher und Grabtuch-Spielkarten verkaufen, kleine Stoffrepliken der Reliquie, gerahmte Christusbilder und so weiter – nichts davon allzu kitschig. Der übliche Pilgerramsch fällt eher durch sein Fehlen auf. Der offizielle Ausstellungsladen, der nichts außer Büchern über das Grabtuch und Theologie verkauft, ist so voll, dass man uns den Einlass verwehrt. Mir dämmert allmählich, dass die Turin-Wallfahrt 2010 eine Pilgerreise des Kopfes und nicht des Herzens ist.

Einige Stunden später, satt, zufrieden und gut informiert über die Ausstellung des Grabtuchs in der Kathedrale, kehren wir zur Piazza San Giovanni zurück. Mich erfüllt ein prickelndes Gefühl erwartungsvoller Vorfreude, als ich durch das Blumenmeer die Stufen zur weiß schimmernden Domfassade hinaufsteige und mich dem dunklen Portal nähere. Durch die Vorhalle betreten wir eine andere Welt: Helles Licht ist erhabener Dunkelheit, munteres Geschwätz gedämpftem Gemurmel gewichen. Als ich nach vorn schaue – meine Augen sind noch an sonnenbeschienenen Marmor gewöhnt und tun sich schwer in diesem höhlenartigen Dämmerlicht –, erhasche ich einen Blick auf ein kleines weißes erleuchtetes Rechteck, das inmitten der Schwärze schwebt: das Grabtuch. Angestrahlt und wie immer horizontal hinter Glas über dem Hochaltar aufgehängt, zieht es die Blicke auf sich wie eine Kinoleinwand.

Einen Augenblick lang ist es das Einzige, was ich erkennen kann. Dann fange ich an, die Bögen des Längsschiffs und die umherwandelnden Menschen wahrzunehmen. Manche sitzen still in den Bänken, meditieren und lassen den Anblick auf sich wirken, andere knien und beten, einige wenige mustern das Tuch aufmerksam durch ihre Ferngläser. Bizarrerweise ist das Längsschiff mit einer Reihe von Fernsehbildschirmen ausgestattet, die das Geschehen aus der Vogel- (oder Gott-)Perspektive zeigen.

Wir gesellen uns zu den Leuten, die nach vorn zu der Balustrade streben, die Altarraum und Kirchenschiff trennt und von wo aus man das Grabtuch aus einer Distanz von etwa 25 Metern betrachten kann. Selbst auf diese Entfernung sind die beiden Gestalten auf dem Grabtuch – Vorder- und Rückansicht eines Mannes – gut zu erkennen, auch wenn es den anderen Betrachtern, die mit dem Bild weniger vertraut sind, nicht leichtfallen dürfte zu unterscheiden, was nun was ist. Unmittelbar vor uns schieben sich diejenigen, die dafür bezahlt haben, die Reliquie aus der Nähe betrachten zu dürfen, langsam in die richtige Position und stehen einen Moment lang reglos davor, dunkle Silhouetten, vor cremefarbenem Hintergrund aufgereiht (Abbildung 18). Alle drei bis vier Minuten tritt eine Gruppe beiseite, um der nächsten Platz zu machen, ein gemächlich pulsierender Gezeitenwechsel versunkener Betrachtung. Die Szene erinnert mich an Platons Höhlengleichnis. Die geheimnisvollen Umrisse auf dem Tuch wirken tatsächlich wie Schatten, die durch das Licht einer höheren Wirklichkeit dorthin geworfen werden, und müssen jeden Platoniker zwangsläufig betören.

Nach einer Weile verlagert sich meine Aufmerksamkeit, da ich das Bild auf dem Grabtuch nicht in allen Einzelheiten auszumachen vermag, auf meine Pilgergefährten. Hier und da nehme ich Zeichen ehrlicher Ergriffenheit wahr – eine ältere Dame fällt auf die Knie, ein junger Mann wischt sich eine Träne aus dem Auge, damit er durch die Kamera blicken kann –, aber alles in allem künden die Gesichter der Menschen von unverkrampfter, ernsthafter Neugier. Trotz des Szenarios hat die Atmosphäre im Längsschiff nichts übertrieben Religiöses an sich. Wir hätten ebenso gut ein Haufen Wissenschaftler sein können, die etwas Beispielloses betrachten: die ersten Bilder von der Oberfläche eines unerforschten Mondes zum Beispiel oder die Teilchenbahn eines neu entdeckten subatomaren Partikels, etwas, das unser bisheriges Wissen tangiert, aber darüber hinausgeht und daher unergründlich und fremd bleibt. Das Grabtuch aber ist etwas zutiefst Menschliches. Es betrifft uns direkt und löst daher eine sehr viel archaischere, tiefer gehende Reaktion aus, als man sie vor irgendeinem wissenschaftlichen Wunderding – oder auch einer anderen Reliquie – erleben wird. Es gehört zur verlorenen Welt religiöser Ehrfurcht und Ergriffenheit. Die versammelte Gemeinde hier scheint weniger von frommer Leidenschaft als vielmehr von einem zutiefst atavistischen Gefühl des Staunens beseelt.

Meine Gedanken schweifen zurück ins antike Olympia, das alle vier Jahre sein eigenes religiöses Fest auszurichten pflegte. Ich stelle mir einen griechischen Athleten des 5. Jahrhunderts v. Chr. vor, der sich, bevor er sich bei den Spielen mit anderen Athleten misst, zum Schrein des Pelops begibt, um Schutz zu erflehen und Stärke aus der sagenumwobenen Schulter des Helden zu ziehen. Ob sich sein Gesichtsausdruck beim Betreten des Pelopions wohl sehr von dem derjenigen unterschieden hat, die hier soeben das Grabtuch betrachten? Wenn er daran gezweifelt hätte, dass der Pelops-Mythos wörtlich zu nehmen ist (wie beispielsweise Pindar), würde der Anblick jener Reliquie ihn nicht dazu gebracht haben, noch einmal nachzudenken, so wie der Anblick des Grabtuchs Christen hier und heute zwingt, sich mit dem wahren Wesen der Auferstehung auseinanderzusetzen? Hätte seine Ratlosigkeit sich von derjenigen dieser zeitgenössischen Pilger unterschieden, die in gewissem Sinne auch die irdischen Überreste ihres unsterblichen Helden bestaunen? Ich kann mich des Gefühls nicht erwehren, dass ich an einem Gemeinschaftsritual teilhabe, dessen Wurzeln um einiges weiter zurückreichen als bis ins 1. Jahrhundert.

Jeder im Dom muss sich dessen bewusst sein, dass die Echtheit des Grabtuchs eine strittige Angelegenheit ist und es von der Welt insgesamt als mittelalterliche Fälschung betrachtet wird, aber das scheint seiner Faszination keinen Abbruch zu tun. Wenn das Bildnis von Menschenhand stammte, wäre es dann in irgendeiner Weise weniger erstaunlich? In Olympia befand sich unmittelbar gegenüber dem Pelopion der große Zeustempel, Standort einer über zwölf Meter hohen Statue des Gottes, einem der sieben Weltwunder. Jeder, der im Halbdunkel vor diesem unvergleichlichen Kunstwerk stand, einer Riesenfigur aus Elfenbein und Gold, muss genauso von Ehrfurcht ergriffen gewesen sein wie ein Besucher des Pelops-Schreins. Im 21. Jahrhundert gibt es vielleicht wirklich nur einen Ort, an dem wir die religiöse Faszination der antiken Heiden nachempfinden können: vor dem Grabtuch im Dom zu Turin.

Was immer das Grabtuch sein mag, es ist ein Band zu einer fernen Vergangenheit und konfrontiert uns mit Instinkten, die wir heute so gründlich unterdrückt haben, dass wir kaum mehr wissen, dass sie noch da sind.

Früh am anderen Morgen reihe ich mich in die Schlange ein, um das Grabtuch aus der Nähe in Augenschein nehmen zu können. Nach ungefähr einer Stunde habe ich es in den Dom geschafft, gehe den Gang entlang nach vorn und warte, bis ich an der Reihe bin. Dort, wo ich gerade stehe, wird das Grabtuch von einer Säule verdeckt, und so versinke ich ein paar Minuten in der Betrachtung des Altargemäldes in der Seitenkapelle neben mir, einer farbenprächtigen Darstellung der Auferstehung Jesu. Eine Tafel berichtet dienstfertig, dass es 1575 von Giacomo Rossignolo, dem Hofmaler des Hauses Savoyen, geschaffen wurde. Es zeigt Christus, unbekleidet bis auf ein um seine Hüften geschlungenes Tuch aus weißem Stoff, wie er in himmlischer Glorie aus einem Sarkophag emporsteigt; die Soldaten, die das Grab bewachen, schauen ihm erstaunt und bestürzt nach.

Ich sinne darüber nach, dass Rossignolo, drei Jahre nachdem er diese flatternde Stoffbahn um den Leib des auferstandenen Erlösers gemalt hatte, die Gelegenheit gehabt hatte, das Grabtuch bei seiner Überführung nach Turin mit eigenen Augen zu betrachten. Als Hofmaler war ihm womöglich sogar die Teilnahme an einer Besichtigung im kleinen Kreis gewährt worden. Wenn dem so war, wird es für ihn eine entmutigende Erfahrung gewesen sein. Natürlich wird er bestrebt gewesen sein zu verstehen, wie das Bild zustande gekommen war, aber bei alledem wird sich seiner mit Sicherheit auch eine gehörige Portion Staunen bemächtigt haben, genau wie bei allen anderen sachkundigen Betrachtern seit ehedem. Ihm wird klar geworden sein, dass er, wie perfekt er auch immer die Auferstehung malen würde, nie hoffen konnte, an dieses Bild von Christi Tod heranzukommen. Zahlreiche Versuche zu einer Reproduktion des Grabtuchs im 16. und 17. Jahrhundert, alle hoffnungslos unzulänglich, sind Beweis genug dafür (siehe Abbildung 11). Es ist einfach kein Stück Handwerkskunst.

Schließlich naht auch für mich die Gelegenheit, die Reliquie selbst zu inspizieren, und ich werde mit einer Reihe anderer Pilger in ihre unmittelbare Nähe komplimentiert. Endlich darf ich sie mit eigenen Augen aus der Nähe betrachten. Ich weiß aus den vielen Fotografien, über denen ich in der Vergangenheit gebrütet habe, eine Menge über ihre Details, aber auf den Anblick des Originals bin ich noch immer nicht vorbereitet. Es ist definitiv beeindruckender, als jedes Foto es zu vermitteln vermag.

Im Geiste blende ich die Brandflecken aus und konzentriere mich auf die beiden Kopf an Kopf angeordneten Gestalten, die das ganze Tuch einnehmen wie ein makabres heraldisches Symbol. Sie scheinen von fast derselben Farbe, höchstens eine winzige Nuance dunkler als das Leinen, das sie trägt, ein Farbton wie blasse, ungebräunte Haut vielleicht. Es sieht fast aus, als seien sie einfach mit Wasser auf das Tuch getupft worden oder als hätten sie sich sachte dort hineingeschlichen.

Das Bild ist blasser, als es auf Fotografien erscheint, aber die Gestalten wirken irgendwie kohärenter. Vielleicht liegt es an ihren menschlichen Proportionen, vielleicht daran, dass die extreme Zartheit des Kontrastes das Gehirn veranlasst, die mangelnde Deutlichkeit zu kompensieren. Es ist schwierig, sie in Bezug zu ihrem Trägerstoff optisch zu verorten: Sie könnten darauf ruhen, gleich dahinter oder auch darin. Sobald der Blick seinen Fokus aufgibt, sieht das Ganze aus wie ein gigantischer Rorschach-Test, fixiert man ihn wieder, sind die Gestalten hartnäckig noch immer da, so als habe ein geisterhaftes, irgendwie in die Welt projiziertes Bildnis auf dem Tuch seine Ruhestatt gefunden.

Ich habe das Glück, nahe zur Mitte zu stehen, also kann ich, wenn ich meinen Kopf neige, der Gestalt Auge in Auge ins Angesicht blicken, was eine hypnotische Wirkung hat. Vertikal betrachtet erscheint es ein wenig furchteinflößend. Die leeren starrenden Augen – zwei eulenhafte weiße Scheiben inmitten eines Gesichts, das kaum vorhanden scheint – faszinieren mich nachhaltig. Kein anderes Bild, das mir je untergekommen ist, lässt sich mit ihm vergleichen – nicht das grimmige Gesicht von Michelangelos Mose, nicht der entsetzliche Gesichtsausdruck von Goyas Saturn. Dem Gefühl, einer verborgenen Macht gegenüberzustehen, kann man nicht entrinnen. Wie ich so mit komisch schief gelegtem Kopf dastehe, fällt es mir leicht zu glauben, dass da hinter dem Tuch jemand ist, der meinen Blick erwidert. Aber wie alle Illusionen gibt er nichts von seinem Geheimnis preis: Er starrt nur zurück, stumm und unverwandt.

Während ich dastehe, spüre ich, wie ich mir dringend wünsche, dass das Gesicht deutlicher werden möge, obwohl ich weiß, dass es seinem Wesen nach einfach undeutlich ist. Als man uns auffordert weiterzugehen, zögere ich einen Augenblick, in der Hoffnung, noch irgendwas aufnehmen zu können. Der ersehnte Kontakt aber will sich nicht einstellen. Langsam trolle ich mich, gehe zum Ausgang, im Gehen tasten sich meine Augen die gesamte Länge der Rückansicht entlang. Der Mann auf dem Grabtuch hat mir den Rücken zugewandt. Die Audienz ist betrüblicherweise beendet.

Dem Philosophen Richard Wollheim zufolge dauert es mehrere Stunden, bis ein großartiges Gemälde sich dem Betrachter erschließt. Ich habe das Grabtuch nur ein paar Minuten mustern können, werde aber das Gefühl nicht los, dass es in dieser Zeit alles von sich preisgegeben hat, was es jemals preisgeben wird. Meine Erwartungen sind erfüllt worden. Eine Theorie, an der ich sechs Jahre lang gefeilt habe, ist endlich druckreif. Mir ist ein bisschen wirr im Kopf, als ich die Kathedrale verlasse und zur Piazza Castello hinüberschlendere, nachsinne über das, was ich soeben erlebt habe, und mich bemühe, es in meine Erinnerung zu bannen.

Als ich ziellos durch eine Seitenstraße bummle, bleibe ich schließlich vor einem Schaufenster stehen, in dem verschiedene Drucke und Poster mit Motiven des Grabtuchs ausgestellt sind. Mit einem Schlag ist die Vision in meinem Kopf zu einer Reihe Hochglanzfotografien degradiert. Der Bann ist gebrochen. Ich klappe mein Handy auf, um mich mit meiner Familie zu treffen.

Bis zum Ende des 19. Jahrhunderts hat jeder, der das Grabtuch betrachtet hat, es ganz ähnlich erlebt, wie ich es eben beschrieben habe: als einzigartiges Spektakel. Man hat es vielleicht einmal flüchtig zu Gesicht bekommen und dann nie wieder. Es gab keine Möglichkeit, seine Beschaffenheit, sein Wesen exakt festzuhalten. Jede Betrachtung war eine einmalige Gelegenheit – oder Begegnung –, die im Gedächtnis festgehalten und in der Erinnerung immer wieder neu erlebt und bearbeitet wurde. Das Bildnis ist von machtvoller Wirkung, aber diese entfaltete sich nur in diesem eingeschränkten Rahmen.

Heutzutage kennen die meisten Menschen das Grabtuch aus Fotografien. Auch das ist eine eingeschränkte Form der Wahrnehmung. Obwohl die fotografischen Techniken immer ausgefeilter geworden sind, werden sie nie imstande sein, den visuellen Eindruck, den das Tuch vermittelt, voll und ganz einzufangen, von dessen emotionalem Widerhall ganz zu schweigen. Die kleinen Fotografien, die in Büchern wie diesem reproduziert werden, verschlucken eine ganze Menge Einzelheiten, die auf dem Tuch selbst sichtbar sind, und die Verkleinerung verringert die psychologische Wirkung der beiden Ansichten drastisch. Fotografien lassen in der Regel auch den Kontrast zwischen Bild und Hintergrund stärker erscheinen, als er ist. Vor allem aber zementieren Fotografien vom Grabtuch ein Bild von etwas, das von sich aus eigentlich vage und schwer fassbar ist.

Wenn ich das sage, spreche ich allerdings nur von der Zeichnung des Körpers (dem »Körperbild«, wie man es auch genannt hat), der sogenannten anthropomorphen Färbung, nicht von den Blutflecken, den Spuren der Wundmale, die relativ klar und substanziell erscheinen. Jeder, der das Grabtuch aus nächster Nähe gesehen hat, berichtet, dass sich das Abbild des Körpers aus der Nähe betrachtet dem Blick entzieht. Ich habe diesen Effekt nicht mit eigenen Augen sehen können, weil die Öffentlichkeit bei der Ausstellung im Jahr 2010 nicht so nahe an das Tuch herantreten durfte, aber Ian Wilson, der 1973 einer nicht öffentlichen Betrachtung im kleinen Kreis beiwohnen durfte, beschreibt ihn sehr lebendig: »Die Farbe des Bildes war ganz zart eierschalenfarben. Ging man näher heran, etwa auf Armlänge – und ich war erstaunt, als ich bemerkte, dass das Tuch nicht durch ein Glas geschützt war –, schien es sich buchstäblich in Nebel aufzulösen. Da sowohl eine Kontur als auch ein wie auch immer gearteter Kontrast zum elfenbeinfarbenen Hintergrund fehlten, war es praktisch nicht möglich, ein Detail, das man genauer studieren wollte, tatsächlich zu ›sehen‹, ohne einen Schritt zurückzutreten.«[1]

Wie wichtig diese Beobachtung ist, lässt sich nicht genug betonen. Wilson führt sie als Beleg dafür an, dass das Bild kein Gemälde sein kann, weil es für einen Künstler schwierig gewesen sein muss, ein Bild zu malen, das er nur aus einem Abstand von etwa knapp zwei Metern sehen kann (unter anderem hätte solches einen mehr als anderthalb Meter langen Pinsel erforderlich gemacht).[2] Das stimmt, aber diese ätherische Beschaffenheit des Bilds verringert nicht nur die Wahrscheinlichkeit dafür, dass es ein Gemälde ist, sondern hat womöglich auch Einfluss darauf gehabt, wie das Bild wahrgenommen wurde. Wilson schreibt von einem dynamischen Bild, das seine Erscheinung wie ein Hologramm ändert, wenn der Betrachter eine andere Position einnimmt. Wie ist solches wohl in der Vergangenheit empfunden worden? Diese Frage sollten wir bei unseren Überlegungen immer im Hinterkopf haben. Der Effekt mag ursprünglich, als das Tuch noch weißer und der Kontrast zwischen Bild und Hintergrund sich ein wenig deutlicher ausgenommen hat, weniger ausgeprägt gewesen sein, aber das Bild muss immer einen flüchtigen, schwer fassbaren Charakter gehabt haben.

Nicht minder eindrücklich als sein flüchtiger Charakter ist das, was es abbildet: die unbarmherzige Verewigung von Folter. Das Abbild des Körpers mag in das Tuch hinein verblasst sein, die Blutflecken aber sind von schonungsloser körperlicher Präsenz. Wie immer sie zustande gekommen sind, die blutigen Verfärbungen, die das Grabtuch verunzieren, beschwören das Bild vom Leichnam eines real gekreuzigten Menschen herauf. Die Tatsache, dass das Bild Lebensgröße hat, lässt es beinahe wie die geschundene Haut des Opfers wirken. Gleichzeitig scheint es wie aus einer anderen Welt, vor allem das Gesicht hat etwas Unwirkliches. Die Augen nehmen sich riesig aus – wie die Augenhöhlen eines Schädels – so, als leuchteten sie von innen heraus. Das ist kein gewöhnliches menschliches Antlitz, eher eine Theatermaske. Das Grabtuch wirkt nicht nur faszinierend, sondern auch zutiefst verstörend.

All das addiert sich zu einer Mischung aus Macht und Faszination, aber letzten Endes ist es eine tiefe Unerklärlichkeit, die die menschliche Fantasie angesichts dieses Abbilds fesselt. Das Unheimliche, das von ihm ausgeht, verdankt sich vor allem seiner Einzigartigkeit, seiner radikalen Unvergleichbarkeit mit allem anderen Bekannten. Das Empfinden, einem echten Mysterium gegenüberzustehen, etwas so Außergewöhnlichem, dass es sich zu einem gewissen Grad menschlichem Begreifen entzieht, ist etwas, das eine mechanische Reproduktion unmöglich vermitteln kann. Das Grabtuch macht die unheimliche Macht des Ungewissen fühlbar.

In der Vergangenheit wurde diese Macht als wundersam eingeordnet und Gott zugeschrieben; heutzutage wird sie der Natur zugewiesen und als wissenschaftliche Herausforderung betrachtet. Wenn wir je mit dem Grabtuch ins Reine kommen wollen, müssen wir lernen, es aus diesen beiden unterschiedlichen Perspektiven zugleich zu betrachten. Wir müssen es sowohl als Gegenstand modernster wissenschaftlicher Analysen als auch, nicht minder wichtig, als Objekt vormodernen unwissenschaftlichen Staunens sehen. Diesen doppelten Blick beizubehalten ist unerlässlich, wenn wir das Geheimnis seiner Herkunft entschlüsseln wollen.

9

Das Grabtuch unter der Lupe

Als Secondo Pia das Grabtuch im Jahr 1898 zum ersten Mal fotografierte, bestand das Ergebnis seines Tuns weniger in einem exakten Abbild der Reliquie als vielmehr in deren erster wissenschaftlicher Untersuchung. Abgesehen davon, dass er Menschen um den ganzen Erdball auf das geheimnisvolle Bild aufmerksam machte, versetzte Pia mit seiner Arbeit Wissenschaftler in die Lage, mit der Untersuchung von Ursprung und Beschaffenheit des Grabtuchs zu beginnen, auch wenn dieses selbst in seinem Schrein verschlossen blieb. Und die Aufnahmen enthüllten eine bemerkenswerte Eigenschaft des Bilds, die mit dem bloßen Auge nie zu erkennen gewesen wäre: seine außerordentliche »Lebensechtheit« im Negativbild (Abbildungen 15 und 16).

Im Rechtsstreit um die Echtheit des Grabtuchs ist das Negativ des Grabtuchs sozusagen Beweisstück A. Es zeigt, dass das Bild verborgene strukturelle Attribute aufweist, die im 14. Jahrhundert, als die Reliquie in Europa erstmals belegt ist, kaum wahrnehmbar gewesen wären. Der einfache Blick auf die fototechnische Inversion des Bilds reicht hin, die Vorstellung zu den Akten zu legen, dass es sich um ein bloßes Kunstwerk handeln könnte.

Wenn es eine Fälschung ist, wäre es die genialste und unwahrscheinlichste der Kunstgeschichte, ein Werk von unerhörter List und Meisterschaft. Wenn es keine Fälschung ist, dann stehen die Chancen nicht schlecht, dass es, wie von der Überlieferung vermutet, in Zusammenhang mit Jesu Tod und Begräbnis steht.

Pias Negativ veranlasste zum Anbruch des 20. Jahrhunderts eine kleine Gruppe Wissenschaftler, sich an eine Untersuchung der Reliquie zu wagen, die 1902 durch die Publikation von Paul Vignons Buch *Le linceul du Christ: étude scientifique* (deutsch etwa: Das Leichentuch Christi: eine wissenschaftliche Untersuchung) gekrönt wurde. Sosehr es auch in die Jahre gekommen ist, Vignons Werk ist und bleibt selbst heute noch eine der scharfsinnigsten und aufschlussreichsten Betrachtungen zum Grabtuch. Es belegt eindrucksvoll, wie wenig dieses einem mittelalterlichen Kunstwerk ähnelt, und erklärt seine Form und Beschaffenheit als normalen physikalischen Vorgang (siehe unten S. 199 f.). Besonders wichtig aber ist, dass Vignon unter Zuhilfenahme von Pias relativ plumpen Fotografien eine bemerkenswerte Eigenschaft am Körperabbild hat nachweisen können, die Sindonologen selbst heute noch als Beleg für die Echtheit der Reliquie anführen.

Bei seiner akribischen Betrachtung des Bilds fiel Vignon auf, dass dieses aus der Distanz eine gewisse Tiefenwirkung aufwies. Dies ließ ihn vermuten, dass das Tuch durch Gase, in diesem Falle die Ausdünstungen eines menschlichen Körpers, verfärbt worden war. Im Weiteren zeigte er dann vermittels geometrischer Kriterien, dass die »Wirkung mit zunehmender Entfernung des Körpers vom Grabtuch proportional abnimmt«.[1] Das heißt, dass *die Intensität der Färbung in jedem Flächenausschnitt des Körperabbilds durch einen (realen oder theoretischen) Entfernungsquotienten bestimmt wird.* Das ist außerordentlich wichtig. Für eine Fotografie gilt solches *nicht*, hier wird der Schwärzungsgrad durch die Lichtmenge bestimmt, die von einem lichtempfindlichen Film oder einer Platte empfangen wird, und nicht von der Entfernung zum abgebildeten Gegenstand. Es gilt auch nicht für Gemälde, die den Lichteinfall auf einen Gegenstand lediglich nachahmen. Das Grabtuch ähnelt eher einer technischen Blaupause für eine Skulptur.

Vierundsiebzig Jahre später wurden Vignons Erkenntnisse mithilfe spektakulärer Methoden bestätigt. Im Jahr 1976 versuchte John Jackson, der Spiritus rector des Forschungsprojekts zur Untersuchung des Grabtuchs von Turin – englisch *Shroud of Turin Research Project*, kurz STURP –, zusammen mit ein paar Kollegen von der U.S. Air Force Academy in Colorado Springs herauszufinden, was ein Leichnam mit einem Grabtuch macht, und hüllte freiwillige Versuchspersonen in ähnlicher Weise in Leinen. Die entstehenden Abbilder verglich er mit denen auf dem Grabtuch. Doch durch und durch überzeugend waren die Ergebnisse am Ende nicht.[2] Dann traf Jackson auf Bill Mottern, Physiker am Sandia Laboratory in Albuquerque. Mottern hatte von dem Problem gehört, an dem die Air-Force-Leute arbeiteten, und schlug vor, ein hochmodernes Gerät zur Bildanalytik mit einem Foto des Grabtuchs zu füttern: den von der NASA entwickelten VP-8-Image Analyzer, der »Schattierungen der Bildintensität in ein Relief umrechnet«, mit anderen Worten, die Grauwerte einer Fotografie in eine dreidimensionale Grafik umwandeln kann, die einer topografischen Höhenlinienkarte gleichkommt.[3]

Das Ergebnis war beeindruckend. Der VP-8-Image-Analyzer spuckte ein relativ kohärentes dreidimensionales Porträt des Mannes auf dem Grabtuch aus (Abbildung 19), das belegte, dass das Tuch wirklich die Konturen eines menschlichen Körpers abbildet.[4] Vignon war bestätigt. In den vergangenen Jahren ist sicher viel zu viel in die VP-8-Image-Analyse des Grabtuchs hineingelesen worden, aber immerhin beweist sie eindrücklich die von Vignon festgestellte Distanzabhängigkeit des Körperbilds und hilft so belegen, dass es in nächster Nähe zu einem echten Leichnam entstanden sein muss. Jede tragfähige Theorie zur Herkunft des Grabtuchs muss dies berücksichtigen. Weil Fotografien und Gemälde Lichtrelationen eher innerhalb einer Ebene wiedergeben und daher distanzunabhängig abbilden, liefern sie in VP-8-Image-Analysen verzerrte und inkohärente Ergebnisse.

Im Jahr 1978 begab sich Jackson mit dem übrigen STURP-Team nach Turin, um das Grabtuch in bis dahin nie gekannter Ausführlichkeit zu untersuchen.[5] Die zurückliegenden wissenschaftlichen Untersuchungen aus den Jahren 1969 und 1973 waren eher schmalspurig ausgefallen, die STURP-Analyse war, wenn auch in keiner Weise erschöpfend, doch umfassender und gründlicher als alle vorangegangenen. Das Team arbeitete fünf Tage rund um die Uhr und unterzog das Tuch einer Fülle an nichtinvasiven Tests. Mithilfe handelsüblicher Reflexionsspektrometer bestimmten Roger und Marion Gilbert zusammen mit Sam Pellicori die von verschiedenen Abschnitten des Tuchs reflektierten Lichtspektren, um detaillierte Informationen über die Oberfläche des Materials zu erhalten.[6] Roger Morris, Larry Schwalbe und Ron London scannten es mit einem Röntgenfluoreszenzspektrometer, mit dem sich Spuren von fast allen chemischen Elementen – mit Ausnahme der allerleichtesten – nachweisen lassen.[7] Joe Acetta und Stephen Baumgart begutachteten es mittels Infrarotspektroskopie und Thermografie, um die verschiedenen Chemikalien und Materialien aufzuspüren, denen es möglicherweise ausgesetzt gewesen war.[8] Das Fotografenteam dokumentierte unterdessen nicht nur das Erscheinungsbild des Grabtuchs unter normalen Lichtverhältnissen, sondern auch unter seitlicher Beleuchtung, um Falten und Verwerfungen sichtbar zu machen, sowie unter Durchlicht (das heißt, von hinten beleuchtet). Das Tuch wurde unter dem Mikroskop inspiziert, und es wurden Fotos gemacht, die die Struktur der Blutflecken und der Körperzeichnung minutiös dokumentierten. Schließlich und endlich nahm Ray Rogers mithilfe eines speziell zu diesem Zweck angefertigten Klebebands an mehreren Stellen des Tuchs Materialspuren von der Oberfläche, um Faserfragmente von verschiedenen Arealen im Labor untersuchen zu können.

All diese Bemühungen hatten nur ein einziges Ziel: herauszufinden, ob sich irgendwelche Anzeichen dafür würden finden lassen, dass das Tuch eine Fälschung ist. Die Forscher des STURP-Teams suchten vor allem nach

Hinweisen darauf, dass das Bild gemalt worden sein könnte, denn das war die Standardvermutung aller Skeptiker jener Zeit. Im Übrigen waren sie einfach darauf erpicht, so viele Daten wie möglich über die chemische und physikalische Beschaffenheit des Tuchs zusammenzutragen, weil sie hofften, damit auch Fragen beantworten zu können, die sich vielleicht erst sehr viel später stellen würden. In Anbetracht der Beschränkungen, unter denen sie zu arbeiten hatten, leisteten sie Bemerkenswertes, und es ist das Projekt STURP, dem wir praktisch alle unsere wissenschaftlichen Erkenntnisse über das Grabtuch verdanken. Es ist verwunderlich, dass in den 34 Jahren seither keine weiteren soliden wissenschaftlichen Untersuchungen gestattet worden sind. Einige hilfreiche Beobachtungen konnten im Verlauf der streng geheim gehaltenen Restaurierung im Jahr 2002 angestellt werden, aber das ist alles. Wir sollten also dankbar sein, dass das STURP-Team es geschafft hat, so viele Informationen zu sammeln, bevor die katholische Kirche der wissenschaftlichen Untersuchung des Grabtuchs (abgesehen von der Radiokarbondatierung) Einhalt gebot.

Das Material, das von den STURP-Forschern und anderen Wissenschaftlern zusammengetragen wurde, lässt sich in vier Hauptkategorien einteilen: Daten zur Zusammensetzung und Beschaffenheit der Blutflecken, zur Beschaffenheit der Körperzeichnung, zum Gewebe selbst und zu den Verunreinigungen auf dem Gewebe.

Bestehen die Blutflecken aus Blut oder aus Farbe? Das ist für die wissenschaftliche Untersuchung des Grabtuchs eine der entscheidenden Fragen – vielleicht *die* entscheidende Frage. Wenn es sich um Farbe handelt, dann ist das Tuch definitiv eine Fälschung, wenn es hingegen echtes Blut ist, erhöhen sich die Chancen dafür, dass uns ein echtes Leichentuch vorliegt, beträchtlich. »Blut oder Farbe?« ist die Art von Schwarz-Weiß-Fragen, die jeder Wissenschaftler liebt, und das STURP-Team verfügte über die Mittel und die Sachkenntnis, sie zu beantworten. Ein früherer Test auf Blut aus dem Jahr 1973 war nicht eindeutig ausgefallen.[9] Dieses Mal waren die Analysen sehr viel erhellender.

Das einfachste bildgebende Verfahren, das von den STURP-Forschern in Turin angewendet wurde, war das Anfertigen von ganz normalen Farbfotografien des von hinten beleuchteten Tuchs. Das Körperbild verblasst bei diesen Aufnahmen zwar, aber die Blutflecken bleiben deutlich sichtbar und zeigen, dass diese aus einer Substanz bestehen, die relativ dicht und lichtundurchlässig ist.[10] Mikrofotografien von Ausschnitten aus den Blutflecken zeigen, dass diese Substanz Partikel enthält, von tiefroter Farbe ist, auf der

Oberfläche der Fasern vorkommt und sich auch in den Zwischenräumen gesammelt hat (Abbildung 20). An manchen Stellen ist sie auf die Rückseite des Gewebes durchgesickert.[11] Röntgenfluoreszenzspektroskopische Untersuchungen wiesen in den Blutflecken einen beträchtlichen Anteil an Eisen nach, wie man es erwarten würde, wenn die Flecken Hämoglobin – das Eisen transportierende Protein im Blut – enthielten, und standen im Einklang mit den Befunden der Reflexionsspektroskopie.[12] Um sicherzugehen, dass die Substanz in der Tat Blut und nicht einfach ein eisenhaltiger Farbstoff wie roter Ocker war, musste das STURP-Team einige chemische Untersuchungen anstellen.

In den USA machten sich zwei renommierte Chemiker, John Heller und Alan Adler, daran, die rote partikelhaltige Substanz in Blutfleckenproben zu analysieren. Sie stellten verschiedene Untersuchungen an, kamen einmütig zu dem Schluss, dass es sich um Blut handelte, und veröffentlichten bald darauf ihre Ergebnisse in angesehenen wissenschaftlichen Zeitschriften. Für die naturwissenschaftlich Interessierten im Folgenden eine Liste der Befunde, die sie zur Untermauerung ihrer Schlussfolgerungen anführten (dazu gehörten auch die Ergebnisse der in Turin durchgeführten röntgenfluoreszenz- und reflexionsspektroskopischen Analysen):

1. Der Eisengehalt in den Blutarealen ist hoch (Röntgenfluoreszenz).
2. Die Reflexionsspektren passen zu Blut,
3. ebenso die mikrospektrophotometrischen Transmissionsspektren.
4. Die für Blut charakteristische Porphyrinfluoreszenz ließ sich chemisch induzieren.
5. Der Hämochromogen-Test fiel positiv aus, ebenso der
6. Cyano-Methämoglobin-Test, der
7. Nachweis von Gallepigmenten und der
8. Nachweis von Eiweißen.
9. Es fanden sich Hinweise auf das Vorhandensein von Albumin.
10. Die Substanz ließ sich rückstandsfrei durch Proteasen abbauen.
11. Die mikroskopische Beschaffenheit stimmte überein mit entsprechenden Kontrollproben.[13]

Im Hinblick auf die Punkte 2 bis 7 merkt Heller an, dass jeder einzelne »ein Beleg für das Vorhandensein von Blut ist, der vor jedem Gericht bestehen würde«.[14] Damit nicht genug, konnten Heller und Adler, auch wenn sie nicht zweifelsfrei nachweisen konnten, dass das untersuchte Blut von einem Menschen stammte, immerhin definitiv sagen, dass hier Primatenblut vorliegt. Bisher hat sich allerdings noch kein Skeptiker zu dem Argument verstiegen, dass das Blut auf einen Affen oder Menschenaffen zurückgehen könnte.[15]

Zurück zum Bild auf dem Grabtuch: Eines der deutlichsten Indizien dafür, dass es sich bei den rötlichen Verfärbungen um Blut handelt, ist der Umstand, dass diese von Spuren einer deutlich klareren Flüssigkeit umgeben sind. Man hat diese als Blutserum identifiziert, das beim Gerinnen des Bluts ins Gewebe diffundiert ist. Ein gutes Beispiel für diese Abtrennung von Serum findet sich an der Wunde am Handgelenk. Wie Dr. Gilbert Lavoie feststellte: »Farbe trennt sich nicht auf und lässt keine solchen Serumränder entstehen, wie sie hier sichtbar sind. Das tut nur Blut.«[16] Ärzte hatten dieses charakteristische Verhalten von Blutflecken schon lange vor 1978 benannt[17], ihr Urteil wurde von den STURP-Daten untermauert. Die Serumablagerungen sind mit dem bloßen Auge kaum wahrnehmbar, wenn man sie aber unter UV-Licht fotografiert, fluoreszieren sie, und jeder Blutfleck scheint mit einem Halo versehen.[18] Ja, manche der Geißelwunden werden durch dieses Verfahren überhaupt erst sichtbar. Das heißt, es muss sich bei ihnen entweder um Serumabsonderungen aus echten Wunden handeln oder um die Arbeit eines mittelalterlichen Künstlers, der unter UV-Licht zu malen verstand. Fasern, die aus diesen Arealen entnommen wurden, zeigen ebenfalls das Vorhandensein von Serumalbumin.[19]

Die Serumfrage einmal beiseitegelassen: Könnte ein mittelalterlicher Künstler menschliches Blut verwendet haben, um die Wunden auf das Grabtuch zu malen? Vorstellbar wäre es vielleicht, aber er hätte außerordentlich rasch und mit permanentem Nachschub an frischem Blut arbeiten müssen, da Blut an Luft binnen einer oder zwei Minuten zu gerinnen beginnt. Es gibt keinerlei kunsthistorische Belege dafür, dass Künstler des Mittelalters Bilder mit Blut gemalt haben. Und es hätte auch wenig Sinn gehabt, solches zu tun, denn im Mittelalter hätte niemand die Reliquie daraufhin untersuchen können, ob sie echt war oder nicht.

Eine andere Beobachtung lässt vermuten, dass die Blutspuren unmöglich gemalt worden sein können. Als Adler von Fasern, die aus dem Bereich des Körperbilds stammten, das Blut entfernte, entdeckte er, dass diese unter dem Blut weiß waren, sprich: die Farbe des Leinens darunter hatten. Das belegt, dass die Blutflecken auf dem Tuch vorhanden gewesen sein müssen, bevor das Körperbild entstanden ist.[20] Ein Künstler hätte freilich in umgekehrter Reihenfolge arbeiten müssen: Er hätte, bevor er anfing zu malen, wissen müssen, wo er die Wunden zu platzieren hat, und daher zuerst die Gestalt im Ganzen gemalt. Die Tatsache, dass die Blutflecken vor dem Körperbild entstanden sein müssen, ist ein hervorragender Hinweis darauf, dass die Wunden nicht gemalt wurden, sondern direkt von einem verletzten Menschen stammen.

Von Lavoie durchgeführte Experimente haben gezeigt, dass man einen Blutfleck erzeugen kann, der ganz ähnliche Merkmale wie die Verfärbungen auf dem Grabtuch aufweist, indem man anderthalb bis zwei Stunden nach einer Blutung ein Stück Leinen auf das geronnene Blut legt. Der Übertritt der Blutkomponenten in das Tuch hängt vom Feuchtigkeitsgehalt des Serums ab, das sich auf der Oberfläche des Gerinnsels bildet, und das Resultat zeigt unter UV-Licht den gleichen fluoreszierenden Halo wie die Blutflecken auf dem Grabtuch.[21] Das ist ein Hinweis darauf, dass zumindest die Blutflecken auf natürliche Weise um den Körper eines gekreuzigten Mannes hätten entstanden sein können.

Der einzige Vorbehalt ist, dass Lavoie Blut von einem lebenden, gesunden Freiwilligen verwendet hat, das Blut auf dem Grabtuch hingegen vermutlich *post mortem* dorthin gelangt ist. Dr. Frederick Zugibe, der führende Pathologe unter den Grabtuchforschern, bemerkt dazu, dass Blut im Falle eines gewaltsamen Todes nicht notwendigerweise immer gerinnt, sondern auch durch bestimmte Proteine im Blut, die man als fibrolytische Enzyme bezeichnet, flüssig bleiben und später einfach eintrocknen kann. Im letzten Fall verflüssigt es sich wieder, wenn man es befeuchtet.[22] Die Blutflecken auf dem Grabtuch können daher sowohl durch geronnenes als auch durch flüssiges Blut entstanden sein.

Es gibt möglicherweise Hinweise darauf, dass das Blut auf dem Grabtuch von einem Menschen stammt, der schwer verletzt war. Adler hat entdeckt, dass die Pigmentflecken große Mengen an Bilirubin enthalten, einem Gallepigment, das entsteht, wenn Hämoglobin in der Leber abgebaut wird. Wird jemand massiv geprügelt oder erleidet schwere innere Verletzungen, kann der Bilirubinspiegel in seinem Blut unter Umständen ansteigen. Erhöhte Mengen an Bilirubin würden auch die Farbe der Blutflecken erklären, denn diese sind erstaunlich hellrot, wenn man bedenkt, wie dunkel Blut mit der Zeit normalerweise wird. Bilirubin hat eine orange-gelbliche Farbe und könnte zusammen mit anderen orange-braunen Abbauprodukten den Rotton des Bluts aufgehellt haben.[23]

Ausgehend von der wissenschaftlichen Analyse der blutähnlichen Flecken spricht vieles dafür, dass das Grabtuch tatsächlich dazu gedient hat, einen schwer verletzten Menschen einzuhüllen. Diese Mutmaßung wird gestützt durch das Urteil der medizinischen Experten und auch, möchte man hinzufügen, durch das konsequente Schweigen der Kunsthistoriker. Wie der Chemiker Adler es formuliert:

> »Die Chemie sagt das Gleiche wie die Gerichtsmedizin. Es gibt nur eine Möglichkeit, wie diese Chemie sich auf dem Tuch hat abspielen können: Das Tuch muss Kontakt mit dem Leichnam eines übel zugerichteten Mannes gehabt haben.«[24]

Auch wenn das nicht beweist, dass das Grabtuch das echte Leichentuch Jesu gewesen ist, so schließt es diese Möglichkeit doch definitiv nicht aus. Der Befund sät zudem Zweifel an jeder alternativen Erklärung, die davon ausgeht, dass die Wunden aufgemalt wurden (ja, im Grunde an jeder Hypothese, die es zur Fälschung erklärt). Die erste Runde geht an die Sindonologen.

Die Körperzeichnung hat schon immer die größere Herausforderung dargestellt als die Blutspuren. Das Hauptziel des STURP-Projekts bestand darin, nach Rückständen von Farbe zu suchen, die ein offensichtlicher Hinweis auf eine Fälschung gewesen wären, aber da das nicht gelang, gab es wenig Ideen zu der Frage, aus was das Bild gemacht sein könnte. Die Kommission aus dem Jahr 1973 hatte, außer festzustellen, wie extrem schwach die Färbung sei, nichts zu den beiden Abbildern des Körpers gesagt. Das STURP-Team stand demnach mehr oder minder blind vor der Erkundung eines praktisch unsichtbaren Phänomens.

Als die Forscher sich mit ihren Mikroskopen über das Grabtuch hermachten, wurde das Ganze nur noch mysteriöser. In der Nahaufnahme wirken die Bereiche, auf denen sich das Körperabbild befindet, mehr oder weniger wie normales Leinen (Abbildung 21). Das Einzige, was man sehen kann, ist das Auf und Ab rechtwinklig miteinander verwobener Fäden, jeder davon aus Tausenden winziger Pflanzenfasern bestehend. Mehr lässt sich nicht erkennen. Allerdings scheinen einige Fasern nicht weiß, sondern goldbraun oder strohgelb (je nachdem, wie die Lichtverhältnisse gerade sind) zu sein. Das eierschalenfarben changierende Körperbild besteht nachweislich aus solchen schwach gefärbten Fasern, nicht aus irgendwelchen Substanzen, die auf das Tuch aufgebracht wurden. Als sie die Fasern aufdröselten, stellten die STURP-Forscher fest, dass die gelbliche Verfärbung nur auf der Außenseite der Fäden zu finden war. Das Bild ist offenbar nur eine einzige Faser tief, und dort, wo die Oberfläche des Fadens sich nach unten wendet, verschwindet die Farbe.[25] Dies gilt für die Vorderansicht ebenso wie für die Rückansicht, was darauf schließen lässt, dass der Prozess der Bildentstehung nicht durch den Druck eines aufliegenden Körpers beeinflusst worden ist.[26] Die vergilbten Fasern sind auch nicht in irgendeiner Weise verklebt, wie es der Fall sein müsste, wenn sie mit einer Farbflüssigkeit bedeckt worden wären.[27] Die Wissenschaftler stellten außerdem fest, dass die Tönung der Fasern sehr gleichmäßig erfolgt ist. Die Farbintensität des Bilds wird, wo auch immer man hinschaut, durch die Anzahl der getönten Fasern bestimmt und nicht durch einen unterschiedlichen Färbungsgrad.[28]

Die außergewöhnliche »Substanzlosigkeit« des Bilds zeigte sich auch in einer Reihe anderer STURP-Tests. Von hinten beleuchtet ist das Körperabbild (im Unterschied zu den Blutspuren) absolut nicht zu erkennen, es kann daher nicht aus undurchsichtiger Materie bestehen.[29] Auch wenn es Röntgenstrahlen ausgesetzt wird, ist es vom Hintergrundgewebe nicht zu unterscheiden, womit belegt ist, dass die Färbung sich nicht einem schwermetallhaltigen Pigment wie Eisenoxid verdankt.[30] Allerdings lassen sich die beiden Abbilder des Körpers mittels Reflexionsspektroskopie sichtbar machen, da sie selbst unter UV-Licht in keiner Weise fluoreszieren, das Tuch selbst hingegen wohl. Was immer die Goldfärbung der Fasern ausmacht, es löscht aus, was den Rest des Tuchs fluoreszieren lässt.[31]

Als ob all das noch nicht verworren genug wäre, haben italienische Forscher während der geheim gehaltenen Restaurierung des Tuchs im Jahr 2002 über die Entdeckung eines noch einmal schwächer gefärbten Abbilds auf der Rückseite des Tuchs berichtet. Dem offiziellen Bericht von Monsignore Giuseppe Ghiberti zufolge zeigt dieses rückwärtige Bild nicht mehr als das Haupthaar der Gestalt auf der Vorderseite. Mithilfe bildverarbeitender Verfahren an der zusammen mit diesem Bericht veröffentlichten Fotografie lassen sich allerdings auch andere Körperteile ganz schwach erkennen: Bart, Nase, Augen und Hände zum Beispiel.[32] Auf der Rückseite der Rückansicht hingegen gab es offenbar keinerlei Hinweise auf weitere Färbungen. Leider haben die Turiner Behörden sich geweigert, die Originalfotografien von der Rückseite des Tuchs qualifizierten Forschern zugänglich zu machen, sodass die genaue Beschaffenheit der Tuchrückseite und der Umfang des Bilds nicht hinreichend dokumentiert sind.[33] Da sich das Abbild auf der Tuchrückseite ebenso oberflächlich ausnimmt wie das vertraute auf der Vorderseite, sprechen Sindonologen gerne von einer »beidseitigen Oberflächlichkeit« des Abbilds, womit gesagt werden soll, dass es (an gewissen Stellen) auf beiden Oberflächen des Tuchs, nicht aber dazwischen vorhanden ist. Ray Rogers, einer der leitenden STURP-Wissenschaftler, erachtet die schwache Durchdringung mit der Farbe an allen Stellen mit Ausnahme des Haupthaars als eine der wichtigsten Beobachtungen für die Formulierung von Hypothesen zur Entstehung des Bilds.[34]

Um zu verstehen, woraus die strohgelbe Farbe bestehen mochte, war es notwendig, die Fasern der Körperzeichnung stärker vergrößert zu betrachten und im Labor chemisch zu analysieren. Die ersten Arbeiten dazu wurden einmal mehr von Heller und Adler an dem von Rogers entnommenen Probenmaterial unternommen. Sie stellten zunächst einmal fest, dass die Fasern aus dem Bereich des Körperabbilds nicht in ihrer ganzen Stärke durchgefärbt waren, sondern nur an der Oberfläche goldgelb schimmerten; im Inneren blieben sie relativ transparent (Abbildung 22).[35] Das unterscheidet sie von angesengten Fasern, die durch und durch verfärbt sind, weil die Hitze sie ganz durchdringt.[36] Auf der anderen Seite erinnert das Muster der Verfärbung an das natürliche, durch Oxidation und Dehydrierung der Zellulose bedingte Vergilben von Leinenfasern mit zunehmendem Alter. (Dieser Alterungsprozess hat übrigens dem gesamten ursprünglich weißen Tuch die Farbe von altem Elfenbein verliehen, durch die sich der Kontrast zwischen Bild und Hintergrund so sehr stark vermindert hat.) Heller und Adler stellten fest, dass sie die Fasern aus dem Bereich des Körperabbilds von ihrer gelblichen Farbe befreien konnten, indem sie diese mit einem stark reduzierenden Agens (Diimid, Diimin) behandelten, woraus sich schließen lässt, dass die Färbung tatsächlich durch einen Oxidationsprozess zustande gekommen war.[37] Sie nahmen an, dass die Zellulose selbst daran beteiligt war, und die Tatsache, dass sie Aussehen und Chemie der Fasern aus dem Bereich des Körperabbilds nachbilden konnten, indem sie Leinen mit konzentrierter Schwefelsäure tränkten, sprach für ihre Vermutung.[38] Aber sie verstanden noch immer nicht, wie die Fasern des Körperabbilds sozusagen vorzeitig hatten »altern« können.

Dieser Stand der Analyse von Fasern der Körperzeichnung bildete das offizielle Fazit der STURP-Analysen, und so glauben die meisten Sindonologen bis zum heutigen Tag, dass die beiden Abbilder des Körpers das Ergebnis einer chemischen Veränderung der Leinenfasern selbst sind. Vor Kurzem aber hat Ray Rogers sich die vorliegenden Befunde noch einmal vorgenommen und ist dabei zu einer ganz anderen Schlussfolgerung gelangt, die für das wissenschaftliche Verständnis des Abbilds von ungeheurer Tragweite ist.

Laut Rogers ist die Tatsache, dass sich die goldene Verfärbung vermittels reduzierender Agenzien von den Fasern des Körperabbilds entfernen lässt, ohne dass diese dabei versehrt werden, ein klares Anzeichen dafür, dass »die Zellulose an der Bildentstehung nicht beteiligt war«.[39] Und er verweist im

Anschluss auf einige überraschende Beobachtungen, die er und Adler im Jahr 1981 gemacht hatten, ohne seinerzeit deren Bedeutung zu verstehen. Nachdem er seine ursprünglichen Befunde mit dem STURP-Team geteilt hatte,

> »begab sich Adler wieder ins Labor, um genauere Beobachtungen an den Proben vom Klebeband anzustellen. Kurz darauf berichtete er, er habe auf dem Klebeband ›Geister‹ gesehen. Es sehe so aus, als seien manche Fasern aus dem Bildbereich vom Klebeband regelrecht ›entkernt‹ worden, und nur die von der Faser abgestreifte verfärbte Hülle haftete noch am Klebestreifen. Er stellte fest, dass diese gefärbten ›Geister‹ dieselben chemischen Eigenschaften aufwiesen wie die echten Fasern aus dem Körperabbild des Grabtuchs.«[40]

Damit scheint die goldene Farbe des Körperabbilds nicht, wie zuerst angenommen, auf chemisch veränderte Zellulose sondern auf irgendeine, wie auch immer geartete Art von »Beschichtung« der Fasern zurückzuführen zu sein. Rogers zufolge besteht diese Beschichtung aus dehydrierten Kohlehydraten mit komplexen konjugierten Doppelbindungen, die in ihrem Aufbau der Zellulose sehr ähnlich sind, woraus sich die frühere falsche Zuordnung erklärt.[41]

Das Abbild des Körpers ist also sehr viel schwieriger zu verstehen als die Blutspuren und stellt offenbar das Ergebnis komplexer physikalischer und chemischer Prozesse dar. So wertvoll ihre Untersuchungen auch gewesen waren, Heller und Adler sahen sich letztlich nicht imstande, das Problem zu lösen, und so verharrte es im Wartestand, bis Rogers im Jahr 2000 die Untersuchung des Grabtuchs erneut in Angriff nahm.[42] Wir können uns glücklich schätzen, dass er das tat. Indem er das Problem mit neuer Blickweise anging, gelang es ihm, eine Hypothese aufzustellen, die zu guter Letzt das Potenzial hat, eine schlüssige natürliche Erklärung für die Entstehung des Körperabbilds zu liefern, und zwar eine, die das Vorhandensein eines Leichnams einschließt. Wir werden in Kapitel 12 auf diese Frage zurückkommen.

Wie steht es mit den Erkenntnissen, die uns das Tuch selbst zu liefern vermag?

Die Wissenschaftler des STURP-Teams hatten sich bei ihren Bemühungen auf die Analyse der Abbilder konzentriert und den Rest des Grabtuchs nur am Rande gewürdigt, sodass die Radiokarbondatierung von 1988 im Hinblick auf die Beschaffenheit des Tuchs mehr oder weniger in einem Vakuum stattfand – und das war überaus bedauerlich. Der größte Teil der heute verfügbaren Beweise ist erst danach zusammengetragen worden – ja, im Grunde erst nach der Jahrtausendwende – und hat bisher nicht die Aufmerksamkeit erfahren, die er verdient.

Die erste ernst zu nehmende Untersuchung des Grabtuchs als Textilgewebe wurde 1973 von Professor Gilbert Raes von der Universität Gent unternommen. Man hatte ihm erlaubt, ein paar Proben, unter anderem einen briefmarkengroßen Stofffetzen, aus einer der Ecken (unmittelbar neben dem Ausschnitt, an dem man später die Radiokarbondatierung durchführen sollte) zu entnehmen.[43] Raes bestätigte, dass das Tuch aus Leinen bestand und in einer eher seltenen Technik – im sogenannten 1/3-Fischgratköpermuster – gewirkt war. Dieses Muster entsteht, wenn die Verkreuzung von Schussfaden und Kettfäden im Rhythmus drei zu eins erfolgt, sodass das Ganze am Ende einer Fischgräte ähnelt (Abbildung 44). Allzu aufschlussreich mag das zunächst nicht klingen, dem Textilhistoriker aber sagt es, dass das Tuch außergewöhnlich teuer gewesen sein muss. Dieser Fischgratköper wurde sowohl in der Antike als auch im späten Mittelalter gefertigt, wobei es aus der Antike mehr Beispiele gibt, unter anderem eine Reihe von Gewebefunden aus Syrien und Ägypten, Ländern also, die an Palästina grenzen. Diese Tücher sind allesamt aus Seide oder Wolle, aber dieselbe Technik könnte sehr wohl auch für Leinen verwendet worden sein.[44]

Betreffs des Grabtuchalters gelangte Raes zu keiner abschließenden Erkenntnis, er hatte aber auch nicht Gelegenheit, das ganze Tuch in Ruhe zu untersuchen, und musste sich mit winzigen Proben begnügen. Eine andere Textilspezialistin, Dr. Mechthild Flury-Lemberg, konnte als Leiterin des Konservierungsprojekts im Jahr 2002 unter sehr viel günstigeren Bedingungen arbeiten. Sie hatte nicht nur über mehrere Wochen freien Zugang zu dem Grabtuch, sondern konnte erstmals auch dessen Unterseite inspizieren, weil man ihr gestattete, das sogenannte Hollandtuch zu entfernen, einen Futterstoff, der 1534 von Klosterschwestern aufgebracht worden war, um dem Tuch trotz seiner Brandlöcher Halt zu geben. Diese Maßnahme gab etwas preis, das noch nie jemand zuvor gesehen hatte, und stellte einen direkten Bezug zwischen dem Tuch und dem antiken Judäa her.

Über die ganze Länge der linken Kante des Grabtuchs (wenn man auf die Vorderansicht blickt) verläuft ein dünner Leinenstreifen aus demselben Fischgratmuster, der mit großer Sorgfalt an das Haupttuch genäht worden ist. Diese Naht war immer sichtbar, ist aber bis 2002 nie genauer untersucht worden, weil die Unterseite bis dahin unzugänglich war. Als Flury-Lemberg schließlich die Gelegenheit bekam, sie genauer in Augenschein zu nehmen, stellte sie fest, dass die Nähtechnik eher ungewöhnlich und darauf angelegt war, auf der Oberseite so unsichtbar wie möglich zu erscheinen. Ein ähnliches Beispiel für diese Art, eine Naht zu fertigen, hatte man an antiken Gewebefragmenten gefunden – Stofffetzen von Kleidungsstücken aus Massada, einer Festung im Süden Israels, von der aus jüdische Rebellen am Ende des Jüdischen Kriegs ihr letztes Gefecht gegen die römische Besatzungsmacht geführt hatten. Die Kleidungsstücke hatten kämpfenden Rebellen gehört und konnten daher mit Sicherheit auf das Jahr 74 datiert werden, in dem die Festung fiel. Flury-Lemberg zufolge ist der Nahttypus, der sich in dem Stück Tuch aus dem 1. Jahrhundert findet, identisch mit dem, den man an dem Grabtuch und bisher nirgends sonst gefunden hat. Damit nicht genug, weisen die Stofffragmente aus Massada dieselben ungewöhnlichen Webkanten wie das Grabtuch auf, das heißt dieselbe Fadenbindung an beiden Seiten der Stoffbahn.[45] Diese technischen Parallelen sind ausgesprochen spannend und schaffen einen Bezug zwischen dem Tuch und der Region beziehungsweise der Zeit, in der Jesus starb.

Der Stoffstreifen an der Seite sagt uns womöglich sogar noch mehr. So liegt beispielsweise die Frage auf der Hand: Warum sollte einem mehr als einen Meter breiten Stück Tuch über seine ganze Länge ein zusätzlicher, knapp zehn Zentimeter breiter Stoffstreifen angefügt worden sein? Das Ganze schien einigermaßen rätselhaft zu sein, bis Flury-Lemberg erklärte, dass es damit zu tun haben könnte, dass das Tuch auf einem sehr viel breiteren Webstuhl gefertigt worden war.[46] Die Webkanten auf beiden Seiten des Grabtuchs lassen vermuten, dass der Seitenstreifen und die Hauptbahn des Tuchs auf demselben, sehr breiten Webstuhl an einem Stück gefertigt wurden und am Ende eine Stoffbahn herausgeschnitten wurde, die dann anderweitig Verwendung fand. Das fehlende Stück – ohne Webkanten – war vermutlich nicht viel schmaler als das Grabtuch, sodass sich für den Webstuhl eine Rahmenbreite von etwa 3,30 Metern annehmen lässt. Im Mittelalter waren die Webstühle nie so groß, weil kein Bedarf an besonders breiten Stoffbahnen bestand. In der Antike aber, als weite nahtlose Gewänder getragen wurden, waren breite Webstühle relativ häufig. Antike ägyptische Webstühle konnten eine Rahmenbreite von dreieinhalb Metern erreichen und wurden »unter anderem zur Herstellung der kostbaren ›Tunica iconsutilis‹, der in Form gewebten nahtlosen Tunika« benötigt.[47]

Wie ihre hellenistischen Zeitgenossen trugen auch die Juden der Antike Unterkleider und Überröcke und werden auf relativ breite Tuchbahnen erpicht gewesen sein. Josephus teilt uns interessanterweise mit, dass die jüdischen Hohenpriester von alters her einen »Rock aus Hyacinth« trugen, der »aus einem einzigen Faden gewebt« war.[48] Das mag auch für die »Leibröcke aus Byssus« gelten, die laut Exodus (39,27) für Aaron und seine Söhne in der Priesterdynastie gewebt wurden. Das Fischgratmuster des Grabtuchs ist außergewöhnlich fein gewebt, und in Anbetracht der Ähnlichkeit mit dem Stoffstück aus Massada könnte es sich dabei durchaus um die Art von Leinen handeln, wie es im 1. Jahrhundert für die Tempelpriester angefertigt wurde.[49]

Mehrere Beobachtungen der STURP-Wissenschaftler sprechen ebenfalls für die These, dass das Grabtuch eher in der Antike als im Mittelalter gewebt wurde: Zum einen hat Ray Rogers die Aufmerksamkeit auf »Zonierungen« im Leinen des Grabtuchs gelenkt: durch leichte Farbabweichungen in den einzelnen Garnsträngen bedingte Farbnuancen. Er erklärt diesen Effekt mit der Art und Weise, wie in römischer Zeit Leinen hergestellt wurde. Plinius der Ältere hat dies in seiner berühmten *Naturgeschichte*, verfasst in den Jahren 77 bis 79, genau beschrieben:[50] Laut Plinius wurde der geerntete Flachs in kleine Garben aufgeteilt, die man in Wasser einweichte, in der Sonne trocknete und dann weich klopfte, bevor die Flachsstängel gehechelt und zu Fäden gesponnen wurden. Die Leinenfäden wurden dann erneut in Wasser eingeweicht, getrocknet und nochmals geklopft, um ihre Elastizität zu erhöhen. Das Sonnenlicht bleichte die Fasern, und so war jede Partie leicht unterschiedlichen Einflüssen ausgesetzt, sodass am Ende jede eine individuelle, von den anderen abweichende Färbung hatte. Wasserverunreinigungen beim Einweichen werden das Ihre beigetragen haben. Altes Leinen weist daher eine schwache Querstreifung auf. Leinen aus dem Mittelalter ist sehr viel homogener, weil man das Material nicht vor, sondern nach dem Weben gebleicht hat.[51]

Wenn das Leinen fertig gewebt war, wurde es häufig mit einem Extrakt aus Seifenkraut (*Saponaria officinalis*) gewaschen, der den Stoff weiter bleichen und weicher machen sollte. Plinius berichtet, Seifenkraut sei vor allem zum Waschen von Wolle reichlich verwendet worden und trage dazu bei, dass diese weicher und weißer werde. Aber er hätte wohl statt »Wolle« »Leinen« schreiben sollen, denn der Autor, auf den er sich beruft, Theophrast, berichtet uns, dass Seifenkraut zum Bleichen von Leinen verwendet wurde.[52] Textilkonservatoren haben außerdem festgestellt, dass antike Stoffe, die mit Seifenkrautlauge gewaschen wurden, relativ gut erhalten geblieben sind, eine im Zusammenhang mit dem Grabtuch und seinem exzellenten Zustand ebenfalls höchst interessante Beobachtung.[53] Ray Rogers mutmaßte, auch das Grabtuch sei womöglich mit Seifenkraut behandelt worden, und versuchte, allerdings ohne Erfolg, auf den Fasern entsprechend verräterische Zuckerverbindungen – Pentosen – nachzuweisen. Mithilfe der Reflexionsspektroskopie fand er jedoch Hinweise, die für seine Überlegungen sprachen, denn das Tuch reflektierte in einer Wellenlänge, die für das Vorhandensein bestimmter chemischer Verbindungen sprach, die auch in Seifenkraut vorkommen.[54] Was es mit diesen Beobachtungen im Einzelnen auf sich hat, werden wir sehen, wenn wir uns mit der möglichen Ursache für die Körperzeichnung befassen.

Es sollte noch erwähnt werden, dass wir für den Fall, dass das Tuch mit Seifenkraut gewaschen worden ist, eine weitere Erklärung für die hellrote Farbe der Blutspuren hätten, weil *Saponaria*-Lösungen hämolytisch wirken, das heißt rote Blutkörperchen abbauen und Hämoglobin freisetzen. Das war übrigens bereits klar gewesen, bevor das STURP-Team nach Turin gegangen war: Man hatte Blut auf mit Seifenkraut behandeltes Leinen aufgetragen, und dieses war nach 25 Jahren noch immer hellrot, wohingegen Blut auf unbehandeltem Leinen sich schwärzlich verfärbt hatte.[55] Das wäre eine alternative Erklärung zu der von Adler vorgeschlagenen, macht aber nicht notwendigerweise dessen Schlussfolgerung hinfällig, der zufolge das Blut von einem schwer verletzten Menschen stammen könnte.

Im Verlauf von drei oder vier Jahrzehnten hatten Wissenschaftler und Textilhistoriker demnach genügend Befunde über das Tuch zusammengetragen, um gute Argumente dafür ins Feld führen zu können, dass es nicht aus dem Mittelalter, sondern aus der Antike stammen und der Ort seiner Herstellung Palästina gewesen sein muss. Leider werden diese wohlbegründeten Überlegungen durch die Befunde der Radiokarbondatierung überschattet, die das Gegenteil zu belegen scheinen und das Einzige sind, was die meisten Menschen über das Grabtuch wissen oder wissen wollen.

Wir werden uns in Kürze mit dem dubiosen wissenschaftlichen und politischen Gezerre hinter den Kulissen der Radiokarbondatierung beschäftigen, sollten aber an dieser Stelle bereits anmerken, dass deren Ergebnisse noch aus einem ganz anderen Grund infrage gestellt wurden, und zwar von niemand anderem als dem unermüdlichen Ray Rogers, der eine alternative Möglichkeit gefunden hat, das Alter von Flachs zu bestimmen. Diese Methode ist zwar relativ ungenau, lässt aber immerhin den Schluss zu, dass das Tuch vermutlich vor dem Mittelalter entstanden ist.

Das Verfahren basiert auf einem einfachen chemischen Test auf Lignin, jener Substanz, die pflanzlichen Zellwänden ihre Festigkeit verleiht. Aus Lignin entsteht unter gewissen Umständen mit der Zeit Vanillin, und diese

Substanz weist der Test nach. Rogers stellte fest, dass er in den Fasern des Grabtuchs unter dem Mikroskop zwar dunkle, ligninartige Verfärbungen sehen konnte, diese in seinem Test jedoch nicht positiv reagierten, was bedeutet, dass das Lignin des Grabtuchs einen Großteil seines Vanillins, vielleicht auch alles, eingebüßt haben muss. Die Geschwindigkeit, mit der Lignin Vanillin freisetzt, ist, wie man weiß, außerordentlich gering. Zusammen mit Stanley Kosiewicz, seinem Kollegen vom Los Alamos National Laboratory, errechnete Rogers, dass ein Stück Leinen, so man es bei 25 Grad lagert, 1319 Jahre alt werden muss, bis es 95 Prozent seines Vanillins verloren hat. Bewahrt man es bei 20 Grad auf, dauert es gar 3095 Jahre. Bei vorsichtiger Schätzung muss ein Leinentuch, in dem kein Vanillin mehr nachzuweisen ist, daher vor dem Jahr 700 entstanden sein. Als Bestätigung für seine Überlegungen konnte er zeigen, dass Leinentücher aus dem Mittelalter, in denen Lignin sichtbar vorhanden war, im Vanillinnachweis allesamt positiv ansprachen, wohingegen Leinenproben, die zusammen mit den Schriftrollen vom Toten Meer gefunden worden waren und in etwa aus der Zeit Jesu stammten, praktisch vanillinfrei waren.

Das Grabtuch ist somit vermutlich sehr viel älter, als die Radiokarbondatierung glauben macht. Wenn es erst 1260 gefertigt worden wäre – die zeitliche Untergrenze, die die Radiokarbondatierung angibt, sollte es noch 37 Prozent seines Vanillins enthalten, und dieses müsste leicht nachzuweisen sein. Dass es vanillinfrei scheint, ist ein klares Indiz dafür, dass das Grabtuch mehr als 1300 Jahre alt ist. Es kann durchaus, wie der Stoff, der bei den Schriftrollen vom Toten Meer gefunden wurde, im 1. Jahrhundert in Judäa entstanden sein.[56]

Diese Befunde wurden 2005 in einem von Fachleuten begutachteten Artikel in *Thermochimica Acta* veröffentlicht. In diesem Aufsatz zweifelte Rogers die Stichhaltigkeit der Ergebnisse aus der Radiokarbondatierung noch aus einem weiteren Grund an: Er stellte den repräsentativen Wert der Probe für die Radiokarbondatierung infrage. Sein Artikel ist von der wissenschaftlichen Welt, die kein Interesse daran hat, die Debatte neu zu eröffnen, geflissentlich ignoriert worden, aber als Beitrag zu einem besseren Verständnis der Herkunft des Grabtuchs ist er weit wichtiger als der 1989 in der Zeitschrift *Nature* erschienene Bericht zur Radiokarbondatierung. Statt das Tuch zeitlich im Mittelalter zu verorten, bringt er es mit der Welt des Plinius und der Ereignisse von Massada in Verbindung, dorthin, wo es der Geschichte der Textilherstellung zufolge hingehört.

Die letzte Beweiskategorie umfasst die winzigen Schmutzpartikel, die sich auf und in dem Tuch finden. Das Grabtuch hat, wo und wann auch immer es ausgestellt worden ist, wie eine Art feinmaschiges Schleppnetz gewirkt, das die Atmosphäre nach winzigen Partikeln in der Luft abfischt, und hat dabei Spuren der verschiedensten Dinge und Substanzen aufgenommen, mit denen es in Kontakt gekommen ist. Indem es über die Jahrhunderte Stichproben seiner Umwelt gleichsam in sich aufgesogen hat, ist das Gewebe des Tuchs mit den Jahren zu einem großen Archiv an Informationen über seine Lagerbedingungen und sogar über seine verschiedenen geografischen Stationen geworden. Aus diesem Grund war die Entscheidung, das Tuch während der Restaurierungsarbeiten im Jahr 2002 im Vakuum aufzubewahren, so umstritten.

Mit Untersuchungen zu den Ablagerungen auf dem Tuch hatte im Jahr 1973 Max Frei begonnen, ein Schweizer Botaniker und Kriminologe, dem gestattet worden war, mithilfe von Klebeband einige Proben von der Gewebeoberfläche zu nehmen. Mit derselben Methode pflegte er bei polizeilichen Ermittlungen die Kleidung von Verdächtigen auf Spuren abzusuchen. Frei suchte nach einer sehr speziellen Art von Beweis: Pollen. Wie jeder Gerichtsmediziner nur zu gut weiß, lassen sich aus Pollenkörnern, die sich in einem Stück Stoff verfangen haben, Aussagen über dessen Aufenthaltsorte machen, und Frei, der dieses Forschungsfeld mitbegründet hatte, ging davon aus, dass diese auch helfen könnten, den historischen Werdegang des Grabtuchs nachzuverfolgen.

Die wissenschaftliche Untersuchung von Pollen, die Palynologie, verdankt sich der Tatsache, dass Pollen verschiedener Pflanzen sich anhand ihrer Form und Mikrostruktur unter dem Mikroskop recht gut voneinander unterscheiden lassen. Theoretisch ist es möglich, ein einzelnes Pollenkorn anhand seiner Beschaffenheit einer bestimmten Pflanzenart zuzuordnen, in der Praxis würden sich die Palynologen selten auf mehr als die Gattung (die taxonomische Stufe oberhalb einer Art) festlegen. Pollen werden vom Wind oder von Insekten verbreitet, in den meisten Fällen bleiben sie dabei in der Nähe der Elternpflanze.[57] Das bedeutet, dass ein Gewebe, in dem sich die Pollenkörner einer bestimmten Art verfangen haben, sich mit großer Wahrscheinlichkeit in der Nähe der betreffenden Pflanze und nicht meilenweit davon entfernt befunden hat. Da unterschiedliche Pflanzen in unterschiedlichen Teilen der Welt beheimatet sind, sollte die geografische Verteilung der Pflanzen, deren Pollen auf dem Stoff des Grabtuchs zu finden sind, so etwas wie eine Karte der Orte liefern, an denen das Tuch aufbewahrt worden ist. Glücklicherweise sind Pollenkörner extrem widerstandsfähig und können Jahrtausende unbeschadet überstehen – und zwar vor allem, wenn sie sich in einem Stück Stoff versteckt haben.

Frei war, so scheint es, anfänglich eher skeptisch, was die Echtheit des Tuchs anbelangte, nichts anderes würde man von einem Protestanten in der Nachfolge Zwinglis erwarten.[58] Doch was er unter dem Mikroskop sah, reichte, seine Meinung zu ändern.

Als er die Mengen an Pollen begutachtete, die er mit seinen Klebestreifen vom Tuch abgenommen hatte, war ihm sehr bald klar, dass der Standort des Tuchs nicht über seine ganze Existenz hinweg Frankreich und Italien gewesen sein konnte, denn außer Pollenkörnern aus Regionen Mitteleuropas und des Mittelmeerraums, die sich in den zurückliegenden 600 Jahren ganz sicher in seinem Stoff hätten einnisten können, fand er auch große Mengen an Pollenkörnern, die von sehr viel weiter weg stammten. Ein Großteil davon deutet darauf hin, so Frei, dass das Grabtuch einst in der Türkei Station gemacht haben muss: »Der Pollenanalyse zufolge muss das Grabtuch auch in der Türkei der Luft ausgesetzt gewesen sein, denn zwanzig der darauf befindlichen Pollenarten sind in Anatolien extrem verbreitet. [...] und vier davon kommen in der Umgebung von Konstantinopel häufig vor, sind aber in ganz Mittel- und Westeuropa überhaupt nicht anzutreffen.«[59] Das ist ein ausgesprochen wichtiger Befund, denn es gibt eine Fülle von historischen Hinweisen darauf, dass das Tuch, lange bevor es nach Europa gebracht wurde, in Konstantinopel und im Osten der Türkei in Edessa aufbewahrt wurde.

Damit nicht genug, hat Frei auch Pollen von dreizehn verschiedenen Halophyten – Pflanzen, die an das Leben in salzhaltiger Umgebung angepasst sind und von denen einige nur in der Negevwüste oder in der Gegend um das Tote Meer vorkommen – gefunden und ist sich daher sicher, dass »das Grabtuch im Lauf seiner Geschichte (seine Herstellung eingeschlossen) in Palästina gewesen sein muss«.[60] Nicht minder wichtig als die Bestimmung der einzelnen Pflanzenarten oder -gattungen ist in Freis Augen das Mengenverhältnis von Pollen aus dem Nahen Osten und Europa: »[...] das Grabtuch muss in Palästina oder in der Türkei gewesen sein, denn Pflanzen, die in diesen Gegenden wachsen [...] machen den Großteil seines Pollenspektrums aus.«[61]

Frei nimmt übrigens, das sei in diesem Zusammenhang ausdrücklich erwähnt, nicht für sich in Anspruch, das Grabtuch auf der Grundlage der Pollenbefunde datieren zu können. Aber es ist nicht von der Hand zu weisen, dass seine Daten für dessen chronologische Einordnung ungemein bedeutsam sind, denn seit seinem europäischen Debüt im 14. Jahrhundert in Lirey sind die Aufenthaltsorte des Grabtuchs gut dokumentiert. Wenn es also jemals in Palästina oder in der Türkei geweilt hat, dann vor diesem Zeitpunkt.

Nach Freis Tod 1983 sind seine Arbeiten von einer Reihe Palynologen begutachtet worden. Einer oder zwei darunter haben Zweifel an seinen Methoden und Schlussfolgerungen angemeldet, andere haben seine Arbeit in den meisten Aspekten gutgeheißen.[62] Es scheint allgemeine Übereinstimmung dahingehend zu bestehen, dass er zwar die Gattungszugehörigkeit der einzelnen Pollen korrekt bestimmt hat, es bei den Artzuweisungen jedoch hier und da hapert. Die vielleicht ausgewogenste Stellungnahme kommt von Silvano Scannerini, einem Botanikprofessor aus Turin, der Freis Publikationen zwar kritisch betrachtet, aber dennoch zu dem Schluss kommt, dass »die Pollen von Pflanzen aus dem Nahen Osten dazu angetan sind, die Reise des Grabtuchs aus dem asiatischen in den europäischen Raum plausibel zu erklären«.[63] Dessen ungeachtet fährt er fort, »diesen Befund in einen unbestreitbaren Beleg für den Aufenthalt des Grabtuchs im Nahen Osten und in Palästina umzuwandeln, bedarf es einer gründlicheren palynologischen Analyse, als sie uns bisher zur Verfügung steht«.[64] Betrüblicherweise haben es die derzeitigen Besitzer der Frei'schen Klebebandproben, eine Gruppe amerikanischer Grabtuchforscher, die sich ASSIST nennt, in mehr als zwei Jahrzehnten nicht fertiggebracht, eine gründlichere Analyse zu veranlassen. Sie haben die Proben zwar von einem israelischen Palynologen namens Uri Baruch untersuchen lassen, der mit Freis Befunden weitgehend konform geht, aber auch Baruchs Arbeit wird mittlerweile der Unzulänglichkeit geziehen.[65] Die Welt harrt noch immer einer abschließenden Untersuchung der Grabtuchpollen.

Die vielleicht eindrucksvollste Bestätigung für Freis Arbeit lieferte eine Analyse der Kalksteinablagerungen, die in den von ihm genommenen Proben von der Grabtuchoberfläche enthalten waren.[66] Etwa zu der Zeit, als Frei starb, wurde dem Mineralogen Joseph Kohlbeck Zugang zu den Klebebandproben des STURP-Teams gewährt, und er begann, den Kalksteinstaub darauf zu untersuchen, weil er hoffte, dieser würde, ähnlich wie die Pollen, etwas über die früheren Aufenthaltsorte des Tuchs verraten. Die kristalline Struktur von Kalkstein hängt von den Bedingungen ab, unter denen dieser abgelagert worden ist, und jeder Stein trägt so etwas wie einen »chemischen Prägestempel«, das heißt, er weist eine bestimmte Kristallstruktur und ein bestimmtes Spektrum an Spurenelementen auf. Bei der Analyse einer Kalksteinprobe aus einem Grab in der Nähe von Jerusalem stellte Kohlbeck fest, dass es sich bei dieser der Kristallform nach um Aragonit handelte, das außerdem »geringe Mengen an Eisen und Strontium, aber kein Blei« enthielt.[67]

Als er eine Probe Kalksteinstaub vom Grabtuch untersuchte, stellte er fest, dass auch hier Aragonit vorlag und er der ersten Probe in seiner Zusammensetzung sehr ähnlich sah.

Kohlbeck gab sich damit nicht zufrieden, sondern brachte seine Proben zum Enrico Fermi Institute der University of Chicago, wo Dr. Riccardo Levi-Setti sie einem hochauflösenden Verfahren der Massenspektroskopie (*Sensitive High Resolution Ion Microprobe*, kurz SHRIMP) unterzog, um deren chemische Signaturen im Einzelnen vergleichen zu können. Beide Proben stimmten in jeder Hinsicht ausgesprochen gut überein, sodass die Vermutung naheliegt, die Aragonitspuren auf dem Grabtuch könnten aus der Gegend von Jerusalem stammen. Kalksteinproben von neun anderen Orten in Israel lieferten kein auch nur annähernd vergleichbar gutes Übereinstimmungsmuster. Kohlbeck lässt zwar keinen Zweifel daran, dass es andernorts auf der Welt durchaus Aragonit von ähnlicher Beschaffenheit wie der des Jerusalemer Funds geben kann, doch die Beweislast zu zeigen, wo und wie dieser auf das Grabtuch gelangt sein könnte, liegt nunmehr bei den Skeptikern. Kohlbecks Aragonit deutet noch entschiedener als Freis Pollen von salzliebenden Pflanzen aus der Region um das Tote Meer darauf hin, dass die Reliquie sich in der Nähe von Jerusalem aufgehalten haben muss.

Außer Pollen und Kalkstein haben sich auf den Klebestreifen des STURP-Teams alle möglichen anderen Rückstände erhalten: Eisen-, Bronze-, Silber- und Goldpartikel zum Beispiel, die wohl von den verschiedenen Behältnissen stammen, in denen das Grabtuch verwahrt gewesen, beziehungsweise von liturgisch wichtigen Gegenständen, mit denen es in Berührung gekommen ist: Tropfen von Kerzenwachs, Flugasche aus Turin, Tierhaare, Federfragmente und Insektenglieder, rote Seide, blaues Leinen und weiße Baumwolle von Tüchern, mit denen zusammen das Grabtuch gelagert gewesen ist, sowie Wolle, Nylon und Polyester von den Kleidern derjenigen, die mit ihm Umgang hatten.[68] Nichts von alledem ist in irgendeiner Weise für die Frühgeschichte des Tuchs von Belang.

Auf den Klebebändern fanden sich auch einige wenige Farbpartikel. Diese wurden eifrig aufgegriffen von einem STURP-Partner namens Walter McCrone, einem Mikroskopiespezialisten, der diese Spuren als Beleg dafür wertete, dass das Tuch sich einst im Atelier eines Malers befunden haben und daher eine gemalte Fälschung sein müsse.[69] Dieses Argument entbehrt jeder Grundlage. Mindestens seit dem 16. Jahrhundert fertigen Künstler Kopien des Grabtuchs an, und einige davon sind bekanntermaßen unmittelbar mit dem Original in Kontakt gebracht worden, um sie zu weihen.[70] Dabei werden zweifellos winzige Farbfragmente übertragen worden sein. Andere Partikel können leicht von umliegenden Gemälden daraufgelangt sein. Als beispielsweise das STURP-Team das Grabtuch im königlichen Palast von Turin in Augenschein nahm, geschah dies in einem Raum, dessen Decke von Fresken geziert wurde, »von denen winzige Farbpartikel wie Konfetti herabgeregnet sein werden, während das Team darunter arbeitete«.[71] McCrones Farbpartikel können vom Grabtuch genauso leicht aufgenommen worden sein wie jedes andere Schmutzteilchen.

Es waren Wissenschaftler von der Sorbonne, die Anfang des 20. Jahrhunderts die Untersuchung des Grabtuchs angestoßen und die Ansicht vertreten hatten, allein die Beobachtungen, die sich auf Pias Fotografien gründeten, lieferten bereits ein beeindruckendes Bündel an Argumenten zugunsten der Echtheit der Reliquie. Die sehr viel weiter reichenden Befunde, die in diesem Kapitel dargestellt wurden, legen zwar keine direkte Verbindung zu Jesus nahe, deuten jedoch darauf hin, dass das Grabtuch ein auf merkwürdige Weise verfärbtes jüdisches Leichentuch aus dem 1. Jahrhundert sein muss.

Die Argumente zugunsten der Echtheit des Tuchs scheinen vielversprechend, doch noch ist sie alles andere als bewiesen. Um herauszubekommen, ob das Grabtuch echt ist oder nicht, müssen wir es nicht nur in naturwissenschaftlicher, sondern auch in historischer Hinsicht als Zeugnis eines lange vergangenen Ereignisses verstehen, denn so wird das Tuch seine kulturellen Wurzeln am deutlichsten offenbaren. Die nächsten beiden Kapitel befassen sich mit den Blutspuren beziehungsweise der Körperzeichnung. Nun, da wir über ein gewisses Grundwissen über deren materielle Eigenschaften verfügen, können wir einen Schritt zurücktreten und beide Spuren als miteinander eng verknüpfte Phänomene, Vermächtnis eines gekreuzigten Mannes, begreifen.

Genau an diesem Punkt rührt die Interpretation des Grabtuchs an die ehrwürdige Geschichte und die (nicht minder ehrwürdigen) Texte, die diese Geschichte wiedergeben, und genau hier werden die Dinge bedeutungsvoll.

10

Die Blutspuren

Warum mit den Blutspuren beginnen und nicht mit der Körperzeichnung? Weil die Identität des Mannes auf dem Grabtuch – der realen oder mutmaßlichen Person, die dieses Tuch umhüllt hat – in seinem Blut geschrieben steht. Die Blutspuren sind die Geburtsurkunde des Toten – oder seine Sterbeurkunde.

Klar umrissen und medizinisch wie historisch relativ leicht zu entschlüsseln, liefern die Blutspuren auf dem Grabtuch eine Menge Informationen über die mutmaßliche Behandlung des darauf abgebildeten Mannes, darüber, wie er gefoltert, getötet und zur letzten Ruhe gebettet wurde. Da Menschen zu verschiedenen Zeiten auf verschiedene Wiese umgebracht und bestattet wurden, hilft sein Schicksal uns, grob zu umreißen, wo und wann das Bild entstanden sein könnte.

Darüber hinaus gemahnen die Wunden, die auf dem Grabtuch zu sehen sind, an die Hinrichtung einer ganz bestimmten historischen Persönlichkeit – von Jesus. Kann es sein, dass das Grabtuch wirklich den Körper des gekreuzigten Jesus umhüllt hat? Oder bildet es nur seinen Körper ab, wie ihn sich ein gerissener Betrüger aus dem Mittelalter vorgestellt hat? Die Blutspuren können uns mehr als alles andere helfen, dies zu entscheiden.

Von Anfang an waren die Wissenschaftler unter den Betrachtern des Grabtuchs vor allem von den rinnsalartigen Blutspuren auf dem Tuch fasziniert. Als der Agnostiker und Professor für Anatomie Yves Delage der Französischen Akademie der Wissenschaften 1902 seine Erkenntnisse vortrug, lenkte er die Aufmerksamkeit seiner Zuhörer auf den Naturalismus der Blutspuren, deren Beschaffenheit und Verlauf, wie er erklärte, medizinisch gesehen in jeder Hinsicht bis ins Kleinste überzeugend seien.[1] Über seinen Vortrag erschien in *Lancet*, der führenden britischen Medizinzeitschrift, ein begeisterter Bericht, in dem von »einem exakten Abbild, bis in die kleinsten Details wie die durch die Stacheln der Dornenkrone hervorgerufenen Wunden und die Spuren der Bluttropfen«, die Rede war.[2] Delages Argumente – untermauert von den akribischen Untersuchungen seines Schützlings Paul Vignon, der seine Beobachtungen etwas später im selben Jahr veröffentlichte – standen nie wirklich in der Kritik. Sie wurden einfach archiviert und vergessen.

Doch im Anschluss an die Ausstellung von 1931, bei der hervorragende neue Fotografien aufgenommen wurden, sahen sich Pierre Barbet und eine Handvoll anderer Wissenschaftler in der Verantwortung und begannen die Beobachtungen von Delage und Vignon nachzuprüfen. Seither haben zahllose Mediziner viel Zeit und Mühe in die Untersuchung des Grabtuchs investiert, und die allgemein vertretene Ansicht lautet, dass das Grabtuch in überzeugender Weise von Verletzungen und Tod kündet und daher mit großer Wahrscheinlichkeit einen gefolterten und gekreuzigten Mann eingehüllt haben muss, dem dieselbe Behandlung widerfahren ist, wie Jesus sie den Evangelienerzählungen zufolge erduldet hat.

In seinem 2000 erschienenen Buch *The Resurrection of the Shroud* (deutsch etwa: »Die Auferstehung des Grabtuchs«) versammelt Mark Antonacci 24 der renommiertesten Grabtuchexperten, darunter Chirurgen, Pathologen und Professoren.[3] Wir reden hier nicht über ein paar Nonkonformisten, sondern über angesehene Doctores, die das Problem von wissenschaftlicher Warte aus diskutieren und detaillierte Argumente zum Beweis ihrer Schlussfolgerungen vorlegen. Aus den Reihen der Kunsthistoriker, die eigentlich in der Lage sein sollten, von einem Künstler aus dem Mittelalter gemalte Wunden von Weitem zu erkennen, hört man auffallend wenig. Man ist sich grundsätzlich darüber einig, dass, falls das Tuch eine vorsätzliche Fälschung ist, wenigstens das Blut mit einem Pinsel aufgetragen worden sein muss, sodass es einigermaßen verwundert, dass Experten für mittelalterliche Kunst sich an der Diskussion um das Bildnis so gar nicht beteiligen. Hat man womöglich kollektiv beschlossen, ein bemerkenswertes Blutgemälde aus dem Mittelalter keines Wortes zu würdigen, oder sind die Blutflecken auf dem Grabtuch wirklich eher ein Fall für die medizinische Forschung?

Wenn wir entscheiden wollen, ob die Blutspuren auf dem Grabtuch das Werk eines Malers sein können, müssen wir das Bildnis mit anderen Darstellungen des toten Christus vergleichen, die von Künstlern des 14. Jahrhunderts gemalt worden sind, zu jener Zeit, in der die Fälschung angeblich angefertigt wurde. Am besten eignet sich hier vielleicht die Darstellung des bestatteten Christus im berühmten *Parament von Narbonne* (Abbildung 23), das irgendwann zwischen 1364 und 1380 (unmittelbar nach der mutmaßlichen Fälschung also) für den französischen König Karl V. geschaffen wurde.[4] Dieses mit außergewöhnlicher Kunstfertigkeit in Tusche auf Seide gemalte Altarbild kommt dem Grabtuch näher als alle anderen Meisterwerke der 14. Jahrhunderts.

Zusätzlich wollen wir das Grabtuch auch mit einer erlesenen Darstellung Christi als Schmerzensmann von Naddo Ceccarelli vergleichen (Abbildung 24). Ceccarelli war Schüler des berühmten Sieneser Malers Simone Martini, der von 1336 bis zu seinem Tod 1344 in Avignon gelebt und gearbeitet hat und von großem Einfluss auf die französische Malerei des 14. Jahrhunderts gewesen ist. Auch wenn der Schmerzensmann vermutlich um 1347 in Italien gemalt wurde, so hat Ceccarelli doch mit seinem Meister in Avignon in regem Austausch gestanden, und sein Werk gilt als eines der besten unter den Werken der Martini-Schüler.[5] Näher als dieses Werk kam die Malerei des 14. Jahrhunderts dem Leben nicht – weder in Italien und Frankreich noch andernorts.

Wenn die Mediziner, die das Grabtuch untersucht haben, falschliegen und es sich bei dem Leinen wirklich um eine meisterhafte Fälschung des Mittelalters handelt, sollten wir erwarten, dass die Verteilung der Blutflecken mit den Wunden übereinstimmt, die sich in den zeitgenössischen Darstellungen des toten Jesus finden.

Das am klarsten umrissene Wundmal auf dem Grabtuch befindet sich in der Nähe des linken Handgelenks. Das Vorhandensein einer entsprechenden, wenn auch durch das linke Handgelenk bedeckten Wunde am rechten lässt sich aus Blutspuren schließen, die sich den rechten Unterarm entlangziehen und denen auf dem linken sehr ähnlich sehen. Zusammengenommen legen diese Spuren den Schluss nahe, dass der – real vorhanden gewesene oder irgendwie dargestellte – Mann, den uns das Grabtuch zeigt, gekreuzigt worden ist.

Das Blut am linken Handgelenk stammt von einer Austrittswunde, das heißt, der Nagel ist von der anderen Seite her eingeschlagen worden. Ein kleines Rinnsal aus Blut entspringt einem runden Fleck, offenbar der Wunde selbst (Abbildung 25). Durch die Verschwommenheit des Körperbilds ist die genaue Lage der Wunde nahezu unmöglich auszumachen, klar ist aber, dass sie sich eindeutig in Handgelenksnähe und nicht mitten auf der Handfläche befindet.[6] Das lässt an der Vorstellung zweifeln, dass es sich um die Malerei eines mittelalterlichen Künstlers handelt, denn in den Kunstwerken jener Zeit wurden die Wunden herkömmlicherweise in der Handmitte und nie an den Handgelenken dargestellt (siehe beispielsweise Abbildungen 23 und 24). An solchen Konventionen kann man nicht ohne Weiteres vorbeiargumentieren. Heutzutage scheint es vielleicht unwichtig zu sein, wenn ein Künstler statt der Hände lieber die Handgelenke durchbohrt malen möchte, aber in jenen Tagen wurden Christi Wundmale inbrünstig verehrt, und dafür mussten sie »richtig« gemalt werden, und »richtig« hieß dem traditionellen Verständnis entsprechend.[7] Wenn die Blutspuren das Werk eines mittelalterlichen Künstlers gewesen wären, dann hätten die Wunden aller Wahrscheinlichkeit nach im Handteller zu finden sein müssen.

Von dieser traditionellen Vorstellung weiß man heute, dass sie unzutreffend ist. Ärzte, die sich mit der Hinrichtungsart des Kreuzigens und dem Grabtuch befasst haben, sind sich ausnahmslos darüber einig, dass die Nägel dabei durch die relativ starke Handwurzel getrieben worden sein müssen. Wären sie durch die weichen Handflächen geschlagen worden, wie es von den Malern des Mittelalters immer wieder dargestellt wurde, hätten sie Sehnen und Bänder durchtrennt und das Opfer vermutlich nicht am Kreuz halten können. Die Austrittswunde des Nagels ist demnach anatomisch betrachtet am richtigen, künstlerisch betrachtet am falschen Ort.

Was die unsichtbare Eintrittswunde betrifft, sind die medizinischen Argumente etwas problematischer. Nach Experimenten mit amputierten Armen kam Dr. Barbet zu dem Schluss, dass der Nagel durch einen Spalt im komplizierten Labyrinth der Handgelenksknochen getrieben worden sein muss. Diese Mutmaßung wurde von den Sindonologen frenetisch gefeiert, zum Teil deshalb, weil sie, wie man glaubt, eine Prophezeiung der Schrift erfüllt, nach der es heißt: »Er behütet all seine Glieder, / nicht eines von ihnen wird zerbrochen«, ein Argument, das Barbet selbst vorbringt.[8] Das Zitieren der Schrift zur Untermauerung seiner Deutung ist besorgniserregend unwissenschaftlich und wird von anderen Forschern, zum Beispiel Dr. Frederick Zugibe, aus medizinischen Gründen angefochten. Zugibe hält dagegen, dass die Austrittswunde sich auf der Daumenseite des Handgelenks befindet, und erklärt, dass der von Barbet geforderte Spalt sich auf der Handseite des kleinen Fingers befindet und demnach nicht Teil der Region sein kann, die durchbohrt worden ist.[9] Er bevorzugt die These, dass der Nagel schräg durch die Region oberhalb des Daumenballen (wo die »Lebenslinie« verläuft) getrieben wurde. Das klingt plausibel, zumal Zugibe sich große Mühe gibt zu zeigen, dass die Knochen und Gewebe in diesem Teil der Handfläche stark genug wären, das Gewicht eines erwachsenen Körpers zu tragen.[10] Leider krankt seine Beweisführung – wieder einmal – an einer ausgesprochen vertrauensseligen Haltung gegenüber der christlichen Überlieferung, hier insbesondere den Weissagungen von Psalm 22, Vers 17, in dem es heißt: »Sie durchbohren mir Hände und Füße.«[11]

Es lohnt, an dieser Stelle ein paar Worte darüber zu verlieren, wie seinerzeit Nägel durch Handgelenke getrieben wurden, weil sich damit zwei Aspekte der medizinischen Diskussionen um das Grabtuch erhellen lassen, die wir im Hinterkopf behalten sollten. Auf der positiven Seite ist es eine wichtige Erkenntnis, dass ausgebildete Ärzte sich anhand eines Wundmals auf dem Grabtuch an einer aufschlussreichen Diskussion über Hinrichtung durch Kreuzigen zu beteiligen vermögen. Negativ mahnt dies uns, auf der Hut zu sein, wenn wir medizinische Argumente bewerten, weil sich bekennende Christen unter den Ärzten möglicherweise durch eine unwissenschaftliche Hingabe an die Zeugnisse der Schrift beeinflussen lassen.[12] Barbet, Zugibe und andere Mediziner haben zu unserem Wissen über das Grabtuch in unschätzbarer Weise beigetragen, waren aber oftmals gar zu bereit, es als bloßen Spiegel biblischer Texte zu betrachten.

In meinen Augen ist es unmöglich zu sagen, ob der Nagel, der das linke Handgelenk durchbohrt hat, durch die Handwurzel oder schräg durch den oberen Teil der Handfläche getrieben wurde. Wie dem auch sei, zeigt das Tuch eine logischere Platzierung der Austrittswunde als die mittelalterlichen Darstellungen der Stigmata Christi, die die Wunden grundsätzlich in der Mitte der Handfläche lokalisieren. Ob hier ein künstlerisches Genie des 14. Jahrhunderts über ein einzigartiges Wissen um die Praxis der Kreuzigung verfügt hat? Oder ist das Grabtuch wirklich und wahrhaftig Beleg für diese antike Form der Folter?

Die Blutspuren, die sich auf den Unterarmen der Gestalt auf dem Grabtuch finden, rühren nachweislich von den Handgelenkswunden her. In der Vergangenheit ist vieles, weit mehr, als einem lieb sein kann, in diese mäandernden Blutrinnsale hineingelesen worden. So ist zum Beispiel das Argument vertreten worden, sie legten Zeugnis davon ab, dass der Gekreuzigte nach Luft gerungen und sich dabei auf und ab bewegt habe.[13] Zugibe erachtet diese Überlegung als völlig unhaltbar. »Es ist offensichtlich«, sagt er, »dass die Rinnsale, die den Arm hinablaufen, entstanden sind, als die Nägel herausgezogen wurden (die die Wunden verschlossen gehalten hatten, solange der Körper aufrecht hing) und das Blut [...] auf der Rückseite der Arme aus den Austrittswunden zu sickern begann.«[14] Die geringe Blutmenge spricht, wie Zugibe glaubt, dafür, dass das Herz aufgehört hatte zu schlagen: »Es ist sehr wenig Blut, was wir auf dem Grabtuch finden, auch wenn es dem Laien als viel erscheinen mag. [...] Aus forensischer Sicht ist die geringe Blutmenge auf den Armen der Tatsache geschuldet, dass das Herz nicht mehr schlug, als die Nägel herausgezogen wurden.«[15]

Zugibe ist der Ansicht, dass die Nägel entfernt wurden, als der zu Tode Gefolterte noch in aufrechter Position am Kreuz hing, aber aus praktischen

Erwägungen scheint es weit wahrscheinlicher, dass er vom Kreuz gelöst wurde, während er am Boden lag. (Ich werde später erläutern, warum der Querbalken sich leicht vom Stamm lösen lassen musste.) In dieser Lage muss das noch in seinen Händen und Handgelenken verbliebene Blut langsam aus den Nagelwunden ausgetreten und genau so, wie wir es an der Gestalt auf dem Grabtuch beobachten, die Unterarme hinabgeronnen sein (siehe Abbildung 26).

Soweit ich weiß, haben Künstler des Mittelalters den Leichnam des toten Jesus nie mit solchen Blutspuren dargestellt. In ihren Bildern tritt Blut aus den Handwunden, die Unterarme aber haben sie nie in ihre Betrachtungen mit einbezogen (siehe Abbildungen 23 und 24). Hinzu kommt, dass der unregelmäßige, asymmetrische Verlauf der Rinnsale nicht im Entferntesten wie etwas aussieht, das ein Künstler des Mittelalters sich ausgedacht hätte: Ihr unregelmäßiger, fragmentierter Verlauf muss einem mittelalterlichen Geist fremdartig erschienen sein. (Betrachten Sie im Vergleich dazu das ästhetisch regelmäßige Tröpfeln des Bluts aus Christi Seitenwunde auf dem Altartuch von Narbonne.) Die Wahrscheinlichkeit, dass die Blutspuren auf den Unterarmen das Werk eines mittelalterlichen Malers sind, liegt praktisch bei null.

Wenn wir uns nun den Füßen zuwenden, haben wir es nicht mit deutlich umrissenen Blutgerinnseln zu tun, sondern eher mit blutigen Schmierspuren (Abbildung 27). In der Regel sehen Mediziner die Austrittswunde im rechten Fuß – dem Fuß, dessen Sohle auf der Rückansicht in voller Größe zu sehen ist – als scheinbar »viereckiges, von einem blassen Halo umgebenes Loch« auf mittlerer Spannhöhe[16], manche lokalisieren sie jedoch in der Ferse, von der aus sich eine verdächtige Blutspur quer über das Tuch zieht.[17] Obwohl die Wunde in der Fußmitte logischer erscheinen würde, ist es unmöglich, aufgrund der auf dem Tuch vorhandenen Blutspuren mit Sicherheit zu bestimmen, wo genau der Fuß durchbohrt wurde. Noch weniger lässt sich über die Wunde am linken Fuß sagen, denn die Blutspuren hier lassen jede Form vermissen.

Dass die Stigmata an den Füßen so undeutlich ausfallen, ist für sich allein genommen bereits eine interessante Beobachtung. Handelte es sich bei dem Tuch um eine mittelalterliche Fälschung, wären die Wunden an den Füßen (und dazu alle anderen Wundmale) sicher deutlich umrissen gemalt worden (siehe beispielsweise Abbildung 23). Christi Wunden wurden im Mittelalter keineswegs als zufällige Folterspuren betrachtet. Als Quelle des Bluts, das allein dem Menschen Heil und Erlösung zu bringen vermochte, kam ihnen in den Augen der Menschen eine tiefe Bedeutung zu, und sie bildeten ein Herzstück frommer Verehrung. Demzufolge legten die Künstler des Mittelalters, wenn sie die Verletzungen an Christi Füßen malten, stets Wert darauf, die Nagelspuren anzudeuten. Paul Vignon hatte vor einem Jahrhundert völlig recht, als er schrieb: »Hätte ein Fälscher jener Zeit vorgehabt, die Wunden nachzuempfinden, die die Nägel geschlagen haben, würde er sie, so nehmen wir an, sehr sorgfältig gemalt und ihnen eine runde Form gegeben haben. Das Entscheidende muss in seinen Augen gewesen sein, dass die Wunden an den ihnen nach der Überlieferung zukommenden Stellen leicht erkennbar waren.«[18]

Das mehr oder weniger impressionistische Aussehen des Grabtuchs mag uns heute »überzeugend« erscheinen, im Mittelalter aber, da Künstler an das gebunden waren, was Theologie und Frömmigkeit diktierten, hätte solches unsinnig und abschreckend gewirkt und wäre undenkbar gewesen.

Die Blutspuren an Händen und Füßen sind unvereinbar mit der Vorstellung, dass das Grabtuch am Ende des Mittelalters gemalt worden sein soll, und sprechen sehr dafür, dass es wirklich einen gekreuzigten Mann umhüllt hat. Das Kreuzigen wurde im 4. Jahrhundert von Kaiser Konstantin und seinen Nachfolgern im Römischen Reich als Hinrichtungsart verboten, ein weiterer Umstand, der dafür spricht, dass das Bild vor dieser Zeit entstanden ist.

Weitere Hinweise darauf, dass der Mann von den Römern hingerichtet worden ist, liefern die deutlichen Spuren der Geißelhiebe. Mit Ausnahme des Kopfes, der Arme und Füße sind auf dem ganzen Körper der Grabtuchgestalt Striemen zu sehen. Sie sind sowohl auf der Front- als auch auf der Rückansicht zu erkennen, am deutlichsten treten sie jedoch auf dem Rücken des Mannes zutage (Abbildung 28). Wie der Gerichtsmediziner Dr. Bucklin anmerkt, sind die Verletzungen »offenbar durch eine Art von Gegenstand hervorgerufen worden, der als Peitsche verwendet wurde und hantelförmige Hauteinschnitte verursacht hat, aus denen Blut ausgetreten ist.«[19]

Es trifft sich, dass genau diese Art von Verletzungen dazu passt, was wir über das römische *flagrum* oder *flagellum* wissen, eine Art Geißel mit mehreren Riemen, an deren Enden kleine Knochen oder Bleikügelchen geknotet waren. Es war an der Tagesordnung, zur Kreuzigung Verurteilte mit einem solchen Folterinstrument zu malträtieren, bevor man sie ans Kreuz schlug. In den Ruinen von Herculaneum hat man offenbar ein relativ intaktes *flagrum* mit Bleikügelchen gefunden, das Verletzungen verursachen würde, wie sie der Mann auf dem Grabtuch aufweist (siehe Abbildung 29).[20] Es eignet sich insofern als Indiz für die Vermutung, dass das Grabtuch aus dem 1. Jahrhundert stammt, als die Stadt Herculaneum genau wie ihre Nachbarin Pompeji beim Vesuvausbruch im Jahr 79 verschüttet wurde.

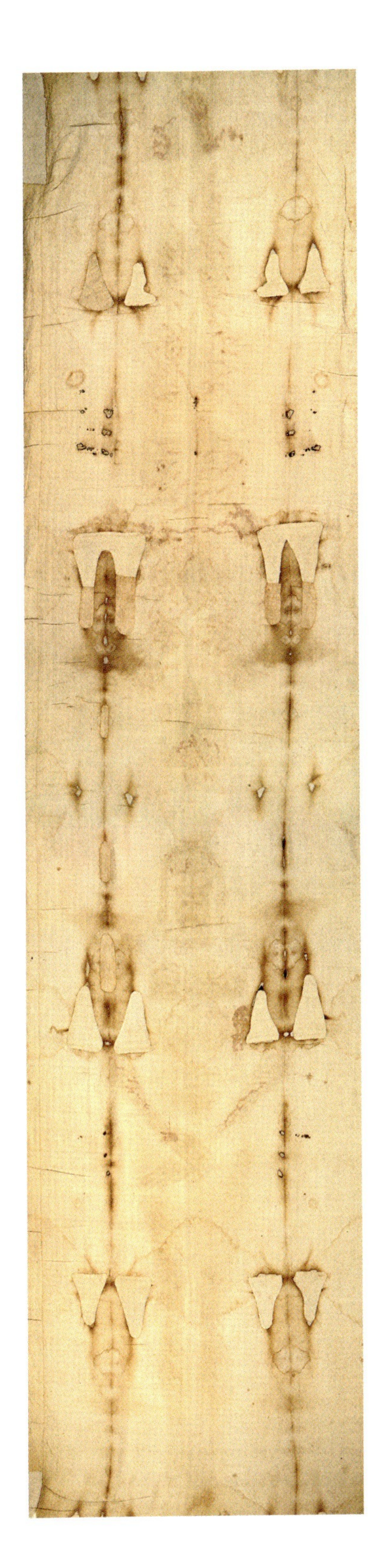

1 Das Grabtuch in voller Länge vor der Restaurierung von 2002. Das Tuch ist 437 cm lang und 111 cm breit. Neben den Gestalten finden sich auf beiden Seiten die Versengungen und Brandlöcher, die das Feuer von 1532 hinterlassen hat und die später von Klarissinnen ausgebessert wurden.

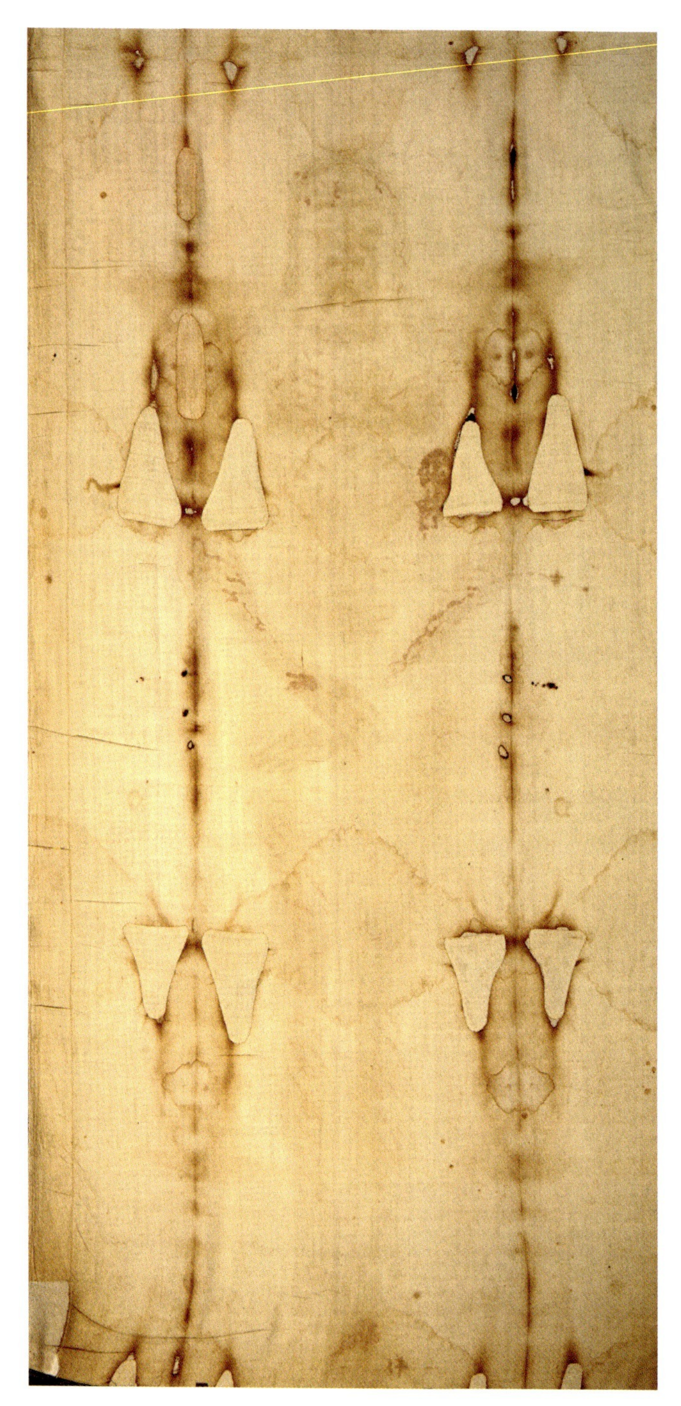

2 Im Hochformat scheint die Gestalt aufrecht zu stehen und den Betrachter frontal anzublicken. Das Bild weist im Großen und Ganzen kaum Verzerrungen auf – bis auf eine leichte Verbreiterung der Oberschenkel, die dadurch entstand, wie das Tuch über die Beine gefallen ist. Um Knie und Brustkorb herum finden sich deutlich sichtbar diamantförmige Wassertropfen.

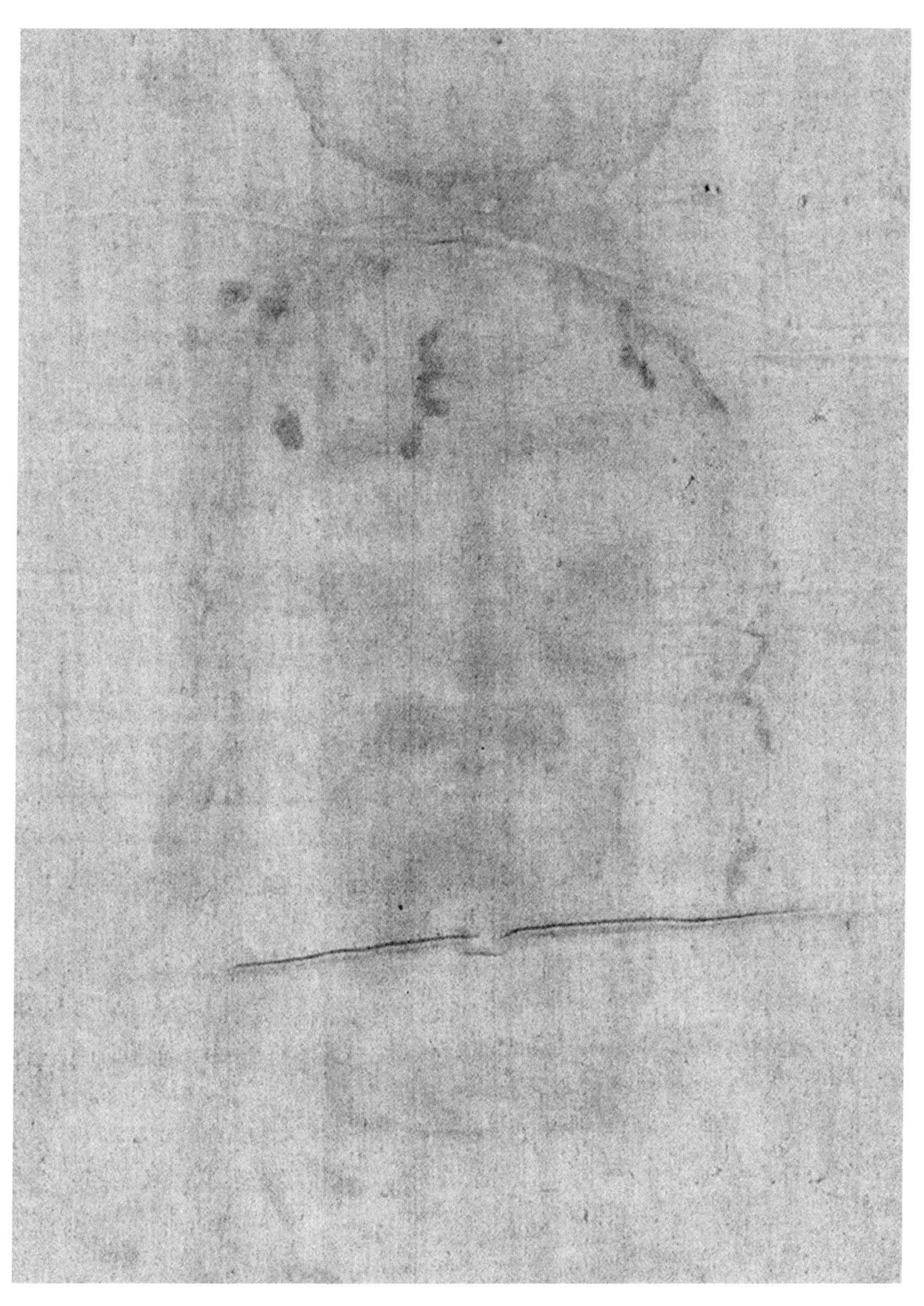

3 Das verwunschen anmutende Antlitz auf dem Grabtuch. Die Augen wirken unnatürlich groß, das ganze Gesicht scheint von innen heraus zu leuchten. Links ist das Bild von einer vertikalen Linie durchzogen, hier hat sich das Garn aus unerfindlichen Gründen nicht verfärbt. Bei schwacher Beleuchtung lassen sich die Blutspuren auf der Stirn und dem Haupthaar unter Umständen mit Wasserspritzern verwechseln.

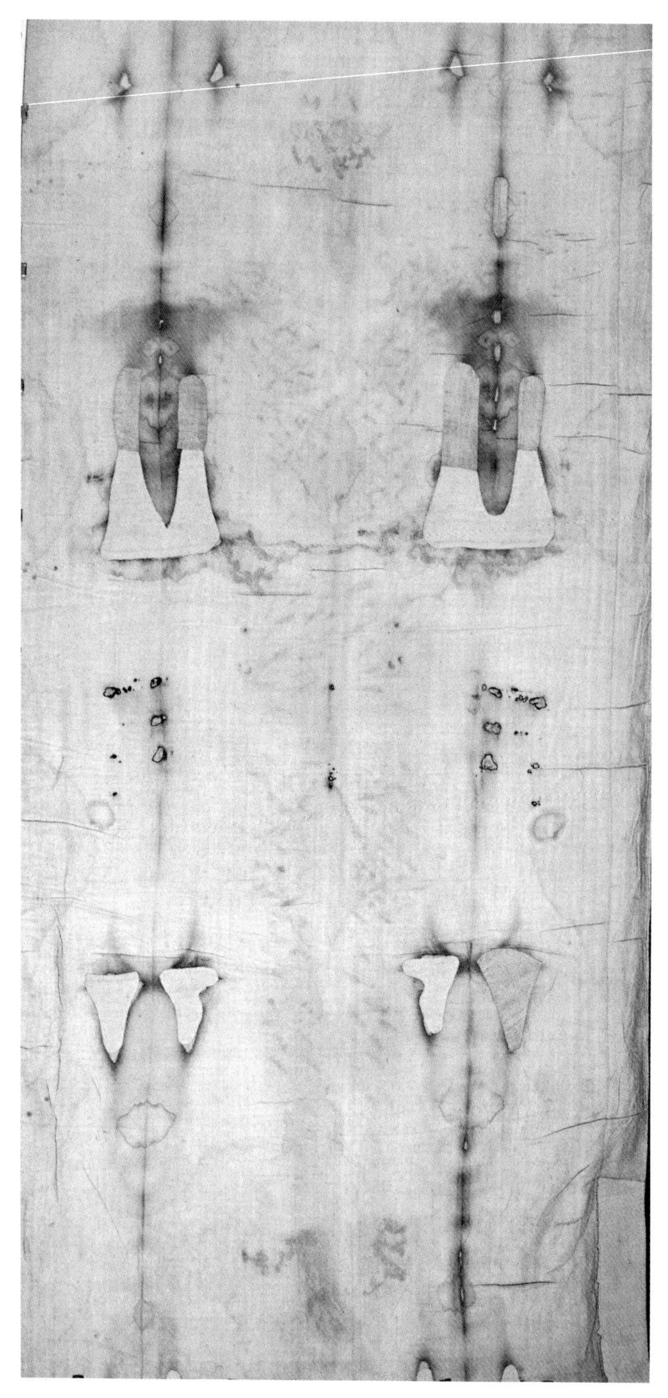

4 Die Rückansicht der Gestalt ist weniger fesselnd als die Vorderansicht, jedoch von zahllosen unübersehbaren Folterspuren übersät – angefangen bei den Wunden rings um den Kopf bis hinunter zu den Blutspuren neben den Füßen. Besonders auffällig sind die Geißelspuren, die über den gesamten Körper verteilt auszumachen sind. Man beachte auch die symmetrische Anordnung der »Schürhakenlöcher« auf beiden Seiten der Gestalt.

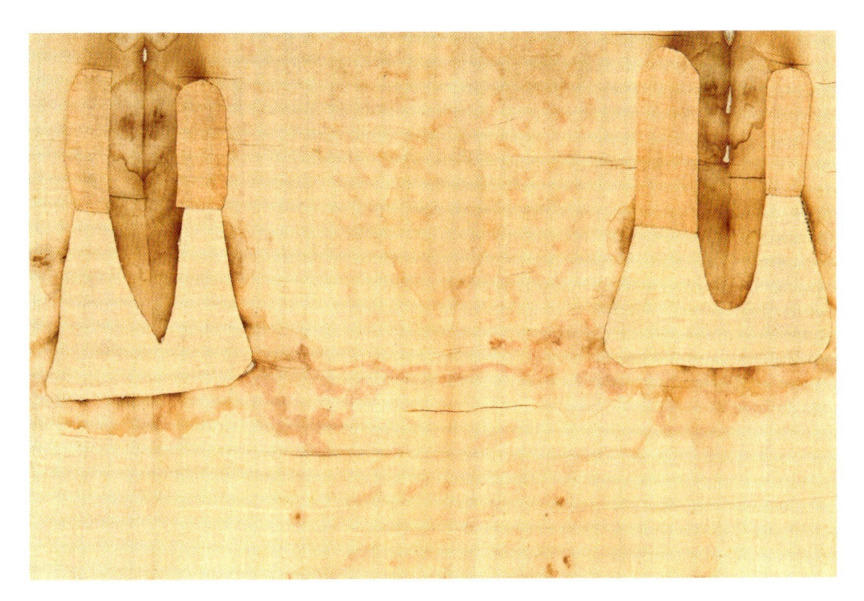

5 Zwei Flecken aus verwässertem Blut verfärben das Tuch auf beiden Seiten der Rückansicht. In der Vergangenheit wurden diese von Grabtuchforschern oft als aus jenem »Blut und Wasser« bestehend gedeutet, das der biblischen Überlieferung zufolge aus Christi Seite geflossen sein soll (Joh 19,34). Sehr viel wahrscheinlicher ist es, dass die Flecken vom Waschen des Leichnams herrühren.

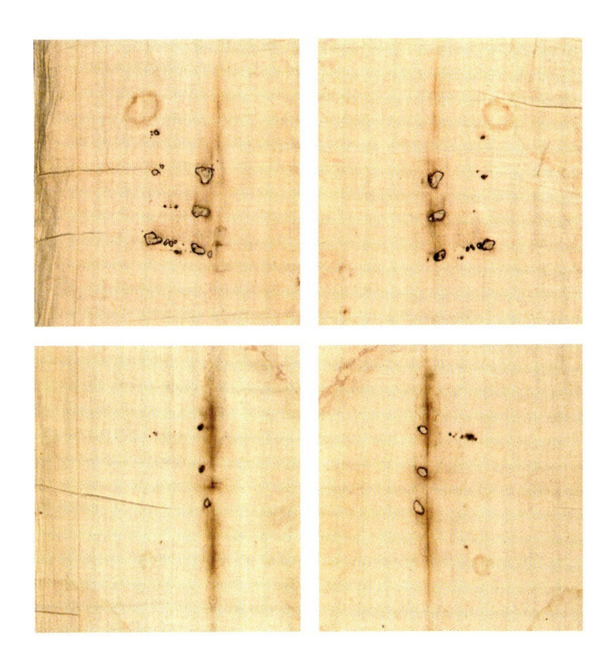

6 Die vier Gruppen von »Schürhakenlöchern« auf beiden Seiten der Rückansicht (oben) und der Vorderansicht (unten). Sie entstanden, als das Tuch vierfach gefaltet war, und sind vermutlich auf glimmende Weihrauchstückchen zurückzuführen.

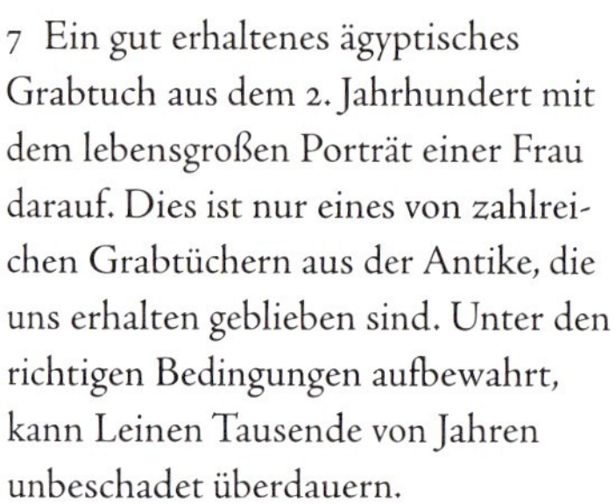

7 Ein gut erhaltenes ägyptisches Grabtuch aus dem 2. Jahrhundert mit dem lebensgroßen Porträt einer Frau darauf. Dies ist nur eines von zahlreichen Grabtüchern aus der Antike, die uns erhalten geblieben sind. Unter den richtigen Bedingungen aufbewahrt, kann Leinen Tausende von Jahren unbeschadet überdauern.

8 Ägyptisches Grabtuch aus dem 3. Jahrhundert, gewickelt um die Mumie eines Kindes, dessen Porträt es zeigt. Bemalte Grabtücher wie dieses sollten sicherstellen, dass der Verstorbene in der nächsten Welt weiterexistieren kann. Man beachte die hervorragende Beschaffenheit des Leinenstoffs.

9 Ein Pilgerabzeichen, geschaffen zur Erinnerung an die erste Ausstellung des Grabtuchs im französischen Dörfchen Lirey im Jahr 1355 oder 1356. Es zeigt das von zwei Geistlichen ausgebreitet in die Höhe gehaltene Tuch über den Folterwerkzeugen sowie das Wappen des Adelsgeschlechts der Charny. Trotz der geringen Größe des Bildes gelang es dem Künstler, das Fischgratköpermuster des Tuchs darzustellen.

10 Eine wunderschöne Darstellung von Christus als »Schmerzensmann« aus dem Stundenbuch des Herzogs von Berry (*Très Riches Heures du Duc de Berry*, ca. 1485), wie er von Herzog Karl I. von Savoyen und dessen Frau Bianca von Montferrat angebetet wird. Der Verlauf der Blutrinnsale und die überkreuzten Arme Christi zeigen deutliche Parallelen mit dem Grabtuch, das 1453 in den Besitz des Großvaters von Karl I., Herzog Ludwigs, gelangt war.

11 Diese 1516 angefertigte Kopie des Grabtuchs aus der Kirche von St.-Gommaire im belgischen Lierre ist die erste uns erhaltene. Obwohl mit großer Sorgfalt gemalt, wirkt sie im Vergleich zum Original eher grobschlächtig. Bezeichnenderweise war der Künstler nicht in der Lage, die »Negativqualitäten« des Grabtuchs darzustellen.

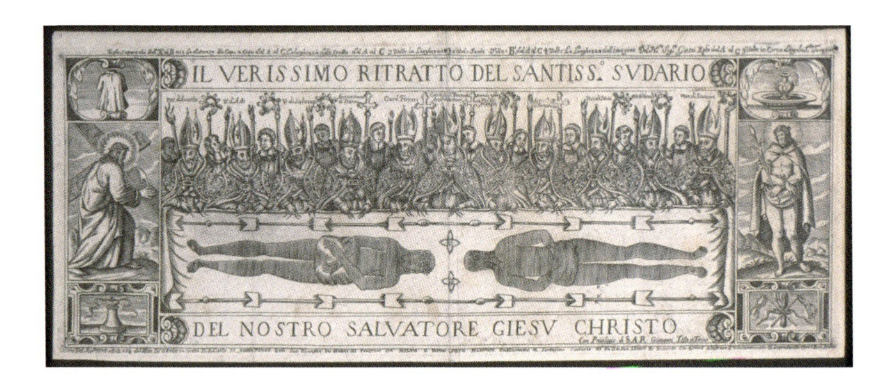

12 *(oben)* Ein Kupferstich von Giovanni Testa anlässlich der Überführung des Grabtuchs nach Turin im Jahr 1578. Durch Darstellungen wie diese wurde das Bildnis auf dem Grabtuch der Welt bekannt. Wie zu jener Zeit üblich, wurde die Gestalt Jesu mit einem Lendentuch versehen, um dem Anstand Genüge zu tun.

13 *(links)* Diese zwischen 1625 und 1630 entstandene Miniatur von Giovanni Battista della Rovere stellt Christus in das Leintuch gehüllt zu Füßen des Kreuzes dar, wie es der zeitgenössischen Interpretation der Reliquie durch Jean Jacques Chifflet entspricht. Herkömmlicherweise wurde das Bildnis auf dem Tuch – das auf diesem Gemälde von Engeln in der Höhe gehoben wird – für das Ergebnis von Schweißabsonderungen gehalten, die von Jesu Leichnam stammten. Energiefreisetzungen als potenzielle Ursache hat man erst nach 1900 diskutiert.

14 Secondo Pia fertigte 1898 die erste Fotografie des Grabtuchs an. Es war wohl einer der dramatischsten Augenblicke in der Geschichte der Reliquie, als Pia in der Nacht vom 28. auf den 29. Mai 1898 in seiner Dunkelkammer als erster Mensch das Negativ des Grabtuchs zu sehen bekam.

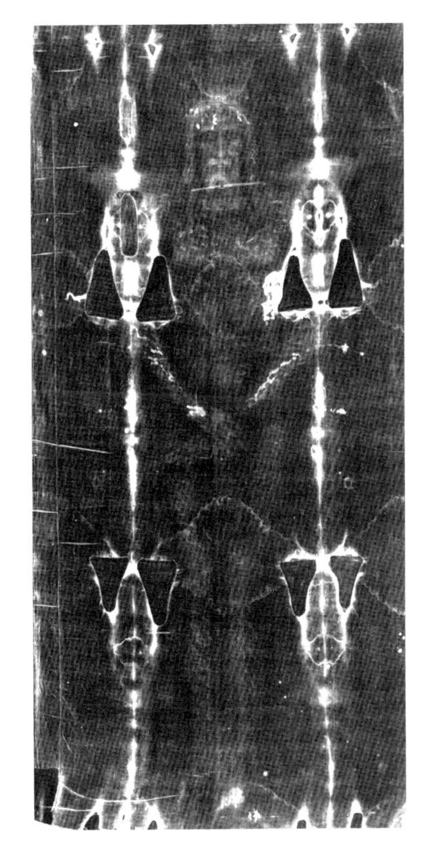

15 *(oben)* Die Vorderansicht im Negativ, ein Anblick, der erst durch die Erfindung der Fotografie im 19. Jahrhundert möglich wurde. Die Umkehrung der Licht-Schatten-Verteilung täuscht Lichteinstrahlung vor und lässt so den Eindruck eines Reliefs entstehen. Die Gestalt erscheint dadurch kohärenter als auf dem Positiv.

16 *(links)* Das Negativbild des Antlitzes ist inzwischen der vertrautere Anblick und für viele Menschen zum wahren Antlitz Jesu geworden. Es ist erstaunlich realistisch und weist deutlich sichtbare Verletzungen auf: Die Nase ist leicht deformiert, und unter dem rechten Auge lässt sich eine verdächtige Schwellung erkennen. Die Augen sind, wie man erst auf dieser Ansicht erkennt, fest geschlossen.

17 Am 8. Oktober 1978 wurde das Tuch im Anschluss an eine öffentliche Ausstellung im Dom zu Turin in einen Saal des benachbarten Königlichen Palastes gebracht, wo Mitglieder des STURP-Teams sich versammelt hatten. Die folgenden 120 Stunden hindurch arbeiteten sie rund um die Uhr und unterzogen das Tuch zum ersten und einzigen Mal einer gründlichen interdisziplinären wissenschaftlichen Untersuchung.

18 Das Grabtuch über dem Hochaltar im Dom zu Turin im Mai 2010. Die Gestalten auf dem Grabtuch sind vom Hauptschiff aus erkennbar. Davor sieht man Pilger, die seit Stunden angestanden haben, um das Bild von nahem betrachten zu können. Sie halten meditierend für wenige Minuten inne, bevor sie gebeten werden, weiterzugehen.

19 Das Antlitz auf dem Grabtuch, darge stellt mithilfe des VP-8-Image Analyzer. Die mangelnde Verzerrung beweist, dass das Grabtuch dreidimensionale Informationen enthält, die sich zu einem Relief mit Tiefenwirkung addieren. Wäre das Bildnis in irgendeiner Weise durch Licht entstanden, hätte der Bildanalysator das Gesicht verzerrt dargestellt. Die Bedeutung dieser digitalen Transformation ist mit Secondo Pias Entdeckung des Negativs gleichgesetzt worden.

20 Auf dieser Mikrofotografie eines Ausschnitts der Blutflecken im Kreuzbereich des Rückens sind auf der Oberfläche der Fäden dunkelrote Partikel zu sehen. Proben dieser partikelhaltigen Materie konnten als Blut identifiziert werden.

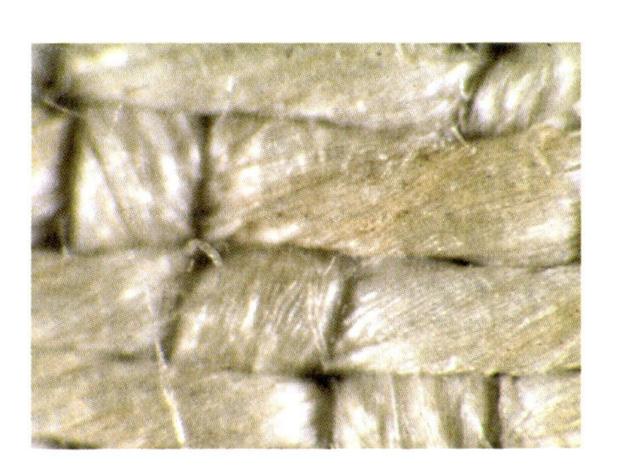

21 Die Mikrofotografie eines Ausschnitts der Körperzeichnung macht die extreme Kontrastarmut des Bildes deutlich. Obwohl sie in der Nasenregion und damit einem der am stärksten verfärbten Teile des Bilds gemacht wurde, ist die Färbung kaum zu erkennen. Es gibt keinerlei Anzeichen für das Aufbringen einer Substanz auf die Tuchoberfläche. Das Bild besteht nur aus einer Schicht strohgelber Fasern auf der Oberfläche jedes einzelnen Fadens.

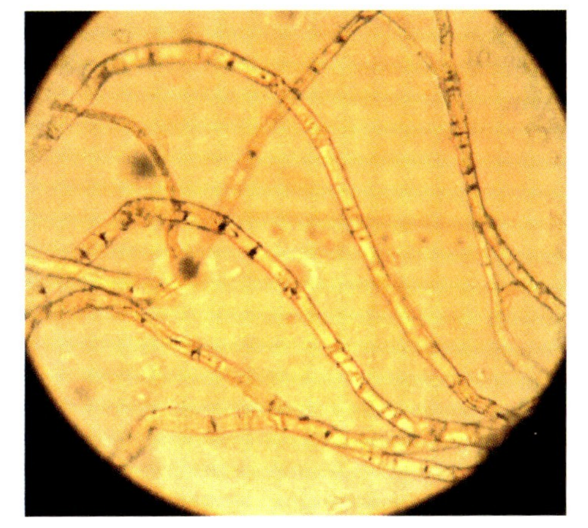

22 Eine Mikrofotografie von Fasern aus dem Bereich der Körperzeichnung, die Ray Rogers 1978 dem Grabtuch entnommen hat. Die strohgelbe Farbe des Körperbilds ist nur als äußerste Schicht erkennbar, das Mark der Faser bleibt klar. Das Klebeband, auf dem die Fasern aufgebracht sind, ist mit den Jahren vergilbt, sodass die Aufnahme an Kontrast verloren hat.

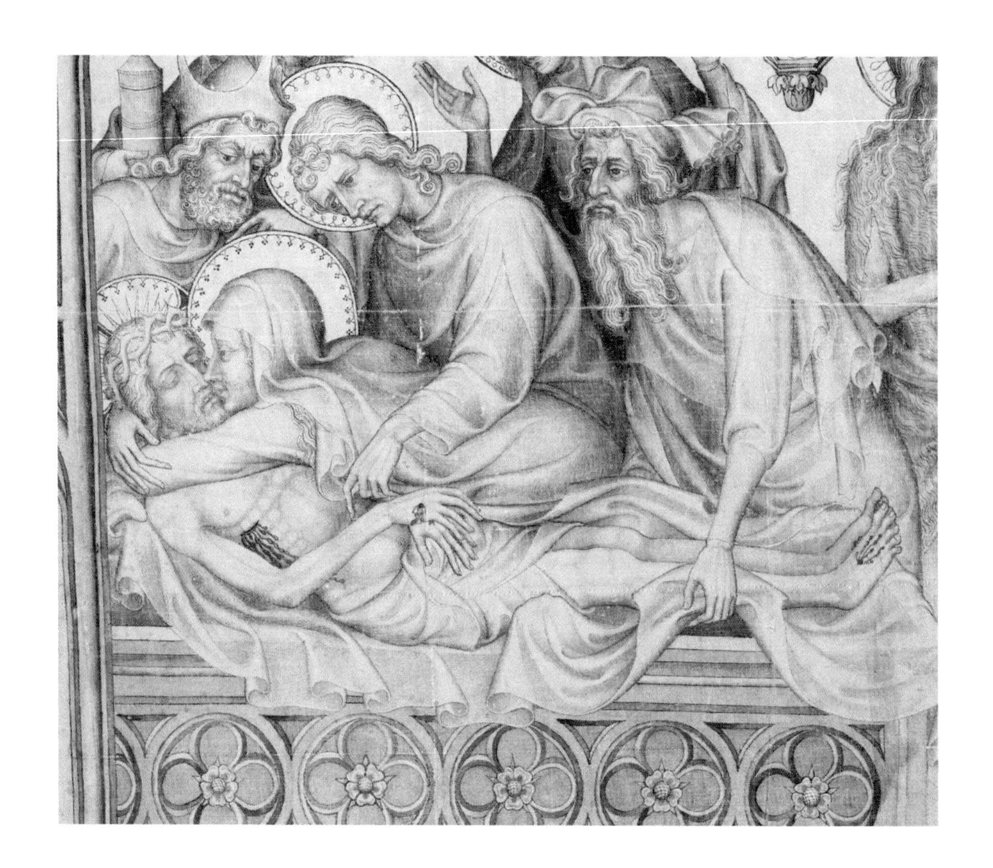

23 *(oben)* Eine Darstellung der Grablegung Jesu aus dem späten 14. Jahrhundert, ein Ausschnitt aus dem berühmten *Parement von Narbonne.* Diese fein ausgestaltete Tuschemalerei auf Seide ist wohl noch der gelungenste Versuch eines Künstlers des 14. Jahrhunderts, das Bildnis auf dem Grabtuch nachzuahmen.

24 *(rechts)* Diese Darstellung des »Schmerzensmanns« von Naddo Ceccarelli, einem Schüler von Simone Martini, entstammt der wohl am stärksten naturalistisch orientierten unter den Malerschulen des 14. Jahrhunderts. Selbst hier sind Christi Wunden und Körperbau im Vergleich zum Bildnis auf dem Grabtuch deutlich stilisiert.

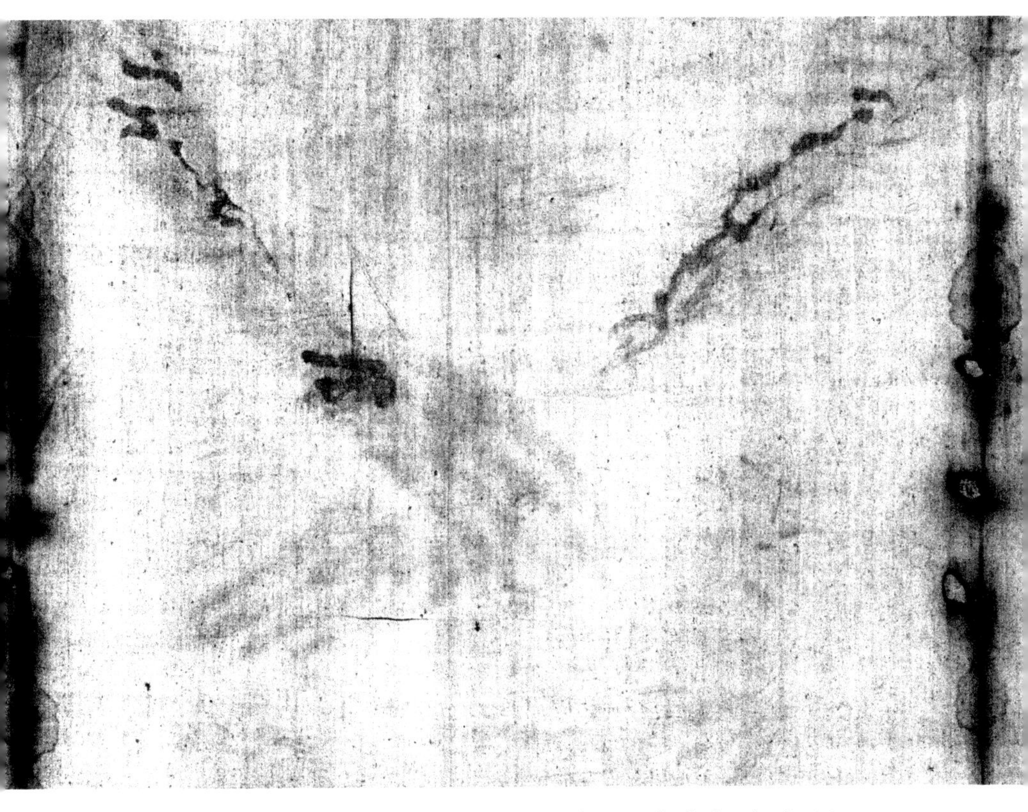

25 Hände und Unterarme des Mannes auf dem Grabtuch. Der Blutfleck nahe der Mitte lässt erkennen, dass hier, wie es der anatomischen Logik entspricht, der Nagel das linke Handgelenk durchdrungen hat und nicht, wie gemeinhin angenommen, die Handfläche. Die Blutspuren auf den Unterarmen sind fragmentiert und bilden keine kontinuierlichen Rinnsale, wie ein mittelalterlicher Künstler sie malen würde.

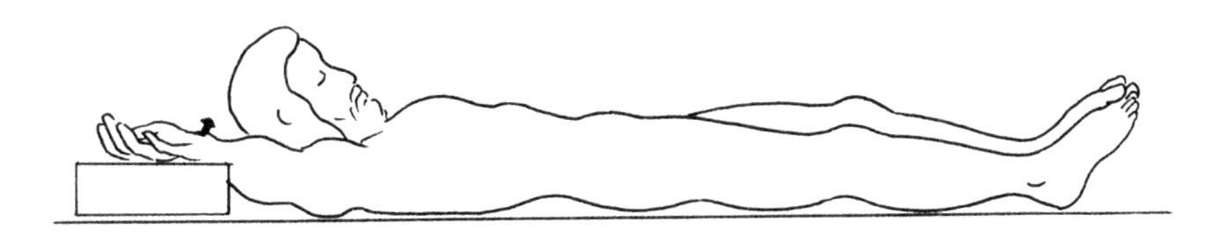

26 Nachdem sie sich vergewissert hatten, dass der Gekreuzigte gestorben war, haben die Schergen ihn vermutlich noch am *Patibulum* hängend vom Kreuz genommen. Als die Nägel aus den Handgelenken gezogen wurden, ist frisch ausgetretenes Blut die Unterarme hinabgelaufen und hat die Rinnsale verursacht, die wir auf dem Grabtuch sehen.

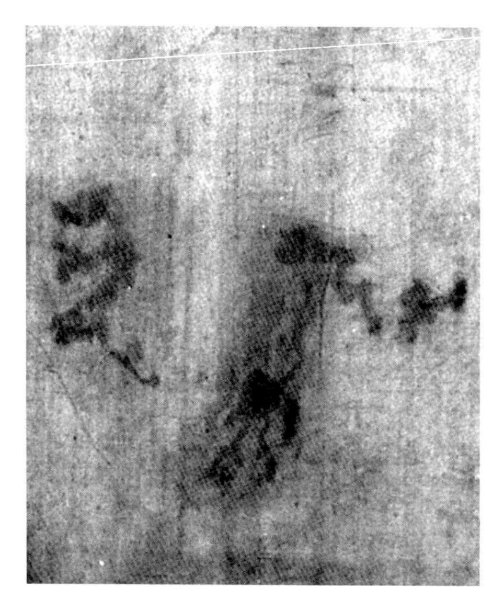

27 Das Tuch ist rings um die Füße blutverschmiert, auch das passt zum Entfernen eines Nagels. Die gekreuzte Haltung der Füße lässt darauf schließen, dass nur ein einziger Nagel verwendet wurde, aber es ist unklar, wo genau er eingeschlagen wurde. Würde es sich beim Grabtuch um ein mittelalterliches Gemälde des gekreuzigten Christus handeln, sollten die Wundmale sehr viel schärfer umrissen sein.

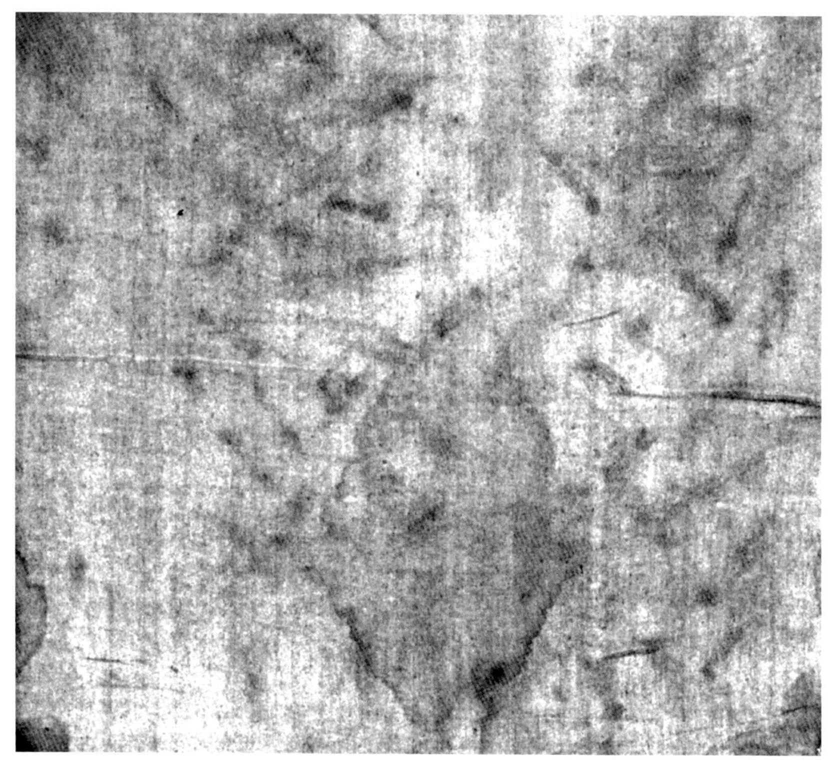

28 Der mittlere Bereich des Rückens ist mit hantelförmigen Geißelspuren übersät. Damit diese Verletzungen so scharf konturiert sichtbar werden konnten, muss der Leichnam des Toten gewaschen und alles verkrustete Blut entfernt worden sein. Nur Seelenblut – Blut, das erst nach dem Tod ausgetreten ist – wird auf dem Leichnam verblieben sein.

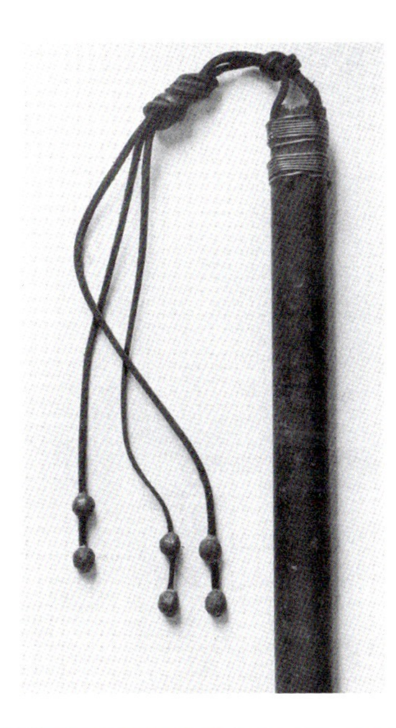

29 Rekonstruktion eines römischen *Flagrum*, angefertigt von Paul Vignon, der damit die Art von Werkzeug demonstrieren wollte, mit dem der Mann auf dem Grabtuch geschlagen worden war. Die Enden der Riemen sind mit kleinen Bleikügelchen *(Plumbatae)* versehen, die zu den hantelförmigen Verletzungen passen, die auf dem Grabtuch auszumachen sind. Ein ganz ähnliches *Flagrum* hat man in den Ruinen des im 1. Jahrhundert zerstörten Herculaneum gefunden.

30 Die Geißelung Christi, wie sie sich einer der größten Künstler des 14. Jahrhunderts, Duccio di Buoninsegna, vorgestellt hat. Die Spuren der Hiebe sind als über den gesamten Bereich von Armen und Oberkörper verteilte Blutströpfchen dargestellt, die wenig Ähnlichkeit mit den Spuren auf dem Grabtuch haben.

31 Dieser große Fleck auf der rechten Brustkorbseite stammt von Blut, das aus einer elliptischen Lanzenwunde ausgetreten ist. Die geringe Blutmenge passt zu einer erst nach dem Tod zugefügten Verletzung. An diesem Blutfleck, der sich massiv von allen mittelalterlichen Darstellungen der Seitenwunde Christi unterscheidet, ist absolut nichts »Künstlerisches« festzustellen.

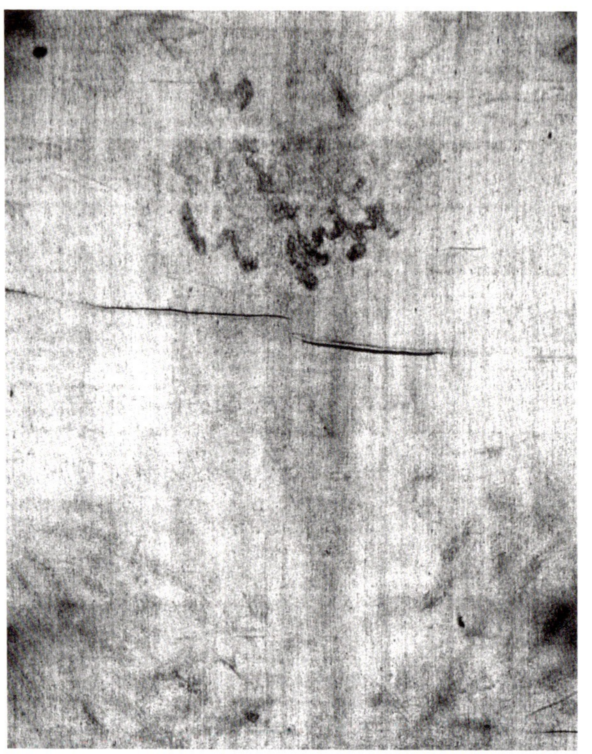

32 Scheitel und Hinterkopf der Gestalt auf dem Grabtuch waren deutlich sichtbar von winzigen Stichwunden übersät. Eine Reihe Blutflecken scheint eine Art Ring um den Hinterkopf zu bilden, der eine Dornenkrone suggeriert. Auch die Abschürfungen auf den Schulterblättern sind klar zu erkennen.

Auf den beiden Ansichten des Grabtuchs lassen sich mehr als hundert Geißelspuren zählen. Das *flagrum* hatte meist zwei oder drei Riemen, das bedeutet, dass der Gefolterte mindestens dreißigmal – möglicherweise auch sehr viel häufiger – geschlagen worden sein musste. Dem jüdischen Gesetz zufolge durfte ein Gefangener bis zu vierzigmal geschlagen werden, die römischen Schergen waren jedoch an dieses Gesetz nicht gebunden und wurden nur durch die Notwendigkeit eingeschränkt, das Opfer am Leben und in der Lage zu halten, selbst zum Ort der Kreuzigung zu wanken.[21] Da die Geißelspuren auf dem Rücken ein Zickzackmuster zeigen, ist davon auszugehen, dass die Schläge aus zwei Richtungen kamen – entweder durch zwei Geißelnde oder durch eine Person, die zwischendurch ihre Position geändert hat. Neben Kopf und Füßen blieben lediglich die Arme verschont. Daraus ließe sich ablesen, dass die Hände des Mannes zum Zeitpunkt der Geißelung über seinem Kopf gehalten oder zusammengebunden worden waren. Nach allem, was man weiß, war es zu Zeiten der Römer üblich, jemanden, der ausgepeitscht werden sollte, an eine Säule zu fesseln.[22]

Vor dem Hintergrund all dessen sind sich Ärzte einig, dass die Geißelspuren auf dem Grabtuch sowohl aus medizinischer als auch aus historischer Sicht überzeugend die Art von Verletzung repräsentieren, die dem Opfer einer römischen Geißelung vor seiner Kreuzigung zugefügt wurde.

Auch das aber unterscheidet sich himmelweit von allem, was man sich im Mittelalter diesbezüglich vorgestellt hat. Die überwiegende Mehrheit der mittelalterlichen Darstellungen des toten oder sterbenden Christus zeigen überhaupt keine Wundmale (siehe Abbildungen 23 und 24). Vielleicht weil man angenommen hatte, die Geißelung habe nur Christi Rücken betroffen, vielleicht auch, weil man das Augenmerk auf die wichtigeren Wunden an Händen, Füßen und an der Seite lenken wollte. Manchmal blutet Christus auf Gemälden über die Geißelung, aber meistens ist die Darstellung einigermaßen realitätsfern. In Duccios Interpretation der Szene sind die Blutungen beispielsweise als lauter rote Blutstropfen am ganzen Körper, darunter auch an den Armen, nicht aber an den Beinen, gemalt (Abbildung 30). Der Künstler lässt keinerlei Vertrautheit mit dem römischen *flagrum* erkennen noch mit der Art und Weise, wie dieses geschwungen wurde.[23] Sogar ein Künstler vom Format eines Jean Colombe, der das Grabtuch definitiv kannte, war nicht in der Lage, das Muster der Geißelstriemen adäquat wiederzugeben (Abbildung 10). Diese Male einem unbekannten Provinzkünstler aus dem 14. Jahrhundert zuzuschreiben ist demzufolge töricht.

Glaubt man den Medizinern, die sich mit dem Grabtuch näher befasst haben, sind die Geißelspuren an manchen Stellen des Körpers weniger klar umrissen als andernorts, und zwar im oberen Teil des Rückens, wo die Schulterblätter sich abzeichnen.[24] Hier scheint die Haut großflächiger verletzt und aufgeschürft, sodass die Narben weniger gut erkennbar sind. Bucklin bietet für diese Beobachtung folgende Erklärung an: »Zwei große verfärbte Areale über den Schulterblättern zeugen von Blutungen aus oberflächlichen Schürfwunden, als habe ein schwerer Gegenstand mit rauher Oberfläche an diesen Stellen auf der Haut gelastet.«[25] Der fragliche Gegenstand ist mit großer Wahrscheinlichkeit der Querbalken des Kreuzes gewesen. Römische Kreuze bestanden aus einem vertikalen Stamm, dem *stipes*, der dauerhaft im Erdreich verankert war, und einem Querbalken, dem *patibulum*, der vom Verurteilten selbst zur Hinrichtungsstätte getragen werden musste. (Dass das ganze Kreuz getragen wurde, ist eine mittelalterliche Fiktion.) Man schätzt, dass ein *patibulum* ungefähr einen Zentner gewogen haben könnte.[26] Die Gelehrten streiten noch darüber, wie der Balken getragen wurde; manche glauben, er sei auf einer Schulter balanciert worden, andere gehen eher davon aus, dass er hinter dem Kopf an die ausgestreckten Arme gebunden wurde. Aus praktischen Überlegungen heraus scheint Letzteres sehr viel wahrscheinlicher. Ein gegeißelter Gefangener wird geschwächt gewesen sein und hätte sicher große Schwierigkeiten gehabt, einen schweren Balken auf seiner Schulter zu balancieren. An den ausgestreckten Armen befestigt, war die Last sicher verwahrt und gefährdete auch die begleitenden Wachen nicht. Diese Anordnung würde überdies das darauffolgende Annageln der Handgelenke einigermaßen erleichtert haben. Wie ein Joch an den Armen des Delinquenten vertäut, würde das *patibulum* seine Schürfspuren genau in der Schulterregion hinterlassen haben.[27]

Im Mittelalter wurde Christus grundsätzlich mit dem gesamten Kreuz – Stamm und Querbalken – über einer Schulter dargestellt. Ein Maler, der versucht hätte, die körperlichen Folgen dieser Last für Jesus darzustellen, hätte diese vermutlich als große Schürfwunde auf der Vorder- oder Rückseite (vielleicht auch beidem) einer Schulter dargestellt. Es ist sehr unwahrscheinlich, dass er an zwei verletzte Schulterblätter gedacht hätte. Auch das ein Hinweis darauf, dass das Grabtuch keine mittelalterliche Erfindung ist.

So überzeugend sie sein mögen: An den Spuren der Geißelhiebe auf dem Grabtuch ist eine Sache zutiefst seltsam: das Fehlen von Blut. Ein Körper, der so schwere Fleischwunden davongetragen hat, müsste mit Massen von geronnenem Blut bedeckt sein.[28] Was könnte also das relativ »saubere« Erscheinungsbild des Körpers und der Geißelspuren erklären?

Die Antwort ist einfach: Der Körper wurde gewaschen, bevor er bestattet wurde. Beim Waschen wurden das geklumpte Blut entfernt und die Wunden freigelegt, aus denen *post mortem* eine begrenzte Menge an Blut und Serum ausgesickert sein muss. Zugibe erklärt dazu: »Wenn der Körper gewaschen wurde, dürfte das angetrocknete Blut um die Wunden herum entfernt worden sein, die Wunden selbst werden genässt haben. Das sollte zu relativ guten Abdrücken auf dem Tuch geführt haben.«[29] Jeder, der schon einmal den Wundschorf von einer kleinen Wunde entfernt und diese dann mit einem Stück Mull abgetupft hat, wird dieses Phänomen kennen.

Um seine Überlegungen zu überprüfen, führte Zugibe Experimente an Unfallopfern durch. Er stellte fest, dass er, wenn er das geronnene Blut von einer kleinen Wunde abwusch und das Fleisch darunter vorsichtig mit einem Stück Leinen betupfte, einen relativ genauen Abdruck der Wunde auf dem Tuch erhielt (was er übrigens mithilfe von Fotografien dokumentiert hat).[30] Das ist ein starkes Indiz, dass die sauber gezeichneten Geißelspuren auf dem Grabtuch von dem gewaschenen Leichnam eines gekreuzigten Mannes stammen. Offenbar haben alle Gerichtsmediziner, die Zugibe zurate gezogen hat, »beigepflichtet, dass die Wunden ein hohes Maß an Blutungen verursacht haben müssen und dass der Leichnam gewaschen worden sein muss, damit die Wunden so klar zutage treten, wie man sie auf dem Grabtuch sieht«.[31]

Die Erkenntnis, dass der Körper gewaschen worden sein muss, ist überaus bedeutsam. Den Verstorbenen von Kopf bis Fuß zu waschen war (und ist) ein wichtiger Schritt des jüdischen Begräbnisrituals. Die rituelle Reinigung eines Verstorbenen – die Taharah – wird vorgeschrieben von der Mischna, dem Buch der traditionellen jüdischen Religionsgesetze, das zwar gegen Ende des 2. Jahrhunderts verfasst wurde, aber mit großer Sicherheit im 1. Jahrhundert bereits Geltung hatte[32] – ein weiteres Indiz dafür, dass der Mann, dessen gegeißelter Leichnam das Bild auf dem Grabtuch hinterlassen hat, jüdischer Herkunft gewesen ist.

Leider haben sich Sindonologen in der Vergangenheit durch die Tatsache verunsichern lassen, dass auf dem Abbild trotzdem noch immer eine Menge Blut vorhanden ist. Man hat daraus geschlossen, dass der Körper nicht gewaschen worden sein konnte, und als Begründung dafür eine besondere Vorschrift aus dem Schulchan Aruch, einem jüdischen Gesetzeskodex des 16. Jahrhunderts, angeführt, die Waschungen an Menschen verbietet, die gewaltsam zu Tode gekommen sind:

»Wer von selbst hingefallen und gleich gestorben ist, wenn Wunden an seinem Körper und Blut aus ihm herauskommen, sodaß also zu befürchten, das Lebensblut könnte in seine Gewänder und Schuhe eingedrungen sein, wasche man ihn nicht, sondern begrabe man ihn in seinen Kleidern und Schuhen, nur über seine Kleider hülle man ihn in das Tuch, das man Hülle nennt.«[33]

Der Betreffende sollte demnach mitsamt seiner Kleidung in ein großes weißes Leichentuch gewickelt werden, in der Vorschrift heißt es dazu wörtlich: »[…] in ein Tuch, das man Hülle nennt.« Auch wenn er erst sehr spät niedergeschrieben wurde, so sind in diesem Codex, wie man annimmt, sehr alte Überlieferungen enthalten, sodass er durchaus auch für den rituellen Umgang mit dem Mann auf dem Grabtuch Geltung gehabt haben kann.[34] Das Problem ist, dass das hier beschriebene Szenario in mehreren entscheidenden Punkten nicht auf diesen zutrifft: Er ist nicht sofort an seinen Wunden gestorben, und er trug keine Kleider. Wenn wir uns klarmachen, welchen Sinn die Vorschrift hat, werden wir jedoch sehen, dass sie sich in jeder Hinsicht mit der Schlussfolgerung vereinbaren lässt, dass der Mann auf dem Grabtuch einer rituellen Waschung unterzogen worden ist.

Das oben beschriebene Gebot läuft letztlich auf die Frage der »Lebenskraft« hinaus (die nach biblischer Überlieferung im Blut sitzt und allen Lebewesen von Gott gegeben ist). Das Verbot einer rituellen Waschung im Sonderfall eines gewaltsamen Todes wurde erlassen, um sicherzustellen, dass der Betreffende mit all seinem Blut (das unter normalen Umständen ja im Körper verbleibt) begraben wird. Entscheidend ist dabei nach jüdischer Überzeugung das Blut, das sich in einem Sterbenden beziehungsweise einem kurz zuvor Verstorbenen befindet: das »Lebensblut« – Blut, das jemand zu Lebzeiten verloren hat, ist ausdrücklich ausgenommen.[35] Es ist wichtig, dieses Blut zu erhalten, weil es, da es im Augenblick des Todes von essenzieller Bedeutung gewesen ist, auch zur Zeit der Auferstehung wieder wichtig werden wird. Blut, das den Körper zu Lebzeiten verlässt, muss nicht erhalten werden, auch dann nicht, wenn es aus Wunden stammt, die letztlich den Tod bringen, denn es ist für das Leben des Betreffenden ja nicht unerlässlich. Die nächste Vorschrift im Schulchan Aruch macht das deutlich und bringt einiges Licht in die Frage, was mit dem Toten auf dem Grabtuch geschehen ist:

»Selbst wenn Blut von ihm gekommen, nur hat es bereits aufgehört, und man hat seine Kleider ausgezogen, und er lebte hierauf noch einige Tage

> und dann stirbt er, wasche man ihn und mache ihm Totenkleider. Wenn er auch von dem Blut befleckt ist, das von ihm gekommen, wäscht man ihn doch, denn man braucht nicht auf das Blut Rücksicht zu nehmen, das bei Lebzeiten von ihm ausgegangen, sondern nur bei dem Blut, das in seiner Todesstunde von ihm ausgegangen, befürchten wir, es könne das Lebensblut sein, oder das Lebensblut könnte damit vermischt sein.«[36]

Ein Mensch, der gegeißelt wurde und anschließend am Kreuz gestorben ist, befindet sich auf halbem Weg zwischen diesem Szenario und dem ersten. Er müsste der zweiten Vorschrift zufolge von dem Blut gereinigt werden, das er zu Lebzeiten vergossen hat; das Blut, das noch in ihm ist, aber müsste mit ihm zusammen bestattet werden, so will es die erste.

Genau diese Abfolge an Waschungen aber ist auf dem Grabtuch zu erkennen. Alles Blut darauf ist *post mortem* dahin gelangt, wo wir es sehen, es handelt sich somit um Blut, das unerlässlich für die künftige Auferstehung des Toten ist. Nur das überflüssige Blut, das er vor seinem Tod verloren hat, ist von ihm gewaschen worden. Da er unbekleidet war, wird dies keine größere Schwierigkeit bedeutet haben.

Die Umstände verlangten überdies nach einem weißen Tuch, einem *sovev*, zum Einhüllen des Leichnams. Laut Ian Wilson sieht das jüdische Ritualgesetz vor, dass »der Verstorbene ausschließlich in den Kleidern bestattet werden darf, in denen er starb. Mit anderen Worten: Starb er unbekleidet, sollte dies, abgesehen vom *sovev*, so bleiben.«[37] Interessant ist laut Victor Tunkel, einem Professor für jüdisches Recht, dass das Leichentuch ein im Ganzen gewobenes Tuch sein muss, das vorsichtig um den ganzen Körper geschlungen wird, um den Blutverlust so gering wie möglich zu halten. Das Wort »Sovev« entlehnt sich einem hebräischen Verb für »umgeben« oder »einhüllen«.[38] Das alles steht im Einklang mit Aussehen und Verwendung des Grabtuchs.

Die Verteilung des Blutes und die Verwendung eines an einem Stück gewebten *sovev*-ähnlichen Tuchs sagt uns, dass der Mann auf dem Grabtuch von frommen Juden bestattet wurde, die an die zukünftige Auferstehung der Toten glaubten. Auch dies spricht gegen eine mutmaßliche Fälschung, denn abgesehen von allen anderen Überlegungen hätte der hypothetische Fälscher sich auch mit jüdischen Bestattungspraktiken vertraut machen und ungeachtet der Tatsache, dass die Evangelienberichte kein Wort über rituelle Waschungen verlieren, genau herausarbeiten müssen, wie der Körper Jesu für die Bestattung vorbereitet wurde. Diese Form von historischer Rekonstruktion wird das Begriffsvermögen der Zeit um einiges überstiegen haben.

Angenommen also, dass das Blut vom Körper eines real vorhanden gewesenen, nach jüdischem Ritus bestatteten Leichnams stammt, so können wir mit großer Sicherheit sagen, dass es vor der Abschaffung der Kreuzigung durch die Römer im 4. Jahrhundert entstanden sein muss, denn soweit wir wissen, sind nach dieser Zeit keine Juden mehr gekreuzigt worden (schon gar nicht auf dieselbe Weise wie Jesus).

Der Umgang mit dem Mann, den wir auf dem Grabtuch sehen, zeugt davon, dass ihn diejenigen, die ihn bestattet haben, für tot hielten. Zu den Indizien, die für seinen Tod sprechen, gehört auch der große Blutfleck auf der rechten Seite seines Brustkorbs (Abbildung 31). Die Wunde selbst ist deutlich erkennbar als etwa viereinhalb mal anderthalb Zentimeter großes dunkles, ovales Mal oberhalb des Flecks, aus dem das übrige Blut allem Anschein nach ausgetreten ist.[39] Eine derartige Wunde kann ohne Weiteres von einer römischen Lanze beigebracht worden sein, deren lange blattförmige Spitze ungefähr dieselbe Breite hatte.[40] Offenbar wurde der Körper eines Gekreuzigten grundsätzlich auf diese Weise mit einem Speer geöffnet, bevor man ihn zur Bestattung freigab. Man füllte mit dem austretenden Blut keinen Heiligen Gral, sondern stellte so nur relativ sicher fest, dass der Betreffende wirklich tot war. Origenes, ein Autor des 3. Jahrhunderts, berichtet uns, dass der Lanzenstoß *sub alas* (»unterhalb der Achseln«) geführt wurde, und das passt zu dem, was uns das Grabtuch zeigt.[41]

Unterhalb des Wundbereichs ist ein ungefähr 15 Zentimeter langes, seltsam unregelmäßig dahinmäanderndes dunkles Rinnsal auszumachen. Es muss geronnen und eingetrocknet sein, als sich der Körper noch in senkrechter Position befand. Man mag es für erstaunlich halten, dass eine große Blutung in der Seite nur so wenig Blut austreten lassen sollte.[42] Die medizinischen Gelehrten stellen jedoch diesbezüglich einmütig fest, dass eine *post mortem* beigebrachte Wunde durchaus mit einer so geringen Blutmenge einhergehen kann. Wie Dr. Bucklin anmerkt, scheint das Blut geflossen zu sein, »ohne zu spritzen oder andere Anzeichen von sprudelnder Aktivität, die man bei Blut aus einer lebendigen arteriellen Quelle erwarten würde«.[43]

Der Umriss des Blutflecks wirkt seltsam ausgefranst. Eine Theorie dazu besagt, dass die Einbuchtungen an seiner Innenkante mit der Lage der Rippenmuskulatur übereinstimmen, da die Rippen herausgestanden haben müssen, solange der Körper am Kreuz hing. Beim Hinabrinnen habe sich demzufolge in den Vertiefungen zwischen diesen immer wieder Blut gesammelt.[44] Das ist eine Möglichkeit, aber die größte Einbuchtung hat möglicherweise mehr mit dem daneben angeordneten Wasserfleck zu tun.[45] Ganz klar ist jedenfalls, dass kein Maler auf die fast rechtwinklige Gestaltung des unteren Bereichs des Gerinnsels verfallen wäre. Betrachten Sie noch einmal die zierlichen Rinnsale, die sich auf dem Altartuch von Narbonne aus der Seitenwunde ergießen, zart und anmutig gewellt wie die Haarlocken, die Maria unter dem Schleier herauslugen, wie sie den toten Jesus herzt (Abbildung 23). Weniger stilisiert, aber kein bisschen lebensnäher ist die einzelne Tropfspur, die der Seitenwunde in Ceccarellis Gemälde entspringt (Abbildung 24). Obwohl beide die Muskulatur des Brustkorbs dargestellt haben, hat keiner der beiden Künstler eine Vorstellung davon gehabt, wie diese den Lauf von dickflüssigem Blut beeinflussen würde.

Ärzte sind der Ansicht, die Wunde sei zwischen der fünften und sechsten Rippe (im fünften Intercostalraum) beigebracht worden[46], darüber hinaus aber ist ihre Interpretation dieser Blutspur ein wenig nebulös. Es hat eine Menge Spekulationen über eine Schädigung der inneren Organe gegeben, obwohl man den Eintrittswinkel der Lanze nicht kennt.[47] Und wieder ist die ärztliche Meinung in ungebührender Weise durch Bibellektüre beeinflusst, in diesem Falle durch die Worte des Johannes, der berichtet, aus der Seitenwunde sei nicht nur Blut ausgetreten, sondern auch »Wasser«.[48] Bucklin behauptet daher, dass sich »bei genauerem Hinsehen Schwankungen bezüglich der Farbtiefe erkennen lassen, die in Einklang stehen mit dem Vorhandensein von zwei Arten von Flüssigkeiten, von der die eine Blut war und die andere an Wasser erinnerte«.[49] Das ist reines Wunschdenken. Andere Blutflecken auf dem Grabtuch variieren in ihrer Farbintensität ebenfalls, und zwar nicht, weil eine wässrige Flüssigkeit das Blut an diesen Stellen »verdünnt«, sondern weil auf dem Tuch unterschiedliche Mengen an Blutinhaltsstoffen vorhanden sind (siehe Abbildung 25). Der einzige Grund dafür, dass manche Betrachter in diesen Verfärbungen »Wasser« zu entdecken glauben, ist der, dass sie mit aller Macht den biblischen Text bestätigen wollen. In Wirklichkeit gibt es keinen Anlass zu glauben, aus der Wunde sei etwas anderes als Blut ausgetreten.

An anderen Stellen des Tuchs allerdings lässt sich in Blutflecken in der Tat Wasser nachweisen, und zwar in den zwei Flecken aus verwässertem Blut, die die Rückansicht der Grabtuchgestalt flankieren (Abbildung 5). Im Vergleich zu den Wundmalen scheinen diese Stellen nebensächlich und wenig interessant, aber in Wirklichkeit gehören sie zu den aussagekräftigsten Verfärbungen überhaupt.

Leider sind die dorsalen Spuren zum Teil durch das Feuer von 1532 unkenntlich gemacht worden, und wir müssen aufpassen, dass wir sie nicht mit Verfärbungen verwechseln, die bei diesem Ereignis erst entstanden sind. Das

Pilgerabzeichen, das um das Jahr 1355 herum datiert, lässt darauf schließen, dass die Flüssigkeit sich auf beiden Seiten des Körpers eher nach außen als der Länge nach ausgebreitet hat (Abbildung 9). Die Hauptfläche der beiden Flecken misst jeweils etwa 30 Zentimeter in der Breite und 20 Zentimeter in der Höhe, und aus ihrem fleckigen Erscheinungsbild wird deutlich, dass sie Ansammlungen von zwei miteinander vermischten Flüssigkeiten darstellen, zwei wässrig-blutige Lachen. Beide sind in der Kreuzbeinregion durch ein oder zwei Rinnsale aus Blut verbunden.

Diese Flecken sind schon immer falsch gedeutet worden. Louise de Vargin, die Äbtissin, die im 16. Jahrhundert für das Ausbessern des Tuchs nach dem verheerenden Feuer verantwortlich war, glaubte, es handle sich um die blutigen Spuren einer Kette, mit der man Christus zur Geißelung an eine Säule gefesselt habe.[50] Eine ähnliche Deutung hat es vielleicht schon früher gegeben, da die Flecken in dem erwähnten Pilgerabzeichen offenbar als ein Stück Seil dargestellt wurden. Heute mögen solche Interpretationen naiv anmuten, aber die modernen Deutungen der Verfärbungen sind keinen Deut logischer. Die meisten Sindonologen bringen sie mit einer zweiten, hypothetischen Blutung aus der Lanzenwunde in Verbindung, die irgendwie begonnen und sich ihren Weg quer über den Rücken gesucht haben soll. Barbet und Bucklin denken beide an eine Blutung, die sich erst ereignet haben soll, als der Körper zu Grabe getragen wurde.[51] Die augenfälligste Schwierigkeit bei dieser Vorstellung ist der Umstand, dass sie sich nicht in Einklang bringen lässt mit der Art und Weise, wie die Flecken sich vom Abbild des Körpers aus auf dem Tuch ausbreiten. Andere gehen davon aus, dass es in dem Augenblick, als der Körper in das Tuch eingehüllt und dabei vielleicht hin und her bewegt wurde, zu einem erneuten Austritt von Blut gekommen ist.[52] Beide Mutmaßungen gründen auf demselben grundsätzlichen Missverständnis, dass die auf der Rückansicht vorhandenen Flüssigkeitsansammlungen von »Blut und Wasser« von der Seitenwunde herrühren. Das ist nachweislich falsch: Diese Flecken haben mit der Seitenwunde nicht mehr zu tun als mit einer Kette oder einem Strick.

Zunächst einmal befinden sie sich an der falschen Stelle. Der obere Bereich der linken Verfärbung liegt in etwa 20 Zentimeter unterhalb der Seitenwunde, aus der angeblich »Blut und Wasser« ausgetreten waren. Alles »Blut und Wasser« aus der Seitenwunde, das an der Körperseite herabgesickert wäre, müsste den Rücken sehr viel weiter oberhalb gequert haben. Zweitens verhalten sich Blut und Serum nicht wie Öl und Wasser, sondern mischen sich, und daher ist nicht recht einzusehen, wie sie voneinander getrennt hätten bleiben können. Drittens zeigt das Gerinnsel, welches unterhalb der Seitenwunde sichtbar wird, dass nur eine sehr geringe Blutmenge aus dieser ausgetreten sein kann, als der Körper noch am Kreuz hing. Warum sollte sich dann aus der Wunde eine größere Menge an Blut und Serum ergießen, wenn der Körper sich in horizontaler Lage befindet? Viertens spricht das Bild der Seitenwunde gegen die Vorstellung, dass es einen zweiten größeren Strom an Körperflüssigkeiten gegeben haben sollte: Zum einen wirkt das Blutgerinnsel intakt, zum anderen müsste in diesem Fall auch der Bereich rechts von der Wunde mit Blut bedeckt worden sein. Fünftens müsste, so der Leichnam zur Linken gewendet worden und das Blut quer über den Rücken gelaufen wäre, die Flüssigkeit aus der Wunde sich auch auf der Bauchseite ihren Weg gesucht haben. Und schließlich kann die Flüssigkeitsansammlung auf der rechten Seite ihren Ursprung nicht in der auf der linken Seite haben: Die Rinnsale, die beide verbinden, können nicht mehr als einen winzigen Bruchteil der erforderlichen Flüssigkeitsmenge transportiert und sich vor allem nicht erneut in separate Zonen aus Blut und Serum geteilt haben. Was wir hier sehen, sind zwei einzelne, voneinander getrennte Blutlachen, die sich auf beiden Seiten des Körpers gebildet haben, wobei aus einer Blut zur anderen hinüberdiffundiert ist.

Wenn sich die Flecken aber nicht in einen logischen Zusammenhang zur Seitenwunde bringen lassen, wie sonst könnte man sie erklären? Die Antwort, so glaube ich, lautet, dass beide während der rituellen Waschung entstanden sind. Der Grund dafür, dass sie wie Ansammlungen eines Blut-Wasser-Gemischs aussehen, ist schlicht, dass sie durch ein Blut-Wasser-Gemisch verursacht wurden. Es besteht kein Anlass, ungeahnte Mengen an Blut und davon abgetrenntem Serum zu bemühen. Und wenn man genau über die Waschung des Leichnams nachdenkt, wird klar, dass die Lage der Flecken in Relation zum Körper absolut logisch ist.

An den meisten Körperstellen ist kein Wasser mit frischem, nicht geronnenem Blut in Kontakt gekommen. Wie wir gesehen haben, werden die Geißelstriemen an den Beinen und dem übrigen Körper von geronnenem Blut bedeckt gewesen sein, das vom Leichnam gewaschen wurde. Dieses geronnene Blut hat sich nicht mit Wasser gemischt und keine Flecken auf dem Grabtuch hinterlassen. Das meiste postmortal ausgetretene Blut wird aus der Seitenwunde, den Wunden an Füßen, Handgelenken und Unterarmen gestammt haben und noch feucht gewesen sein, als der Leichnam auf das Grabtuch gelegt wurde. Dieses Blut musste bewahrt werden, als der Leichnam von Kopf bis Fuß gewaschen wurde. Die Seitenwunde ließ sich beim

Waschen des Rumpfes vermutlich relativ leicht aussparen. Das Blut an den Füßen zu umgehen muss schwieriger gewesen sein, es hat allerdings den Anschein, als seien die Füße nicht besonders gründlich gewaschen worden.[53] Die heikelste Region werden zweifelsohne Handgelenke und Unterarme gewesen sein. Und genau unter den Unterarmen haben die beiden fast symmetrischen Lachen aus Blut und Wasser ihre Spuren hinterlassen.

Stellen Sie sich vor, wie jemand neben dem Körper eines Verstorbenen kniet und eines dieser Gliedmaßen abwäscht. Das Wasser wird den Unterarm entlanglaufen und in der Nähe des Ellbogens auf das Tuch tropfen, genau dort also, wo sich die beiden Flecken auf der Rückansicht finden. An anderen Stellen wird das Wasser, das auf das Tuch tropfte, klar geblieben sein, hier aber mischte es sich mit frisch ausgetretenem Blut aus den Unterarmen, das geflossen sein muss, sobald der Nagel aus dem Handgelenk gezogen wurde. Während Schmutz und altes geronnenes Blut entfernt wurden, ist ein Teil des frischen Bluts auf das Tuch geraten.[54] Ein paar Spritzer sauberen Wassers werden hinzugekommen sein und haben das marmorierte Muster entstehen lassen, das wir heute sehen. Für die Bestattenden spielte es keine Rolle, ob das Blut im Körper selbst bleibt, solange es beim Körper verbleibt.[55] Unmittelbar neben dem rechten Ellbogen sehen wir das letzte Rinnsal, das den Arm hinuntergetröpfelt ist: Ein großer Tropfen dickflüssigen Bluts ist offenbar auf die Unterseite des Tuchs hinuntergelaufen, nachdem dieses über den Arm geschlagen worden war, und hat sich an einer Stelle gesammelt.[56]

Das rituelle Waschen der Arme vermag auch das ausgefranste Aussehen der Blutflecken an den Unterarmen erklären. Ohne sachtes Abwischen mit feuchten Tüchern wären sie wohl intakt geblieben. Neben den großen Flecken auf der Rückansicht ist das deutlichste Zeichen dafür, dass eine Waschung stattgefunden hat, das Blut am linken Handgelenk. Dieses sticht so deutlich heraus, dass man annehmen muss, es sei ausgetreten, nachdem die Haut darum herum rein gewaschen worden war. Zugibe vertritt die Ansicht, dieses Muster sei entstanden, als »ein Pfropf aus angetrocknetem Blut gelöst worden ist und Blut hat aussickern lassen«.[57] Er glaubt, dies sei geschehen, als man den Nagel aus dem Handgelenk gezogen hat. Meiner Meinung nach ist es allerdings wahrscheinlicher, dass es bei der Waschung dazu kam, bei der die Hand vermutlich in der gleichen Haltung lag, wie wir sie heute sehen, und das Blut ist seinem natürlichen Weg über das rein gewaschene Handgelenk gefolgt.

Die verwässerten Blutflecken neben der Rückansicht sind somit erklärbar als Spuren der rituellen Waschung des Leichnams. Von modernen Sindonologen ebenso missverstanden wie von ihren Vorgängern zu Zeiten der Renaissance, können sie als weiterer Beleg dafür dienen, dass das Grabtuch einst in der Tat den Leichnam eines gekreuzigten Juden geborgen hat.

Der einzige Skeptiker, der eine eigene Interpretation der Flecken neben der Rückansicht der Gestalt vorgelegt hat, ist, soweit ich weiß, Joe Nickell. Er behauptet, sie ähnelten den Blutungsdarstellungen auf mittelalterlichen Gemälden, und tut sie ab als »schlauen Schachzug eines gerissenen Künstlers«, der es darauf abgesehen habe, möglichst »realistisch« zu wirken.[58] Das ist unlogisch. Kein Künstler des Mittelalters hat je etwas gemalt, was auch nur entfernt an die beiden Verfärbungen neben der Rückansicht erinnert hätte. Angenommen, irgendein Genie, seiner Zeit äonenweit voraus, wäre auf diesen »schlauen Schachzug« verfallen: Sein Werk wäre an seinen Zeitgenossen, die keinerlei Vorstellung davon hatten, dass der Leichnam Jesu gewaschen worden sein muss, und kaum imstande gewesen wären, den Prozess zu rekonstruieren, der diese Flecken hätte entstehen lassen können, völlig vorbeigegangen. Der Begriff »Realismus«, den Nickell bemüht, hat im 14. Jahrhundert schlicht nicht existiert. Im Mittelalter galt als Wirklichkeit das Reich der abstrakten Ideen, die, wie man glaubte, hinter und über der flüchtigen, wahrnehmbaren Welt standen, und Gemälde wurden daher als umso wirklichkeitsnäher erachtet, je eindrucksvoller sie diesem Reich des Idealen Ausdruck verliehen. Christus galt als die Verkörperung des Göttlichen auf Erden, und niemand wäre auch nur im Traum darauf gekommen, sein heiliges Blut als ungeformte Pfütze darzustellen, die sich irgendwo jenseits seiner Wunden angesammelt hatte, nur um einer Zufallstatsache im Verlauf seiner Bestattung Aufmerksamkeit zu verschaffen. Die verwässerten Blutflecken auf der Rückseite sind noch weniger als alle anderen Spuren auf dem Tuch als Teil eines mittelalterlichen Fälschungsszenarios denkbar.

Die vielleicht faszinierendsten unter den vielen Blutflecken auf dem Tuch dürften allerdings die vielen kleinen Blutspuren sein, die den Kopf umgeben. Auf dem Abbild des Antlitzes findet sich oberhalb der Augenbrauen eine Reihe deutlich hervortretender Tropfen und Rinnsale, manche davon eher scharf umrissen, andere eher verschwommen. Der Hinterkopf auf der Rückansicht weist weitere Blutspuren auf (Abbildung 32). Trotz der Asymmetrie wirkt das Erscheinungsbild hier geordneter. Ein paar Schmierspuren sind wahllos auf dem Kopf verteilt, die Mehrzahl davon aber bildet einen losen Ring um das untere Hinterhaupt. Dem Kopf des Mannes auf dem Grabtuch sind offenbar zahlreiche kleine Stichwunden zugefügt worden. Zur Frage, wodurch diese entstanden sein könnten, schreibt Ian Wilson: »Wenn man darüber nachdenkt, was dieser Gegenstand gewesen sein könnte, kommt man ganz automatisch auf einen Gegenstand von der Art einer Dornenhaube.«[59] Allerdings sieht es nicht danach aus, als sei diese ein stachliger Kranz von der Art gewesen, wie ein mittelalterlicher Künstler sie unweigerlich dargestellt hätte (siehe zum Beispiel Abbildungen 23 und 24), sondern die Blutflecken in der Scheitelgegend, vor allem die auf der Rückansicht, lassen vielmehr an eine Art Kappe denken, die den ganzen Kopf bedeckt hat. Es ist unwahrscheinlich, dass sich ein Maler des Mittelalters, der versucht hätte, sich die Verletzungen durch eine Dornenkrone auszumalen, so weit von der Konvention entfernt hätte.[60]

Tatsächlich ähneln die Blutflecken auf der Vorder- und Rückansicht des Kopfes keiner künstlerischen Darstellung – keiner mittelalterlichen und keiner anderen –, von der ich wüsste. Es ist außerordentlich schwierig, überkommene Formen der Darstellung zu verschleiern, und wenn ein Maler versucht, den Weg von fließendem Blut nachzuempfinden, sind die Ergebnisse immer mehr oder weniger artifiziell. Es strapaziert die Leichtgläubigkeit des Lesers, wollte man behaupten, dass irgendwer im Mittelalter, einer Zeit der rigiden Formensprache, ein derart überzeugend ungeordnetes Durcheinander an Blutspuren auf die Leinwand gebracht oder dies auch nur beabsichtigt hätte. Das Blut, das wir auf dem Grabtuch sehen, ist nicht, wie man es im 14. Jahrhundert getan hätte, als Symbol gestaltet, sondern wird von keiner Konvention und keiner Technik kontrolliert. Diese planlosen Kleckse und Rinnsale aus Blut als Werk eines Pinsels im 14. Jahrhundert zu betrachten, heißt nicht nur, die Grenzen mittelalterlicher Kunst missachten, sondern auch den gesamten Tenor mittelalterlichen Denkens falsch verstehen.

Wie also sind diese Spuren zustande gekommen? Genau so, wie es aussieht: durch das Entfernen einer Dornenkrone! Dies scheint geschehen zu sein, als sich der Körper bereits in der Horizontalen befand. In Anbetracht dessen, dass der Kopf aufgrund der Totenstarre leicht nach vorne geneigt gewesen sein muss (ein Umstand, auf den wir im nächsten Kapitel näher eingehen wollen), muss der natürliche Weg des Bluts wie bei einem halb aufgerichteten Körper verlaufen sein (vergleiche hierzu Abbildung 26). Zuallererst wird der Kopf gereinigt worden sein, damit alles »Blut der Seele«, das beim Abnehmen der Krone austreten würde, unangetastet erhalten bliebe. Das mag für das recht verwaschene Aussehen eines Teils der Blutspuren – vor allem derjenigen am Hinterkopf – verantwortlich sein. Statt unmittelbar von den durch das Aufsetzen der Krone verursachten Wunden ist ein Teil der Spuren – unter anderem das auffällige Rinnsal auf der Stirn in Gestalt einer spiegelverkehrten 3 – vermutlich beim Abnehmen der Krone von den Dornen herabgetropft.[61]

Die Blutflecken am Kopf sind demnach Spuren einer Dornenkrone nach römischem Vorbild, abgenommen vom Kopf eines gekreuzigten Mannes, der nach jüdischem Ritus begraben worden ist. Aus der Geschichte kennen wir nur einen Juden, der zur Zeit der römischen Herrschaft in Jerusalem mit einer Dornenkrone angetan gekreuzigt wurde. Die Schlussfolgerung daraus lautet, dass es sich bei dem Grabtuch in der Tat um das Leichentuch handelt, in das Jesus zur Beisetzung gehüllt worden war.

»Zu gut, um echt zu sein« – das ist die übliche Reaktion auf das Grabtuch von Turin. Ohne es auch nur eines Blickes zu würdigen, kommen die meisten Menschen (auf der Grundlage aller möglichen unausgesprochenen Erwägungen) aus dem Stegreif zu dem Schluss, dass es schlicht unglaubwürdig sei – ja nicht einmal eines Gedankens wert. Zu zweifeln beginnen sie erst, wenn sie – was selten genug vorkommt – anfangen, sich mit dem Tuch zu beschäftigen. Es mag vielleicht überraschen, dass die überwältigende Mehrheit derjenigen, die sich mit der Materie genauer befasst haben (darunter auch Atheisten, Agnostiker und Christen außerhalb der katholischen Kirche mit gesunden Vorbehalten gegen Reliquien), zu dem Schluss kommen, dass das Grabtuch sehr wohl sein kann, was es zu sein scheint: das Leintuch, in das Jesus bei seiner Bestattung eingehüllt war. Und das Hauptindiz, das zu dieser Schlussfolgerung Anlass gibt, ist das Muster der Verletzungen, von denen das Tuch zeugt. Weit davon entfernt, zu gut zu sein, um echt zu sein, sind die Blutspuren auf dem Grabtuch womöglich eher zu gut, um unecht zu sein.

Ärztlicherseits als überzeugendes Relikt schwerer Verletzungen beglaubigt und von Chemikern eindeutig als Blut identifiziert, besteht kein vernünftiger Grund zu leugnen, dass die Blutflecken die natürlichen Spuren eines Mannes sind, der nach römischer Praxis gekreuzigt, mit Dornen gekrönt und nach jüdischem Brauch bestattet wurde. Die Vorstellung, dass ein solches, in physiologischer wie archäologischer Hinsicht zutreffendes Bild von einem mittelalterlichen Künstler (mit Blut) gemalt worden sein könnte oder wurde, ist durch und durch haltlos. Wie der große jüdische Historiker Ernst Kitzinger gesagt haben soll: »Es gibt keine Gemälde mit Blutspuren wie denen auf dem Grabtuch. Sie können suchen, wo Sie wollen, aber Sie werden keine finden.«[62] Wenn die Blutspuren aber nicht gemalt worden sind, müssen sie von echtem Tod und Begrabenwerden zeugen. Zieht man die Texte der Evangelien zum Vergleich heran, scheint der historische Ursprung des Grabtuchs klar. Yves Delage war bereits vor mehr als einem Jahrhundert zu dem Schluss gekommen, dass es alle Anzeichen dafür aufweist, dass es sich um das Leichentuch Jesu handelt, eine »historische Persönlichkeit«, deren Leichnam genau wie der jeder anderen »Spuren ihrer materiellen Existenz« hinterlassen haben kann.

Vielleicht wäre die Echtheit des Leichentuchs schon vor langer Zeit akzeptiert worden, wenn es darauf nur die Blutspuren zu sehen gäbe. Schließlich ist an einem blutgetränkten Stück Stoff für das Empfinden der meisten Menschen nichts übermäßig Wundersames dran. Aber die Blutspuren stehen nicht allein, ihnen zur Seite prangt das geisterhafte Abbild eines Körpers, und dieses macht das Grabtuch von Turin zu einem ewigen Geheimnis. Es ist dieses Abbild, das unter Skeptikern für so viel Unruhe und unter Gläubigen für so viel Leidenschaft gesorgt hat.

11

Die Körperzeichnung

Angesichts der Indizienlage betreffs der Blutspuren und der in Kapitel 9 diskutierten wissenschaftlichen Erkenntnisse mag man es uns nachsehen, wenn wir vermuten, dass die Körperzeichnung tatsächlich der Abdruck eines gekreuzigten Mannes (aus welcher Zeit, sei einmal dahingestellt) ist. Wenn etwas jedoch so umstritten ist wie das Grabtuch, können wir uns Mutmaßungen nicht leisten. Die Blutflecken mögen echt sein, aber vielleicht wurde ja das Körperbild von einem künstlerischen Superhirn des Mittelalters diesen überlagert (was erklären würde, weshalb sich unter den Blutflecken nicht dieselben vergilbten Fasern finden, aus denen das Körperbild besteht). Um sichergehen zu können, dass es sich bei der Gestalt auf dem Grabtuch um das echte Abbild eines Menschen handelt, müssen wir es separat untersuchen und genau wie im Fall der Blutspuren die verfügbaren Beweise zusammentragen.

Das bedeutet, dass wir uns vorbehaltlos mit der Vorstellung auseinandersetzen müssen, dass das Grabtuch eine Fälschung ist. Hin und wieder nimmt ein unerschrockener Forscher für sich in Anspruch, die Methode erkannt zu haben, mittels derer ein Künstler des Mittelalters es fertiggebracht hat, das Grabtuch mit dem fahlen, lebensgroßen Bildnis der Vorder- und Rückansicht eines unbekleideten Mannes zu versehen. Zuerst wird uns gesagt, dass es sich um Versengungen handelt, die mit einer heißen Metallstatue erzeugt wurden, dann will man uns glauben machen, dass hier ein einzigartiges Beispiel von mittelalterlicher Fotografie vorliege, dann wieder soll es nichts weiter sein als der »Schatten« einer auf Glas gemalten Gestalt. Unlängst schuf ein italienischer Professor das Körperabbild auf dem Grabtuch nach, indem er einen Freiwilligen in ein Stück Tuch einhüllte, das er dann mit flüssiger Schwefelsäure betupfte.[1] Der Erfindungsgabe moderner Grabtuchdetektive, die sich heimtückischen mittelalterlichen Betrügern auf den Fersen wähnen, scheinen keine Grenzen gesetzt. Und dann ist da noch die alte Behauptung, dass es sich lediglich um ein besonders cleveres Gemälde handelt, Ausgangsvermutung aller Skeptiker bis weit in die 1970er-Jahre hinein, für die auch der selbst ernannte Entlarver des Grabtuchs, Walter McCrone, hartnäckig eintritt.

Kunsthistoriker, die mit den Formen, Denkmustern und Techniken mittelalterlicher Künste vertraut sind, haben alle hier und dort kursierenden Mutmaßungen geflissentlich ignoriert, als seien sie sich stillschweigend einig, dass das Grabtuch sich nicht als mittelalterliches Artefakt betrachten lässt. Was sollen wir also von den verschiedenen Betrugstheorien halten? Handelt es sich um ernst zu nehmende Beiträge zu einer kunsthistorischen Debatte, an der teilzuhaben qualifizierte Akademiker durch Kleinmut und Fantasielosigkeit gehindert werden? Oder sind dies lediglich unausgegorene Vorstellungen, denen die Ansicht vieler Mediziner entgegensteht, die der Überzeugung sind, dass das Körperbild genau wie die Blutspuren von einem echten gekreuzigten Leichnam stammt? Nur eine sorgfältige Analyse des Tuchs kann uns hier weiterhelfen.

Aus kunsthistorischer Warte ist die Überlegung, das Körperabbild auf dem Grabtuch könne kurz vor 1356, dem angenommenen Datum seiner ersten Ausstellung in Lirey, gemalt worden sein, unhaltbar. Das Bildnis auf dem Grabtuch ähnelt in nichts irgendeinem anderen Gemälde aus der Zeit – beziehungsweise irgendeiner anderen Zeit. Mit den Worten Ernst Kitzingers: »Das Grabtuch von Turin ist in der Kunstgeschichte einmalig. Es passt in keine künstlerische Kategorie.«[2] Sie müssen lediglich die Frontalansicht (Abbildung 2) mit Duccios seltsam anmutiger Darstellung der Geißelung Christi (Abbildung 30) vergleichen, um sich darüber klar zu werden, dass es sich kaum um das Werk eines Malers aus dem 14. Jahrhundert handeln kann, so talentiert dieser auch gewesen sein mochte.

Walter McCrone war anderer Meinung. Auf der Grundlage von nichts anderem als der Untersuchung einiger Fasern von der Tuchoberfläche (sein Motto lautete »klein denken«) gelangte McCrone zu dem Schluss, dass das Grabtuch lediglich ein »beseeltes« Gemälde darstelle, das vermittels hochverdünnter wässriger Lösungen von Rotocker- und Zinnoberpigmenten hergestellt worden sei. Um seinen Standpunkt zu untermauern, verwies er auf Werke Simone Martinis – in seinen Worten: »zwei exzellente monochrome Gemäldebeispiele im Stil des Turiner Grabtuchs« –, über die er bei einer Reise nach Avignon gestolpert sein will. Er spielte sogar mit der Idee, dass Martini das Grabtuch gemalt haben könnte.[3]

Um sich die Haltlosigkeit seiner Behauptung zu vergegenwärtigen, vergleichen Sie einmal das Antlitz auf dem Grabtuch mit Simone Martinis »Sinopie zu einem Porträt Christi« (Abbildung 33). Sinopien sind in Rotocker ausgeführte Vorzeichnungen, die man unter fast allen Fresken des 14. Jahrhunderts findet. Es handelt sich dabei nicht um einen besonderen Malstil, sondern um einen Routineschritt bei der Herstellung eines Wandgemäldes. So skizzenhaft sie auch sein mag, Simones Zeichnung atmet Selbstbewusstsein und Kühnheit. Sie bildet ein elegant-gefälliges, für die Kunst der Gotik charakteristisches Ideal ab, im Vergleich zu dem das Gesicht auf dem Grabtuch fast derb und grobschlächtig wirkt. Christi Antlitz wurde im Mittelalter als Abbild der Vollkommenheit wahrgenommen – schön, symmetrisch, unversehrt. Das Antlitz auf dem Grabtuch aber wirkt durch und durch asymmetrisch und geschunden – gemessen an den in den Tagen Simones geltenden Maßstäben müsste man sagen: hässlich. Als Wiedergabe des menschlichen Antlitzes Gottes hätte es als hoffnungslos unzulänglich gegolten.

In das vollkommene Oval des Antlitzes hat Simone Martini feine Züge komponiert: einen schön geschwungenen Mund, mandelförmige Augen, die Haare mit weichem Strich modelliert, ein paar Schatten geben Kontur und Form. Auf diese Weise haben alle Maler des 14. Jahrhunderts gearbeitet, und es ist schwer vorstellbar, dass ein anonymes Genie sich über diese Malweise hinweggesetzt und ein so impressionistisch anmutendes Bild wie das auf dem Grabtuch zuwege gebracht hätte. Am auffälligsten ist der Unterschied bei den Augen: Statt fein gestalteter Augenlider und Pupillen zeigt das Antlitz auf dem Grabtuch zwei undeutliche Augenhöhlen, die von innen heraus zu leuchten scheinen. Kein Maler des 14. Jahrhunderts hätte sich Christi Blick so leer vorgestellt.

Natürlich wissen wir heute, warum das Bild so aussieht. Als Negativ betrachtet, werden die seltsamen Augentaler zu fest geschlossenen Augen in einem erstaunlich wirklichkeitsgetreuen Gesicht eines bärtigen Mannes (Abbildung 16). Es ist jedoch wichtig, sich daran zu erinnern, dass bis zum Ende des 19. Jahrhunderts nur das Bild auf dem Tuch bekannt war (Abbildung 3), und genau dieses Bild hätte ein Künstler des Mittelalters ersinnen müssen. Es ist einfach nicht die Art Gemälde, die ein Künstler des Mittelalters geschaffen hätte, und die Tatsache, dass es über eine unsichtbare Struktur verfügt, die seinerzeit von niemandem sichtbar zu machen war, ist für die Gemäldehypothese einigermaßen fatal. Welcher Künstler wird von einer Vorstellung von Kohärenz wie auf dem fotografischen Negativ ausgehen und diese mit Vorsatz in ein so geheimnisvolles Bild wie auf dem Grabtuch umformen? Wie könnte ein Künstler aus dem 14. Jahrhundert solches vollbringen, immer vorausgesetzt, dass er es überhaupt wollte?

Dann sind da noch die wissenschaftlichen Einwände. Zunächst einmal gibt es keinerlei Hinweise auf irgendein Farbpigment oder Bindemittel.[4] Kein Maler kann oder wird nur die allerobersten Fasern eines Stoffes mit einer nicht nachweisbaren nichtflüssigen Substanz betupfen, das Ganze dann umdrehen und dasselbe dann nur im Bereich des Haupthaars noch einmal vornehmen. Das STURP-Team hat überdies beobachtet, dass die gefärbten Fasern auch in der Nähe der Brandflecken von 1532 unverändert erhalten geblieben waren, was darauf hinweist, dass ihre Farbe nichts mit einem organischen Pigment zu tun haben kann, denn dieses würde sich durch Hitzeeinwirkung verfärben. Auch ist das Körperabbild von Löschwasser, das jene diamantförmigen Flecken hinterlassen hat, unbeeinträchtigt geblieben, was bedeutet, dass die Farbe darauf unlöslich ist und nicht mit einem Medium auf Wasserbasis aufgetragen worden sein kann.[5] Schließlich haben Don Lynn und Jean Lorre vermittels Mikrodensitometrie zeigen können, dass die Färbung der Körperzeichnung nirgends eine »Richtung« erkennen lässt, das heißt, es gibt keinerlei Hinweise auf den Strich eines Pinsels.[6]

McCrone stützt seine Ansicht, das Grabtuch sei ein Gemälde, darauf, dass er in den Fasern des Tuchs »gewisse Farbpigmente« gefunden habe. Diese aber lassen sich auf andere Weise überzeugender erklären. Tatsächlich finden sich auf und zwischen den Tuchfasern Eisenoxidpartikel (Hauptbestandteil des Rotockers), aber diese sind nicht die Grundlage des Bilds.[7] Im Unterschied zu den Partikeln von Farbpigmenten sind diese Teilchen winzig und sehr rein und müssen sich im Verlauf der Tuchherstellung gebildet haben, denn der Flachs zum Grabtuchlinnen wurde in eisenhaltigem Wasser »geröstet« (das heißt, eine Weile in Wasser gelagert, um die Stängel aufzuschließen).[8] Das mysteriöse Zinnoberrotpartikel hingegen, das McCrone mit den Blutspuren in Verbindung bringt, ist als Kontamination zu betrachten, die vermutlich durch die gemalten Kopien, die man in den vergangenen Jahrhunderten immer wieder vom Grabtuch angefertigt hat, dahin gelangt ist.[9]

Es ist aus vielerlei Gründen unvorstellbar, dass das Grabtuch ein mittelalterliches Wasserfarbengemälde ist. In seinem Ehrgeiz, derjenige zu sein, der das Rätsel löst, und wenig bereit, von seinem Mikroskop aufzublicken, hat McCrone seine Beobachtungen übereilt und wirklichkeitsfern interpretiert und dabei einen Großteil der Indizien ignoriert, die für das Gegenteil sprechen. Es sagt eine Menge über ihn aus, dass er nicht einmal seine Zeitgenossen aus dem Lager der Skeptiker zu überzeugen vermocht hat, weshalb diese noch Jahrzehnte später immer exotischere Lösungen in Betracht ziehen.[10]

Die Negativaufnahme des Antlitzes auf dem Grabtuch ist ein handfester Beleg, dass das Bild Resultat einer »Transformation« ist. Wie auch immer es zustande gekommen sein mag, es handelt sich nachweislich um das Abbild einer Vorlage, die aussieht wie das, was man auf dem Negativ sieht, und nicht wie etwas, das der Fantasie eines Malers entsprungen ist. Jede plausible Theorie zu seiner Entstehung muss demnach imstande sein, diesen Transformationsprozess zu erklären. Dessen eingedenk haben Skeptiker, die in Bezug auf visuelle Phänomene beschlagener sind als McCrone, eine Technik auszutüfteln versucht, die die erforderliche Transformation leisten und sich trotzdem mit den Beobachtungen des STURP-Teams in Bezug auf Aussehen und Chemie des Körperabbilds verträgt. Eine relativ bekannte »Lösung« wird von John Nickell, einem der entschiedensten Opponenten gegen die Echtheit des Grabtuchs, propagiert.

Im Prinzip ist Nickell der Ansicht, dass das Körperabbild Ergebnis einer Art Abdrucktechnik sei.[11] Er geht zunächst einmal davon aus, dass ein unbekannter Künstler des 14. Jahrhunderts ein lebensgroßes Flach- oder Basrelief des verstorbenen Christus (Vorder- und Rückseite, versteht sich) angefertigt hat – an sich schon eine monumentale Leistung, die er als gegeben voraussetzt. Sodann nimmt er an, der Künstler habe die ganze Skulptur lose mit einem feuchten Tuch bedeckt, das er antrocknen lassen und danach mit gemahlenem Eisenoxid (Rotocker) betupft hat, sodass sich ein reliefartiges Bild ergibt. Wenn der Künstler die Vertiefungen ausgespart hat, könnte diese Technik eine Art »Negativ«-Effekt ergeben haben.

Als Nickell seine Theorie im Februar 1978 erstmals vorstellte, dachte er, dass es damit getan sei.[12] Die Untersuchungen des STURP-Teams zwangen ihn jedoch zu dem Zugeständnis, dass das Körperabbild nicht auf das Vorhandensein von Eisenoxid zurückzuführen ist, das man nur in Spuren auf dem Tuch nachweisen kann, sondern auf die strohgelbe Färbung eines Teils der Leinenfasern. Um diesem seltsamen Befund Rechnung zu tragen, vertritt er nun die Ansicht, alles Pigment sei von dem Tuch abgefallen, und das gegenwärtige Bild sei ein unbeabsichtigter »Geist«, Folge der Einwirkung des unterdessen verschwundenen Eisenoxids auf die darunter befindliche Zellulose.[13] (Was die Blutspuren betrifft, lehnt er die Erkenntnisse des STURP-Teams schlicht ab und nimmt an, jene seien von einem Maler aufgebracht worden.)

Nickells Theorie ist keinen Deut plausibler als die von McCrone. Falls das Körperbild tatsächlich dadurch zustande gekommen ist, dass jemand Rotocker auf das Tuch gepudert hat, sollten größere Mengen an Rückständen nachweisbar sein – das aber ist nicht der Fall. Und die Vorstellung, dass aufgepudertes Pigment nur die obersten Fasern gefärbt haben soll, ist unhaltbar. Statt locker auf dem Tuch zu verharren, hätten Pigmentpartikel sich zwischen den Fäden verfangen und auch Fasern innerhalb des Gewebes anfärben müssen.[14]

Vielleicht ist das eindeutigste Gegenargument gegen Nickells Hypothese sein eigener Versuch, eine Kopie des Grabtuchs anzufertigen (Abbildung 34). Wie die meisten Versuche dieser Art beschränkte auch dieser sich auf das Antlitz. Wenn es schon einer modernen Spürnase der Mühe zu viel ist, die Figur als Ganzes in Vorder- und Rückansicht zu reproduzieren, ist kaum einzusehen, warum ein Betrüger des Mittelalters sich umtriebiger hätte gebärden sollen. Ein »heiliges Antlitz« wäre sehr viel leichter herzustellen gewesen als ein Bildnis des gesamten Körpers, und es hätte sich zudem leichter verkaufen lassen. Das Hauptproblem besteht jedoch in der Qualität des Bilds. Kann Nickell wirklich davon überzeugt sein, dass sein holzschnittartig wirkendes Porträt mit dem verblüffend lebensechten Antlitz auf dem Grabtuch gleichzusetzen ist?

Damit sind wir wieder beim Hauptproblem der meisten Betrugshypothesen: das zutiefst Unkünstlerische am Turiner Grabtuch. Malern des Mittelalters ging nicht nur die Fähigkeit ab, Christus so naturgetreu darzustellen, wie er auf dem Grabtuch zu sehen ist, ihnen fehlte auch jede Motivation dazu. In mittelalterlichen Kunstwerken war Christi Antlitz, ewig gleiches Symbol seiner Göttlichkeit, auch nach der Passion noch von vollkommener Anmut (Abbildungen 23 und 24). Das geschundene Gesicht auf dem Grabtuch ist etwas völlig anderes, man erkennt eindeutige Spuren von Misshandlungen (Abbildung 16). Die Nase ist deformiert, und hinzugezogene Ärzte stellten einmütig fest, dass es sich dabei um eine »klare Ablösung des Knorpels vom Nasenbein« handelt.[15] Außerdem erkennt man eine starke Schwellung unmittelbar unterhalb des rechten Auges. Es sieht so aus, als hätte jemand dem Betreffenden heftig ins Gesicht geschlagen und ihm dabei die Nase gebrochen und die Region um den rechten Wangenknochen verletzt.[16] Das passt nicht zu den kunstvoll verbrämten Darstellungen des Mittelalters, sondern kündet von einem gequälten und geschlagenen Menschen.

Abgesehen von den stilistischen Problemen ist auch die von Nickell vorgeschlagene Technik nicht besonders naheliegend. Er vermutet, dass ein exzentrisches Genie, statt einfach ein Stück Stoff zu bemalen – eine Methode, die einer Menge Reliquienhändlern und -käufern des Mittelalters recht und billig gewesen ist –, ein teures und mühevolles Verfahren zur Bildherstellung ersonnen hat, das ein viereinhalb Meter langes Wegwerfrelief erfordert und bei dem es nicht allzu viel Einfluss darauf hat, wie das Bild schlussendlich aussieht. Die imaginäre Skulptur müsste von außerordentlicher Beschaffenheit gewesen sein: Im Vergleich zu anderen Flachreliefs jener Zeit wäre es riesig gewesen, es hätte Christus in unbekleidetem Zustand porträtiert – was allein schon so gut wie unvorstellbar ist –, es müsste sein Gesicht entstellt wiedergegeben haben und hätte keinerlei Spuren mittelalterlicher Bildsymbolik aufweisen dürfen. Dieses außergewöhnliche Etwas soll dann als Vorlage für eine nie zuvor gekannte Abdrucktechnik verwendet worden sein, die nirgends in angemessener Weise dokumentiert wurde und bei der die Bildgebung nicht von selbst erfolgt, sondern vielmehr einiges an künstlerischer Manipulation voraussetzt. [17] Nehmen wir einen Augenblick an, all das ist so gewesen: Warum hätte der Künstler dann die Vorderansicht unvollständig lassen und auf die Füße verzichten sollen? Warum hätte er nur eine einzige falsche Reliquie herstellen sollen, wenn er mittels ein und desselben Flachreliefs Dutzende davon hätte produzieren können? Und warum all das auf sich nehmen, um ein Werk zu schaffen, das so außergewöhnlich ist, dass man ihm zwangsläufig mit Argwohn begegnen musste?

Nickell setzt eine kunsthistorische Episode in Szene, die so bizarr, spekulativ, praxisfern und anachronistisch ist, dass sie kaum Glaubwürdigkeit besitzt. Das Grabtuch ist genauso wenig ein Abdruck einer Skulptur aus dem 14. Jahrhundert, wie es ein gemaltes Andachtsbild ist. Vielmehr, wie vielen Skeptikern inzwischen klar geworden ist, kann es in Anbetracht seiner verblüffenden Lebensnähe und Unvergleichbarkeit mit jedem mittelalterlichen Kunstwerk nichts anderes sein als das Abbild eines echten menschlichen Körpers, das ohne menschliches Zutun zustande gekommen ist.

Ausgehend von der Vermutung, dass das Grabtuch mittelalterlicher Herkunft ist, haben Kritiker verschiedene Vorschläge aufs Tapet gebracht, auf welche Weise das Abbild eines unbekleideten Mannes auf das Grabtuch geraten sein könnte. Die gegenwärtig populärste Annahme, die in diversen Fernsehdokumentationen in jüngerer Zeit unter die Leute gebracht wurde, ist, dass das Grabtuch die erste Fotografie der Weltgeschichte darstellt, eine technische Meisterleistung, die ihrer Zeit um Jahrhunderte voraus war. Die Idee ist faszinierend, und auf den ersten Blick sieht das Negativfoto des Grabtuchs wirklich wie eine Fotografie aus. Ist es aber wirklich ein Produkt fototechnischer Verfahren? Und kann es wirklich sein, dass die Fotografie 500 Jahre vor ihrem Debüt im 19. Jahrhundert bereits erfunden und dann wieder vergessen worden ist?

Die Fotografievorläufer-Hypothese, wie man sie vielleicht nennen könnte, wurde in den 1990er-Jahren von zwei britischen Forschern, Lynn Picknett und Clive Prince, und, unabhängig von den beiden, einem südafrikanischen Kunsthistoriker namens Nicholas Allen entwickelt. Angeregt durch einen geheimnisvollen Informanten namens »Giovanni«, ein selbst ernanntes Mitglied der Bruderschaft vom Berg Zion (Prieuré de Sion), haben Picknett und Prince sich in die Idee verliebt, dass das Grabtuch 1492 von Leonardo da Vinci, dem ihrer Meinung nach einzigen Menschen, der zu einem so genial-verwegenen Betrug in der Lage gewesen wäre, geschaffen wurde. Er soll dazu eine der Leichen fotografiert haben, die ihm zum Sezieren zur Verfügung standen (nur den Kopf hat er angeblich als Selbstporträt gestaltet), und dann die Blutflecken aufgetragen haben.[18] So spaßig es klingen mag, aber das Szenario ist absolut unlogisch und wird durch Berge an Gegenbeweisen widerlegt, nicht zuletzt durch die Tatsache, dass das Grabtuch bereits hundert Jahre vor Leonardos Geburt in Frankreich ausgestellt wurde. Allens Theorie, der zufolge das Grabtuch von einem anonymen Alchemisten geschaffen wurde, der Ende des 13. oder Anfang des 14. Jahrhunderts gewirkt haben soll, ist aus geschichtswissenschaftlicher Perspektive ein klein wenig zufriedenstellender, darüber hinaus sind auch seine experimentellen Ergebnisse besser. Er legt das Beste vor, was sich zugunsten der Fotografievorläufer-Hypothese sagen lässt.[19]

Im Unterschied zur Mehrheit der Grabtuchtheoretiker hat Allen sich die Mühe gemacht, vermittels der von ihm propagierten Technik eine lebensgroße Nachbildung des Grabtuchbilds (allerdings ohne die Blutspuren) mit Vorder- und Rückansicht eines Menschen herzustellen. Auch sein Pseudo-Grabtuch wird am besten im Negativbild wiedergegeben und hat durchaus oberflächliche Ähnlichkeit mit dem Original (Abbildung 35). Geschaffen wurde es wie folgt: Als Erstes installierte Allen eine große Camera obscura, wie sie seit der Antike bekannt ist – eine verdunkelte Kammer, in die durch eine kleine Öffnung Licht einfällt. Das einfallende Licht wird auf eine Oberfläche projiziert, wo es ein auf dem Kopf stehendes Bild von einem beliebigen Gegenstand erzeugt, der sich vor der Blende befindet. Allens Camera obscura war ein abgedunkelter Schuppen mit einer Öffnung in einem Fenster. Da er feststellen musste, dass ein Loch allein kein hinreichend helles Bild entstehen ließ, stattete er die Öffnung mit einer großen bikonvexen Quarzlinse aus. (Eine Glaslinse, so stellte er fest, ließ für seine Zwecke nicht genügend ultraviolettes Licht durch.) Anschließend hängte er ein langes Stück Leinen so in den dunklen Raum, dass das gebündelte Licht, das durch die Öffnung trat, darauf auftraf. Das Tuch hatte er zuvor mit einer Silbersulfat- oder einer Silbernitratlösung getränkt, um es für ultraviolettes Licht empfindlich zu machen, und im Dunkeln getrocknet. Als Nächstes brachte Allen eine menschliche Gestalt aus Gips vor der Blende in Stellung, sodass deren Bild auf das Leintuch projiziert wurde (Abbildung 36). Dieses Arrangement beließ er so vier Tage lang, bis sich auf dem Leintuch ein blasses Abbild der Gipsfigur gebildet hatte. Dann wurde die Gipsfigur gedreht, sodass sie mit dem Rücken zur Kamera zeigte, und die andere Hälfte des Tuchs wurde genauso lange belichtet. Schließlich wurde das Tuch in einer Ammoniaklösung (oder in Urin) gewaschen, die überschüssiges Silbersulfat herauswusch und das strohgelbe Bild fixierte, das dem Körperbild auf dem Grabtuch in manchem sehr ähnlich war.

Bevor wir uns mit dem Experiment befassen, lassen Sie uns kurz darüber nachdenken, welche historische Annahme ihm zugrunde liegt: dass nämlich irgendein einsames Genie um 1300 herum eine Art fotografisches Verfahren entwickelt haben und dieses nur ein einziges Mal verwendet haben soll, um eine gefälschte Reliquie zu schaffen. Ist das vorstellbar?

Es ist wahr, dass die die Camera obscura für gebildete Kreise bereits im Mittelalter ein Begriff war, und Allen hat sehr darauf geachtet, nur Materialien und Verbindungen zu verwenden, die zu jener Zeit verfügbar waren. Aber das alles zusammenzufügen und den von ihm konstruierten Apparat zu bauen, müsste die Leistung eines beispiellosen Genies gewesen sein. Sie ist nur als Ergebnis eines langwierigen Forschungs- und Entwicklungsprozesses zu denken. Die Pioniere der Fotografie, Männer wie William Henry Fox Talbot, haben sich über Jahrzehnte mit dem Problem befasst, selbst mit verschiedenen Verfahren experimentiert und von den Erfahrungen und Experimenten anderer profitiert. Mit anderen Worten: Es hat selbst in einem Zeitalter, das technisch sehr viel fortgeschrittener war als das 14. Jahrhundert, ein hohes Maß an Versuch und Irrtum erfordert, die bescheidenen Ergebnisse hervorzubringen, die von Fox Talbots Zeitgenossen als revolutionär gefeiert wurden. Und natürlich hat dieser Prozess eine unübersehbare Spur an dokumentarischen Zeugnissen hinterlassen. Allens mittelalterlicher Alchemist hingegen müsste unter höchster Geheimhaltung gearbeitet, seine Technik in aller Stille perfektioniert und außer dem Grabtuch selbst keine Spuren seines Schaffens und seiner Experimente hinterlassen haben. Das ist wenig plausibel. Im Verlauf der folgenden fünf Jahrhunderte haben sich viele kluge Menschen für Optik und Alchemie interessiert, ohne der Erfindung der Fotografie je auch nur entfernt nahezukommen. Als die Idee im 19. Jahrhundert schließlich aufkam, geschah das in einem Klima der visuellen Experimentierfreude und des lebendigen wissenschaftlichen Austauschs.[20]

Der Idee von einem mittelalterlichen Fotografievorläufer haftet demzufolge etwas ausgesprochen Zweifelhaftes an. Und die praktischen Probleme, die sich bei der Herstellung des uns hier interessierenden Bilds auf dem Grabtuch ergeben – das lebensgroße Abbild eines Verstorbenen –, machen das Szenario noch weniger wahrscheinlich. Um den Lichteinfall in den Raum hinreichend zu bündeln, hätte Allens hypothetischer Fälscher lange vor den ersten Berichten über den Einsatz von Linsen die Blende seiner Camera obscura mit einer ganz besonderen Linse versehen müssen.[21] Hinzu kommt, wie Antonacci feststellt: »Da Quarzlinsen in der Optik historisch erst ab dem 19. Jahrhundert nachgewiesen sind, hat Allen das Problem, zeigen zu müssen, wie eine makellose bikonvexe Quarzkristalllinse ohne jedwede Unreinheit« im Mittelalter hergestellt worden sein soll.[22] War die Ausrüstung – samt dieses nicht sehr wahrscheinlichen Instruments – komplett, musste der mutmaßliche Fälscher nur noch eine Leiche beischaffen und davor bewahren, im Verlauf der acht Tage, die die Belichtung in Anspruch nehmen würde, zu verwesen. Wenn er gewusst hätte, wie das geht, hätte er mehr gewusst als die Ärzteschaft der Gegenwart.[23]

Allens Theorie kollidiert außerdem mit verschiedenen anderen wichtigen Beobachtungen. Wenn das Tuch mit Silbernitrat oder Silbersulfat getränkt wurde, sollten Spuren davon erhalten geblieben sein, doch bei der vom STURP-Team durchgeführten Röntgenspektralanalyse konnte auf dem Grabtuch keine Spur von Silber nachgewiesen werden.[24] Noch fataler für die Theorie ist der vor Kurzem erbrachte Nachweis eines Bilds auf der Rückseite des Tuchs. Es gibt keine Möglichkeit, wie Licht die Gewebefäden (vor allem die in der Haupthaarregion) hätte durchdringen und mit Silbernitrat oder -sulfat auf der Rückseite des Tuchs reagieren können. Schließlich ist Allen, obwohl er nicht abstreitet, dass sich auf dem Grabtuch Blut findet, der Ansicht, die Blutflecken seien von einem Maler aufgebracht worden, und ignoriert dabei den Befund des STURP-Teams, dem zufolge diese bereits vor dem Abbild des Körpers auf dem Tuch vorhanden gewesen seien.[25] Bezeichnenderweise versucht er noch nicht einmal, diese nachzubilden.

Was ist also von Allens Nachbildung des Grabtuchs zu halten? Eignet sie sich als Nachweis dafür, dass das Bildnis durch irgendeine Form von fotografischem Verfahren zustande gekommen ist, auch wenn dessen Details im Einzelnen noch zu klären sind? Ganz im Gegenteil. Wie einer der Berufsfotografen des STURP-Teams es formulierte, dient Allens Experiment eher als überaus nützliche Demonstration dessen, dass das Grabtuch *nicht* auf fotografischem Weg hergestellt wurde.[26]

Das erste und wichtigste Merkmal, das den Fotografievorläufer vom echten Grabtuch unterscheidet, ist die Lichtgebung. Auf dem Negativ wirkt Allens Gestalt deutlich von oben belichtet, was daran liegt, dass das Sonnenlicht täglich über ihren Kopf hinweggezogen ist. Die Oberseiten von Kopf, Schultern, Brustkorb, Unterarmen, Knien und Füßen treten besonders hell zutage, lauter Regionen, auf die das Sonnenlicht besonders lange und intensiv gefallen ist. Die Gestalt auf dem Grabtuch hingegen sieht im Negativ aus, als sei sie direkt von vorn beleuchtet worden, denn bei ihr sind nur die erhabensten Körperteile hervorgehoben.

Zudem sehen wir deutlich, dass Allens Gipsfigur im Verlauf eines Tages von mehreren Seiten beleuchtet wurde. So ist zum Beispiel der linke Unterschenkel stärker erhellt als der rechte, ein Umstand, der von dem sich verändernden Stand der Sonne herrührt. Die Gestalt auf dem Grabtuch hingegen hat keinerlei seitlichen Lichteinfall erfahren, sondern verblasst an ihren Umrissen ins nichts.

Das beleuchtet (im wahrsten Sinne des Wortes) einen weiteren großen Unterschied zwischen den beiden Bildern: Das Grabtuch ist viel weniger scharf und fokussiert als Allens Protofotografie. Bei Letzterer sind die Umrisse relativ deutlich gezeichnet, auch treten kleinere Charakteristika wie Knie und Rippen klarer erkennbar zutage. Im Vergleich mit dieser deutlich umrissenen Fotografie wirkt die Gestalt auf dem Grabtuch wie eine Wolke in Menschengestalt und zeigt sich nachweislich als Produkt eines deutlich weniger zielgerichteten, unpräziser abbildenden Bildgebungsverfahrens als der Fotografie.[27]

Der deutlichste Unterschied zwischen den beiden Bildern ist in der Fußregion zu finden. Auf Allens Protofoto sind die Füße so stark erhellt, dass es fast aussieht, als habe die Gestalt weiße Socken an – in der entsprechenden Region des Grabtuchs hingegen gibt es kaum eine Andeutung der Füße. Auf der einen Seite kann das als schlüssiger Beleg dafür gelten, dass das Grabtuch nicht durch Licht zustande gekommen ist, das von einem vertikal positionierten Körper reflektiert wurde. Auf der anderen Seite liefert es einen sehr deutlichen Hinweis darauf, dass das Bild ein Phänomen ist, das von einem in Tuch gewickelten Körper erzeugt wurde. Um zu verstehen warum, müssen wir uns von unseren Fantasien über mittelalterliche Fotografien lösen und anfangen, das Grabtuch als potenzielles Leichentuch zu betrachten.

Angenommen, ein Leichnam könnte ein Bildnis seiner selbst auf einem Stück Tuch hinterlassen – würde dieses dem ähneln, das wir auf dem Grabtuch finden?

Lassen Sie uns als Allererstes die Füße in Augenschein nehmen. Wie soeben festgestellt, sind diese in der Vorderansicht der Gestalt auf dem Grabtuch nicht zu erkennen, zeichnen sich jedoch auf der Rückansicht deutlich ab (Abbildung 27). Die Sohle des rechten Fußes ist in ihrer ganzen Länge zu sehen, von der linken ist lediglich die Ferse sichtbar. Die Zehen weisen nach innen, als hätten die Füße ein wenig übereinandergelegen, wobei der linke Fuß den rechten bedeckt hat.

Diese Anordnung hat in der Vergangenheit für eine Menge Verwirrung gesorgt, ging man doch für gewöhnlich davon aus, dass die Füße auf dem Tuch mehr oder weniger parallel nebeneinander gelagert gewesen sein müssten. Dieser Ansicht ist jedenfalls Isabel Piczek, eine Künstlerin, deren Rekonstruktion der Lage des Mannes im Leichentuch von besonders großem Einfluss war. Piczek schlussfolgert aus der Haltung der Hände, dass die Knie gebeugt gewesen sein müssen, sodass die Füße voll aufgesetzt nebeneinander zu stehen kamen.[28] (Aus anatomischen Gründen ist es nicht möglich, im Liegen einen Fuß flach auf den Boden zu setzen, ohne dabei das Kniegelenk anzuwinkeln.) Bei allem Respekt gegenüber Isabel Piczek entbehrt die Vorstellung, dass die Knie des Mannes auf dem Grabtuch angewinkelt gewesen sein sollen, jeglicher Grundlage. Die Lage der Hände lässt sich anderweitig erklären (siehe unten), und in Anbetracht ihrer Länge ist keinerlei Anwinkeln der Beine vorstellbar. Die Kniekehlen müssen vielmehr in unmittelbarer Nähe zur Tuchoberfläche geruht haben, was bedeutet, dass die Zehen nach oben hätten weisen müssen. Wie also konnten die Sohlen des Toten besagte Zeichnung auf dem Tuch hinterlassen? Das ist nicht schwer zu erklären, denn ein menschlicher Körper mag unflexibel sein, ein Stück Leinenstoff hingegen ist extrem flexibel. Das Einzige, was zur Erklärung vonnöten wäre, ist eine schlichte Falte im Stoff.

Stellen Sie sich einen Körper vor, der flach ausgestreckt auf einem Laken ruht, die Beine annähernd gerade ausgestreckt, die Füße leicht überlappend und mit den Zehen nach oben weisend gelagert. Dann nehmen Sie an, dass das Ende des Lakens über die Zehen geschlagen wird und Beine und Füße in ebendieser Haltung ihre Spuren im Tuch hinterlassen (Abbildung 37 zeigt, wie man sich das vorzustellen hat.) Wenn man das Laken nun wieder ausbreitet, wird es ein Abbild zeigen, das genauso aussieht wie das der Rückansicht auf dem Grabtuch.

Dieselbe Haltung vermag das völlige Fehlen eines Abdrucks der Füße bei der Vorderansicht zu erklären: Wenn die Beine mehr oder minder gerade ausgestreckt geruht und die Fußspitzen nach oben gezeigt haben, dann wird die untere Hälfte des Tuchs zwischen Zehenspitzen und Knien mehr oder weniger frei gehangen und kaum Kontakt mit Schienbeinen und Fußrücken gehabt haben. Das Umschlagen des Tuchs über den Füßen ist die einzige vernünftige Erklärung für die Art und Weise, wie beide Füße auf dem Grabtuch abgebildet beziehungsweise nicht abgebildet sind.[29]

Damit beginnt sich der Prozess der Bildentstehung allmählich zu klären. Die Konturen haben sich eindeutig überall dort abgezeichnet, wo der Körper mit dem Tuch in Kontakt war, aber das Bild ist nicht vom direkten Körperkontakt abhängig, denn an den Rändern, wo der Kontakt abreißt, hört es nicht automatisch auf, sondern verblasst allmählich ins nichts. Das passt zu dem, was wir bereits über den dreidimensionalen Charakter des Bilds gelernt haben, das in seiner Intensität offenbar proportional zur Entfernung des Tuchs vom Körper ist und mit zunehmender Distanz rasch verblasst. Das Abbild der Füße lässt überdies darauf schließen, dass das Tuch recht lose über den Leichnam geschlagen und nirgends zusammengebunden und befestigt wurde, wie man es bei einem Leichentuch normalerweise getan hätte. Das ist insofern interessant, als es andeutet, dass die Bestattung nicht zu Ende geführt wurde, auch das Fehlen jeglicher Spuren von Aloe und Myrrhe lässt darauf schließen.[30] Wer immer den Toten zur Ruhe gebettet hat, muss vorgehabt haben, das Begräbnis erst später zu Ende zu führen. Die Tatsache, dass das Grabtuch keinerlei Anzeichen von Flüssigkeitszersetzung aufweist, legt den Schluss nahe, dass es binnen weniger Tage vom Leichnam genommen wurde, vielleicht von denjenigen, die die Bestattung zum Abschluss bringen wollten, vielleicht aber auch von ganz anderer Hand.[31] In jedem Falle müssen Menschen das Grab aufgesucht und das Grabtuch gelüpft haben.

Dass das Tuch lose drapiert gewesen sein muss, hilft, das relativ wenig verzerrte Erscheinungsbild der Vorderansicht erklären. Wäre es fester um den Toten gewickelt gewesen, hätten dessen Flanken das Tuch ebenfalls färben müssen, und das Abbild wäre »beleibter« ausgefallen. Lose über ihn gebreitet, hat das Tuch an den Seiten offenbar viel Spiel gehabt, und so ist nur seine Vorderansicht abgebildet worden.[32]

Dessen ungeachtet sollten wir dennoch erwarten, eine gewisse (laterale) Verzerrung der Gestalt entdecken zu können, und das können wir in der Tat.[33] Die sorgfältige Untersuchung der Beine gibt uns ein paar aufschlussreiche Hinweise. Das Abbild ist an den Knien am schwächsten. Direkt darüber, am Oberschenkelansatz, ist es rechts sehr viel stärker ausgeprägt als links. Auch dehnt sich das Abbild des rechten Schienbeins weiter aus als das des linken. Dieser Effekt ist minimal, aber auf allen Fotografien erkennbar. Um den scheinbaren Breitenunterschied zwischen den beiden Beinen und die leichte »Einbuchtung« zu erklären, die sich am rechten Knie findet, muss man sich nur vorstellen, dass das Tuch auf dieser Seite ein bisschen weniger straff gespannt war und sich so länger näher an Oberschenkel und Schienbein befunden hat, bevor es weiter unten auf die andere Hälfte des Tuchs traf. Dadurch wäre der Oberschenkelmuskel in Relation zum Knie optisch breiter geworden. Das Knie fällt an der Seite relativ steil ab, sodass das Tuch hier rasch den Kontakt zum Körper verloren hat und kein Abbild mehr hat entstehen können.

Auch sei darauf hingewiesen, in welchem Maße sich die Oberschenkel beidseitig nach oben hin verbreitern, sodass das Becken fast aussieht, als gehöre es einer Gebärenden.[34] Das Ganze sieht relativ unnatürlich aus (Allens Fotografie – Abbildung 35 – eignet sich hier sehr gut als Vergleich), lässt sich aber durch das zunehmende Spiel des Tuchs von den Kniescheiben bis zu den äußeren Beckenknochen erklären. Effekte wie dieser machen sämtliche Betrugstheorien obsolet.

Die rückwärtige Ansicht der Beine liefert entscheidende Hinweise auf den Zustand des Leichnams und dessen Lage bei Eintritt des Todes. Wie wir gesehen haben, ist der linke Fuß halb verborgen, als habe er den rechten um ein weniges bedeckt, und das steht im Einklang mit der Tatsache, dass die rechte Wade eine sehr viel stärkere Markierung hinterlassen hat als die linke, das linke Bein muss demnach ein wenig erhöht gelagert gewesen sein. Diese Anordnung, die ja nicht der normalen Ruhestellung von Unterschenkeln und Füßen entspricht, lässt sich durch die Totenstarre erklären. Wenn ein Mensch stirbt, wird sein Körper anfänglich schlaff, doch binnen drei Stunden (wenn der Körper wärmer ist, auch früher) sorgt eine komplexe chemische Reaktion dafür, dass die Muskeln steinhart werden und der Körper in der Haltung, die er zu diesem Zeitpunkt gerade innehat, arretiert wird.[35] Diesen Zustand bezeichnet man als Totenstarre oder *Rigor mortis*. Der Mann auf dem Grabtuch ist allem Anschein nach mit überkreuzten Füßen gestorben, dabei muss das linke Bein leicht angewinkelt gewesen sein, und diese Haltung ist nach dem Tod erhalten geblieben.

Alternativ könnte man argumentieren, dass der Mann auf dem Grabtuch noch gelebt und seine Füße aus irgendeinem Grund so gehalten habe, aber außer dass dies einigermaßen unwahrscheinlich ist, spricht auch das Gesäßabbild dagegen. Keith Laidler merkt im Zusammenhang mit dieser Überlegung an: »Der *Musculus gluteus maximus* des Gesäßes ist einer der größten Muskeln des menschlichen Körpers und hätte [in diesem Falle] einen sehr viel höheren Grad an Kompression aufweisen müssen.«[36] Er geht davon aus, dass der Körper noch biegsam war, als er auf das Tuch gelegt wurde. Dies dient Laidler als Beleg dafür, dass der Körper noch am Kreuz hing, als das Bild zu entstehen begann, aber es verträgt sich auch mit der These, dass der Mann in vertikaler Position verstorben und nach dem Einsetzen der Totenstarre auf das Tuch gebettet worden ist. Ärzte, die sich mit dem Grabtuch befasst haben, sind sich darüber einig, dass das Abbild der Beine auf eine bereits eingesetzte Totenstarre hindeutet und die Haltung des Toten auf eine Kreuzigung hinweist.[37]

Was die Kreuzigung betrifft, legt die Haltung der Füße stark den Verdacht nahe, dass beide mit einem einzigen Nagel fixiert wurden, wobei dieser zuerst den linken und dann den rechten Fuß durchdrungen hat. Die einzige Möglichkeit, wie die Vollstrecker dies hatten bewerkstelligen können, bestand darin, die Beine an den Vertikalbalken (Stamm) des Kreuzes zu binden – anders wäre es problematisch gewesen, sie zur Ruhe zu bringen. Da die Füße in diesem Falle vom Kreuz weggestanden hätten, muss es unterhalb der rechten Ferse am Kreuz eine Fußstütze gegeben haben, in die der Nagel getrieben wurde. Wir wissen von römischen Kreuzigungen, dass manchmal ein solches Fußbrett – ein sogenanntes *Suppedaneum* – verwendet wurde, denn auf dem Palatin hat man in einer Wandmalerei aus dem 3. Jahrhundert, die eine Kreuzigung zeigt, eine solche Vorrichtung für die Füße gefunden.[38] Die gekreuzte Haltung der Füße deutet definitiv auf die Verwendung eines Suppedaneums hin. Dies ist ein interessanter Befund, denn er bedeutet, dass die Hinrichtenden überaus fachmännisch zu Werke gingen – ein »Fachwissen«, das nach der Abschaffung der Kreuzigung im 4. Jahrhundert verloren gegangen ist.

Wenn wir uns an der Vorderansicht entlangarbeiten, gelangen wir nunmehr zu Händen und Unterarmen. Die leeren Stellen um diese Gliedmaßen sind ebenfalls aufschlussreich: Sie befinden sich dort, wo das Tuch locker von Armen und Händen herunterfiel und so bis zu dem Teil, der wieder auf Oberschenkeln und Hüften auflag, ungefärbt blieb. Wir haben es hier mit einem der klarsten Indizien dafür zu tun, dass das Bild durch die Nähe von Leib und Grabtuch und nicht durch reflektiertes Licht (sprich Fotografie) zustande gekommen ist.[39]

Auch die Haltung der Hände verrät uns etwas. Sie liegen über dem Geschlecht gekreuzt, allerdings sehr viel tiefer, als wir erwarten würden. Wenn Sie sich auf eine ebene Oberfläche legen und versuchen, die Haltung nachzubilden, werden Sie feststellen, dass Ihre Oberarme auf der Unterlage aufliegen und Ihre Hände sich eher in Nabelnähe (ungefähr 15 Zentimeter weiter oben als auf dem Grabtuch) befinden.[40] Um das Bild nachzustellen, das wir auf dem Grabtuch sehen, müssten Sie die Arme anheben und dann fast gerade halten – eine unnatürliche Ruheposition. Wie diese Haltung zustande gekommen ist? Nun, die Antwort lautet, so glaube ich, dass sich die Totenstarre in den Armen des Mannes noch nicht gelöst hatte und diese deshalb in derselben Haltung versteift blieben, die sie auch am Kreuz gehabt hatten – nur waren sie dort ursprünglich zu beiden Seiten des Hauptes ausgebreitet. Die Totenstarre in den Schultern muss gewaltsam gelöst worden sein – wozu einiges an Kraft gehört haben wird –, damit die Arme in dem schmalen Stück Tuch untergebracht werden (und der Würde des Toten Genüge tun) konnten.[41]

Zu einem besonders strittigen Punkt ist in den letzten Jahren die Haltung des Kopfes in der Vorderansicht des Toten in Relation zum Rumpf geworden. Der Vergleich mit normalen Gestalten (siehe Allens Protofotografie) scheint darauf hinauszulaufen, dass der Kopf deutlich zu dicht am Oberkörper sitzt, ja es will scheinen, als habe der Mann auf dem Grabtuch keinen Hals gehabt. Das hat die sensationelle Behauptung befeuert, Kopf und Körper des Toten gehörten zu zwei verschiedenen Personen, das Bild sei vom Fälscher des Grabtuchs zusammengesetzt worden.[42]

Der eigentliche Grund dafür, dass der Kopf nahezu direkt auf den Schultern aufzusetzen scheint, hat einmal mehr mit der Totenstarre zu tun. Bei unseren Betrachtungen zur Haltung der Beine des Toten waren wir bereits zu dem Schluss gekommen, dass er sich in vertikaler Position befunden haben muss, als er verstarb. Alles deutet darauf hin, dass er gekreuzigt wurde. Bei seinem Tod muss sich der Kopf daher um einen Winkel von etwa 45 Grad vornübergeneigt haben, sodass das Kinn sich nahe am Halsansatz befunden haben muss. Als die Totenstarre die Nackenmuskeln ergriff, blieb der Kopf in dieser Haltung, auch dann noch, als der Körper vom Kreuz genommen und horizontal gebettet wurde (vergleiche Abbildung 37). Als das Tuch über den Leichnam gebreitet wurde, war demnach der Übergang vom Brustkorb zum Kopf verkürzt, sodass es später aussah, als fehle der Hals ganz.[43]

Natürlich hat das Auswirkungen auf die Schätzungen zur Körpergröße der Gestalt. Über die Größe des Toten ist aufgrund der fehlerhaften Rekonstruktionen seiner Position und der Unfähigkeit, zwischen Abbild und dem Körper selbst zu unterscheiden, eine Menge Unsinniges geschrieben worden.[44] Jede diesbezügliche Berechnung muss die Falten und Verwerfungen berücksichtigen, die in Abbildung 37 angedeutet sind. Zugibe liegt vermutlich richtig, wenn er die Körpergröße des Mannes mit ungefähr 1,80 Metern angibt.[45] In Anbetracht der Unschärfe des Bilds, der Dehnbarkeit des Tuchs und gewisser Komplikationen im Bereich von Kopf und Füßen lässt sich keine präzise Messung anstellen.

Die andere wichtige Frage betrifft das offenbar überhaupt nicht verzerrte Erscheinungsbild des Gesichts. Es steht außer Frage, dass das Abbild des Gesichts komplett deformiert erschienen wäre – etwa wie das eines Halloween-Kürbisses –, wenn das Tuch fest um den Kopf gewickelt geworden wäre. Bücher über das Grabtuch enthalten manchmal eine Fotografie von einem Stück Tuch mit einem solchen Gesicht darauf, um das Problem zu illustrieren[46], und viele Skeptiker behaupten, dass gerade das Fehlen alles Verzerrten auf diesem Gesicht ein Hinweis darauf ist, dass das Grabtuch von einem Künstler hergestellt wurde. Das Problem bei diesem Argument ist, dass es die besonderen Eigenschaften des Abbilds des Gesichts und die vermutlichen Umstände bei dessen Entstehung ignoriert.

Zunächst einmal muss der Winkel, in dem der Kopf geneigt war, ein wichtiger Faktor gewesen sein. Normalerweise wird angenommen, dass der Kopf flach aufgelegen hat, womit sich Auflagefläche und -gewicht des Tuchs und damit die potenzielle Verzerrung größtmöglich erhöht hätten. So aber kann es nicht gewesen sein. Wie wir gesehen haben, war der Kopf um einen Winkel von ungefähr 40 Grad vornübergeneigt. Damit hätten sich das Auflagegewicht des Tuchs und damit auch eventuelle Deformationen in der Abbildung des Gesichts deutlich verringert.

Selbst dann sollten noch geringfügige Verzerrungen sichtbar sein, und wenn man genau hinschaut, sind sie das auch – das gilt zumindest für die linke Seite des Gesichts.[47] Am besten lässt sich das an kontrastreichen Fotografien ablesen, an denen sich zeigt, dass die linke Augenhöhle weiter vorsteht, als dies bei einer direkten Frontalansicht (einem Foto zum Beispiel) der Fall wäre. Glücklicher Zufall will es, dass die Auswirkungen dieser Verzerrung teilweise dadurch wieder aufgehoben werden, dass das Bild genau an diesen Stellen durch eine neue Garnpartie »unterteilt« wird, die aus irgendeinem Grund stark fehlfarben ausgefallen ist. Auf der rechten Seite gibt es kein vergleichbares »Artefakt«, hier aber wird die Situation durch die Schwellung unter dem rechten Auge erschwert, die das Tuch vermutlich ein Stück weit angehoben und ihm Spiel verschafft hat. Auch die Nase des Verstorbenen ist einer genaueren Betrachtung wert. Anders als bei einem unversehrten Gesicht ist die Nase des Mannes auf dem Grabtuch offenbar heftig misshandelt worden, sodass sie weniger prägnant herausragt. Über einen geschwollenen Wangenknochen und eine abgeflachte Nase (sowie über Schnurrbart und Vollbart) gebreitet, wird das Tuch verhältnismäßig flach aufgelegen haben und so Verzerrungen im Abbild weitgehend eliminiert haben.

Doch warum sind die Profile des Gesichts überhaupt nicht zu erkennen? Und warum ist das Gesicht sauber vom Haupthaar umrahmt? Die Antwort liefert einmal mehr das jüdische Begräbnisritual. In vielen Kulturen ist es Brauch, einem Leichnam ein Band um den Kopf zu binden, das verhindern soll, dass der Unterkiefer sich senkt und der Mund offen stehen bleibt. Im antiken Judentum galt dies als solch unerlässliche Pflicht, dass man einem Leichnam sogar am Sabbat, an dem sonst keine andere Arbeit erlaubt war, das Kinn hochbinden durfte.[48] Wenn das Grabtuch wirklich das Leichentuch eines Juden aus dem 1. Jahrhundert ist, können wir so gut wie sicher sein, dass man diesen nicht nur eingehüllt, sondern ihm auch den Unterkiefer mit einem Stück Tuch (einem zusammengerollten Stück Leinen höchstwahrscheinlich) gesichert hat.

Es gibt tatsächlich eindeutige Beweise dafür, dass ein solches Band über dem Scheitel verknüpft worden ist, und zwar einen schmalen freien Streifen zwischen Vorder- und Rückansicht. Hätte das Grabtuch dem Scheitel des Toten unmittelbar aufgelegen, hätte hier genau wie an den anderen Stellen des Körpers ein Abbild entstehen und beide Kopfansichten zu einem einzigen länglichen Etwas zusammenfließen lassen müssen. Die Breite des Spalts zwischen beiden Ansichten – etwa 15 Zentimeter – ist zu gering, als dass man annehmen könnte, das Tuch sei an dieser Stelle irgendwie so gefaltet gewesen, dass der bildgebende Prozess (der etwa eine Reichweite von fünf Zentimetern gehabt zu haben scheint) es nicht mehr erreicht hat.[49] Daher muss etwas recht Dünnes den Scheitel bedeckt und verhindert haben, dass auch an dieser Stelle ein Abbild entstehen konnte. Das Aussehen dieser ausgesparten Stelle lässt vor dem Hintergrund des Begräbnisrituals kaum etwas anderes als eine Bandage vermuten.

Was sagt uns das in Bezug auf die so gut wie gar nicht verzerrte Erscheinung von Gesicht und Haupthaar? Das hinter dem Bart versteckte Band wird unmittelbar vor den Ohren um den Kopf geführt und dann in der Scheitelgegend verknüpft worden sein. Auf diese Weise hätte es das Haar an den Seiten nach vorne geschoben, vielleicht auch ein wenig in die Stirn gedrückt. Erinnern Sie sich daran, dass das Haar mit Blut und Schweiß befleckt gewesen sein muss, die zu beiden Seiten des am Kreuz geneigten Kopfes angetrocknet sind. Hinzu kommt, dass der Kopf im Grab nicht flach gebettet werden konnte, sondern ebenfalls nach vorne geneigt war. Auch dadurch wäre das Haar relativ weit ins Gesicht geraten, zusammen mit dem Kinnband ist dann so etwas wie ein Rahmen um das Gesicht entstanden, der im Ergebnis aussieht wie eine natürlich fallende Lockenpracht.[50]

Jeder Abschnitt der Körperzeichnung, sogar das aufsehenerregende Antlitz, lässt sich als Verfärbung deuten, die durch einen echten menschlichen Leichnam zustande gekommen ist. Ja, verschiedene Verwerfungen und Lücken im Bildnis verlangen geradezu nach dieser Interpretation. Die fehlenden Füße, der fehlende Hals auf der Vorderansicht, die leeren Stellen neben Händen und Unterarmen, die Fußsohlen auf der rückwärtigen Ansicht: Sie alle künden von einem Tuch, das lose den Körper eines Mannes umhüllt hat, und nicht davon, dass ein mittelalterlicher Künstler all dies auf ein Stück Tuch gemalt oder durch eine Frühform der Fotografie auf ebendieses gebannt hat.

Darüber hinaus können wir sagen, dass der Körper von der Totenstarre erfasst wurde und der Tote sich, beide Füße leicht gekreuzt und mit geneigtem Kopf, in vertikaler Position befand, als er starb. Es kann wenig Zweifel daran geben, dass er den Tod am Kreuz gestorben ist, und daher als sicher gelten, dass das Körperabbild von demselben Leichnam auf das Grabtuch gebannt wurde, von dem auch die Blutspuren darauf stammen. Die beiden überlagerten Bilder sind in allen Details vollkommen stimmig zueinander. Sie bestätigen sich gegenseitig und belegen zweifelsfrei, dass das Grabtuch in der Tat den Körper eines Gekreuzigten geborgen hat.

Die Frage ist: Wer war dieser Mann, und wie hat sein Körper diese gespenstische Färbung auf seinem Leichentuch hinterlassen können?

12

Ein natürlich entstandenes Abbild Jesu?

Alles spricht dafür, dass das Grabtuch einst den Leichnam eines Mannes eingehüllt hat, der mit Dornen gekrönt, nach römischem Brauch gekreuzigt und nach jüdischer Sitte beerdigt wurde. Auch gibt es eindrucksvolle Belege dafür, dass das Tuch aus dem 1. Jahrhundert und aus Judäa stammt. Bleibt nun die Frage: Wer war dieser Mann?

Die Antwort, die auf der Hand liegt – und der historischen und archäologischen Beweislage entsprechen würde –, lautet, dass es sich um Jesus gehandelt hat, einen Juden, der im 1. Jahrhundert von den Römern als falscher »König« hingerichtet wurde. Das ist, was eine unvoreingenommene Analyse des Grabtuchs nahelegt – so erstaunlich es auch anmuten mag. Die einzigen alternativen Erklärungen, die unter Berücksichtigung der bisher vorliegenden Beweise denkbar sind, wären, dass das Grabtuch verwendet wurde, um den Körper irgendeines anderen Juden aus der Zeit Jesu darin einzuhüllen, den man als falschen Messias gekreuzigt hatte. Oder dass es verwendet wurde, um den Leichnam irgendeines später gekreuzigten anderen Unglücklichen einzuhüllen, der vorsätzlich nach genau demselben Ritus beerdigt wurde, wie wir ihn von Jesus kennen. Beides ist höchst unwahrscheinlich.

Was die erste Alternative betrifft, so wurden sicher viele Juden von den Römern gekreuzigt, aber soweit wir wissen, wurde außer Jesus niemand als angeblicher Messias hingerichtet.[1] Mit Sicherheit gibt es keine Berichte über irgendwen anderen, der zuvor mit Dornen gekrönt wurde. Außerdem wissen wir, dass die Bestattung des Mannes auf dem Leichentuch nicht zu Ende geführt und dass das Leichentuch binnen weniger Tage nach seiner Bestattung wieder von ihm genommen wurde, zwei ungewöhnliche Umstände, die zu den Evangelienberichten über Karfreitag und Ostern passen würden. Es wäre unsinnig anzunehmen, dass es nach der Kreuzigung eines zweiten, falschen Messias zu derselben Abfolge an Ereignissen kam, und es besteht keinerlei Notwendigkeit, einen zweiten Jesus zu erfinden, wenn die Beweislage auf Jesus selbst hindeutet.

Kritiker haben sich (aus naheliegenden Gründen) auf die zweite Option konzentriert. Sobald klar wurde, dass weder Kunst noch Fotografie die außerordentliche Beschaffenheit der Körperzeichnung zu erklären vermochten, haben viele von ihnen spekuliert, dass es sich womöglich um das Abbild eines Mannes handeln könnte, der im Mittelalter nach Jesu Vorbild gekreuzigt wurde. Zwei Forscher, die sich mit den Geheimbünden der Freimaurer befassen, Christopher Knight und Robert Lomas, favorisieren zum Beispiel ein Szenario, dem zufolge das Grabtuch den (noch lebenden) Körper von Jacques de Molay, den letzten Großmeister des Tempelritterordens, geborgen haben soll.[2] Es existiert jedoch nicht der Hauch eines Beweises dafür, dass dieser führende Templer am Kreuz gefoltert wurde, außerdem war der Mann auf dem Grabtuch definitiv tot, als man ihn in das Leinen gehüllt hat, wohingegen Molay den Tod auf dem Scheiterhaufen fand. Etwas logischer nimmt sich die Vermutung eines weiteren Zweiflers aus: Dr. Michael Straiton sieht in dem Toten einen unglücklichen Kreuzfahrer, der in den letzten Jahren des 13. Jahrhunderts von türkischen Mamelucken gefangen genommen und gekreuzigt worden sei.[3] Hierbei handelt es sich um die wohl am wenigsten unlogische Theorie zum Ursprung des Grabtuchs, die je von einem Skeptiker angeboten wurde, was allerdings nicht allzu viel sagen will.

Die Türken mögen sich zur Zeit der Kreuzzüge hin und wieder der Praxis der Kreuzigung befleißigt haben, aber es strapaziert die Fantasie doch sehr, sich vorzustellen, dass sie jemals jemanden auf genau dieselbe Weise gekreuzigt haben sollen, wie dies bei Jesus geschah. Selbst wenn sie dies vorgehabt hätten, wäre eine Menge vonnöten gewesen, Folter, Hinrichtung und Bestattung eines Juden aus dem 1. Jahrhundert nachzuvollziehen, ohne einen einzigen Anachronismus zu begehen. Bedenken Sie kurz, was alles dazugehört hätte.

Zunächst hätten unsere archäologisch interessierten Muslime ihren Gefangenen mit einem römischen *Flagellum* geißeln müssen, bevor sie ihm in Nachahmung der römischen Gepflogenheiten einen Kreuzesbalken auf die Schultern geladen hätten. Dann hätten sie, statt je einen Nagel durch den linken und den rechten Fuß, fachkundig einen Nagel durch beide Füße treiben müssen, wozu sie das Kreuz nach Art der Römer mit einem *Suppedaneum* hätten versehen müssen. Sobald ihr Opfer gestorben war, hätten sie ihm, ebenfalls nach römischer Sitte, in die Seite stechen und dazu einen Speer in Gestalt einer römischen Lanze verwenden müssen. Damit nicht genug, musste die Inszenierung weitergehen, nachdem sie ihn vom Kreuz genommen hatten: Statt ihn in ein schlichtes Grab zu werfen, hätten sie ihm ein geziemendes jüdisches Begräbnis zuteil werden lassen, ihn von allem geronnenen Blut reinigen, das postmortale »Lebensblut« sorgsam erhalten, ihm den Kiefer hochbinden und ihn in ein regelgerechtes Begräbnislinnen hüllen müssen. Dieses Linnen, mittels antiker jüdischer Techniken zur Herstellung von Textilien aus edlem Material gewoben, musste aus der Gegend um Jerusalem stammen, wie sich an Pollen und Aragonitrückständen ablesen lässt, die sich in seinem Gewebe verfangen haben. Schließlich hätten sie das Begräbnis unvollendet lassen und den Leichnam, statt ihn in das Leichentuch einzubinden, lediglich lose bedecken müssen. Sie oder jemand anderer hätte dann binnen weniger Tage das Tuch wieder entfernen müssen – all das obendrein bei einem Mann, der eine frappierende Ähnlichkeit mit den überlieferten Porträts Jesu (siehe zum Beispiel Abbildung 33) hatte.

Die Chancen dagegen, dass Mamelucken (oder jemand anderer) ein derart bizarres »Rollenspiel« der Ereignisse um den Karfreitag in Szene gesetzt haben sollen, müssen verschwindend gering sein. Als historisches Szenario ist diese These spekulativ, unvernünftig und unlogisch.[4]

Verfechter dieser Art von Zufallsszenarien müssten daneben auch der Entstehungsweise des Grabtuchs Rechnung tragen. Wurde es mit Vorsatz hergestellt, um eine falsche Reliquie zu schaffen? Wenn ja, wie wurde das gemacht? Wie haben irgendwelche Betrüger im Mittelalter eine bildgebende Technik entwickeln können, die Generationen moderner Wissenschaftler vor ein Rätsel gestellt und außer diesem einen Artefakt keinerlei Spuren in den Annalen der Kunst- und Wissenschaftsgeschichte hinterlassen hat? Die Beschäftigung mit dieser Frage führt uns direkt zu pseudowissenschaftlichen Spekulationen über Dinge wie Fotografie-Vorläufer und Ähnliches. Wenn aber das Bildnis nur ein natürlicher Zufall wäre, der nur entdeckt wurde, weil jemand zur rechten Zeit in das Grabtuch hineingeschaut hat? Warum dann aber nicht akzeptieren, dass es ebenso gut durch Jesu Leichnam wie durch irgendeinen anderen hervorgerufen sein kann? Wenn wir bereit sind, das Grabtuch als Resultat einer Hinrichtung und Bestattung anzuerkennen, die genauso wie die von Jesus abgelaufen sind, wäre es unlogisch, sich auf den Standpunkt zu stellen, dass es ausgerechnet mit Hinrichtung und Bestattung Jesu nichts zu tun haben kann.[5]

Wenn man zugesteht, dass das Grabtuch einst den Leichnam eines Gekreuzigten umhüllt hat, es aber dann als Zufall oder Fälschung aus dem Mittelalter abtut, versieht man die Geschichte um den Ursprung des Grabtuchs mit allen möglichen unnötigen und unwahrscheinlichen Komplikationen. Im Prinzip gibt es nur zwei Motive, sich mit solchen Überlegungen herumzuschlagen. Das erste ist die kategorische Weigerung, die Möglichkeit auch nur zu erwägen, dass das Grabtuch echt sein könnte und es sich dabei wirklich um das Leichentuch handelt, in dem Jesus (anfänglich) beigesetzt wurde. Diese Weigerung verdankt sich in der Hauptsache irrationalen Vorbehalten im Hinblick auf die Bedeutung des Grabtuchs. Wenn wir über die potenzielle Beziehung zwischen Jesus und dem Grabtuch etwas genauer nachdenken, sollten sich diese Bedenken zerstreuen. Das zweite Motiv ist ein extremes Vertrauen in die Ergebnisse der Radiokarbondatierung von 1988. Wir werden jedoch im nächsten Kapitel sehen, wie wenig sicher diese Ergebnisse tatsächlich sind.

Zweifel und Glauben einmal beiseitegelassen, reichen die empirischen Belege, die wir bis hierher untersucht haben, in meinen Augen aus, um zu der Schlussfolgerung zu gelangen, dass es sich bei dem Grabtuch in der Tat um das Leichentuch Jesu handelt. Dies ist die einzig plausible Erklärung für die Beschaffenheit dieser speziellen Spuren auf diesem speziellen Stück Leinen. Die Erklärung ist jedoch noch nicht vollständig – wir haben noch immer den Prozess zu beleuchten, der das Körperabbild hat entstehen lassen.

Die großen Pioniere der Sindonologie haben das Grabtuch als rein natürliches Phänomen betrachtet, Produkt einer ganz normalen chemischen Reaktion, deren Geheimnis letztlich irgendwann von der Wissenschaft gelüftet werden wird.[6] Ihre Hoffnung hat, wie wir sehen werden, in jüngster Zeit Früchte getragen, und zwar in Gestalt einer exzellenten neuen Hypothese zur Natur des bildgebenden Prozesses, die auf solider wissenschaftlicher Forschung fußt. Seit den 1970er-Jahren haben sich allerdings viele Sindonologen für die Idee begeistert, dass das Bild Spuren irgendeines wundersamen Geschehens reflektiere, und manche haben gar versucht, dieser Idee einen wissenschaftlichen Anstrich zu geben. Herkömmlicherweise wurde das Grabtuch als wundersamer Abdruck von Christi schweißüberströmtem Körper – Vermächtnis seines Sterbens – betrachtet. Die neue Idee war, dass es durch einen kurzen Strahlungsblitz, der im Moment der Auferstehung von Jesu Körper ausging, so gestaltet wurde. Das Grabtuch wird heute oft als Beweis für die »Physik eines Wunders« betrachtet.

Die Strahlungstheorie ist in verschiedenen Nuancen verfügbar, unter anderem dergestalt, dass der Körper sich mit einem Schlag entmaterialisiert und dabei radioaktive Partikel – in der abgeschwächten Form der Theorie auch als radioaktive Strahlung – freigesetzt habe.[7] Manche Versionen, so zum Beispiel die Vorstellung, dass es zu einer Koronaentladung, einer Art von Plasmaentladung, zwischen Christi Leichnam und dem Tuch gekommen ist, setzen nicht notwendigerweise ein Wunder voraus, auch wenn das Gefühl, es mit etwas Übernatürlichem zu tun zu haben, bei so einem Phänomen nie ganz verschwindet.[8] Was all diese Vorstellungen gemeinsam haben, ist die Annahme, dass der Körper unnatürlich warm geworden sein muss und dass das Bild auf dem Grabtuch von einer schwachen Versengung der darin enthaltenen Zellulose herrührt. Diese Grundannahme verträgt sich nicht mit der mikroskopischen Analyse der Fasern im Körperbild. Wie weiter oben erklärt, wurde inzwischen gezeigt, dass die strohgelbe Verfärbung, die das Körperabbild ausmacht, auf der Oberfläche der Fasern vorliegt und nicht als Substanz etwa Teil der Zellulose selbst ist. Im Widerspruch zur ursprünglichen Schlussfolgerung des STURP-Teams wurde die Zellulose im Verlauf der Bildentstehung nicht versengt oder anderweitig in Mitleidenschaft gezogen. Ray Rogers, ein Fachmann für Pyrolyse, hat gezeigt, dass jede Wärmeentwicklung, die stark genug wäre, die Außenschicht einer Faser zu verfärben, diese bis ins Innerste durchfärben würde – doch das Innere der Faser bleibt ungefärbt.[9] Nach gründlicher Analyse der vorliegenden Befunde bleibt Rogers hartnäckig bei seinem Urteil: »Energiereiche Strahlung kann für die Farbe des Bilds nicht verantwortlich sein.«[10]

Die Probleme mit dieser Theorie gehen über Widersprüche im mikroskopischen Bereich weit hinaus. Selbst wenn wir einmal annehmen, dass ein Leichnam urplötzlich einen Strahlenblitz auszusenden vermag, würde dieses Ereignis kaum ein Bild hervorbringen, wie wir es auf dem Grabtuch vorfinden. Betrachten Sie die Theorie von Mark Antonacci, der zufolge der Körper sich schlagartig entmaterialisiert und dabei Protonen und Alphapartikel (und dergleichen mehr) aussendet, deren Energie von der äußersten Faserschicht des Tuchs absorbiert wird und so die Verfärbung bewirkt.[11] Rogers nennt dies ein »brillantes Beispiel für ergebnisfixierte Pseudowissenschaft« und merkt trocken an, dass »ein ärgerliches Problem an Antonaccis ›Theorie‹ darin besteht, dass die vollständige Konversion der Masse eines durchschnittlichen menschlichen Körpers in reine Energie die Wirkung einer gigantischen H-Bombe in der Größenordnung von 200 bis 300 Megatonnen TNT haben würde«.[12] Das Grabtuch wäre nicht leicht angesengt worden: Es wäre verschwunden und mit ihm ganz Jerusalem.

Wie der Vorschlag des französischen Journalisten Arthur Loth aus dem Jahre 1900, dem zufolge das Grabtuch eine Art »elektrischer Abdruck« sein sollte – eine Vorstellung, die sich vermutlich aus der Lektüre der *Frankenstein*-Novelle herleitet –, sind diese jüngsten Versuche, das Grabtuch im Rahmen einer »Physik der Wunder« zu erklären, eher wissenschaftlicher Dichtung denn wissenschaftlicher Suche nach Wahrheit zu verdanken. Hier trifft Sindonologie auf *Star Trek*.[13]

Wenn man mit einem mysteriösen Phänomen konfrontiert wird, gilt es allgemein als weise, zunächst einmal davon auszugehen, dass man es mit einer natürlichen Ursache zu tun hat. Obschon das Grabtuch das Ergebnis eines im Großen und Ganzen unbekannten Prozesses der Bildgebung zu sein scheint, besteht kein Grund, daran zu zweifeln, dass dieser Prozess den uns bekannten Gesetzen der Physik gehorcht. Schließlich kennt man noch andere seltsame Bilder, die ohne menschliches Zutun entstanden sind, und niemand sieht sich bemüßigt, für deren Entstehung Wunder zu bemühen. Im Jahr 1942 lenkte Jean Volckringer, ein französischer Apotheker, die Aufmerksamkeit auf die wunderbaren Spuren, die gepresste Pflanzen manchmal auf dem Papier, auf dem man sie trocknet, hinterlassen (siehe zum Beispiel Abbildung 38). Diese Abdrücke sind sogar noch detaillierter und filigraner als das Abbild auf dem Grabtuch und harren auch 70 Jahre nach ihrer Entdeckung noch immer einer befriedigenden Erklärung.[14] Ein ganz ähnliches Phänomen hat man 1981 in Lancashire entdeckt: Auf einer Matratze des örtlichen Hospizes fand sich der faszinierende Abdruck eines Mannes, der soeben in seinem Bett verstorben war (Abbildung 39). Er hatte an Bauchspeicheldrüsenkrebs gelitten und war am Ende seines Lebens inkontinent gewesen. Man hat gemutmaßt, dass das Abbild dadurch zustande gekommen war, dass Enzyme in seinem Harn mit dem Matratzenmaterial reagiert hatten.[15] Soweit wir wissen, hat man nie ein vergleichbares Bild gefunden, aber es hat trotzdem kaum etwas mit einem Wunder zu tun, und wir wissen, dass es sich nicht um das Resultat einer Auferstehung handelt. Menschliche Leichen können offenbar genau wie trocknende Pflanzen manchmal seltsame Färbungen hinterlassen.

Die ersten Wissenschaftler, die sich gefragt haben, wie sich das Bild auf dem Grabtuch auf natürliche Weise hat bilden können, waren vor mehr als einem Jahrhundert Yves Delage und Paul Vignon gewesen. Vignon realisierte sehr bald, dass zwei Eigenschaften des Bilds – seine diffuse Beschaffenheit und die offensichtliche Korrelation zwischen der Intensität des Bilds und der Oberflächenstruktur der Form, aus der es hervorgegangen ist – es nahelegten, dass es durch Gase zustande gekommen sein musste, die vom Körper eines Menschen freigesetzt wurden. Er übernahm diesen Hinweis von Kollegen, die sich mit der Frage befassten, ob sich fotografische Platten (außer durch Licht und andere Arten von Strahlung) auch durch Gase schwärzen ließen, und führte ein Experiment durch, mit dem er zeigen wollte, dass sich ein Bild wie auf dem Grabtuch durch »Vaporografie«, die Einwirkung von Gasen, würde hervorbringen lassen. Er setzte eine entsprechend sensibilisierte Platte einer zuvor mit Zinkpulver beschichteten Silbermünze aus und konnte zeigen, dass beim allmählichen Verdampfen des Pulvers ein Abbild der Münze von passabler Deutlichkeit, entstand – eine Vaporografie (Abbildung 40).[16] Damit nicht genug, beobachtete Vignon, dass seine »chemische Projektion« genau wie das Bild auf dem Grabtuch (aber im Unterschied zu einer Fotografie) genaue dreidimensionale Informationen über die Medaille enthielt – der Verdunstungsprozess hatte eine Art Reliefkarte hervorgebracht.[17] Eine ähnliche Vaporografie mit noch stärker ausgeprägtem dreidimensionalen Effekt schuf einer von Vignons Mitarbeitern, der Physiker René Colson, mithilfe einer kleinen zinkbeschichteten Gipsskulptur (Abbildung 40).

In den vergangenen Jahren sind diese Experimente bei den Sindonologen völlig in Vergessenheit geraten, und es herrscht weithin die irrige Vorstellung, dass Dämpfe kein kohärentes Bild und schon gar keine 3D-Informationen hervorbringen könnten.[18] Wären die Franzosen imstande gewesen, die Ergebnisse ihrer Versuche in einen Bildanalysator wie den VP-8 zu füttern, wäre die Bedeutung ihrer Arbeit womöglich sehr viel umfassender gewürdigt worden.

Leider vergaloppierte sich Vignon, nachdem er den physikalischen Prozess zutreffend dargestellt hatte, bezüglich der zugrunde liegenden Chemie. In der Annahme, dass der Leichnam mit einer Mischung aus Aloe und Myrrhe gesalbt worden war,[19] mutmaßte er, dass das Bild durch die Reaktion zwischen chemischen Bestandteilen aus den Aloe- und Ammoniumdämpfen und dem Schweiß des Leichnams (den er für ungewaschen hielt) zustande gekommen sein könnte.[20] Außer dass es bei dieser Überlegung theoretische Probleme gab, war sie auch experimentell kein besonderer Erfolg. Beerdigt wurde sie letztlich vom STURP-Team, das bei seinen Analysen keine Spuren von Aloe (oder Myrrhe) nachweisen konnte, aber zeigte, dass das Bild seinen »Sitz« nur auf der äußersten Tuchoberfläche hat, während die von Vignon vorausgesetzte Salbung das Gewebe in seiner ganzen Stärke durchdrungen haben würde.[21] Das bedeutet zwar, dass die von Vignon entwickelte Theorie der Vaporografie in einem Punkt unzutreffend war, jedoch nicht, dass das allgemeine Konzept an sich wertlos war. Das STURP-Team allerdings schüttete das Kind mit dem Bade aus. Statt Vignons Theorie zu überdenken, verwarf es seine Überlegungen in Bausch und Bogen und begann sich sehr viel weniger aussichtsreichen Erklärungen zu widmen, darunter der These, dass es für die Entstehung des Bilds zu einem direkten Kontakt zwischen Tuch und Leichnam gekommen sein musste, was von Vignon längst schlüssig widerlegt worden war, sowie verschiedenen Strahlungstheorien, die dieser (sehr zu Recht) von vornherein verworfen hatte.[22]

Irgendwann schließlich arbeitete sich einer der STURP-Wissenschaftler – Ray Rogers – über die Analyse sämtlicher verfügbaren chemischen und mikroskopischen Beobachtungen an Fasern aus dem Bereich der Körperzeichnung wieder zurück zu der Vorstellung von einer durch Vaporografie bewirkten Bildentstehung. Im Jahr 2003 verfasste er zusammen mit der Chemikerin Anna Arnoldi einen von anderen Wissenschaftlern für grundsolide erachteten Artikel, der zu guter Letzt eine überzeugende chemische Erklärung für die Entstehung des Körperabbilds lieferte und ausdrücklich darauf basierte, dass ein Leichnam Gase absondert.[23] Ein ganzes Jahrhundert nachdem Vignon seine Ideen zu Papier gebracht hatte, sind die Wissenschaftler womöglich kurz davor zu belegen, dass es sich bei dem Grabtuch tatsächlich um die spektakulärste Vaporografie der Welt handelt.

Am Anfang hatte Rogers lediglich aufgelistet, was aus wissenschaftlicher Sicht über das Grabtuch bekannt war: Farbe und Verteilung der Fasern, die das Körperabbild ausmachten, die Verfärbung nur auf der alleräußersten Schicht der Gewebefäden, die völlig fehlenden Fremdmaterialien auf dem Tuch und so weiter. Er wusste, dass es sinnlos wäre, eine Hypothese zu verfolgen, die nicht sämtliche dieser Besonderheiten des Bilds erklären konnte. Dann konzentrierte er sich auf die Struktur und Erscheinung der Fasern. Die Tatsache, dass es keinerlei Anzeichen von Zellulosedegradation gab, wies darauf hin, dass die Reaktion – worin auch immer sie bestanden haben mochte – bei einer relativ geringen Temperatur (unter 200 Grad Celsius) stattgefunden haben musste. Spektralanalysen legen die Vermutung nahe, dass es sich bei der verfärbten Schicht der einzelnen Fasern um dehydrierte Kohlehydrate handelte.[24] Man war zunächst davon ausgegangen, dass diese Schicht noch zur Zellulose der Zellwand gehörte, doch wie er und Adler hatten zeigen können, ließ sie sich leicht von den Fasern abstreifen – mit anderen Worten: Sie musste aus Verunreinigungen auf der Tuchoberfläche bestehen. Es galt daher herauszufinden, worin diese Verunreinigungen bestanden.

Um den Substanzen, die möglicherweise auf der frisch hergestellten Tuchoberfläche vorhanden gewesen sein könnten, auf die Spur zu kommen, untersuchte Rogers, wie in der Antike Leinen hergestellt wurde. Während des Webens, so stellte er fest, wurden die Webfäden geschützt und gefestigt, indem man sie mit Stärke, einem anderen Kohlehydrat, behandelte. War das Tuch gewebt, wurde es mehrfach mit Seifenkraut gewaschen, um es zu bleichen und wieder geschmeidig zu machen. Damit hat man den größten Teil der Stärke, allerdings nicht alle, entfernt, und zu den Kohlehydraten im Tuch hatten sich nun die Zuckerverbindungen aus dem Seifenkraut gesellt. Man hat auf dem Grabtuch tatsächlich Stärkespuren gefunden und auch Hinweise darauf, dass es mit Seifenkraut gewaschen wurde.[25] Am Schluss wurde das fertige Stück Tuch zum Trocknen über Buschwerk gebreitet.[26] Und beim Nachdenken über diese Vorgehensweise wurde Rogers klar, dass er auf der richtigen Spur war: Beim Verdunsten des Wassers würden alle Substanzen, die sich darin befunden hatten, auf die Oberfläche des Tuchs gelangen und sich dort als konzentrierte Schicht niederschlagen. Wenn nur diese Materialien an der Bildentstehung beteiligt wären, würde nur die alleräußerste Faserschicht die entsprechende Färbung annehmen.

Er konnte nun einigermaßen zuversichtlich davon ausgehen, dass die in den Prozess der Bildentstehung verwickelten Kohlehydrate Rückstände des Herstellungsprozesses waren. Was aber hatte ihre Verfärbung bewirkt? Die von ihm gefundene Lösung beantwortete auch die Frage nach der Herkunft des Grabtuchs.

Rogers ging auf, dass er es womöglich mit dem Ergebnis einer Maillard-Reaktion zu tun haben könnte: einer chemischen Reaktion zwischen Kohlehydraten und Aminen oder Aminosäuren. Maillard-Reaktionen sind sehr genau untersucht, denn sie spielen in der Lebensmittelindustrie eine große Rolle. Sie finden bei relativ geringen Temperaturen statt, ihre Reaktionsgeschwindigkeit ist recht hoch, und das Ergebnis ist eine Bräunung des Gegenstands, auf dessen Oberfläche sie sich abspielen. Die goldbraune Kruste von Brot ist beispielsweise auf eine Maillard-Reaktion zurückzuführen. Diese Überlegung ist im Fall des Grabtuchs deshalb so bedeutsam, weil Aminosäuren, die für die Reaktion mit Kohlehydraten nötig sind, durchaus von einem Leichnam freigesetzt werden können. Der Verwesungsgeruch einer Leiche ist tatsächlich auf Ammoniak und verschiedene Amine wie Putrescin und Cadaverin zurückzuführen, die sich recht bald nach Eintritt des Todes bilden. Dazu Rogers: »Die mögliche Quelle von Aminen – ein verwesender Körper – spricht deutlich für die Hypothese, dass das Grabtuch ein echtes Leichentuch ist.«[27]

Unter entsprechenden Bestattungsbedingungen ist diese Reaktion unvermeidbar. »Wenn Amine und reduzierende Zucker zusammenkommen, *dann werden sie miteinander reagieren. Sie werden Farbe erzeugen.* Das ist keine Hypothese. Das ist eine Tatsache. Ein gestärktes Tuch wird unausweichlich Farbe annehmen, wenn es sich in der Nähe eines verwesenden Leichnams befindet.«[28] Auch Leintücher, die ägyptische Mumien eingehüllt haben, sind in sehr vielen Fällen braun gefärbt, allerdings kennt man keines mit einem Bild, wie wir es vom Grabtuch kennen.[29]

Um diese Überlegungen zu überprüfen, tat Rogers sich mit der Lebensmittelchemikerin Anna Arnoldi zusammen und führte eine Reihe von Experimenten durch. Sie beschafften sich ein Stück Leinen, das nach den in der Antike üblichen Verfahren hergestellt worden war, behandelten es mit Seifenkrautlösung und einem Stärkeersatz (Dextrin) und setzten es dann über einen Zeitraum von zehn Minuten Ammoniumdämpfen aus (Abbildung 41). »Nach vierundzwanzig Stunden bei Raumtemperatur konnte man auf der Oberfläche des Tuchs eine ganz helle Färbung erkennen.«[30] Unter dem Mikroskop betrachtet wiesen die gefärbten Fasern sämtliche Merkmale der Grabtuchfasern aus dem Bereich des Körperabbilds auf: Auf der Außenseite waren sie goldbraun, auf der Innenseite ungefärbt, die Zellulose zeigte keinerlei Verfärbung. Die Färbung durchdrang das Tuch nicht und war genau wie die auf dem Grabtuch unlöslich. Rogers und Arnoldi hatten Zusammensetzung und Verteilung der Färbung auf den Fasern des Grabtuchs offenbar erfolgreich nachvollzogen. Damit liegt ein brauchbarer empirischer Beweis dafür vor, dass das Körperabbild durch eine Maillard-Reaktion in unmittelbarer Nähe eines Leichnams zustande gekommen ist.

Die Hypothese ergibt auch unter anderen Gesichtspunkten Sinn und scheint imstande, einige der rätselhaftesten Eigenschaften des Bildnisses auf dem Grabtuch zu erklären. Gase hätten das Blut auf dem Grabtuch nicht durchdringen können, was erklärt, warum sich unterhalb der Blutflecken kein Körperabbild befindet. Da die Intensität des Bilds von der Stärke der Verunreinigungen auf der Tuchoberfläche abhängt und nichts mit Druck zu tun hat, würde das erklären, warum die Rückansicht kein bisschen stärker ausgeprägt ist als die Vorderansicht.[31] Rogers gibt auch zu bedenken, dass aus Mund und Nase freigesetzte Ammoniumdämpfe womöglich die relativ starke Färbung von Bart und Nasenspitze erklären könnten. Ein Teil der hoch flüchtigen Ammoniumverbindungen hat möglicherweise auf der Tuchunterseite frei diffundieren und sich im dichten Haupthaar konzentrieren können, das eine mechanische Diffusionsbarriere dargestellt haben muss. Die solchermaßen konzentrierten Ammoniumverbindungen haben ein intensiveres Bild entstehen lassen.[32]

In noch ausgeprägterem Maße vermag die Hypothese von einer Maillard-Reaktion die sogenannte »doppelte Oberflächlichkeit« des Bildnisses zu erklären, womit der Umstand gemeint ist, dass Teile der Vorderansicht (insbesondere das Haar) ganz schwach auch auf der Unterseite des Tuchs zu erkennen sind. Kohlenhydratverunreinigungen werden auf beiden Seiten des Tuchs vorhanden gewesen sein, und Amine, die durch das Tuch hindurch diffundiert sind, werden hin und wieder in Kontakt mit diesen gekommen sein. Grundsätzlich dürfte die Reaktionshäufigkeit nicht ausgereicht haben, eine deutlich sichtbare Färbung hervorzurufen, aber dort, wo Haare als Diffusionsbarriere gewirkt haben, könnten sich mehr Ammoniumverbindungen gesammelt und das Tuch durchdrungen haben, sodass sich ein schwaches Bild hat entwickeln können.

Zugibe erkennt die Stichhaltigkeit der Hypothese einer Maillard-Reaktion an und kommt zu dem Schluss, dass sie von allen bisher vorgeschlagenen Mechanismen »am meisten verspricht«. Der einzige Einwand, den er vorbringt, betrifft die Auflösung des Bilds.[33] Rogers und Arnoldi gehen in ihrem Artikel kurz auf dieses Thema ein, führen verschiedene Faktoren an (beispielsweise die rasche Diffusion der Amine innerhalb des Tuchs und das steile Temperaturgefälle zwischen seiner Innen- und Außenfläche), die »zu einer raschen Verringerung der Aminkonzentrationen mit zunehmender Entfernung vom Kontaktpunkt« führen und so ein relativ scharfes Bild entstehen lassen sollten.[34] Dieses Argument war durch und durch theoretisch gemeint, aber vor seinem Tod im Jahr 2005 führte Rogers ein paar Experimente durch, mit denen er seine Theorie überprüfen wollte. Diese Experimente zeigten, dass sich auf einem entsprechend präparierten Stück Tuch wie vorhergesagt mithilfe von Amindämpfen relativ genaue Bilder erzeugen lassen. Um eine vernünftige Auflösung zu erzielen, muss die Körpertemperatur gering sein (damit die Konvektion nicht zu stark ist), die Amine müssen allmählich freigesetzt werden (damit es nicht zu einer »Überschwemmung« kommt), und die Umgebung muss kühl und windstill sein. All diese Bedingungen wären bei einem Leichnam, der kurz nach Eintreten des Todes in eine Grabkammer gebettet würde, erfüllt.[35]

Es besteht demnach eine reelle Chance, dass ein Leichnam das Grabtuch, wie von Rogers und Arnoldi beschrieben, vermittels Maillard-Reaktion hätte färben können. Ihre Arbeit ist in einem kürzlich erschienenen Übersichtsartikel von Dennis Mannix, einem pensionierten Chemiker und ehemaligen Mitglied der Royal Society of Chemistry, mit den Worten gewürdigt worden: »Rogers und Arnoldi waren in der Lage zu zeigen, dass das Bild durch eine Abfolge wohlbekannter chemischer Schritte und ohne jedes Geheimnis beziehungsweise ohne unbewiesene wissenschaftliche Theorien auskommt. Ihre Hypothese liefert eine Erklärung für jeden Aspekt des Bilds, der bisher diskutiert worden ist.«[36]

Kann man also sagen, dass die Maillard-Reaktion als wissenschaftlich belegte Lösung für diesen Fall betrachtet werden darf? Bislang nicht, wie auch

Ray Rogers nicht müde wurde zu betonen. Während andere auf der Basis sehr viel windigerer Beweise nur zu rasch bei der Hand waren mit der Behauptung, sie hätten das Rätsel gelöst, wusste Rogers, ganz der vorsichtige Wissenschaftler, sehr genau, dass es weiterer Tests bedurfte, bevor seine Hypothese als Faktum durchgehen konnte. Was jetzt gebraucht würde, wären Wissenschaftler, die seine Arbeit weiterführen und testen, ob sich auf einem entsprechend präparierten Stück Tuch vermittels eines Leichnams oder eines Leichenteils tatsächlich ein dem Grabtuchbildnis ähnliches Abbild erzeugen lässt – eine ziemlich gruslige Aufgabe vielleicht, aber möglicherweise eine von unerhörter kultureller Tragweite. Nur wenn die Maillard-Reaktion diesen Test besteht, werden wir sagen können, dass eine befriedigende Erklärung für die Körperzeichnung gefunden ist.

Eine solche Überprüfung würde auch Licht in die Schlüsselfrage der potenziellen Beziehung zwischen dem Grabtuch und den Osterevangelien bringen. Sindonologen nehmen häufig an, dass das Körperabbild erst nach Ostern auf dem Grabtuch manifest geworden sein kann, da es in keinem der Evangelien erwähnt wird.[37] Rogers aber berichtete, dass in seinem und Arnoldis Experiment die Färbung bereits nach vierundzwanzig Stunden sichtbar war, und er sagte auch, dass Maillard-Reaktionen »bei Raumtemperatur oder gar darunter sehr rasch ablaufen«.[38] Diese Frage harrt dringend einer Klärung, denn wie wir sehen werden, ist die Geschwindigkeit, mit der sich das Bild entwickelt hat, keineswegs ein nebensächliches Thema, sondern von zentraler Bedeutung für die Interpretation der Auferstehungserzählungen im Neuen Testament.

Seltsamerweise ist Rogers' Hypothese, obwohl sie so vielversprechend ist, von der Allgemeinheit ignoriert worden. Die Veröffentlichung seines und Arnoldis Artikels liegt inzwischen fast zehn Jahre zurück, dennoch haben offenbar nur wenige Sindonologen seine Bedeutung erkannt, und soweit ich weiß, sind keine weiteren Überprüfungen erfolgt. Ian Wilson, der wohl einflussreichste Autor, der sich mit dem Grabtuch befasst hat, erwähnt Rogers' Hypothese in seinem letzten Buch überhaupt nicht, noch kommt sie in David Rolfes Film über das Grabtuch vor, der für die Ausstellung von 2010 gedreht wurde. Das ist sonderbar. Nach langer Zeit wartete einer der renommiertesten und fachkundigsten STURP-Wissenschaftler endlich mit einer wissenschaftlich solide untermauerten Hypothese auf, die das Rätsel des Körperabbilds zu lösen versprach und starke Belege für die Annahme lieferte, dass das Grabtuch einst den Körper eines Verstorbenen geborgen hatte, doch die Sindonologen wollen das nicht wissen.

Einer der Gründe hierfür, so könnte man meinen, ist darin zu suchen, dass viele Grabtuchforscher zwar Lippenbekenntnisse zugunsten wissenschaftlicher Methoden ablegen, in Wahrheit aber jenseits aller wissenschaftlicher Evidenz längst zu der Überzeugung gelangt sind, dass es sich dabei um die materiellen Spuren eines Wunders handelt und das Bild darauf den hellen Lichtstrahl der Auferstehung reflektiert. Sie wollen nicht glauben, dass es sich um ein durch und durch natürliches Phänomen handelt, sondern ziehen es vor, das Ganze als Ergebnis irgendeiner von göttlicher Hand erzeugten Strahlung zu betrachten. Ein anderer Grund ist das weitverbreitete Fehlurteil, dass Dämpfe und Gase kein Bildnis von vernünftiger Auflösung zuwege bringen können. Die Tatsache, dass der Gründungstext der Sindonologie, Paul Vignons *Le linceul du Christ: étude scientifique* belegt, dass Vaporografie, eine Bildgebung durch Gase, nicht nur möglich ist, sondern auch dreidimensionale Informationen auf eine Weise bewahrt, die die Fotografie nicht leisten kann, ist allem Anschein nach in Vergessenheit geraten.[39]

Vielleicht ist der Hauptgrund dafür, dass die Erklärung von Rogers und Arnoldi so wenig populär ist, die verstörende Einsicht, das Jesu Leib zu verwesen begonnen hatte. Das verstößt gegen die »Weissagung« Petri aus der Apostelgeschichte (2,27) – »denn du gibst mich nicht der Unterwelt preis, / noch lässt du deinen Frommen / die Verwesung schauen«[40] – und macht es noch ein bisschen schwerer, an die Idee der Auferstehung Jesu zu glauben. Musste Gott ihm etwa nicht nur die Lebensenergie zurückgeben, sondern auch noch die Verwesung rückgängig machen? Und wie steht es mit Molekülen, die darüber verloren gegangen waren, jenen winzigen Teilen Jesu, die sich in die Luft der Grabkammer erhoben, Atome, die vielleicht sogar noch heute am Grabtuch haften? Ein Bild, das sich aus dem verwesenden Leichnam Jesu ergab, mag nicht ganz so tödlich für die herrschende Lehre von der Auferstehung Christi sein wie die Entdeckung seiner Knochen in einem Beinhaus, dennoch rührt die Vorstellung in unbehaglicher Weise an christliche Empfindsamkeiten. Rogers' Hypothese mag belegen helfen, dass das Grabtuch ein echtes Leichentuch ist – aber zu welchem Preis?

Für diejenigen, die von der Idee einer Auferstehung weniger fasziniert sind, sollten die Vorzüge der Hypothese auf der Hand liegen. Sie ist nicht nur in sich schlüssig, sondern verträgt sich auch mit den gesammelten Befunden an Blutflecken und Körperzeichnung und lässt keine Zweifel daran, dass das Grabtuch einst einen Leichnam barg. Wir verfügen nunmehr über eine Theorie zur Entstehung des Körperabbilds, die allen Indizien gerecht wird und nahezu vollständig ist. Und sie deutet unstrittig darauf hin, dass das Grabtuch das Leinentuch ist, in dem der Leichnam des gekreuzigten Jesus am Karfreitag bestattet wurde. Wie Yves Delage Anfang des 20. Jahrhunderts so beherzt verkündete, besteht kein Anlass, an der Existenz einer solchen Reliquie, wie einzigartig sie auch scheinen mag, aus Prinzip zu zweifeln. Wir besitzen die Totenkleider von Karl dem Großen und von Ramses II. – warum nicht das Leichentuch Jesu?

Es gibt nur ein Haar in der Suppe: die Radiokarbondatierung. Es ist eine Sache, aufgrund der Merkmale des Bildnisses und seiner materiellen Beschaffenheit zu dem Schluss zu kommen, dass das Grabtuch echt ist, aber wie steht es mit der Behauptung von Physikern, der zufolge das Tuch aus dem Mittelalter stammt? Macht das unsere Schlussfolgerungen nicht auf der Stelle wertlos und wirft uns auf Straitons zweifelhafte Idee vom gekreuzigten Kreuzfahrer zurück? Nun, das würde es, wenn Kernphysiker mit ihren Äußerungen *ex cathedra* so unfehlbar wären wie der Papst. Das aber ist alles andere als die Wahrheit. Wissenschaftler, die Radiokarbondatierungen betreiben, machen Fehler – genau wie alle anderen Menschen auch. Und die Einordnung des Grabtuchs ins Mittelalter war vielleicht der größte Fehler, der ihnen je unterlaufen ist.

13

Das Fiasko der Radiokarbondatierung

Für die meisten Zeitgenossen war die Radiokarbondatierung von 1988 der letzte Beweis dafür, dass das Turiner Grabtuch aus dem Mittelalter stammte. Die Ergebnisse wurden in einem Aufsatz von mehreren Autoren in der renommierten Wissenschaftszeitschrift *Nature* publiziert, die für sich in Anspruch nahm, »schlüssige Beweise dafür vorzulegen, dass das Grabtuch von Turin mittelalterlichen Ursprung ist«.[1] Um es genau zu sagen: Die Autoren stellten fest, dass der Flachs der untersuchten Proben mit einer Wahrscheinlichkeit (oder besser: einem Konfidenzniveau) von 95 Prozent zwischen 1260 und 1390 geerntet worden war. Das Grabtuch konnte demnach nicht das Leichentuch Jesu sein.

An den Aussagen von *Nature*, der Stimme der Wissenschaft, Zweifel anzumelden ist keine Kleinigkeit. Die Versuchung, sich der Autorität dieser wissenschaftlichen Urteilsverkündigung zu beugen und das komplizierte und schwierige Bemühen, das Grabtuch zu verstehen, aufzugeben, ist daher groß. Aber, wenn man es recht bedenkt, wissen wir auch, dass Wissenschaftler irren können und eine tolle Hochglanzpublikation durchaus Fehler und falsche Annahmen kaschieren kann. Jeder, dem es daher ernsthaft darauf ankommt, das Grabtuch und seine Herkunft zu begreifen, wird daher das Resultat der Radiokarbondatierung einer genauen Prüfung unterziehen wollen – der Art von Überprüfung, der jede wissenschaftliche Aussage standhalten muss.

Sobald wir diese letzte große Untersuchung des Grabtuchs zu hinterfragen beginnen, scheint alle Autorität wie weggeblasen. Die Radiokarbondatierung ist keineswegs, wie oft angenommen wird, ein »letztgültiger« Test. Obwohl unbestreitbar nützlich, sind ihre Ergebnisse oft mehrdeutig, sodass Konservatoren, Forscher und Gelehrte deren Zuverlässigkeit nicht allzu optimistisch einschätzen. Hinzu kommt, dass die Handhabung des damaligen Tests am Grabtuch so unsauber und unbefriedigend war, wie man die Durchführung eines wissenschaftlichen Projektes nur anstellen kann. Die allgemein verbreitete Wahrnehmung, der zufolge die Radiokarbondatierung des Grabtuchs die letztgültigen Antworten gegeben hat, ist schlicht ein Irrtum.

Vor allem sollte jedem klar sein, dass die Radiokarbondatierung wie jede andere hochkomplexe Operation leicht danebengehen kann.

Man bestimmt bei dieser Methode das Mengenverhältnis zweier verschiedener Kohlenstoffisotope (das heißt von Kohlenstoffatomen, deren Kerne eine unterschiedliche Masse haben) in kohlenstoffhaltigem Material. Der Großteil alles natürlich vorkommenden Kohlenstoffs hat die Massenzahl 12 (^{12}C) und stellt ein stabiles Isotop dar. Aber eines aus einer Billion Kohlenstoffatome hat die Massenzahl 14 (Kohlenstoff-14 oder ^{14}C), bei diesem handelt es sich um ein radioaktives Isotop, das mit bekannter Geschwindigkeit zerfällt. In der Atmosphäre wird ^{14}C mit stets gleichbleibender Geschwindigkeit nachgebildet, sodass die Gesamtmenge dieses Isotops unverändert bleibt. Dieses ^{14}C verbindet sich genau wie das weitaus häufiger vorkommende ^{12}C mit Sauerstoff zu Kohlendioxid (CO_2), das von Pflanzen – natürlich auch von Flachs – im Rahmen der Photosynthese absorbiert und so die Nahrungskette hinaufgereicht wird. Auf diese Weise bauen alle Organismen im Lauf ihres Lebens einen nie versiegenden Strom von ^{12}C und ^{14}C in genau dem Mengenverhältnis ein, wie es zu ihren Lebzeiten in der Atmosphäre vorliegt. Wenn ein Organismus stirbt, hört er auf, Kohlenstoff einzubauen, und das Mengenverhältnis der in ihm verbliebenen Isotope beginnt sich zu verschieben, da das radioaktive ^{14}C zerfällt, während das stabile ^{12}C an Ort und Stelle bleibt. Die genaue Zerfallsrate von ^{14}C ist bekannt, seine Halbwertszeit beträgt 5730 Jahre. Mit anderen Worten: Alle 5730 Jahre wird sich seine Menge halbieren. Dieser Umstand ermöglicht es Wissenschaftlern, den Zeitraum zu errechnen, der seit dem Absterben des Organismus verstrichen ist, indem sie das Mengenverhältnis von ^{14}C und ^{12}C in seinem Gewebe bestimmen.

In der Theorie ist die Radiokarbondatierung demnach eine relativ durchschaubare Angelegenheit. Die Praxis aber ist mit allen möglichen Problemen behaftet. Das Verhältnis von ^{14}C zu ^{12}C in organischem Material zu errechnen ist beileibe nicht das Gleiche wie die Kugeln an einem Abakus hin- und herzuschieben – es handelt sich dabei um ein technisches Verfahren, bei dem auch die Grenzen wissenschaftlicher Möglichkeiten deutlich werden. Eines der Hauptprobleme besteht darin, die winzige Menge an ^{14}C-Strahlung von der Hintergrundstrahlung aus allen möglichen anderen Quellen zu unterscheiden. Dieses Problem gelöst zu haben ist eine der großen Leistungen von Willard Libby, der die Radiokarbondatierungsmethode in den 1940er-Jahren entwickelt hat. Später hat man im Rahmen der Dendrologie (der Untersuchung der Jahresringe von Bäumen) festgestellt, dass die ^{14}C-Produktion der Atmosphäre aufgrund der Sonnenaktivität gewissen Schwankungen unterworfen ist, die das saubere Mengenverhältnis ^{12}C zu ^{14}C durcheinanderbringen. Man hat aus den Daten der Jahresringanalyse eine Eichkurve erstellt, um diesen natürlichen ^{14}C-Schwankungen Rechnung tragen zu können, aber allein das zeigt, wie komplex die Frage der Altersbestimmung auch dann noch ist, wenn man die relevanten Strahlungsimpulse kennt.[2]

Es gibt noch andere Faktoren, die die Interpretation der Daten mit einem erheblichen Maß an Unsicherheit befrachten können. Ein großes Problem sind Verunreinigungen. Auch wenn die potenziellen Kontaminationsquellen – Aktivität von Vulkanen und Kohlenstoffaustausch mit der unmittelbaren Umgebung (Luft, Rauch, Grundwasser und dergleichen mehr) – bekannt sind, ist es nicht immer möglich, die Ursache eines falschen Messwerts zu ergründen. Aufgrund der stets vorhandenen Möglichkeit einer Kontamination ist keine Radiokarbondatierung absolut sicher. Eine vor Kurzem erschienene Abhandlung zur Geschichte der Radiokarbondatierung kommt – mit direktem Bezug zum Turiner Grabtuch – zu der Schlussfolgerung, dass die Frage »der organischen Reaktionen und der Grabtuchverunreinigungen aus anderen Epochen eine sehr komplexe und wichtige Materie darstellt, die eine quantitative Untersuchung ihrer möglichen Folgen für die Messgenauigkeit verdient«.[3] Mit anderen Worten: Das Problem der Messgenauigkeit ist beachtlich und schwer zu quantifizieren.

Radiokarbondatierungen, die sich mit anderen Beweisen nicht vereinbaren lassen, sind in der Archäologie gang und gäbe und haben für eine beträchtliche Skepsis gegenüber dieser Technik gesorgt.[4] Da die Radiokarbondatierung hin und wieder solche Rätsel hervorbringt wie ein eiszeitliches Mammut aus dem Jahr 3600 v. Chr., versteht man die Ursache dafür.[5] Dem Archäologen William Meacham zufolge würde »kein verantwortungsbewusster Archäologe einer einzelnen Datierung oder einer Reihe von Datierungen an einem einzelnen Objekt vertrauen, wenn die Klärung einer größeren historischen Frage davon abhängt«.[6] Leider blieb die Deutung der Ergebnisse der Radiokarbondatierung von 1988 den Physikern überlassen, die die Tests durchgeführt hatten, Männern, die wenig über das Grabtuch wussten und keinerlei Erfahrung in der Interpretation eines so komplexen archäologischen Gegenstands hatten.

Die Probleme mit der Radiokarbondatierung fallen umso mehr ins Auge, als die Ergebnisse verschiedener Labors deutlich voneinander abweichen. Im Jahr 1989 beispielsweise, ein Jahr nach der Radiokarbondatierung des Grabtuchs, bekam es der griechische Archäologe Spyros Iakovidis mit einem völlig unlogischen Ergebnis zu tun: »Ich hatte zwei verschiedenen Labors in zwei verschiedenen Teilen der Welt eine bestimmte Menge derselben angekokelten Getreidekörner geschickt. Ich erhielt zwei Altersangaben, die sich um 2000 Jahre voneinander unterschieden; die fraglichen archäologischen Daten lagen genau in der Mitte dazwischen. Ich habe das Gefühl, dass dieser Methode nicht allzu sehr zu trauen ist.«[7]

Dass bei dieser Methode grundsätzliche Probleme bestehen, wird von den Datierungsspezialisten selbst attestiert. Bedenken Sie etwa folgende vorsichtige Formulierung aus einer Vortragszusammenfassung aus dem Jahr 1975. Einer der beiden Autoren war Willy Wölfli, einer der Professoren, die drei Jahre später für die Radiokarbondatierung des Grabtuchs verantwortlich sein sollten:

> »Das Vorhandensein signifikanter Messungenauigkeiten kann bei einer Altersbestimmung nie ausgeschlossen werden. Keine Methode ist immun dagegen, grotesk inkorrekte Ergebnisse zu zeitigen, wenn es mit den Proben aus dem Feld verborgene Probleme gibt. Die Ergebnisse, die [in diesem Artikel] dargestellt werden, zeigen, dass diese Situation sich sehr häufig ergibt.«[8]

Das ist ein verblüffendes Eingeständnis. Wölfli und seinen Kollegen zufolge treten Fehler auf dem Gebiet der Radiokarbondatierung zwar häufig auf, doch diskutieren die Wissenschaftler diese Ergebnisse wohl untereinander, sind aber weit weniger geneigt, ihren Ruf in aller Öffentlichkeit ankratzen zu lassen.

Aufschlussreiches über potenzielle Fallen der Radiokarbondatierung liefert die Mitschrift eines Vergleichs zwischen verschiedenen Labors aus dem Jahr 1983, mit deren Hilfe der Weg für das Grabtuchprojekt freigemacht werden sollte.[9] Der Koordinator dieser Übung war – genau wie beim Test von 1988 – Dr. Michael Tite, Chef der Forschungsabteilung am British Museum. Tite sandte an jedes der sechs teilnehmenden Labors (unter anderem in Arizona, Oxford und Zürich), die später das Tuch datieren sollten, eine Stoffprobe und bat um eine Altersbestimmung. Wölflis Labor in Zürich brachte es fertig, Probe Nummer 1 um 1000 Jahre zu jung, Probe Nummer 3 hingegen um 1000 Jahre zu alt zu schätzen. Man schob die Fehler auf eine unsachgemäße Reinigung der Proben, doch was immer die Ursache sein mochte, die Ergebnisse waren kaum dazu angetan, das Vertrauen in die Technik der Radiokarbondatierung zu stärken.[10] Die Zürcher »Ausreißer« waren ein echter Grund zur Besorgnis für diejenigen, die letztlich das Protokoll für die Radiokarbondatierung des Grabtuchs formulierten.

Der Vergleich zwischen den einzelnen Labors macht deutlich, wie unzuverlässig die Radiokarbondatierung vor dem Test von 1988 war. Auch unmittelbar danach war sie noch unzuverlässig. Im Jahr 1989 beschloss der britische Science and Engineering Research Council (SERC), eine Studie durchzuführen, bei der die Radiokarbondatierung selbst auf den Prüfstand gestellt wurde. Achtunddreißig Institute beteiligten sich an der Studie, jedes davon wurde gebeten, archäologische Funde zu testen, deren Alter bereits dokumentiert war. (Aus unerfindlichen Gründen verabsäumte es das Labor aus Oxford, eines von denen, die das Grabtuch im Jahr zuvor bereits untersucht hatten, an dem Vergleich teilzunehmen.) Die Ergebnisse wurden im *New Scientist* unter der Überschrift »Unerwartete Fehler bei Datierungstechniken« veröffentlicht und waren ausgesprochen heilsam. Man stellte fest, dass »die Fehlerspanne bei der Radiokarbondatierung [...] unter Umständen zwei- bis dreimal höher liegt als von den Datierungsfachleuten angegeben. [...] Von den achtunddreißig [Labors] legten nur sieben Ergebnisse vor, die die Organisatoren der Studie für zufriedenstellend hielten.«[11] Mit anderen Worten: Mehr als 80 Prozent der Teilnehmer versagten bei dem Test. Die drei Labors, die das Grabtuch im Jahr zuvor datiert hatten, bedienten sich einer Technik namens Beschleuniger-Massenspektrometrie, die »in der Übersichtsstudie schlecht abschnitt«. Einem der Organisatoren der Studie zufolge »lagen manche der Beschleuniger-Labors schon meilenweit daneben, wenn sie Proben datieren sollten, die nur 200 Jahre alt waren«.[12] Nur ein Jahr nachdem das Grabtuch durch die Beschleuniger-Massenspektrometrie als Fälschung gebrandmarkt worden war, hatte die Aussagekraft dieser Radiokarbondatierungsmethode selbst einen schweren Schlag erlitten.

Zwischen der allgemeinen Wahrnehmung der Radiokarbondatierung als unfehlbarem Verfahren und deren wahrem wissenschaftlichen Rang klafft demnach ein riesiger Abgrund. Tatsache ist, dass Radiokarbondatierungen sehr oft falsche Ergebnisse liefern, dass sehr häufig übertrieben wird, was man zu ihren Gunsten vorbringt, und dass die Technik, die 1988 zur Datierung des Grabtuchs angewandt wurde, besonders fehleranfällig ist (oder war). Die Betreiber jeder Technologie – auch der Verfahren zur Radiokarbondatierung – tendieren gerne dazu, Leistungsfähigkeit und Nutzen ihrer Methodik zu optimistisch einzuschätzen. Hinzu kommen mag, dass es sich in diesem Falle um Physiker handelt, die es nicht gewohnt sind, die eigenen Befunde vor historischem Hintergrund zu interpretieren, und vermutlich die Fehlerrate ihrer Methodik unterschätzen. Wessen tägliches Brot die historische Interpretation alter Fundstücke ist – Archäologen zumeist –, überlegt in der Regel sehr genau, ob er die Ergebnisse einer Radiokarbondatierung verwenden will oder nicht. Doch da Archäologen 1988 von der Datierung des Grabtuchs ausgeschlossen wurden, hat man bei der Verkündigung der Ergebnisse dieses hoch gehandelten Tests alle wissenschaftliche Vorsicht fahren lassen.[13]

Wie konnte es zu dieser Situation kommen? Die Antwort ergibt sich aus der traurigen Geschichte dieses Projekts. Menschen tendieren dazu, das Ergebnis der Radiokarbondatierung als schöne, saubere Zahl zu betrachten, die von einer Maschine als objektive, sachliche Antwort auf eine menschliche Frage ausgespuckt wurde. Wenn die Inhalte wissenschaftlicher Zeitschriften nur so geradlinig wären! Alle wissenschaftliche Arbeit ist durch menschliche Erwägungen und Vorbehalte beeinflusst, und die Radiokarbondatierung des Grabtuchs war Ergebnis eines langwierigen, chaotischen, durch politische Sprachregelungen geknebelten Prozesses, der per Dekret des Vatikans in ein durch und durch fehlerhaftes Verfahren mündete. Die Öffentlichkeit weiß zum großen Teil wenig bis nichts über den Sumpf von Eigeninteresse und wissenschaftlichem Kuhhandel, auf den sich die »Fakten« der Radiokarbondatierung im Fall des Grabtuchs gründen.

Das gemeinschaftliche Bemühen, die katholische Kirche dazu zu bringen, das Grabtuch datieren zu lassen, begann Ende der 1970er-Jahre. Zuvor war die Idee stets abgelehnt worden, weil sie ein Stück Tuch von passabler Größe erforderte, das bei der Untersuchung zerstört werden würde. Im Jahr 1977 aber wurde die Beschleuniger-Massenspektrometrie entwickelt, die mit Proben von Briefmarkengröße zu arbeiten vermochte. Professor Gilbert Raes war bereits 1973 gestattet worden, eine Probe von dieser Größe zu entnehmen, und es schien vernünftig zu erwarten, dass die Kirche eine zweite Probe in dieser Größenordnung für die Radiokarbondatierung gestatten würde. Dem STURP-Team aber wurden lediglich nichtinvasive Tests gestattet, und das Thema Radiokarbondatierung wurde für mehrere Jahre auf Eis gelegt.

Harry Gove, einer der Entwickler der Beschleuniger-Massenspektrometrie, war ausgesprochen erpicht darauf, sich an einer Datierung des Grabtuchs zu beteiligen, so es denn dazu käme. Gove war allerdings an dem Projekt weniger deshalb interessiert, weil er die Wahrheit über das Grabtuch herausfinden wollte, als vielmehr deshalb, weil er damit rechnete, dass die Untersuchung »eine in der Öffentlichkeit weithin beachtete Demonstration der Leistungsfähigkeit einer Radiokarbondatierung vermittels Beschleuniger-Massenspektrometrie« darstellen werde.[14] In den 1980er-Jahren setzte er sich an die Spitze einer Gruppe von Wissenschaftlern, die bei der katholischen Kirche beharrlich Lobbyarbeit für eine Datierung des Grabtuchs betrieben. Jeder der Beteiligten war sich über das Potenzial der Öffentlichkeitswirksamkeit eines solchen Tests im Klaren. Ein prominenter Mitstreiter war der Oxford-Professor Teddy Hall, der versuchte, Mittel für die Einrichtung eines Lehrstuhls an seiner Universität einzuwerben, ein Anliegen, dem das prestigeträchtige Grabtuchprojekt höchst dienlich sein würde. Das STURP-Team betrachtete Gove unterdessen als voreingenommene christliche Organisation, die in Konkurrenz zu seiner eigenen Gruppe stand, und setzte alles daran, die Forscher trotz deren Vertrautheit mit den Details des Grabtuchs aus dem Radiokarbondatierungsprojekt auszuschließen.

Im Jahr 1986 wurde in Turin endlich ein »Workshop« mit der Kirchenleitung abgehalten, bei dem man sich auf ein Protokoll einigte, das die wissenschaftliche Solidität des Tests garantieren sollte.[15] Rückblickend betrachtet waren die wichtigsten Vereinbarungen diejenigen, die das Verfahren der Probenentnahme definierten, das, wie wir sehen werden, den Kern der Kontroverse bildet. Man kam überein, dass »die Probe an unauffälliger Stelle« vom Grabtuch zu entnehmen sei und dass die »Auswahl des zu entnehmenden Stück Tuchs sowie die Entnahme selbst in der Verantwortung von Madame Flury-Lemberg« liegen sollten. (Zwei der Delegierten bei dem Workshop – Meacham und Adler – sprachen sich dafür aus, an mehreren Stellen Proben zu entnehmen, aber dieser vernünftige Vorschlag fand kein Gehör.)[16] Die »auftraggebenden Institutionen«, die für die Verteilung der Proben unter den Wissenschaftlern verantwortlich zeichnen sollten, waren das British Museum, der Erzbischof von Turin und die Päpstliche Akademie der Wissenschaften (deren Präsident Carlos Chagas jun. das Treffen leitete). Man einigte sich außerdem darauf, dass die Proben für die Radiokarbondatierung »unmittelbar vor einer Reihe anderer, von anderen Gruppen geplanter Experimente« entnommen werden sollten. Das hieß, den STURP- und anderen interessierten Wissenschaftlern sollte hinterher Gelegenheit gegeben werden, weitere Tests an dem Grabtuch durchzuführen. Die Zahl der Arbeitsgruppen, die sich an der Radiokarbondatierung beteiligen sollten, wurde auf sieben angesetzt, weil man sichergehen wollte, dass alle Ausreißer bei der Analyse der Ergebnisse mit statistischen Methoden bereinigt würden. Und es wurde ausdrücklich festgestellt, dass die »Entnahme von Proben so durchgeführt wird, dass Vertreter aus den sieben teilnehmenden Labors über komplette Einsicht in die Vorgehensweise verfügen«. Dieser Passus sollte dafür sorgen, dass die Wissenschaftler sicher sein konnten, mit der erhaltenen Probe tatsächlich ein Stück Grabtuch in Händen zu halten.

Bemerkenswerterweise enthielt das Turiner »Protokoll von 1986« jedoch auch eine Klausel, die das festgestellte Recht der Vertreter der jeweiligen Labors auf »komplette Einsicht« unterlief. Um die Glaubwürdigkeit des Tests in den Augen der Allgemeinheit zu erhöhen, ließen sich die Vertreter der Labors darauf ein, Grabtuch- und Kontrollproben blind zu bearbeiten: »Diese Grabtuchproben werden an die sieben Labors so verteilt, dass alle sieben die genaue Herkunft ihrer Probe nicht kennen.«[17] Das aber hieß offenkundig, dass sie nicht den gesamten Prozess verfolgen konnten, in den sie »komplette Einsicht« hätten haben sollen.

Für diese Entscheidung gibt es gibt keinerlei wissenschaftliche Rechtfertigung. Genau genommen war sie ausgesprochen peinlich. Jeder Teilnehmer des Turiner Workshops wusste, dass es unmöglich sein würde, die Tests blind durchzuführen, und zwar aus dem einen Grund, weil sich kein Kontrolltuch hatte finden lassen, dessen Webmuster der charakteristischen Köperbindung des Grabtuchs entsprach. Jeder wusste, dass die Grabtuchproben erkannt werden würden, sobald man sie auspackte.[18] Die Mehrheit der Delegierten – alle außer Gove und Meacham – waren jedoch darauf bedacht, dass der Test vor der Öffentlichkeit als blind gelten würde.[19] Und so einigte man sich auf ein vorgespiegeltes Blindverfahren, konstruiert, um die Menschen davon zu überzeugen, dass der Test »objektiv« verlaufe, auch wenn das bedeutete, dass die Forscher selbst nicht in der Lage waren, die Proben jederzeit im Auge zu behalten, und torpedierte ein entscheidendes Bollwerk gegen den Vorwurf der Täuschung. Offen gestanden übersteigt es jedes Vorstellungsvermögen, dass sich eine Gruppe herausragender Wissenschaftler darauf eingelassen haben sollte, die Seriosität eines wissenschaftlichen Test aus Propagandagründen derart zu unterlaufen und falsch darzustellen.

Nachdem sie sich mit den Behörden in Turin geeinigt hatten, nahmen die Wissenschaftler an, sie würden nun umgehend gebeten, mit den Tests zu beginnen. Doch nichts tat sich. Dann, im Oktober 1987, empfingen sie einen Brief von Kardinal Ballestrero, dem Erzbischof von Turin, in dem man sie darüber in Kenntnis setzte, dass die Zahl der Labors, die mit einer Analyse betraut wurden, auf drei reduziert werden musste und ein Teil der Absprachen, die in Turin getroffen worden waren, keine Gültigkeit mehr besäßen. Der Vatikan hatte sich eingeschaltet und ein neues Protokoll erlassen. Gove, dessen Labor zu den von der Liste gestrichenen gehörte, wehrte sich vehement gegen die Änderungen, er schrieb sogar einen Brief an die Herausgeber von *Nature*, in dem er erklärte, dass die Änderungen »zu einer Datierung des Grabtuchs von Turin führen würden, die ungleich weniger glaubwürdig sein werde, als man sie hätte erzielen können, wenn die ursprüngliche Vereinbarung beibehalten worden wäre«.[20] Doch das alles half nichts. Die drei ausgewählten Labors – Oxford, Tucson (Arizona) und Zürich – konnten der Versuchung, Schlagzeilen zu machen, nicht widerstehen und beugten sich den vom Vatikan verordneten Bedingungen.[21] Gove tröstete sich mit dem Gedanken, dass immerhin die STURP-Wissenschaftler auch von der Untersuchung ausgeschlossen worden waren.[22]

Der Test ging im folgenden Jahr über die Bühne. Der heikelste Schritt, die Probenentnahme, verlief unglaublich chaotisch. Er fand in der Sakristei des Turiner Doms statt, die Datierungswissenschaftler standen bereit. Die beiden Herren, die man mit dem Herausschneiden des Probenstücks betraut hatte, die Professoren Giovanni Riggi und Luigi Gonella, zankten über eine Stunde darüber, von welcher Stelle man die Proben entnehmen sollte, eine wichtige Frage, die man lange im Voraus hätte entscheiden müssen.[23] Endlich schnippelten sie sie aus derselben Ecke wie Raes und in unmittelbarer Nähe zu dessen Probe, eine Region, von der die (nicht anwesenden) STURP-Wissenschaftler annahmen, dass sie nicht repräsentativ für den Rest des Tuchs war.[24] Dieses eine Stück wurde in drei Teile geschnitten, für jedes Labor eines.

Statt sie nun den Wissenschaftlern direkt auszuhändigen, wurden die drei Stoffstücke von Kardinal Ballestrero und dem Abgesandten des British Museum, Michael Tite, in die Sala Capitolare, den Raum neben der Sakristei, gebracht. Dort wurden die Proben unter strengster Geheimhaltung in Folie eingepackt und zusammen mit Kontrollproben von anderen Stoffen in Behälter gesteckt, die anschließend versiegelt wurden, bevor sie den Datierungsspezialisten ausgehändigt wurden.

Die Labors brauchten sechs Monate, um ihre Tests durchzuführen und ihre Ergebnisse an Tite vom British Museum, der als Koordinator fungierte, zu senden. Sie waren erleichtert zu hören, dass ihre Ergebnisse einigermaßen übereinstimmten, notwendige Vorbedingung dafür, dass der Test als verlässlich angesehen werden konnte. Bei zwei gleichzeitig abgehaltenen Pressekonferenzen am 13. Oktober 1988 – eine in Turin und eine in London – wurde die Welt feierlich davon in Kenntnis gesetzt, dass das Grabtuch irgendwann zwischen 1260 und 1390 hergestellt worden sei (Abbildung 42). Die Kirche in Gestalt von Kardinal Ballestrero akzeptierte das Ergebnis ohne Vorbehalte.

Das Grabtuch, so schien es, war eine ausgewiesene Fälschung, nichts weiter als eine religiöse Spinnerei aus dem Mittelalter.

Wie viel Vertrauen sollen wir nun in das Ergebnis der Radiokarbondatierung aus dem Jahr 1988 setzen? Nicht so viel jedenfalls, wie allgemein angenommen wird. In Anbetracht der bruchstückhaften Berichte über das wissenschaftliche Vorgehen und des Unfugs, der während des ganzen Datierungsprojekts passiert ist, wäre es kaum verwunderlich, wenn es Fehler gegeben hätte. Auf welcher Basis kann dieser schlecht organisierte Test für sich in Anspruch nehmen, immun gegen die vielen Probleme zu sein, mit denen die Radiokarbondatierungsmethode in den 1980er-Jahren noch behaftet war? Einzusehen, dass ein Irrtum unterlaufen kann, ist eine Sache, festzustellen, dass wirklich etwas schiefgelaufen ist, jedoch eine andere. Welche Gründe gibt es daher in diesem speziellen Fall, dem Ergebnis der Radiokarbondatierung zu misstrauen?

Zunächst einmal macht die Ansiedelung des Grabtuchs im Mittelalter dieses buchstäblich unbegreiflich. Mehr als ein Jahrhundert hindurch haben Forscher das Grabtuch von vornherein als mittelalterliches Artefakt betrachtet, und genauso lange ist es niemandem gelungen, daraus schlau zu werden. Das ist nicht weiter verwunderlich, weil, wie wir gesehen haben, das Grabtuch als Kunstwerk des Mittelalters nicht plausibel ist, weil weder die vorsätzliche »Nachbildung« von Christi Leichentuch noch schriller Zufall als Erklärung infrage kommen. Wenn es also darum geht, das Ergebnis der Datierung in eine umfassende und angemessene Beschreibung von Herkunft und Schicksal des Grabtuchs einzubinden, liegt die Beweislast bei denen, die weiterhin dazu stehen – so wie es Archäologen mit jedem anderen Radiokarbondatierungsergebnis auch ergeht. Dazu ist man auffällig wenig bereit. Wie wenig die Radiokarbondatierer das Problem selbst sehen, wird an Teddy Halls Aussage auf der Londoner Pressekonferenz deutlich, der zufolge »jemand einfach ein Stück Leinen hergenommen, es gefälscht und gegeißelt« habe.[25]

Schenkt man ihm Glauben, so erhebt das Ergebnis der Datierung das Grabtuch in der Tat in den Status eines Wunders, eines Gegenstands, der vielleicht nicht gegen ein Naturgesetz, aber immerhin gegen ein Kulturgesetz verstößt. Alle Werke sind unauflöslich mit der Kunst und dem technischen Stand der Gesellschaft verknüpft, in der sie entstanden sind. Was sich nicht innerhalb der Gegebenheiten seines (mutmaßlichen) kulturellen Kontextes erklären lässt, lädt zu einer übernatürlichen Erklärung ein. Soweit mir bekannt ist, hat bislang niemand den Standpunkt vertreten, das Grabtuch sei von Aliens im mittelalterlichen Frankreich deponiert worden, aber nach der Radiokarbondatierung machte Kardinal Ballestrero immerhin den Vorschlag, man möge es »dem übernatürlichen Wirken Gottes« zuschreiben, und verglich es mit der berühmten Jungfrau von Guadalupe, einem Gemälde, das katholischer Überlieferung zufolge 1531 auf wundersame Weise auf dem Mantel eines Bauernjungen erschienen ist.[26] Menschen von etwas skeptischerer Gesinnung finden diese Vorstellung möglicherweise schwer zu akzeptieren. Dafür, dass das Grabtuch aus dem 14. Jahrhundert stammen soll, gäbe es allerdings keine befriedigendere Erklärung.

Der zweite Grund, das Ergebnis von 1988 abzulehnen – genauer genommen ist es ein ganzes Bündel an Gründen –, ist, dass es mit den vielen Indizien kollidiert, die auf eine Existenz des Grabtuchs lange vor 1260 hindeuten: die Tatsache, dass dem Lignin in den Fasern des Tuchs alles Vanillin abhanden gekommen ist, womit es mehr als 1300 Jahre alt sein muss; die Tatsache, dass das Bild darauf von einem Kreuzigungsopfer stammt, eine Hinrichtungsart, die seit dem 4. Jahrhundert geächtet wird; die Tatsache, dass die Geißelspuren von einem römischen *Flagellum* zeugen; und die Tatsache, dass die Details seiner Web- und Nähtechnik mit den Gepflogenheiten der Antike, nicht aber mit denen des Mittelalters übereinstimmen. Und das sind nur die Beweise, die wir bisher besprochen haben. Im nächsten Kapitel werden wir uns mit verschiedenen historischen und kunsthistorischen Argumenten auseinandersetzen, die uns in die Lage versetzen zu sagen, wo sich das Grabtuch lange vor 1260 – ja tatsächlich bis zum 6. Jahrhundert – befunden hat. In Anbetracht all der Gegenbeweise dogmatisch am 14. Jahrhundert festzuhalten wäre einigermaßen unvernünftig, insbesondere vor dem Hintergrund, dass das Datierungsprojekt so unerhört fehlerbehaftet war.

Was also hat so falschlaufen können? Das ist eine sehr viel schwierigere Frage, und noch fast ein Vierteljahrhundert nach dem Geschehen zerbrechen sich die Sindonologen den Kopf darüber. Die merkwürdige Weigerung der katholischen Kirche, weitere Untersuchungen an dem Grabtuch zuzulassen, ist sicher eines der größeren Hindernisse, die einer Klärung im Wege stehen. Im Prinzip gibt es allerdings drei Möglichkeiten.

Die erste wäre, dass die Grabtuchprobe, die den Labors überstellt wurde, kontaminiert oder auf die eine oder andere Weise chemisch so verändert war, dass die gemessenen ^{14}C-Mengen größer ausfielen, als dies hätte der Fall sein sollen. In der überwiegenden Zahl der Fälle, in denen Radiokarbondatierungen zweifelhafte Ergebnisse hervorgebracht haben, hat das damit zu tun, dass sich ein natürlicher Prozess mit dem regelmäßigen Ticken der »Radiokohlenstoff-Uhr« überlagert hat. Die einfachste Erklärung für ein verdächtiges Datierungsergebnis ist das Vorhandensein einer Kontaminierung oder eine anderweitig erfolgte Erhöhung der ^{14}C-Menge. Wie oben erwähnt können die Messfehler durch solche Umstände gigantisch sein und im Bereich von Jahrtausenden liegen.

Es gibt Hinweise darauf, dass Datierungen an Leinen besonders anfällig für Verzerrungen sind. Ende der 1970er-Jahre ließ Dr. Rosalie David vom Manchester Museum Proben von einer ägyptischen Mumie am British Museum datieren und bekam mitgeteilt, dass die Binden 800 bis 1000 Jahre jünger sein sollten als der Leichnam.[27] Sie wollte nicht glauben, dass die Mumie ein zweites Mal bandagiert worden war, auch fielen andere Ergebnisse aus dem Rahmen. Im Jahr 1997 war David zusammen mit Gove und anderen Mitautorin eines Aufsatzes, in dem über neue Experimente an ägyptischen Ibis-Mumien berichtet wurde und dessen Fazit lautete, dass »es eine signifikante Diskrepanz – im Mittel bei 550 Jahren – zwischen den Datierungsergebnissen an den Binden und denen an der Mumie selbst gab«.[28] Man hat zwei mögliche Gründe für die abnormen Datierungsergebnisse an dem Leinen angeführt: einmal, dass die Durchlässigkeit der Fasern das Gewebe besonders anfällig für Kontaminationen mache, oder aber, dass Nutzpflanzen aufgrund ihrer kurzen Lebensdauer kurzfristige Schwankungen der atmosphärischen ^{14}C-Konzentrationen besonders auffällig reflektieren könnten.

Die Proben von 1988 waren mit Standardmethoden gereinigt worden, aber, wie Gove anmerkt: »Eines der Probleme mit kleinen Proben ist, dass man nie weiß, ob die Reinigung effizient verlaufen ist.« Und er bringt folgendes Argument vor: »Alle Labors haben dieselbe Methode zum Reinigen ihrer Proben angewendet. Wenn also eine Kontamination vorhanden war, die bei dieser Methode nicht beseitigt wurde, dann gelangten alle drei Labors zum selben Resultat, und alle drei lägen falsch.«[29]

Bezüglich möglicher Kontaminationsquellen sind verschiedene Vermutungen geäußert worden. Eine der ersten Überlegungen war, dass es im Jahr 1532, in dem das Tuch angesengt wurde, zu einer größeren ^{14}C-Anreicherung gekommen sein könnte,[30] eine andere, in manchen Kreisen sehr beliebte Erklärung, dass die Auferstehung ein radioaktives Ereignis war, das einen Teil des in dem Tuch vorhandenen Kohlenstoffs in sein ^{14}C-Isotop verwandelt hat.[31] Wieder eine andere Theorie wurde von dem texanischen Mikrobiologen Dr. Leoncio Garza Valdes aufgestellt, der annimmt, die Tuchprobe sei von einer Art »bioplastischer Firnis«, das heißt, einer natürlichen, transparenten Schicht. überzogen gewesen, die von Pilzen und Bakterien gebildet wurde.[32] Manche dieser Theorien sind einleuchtender als andere, aber keine hat weite Verbreitung erlangt, geschweige denn ist eine belegt worden. Ohne Zugriff auf das Grabtuch ist schwer auszumachen, wie man mit solchen Forschungsansätzen vorankommen kann.

Die zweite Möglichkeit wäre, dass das vom Grabtuch abgeschnittene Stück Stoff gar nicht Teil des eigentlichen Gewebes ist, sondern von einer im späten Mittelalter oder während der Renaissance sorgfältig ausgebesserten Stelle stammt. Diese Überlegung wird von zwei Amateurforschern, Sue Benford und Joe Marino, favorisiert.[33] Kernstück ihrer Theorie ist, dass die entsprechende Ecke des Grabtuchs »unsichtbar«, das heißt vermittels Kunststopferei, so kundig ausgebessert wurde, dass selbst Textilexperten dies nicht notwendigerweise mit bloßem Auge erkennen können. Über die Glaubwürdigkeit dieser These gehen die Meinungen auseinander. Benford und Marino zitieren Experten, die ihrer Theorie zuzustimmen geneigt sind, doch die Textilhistorikerin Mechthild Flury-Lemberg hält dagegen: »Selbst die sorgfältigste Ausführung kann den Eingriff vor dem geübten Auge letztlich nicht ganz und gar verbergen, und auf der Rückseite des Tuchs wird er immer zweifelsfrei sichtbar sein.«[34] Sie hat die Rückseite des Tuchs selbst in Augenschein genommen und verneint jeden Hinweis auf Ausbesserungsarbeiten.

Dessen ungeachtet hat die Ausbesserungshypothese vor Kurzem Auftrieb durch Ray Rogers erhalten, dessen akribische Untersuchungen an verschiedenen Proben des Grabtuchs kurz vor seinem Tod im Jahr 2005 in *Thermochimica Acta* publiziert wurden und der ihr ein gewisses Maß an Unterstützung gewährt. Bei der Untersuchung von Fäden aus der Raes-Probe und der angrenzenden Probe für die Radiokarbondatierung stellte Rogers fest, dass diese mit einem Harz überzogen waren, das Alizarin und Färberröte – mit anderen Worten: einen Farbstoff – enthielten. Keiner der Fäden, die vom Hauptkorpus des Tuchs entnommen worden waren, wies diese Verbindungen auf. »Das Vorhandensein von Alizarin und Färberröte in der Raes-Probe und der Probe für die Radiokarbondatierung lässt darauf schließen, dass an dieser Stelle die Farbe manipuliert wurde«, schrieb er. »Vor allem Farbe und Verteilung der Farbschicht lassen vermuten, dass zu irgendeinem unbekannten Zeitpunkt Ausbesserungen mit anderen Leinfäden vorgenommen wurden, die eingefärbt wurden, um an die Farbe des älteren Originalmaterials heranzukommen.«[35] Zum Allermindesten liefern Rogers' Beobachtungen den Beweis dafür, dass die Proben für die Radiokarbondatierung von einer suspekten Stelle auf dem Tuch stammen. Wiederum ist es unmöglich, irgendetwas darüber hinaus zu sagen, solange die Kirche nicht das Versprechen von Johannes Paul II. erfüllt und Wissenschaftlern wieder Zugang zum Grabtuch verschafft.

Die dritte Möglichkeit wäre, dass ein Betrug stattgefunden hat, und die echten Grabtuchproben vorsätzlich gegen ein Stück Tuch ausgetauscht wurden, das später entstanden ist. Mutmaßungen in dieser Richtung kommen aus so unterschiedlichen Lagern wie dem der ultrakonservativen katholischen Gegenreformation, deren Vertreter das Ganze für eine Freimaurerverschwörung zur Diskreditierung des Grabtuchs halten, und dem der deutschen »Häretiker« Holger Kersten und Elmar Gruber, die der Ansicht sind, die katholische Kirche habe sich das Ergebnis zurechtgebastelt, weil sie Sorge hatte, das Grabtuch könne am Ende belegen, dass Christus gar nicht am Kreuz gestorben sei.[36] Die meisten Sindonologen halten ein solches Betrugsszenario schlicht für unglaubwürdig. Manche, wie Ian Wilson, lehnen es ab, sich mit solcherlei »unwürdigen« Anschuldigungen zu befassen. Dennoch ist Betrug in Wissenschaftskreisen beileibe nichts Unbekanntes, und die Herausgeber von Wissenschaftszeitschriften wissen das sehr gut. Man muss sich nur den berüchtigten Streich mit dem Piltdown-Menschen vor Augen halten (an dessen Aufklärung übrigens Teddy Hall maßgeblich beteiligt war) oder den Coup aktuelleren Datums von Professor Hwang Woo-suk, dessen fingierte Forschungen an menschlichen Stammzelllinien 2004 und 2005 Eingang in die renommierte Zeitschrift *Science* fanden.[37]

Ein wichtiger Punkt fällt zugunsten der Möglichkeit eines Betrugs in die Waagschale: Wenn der Fehler bei der Radiokarbondatierung Zufall war, dann ist es doch bemerkenswert, dass das Ergebnis so gut zu dem Datum passt, das von Grabtuchskeptikern immer als dessen historisches Debüt angegeben wird. Wenn jedoch Betrug im Spiel ist, dann brauchte es keinen Zufall. Hätte jemand den Wunsch gehabt, das Grabtuch unglaubwürdig zu machen, dann wäre »1325 ± 65 Jahre« genau die Art von Angabe, die er sich gewünscht hätte.

Das Argument lenkt die Aufmerksamkeit auf den absurdesten Aspekt der ganzen Angelegenheit: die unnötige Geheimniskrämerei bei der Verpackung der Proben. Obwohl sie bei der Probenentnahme vor Ort waren, konnten sich die Wissenschaftler aus den Datierungsgruppen nicht sicher sein, woher die Proben, die man ihnen aushändigte, wirklich stammten. Die »komplette Einsicht«, die sie in den Vorgang der Probenentnahme hatten haben wollen, war in dem Augenblick perdu, da Ballestrero und Tite die Proben in die Sala Capitolare mitnahmen. Von da an hing die gesamte Aussagekraft des Tests an der Kompetenz und Integrität des Kardinals und des Vertreters des British Museum. Niemand sonst weiß, was in dem Raum vor sich gegangen ist. Die Aussage, dass das Leinen des Grabtuchs aus dem Mittelalter stammt, fußt daher letztlich auf dem unbeobachteten Verhalten zweier Männer – das heißt auf Vertrauen und nicht auf Wissenschaft. In Anbetracht der Tragweite des Themas, vor allem für die Kirche, lässt sich die Möglichkeit der Manipulation nicht so einfach vom Tisch wischen. Wie Meacham es ausdrückt:

»Eine lückenlose Beweiskette ist wichtig, um auf transparente Weise zu garantieren, dass keinerlei Machenschaften stattfinden konnten.«[38]

Kontamination, Kunststopferei oder kriminelle Energie: Drei potenzielle Fehlerquellen, von denen jede die fragwürdige Radiokarbondatierung hätte bedingen können. Aber ist es legitim, das Ergebnis der Datierung zurückzuweisen, ohne genau zu klären, was im Einzelnen falschgelaufen ist? Natürlich ist es das. Archäologen legen regelmäßig »lästige«, aus dem Ruder gelaufene Radiokarbondatierungen zu den Akten. Der Erfolg einer Radiokarbondatierung sollte nie einseitig verkündet werden, er ist immer vor dem Hintergrund der übrigen Beweislage zu gewichten. Der Test von 1988 kann daher für null und nichtig erklärt werden, auch wenn es ohne weitere, unmittelbar am Grabtuch vorgenommene Untersuchungen nicht sehr wahrscheinlich ist, dass wir jemals definitiv imstande sein werden zu sagen, was daran nicht in Ordnung war.

Nicht nur Sindonologen halten den Radiokarbontest für fragwürdig. Der durch und durch unhaltbare »endgültige Beweis«, den der *Nature*-Artikel aus dem Jahr 1989 feiert, ist auch dem gegenwärtigen Leiter der Oxford Radiocarbon Accelerator Unit (ORAU), Professor Christoper Ramsey, nicht geheuer:

> »Nichts ist endgültig [...] die meisten wissenschaftlichen Experimente werden nur dadurch verifiziert, dass sie viele Male wiederholt werden. [...] Beim Grabtuch von Turin sind Sie in einer etwas schwierigen Lage, weil Sie natürlich nicht immer weiter unzählige Male eine Datierung vornehmen können. Als Wissenschaftler bin ich sehr viel mehr daran interessiert, die richtige Antwort zu finden, als daran, an einer Antwort festzuhalten, zu der wir schon einmal gelangt waren.«[39]

Ramsey spricht hier als besonnener Wissenschaftler. Das Ergebnis der Radiokarbondatierung von 1988 wurde nie durch Folgeexperimente verifiziert, daher können wir nicht sicher sein, dass die richtige Antwort schon gefunden ist.

Im Jahr 2008 arbeiteten Ramsey und sein Team mit John Jackson zusammen, um eine neue Hypothese über eine mögliche Kohlenstoffkontaminierungsquelle zu testen, die das Leinen des Grabtuchs möglicherweise beeinflusst haben könnte. Auf der Internetseite der ORAU rechtfertigt Ramsey das anhaltende Interesse seines Labors an dem Grabtuch mit folgenden Worten:

»Es gibt eine Menge anderer Beweise, die viele Leute vermuten lässt, dass das Grabtuch älter ist, als die Radiokarbondatierung zubilligt, und daher sind mit Sicherheit weitere Untersuchungen nötig. Es ist wichtig, dass wir wie bisher weiter die Genauigkeit der ursprünglichen Radiokarbontests überprüfen. Genauso wichtig ist es, dass Experten einen Teil der anderen Befunde beurteilen und neu bewerten. Nur so werden die Menschen zu einer kohärenten Historie des Grabtuchs gelangen können, die alle verfügbaren naturwissenschaftlichen und historischen Informationen erklärt.«[40]

Das ist eine extrem vernünftige Aussage, wobei die fortdauernde Beteiligung des Oxford-Labors an der laufenden Forschung nicht eben dazu angetan ist, das Vertrauen in die Ergebnisse von 1988 zu festigen.

Die Radiokarbondatierung des Grabtuchs wird zweifellos als eines der größten Fiaskos in der Geschichte der Naturwissenschaft in Erinnerung bleiben. Sie gäbe eine hervorragende Fallstudie ab für jeden Soziologen, der sich dafür interessiert, wie beeinflussbar Wissenschaft durch berufsbedingte Voreingenommenheiten, Vorurteile und Ambitionen ist, von religiösen (und antireligiösen) Überzeugen ganz zu schweigen. Ganz sicher sollte sie allen Praktikern, welcher Disziplin auch immer, eine Warnung sein, falls sie der Versuchung erliegen sollten, ihre Arbeit als wichtiger und »grundlegender« als jede andere zu betrachten. Die Wissenschaft rund um das Grabtuch von Turin ist gleichsam ein Mikrokosmos menschlichen Wissens: ein großes multidisziplinäres Unterfangen, ein Staunen erregendes Phänomen so elegant und verstehbar wie irgend möglich zu beschreiben. Zufällig hat sich im Falle des Grabtuchs das Studium der Handarbeitskünste als wesentlich nützlicher erwiesen als die Radiokarbondatierung. (Nadelstiche sind leichter zu betrachten und zu interpretieren als atomare Mengenverhältnisse, was sie in Bezug auf alte Textilien zu einer relativ verlässlichen Informationsquelle macht.) Radiokarbondatierungen könnten immer noch einen wertvollen Beitrag zur Sindonologie leisten, so die katholische Kirche je weitere Untersuchungen gestattet und diese Tests, wie von Professor Ramsey empfohlen, in ein übergreifendes interdisziplinäres Forschungsprogramm eingebettet werden. In der Zwischenzeit können wir sie unbeschadet ignorieren und uns auf ergiebigere Forschungsansätze konzentrieren.

Lange bevor das Grabtuch bei Gove und seinen Mitarbeitern auch nur ansatzweise ins Blickfeld gerückt war, wussten die Sindonologen um historische Indizien – vereinzelte Berichte über Überreste von Christi Begräbnislinnen in Byzanz –, die darauf schließen ließen, dass das Grabtuch bereits Jahrhunderte vor seinem ersten Auftritt in dem französischen Dörfchen Lirey existiert haben muss. Im Jahr 1978, als die Bestrebungen, das Grabtuch mittels Radiokarbondatierung zu untersuchen, allmählich in Gang kamen, veröffentlichte Ian Wilson eine bemerkenswerte neue Theorie, die genau zu erklären versprach, wo das Grabtuch den größten Teil des ersten Jahrtausends n. Chr. aufbewahrt worden war – und warum es in dieser Zeit nahezu unbekannt war. In den darauffolgenden Jahrzehnten haben andere Sindonologen geduldig weiter an dieser Theorie gefeilt, sodass sich der Verbleib des Grabtuchs inzwischen mit relativ großer Sicherheit von der Antike an rekonstruieren lässt. Die historischen und kunsthistorischen Forschungsergebnisse bilden eine aufschlussreiche Ergänzung zu den in den vorangegangenen Kapiteln diskutierten naturwissenschaftlichen Erkenntnissen über das Alter des Tuchs und erhellen das Schicksal des Grabtuchs vielleicht sogar bis ins 1. Jahrhundert zurück.

14

Das Grabtuch im Osten

Am 24. Juni 1203 segelte eine unbarmherzige, disziplinlose Streitmacht gen Konstantinopel und schickte sich an, die Königin aller Städte zu belagern. Der Vierte Kreuzzug, von den Teilnehmern als erneuter Versuch betrachtet, das Heilige Land den Sarazenen zu entreißen, war im Begriff, seine Vorzeichen zu ändern und zu einem schändlichen Akt der Plünderung und Brandschatzung zu verkommen. Auf ihrem Weg ins Morgenland hatten die Kreuzfahrer den im Exil lebenden Erben des byzantinischen Throns, Alexios IV. Angelos, an Bord genommen und beschlossen, diesen zurück in seine Heimatstadt zu geleiten. Allem Anschein nach hatten sie im Sinn, seiner Dynastie wieder zur Macht zu verhelfen und dann, fürstlich entlohnt, ins Heilige Land weiterzufahren. Doch wenn das wirklich ihr Plan gewesen war, so wurde der nur zu bald durch die tiefsitzende Feindschaft zwischen der alten Hauptstadt des Oströmischen Reichs und dem feudalen Westen unterminiert.[1]

Drei Wochen nach ihrer Ankunft erreichte die Expedition ihr erstes Ziel. Die Mauern der Stadt wurden gestürmt, der unrechtmäßige Kaiser Alexios III. floh, die Bürger beugten sich dem Diktat der Kreuzfahrer und setzten flugs den blinden Isaak Angelos II. als neuen Kaiser und dessen Sohn Alexios IV. als Mitkaiser und eigentlichen Herrscher ein. Auf diese Weise blieb der Stadt zunächst weitere Gewalt erspart, aber die Gefahr war trotzdem nicht gebannt. In Lagern außerhalb der Stadtmauern warteten die Kreuzfahrer auf ihren Lohn, aber der blieb wegen des bitteren Unmuts der byzantinischen Bevölkerung aus. Unterdessen gingen die Kreuzfahrer in der Stadt nach Belieben ein und aus, und die Spannungen zwischen den gebildeten Bürgern der Stadt und den ungehobelten zugereisten Franzosen und Flamen in ihrer Mitte nahmen zu.

Im Februar 1204 boten die Byzantiner den Kreuzfahrern schließlich die Stirn und erhoben sich gegen ihr Marionettenregime. Damit waren die Würfel gefallen. Anfang April griffen die Kreuzfahrer die Stadt ein weiteres Mal an, und dieses Mal schonten sie nichts und niemanden. Berauscht von Wein, Gier,

Hass und Neid rissen sie einer der altehrwürdigsten Zivilisationen jener Zeit das Herz aus dem Leib. Frauen wurden vergewaltigt und ermordet, Kinder abgeschlachtet, Paläste und Kirchen geplündert, Altäre entweiht. Sie hoben eine Hure auf den Thron des Patriarchen und hießen sie singend und tanzend die unvertraute östliche Liturgie verhöhnen. Die Kaisergräber wurden geplündert, darunter auch das des verehrten Kaisers Justinian, der in der Kathedrale Hagia Sophia beigesetzt war, und, so wird berichtet, auch nach fünf Jahrhunderten noch immer kein Zeichen von Verwesung zeigte.[2] Vier große Bronzepferde wurden vom Hippodrom gezerrt und davongekarrt, später sollten sie als Quadriga stolze Zierde des Markusdoms von Venedig werden. Doch die Bronzepferde waren nicht der wertvollste Schatz, den die Kreuzfahrer konfiszierten. Inmitten des ganzen Tohuwabohus wurde ein unbezahlbares Stück Tuch aus der Kirche Sankt Maria von Blachernae gestohlen, das dem Grabtuch von Turin sehr ähnlich, möglicherweise gar mit diesem identisch war.

Wir wissen von diesem Tuch durch Robert de Clari, einen einfachen französischen Ritter, der am Vierten Kreuzzug teilgenommen hatte und später eine Chronik der Eroberung Konstantinopels schrieb (oder diktierte). Während der zweiten Hälfte des Jahres 1203 konnten sich Robert und seine Gefährten frei in der Stadt bewegen und deren Treiben auf sich wirken lassen. Es ist vielleicht nicht ganz leicht, sich vorzustellen, was für einen Eindruck diese große Weltstadt auf das Gemüt eines einfachen Mannes machen musste. Sie überstieg alles, was er je gesehen hatte, eine Stadt von solcher Erhabenheit, dass Paris und Gent, die beiden damals größten Städte des Westens, dagegen armselig erschienen. Abgesehen von aller äußerlichen Pracht war die Stadt Konstantinopel auch ein riesiges Reliquiar und beherbergte unzählige Objekte von spiritueller Bedeutung. Reliquien waren in der Welt des Mittelalters das Kostbarste, was sich denken ließ, und Robert, ein gewissenhafter Beobachter, legte Wert darauf, so viele wie möglich zu beschreiben.

Seine Aufmerksamkeit wurde unter anderem von dem leichentuchähnlichen Leinen in der Kirche Sankt Maria von Blachernae gefesselt, das jeden Freitag Mittelpunkt eines besonderen Ritus gewesen zu sein schien:

> »Unter anderem gibt es da noch eine Kirche, die man Unsere Frau Maria von Blacherne nennt, worin das Leichentuch war, in das Unser Herr eingehüllt wurde, und das sich an jedem Freitag völlig aufrichtete, so daß man ganz deutlich die Gestalt darauf sehen konnte. Doch niemand, weder Grieche noch Franzose weiß, was mit diesem Leichentuch geschehen ist, als die Stadt eingenommen wurde.«[3]

Sindonologen haben dies lange Zeit als mutmaßliche Referenz auf das Grabtuch betrachtet. Das Wort, das Robert de Clari im französischen Originaltext verwendet, um das Tuch zu beschreiben – *syndoines* –, ist nichts weiter als die altfranzösische Version des griechischen Worts *sindón* für feines Leinen, das Wort, das in den synoptischen Evangelien für das Tuch verwendet wird, in das Jesu Leib bei seiner Bestattung gehüllt wurde.[4] Diese Sindon also wird hier als Jesu Leichentuch bezeichnet, und es wird berichtet, dass man auf ihm Jesu *Gestalt* ganz deutlich ausmachen konnte.[5] Die Beschreibung passt in jeder Hinsicht auf das Grabtuch. Und Robert berichtet weiter, dass die Sindon nach der Einnahme der Stadt verschwand, geraubt vermutlich von einem der Kreuzfahrer, was womöglich erklären würde, wie das Tuch nach Frankreich gelangt ist.[6]

Noch 1981, einige Jahre vor der Radiokarbondatierung, geht der große Kunsthistoriker Hans Belting davon aus, dass Roberts Leichentuch aus der Konstantinopler Blachernenkirche »wahrscheinlich [...] identisch mit dem seit 1353 im Westen nachweisbaren ›Turiner Leichentuch‹« war.[7] Sein Zeitgenosse, der Kunsthistoriker Ernst Kitzinger, war derselben Ansicht. In einem Gespräch mit Gilbert Lavoie erklärte er 1979: »Denn wir, eine sehr kleine Gruppe von Experten rund um die Welt, glauben, dass das Grabtuch von Turin wirklich das Leichentuch von Konstantinopel ist. Sie wissen, dass die Kreuzfahrer im 13. Jahrhundert viele Schätze mit nach Europa gebracht haben, und wir glauben, dass das Grabtuch einer davon war.«[8] Mit anderen Worten: Wenn man die historische Beweislage betrachtet, ist es völlig logisch, das Tuch, das Robert de Clari gesehen hat, mit dem Grabtuch von Turin in Verbindung zu bringen.

Wenn Roberts Sindon das Grabtuch ist, dann wäre es mehr als ein halbes Jahrhundert vor 1260 – dem nach der Radiokarbondatierung frühestmöglichen Datum – zu datieren.

Einige Jahre bevor Robert de Clari und seine Waffenbrüder in Konstantinopel anlangten, wurde das Leichentuch noch im spirituellen Zentrum der Stadt aufbewahrt, der Pharoskirche, die eine erlesene Sammlung von Reliquien aus dem Besitz der byzantinischen Kaiser barg. Im Oktober 1201 zählt der Kustos dieser Sammlung, Nikolaos Mesarites, die »zehn hier gehüteten Schätze« auf und beschreibt dabei sehr detailliert auch die Sindon als

> »die Grabtücher [*entáphioi síndones*] Christi. Sie sind aus Leinen, wohlfeiler Ware, wie sie eben gerade zur Hand waren. Sie duften noch nach Myrrhen und haben den Zerfall überwunden, weil sie den nach dem Leiden gesalbten unfassbaren, bloßen Leichnam umfasst haben.«[9]

Es kann keine Zweifel daran geben, dass Nikolaos sich auf dieselbe Reliquie bezieht, die auch Robert de Clari betrachtet hatte. Er nennt sie *sindones*, Robert de Clari *syndoines* – das gleiche Wort im Altfranzösischen. Beide Zeugen erkennen es als das Tuch, in das Jesus gehüllt worden war, und es kann zur selben Zeit in derselben Stadt kaum mehr als *ein* solches Tuch gegeben haben.[10]

Wenn die Tuchreliquie, die Nikolaos Mesarites beschreibt, dieselbe war wie die, die Robert de Clari vor Augen hatte, dann folgte daraus, dass auch sie »die Gestalt Unseres Herrn« zeigte. Auch wenn Nikolaos Mesarites diesen entscheidenden Punkt nicht erwähnt, beschreiben seine Worte das Grabtuch überraschend genau.

Zunächst einmal wird der Leib Christi als unbekleidet beschrieben. Das ist insofern bedeutsam, als der tote Christus zu dieser Zeit in aller Regel mit einem Lendentuch bekleidet dargestellt wurde (siehe Abbildungen 23 und 24).[11] Die neue Vorstellung, dass Christus unbekleidet gewesen ein könnte, als man ihn zur Bestattung ins Leichentuch hüllte, könnte sich dem Anblick des Grabtuchs verdanken. Zweitens klingt das verwendete Adjektiv *aperilepton* oder *aperileptos* – wörtlich übersetzt: »unbegrenzt«, »ohne Umriss« – wie maßgeschneidert auf das verschwommen-undeutliche Bildnis auf dem Grabtuch. Wie könnte man die Gestalt auf dem Grabtuch treffender beschreiben?[12] Drittens könnte die geheimnisvolle Andeutung, das Tuch sei der Zerstörung entgangen, darauf hindeuten, dass es deutlich sichtbar beschädigt war. Das wiederum würde zu Beobachtungen passen, denen zufolge die durch die Schürhaken entstandenen Löcher (die sogenannten *poker holes*), wie im Weiteren erläutert werden wird, bereits vor dem 13. Jahrhundert in das Grabtuch gesengt wurden.

Für sich genommen wäre Nikolaos' Beschreibung des Grabtuchs vielleicht nicht allzu aufsehenerregend, doch vor dem Hintergrund der Schilderungen von Robert de Clari ist sie höchst aufschlussreich. Zusammengenommen lassen diese beiden Berichte vermuten, dass zu Beginn des 13. Jahrhunderts in Konstantinopel ein (möglicherweise beschädigtes) Leintuch aufbewahrt wurde, auf dem das als mystisch empfundene Bildnis des unbekleideten Jesus zu sehen war. Das klingt nicht nach der Beschreibung irgendeiner Reliquie in Gestalt eines Leichentuchs, die dem Grabtuch ähnlich sah, sondern nach einer Beschreibung des Grabtuchs selbst.

Doch warum sollte Nikolaos es verabsäumt haben, das so eminent wichtige Bildnis zu erwähnen? Die Antwort darauf hat womöglich – zumindest in Teilen – mit der problematischen Entdeckung der Reliquie zu tun. Ursprünglich war das Tuch, wie wir sehen werden, vermutlich gerahmt und wurde als etwas ganz anderes betrachtet: als ein auf wundersame Weise entstandenes Porträt Jesu, ein Bildnis, dessen kultische Verehrung zu wichtig war, als dass man es mit schnöden Worten beschrieben hätte. Dafür gab es einen allgemeineren Grund: seinen religiösen Nimbus. Dass die Pharoskirche das Begräbnistuch Jesu beherbergte, schien allgemein bekannt, doch das Wissen um das »Wunderbild« auf dem Tuch scheint nur wenigen Privilegierten vorbehalten gewesen zu sein. Die byzantinische Gesellschaft war extrem hierarchisch strukturiert, und es ist anzunehmen, dass das ehrfurchtgebietende Bild als zu heilig erachtet wurde, um es mit dem gemeinen Volk zu teilen. Bevor die Kreuzfahrer 1203 auf der Bildfläche erschienen, bestand keinerlei Anlass, die Existenz des Bilds in der Öffentlichkeit herumzuposaunen, von einer öffentlichen Zurschaustellung ganz zu schweigen. Hätte Nikolaus Mesarites es 1201 erwähnt, wäre dies dem Verrat eines königlichen und adligen Geheimnisses gleichgekommen.

Wie weit können wir nun die byzantinische Reliquie zurückverfolgen? Die Hinweise sind rar und dünn gesät. Der Chronist William of Tyre listet die Sindon zusammen mit verschiedenen Reliquien auf, die König Amalrich I. von Jerusalem und seiner Entourage 1171 gezeigt wurden.[13] Gehen wir weiter zurück, so berichtet uns ein Brief aus dem Jahr 1092, angeblich geschrieben vom byzantinischen Kaiser und an verschiedene Fürsten des Westens gerichtet, dass »die Leinentücher [*linteamina*], die nach Seiner Auferstehung im Grab gefunden wurden«, zu jener Zeit in Konstantinopel aufbewahrt wurden. Auch wenn die Quelle nicht ganz unproblematisch erscheint, so handelt es sich doch vermutlich um einen Verweis auf dieselbe Reliquie.[14] Die Sindon wird erstmals über ein Jahrhundert früher erwähnt, und zwar in einem Ermutigungsschreiben, das Kaiser Konstantin VII. Porphyrogennetos im Jahr 958 an seine Truppen sandte. Der Kaiser teilt seinen Soldaten darin mit, er sende ihnen heiliges Wasser, geweiht durch das Wirken verschiedener Passionsreliquien in der Pharoskirche, darunter auch des *theophoron sindonos* – des »von Gott getragenen Leintuchs«.[15] Was immer die genaue Bedeutung des Wortes *theophoron* sein mag, ist dies ein klarer Hinweis darauf, dass das Grabtuch, das von Robert de Clari beschrieben wurde, Mitte des 10. Jahrhunderts – 300 Jahre vor dem frühesten von der Radiokarbondatierung für möglich erachteten Datum – zur kaiserlichen Sammlung gehört hat.

Die Eine-Million-Dollar-Frage bleibt: Wie können wir sicher sein, dass die Sindon von Konstantinopel mit dem Grabtuch von Turin identisch ist? Das byzantinische Tuch scheint mit dem Grabtuch unserer Tage eine Menge gemein zu haben, aber gibt es irgendwelche Indizien, die belegen würden, dass beide miteinander identisch sind? Die gibt es in der Tat. Doch es handelt sich nicht um eine schriftlich festgehaltene Beschreibung, sondern um eine eher primitive Zeichnung in einem mittelalterlichen Manuskript.

Einer der größten Schätze in der ungarischen Nationalbibliothek zu Budapest ist der Codex Pray, eine Manuskriptsammlung, die unter anderem die frühesten Abhandlungen zur Geschichte Ungarns und die allerersten Werke der ungarischen Literatur enthält. Der Hauptteil der Sammlung, darunter auch der Teil, der für uns von Interesse ist, wurde um 1192–1195 in einem der Benediktinerklöster des Landes verfasst. Ungarn wurde zu jener Zeit von König Béla III. regiert, einem zuverlässigen Verbündeten des byzantinischen Kaiserreichs, der als junger Mann acht Jahre am kaiserlichen Hof in Konstantinopel gelebt hatte. Während seiner Regierungszeit bestanden daher zwischen der ungarischen und der byzantinischen Hauptstadt enge kulturelle Bande.

Auf Blatt 28r des Codex finden sich, inmitten eines liturgischen Textes zur Feier der heiligen Woche, mehrere Zeichnungen, die das Vorhandensein des Grabtuchs gegen Ende des 12. Jahrhunderts dokumentieren (Abbildung 43). Die ein wenig ungelenke künstlerische Ausdrucksweise des Zeichners macht die Interpretation der Bilder etwas knifflig, aber seine Absichten sind nichtsdestoweniger recht klar.[16]

Es gibt zwei Zeichnungen, die untereinander angeordnet sind.

Die obere Szene ist eine seltene Darstellung der Salbung Christi, in der Jesu Leichnam am Karfreitag für die Bestattung vorbereitet wird.[17] Im Zentrum sehen wir Nikodemus, der aus einem Fläschchen Salböl auf den auf einer rechteckigen Grabplatte und einem großen Tuch mit auffälligem Faltenwurf gelagerten Leichnam gibt. Zur Linken und Rechten stehen Joseph von Arimathäa und der Evangelist Johannes, eine Hälfte des Tuchs in Händen haltend.

Die untere Hälfte der Seite zeigt die sehr viel häufiger dargestellte Szene mit den drei Marien am Grab. Die drei Frauen sind am rechten, der Engel, der ihnen Jesu Auferstehung verkündet, am linken Bildrand dargestellt.[18] Am unteren Bildrand sehen wir zwei gemusterte Rechtecke, eines davon zeigt ein auffälliges Zickzackmuster, das andere ist mit Kreuzen bedeckt. Was das zu sagen hat, werden wir gleich untersuchen.

Ian Wilson war es, der als Erster auf die mögliche Bedeutung dieser Seite des Codex Pray für die Untersuchung des Grabtuchs aufmerksam gemacht hat.[19] Ihm fielen an der Darstellung der Salbung Christi zwei ungewöhnliche

Aspekte ins Auge, die ihn an das Grabtuch erinnerten. Zum einen ruhen die Hände auf Leistenhöhe, wobei das rechte Handgelenke über das linke gelegt ist. Diese Haltung ist für die Kunst jener Zeit ausgesprochen ungewöhnlich, entspricht jedoch derjenigen der Gestalt auf dem Grabtuch. Zweitens ist die Gestalt Jesu völlig nackt dargestellt. Wie vorhin erwähnt, wurde Christus in der Kunst des Mittelalters fast ausnahmslos mit einem Lendentuch bekleidet oder von einem Leintuch verhüllt gezeigt, doch auf dem Grabtuch ist er ebenfalls unbekleidet.

Verschiedene Wissenschaftler haben seither weitere Details der Illustration aus dem Pray-Manuskript ausgemacht, die das Grabtuch in den Sinn kommen lassen. Heinrich Pfeiffer hat vermutet, dass der rote Fleck über Christi rechter Augenbraue den auffälligen Blutfleck wiedergeben soll, der auf der Grabtuchabbildung an genau der gleichen Stelle zu finden ist.[20] Man könnte ihn vielleicht für zufällig entstanden halten, aber die Platzierung ist so genau getroffen, dass purer Zufall unwahrscheinlich ist. Auffallender noch ist der Umstand, dass den Händen Christi genau wie auf dem Grabtuch die Daumen fehlen. Das ist vor allem im Hinblick auf die linke Hand bemerkenswert, bei der der Daumen definitiv sichtbar sein sollte (vergleiche Abbildung 23). Nicht minder interessant ist die Vorstellung des Künstlers von dem Begräbnistuch, das er genau so gefaltet zeigt, wie es dem Grabtuch entspricht:[21] Seine obere Hälfte wird von Joseph und Johannes gehalten, und wenn Nikodemus die Salbung vollendet hat, werden sie es über den Kopf schlagen und über den übrigen Körper breiten.

Die Salbungsszene entspricht also in fünf maßgeblichen Details dem, was auf dem Grabtuch zu sehen ist: Sie zeigt Jesus unbekleidet mit auf Lendenhöhe gekreuzten Händen, denen die Daumen fehlen, mit einer deutlich sichtbaren Wunde über der rechten Augenbraue und im Begriff, in ein langes Tuch eingehüllt zu werden, das ihm über das Gesicht gebreitet werden wird. Hat es nicht den Anschein, als habe jemand versucht, Jesu Bestattung darzustellen, und sich dabei am Grabtuch orientiert? Wie stehen die Chancen dafür, dass all diese Übereinstimmungen mit dem Bildnis auf dem Grabtuch reiner Zufall sind?

Die eindrucksvollste Beobachtung aber haben wir noch gar nicht angesprochen – sie betrifft die Darstellung der drei Marien auf der unteren Hälfte des Blattes. Das Auffälligste und Seltsamste an dieser Illustration sind die großen gemusterten Rechtecke unter den Gestalten. Auf den ersten Blick wirken diese recht unmotiviert. Wer mit mittelalterlicher Ikonografie ein wenig vertraut ist, würde in diesem Teil des Bilds einen leeren Sarkophag erwarten, aber ein mit Kreuzen und Zickzackmuster verzierter Sarg kommt in der Malerei der Zeit nicht vor. Die Zickzacklinien sollten uns besonders interessieren. Wie André Dubarle anmerkt, sehen sie aus, als habe jemand versucht, das Fischgratköpermuster des Grabtuchs darzustellen.[22] Der Künstler hatte Mühe, das Muster auszutüfteln, aber die Stufenpyramiden, die das obere Rechteck füllen, erzeugen eindeutig den optischen Effekt des Drei-zu-eins-Musters, in dem das Grabtuch gewebt ist (vergleiche Abbildungen 44 und 45).

Wenn wir dem Rechteck mit dem Zickzackmuster in abfallender Linie Richtung linker Bildrand folgen, stellen wir fest, dass es sich etwas weiter unten mit dem anderen, mit Kreuzen verzierten Rechteck im spitzen Winkel trifft. Das lässt vermuten, dass die beiden Rechtecke zwei Hälften desselben Tuchs sein sollen, die in Übereinstimmung mit der Darstellung des Begräbnislinnens in der oberen Szene – und mit dem Grabtuch – am linken Bildrand übereinandergeschlagen werden.[23]

Für diese Deutung sprechen auch die wichtigsten Details der Illustration: zwei winzige Gruppen aus kleinen Kringeln, die auf beiden Tuchhälften zu finden sind. Inmitten des Fischgratmusters lässt sich eine Gruppe aus vier kleinen Kreisen ausmachen, deren Anordnung an den Rösselsprung beim Schach erinnert (Abbildung 45), weiter rechts, auf dem unteren Rechteck, sieht man inmitten der Kreuze eine ähnliche Ansammlung aus fünf Kreisen. Diese Kreise ergeben als dekorative Elemente absolut keinen Sinn. Sie sollen etwas symbolisieren – und was, wird sofort klar, wenn wir uns an die Schürhakenspuren erinnern, die das Grabtuch verunstalten (Abbildung 6). Es gibt vier Gruppen von kreisrunden *poker holes*, die im Muster des Springerzugs beim Schach angeordnet sind und genau mit der Darstellung im Codex Pray übereinstimmen.[24] Der Künstler hat die Kreise in beide Rechtecke gezeichnet, um zu zeigen, dass sie durch das Tuch hindurchgehen. In Anbetracht dessen, dass er aus dem Gedächtnis gearbeitet haben wird und nicht besonders kunstfertig war, ist seine Wiedergabe der Löcher erstaunlich korrekt. Sie können als unfehlbarer Identitätsbeleg gelten.

Wir haben nun acht vielsagende Entsprechungen zwischen dem Grabtuch und den Zeichnungen auf einer Seite eines mittelalterlichen Manuskripts. Die ersten fünf, die wir in der Salbungsszene finden, reichen bereits als Hinweis darauf, dass der Illustrator der Bildhandschrift das Grabtuch gekannt haben muss. Schlüssig belegt wird das durch die drei Entsprechungen in der unteren Szene – das charakteristische Köpermuster des Tuchs, die Faltung des Tuchs der Länge nach und die Gruppen aus kreisrunden Löchern, die stark an die Schürhakenspuren des Grabtuchs erinnern. Es ist unvorstellbar, dass all diese detailliert wiedergegebenen Parallelen zum Grabtuch, die sich zum Teil nirgendwo sonst finden, aus reinem Zufall auf dieser einen Manuskriptseite aufgetreten sein sollen. Die einzige vernünftige Schlussfolgerung lautet, dass der Künstler des Codex Pray um das Grabtuch gewusst haben muss.

Das Grabtuch hat demnach also bereits zwischen 1191 und 1195 existiert, als die Illustrationen des Codex Pray geschaffen wurden, und es war zu dieser Zeit bereits beschädigt. In Anbetracht der engen Beziehungen zwischen Ungarn und dem Byzantinischen Reich kann es kaum Zweifel daran geben, dass der Künstler die Reliquie in Konstantinopel zu Gesicht bekommen hat. Bei dem Grabtuch handelte es sich um nichts anderes als um die byzantinische Sindon.

Die Erkenntnis, dass der Codex Pray eine Darstellung des Grabtuchs enthält, wirft eine naheliegende Frage auf: Warum hat der Künstler die Gestalt darauf nicht dargestellt? Dafür kommen mehrere Gründe in Betracht. Als jemand, dem das Privileg zugestanden worden war, das Tuch mit eigenen Augen sehen zu dürfen, war er womöglich an dieselbe Schweigepflicht gebunden wie Nikolaos Mesarites. Er hat vielleicht für sich selbst eine möglichst lebensnahe Darstellung der Ereignisse vom Karfreitag und Ostermorgen schaffen wollen, wie er sie aus dem Grabtuch herausgelesen hat, ohne das Geheimnis vor anderen preiszugeben. Das Wissen um das »Wunderbild« sollte nicht vor jedermann ausgeplaudert werden. Hinzu kommt, dass er die Gestalt auf dem Grabtuch als kaum zu zeichnen empfunden haben wird. Sie ist, wie wir gesehen haben, vor allem durch den Mangel an Umrissen bestimmt (*aperileptos*), doch der Pray-Illustrator war wie jeder andere Zeichenkünstler seiner Zeit vor allem auf Umrisse angewiesen. Hätte er das Problem einfach ignoriert und die Gestalt trotzdem gezeichnet, so hätte sie ausgesehen wie der im Grab ruhende Leichnam Jesu – eine ketzerische Vorstellung.

Zum Glück verfiel er auf eine sehr viel bessere Lösung. Statt das Grabtuch figürlich abzubilden, bediente er sich einer Symbolsprache. Genau aus diesem Grund ist das untere Rechteck, das die Innenseite des Grabtuchs repräsentieren soll, mit roten Kreuzen übersät, die das das heilige blutbefleckte Bildnis symbolisieren.[25] Das eröffnet der kunsthistorischen Betrachtung ein weites Feld, denn mit Kreuzen übersäte Tücher unterschiedlichster Art gab es im Mittelalter relativ häufig. An dieser Stelle soll nur die allerwichtigste Analogie Erwähnung finden. Ab der Mitte des 11. Jahrhunderts begannen die Patriarchen der byzantinischen Kirche neue Messgewänder zu tragen, unter anderem ein Obergewand, das mit schwarzen oder roten Kreuzen bestickt war, das *Polystaurion* (deutsch: das »Vielkreuzige«).[26] Die Verzierung dieses Gewands entspricht dem Muster, wie es auf der Innenseite des Grabtuchs im Codex Pray dargestellt ist, und der liturgische Kontext, in dem es getragen wurde, legt nahe, dass beiden dieselbe Symbolsprache zugrunde liegt. In seinen liturgischen Gewändern steht der Priester stellvertretend für die Gestalt Christi, diese Funktion wird durch die zahlreichen Kreuze symbolisiert.[27] Der ungarische Künstler hat diese Symbolik lediglich übernommen und ein »vielkreuziges« Tuch den Platz der nicht vorhandenen Gestalt auf dem Grabtuch einnehmen lassen. Damit, so nehme ich an, hat er einerseits Ursprung und Bedeutung des Polystaurion Tribut gezollt und gleichzeitig die byzantinische Herkunft des Grabtuchs dokumentiert.

Das Grabtuch von Turin war demnach einst die Sindon von Konstantinopel. Robert de Clari und seine Mitstreiter konnten es in den Jahren 1203 und 1204 in aller Öffentlichkeit bestaunen, doch zuvor war es in einer Art religiösem Dornröschenschlaf gehalten worden, zugänglich nur Mitgliedern des byzantinischen Hofs und hin und wieder besonders geschätzten Besuchern, denen man zutrauen konnte, dass sie, einmal in das Geheimnis eingeführt, das Mysterium dieses ehrfurchtgebietenden Bildnisses für sich behalten würden. Historischen Berichten zufolge wurde die Sindon als Teil der kaiserlichen Sammlung in der Pharoskirche aufbewahrt, erstmals dokumentiert ist sie dort 958, das heißt 400 Jahre bevor sie in dem kleinen Dörfchen Lirey ausgestellt wurde.

Die Beweisführung gegen die Echtheit des Grabtuchs fußt zum großen Teil auf einer (angreifbaren) Auslegung der Dokumente, die sein Debüt im 14. Jahrhundert beschreiben. Zunächst einmal berufen sich Skeptiker auf die Aussage von Pierre d'Arcis, Bischof von Troyes, dem zufolge »vierunddreißig Jahre in etwa« bevor er dies schrieb, das heißt ungefähr 1355, einer seiner Vorgänger, Henri de Poitiers, das Grabtuch untersucht und festgestellt habe, dass es sich dabei um ein Werk von Menschenhand handle.[28] Ende des 19. Jahrhunderts, als die Gelehrten erstmals auf diese Aussage stießen, waren sie verständlicherweise geneigt, ihr Glauben zu schenken, denn seinerzeit war wenig bis nichts über das Grabtuch und die darauf befindliche Gestalt bekannt.[29] Anfang des 21. Jahrhunderts aber gibt es keinerlei Entschuldigung mehr dafür, das Grabtuch für eine Fälschung aus dem 14. Jahrhundert zu halten. Man weiß genug darüber (und über die Kunst im 14. Jahrhundert), um diese Vorstellung als unhaltbar zurückzuweisen. Genauso gut könnten wir die Solnhofener Archäopteryx-Funde für Fälschungen halten, nur weil sie von ein paar Zeitgenossen der Entdecker als solche abgetan wurden.[30] Statt Bischof Pierre d'Arcis' Behauptung unwidersprochen hinzunehmen, sollten wir sie als Hörensagen zur Kenntnis nehmen, das uns etwas über die Ereignisse in Lirey im 14. Jahrhundert sagt, nicht aber über die Herkunft des Grabtuchs.

Argwohn hat auch der Umstand erregt, dass die Besitzer des Tuchs, die Familie de Charny, nicht imstande war zu erklären, wie sie in den Besitz des Tuchs gelangt ist. Sie hatte lediglich widersprüchliche Hinweise zu bieten: Geoffroy II. de Charny gab an, sein Vater habe es ihm überlassen, seine Tochter Margaret hingegen erklärte, Geoffroy I. habe es als Kriegsbeute mitgebracht.[31] Dieses Hin und Her wurde stets als Zeichen dafür gesehen, dass die Charnys sich darüber im Klaren waren, dass sie es mit einer Fälschung zu tun hatten. Aber es ist genauso gut möglich, dass sich das Tuch unrechtmäßig in ihrem Besitz befand.[32] Nachdem das Grabtuch als Sindon von Konstantinopel identifiziert ist und wir wissen, wie der Vierte Kreuzzug geendet hat, müssen wir diese Möglichkeit inzwischen ernsthaft in Betracht ziehen. Die Charnys konnten die Herkunft des Tuchs schlecht öffentlich machen und vor aller Welt erklären, es handle sich um das Grabtuch Christi, weil es ihnen genauso wenig zugestanden hätte wie jedem anderen westlichen Besitzer. Sie wären Gefahr gelaufen, dass man es konfiszierte. So war es vorteilhafter, der Vorstellung Vorschub zu leisten, dass es sich um eine Kopie handelte, es zu behalten und auf eine künftige Gelegenheit zu warten, ihm wieder Geltung zu verschaffen.

Die problematische Herkunft des Grabtuchs erklärt auch, weshalb Papst Clemens VII. (sehr zum Missfallen von Pierre d'Arcis) die Ausstellungen des Tuchs erlaubte – solange es gegenüber der Öffentlichkeit als »*Abbildung* oder *Darstellung* des Grabtuchs Unseres Herren« bezeichnet wurde und nicht als das, was es wirklich war.[33] Als Verwandter der Charnys wusste Clemens mit großer Wahrscheinlichkeit um die Herkunft des Tuchs, konnte aber nicht zulassen, dass es als echtes Grabtuch Christi anerkannt wurde, wenn er keinen diplomatischen Eklat provozieren wollte. Das Grabtuch war eine Kostbarkeit, die den griechischen Kaisern von Byzanz genauso viel bedeutete wie in unseren Tagen die im British Museum ausgestellten Akropolis-Skulpturen den Griechen, und es war ihnen bei einer Plünderungsaktion gestohlen worden, die denen eines Napoleon oder der Nationalsozialisten an Dreistigkeit in nichts nachstand. Fast zwei Jahrhunderte nach dem Vierten Kreuzzug war die Eroberung von Konstantinopel für das Byzantinische Reich noch immer ein extrem wunder Punkt, und wenn dem damaligen Kaiser von Byzanz, Johannes Palaiologos, zu Ohren gekommen wäre, dass die unschätzbare Sindon in Frankreich ausgestellt wird, hätte er alles unternommen, um sie zurückzubekommen.[34] Papst Clemens wäre böse in Verlegenheit geraten, und die angestrebte Vereinigung der Kirchen von Rom und Byzanz wäre in Gefahr gewesen. Clemens hatte also gute Gründe, die wahre Identität des Grabtuchs nicht öffentlich preiszugeben und Bischof Pierre d'Arcis ewiges Schweigen aufzuerlegen.

Chevaliers Behauptung, Dokumente aus dem 14. Jahrhundert belegten, dass das Grabtuch von Lirey ein kurz zuvor angefertigtes Gemälde – oder irgendein anderes Stück Kunsthandwerk – sei, entbehrt jeder Grundlage.[35] Diese Schlussfolgerung wurde in Unkenntnis seiner außergewöhnlichen Eigenschaften und seiner mittlerweile durch den Codex Pray belegten Frühgeschichte im Osten getroffen. Das Muster der Schürhakenspuren, das in den Illustrationen der Bilderhandschrift wiedergegeben ist und erst 1998 als solches aufgedeckt wurde, dürfte der letzte Sargnagel für die Ergebnisse der Radiokarbondatierung sein. Das Turiner Grabtuch muss demnach mindestens drei Jahrhunderte älter sein als das früheste Datum, das die Datierung angibt – keine geringfügige Ungenauigkeit. Das von den jeweiligen Labors mit 95 Prozent angegebene Konfidenzniveau ist bedeutungslos – außer vielleicht als Maß für wissenschaftliche Hybris. Physik ist nicht die einzige Möglichkeit, das Tuch zu datieren, auch historische und kunsthistorische Betrachtungen haben hier ihren Platz, ebenso die diversen Erkenntnisse, die uns die medizinischen, chemischen und archäologischen Untersuchungen liefern. Dieses breite Spektrum an Forschung zum Grabtuch legt nahe, dass es nicht aus dem Mittelalter, sondern aus der Antike stammt.

Die Beweislage betreffs die frühere Inkarnation des Grabtuchs als Sindon von Konstantinopel stimmt mit diesen Befunden voll und ganz überein. Ja, sie belegt nicht nur, dass das Grabtuch bereits vor mehr als einem Jahrtausend existiert hat, sondern stützt auch die These, dass es eher 2000 Jahre alt sein muss, dass es also ist, was es zu sein scheint. Alles, was wir aus der Untersuchung des Tuchs gelernt haben, spricht für dessen Echtheit, und in Ermangelung glaubwürdiger gegenteiliger Beweise ist es vernünftig anzunehmen, dass das Tuch einst dazu gedient hat, Jesu Leichnam zu bestatten.

Diese Schlussfolgerung hat Bestand unabhängig davon, ob die Geschichte des Grabtuchs bis ins Letzte nachvollzogen werden kann oder nicht. Skeptiker verweisen gerne darauf, dass das Grabtuch nicht antiker Herkunft sein kann, weil vor dem 14. Jahrhundert nirgends die Rede davon gewesen sei, doch selbst wenn das zuträfe, würde dies nichts beweisen.[36] Auch wenn wir absolut nichts über die Aufenthaltsorte des Grabtuchs vor 1355 – oder 958 –

wüssten, könnten wir immer noch auf logischem Weg zu dem Schluss kommen, dass es zur Bestattung Jesu verwendet worden sein muss. Meacham führt dazu in einem Aufsatz in der Zeitschrift *Current Anthropology* aus:

> »Mit wahrhaft alten Dingen von unbekannter Herkunft konfrontiert zu werden, ist für jeden Museumskurator eine alltägliche Erfahrung. [...] Die ›verlorenen‹ 1300 Jahre und die Herkunft des Grabtuchs werden womöglich auf immer unerklärt bleiben [...], aber womöglich sind anderen Aspekten des Grabtuchs Daten zu entlocken, die den Beweis seiner Echtheit zu erbringen vermögen. Die Datierung, der geografische Ursprung und die Verbindung des Tuchs mit Christus ergeben sich nicht durch ein einzelnes Merkmal oder Datum, sondern durch ein Netz aus verzwickten, bestätigenden Einzelbefunden, wie man sie zur Echtheitsbestimmung eines Manuskripts oder eines Gemäldes auch heranzieht, und mit Sicherheit so verlässlich wie viele andere archäologische und historische Befunde, die allgemein akzeptiert sind.«[37]

Betrachten Sie beispielsweise einmal eines der berühmtesten Exponate im British Museum, die Portland-Vase. Dieses bemerkenswerte, mit kunstvollen Kameen verzierte Glaskunstwerk, hergestellt in einer Technik, die im 1. Jahrhundert von den Römern erfunden und perfektioniert wurde, wird erstmalig 1600/1601 als Teil der Kunstsammlung eines italienischen Kardinals erwähnt. Kein Mensch weiß, woher die Vase stammt, trotzdem sind sich die Gelehrten – allein aufgrund ihrer Untersuchungen an dem Stück – sicher, dass es sich um eine echte römische Kostbarkeit handelt. Die 1600 Jahre überspannende Lücke in seiner Geschichte macht es noch lange nicht zu einer Fälschung aus der Renaissance.[38] Ganz ähnlich tauchte das in Abbildung 7 gezeigte ägyptische Grabtuch aus dem Metropolitan Museum of Arts Anfang des 20. Jahrhunderts aus dem Nichts in den Händen eines Kairoer Antiquitätenhändlers auf, aber niemand hegt Zweifel daran, dass es sich um ein echtes Gewirk aus dem 2. Jahrhundert handelt. Wenn das Objekt selbst überzeugt, wird der fehlende Herkunftsnachweis bedeutungslos.

Das Grabtuch von Turin lässt sich mindestens 1000 Jahre zurückverfolgen. Das verschafft ihm das Recht, mit demselben Maß gemessen zu werden wie die Portland-Vase und das Grabtuch im Metropolitan Museum. Genau wie diese vermag es als »Zeugnis seiner eigenen Echtheit« zu bestehen.[39] Seine Frühgeschichte ist ein ganz anderes Thema.

Es hat bis zum Jahr 1978 gedauert, bis jemand mit einer Theorie aufwartete, die erklären konnte, wo das Grabtuch den größten Teil des 1. Jahrtausends hindurch gewesen sein musste und warum es nahezu unbekannt war. In diesem Jahr stellte Ian Wilson die These auf, dass das Grabtuch von Turin identisch sei mit einer berühmten byzantinischen Reliquie, die man als Abgarbild, Mandylion oder Christusbild von Edessa kannte, über Jahrhunderte in der Pharoskirche aufbewahrt wurde und 1204 während der Plünderung von Konstantinopel verschwunden zu sein schien. Gestalt und Präsentationsform des Edessa-Bilds sind umstritten, und wir können kaum hoffen, alle Probleme auszubügeln, aber ein kurzer Überblick über die Beweislage zeigt, das eine Menge für Wilsons Theorie spricht.[40]

Das Mandylion war einst die berühmteste Reliquie der Christenheit. Dieses als göttlicher Schutzschild gepriesene Bildnis wurde zur Vorlage für alle künftigen Christusbilder. Ihm wurde nachgesagt, es bestehe aus einem wundersamen Abdruck von Christi Antlitz auf einem Stück Tuch. Das *Acheiropoieton* – ein Bild, das »nicht von Menschenhand gemacht« war – soll der Überlieferung nach Christus selbst gestiftet haben als Geschenk für König Abgar von Edessa, einem kleinen Stadtstaat östlich des oberen Euphrat. Mindestens seit der Mitte des 6. Jahrhunderts war Edessa die Heimat des Tuchs gewesen, im Jahr 944 aber wurde es von einer kaiserlichen Armee konfisziert und nach Konstantinopel gebracht – nur vierzehn Jahre bevor wir zum ersten Mal von der Sindon hören.

Welche Art von Bild zeigte die Reliquie? Die traditionelle Behauptung, es sei »nicht von Menschenhand« gemacht, sagt uns nicht allzu viel, denn es gab damals (und gibt noch immer) eine ganze Reihe vom Menschen geschaffener Bilder, die im Ruf standen, ein Acheiropoieton zu sein.[41] Nach herkömmlicher Auffassung handelt es sich bei dem Bild lediglich um eine »alte Ikone«, die Christi Antlitz wiedergibt, um die Mitte des 6. Jahrhunderts in Edessa entdeckt wurde, irgendwie wundersamen Ursprungs ist und zum Mittelpunkt einer lokalen Legende wurde.[42] Diese Einschätzung lässt sich nur aufrechterhalten, wenn man einen großen Teil der Beweise ignoriert, die etwas ganz anderes sagen. Wenn wir uns die Augenzeugenberichte über das Tuch anschauen, seine Beschreibung in zeitgenössischen Quellen und einige bemerkenswerte Details der Legenden, die sich darum ranken, ergibt sich ein ganz anderes Bild.

Als das Mandylion 944 von Edessa nach Konstantinopel verbracht wurde, wurde es kurzzeitig Gegenstand sorgfältiger Untersuchungen, bevor man es der Abgeschiedenheit der Pharoskirche zuführte. Einige Berichte von Zeitgenossen, die das Tuch bei dieser Gelegenheit gesehen haben, sind uns erhalten und lassen vermuten, dass es sich bei dem Bild nicht um eine gewöhnliche Ikone handelte. Einer derjenigen, deren Worte überliefert sind, ist der spätere Kaiser Konstantinos VII. Porphyrogennetos, der die offizielle Historie der Reliquie verfasst – oder deren Abfassung überwacht – hat, ein Werk mit dem Titel *Narratio de Imagine Edessena* (deutsch etwa: »Die Geschichte des Bilds von Edessa«).[43] Wie jede andere Quelle seit dem 6. Jahrhundert berichtet uns auch die *Narratio*, das Bild sei durch den direkten Kontakt mit Christi Antlitz auf das Tuch gelangt. In der Einleitung wird Konstantinos jedoch etwas genauer und erwähnt, »die Form des Antlitzes« sei »durch eine feuchte Absonderung ohne Farbe oder künstlerisches Zutun auf das Linnen übermittelt worden«.[44] Eine Menge anderer Quellen gehen mit dieser Beschreibung konform und stellen ausdrücklich in Abrede, dass das Bildnis vermittels Farben entstanden sei, sondern halten es für das Ergebnis von Schweißabsonderungen.[45]

Erstaunlicherweise sind manche Autoren der Ansicht, das Mandylion sei in jener Schmerzensstunde im Garten Gethsemane entstanden, als Christus inständig gebetet und gefleht hatte, ihm mögen die bevorstehenden Qualen erspart bleiben, und über die es bei Lukas heißt: »[…] sein Schweiß war wie Blut, das auf die Erde tropfte.«[46] Dieses Szenario wurde auch von Konstantinos VII. Porphyrogennetos vorausgesetzt und von einem weiteren Augenzeugen, Gregor Referendarius, von ganzem Herzen geglaubt. Letzterer hielt im Jahr 944 eine Predigt über das Mandylion.[47] Damit Konstantinos, Gregor und andere das Mandylion mit Jesu Verzweiflung am Ölberg in Verbindung bringen konnten, musste es darauf Anzeichen von tropfendem Blut gegeben haben, etwas, mit dem man bei einem Kultbild von Christi Antlitz kaum rechnen würde.[48] Ein weiterer Augenzeuge der Ankunft des Tuchs in Konstantinopel, Symeon Metaphrastes, schreibt, die Söhne des Kaisers seien enttäuscht von dem Mandylion gewesen, weil sie die Züge Christi nicht deutlich genug erkennen konnten – mit anderen Worten: Es muss recht blass und verschwommen gewesen sein.[49]

Diese Aussagen lassen darauf schließen, dass das Mandylion einer anderen Reliquie ähnelte, die gemeinhin als Schweißtuch der Veronika oder *Sudarium* bekannt ist und im Petersdom zu Rom aufbewahrt wird. Das Sudarium ist ein serviettengroßes Stück Tuch, dem sich ebenfalls auf wundersame Weise das Porträt Christi eingeprägt haben soll. Der Legende nach ist es am Karfreitag entstanden, als Christus auf der Straße nach Golgota anhielt und sein geschundenes Gesicht damit abtupfte.[50] Doch so ähnlich sich die beiden Bilder auf den ersten Blick auch ausnehmen mögen, es gibt Anzeichen dafür, dass das Mandylion seinen Eigenschaften nach etwas vollkommen anderes ist als das Schweißtuch der Veronika.

Das Aussehen des Mandylions ist in zahlreichen Kopien wiedergegeben, die angefertigt wurden, um die Kirchen des Byzantinischen Reichs zu schmücken (ein Beispiel hierfür gibt Abbildung 46). Keine dieser heute noch erhaltenen Kopien basiert wahrscheinlich auf der direkten Betrachtung der Reliquie, aber die ikonografische Tradition, für die sie stehen, muss auf der Arbeit eines Künstlers (oder mehrerer) fußen, der das Privileg hatte, das Bildnis mit eigenen Augen zu sehen. Sie unterscheiden sich von den Kopien der Veronika darin, dass sie alle das von einem Glorienschein umgebene Antlitz Christi ohne den übrigen Körper mittig auf einem Rechteck im Querformat zeigen. Die Verwendung dieses »Landschaftsformats« statt eines vertikal ausgerichteten Porträtformats ist äußerst merkwürdig, denn auf beiden Seiten des Gesichts bleibt relativ viel überschüssiger Raum zu füllen. Wenn das Mandylion nichts weiter als ein »altes Christusporträt« wäre, warum hätte der Künstler dann gegen eine der grundlegendsten Regeln der Porträtmalerei verstoßen sollen?

Hinzu kommt, dass es schlüssige Hinweise darauf gibt, dass das Mandylion ursprünglich nicht nur eine Art Taschentuch, sondern sehr viel größer gewesen ist. Vier frühe Quellen aus dem 7.–10. Jahrhundert bezeichnen das Tuch als *Sindon*, als ein Leinengewebe (wie das Grabtuch).[51] Auch in manchen Versionen eines liturgischen Textes, des *Synaxarion*, die nach seiner Ankunft in Konstantinopel entstanden sind und auf der Arbeit von Simeon Metaphrastes fußen, der das Tuch 944 mit eigenen Augen gesehen hat, wird das Mandylion als *Sindon* bezeichnet.[52] Und Johannes von Damaskus nennt das Mandylion in Schriften aus dem Jahr 730 ein *himétion*, einen »Überwurf« oder »Mantel« – das gleiche Wort, das in den Evangelien für das Kleidungsstück verwendet wird, das Jesus bei der Kreuzigung abgenommen wird und um das die Kriegsknechte losen.[53]

Wenn das Mandylion nur ein Schweißtuch war wie das der Veronika – warum hätte es dann als Laken oder Mantel bezeichnet werden sollen? Es hat den Anschein, als habe das Tuch eine verborgene Dimension gehabt. Könnte es sich vielleicht um ein großes Stück Tuch gehandelt haben, das so *gefaltet* war, dass es wie ein kleines Tuch aussah? Diese Überlegung wird von zwei alten Texten bestätigt: dem zuvor bereits erwähnten *Synaxarion* sowie den Thaddäus-Akten. Beide bezeichnen die Reliquie als *tetrádiplon* (»vierfach gedoppelt« oder »Vier-Doppeltes«), ein Wort, das nach Ansicht mehrerer Gelehrter nur heißen kann, dass das Tuch zu acht (4 mal 2) Schichten gefaltet war.[54] Das, so glaubt Wilson, ist der Schlüssel zu seinem Geheimnis. Denn wenn man das Grabtuch dreimal so zusammenfaltet, dass das Porträt stets sichtbar bleibt, hat man am Ende ein Päckchen aus acht Stoffschichten, das mit dem überlieferten Erscheinungsbild des Mandylions sehr genau übereinstimmt – Christi Antlitz auf einem Rechteck im Querformat (vergleiche Abbildungen 46 und 47). So gefaltet wäre das Grabtuch als Porträt Christi auf einem handtuchgroßen Stück Stoff wahrgenommen worden und das Begräbnislinnen, das sich in Wirklichkeit darunter verbarg, wäre unbemerkt geblieben.

Mit einem Mal passt alles zusammen. Das seltsame »Landschaftsformat« des Mandylions war keine künstlerische Verirrung, sondern wurde durch die Faltung des Grabtuchs bedingt. Das Tuch wurde auf eine hölzerne Tafel aufgebracht und mit einem goldenen Rahmen versehen, der den Bereich um das Porträt bedeckte, die Seiten jedoch sichtbar ließ – daher der hin und wieder verwendete Begriff *tetrádiplon*.[55] Jeder, der das Tuch genau in Augenschein nahm, konnte sehen, dass es sich um ein großes gefaltetes Stück Leinen handelte, doch wurde es vor neugierigen Blicken meist verborgen, sodass seine tatsächliche Größe nicht allzu vielen bekannt gewesen sein dürfte.[56] Wilsons Theorie erklärt somit den Ruf des Mandylions als Acheiropoieton (ein Bildnis, »nicht von Menschenhand gemacht«) ebenso wie die Augenzeugenberichte aus dem 10. Jahrhundert, die das Bildnis als »eine feuchte Absonderung ohne Farbe oder künstlerisches Zutun« interpretiert haben. Und sie erklärt auch, warum manche der Ansicht waren, es sei in Christi Todesnot im Garten Gethsemane entstanden, da sein Gesicht von Schweiß bedeckt war, der war »wie Blut, das auf die Erde tropfte«.[57] Zusammen mit der korrekten Umschreibung des Tuchs als *tetrádiplon* nimmt sich dieser Katalog an Überschneidungen mit dem Grabtuch höchst beeindruckend aus.

Damit nicht genug, gibt es verschiedene westliche Quellen, die bezeugen, dass das Mandylion nicht nur ein Bildnis von Christi Antlitz, sondern auch von seinem ganzen Körper barg. Der älteste bekannte lateinische Text über das Abgar-Bild, dessen früheste Abschnitte aus dem 10. und 11. Jahrhundert stammen, erzählt beispielsweise, Christus habe eine Botschaft an König Abgar gesandt, in der es hieß: »Weil du mich aber leiblich zu sehen wünschst, übersende ich dir ein Leinentuch, auf dem das Aussehen meines Angesichts und die Gestalt meines ganzen Körpers abgebildet sind.«[58] Texte wie dieser liefern klare Hinweise darauf, dass das Mandylion eher mit dem Grabtuch als mit dem Schweißtuch der Veronika gleichzusetzen ist.

Bisher haben Geschichtswissenschaftler und Kunsthistoriker sich offenbar verschworen, all diese Belege zu ignorieren und als legendenverliebten Schnickschnack abzutun. Wilsons Theorie wird geschmäht, und man nimmt einfach an, dass die alte Vorstellung, bei der Reliquie habe es sich um ein kleines, handtuchgroßes Stück Gewebe gehandelt, korrekt ist. Die Verweise, in denen es als *sindón, himétion* und – vor allem – *tetrádiplon* bezeichnet wird, bleiben vielfach ebenso unbeachtet wie das Querformat und die vermeintliche Assoziation mit der Todesnot am Ölberg, die Augenzeugenberichte, denen zufolge es sich nicht um eine Malerei handelt, und die Beschreibungen, die es als lebensgroßes Abbild einer ganzen Gestalt schildern. Wilsons Theorie, die all diesen Aspekten Rechnung tragen kann, ist von ihrem Erklärungspotenzial her offenkundig um einiges leistungsfähiger als die gegenwärtige Lehrmeinung. Auch wenn noch eine Menge zu klären bleibt, komme ich daher zu dem Schluss, dass das Mandylion in der Tat mit dem Grabtuch identisch gewesen ist.[59]

Wenn das Grabtuch aber tatsächlich das Mandylion ist, dann reicht seine Geschichte bis in die Mitte des 6. Jahrhunderts zurück, da man die Reliquie in Edessa erstmals entdeckte. Einer Legende zufolge, die in der *Narratio* überliefert ist, wurde es in einer Nische über einem der Stadttore eingemauert gefunden, eine Überlieferung, die sicher nichts an Glaubwürdigkeit vermissen lässt und erklären würde, warum das Wissen darüber so lange Zeit verloren gewesen war.[60] Das Problem der Frühgeschichte des Mandylions kann an dieser Stelle nicht erörtert werden, es sei aber angemerkt, dass – wenn es wirklich das Grabtuch war, was da im 6. Jahrhundert unerwartet in Edessa wiederentdeckt wurde – es vermutlich bereits drei Jahrhunderte zuvor dort verloren gegangen war, vielleicht sogar bereits im 1. Jahrhundert. Das wiederum lässt vermuten, dass an der Legende um König Abgar, eine historisch verbürgte Persönlichkeit, die Edessa in den Jahren 13 bis 50 n. Chr. regiert hat, ein Körnchen Wahrheit dran sein und das Tuch tatsächlich während seiner Herrschaftszeit nach Edessa gebracht worden sein könnte.

In jedem Fall ist klar, dass die Geschichte des Grabtuchs auf die eine oder andere Weise bis ins 1. Jahrhundert – zu Jesu Grab – zurückreicht. Im Jahr 1902, als Delage aufstand und seinen bahnbrechenden Vortrag vor der Französischen Akademie der Wissenschaften hielt, war jedenfalls genug über das Grabtuch bekannt, dass diese Schlussfolgerung als zulässig gelten konnte. Einhundertzehn Jahre später weiß man ungleich mehr über die physikalischen Eigenschaften des Grabtuchs, das Bildnis darauf und seine Geschichte, und die Schlussfolgerung steht heute auf weit festeren Füßen: Die einzige kohärente Möglichkeit, sämtliche Aspekte zu erklären, besteht darin, es als Jesu Grabtuch zu betrachten.

Zwischen 1902 und 2012 ist so ziemlich der einzige Aspekt am Grabtuch, der nicht einer rigorosen Überprüfung unterzogen wurde, die Frage, welche Bedeutung diesem Tuch am Ende eigentlich beizumessen ist. Sowohl diejenigen, die von seiner Echtheit überzeugt sind, als auch seine Kritiker haben in gleichermaßen naiver Weise angenommen, dass das Grabtuch, wenn es echt wäre, die Berichte der Evangelien bestätigen würde, und diese Einstellung wird von der übrigen Welt mehr oder weniger vage geteilt. Unser Verständnis von den Ursprüngen des Christentums ist im Großen und Ganzen von den Evangelien geformt worden, und das Grabtuch als sprachloses Objekt wird allgemein als bloße Anlage zu diesen Schriften betrachtet – dem man allerdings zutraut, möglicherweise das zentrale Wunder dieses Glaubens belegen zu können. Mit Anlagen ist es jedoch so eine Sache. Bedeutung ist nicht das, was einem Text oder Bild, so heilig diese auch sein mögen, von sich aus innewohnt, sondern die Stimme, die wir dem betreffenden Objekt leihen. Und wenn wir beginnen, etwas sorgfältiger über die Bedeutung des Grabtuchs nachzusinnen, hören wir es womöglich mit einer neuen Stimme sprechen und eine komplett unerwartete Geschichte erzählen.

TEIL 4

Der Blick durch das Grabtuch

15

Das beseelte Grabtuch

Eines sonnigen Frühsommermorgens spazierte ich in den Obstgarten neben meinem Haus in Cambridge, legte mich ins Gras und vertiefte mich in *Das Turiner Grabtuch* von Ian Wilson. Die spärlichen Äste des Apfelbaums, unter dem ich Schatten gesucht hatte, zierten Büschel von rosagesäumten Apfelblüten, um mich herum hüpften Amseln durch halbhohes Gras und suchten nach Würmern. Auf dem benachbarten Cricketfeld zog ein Rasenmäher dröhnend seine Bahn. Ich suchte einen Ort zum Nachdenken, eine Oase weit weg von den schummrigen Wirkungsstätten akademischer Forschung. Die Vorstadtidylle vor meiner Haustür war der ideale Platz.

Die vorangegangenen Tage hatte ich damit verbracht, alles, was ich finden konnte, über das Turiner Grabtuch zu lesen. An Ostern war im Fernsehen eine Dokumentation gelaufen, in der ernsthafte Zweifel an den Ergebnissen der Radiokarbondatierung angemeldet worden waren. Das hatte mein Interesse geweckt.[1] Mit einem Schlag ließ mich das Thema einfach nicht mehr los. Da niemand in der Lage schien, Geschichte und tiefere Bedeutung dieser Reliquie zu entschlüsseln, war ich finster entschlossen, das Ganze für mich allein durchzudenken. Dazu aber bedurfte ich irgendeines Hebels für das Problem, einer neuen Idee oder Beobachtung, die mir einen neuen Blickwinkel erschließen würde, einen Ausgangspunkt für eigene Untersuchungen. Ich hoffte, Wilsons Buch und frische Luft könnten als Katalysatoren wirken. Das taten sie. Beim Durchblättern aller Argumente und Illustrationen in Wilsons Buch geriet ich mit Haut und Haaren in den Sog des Grabtuchgeheimnisses und ging mit einem belebenden Gefühl geistigen Aufbruchs daran, die vielen offensichtlichen Ungereimtheiten zu ergründen. Nach einer Weile glitt *Das Turiner Grabtuch* von meinem Schoß, und ich verfiel in einen seltenen Zustand selbstvergessener Reflexion, eine Mischung aus Tagträumerei und Konzentration.

Ungeachtet aller persönlichen Skepsis betreffs der Echtheit des Grabtuchs faszinierte mich ein Teil der von Wilson angeführten historischen Belege. Verschiedene der von ihm zitierten Texte – beispielsweise Robert de

Claris Worte über das byzantinische Leichentuch, auf dem man »ganz deutlich die Gestalt [Unseres Herrn] sehen konnte« – schienen auf eine Reliquie hinzudeuten, die dem Grabtuch sehr ähnlich war und lange vor dem 14. Jahrhundert – dem von der problembehafteten Radiokarbondatierung ermittelten Zeitpunkt – existiert hat. Außerdem kannte ich inzwischen André Dubarles unbestritten wichtigen Anhaltspunkt: das unverwechselbare Muster der Schürhakenlöcher auf den Darstellungen von Christi Begräbnistuch im Codex Pray. Ich konnte das einfach nicht als Zufall abtun und fand mich plötzlich bei dem ketzerischen Gedanken wieder, dass das Tuch tatsächlich bereits im 12. Jahrhundert bekannt gewesen sein musste. Ich muss zudem gestehen, dass mir Wilsons Gleichsetzung von Mandylion und Grabtuch ausgesprochen plausibel erschien, weil sie ein Gutteil der vielen Indizien erklärte, die von der offiziellen Lehrmeinung ignoriert oder ohne vernünftige Rechtfertigung von der Hand gewiesen wurden.

Eine Weile lag ich so unter dem Apfelbaum und ließ meinen Gedanken freien Lauf. Wenn Wilsons Theorie zutraf, dann ließ sich die Herkunft des Tuchs bis ins 6. Jahrhundert zurückverfolgen. Und wenn es so alt war, reduzierte sich die Wahrscheinlichkeit, dass es eine Fälschung war, drastisch. Als Agnostiker, der Jesus in mehr oder weniger traditionell christlicher Weise sah, bereitete mir die Vorstelllung, dass das Grabtuch ein echtes Wunderding sein sollte, einiges Unbehagen, und als Kunsthistoriker, wohlvertraut mit dem bunten Kaleidoskop mittelalterlicher Reliquien, war ich extrem skeptisch, dass ausgerechnet diese – die außergewöhnlichste von allen – echt sein sollte. Dennoch, nachdem ich jede nur mögliche alternative Erklärung in Betracht gezogen und als unzureichend verworfen hatte, sah ich mich gezwungen, das Undenkbare zu denken. Die Hinrichtung und Bestattung Jesu, so sagte ich mir, sind die einzigen überlieferten Ereignisse, die ein Leinentuch hatten hinterlassen können, auf dem sich das Abbild eines gegeißelten, mit Dornen gekrönten, gekreuzigten und mit einer Lanze an der Seite verwundeten Mannes befand – ein Vorkommnis, das sich mit großer Wahrscheinlichkeit nicht in genau derselben Weise wiederholt haben dürfte. Ich konnte nicht umhin, den Schluss zu ziehen: Aus rein historischer Perspektive schienen Tod und Bestattung Jesu die bestmögliche Erklärung für das Grabtuch zu sein.

Für einen skeptischen Agnostiker war das ein beängstigender Gedanke. Die Vorstellung, dass das Grabtuch möglicherweise echt war, ließ darauf schließen, dass Jesu Leichnam im Grab etwas Unheimliches zugestoßen war. Voreingenommen, wie ich war, wanderten meine Gedanken unweigerlich zu dem angeblichen Wunder der Auferstehung, dem Herzstück christlichen

Glaubens, das einige meiner tiefsten Überzeugungen infrage stellte. Es war, als legte sich das Grabtuch, befrachtet mit all der unerhörten Last christlicher Überlieferung, mit seinem ganzen Gewicht auf mich und drohte meine säkulare Weltsicht zu erschüttern. Statt mich genüsslich faul in der Sommersonne zu rekeln, sah ich mich plötzlich erbittert mit einem metaphysischen Gegner ringen wie weiland Jakob mit dem Engel.

In diesem Augenblick erhaschte ich zum allerersten Mal einen flüchtigen Blick auf die potenzielle Bedeutung der Reliquie. Konfrontiert mit der Vorstellung, dass sie vielleicht wirklich in Jesu Grab gefunden worden sein könnte, stellte ich mir eine Frage, die Generationen von Grabtuchtheoretikern ins Grübeln gebracht hat: Wenn die Reliquie echt ist, warum erwähnt dann keines der Evangelien ihre Entdeckung im leeren Grab? Und dann ging mir auf: Vielleicht tun sie das ja. Vielleicht enthalten die Evangelien Beschreibungen des Grabtuchs, die seit den Tagen der Apostel niemand als solche erkannt hat, weil es in ihren mythenreichen Erzählungen nicht als Bild erscheint, sondern als übernatürliche Person.

Elektrisiert von diesem Gedanken, rappelte ich mich auf und ging ins Haus, um die biblischen Erzählungen zum leeren Grab nachzulesen.

Die Gestalt auf dem Grabtuch mit einem Menschen zu verwechseln mag nach geistiger Unzurechnungsfähigkeit aussehen, aber ich litt absolut nicht unter einem Anfall von Bewusstseinstrübung. Vielmehr hatte ich plötzlich eine andere Bewusstseinsebene erreicht – so etwas wird allen Historikern, die sich mit mittelalterlicher Kunst befassen, irgendwann zur zweiten Natur. Für den Bruchteil einer Sekunde sah ich das Grabtuch so, wie es vor der Aufklärung, die im 18. Jahrhundert einen Keil zwischen uns und unsere leichter zu beeindruckenden Vorfahren getrieben hat, gesehen worden sein musste.

Nur zu häufig wird Geschichte als eine Serie von verbürgten Ereignissen betrachtet, deren Triebfeder schnöde rationale Motive sind. Es wird vergessen, dass der Gang der Dinge oftmals durch verschrobene und wundersame Überzeugungen bestimmt wird und dass wir, um die Vergangenheit verstehen zu können, die fremde Vorstellungswelt ihrer Akteure ernst nehmen müssen. Wir können zum Beispiel die furchtbaren Hexenjagden des frühmodernen Europa nicht verstehen, ohne uns darüber klar zu sein, dass vor der Aufklärung vom gemeinen Volk ebenso wie von den gebildeten Kreisen vieles von jener Folklore des Schreckens, mit der wir an Halloween vergnügt herumalbern, für wirklich gehalten wurde. Martin Luther zum Beispiel hat fest an Hexerei geglaubt. Geschichte handelt nicht nur von Tatsachen, sondern auch von Überzeugungen. Um die Vergangenheit zu verstehen, müssen wir uns in den Geist anderer Menschen hineinversetzen – und dieser Geist unterscheidet sich in der Regel sehr von unserem eigenen.

Bis hierher habe ich das Grabtuch und seine Geschichte im Lichte (häufig widersprüchlicher) Tatsachen beschrieben: was es ist, wo es wann war, wie es gezeigt wurde, wie es genannt wurde und so weiter. Nun ist es an der Zeit, sich mit den Gedanken zu befassen, die die Juden im 1. Jahrhundert umgetrieben haben, die (wenn ich mich nicht irre) seine ersten Betrachter und Interpreten gewesen sind. Was mag ihnen ein schwer definierbares Abbild Jesu auf dessen Leichentuch bedeutet haben? Für was werden sie die Gestalt auf dem Grabtuch gehalten haben? Eines ist sicher: Sie werden nicht auf die gleiche Weise darüber gedacht haben wie wir. Vormoderne, nicht wissenschaftlich denkende Menschen waren das, deren Weltsicht von den uralten Überlieferungen ihres Volkes und von religiösen Traditionen geprägt war. Damit nicht genug, waren sie empfänglich für einen Umgang mit Bildern (sowohl von der Natur als auch von Menschenhand geschaffenen), der uns zutiefst irrational erscheinen mag – genau wie der Umstand, dass die Menschen im 17. Jahrhundert sonderbar über alte Frauen zu denken pflegten.

Heute sehen wir Bilder schlicht und einfach als Repräsentationen der Wirklichkeit, an die wir ästhetische Maßstäbe anlegen – das heißt, wir empfinden sie als mehr oder weniger schöne Kunstwerke, passive Objekte unseres Blicks. Gelegentlich mögen wir überrascht darüber sein, wie stark wir auf sie reagieren, beispielsweise wenn wir einen Politiker auf dem Bildschirm anbrüllen oder das Bild eines geliebten Menschen streicheln, aber wir interpretieren solches Verhalten als irregeleiteten irrationalen Impuls oder symbolische Handlung. Es würde uns nie in den Sinn kommen, das Bild selbst oder die darauf abgebildete Person für unser Handeln verantwortlich zu machen. Als Kinder eines zutiefst rationalistisch geprägten Zeitalters sehen wir Bilder einzig und allein als visuelle Stimuli.

Vor dem 18. Jahrhundert aber wurden Bilder in der Regel nicht mit derart rationaler Distanz wahrgenommen.[2] Wenn man sich einmal das ganze Spektrum an menschlichen Gesellschaften, solche aus dem Alten Orient eingeschlossen, vor Augen hält, wird klar, dass Menschen Bildern von alters her in einer Art und Weise begegnet sind, die wir für zutiefst abergläubisch halten würden. Den größten Teil der Geschichte hindurch wurden Bilder als geheimnisvolle, metaphysische Daseinsformen betrachtet. Wie die unerreichbare Welt der Spiegelbilder galt auch das Reich der Bilder allgemein als eine eigene Ebene der Wirklichkeit. Mehr noch, vor der Aufklärung wurde Bildern von Gottheiten, Heiligen, Geistern und Vorfahren üblicherweise Macht zugeschrieben, nicht nur insofern, als sie an die Gefühle derer rühren, die sie anschauen, nein, man hielt sie auch für fähig, Einfluss auf den aktuellen Gang der Ereignisse zu nehmen. In der vormodernen Welt wurden Bilder in gewissem Sinne als prinzipiell lebendig wahrgenommen.

Bilder als lebendig zu empfinden bedeutet, einer Form von »Animismus« zu huldigen – unbelebten Gegenständen wurden also die Eigenschaften lebender Wesen zugeschrieben. Und wo immer Bilder als beseelt erachtet werden, dichtet man ihnen menschliche Gedanken und Gefühle an, man vermenschlicht sie.[3] So fremd eine solche Art zu denken denjenigen von uns erscheinen mag, die zu rationalem, wissenschaftlichem Denken erzogen wurden, so sind der Hang zum Animismus und die Neigung zum Anthropomorphismus doch tiefsitzende Impulse, die auch heute noch auf der ganzen Welt anzutreffen sind.[4] Bilder, so könnten wir sagen, werden im menschlichen Geist ganz von selbst lebendig. Aber sie sind natürlich nicht auf die gleiche Weise lebendig wie wir. Beseelte Bilder gehören daher in das Reich der Magie, des Unheimlichen, Übernatürlichen, Göttlichen.[5] Ein paar Beispiele mögen verdeutlichen, wie machtvoll die Lebendigkeit von Bildern in traditionellen Gesellschaften erfahren werden kann und welche Vielfalt an Überzeugungen und Praktiken sich darauf gründet.

Zu den wichtigsten Heiligtümern des Hinduismus gehört der Jagannātha-Tempel im indischen Bundesstaat Puri, der Heiligenbilder von Jagannātha und dessen göttlichen Verwandten beherbergt.[6] Diese Statuen werden alle zwölf bis neunzehn Jahre erneuert. Dabei wird jeder Schritt von bestimmten Zeremonien und Ritualen begleitet. Die Statuen dürfen nur aus dem Stamm des Nimbaums *(Azadirachta indica)* geschnitzt werden, der aufgrund seiner Form und seines Standorts als Quelle heiligen Holzes gilt. Die Bilder werden von Daitā, Nachfahren der lokalen Stammesvölker, geschnitzt, die über geheime, genau fixierte Kenntnisse verfügen, diese Bilder zu schaffen, und die Aufgabe haben, die Lebenskraft der alten Statuen auf die neuen zu übertragen. Das ist ganz wörtlich zu nehmen. Der Mann, der mit der Aufgabe betraut wurde, nimmt die umhüllenden Stoffbahnen von der alten Statue und öffnet dann einen Hohlraum, in dem sich ein Körbchen befindet, welches das *Brahmapadārtha* – die »Lebenskraft« – des Gottes enthält. Das Brahmapadārtha darf weder angesehen noch berührt werden, deshalb trägt der Offiziant eine Augenbinde und umwickelt seine Hände mit Stoff. Nun wird das »Leben« der alten Holzgestalt auf die neue übertragen, das Brahmapadārtha-Körbchen wird in einer Aushöhlung in ihrem Bauch verstaut, die mit einem Deckel verschlossen wird. Die »tote« Statue wird betrauert, wird mit einer feierlichen Begräbniszeremonie bedacht und dann beerdigt, während die neue, in der nunmehr das Leben pulsiert, mit den für ihr Dasein noch fehlenden Teilen ausgestattet wird: Ihr Holz wird mit langen roten Fäden umwickelt, die ihr als Blutgefäße dienen sollen, in Harz getauchte Streifen aus rotem Tuch werden als Haut aufgebracht. Schließlich wird die Statue bemalt, zuletzt erhält sie die Pupillen ihrer beiden riesengroßen Augen. Damit wird das Bild nicht nur lebendig, sondern auch empfindend.[7]

Es kann kein Zweifel daran bestehen, dass die Statue für die Anhänger des Jagannātha-Kults als lebende Instanz gesehen wird, als Gott, der wacht, urteilt und in ihr Leben eingreift. Dem skeptischen Betrachter mag das Bildnis passiv erscheinen, die Anbetenden aber schreiben ihm Wünsche und Motive zu, spüren seine Macht in ihrer Welt. Für sie ist das Abbild eine handelnde, aus heiliger Materie geschaffene Daseinsform, ein übernatürliches Wesen, der unbegreifliche Leib einer Gottheit.

Solche Heiligenbilder hat es in der Antike im Mittelmeerraum zuhauf gegeben, ein Musterbeispiel ist die Statue der Artemis in Ephesos, eine der berühmtesten Skulpturen der Antike (Abbildung 48). Welches Ausmaß die Hinwendung zu dieser Statue hatte, wird lebhaft deutlich an einem Bericht in der Apostelgeschichte, dem zufolge es in Ephesus anlässlich der Predigten des Paulus zu einem regelrechten Aufruhr kam.[8] Aus Angst, dass der Erfolg der christlichen Botschaft die Verehrung der Göttin, die ihre Lebensgrundlage bildete, mindern könnte, wiegelten offenbar die Silberschmiede der Stadt die örtliche Bevölkerung gegen Paulus und seine Anhänger auf. Zwei seiner Reisegefährten wurden von der wütenden Menge unter dem Schlachtruf »Groß ist die Artemis von Ephesus!« ins Theater geschleppt und wären um ein Haar gelyncht worden, hätte der Stadtschreiber es nicht noch gerade zur rechten Zeit geschafft, die Menge zu beruhigen.

Die ersten Worte seiner Ansprache werfen ein bezeichnendes Licht auf die Beziehung zwischen den Bewohnern der Stadt und ihrer göttlichen Schirmherrin: »Männer von Ephesus! Wer wüsste nicht, dass die Stadt der Epheser die Tempelhüterin der Großen Artemis und ihres vom Himmel gefallenen Bildes [*diipetes*] ist?«[9] Das aus dem Griechischen stammende Wort »diipetes« bedeutet wörtlich »von Zeus stammend« oder »vom Himmel gefallen« und wurde auf eine ganze Reihe von Kultbildern angewandt, von denen man dachte, sie seien himmlischen Ursprungs. Einige dieser Statuen scheinen aus Meteoriten geformt worden zu sein oder wurden anderweitig mit diesen verknüpft. Entscheidend ist, dass ihnen ein göttlicher Ursprung nachgesagt wurde. Genau wie das Grabtuch waren sie »nicht von Menschenhand gemacht«.[10]

Auch andere »Fundstücke« wurden mit göttlichen Wesen assoziiert. Man denke an die Geschichte, die Pausanias über ein Gesicht aus Olivenholz berichtet, das einige Fischer von Lesbos in ihren Netzen gefangen und hernach als Götterbild verehrt hatten,[11] eine Episode mit deutlichen Parallelen zur Entdeckung des Grabtuchs: Was hätten die Fischer von Lesbos wohl von der seltsamen Gestalt auf Jesu Begräbnislinnen gehalten?

Kultstatuen waren beileibe nicht die einzigen Bildnisse, denen die antike Welt Leben zusprach. Selbst den rohesten, einfachsten Bildern wurde große Wirkmacht zugetraut. Im Louvre gibt es eine kleine ägyptische Figurine aus dem 3. oder 4. Jahrhundert, eine unbekleidete, von elf Nadeln durchstochene weibliche Gestalt.[12] Wie wir einer beiliegenden Schrift entnehmen können, stand sie im Dienst eines Liebeszaubers, der einem jungen Mann namens Sarapammon helfen sollte, das Herz eines jungen Mädchens namens Ptolemais zu erobern. Der Zauber sollte die durchbohrte Figur eins werden lassen mit der Person, die sie darstellte, verknüpfte ihr Leben unlösbar mit dem von Sarapammons Angebeteter. Dieses blinde Vertrauen in die Kraft der Magie zeigt, wie tief verwurzelt der Animismus in den antiken Gesellschaften des Mittelmeerraums war.

In der Welt der Antike wurden Bilder demnach wie an vielen Orten unserer Zeit nicht als reine Gegenstände und bloße Darstellungen von irgendetwas oder irgendwem betrachtet. Vor allem Bildnisse von Menschen wurden als Wesen – häufig als übernatürliche – gesehen, die mit der sozialen Welt ihrer Betrachter interagierten. Anthropomorphismus war zu jener Zeit in jedem Menschen fest verankert und wurde als Wahrnehmung von Wirklichkeit erfahren, nicht als eine Illusion, die es zu unterdrücken galt.

All das hatte ich im Hinterkopf, als ich unter dem Apfelbaum lag und über das Grabtuch nachgrübelte. Ich hatte kurz zuvor ein Seminar zu Alfred Gells *Art and Agency* besucht, ein Buch, das die Wahrnehmung von Bildern als aktiv gestaltende Kraft unterstreicht. Und meine eigenen Arbeiten zu verschiedenen Fresken im mittelalterlichen Rathaus von Siena – darunter auch Porträts, die gelegentlich tätlich angegriffen wurden, als handle es sich um lebende Wesen – hatten mir das magische »Leben« von Bildern eindrücklich vor Augen geführt. Mir lag also nichts näher, als über das Grabtuch einmal wie in vormoderner Zeit zu denken und ihm die Eigenschaften eines Wesens zuzuschreiben. Und als ich an jenem Tag anfing, das Ganze nicht mehr nur als eine intellektuelle Spielerei zu sehen, sondern eher als moralische Herausforderung, spürte ich ein wenig von der besonderen Macht, die das Tuch über sein erstes Publikum gehabt haben muss.

Meine Hypothese ist daher fürs Erste recht einfach: Wenn das Grabtuch im 1. Jahrhundert in Judäa entdeckt worden ist, muss die Gestalt darauf vor animistischem Hintergrund wahrgenommen worden sein. Bevor wir uns daranmachen, diese Vorstellung zu untermauern, indem wir uns die Evangelienberichte erneut vornehmen, müssen wir sichergehen, dass sie historisch begründet ist. Ist es vertretbar, den Menschen, die zu Beginn des 1. Jahrhunderts in Judäa lebten, Animismus zu unterstellen? Schließlich gründet das Judentum auf dem Prinzip des Monotheismus und verbietet die Anbetung von Bildern. Hätten Juden aus dem 1. Jahrhundert die Gestalt auf dem Grabtuch überhaupt hinnehmen, geschweige denn sie als lebende Person betrachten können? Wären sie nicht genauso immun gegen die Macht von Bildern gewesen wie wir modernen Menschen?

Dazu ist zunächst einmal zu sagen, dass der Hang zum Animismus ein menschlicher Zug von universaler Verbreitung ist. Rund um den Globus gehen Menschen mit figürlichen Darstellungen in ähnlicher Weise um wie mit lebendigen, atmenden Menschen: Sie reden mit ihnen, bitten sie, kleiden sie, bieten ihnen zu essen an, streicheln sie, küssen sie, geraten in Zorn über sie, greifen sie an, verstümmeln sie, begraben sie und dergleichen mehr. Man hat noch keine indigene Kultur gefunden, die nicht die eine oder andere Form von animistischem Verhalten an den Tag legt. Damit nicht genug, sollte ein kurzer Moment der Selbstreflexion uns aufzeigen, dass wir selbst nur zu gerne dieser Art zu denken verfallen.[13] Warum empfinden so viele von uns einen wohligen Schauer, wenn sie bei Madame Tussaud berühmten Persönlichkeiten gegenüberstehen? Wie sehr würden Sie sich auch heute noch aufregen, wenn jemand Ihren alten Teddybären verstümmelte? Moderne Erwachsene lernen im Allgemeinen, ihren animistischen Instinkt zu unterdrücken, reduzieren ihn auf eine kurze Gefühlswallung beim Betrachten gewisser Filme und Kunstwerke. Aber tief unter der Oberfläche ist er immer noch vorhanden.

Der Kunsthistoriker Richard Brilliant beschreibt seine Faszination für Porträts folgendermaßen:

> »Auch ich neige zu begeisterter Betrachtung römischer und aller möglichen anderen Porträts, weil sie historischen Persönlichkeiten Leben einhauchen und sie von den Banden der Sterblichkeit befreien. [...] Es ist, als existierten diese Kunstwerke nicht als die Substanz und Materie, aus denen sie gemacht sind, sondern als blickten mich stattdessen von der anderen Seite lebende Wesen an oder versuchten vorsätzlich, meinen Blick

zu meiden. Die Illusion schwindet allerdings rasch, und schon schaue ich kein Wesen mehr an, sondern das Bild eines Wesens.«[14]

Im Kino hält die Illusion länger, dort lassen sich sogar entschlossene Rationalisten emotional vom »Leben« einer Kunstgestalt einwickeln. Wie viele Menschen hatten wohl beim Anschauen der Irrungen und Wirrungen des liebenswerten Kautschuk-Aliens E.T. einen Kloß im Hals? Wir mögen nicht an E.T. glauben, wenn es hart auf hart kommt, aber wir sind sehr wohl in der Lage, ein bloßes Bild mit einer Seele auszustatten. Wir können nichts dagegen tun: Wir sind dafür prädestiniert, Bilder von lebenden Wesen – insbesondere Bilder von Menschen – als beseelte, empfindende Wesen zu betrachten.[15]

Da das Überleben jedes Organismus davon abhängt, auf Begegnungen mit anderen lebenden Wesen vorbereitet zu sein, hat unser Hang zum Animismus aus evolutionärer Perspektive betrachtet durchaus seinen Sinn. Wir gehen auf Nummer sicher, tippen zum Beispiel vorsorglich erst einmal darauf, dass der große Gegenstand da vor uns im Gehölz ein Bär ist und kein Felsbrocken, denn die umgekehrte Vermutung könnte tödlich sein. Statt von Unvernunft und kindischem Verhalten zu zeugen, lässt sich Animismus daher als »unausweichliches Ergebnis einer Kombination aus normaler Wahrnehmungsunsicherheit und einer guten Wahrnehmungsstrategie« verstehen.[16] Hinzu kommt, dass wir als Menschen in besonderer Weise auf die Gegenwart und Aktivitäten anderer Menschen, der wichtigsten lebenden Wesen in unserer Umwelt, ansprechen, sodass wir eine eingebaute Neigung haben, die Welt von anthropomorpher Warte aus zu erklären.[17] Auch wenn sie ein tiefgehendes Gefühl von Unerklärlichkeit erzeugen mag, ist die menschliche Tendenz, die Bilder von anderen Menschen als real (oder surreal) zu interpretieren, für sich genommen keineswegs unerklärlich.

Die Juden im 1. Jahrhundert werden bezüglich dieser menschlichen Eigenschaft keine Ausnahme gemacht haben. Auch sie werden versucht haben, ihre animistischen Instinkte, so weit es geht, zu unterdrücken, so wie wir es heute auch tun. Aber das heißt nicht, dass sie Bilder weniger irrational betrachtet haben als ihre nichtjüdischen Nachbarn. Ja, der in der Bibel geschilderte Kampf Jahwes gegen das Anfertigen von Kultstatuen zeugt von der starken Anziehungskraft, die solche »Götzenbilder« auf die Israeliten der Antike ausübten. Als Mose sich auf dem Berg befand, um die Zehn Gebote zu empfangen, tanzten die Kinder Israels unten im Tal um das Goldene Kalb. Einige Zeit später musste König Hiskija die berühmte Kupferschlange, die Mose auf Geheiß Gottes zum Schutz der Israeliten vor den Bissen von Giftschlangen an einer Fahnenstange aufgehängt hatte, zerstören, weil die Menschen angefangen hatten, dieser Opfer darzubringen.[18] Die Angst davor, wieder in dieses Muster zu verfallen, saß den Juden zur Zeit des Zweiten Tempels nur deshalb drohend im Nacken, weil sie genau wussten, wie anfällig sie für Götterbilder aus Menschenhand waren. Und wir wissen von manchen, die genau wie ihre Ahnen der Versuchung des Götzendienstes nicht widerstehen konnten. Während des Makkabäeraufstands wurde entdeckt, dass manche Anhänger des Judas Makkabäus, die während der Schlacht gefallen waren, unter ihren Tuniken »Amulette der Götter von Jamnia trugen, obwohl das den Juden vom Gesetz her verboten ist«.[19] Diese jüdischen Krieger glaubten offenbar genauso fest an die schützende Macht von Bildern wie ihre heidnischen Gegner. Es ist ein Mythos, dass der Monotheismus die Juden der Antike gegen den Aberglauben immun gemacht hat, ein Mythos, den Arbeiten aus jüngster Zeit zur Magie im Judentum soeben im Begriff sind zu zerstören.[20]

Doch trotzdem, so könnte man einwenden, hat die Mehrheit der Juden das zweite Gebot – die göttliche Mahnung, sich keine Bilder von Gott zu machen und sich nicht vor anderen Göttern niederzuwerfen – zweifellos geachtet. Hätte das die Anhänger Jesu nicht davor bewahren müssen, sich von dem Grabtuch faszinieren zu lassen? Nein, denn sie hätten das zweite Gebot gar nicht auf ihre Situation bezogen. Die ursprünglichen jüdischen Gegner der ersten Christen hätten das Grabtuch durchaus für ein Götzenbild halten können, doch was die Christen selbst betraf, wäre dessen Verehrung ihnen völlig unverdächtig vorgekommen.[21] Auf der einen Seite wussten sie, dass das Grabtuch kein Götzenbild war – es war gefunden und nicht angefertigt worden. Auf der anderen Seite bestand die Gefahr des Götzendienstes nicht, solange sie sich nicht vor ihm als einem »anderen Gott« niederwarfen. Es gab jede Menge Möglichkeiten, wie sie es als spirituelle Existenzform interpretieren konnten, ohne dabei eine rivalisierende Gottheit aus ihm zu machen.[22]

Wie dem auch sei, die Aversion gegenüber Bildnissen im Judentum wird häufig übertrieben. Es gab zwar das Verbot, (Jahwe oder andere Götter) bildlich darzustellen, aber ganz und gar verpönt war dies nicht.[23] Die berühmte Hauskirche in Dura Europos enthält eine der umfassendsten Wandmalereien, die uns aus der Antike erhalten sind. In Jerusalem selbst wurden Wandmalereien – unter anderem Vögel und Fische – in Häusern und Gräbern aus dem 1. Jahrhundert gefunden, und Josephus schreibt von Skulpturen, die Palast und Tempel des Herodes schmücken.[24] Die hebräischen Schriften selbst berichten, wie Mose auf Geheiß Gottes nicht nur die kupferne Schlange schuf, sondern auch die Bundeslade mit zwei goldenen Cherubim verzierte, die sie mit ihren Flügeln bedeckten, und wie Salomo ihm dies später bei der Ausgestaltung des Allerheiligsten, der Gotteswohnung, nachtat.[25] Solange das Gebot gegen den Götzendienst nicht verletzt wurde, waren Bilder im antiken Judentum offenbar geduldet und hatten gelegentlich sogar eine wichtige religiöse Funktion.

Die Entdecker des Grabtuchs hatten daher vermutlich weniger Vorbehalte gegen bildliche Darstellungen, als vielfach angenommen wird, und mit Sicherheit hätten sie kaum Probleme damit gehabt, eine animistische Wahrnehmung des Tuchs mit ihrem monotheistischen Glauben zu vereinbaren. (Die vergangenen 2000 Jahre hindurch haben es die meisten Christen fertiggebracht, eine Brücke zu schlagen zwischen gelebtem Monotheismus und der animistischen Interpretation kirchlicher Heiligenbilder.) Es besteht daher kein Anlass, daran zu zweifeln, dass, wenn im 1. Jahrhundert die Gestalt auf dem Grabtuch in Judäa bekannt war, diese als lebende Instanz empfunden worden wäre.

Doch als was für eine Art Wesen wäre diese Gestalt wahrgenommen worden? In welche Kategorie hätte man sie eingeordnet? Wieder half mir mein gedankliches Gerangel mit dem Grabtuch, mich einer Antwort zu nähern. Es fühlte sich fast an, als flüstere mir die Gestalt Botschaften aus einer fernen metaphysischen Wirklichkeit zu, als vernähme ich das leise Echo einer einst volltönenden Stimme – der Stimme eines göttlichen Sendboten. Die Erfahrung war alles andere als behaglich, und einem Juden aus dem 1. Jahrhundert hätte sie gewiss von göttlicher Offenbarung gekündigt. Will sagen, das Grabtuch könnte von seinen Entdeckern durchaus als himmlischer Bote – als Engel – wahrgenommen worden sein.

Die hebräischen Schriften berichten gelegentlich von Engeln in verschiedenen Erscheinungsformen. Beim Auszug aus Ägypten führt Gott selbst die Israeliten durch die Wüste ins Gelobte Land, »bei Tag in einer Wolkensäule, um ihnen den Weg zu zeigen, bei Nacht in einer Feuersäule, um ihnen zu leuchten«. An anderer Stelle ist die Rede vom Engel Gottes, gleichzusetzen mit Gott selbst, der beispielsweise Hagar bei einem Brunnen in der Wüste von Beerscheba und Mose auf dem Berg Horeb erschienen war. Dann gibt es noch die Engel der himmlischen Heerscharen wie jene, die Jakob eine Treppe zwischen Erde und Himmel hinauf- und hinabsteigen sieht. Und schließlich erscheint der Herr bei verschiedenen Gelegenheiten den Patriarchen als Mann oder als mehrere Männer – im Falle der drei Männer beispielsweise, die Abraham bei den Eichen von Mamre aufsuchen und die Geburt Isaaks vorhersagen.[26] Heutzutage herrscht allgemeine Übereinstimmung darüber, dass all diese Erzählungen von Engeln und göttlichen Gestalten ursprünglich nur dazu dienten, Gottes Nähe zu seinem Volk und sein Eintreten für die Seinen zum Ausdruck zu bringen. Es war eine Möglichkeit, seine immerwährende Gegenwart auf Erden und seine gelegentliche Manifestation in sichtbarer Gestalt in Worte zu fassen. Für die Verfasser dieser hebräischen Schriften war alles Himmlische gleichbedeutend mit Gott selbst.[27] Dennoch werden ihre Texte sehr leicht als Beschreibungen von unabhängigen Wesen gelesen, und genauso wurden sie zur Zeit des Zweiten Tempels wahrgenommen, in der das Interesse an Engeln sprunghaft zunahm.[28]

Der vermutlich bekannteste vorchristliche Text, der sich ausführlich mit Engeln befasst, ist das apokryphe Buch Henoch, in dem Engel wahlweise als »Wächter« und »Söhne der Himmel« bezeichnet werden und das über den Fall der zweihundert abtrünnigen Engel und die apokalyptische Reise Henochs durch die sieben Himmel berichtet.[29] Nicht minder populär war das *Buch der Jubiläen*, das im 2. Jahrhundert entstanden ist und die Erzählungen aus Genesis und Exodus zusammenfasst und das Interesse an der Angelologie mit seiner Darstellung des ersten Schöpfungstags umtriebig schürt:

> »Denn am ersten Tag schuf er die Himmel, die über den Himmeln sind, und die Erde und die Wasser und jeden Geist, der dienen sollte vor ihm, nämlich die Engel des Angesichts und die Engel der Heilung auch und die Engel des Geistes des Feuers und die Engel des Geistes des Windes und die Engel des Geistes der Wolken und aller Finsternis und des Hagels und des Schnees und die Engel der Stimmen und der Donnerschläge und für die Blitze und die Engel der Geister der Kälte und der Hitze und des Winters und des Frühjahrs und der Erntezeit und des Sommers und (die) Engel aller Geister seiner Werke, die in den Himmeln und auf der Erde und die in allen Schluchten und der Finsternisse und des Lichts und der Morgenröte und des Abends, die er bereitet hat im Wissen seines Herzens.«[30]

Aus diesen abstrakten himmlischen Wesen sollten bald Heerscharen von Engeln werden, die sich besonders mit dem Wohlergehen der Menschen befassten. Im Aramäischen Levi-Dokument finden wir beispielsweise einen Verweis auf den »Engel, der für das Volk Israel Fürsprache einlegte«.[31] Auf einer mehr persönlichen Ebene wird der Erzengel Raphael im Buch Tobit als Begleiter und Beschützer von Tobits Sohn Tobias – sein persönlicher »Schutzengel« – vorgestellt. Er gibt sich im Verlauf ihrer Abenteuer als Sterblicher aus, offenbart sich am Ende jedoch als »einer von den sieben heiligen Engeln, die das Gebet der Heiligen emportragen und mit ihm vor die Majestät des heiligen Gottes treten«.[32]

Zu der Zeit, als das Grabtuch entdeckt wurde, bestand in der jüdischen Glaubensgemeinschaft demnach ein reges Interesse an Engeln, und diese halbgöttlichen Gestalten wurden auf unterschiedlichste Weise wahrgenommen. Man ordnete sie zu einer Hierarchie der Heiligkeit, schrieb ihnen verschiedene Aufgaben und Herrlichkeitsgrade zu, gab ihnen verschiedene Namen und fand sie wieder in zahlreichen Passagen der hebräischen Schrift.

Ob das Grabtuch als einer der Wächter oder einer der gefallenen Engel aus dem Buch Henoch gesehen wurde? Es ist möglich, dass einige es zumindest anfänglich nicht sehr positiv aufnahmen, aber jegliche Angst, die es möglicherweise ausgelöst hat, dürfte verflogen sein, sobald man es als erfüllte Prophezeiung der Schrift gedeutet hatte (siehe unten, S. 366–375). Diejenigen, die es zu Gesicht bekamen, werden zudem durch die weiße Farbe des Tuchs beruhigt worden sein (Weiß galt als Symbol für Reinheit und Heiligkeit[33]) sowie durch das dem Bildnis eigene »innere Licht«, das durch den Fotonegativeffekt hervorgerufen wurde. Die ihm augenscheinlich innewohnende Leuchtkraft wird es als echten Himmelsboten erscheinen haben lassen von der Art des Fürsten des Lichts, wie ihn die Schriftrollen aus Qumran feiern. Diese sind voll von Schilderungen des Kampfes zwischen den Geistern der Wahrheit und des Frevels und von Gottes Engel der Wahrheit, der im Kampf gegen den Engel der Finsternis siegreich bleibt.[34]

Ein Aspekt des Grabtuchs wird zweifellos für Bestürzung gesorgt haben: seine rituelle Unreinheit. Nach jüdischem Gesetz gilt alles, was mit dem Körper eines Toten in Berührung gekommen ist, als unrein.[35] Das muss die Haltung gegenüber den Gestalten auf dem Grabtuch nicht notwendigerweise beeinflusst haben. Heutzutage betrachten wir das Bild als eins mit dem Tuch, als Verfärbung der Leinenfasern. Ein Jude oder Christ im 1. Jahrhundert aber hätte das Tuch genauso wenig mit dem auf ihm zu schauenden und als lebendig wahrgenommen Wesen gleichgesetzt, wie ein guter Katholik dies etwa mit einem aus Holz gefertigten Abbild des Petrus tun würde. Das unreine Grabtuch könnte daher wegen der auf ihm abgebildeten Gestalten bewahrt worden sein, die man als eigene, lebende Entitäten aufgefasst hätte. Ja, möglicherweise hat seine Unreinheit es nur umso ehrfurchtgebietender erscheinen lassen.

Wir können daher mit einigem Zutrauen feststellen, dass jeder gläubige Jude, der anderen von der Entdeckung des Grabtuchs berichtet hätte, eine

Geschichte von der Begegnung mit einem segnenden Engel (oder zweien) in der Grabkammer eines Kreuzigungsopfers erzählt hätte. So viel lässt sich allein auf der Basis des Tuchs sagen.

Schon als ich zurück ins Haus zum Bücherregal ging, war mir klar, dass in der Idee vom beseelten Grabtuch einiges Potenzial steckte. Doch gegen mein Gefühl der Erleuchtung stand der Gedanke, ich hätte die Evangelienberichte über das leere Grab vielleicht falsch in Erinnerung. Meine Hände zitterten, als ich nach meinem ramponierten Bibelexemplar griff. Als Erstes blätterte ich hastig das letzte Kapitel des Matthäusevangeliums auf:

> »Nach dem Sabbat kamen in der Morgendämmerung des ersten Tages der Woche Maria aus Magdala und die andere Maria, um nach dem Grab zu sehen. Plötzlich entstand ein gewaltiges Erdbeben; denn ein Engel des Herrn kam vom Himmel herab, trat an das Grab, wälzte den Stein weg und setzte sich darauf. Seine Gestalt leuchtete wie ein Blitz, und sein Gewand war weiß wie Schnee. Die Wächter begannen vor Angst zu zittern und fielen wie tot zu Boden.«[36]

Ein furchterregender Engel mit einem Gesicht, das leuchtete wie ein Blitz, und schneeweißem Gewand an Jesu Grab: Ich hatte das Gefühl, die Gestalt auf den ersten Blick zu kennen. Rasch überflog ich die anderen Evangelienerzählungen – es kann nicht länger als eine Minute gedauert haben, aber vor lauter gespannter Erregung fühlte es sich an wie eine Stunde – und stieß in jeder von ihnen auf offensichtliche Bezüge zum Grabtuch. Ich lehnte mich ans Regal und las die Texte mehrmals, um sicher zu sein, dass sie wirklich sagten, was ich glaubte, was sie sagten. Allmählich wich meine Erregung einem Hochgefühl. Ein ganz gewöhnlicher Akt der Neuinterpretation hatte die vertrauten Osterlegenden in packende historische Berichte verwandelt. Hier, in der Bibel, las ich von der Entdeckung des Grabtuchs.

16

Der auferstandene Jesus

Erst als ich ein paar Tage später nächtens darüber nachsann, was meine Überlegungen bedeuteten, dämmerte mir, von welch ungeheurer Tragweite die Entdeckung des Tuchs gewesen war.

Mir war zwar aufgegangen, dass das Grabtuch wie andere Bilder auch in den Augen seines Betrachters zu Leben erwachen konnte, und die entsprechenden Quellen dazu hatte ich rasch gefunden. Doch anfänglich war ich noch so damit beschäftigt, das Lebendigwerden der Gestalt auf dem Grabtuch aus den Evangelienerzählungen über das leere Grab herauszulesen, dass ich keinen Gedanken daran verschwendet hatte, was all das für das Tuch selbst eigentlich bedeutete. Nachdem ich nun selbst davon überzeugt war, dass es möglicherweise echt sein könnte, ließ mir die Sache glücklicherweise keine Ruhe mehr. Und so lag ich kurze Zeit später in den frühen Morgenstunden wach und fing an darüber nachzusinnen, als was das Leichentuch Christi von seinen ersten Betrachtern empfunden worden sein mag.

Was hätte das Grabtuch für die Frauen am Ostermorgen bedeutet? Wie hätten sie die Gestalt darauf wahrgenommen? Als Engel, ja. Aber vielleicht auch als mehr. Noch schläfrig versuchte ich, mich in die Lage derer hineinzuversetzen, die es gefunden hatten, und das Grabtuch durch ihre verweinten Augen zu sehen. Seltsamerweise war es die moderne Fotografie gewesen, die mir zu der nötigen Perspektive verholfen hatte. Statt der gespenstisch entrückten Maske auf dem Tuch (Abbildung 3) sah ich vor meinem geistigen Auge das realistische Bild, das sich auf dem fotografischen Negativ zeigt (Abbildung 16), ein Gesicht, das den trauernden Frauen am Grab lieb und teuer gewesen sein muss. Plötzlich wurde mir klar, dass die Gestalt für Angehörige und Freunde kein anonymes Gespenst gewesen sein wird. Sie hätten sie – vielleicht mit Schwierigkeiten – als undeutliches Ebenbild des Mannes gesehen, den sie liebten und für dessen Wiederkehr sie alles gegeben hätten. Vielleicht hätten sie das Gefühl gehabt, hinter dem Bild das Gesicht Jesu zu erblicken.[1]

Das war ein aufregender Gedanke, denn jeder Kunsthistoriker und Anthropologe weiß, dass in vormodernen Gesellschaften Ebenbilder nur zu häufig mit der Wirklichkeit gleichgesetzt, ja als identisch mit dieser betrachtet wurden.[2] Man denke an die kleine Ptolemais-Figur, die Sarapammon als lebendiges Double seiner Angebeteten betrachtet hatte (Abbildung 49). Die ersten Christen hätten die Gestalt auf dem Grabtuch daher durchaus als eine Erscheinungsform Jesu deuten können. Es hätte seine Identität angenommen, und er hätte, mutmaßlich lebendig, darin existiert. Das Grabtuch wäre nicht als Darstellung des toten und begrabenen Jesus verstanden worden, sondern als etwas, das eine Art von lebendigem Jesus – einen neu belebten Jesus – zeigt. Mit anderen Worten: Wenn das Grabtuch aus Judäa und aus dem 1. Jahrhundert stammt, wäre es als eine Form von Auferstehung interpretiert worden.[3]

Ich hatte den Gedanken noch nicht zu Ende gedacht, als mir aufging, dass sich damit ein völlig neuer Schauplatz für weitere Forschungen – und religiöse Kontroversen – auftun würde. Doch trotz seiner Tragweite erschien er mir absolut logisch, fast wie ein Routineergebnis in der Forschung. Dieses Mal machte ich mir nicht die Mühe, aufzuspringen und die Evangelien zurate zu ziehen – ich wusste instinktiv, dass die Idee Hand und Fuß hatte. Die Tendenz gläubiger Christen, Jesus als lebendig und gegenwärtig zu empfinden, war mir hinlänglich vertraut. So wie eine durchlöcherte Puppe als begehrenswertes Mädchen herhalten kann, können auch Bildnisse von Jesus mit dem lebendigen Christus gleichgesetzt werden.

Ich erinnere mich, dass mir bei der Gelegenheit die berühmte Geschichte um das Kreuz von San Damiano in den Sinn (Abbildung 50) kam, ein bemaltes Kruzifix aus dem Mittelalter, das im Jahr 1206 angeblich eines Tages zum heiligen Franziskus von Assisi gesprochen haben soll. Der Legende zufolge hatte Franziskus in der halb verfallenen Kirche Station gemacht und lag vor diesem bescheidenen Bildnis auf den Knien, um zu beten. Das nun folgende Wunder wird von Bruder Thomas de Celano, dem ersten Biografen des Heiligen, wie folgt berichtet:

> »Er trat vom Geiste geführt ein, um zu beten, und warf sich demütig und voll Hingabe vor dem Gekreuzigten nieder. Da ward er von ungewohnten Heimsuchungen des Geistes betroffen und fühlte sich ganz anders, als er eben noch bei seinem Eintreten gewesen. In diesem Zustand sprach zu ihm alsbald – unerhört ist's seit ewigen Zeiten – das Bild des gekreuzigten Christus, wobei sich die Lippen auf dem Bilde bewegten. Es rief ihn beim Namen und sprach: ›Franziskus, geh und stell mein Haus wieder her, das,

wie du siehst, ganz verfallen ist!‹ […] Christus in einem neuen Wunder [hatte] vom Holze des Kreuzes zu ihm geredet.«[4]

Für die Dauer des Wunders war das Kruzifix zum lebendigen Jesus geworden. Franziskus hörte das Bild sprechen, aber es redete von sich selbst, als sei es Christus. Seine Person war im Bildnis gegenwärtig, machte es zu einer Art Ersatzkörper. Die Geschichte dieser Wundererscheinung, fand ich, könnte helfen, Licht in das Gründungswunder der Kirche zu bringen – hier als beseeltes Kreuz, damals als beseeltes Grabtuch. Wenn ein Mönch des Mittelalters Jesus in einem nicht übermäßig bemerkenswerten Kruzifix lebendig wähnte, wie viel mehr Anlass hätten die Apostel gehabt, ihn in jenem außergewöhnlichen Grabtuch lebendig zu sehen!

Einen wichtigen Unterschied gab es zwischen den beiden Fällen allerdings. Die Vision des heiligen Franziskus fand vor dem Hintergrund eines fest etablierten christlichen Glaubens statt, in dem Bilder Christi bereits mit seiner lebendigen Gegenwart assoziiert wurden. Die Anhänger Jesu im 1. Jahrhundert aber waren Juden, in deren Vorstellungswelt eine religiöse Gestalt, die etwas anderes war als ein sterbliches menschliches Wesen, bis dahin nicht existiert hat. Wenn ich richtig liege, muss die Vorstellung, dass Jesus auch nach seinem Tod weiterlebte, auf der Grundlage des Grabtuchs selbst entstanden sein. Auf einer Ebene wäre sie direkte Folge einer animistischen Wahrnehmung des Grabtuchs: Wenn Bilder »lebendig werden«, werden sie mit dem gleichgesetzt, was sie darstellen. Auf einer anderen, intellektuellen Ebene aber müsste die Verkörperung Jesu auf dem Grabtuch als metaphysisches Wunder verstanden werden. Dieser Prozess, so nahm ich an, war das, was mit Auferstehung gemeint war. Wie ist es zu diesem Konzept gekommen?

Wie ich so im Dunkeln lag und über diese Fragen nachgrübelte, wurde mir klar, dass das Grabtuch möglicherweise eine sehr viel komplexere und überraschendere Bedeutung hatte als jegliches reine Kunstwerk. Die Vorstellung, dass der Auferstehungsglaube durch das Grabtuch erst angestoßen worden sein könnte, eröffnete ein riesiges Feld an Deutungsmöglichkeiten, dessen Umfang ich kaum ermessen konnte. Die erste Herausforderung bestand jedoch darin zu verstehen, wie ein paar Juden im 1. Jahrhundert ihre animistisch geprägte Wahrnehmung des Grabtuchs verarbeitet und erklärt haben könnten. Erst dann würde ich diese Überlegung auf eine sichere theoretische Basis stellen können.

Um das Grabtuch mit den Augen zu sehen, wie es die ersten Christen getan haben werden, müssen wir uns mit den damals geltenden Vorstellungen von Person, Körper und Bild, hier insbesondere mit dem auf natürliche Weise entstandenen (nicht von Menschenhand gemachten) Bild, vertraut machen.

Zu definieren, was eine Person ausmacht, ist eine heikle Sache, ganz allgemein sehen wir andere Personen jedoch in der Regel als Wesen wie uns selbst – als lebendige menschliche Wesen. Manchmal setzen wir, wenn wir reden, die Person mit ihrer Physis gleich – wenn wir zum Beispiel davon reden, einer Person Schaden zuzufügen. Meist aber kombinieren wir unser Personenverständnis mit dem Glauben an eine unabhängige Realität von Geist und Seele.[5] Besonders klar umrissen wird unsere Vorstellung davon, was es heißt, eine Person zu sein, wenn wir über den Tod nachdenken. Die materialistische Sicht der Dinge sieht den Tod als Auslöschung, doch auch heute noch fällt es vielen Menschen schwer zu glauben, dass die Person aufhört zu existieren, wenn der Körper stirbt. Sie stellen sich vielmehr vor, dass die Seele – das Wesen (die »geistige Gestalt«) der Person – in irgendeiner immateriellen Form, im Himmel vielleicht, weiterexistiert.[6] Sie sehen die Person als vom Körper trennbare metaphysische Entität, die unabhängig von Fleisch und Blut existieren kann.

In der Antike war diese Sicht die Norm. Mag auch der immaterielle Aspekt einer Person unterschiedlich wahrgenommen worden sein (häufig, so scheint es, als eine Kombination aus »Lebenskraft« und »Geist«)[7], so herrschte doch weitgehende Übereinstimmung darüber, dass der Körper nur ein Teil der Person war und ein nicht physischer Teil nach dem Tod weiterexistieren kann. Im Griechenland zu Zeiten Homers beispielsweise dachte man sich die Toten als körperlose Schatten – Nachbilder »verbrauchter Menschen« –, die in einer freudlosen Unterwelt, dem Reich des Hades, umherirren.[8] Die Juden der Antike hatten, wie wir gesehen haben, eine ähnliche Vorstellung: Wenn Menschen starben, stiegen sie, so wurde angenommen, als Schatten ins Totenreich Scheol in den Tiefen der Erde hinab, wo sie in einen traumlosen Schlaf sanken. Die Toten nahmen eine »neue, geringere, minderwertigere Existenzform« an, reduzierten sich auf bloße Schatten ihres einstigen Selbst.[9]

Eine lebendige Beschreibung zu Totenreich und Totengeistern findet sich im Ersten Buch Samuel, wo der Geist Samuels auf Geheiß seines Schützlings Saul aus dem Totenreich »aufgestört« wird. In großer Furcht vor dem Ausgang seiner Schlacht gegen die Philister und unfähig, mit legalen Mitteln – Träume, Losorakel, Propheten – einen Blick in die Zukunft werfen zu können, sucht Saul eine Frau auf, die als »Totenbeschwörerin« bekannt ist, um durch sie seinen kürzlich verstorbenen Mentor befragen zu können. Als die Séance beginnt, fragt Saul sie, was sie sieht, und sie schildert ihm »einen Geist [*'elohim*] aus der Erde aufsteigen. […] ein alter Mann […] er ist in einen Mantel gehüllt«.[10] Das Wort *'elohim* bezeichnet ein körperloses Wesen (einen Gott oder den Geist eines Vorfahren), und der Mantel, in den es gehüllt ist, lässt an ein Totengewand, die vorgeschriebene Kleidung eines Toten, denken. Diese berühmte Erzählung wird jedem Juden des 1. Jahrhunderts, der die Schattengestalt auf dem Grabtuch zu Gesicht bekommen hat, gewärtig gewesen sein.

Die Person konnte nach ihrer Verwandlung als Schatten weiterexistieren, der Körper selbst aber war zur Verwesung verdammt. Nach jüdischer Überlieferung war Adam aus »Erde vom Ackerboden« geformt worden, und nach seinem Vergehen im Garten Eden wurde er dazu verdammt, wieder zu Erde zu werden, »denn Staub bist du, zum Staub musst du zurück«.[11] Das Fleisch konnte daher als eine Art beseeltes »Tongefäß« begriffen werden, in dem die Person vorübergehend ihren Sitz hatte, bevor sie der Unterwelt überstellt wurde. Ganz ähnlich sah Paulus die Menschen als »zerbrechliche Gefäße«.[12] Doch der Körper war nicht allein ein irdenes Gefäß, sondern er war auch ein Abbild – das Abbild Gottes. Dieser zweite Aspekt des jüdischen Menschenbegriffs basiert auf der Schöpfungsgeschichte (Genesis 1,27): »Gott schuf also den Menschen als sein Abbild; als Abbild Gottes schuf er ihn.« Unterdessen war die hellenistische Kultur, in deren Mitte das Judentum im 1. Jahrhundert existierte (und durch die es von allen Seiten infiltriert wurde), in hohem Maße von Platons Überzeugung beeinflusst, dass alle materiellen Dinge, auch der menschliche Körper, minderwertige Kopien – Abbilder – göttlicher Idealformen seien. Juden und Nichtjuden gleichermaßen sahen Fleisch und Blut eines Menschen als lebendiges Abbild, das für kurze Zeit zum Sitz seiner körperlosen Seele geworden war. Genauso würden Jesu Angehörige dessen sterbliche Überreste in jener in den Fels gehauenen Grabkammer betrachtet haben: als eine Art irdenes Gefäß, das von seinem Schatten soeben verlassen worden war oder gerade verlassen wurde.

Der nächste Punkt ist entscheidend. Wenn der Körper nur ein vorübergehender Sitz für den körperlosen Aspekt einer Person ist, eröffnet das die Möglichkeit, dass die Person an einen anderen geeigneten Ort – zu einem anderen Abbild – wandern könnte. Wenn dieser Zustandswechsel nach dem Tod stattfindet, wird er allgemein als Reinkarnation (oder Metamorphose) bezeichnet, eine in der Antike durchaus verbreitete Vorstellung. In Platons Erzählung über den Pamphylier beispielsweise wählen die Seelen verschiedener Männer sich als neuen Sitz verschiedene Tiere – Agamemnon den Adler, Ajax den Löwen, Odysseus den Schwan.[13] Reinkarnation aber ist beileibe nicht die einzige Möglichkeit, sich die Reise eines Menschen von einem Körper/Abbild zum nächsten auszumalen. Wir könnten uns zum Bespiel vorstellen, dass der Geist eines jungen Mannes auf mysteriöse Weise noch zu seinen Lebzeiten in sein Porträt gerät – Ausgangspunkt von Oscar Wildes berühmter Novelle *Das Bildnis des Dorian Gray*. Die Geschichte mag fantastisch anmuten, aber sie spielt mit unserem ewigen Aberglauben, dem zufolge Porträts stets einen Teil unseres inneren Selbst einfangen.

Den größten Teil der Menschheitsgeschichte hindurch wäre Oscar Wildes Szenario als völlig plausibel erachtet worden. Es ist zum Beispiel hinlänglich bekannt, dass europäische Forschungsreisende bei Angehörigen indigener Völker große Bestürzung hervorriefen, wenn sie deren Aussehen aufzeichnen wollten, vor allem mittels Fotografie.[14] Auf der ganzen Welt kamen die Angehörigen unterschiedlichster Ethnien zu ein und demselben Schluss: Ein Porträt ist nichts weniger als die physische Verkörperung der Lebenskraft oder Seele eines Menschen. Dieser Glaube ist eine unausweichliche Folge der Art und Weise, wie wir Personen wahrnehmen und Bilder interpretieren, insbesondere Abbilder natürlichen Ursprungs, das heißt, »nicht von Menschenhand geschaffene« Abbilder.[15] Bezeichnenderweise wird das Grabtuch heute üblicherweise (und fälschlicherweise) mit Begriffen aus dem Bereich der Fotografie beschrieben, doch seine Betrachter im 1. Jahrhundert haben es mit ziemlicher Sicherheit ganz ähnlich wahrgenommen, wie indigene Völker des 19. Jahrhunderts Fotografien aufgefasst haben.

Es gibt wenige Hinweise darauf, dass die Juden, die zur Zeit des Zweiten Tempels lebten, an Reinkarnation geglaubt haben oder dass sie befürchteten, ihre Seelen könnten sich in einem Porträt verlieren.[16] Doch sicher hätten sie diese Art von Überzeugung für nachvollziehbar und logisch erachtet, und viele von ihnen glaubten an eine dem Auferstehungsglauben ganz ähnliche Neuverkörperung eines Menschen in einem frisch geschaffenen menschlichen Körper – ein neu geschaffenes Abbild Gottes. Auch wenn sich beide in der Theorie unterscheiden, so wäre es doch in der Praxis schwierig, Auferstehung und Reinkarnation voneinander zu trennen, denn niemand wüsste im Voraus, wie ein auferweckter Körper aussehen würde und wie man ihn von einem natürlichen unterscheiden sollte.[17] Was ein Grieche in der Antike als Seelenwanderung von einem Körper zu einem anderen betrachtet hätte, würde ein Jude in der Antike vielleicht als Auferstehung bezeichnet haben.

Damit nicht genug, wäre der zweite Körper in Anbetracht der animistischen Weltsicht jener Zeit etwas gewesen, das wir nun als ein von irdischen Einflüssen befreites Abbild einordnen würden. Für die Anhänger Jesu hätte demnach eine verstorbene Person, die ihren vergänglichen Körper verlassen hat, durchaus Wohnung in einem neuen, von Gott geschaffenen Bild nehmen können, und dieses Bild könnte sich durch große unwillkürliche Ähnlichkeit mit dem ursprünglichen Körper auszeichnen. Für die Jünger Jesu wäre dies plausibel gewesen als eine Form von Auferstehung, auch wenn es vielleicht eine andere Form war als die, die sie erwartet haben.

Beim Anblick des Grabtuchs wären sie demnach gezwungen gewesen, ihre Erwartungen zu überdenken. Warum? Weil dieses einzigartige Phänomen zu ihrer Zeit nur als Ergebnis eines solchen Prozesses hat verstanden werden können.

* * *

Moderne Wissenschaftler mit ihren Mikroskopen, bildgebenden Verfahren und chemischen Analysen sind zu dem Schluss gelangt, dass das Bildnis auf dem Grabtuch im Prinzip eine Verfärbung ist, die durch die chemische Veränderung von irgendetwas auf der Oberfläche des Tuchs zustande gekommen ist. Diese Verfärbung mag noch nicht abschließend geklärt sein, aber man ist sich trotzdem einig, dass man es mit einem physikalischen Phänomen zu tun hat. Selbst der allereifrigste Advokat der Echtheit des Grabtuchs akzeptiert die wissenschaftliche Interpretation des Bilds als bemerkenswerten optischen Effekt, hervorgerufen durch die Verfärbung des Leinenstoffs. Vor zweitausend Jahren gab es keine Mikroskope, keine Kameras und keine Chemie, wissenschaftliche Untersuchungen sahen ganz anders aus. Menschen des 1. Jahrhunderts, die versucht hätten, die Beschaffenheit des Bilds auf dem Grabtuch zu ergründen, hätten nicht gefragt, woraus es besteht, sondern an was es erinnert, welchem anderen Ding es ähnlich ist. Für sie ergaben sich wie für alle Menschen in vormodernen Zeiten Bedeutung, Ordnung und Struktur der Welt durch das Bestimmen von Ähnlichkeiten.[18]

Welchem Gegenstand gleicht das Grabtuch also am ehesten? Wie die Analogie zur modernen Technik der Fotografie deutlich zeigt, ähnelt es unwillkürlich, auf natürliche Weise erzeugten Abbildern wie Abdrücken, Schatten und Reflexen. Die Menschen der Antike waren von solchen Phänomenen fasziniert und betrachteten sie als mehr oder weniger identisch mit deren wirklichen Vorbildern. Philosophen haben womöglich über die Ursachen solcher optischen Phänomene nachgedacht, aber die meisten Menschen werden sie schlicht als metaphysische Doppelgänger gesehen haben, die mit den

Lebenden auf geheimnisvolle Weise verknüpft sind. Das Grabtuch wäre als ein solches von der Natur geschaffenes Abbild durchgegangen, und seine Deutung wäre in hohem Maße beeinflusst – ja sogar bestimmt – worden durch Überzeugungen über diese Art von in Beziehung stehenden Ähnlichkeiten.[19]

Es ist noch heute relativ leicht zu ermessen, was für eine psychologische Macht ein menschliches Ebenbild auf den Betrachter ausgeübt haben muss, eine Macht, die allezeit mit der fortdauernden, noch immer spürbaren Gegenwart einer längst nicht mehr anwesenden Person in Zusammenhang gebracht wurde. Gibt es etwas, das uns unseren prähistorischen Vorfahren näherbringen kann als der Anblick ihrer lebhaften Fußabdrücke in einem Stück fest gewordenem Schlamm, wie wir es aus der Pech-Merle-Höhle im Süden Frankreichs kennen? Können wir uns des Gefühls erwehren, dass diese Menschen – wie flüchtig auch immer – noch immer bei uns, irgendwie in den physikalischen Spuren ihres Lebens erhalten geblieben sind? Wir selbst mögen solche Empfindungen als ein bisschen weit hergeholt betrachten, aber in der Welt der Antike hatten sie große Bedeutung. Abdrücke wurden als vom Körper losgelöster Bestandteil des Organismus empfunden. Die Anhänger des Pythagoras beispielsweise achteten streng darauf, beim Aufstehen den Abdruck ihres Körpers auf dem Betttuch durch Glattstreichen verschwinden zu lassen – andernfalls mochte dieser womöglich benutzt werden, um Macht über sie zu gewinnen. Und sie verboten zudem jedermann, einen Fußabdruck mit einem Nagel oder einem Messer zu durchbohren, weil sie dies für eine Möglichkeit hielten, jemanden auf magische Weise lahm werden zu lassen.[20] In einer Welt, in der solche Überzeugungen regierten, so ist leicht einzusehen, wird das Grabtuch – der Abdruck eines Körpers mit durchstochenen und blutenden Füßen auf einem Leintuch – als lebendiger Doppelgänger der Person gesehen worden sein, die diesen Abdruck hinterlassen hatte.[21]

Noch betörender mag vielleicht die Ähnlichkeit der Gestalt mit einem Schatten gewesen sein. Der Glaube, dass der Schatten eines Menschen dessen Seele oder Lebenskraft darstellt, war in vormodernen Gesellschaften allgegenwärtig, und er wurde offenbar auch von den Juden der Antike geteilt.[22] Wie aus der Vorstellung ersichtlich, dass der Schatten eines Menschen im Scheol wohnt, wurde der Schatten als essenzielles Element – das einzige unauslöschliche Element – des eigenen Wesens aufgefasst. So wie wir uns, zum Teil wenigstens, vielleicht als Produkt unserer Gedanken, Worte und Werke begreifen, die nach unserem Tod weiterleben, betrachteten sie sich als Wesen, deren einer Teil ihr unsterblicher Schatten war. Wir begegnen einem ähnlichen Glauben an die Wirkmächtigkeit von Schatten in einer Erzählung der Apostelgeschichte, der zufolge man die Kranken auf die Straßen hinaustrug und auf Betten und Bahren legte, »damit, wenn Petrus vorüberkam, wenigstens sein Schatten auf einen von ihnen fiel«.[23] Von seinem Schatten berührt zu werden hieß, von Petrus selbst berührt zu werden.

Es ist recht aufschlussreich, das Grabtuch mit einem Bildnis aus jüngerer Zeit zu vergleichen, das für dieselbe Art von Metaphysik der Schatten zu stehen scheint. Einem namentlich nicht bekannten Graveur des 17. Jahrhunderts, dem aufgetragen worden war, die menschliche Seele abzubilden, fiel nichts Besseres ein als eine schraffierte Silhouette auf einem Stück Stoff (Abbildung 51). Die Symbolik hat in den letzten 2000 Jahren nichts an Aussagekraft eingebüßt. Es erinnert in besonderer Weise an eine Passage im *Buch von der Auferstehung Jesu Christi von Bartholomäus dem Apostel,* in der Siophanes, der auferstandene Sohn des Apostels Thomas, berichtet: »In der Stunde, in der man mich heimsuchte, dass man meine Seele von meinem Leibe trennte, kam ein großer starker Engel mit einem Tuch von Byssos, dazu mit Mengen von Engeln, die alle mit goldenen Binden umgürtet waren um ihre Lenden, mit Wohlgerüchen. Man nennt jenen Engel Michael, den Engel des Erbarmens. Sie standen alle über mir, wobei ihr Antlitz in Lächeln gelöst war gegen mich. Und Michael siegelte meinen Mund im Namen des Vaters, des Sohnes und des Heiligen Geistes. Und sogleich sprang meine Seele aus dem Leibe. Sie befand sich auf der Hand Michaels. Er wickelte sie in das Tuch von Byssos. Sie gingen mit ihr hinauf in den Himmel, während sie ihr lobsangen.« Eine Textpassage, bei der man glauben möchte, dass der Verfasser das Grabtuch gekannt hat.[24]

Beim Anblick des Grabtuchs werden die Apostel von der irrealen Ausstrahlung des Bildnisses beeindruckt gewesen sein: flach, fahl und undeutlich. Es muss ihnen erschienen sein, als habe sich etwas, Jesu Schatten gleich, auf dem Tuch niedergelassen – eine zarte, zerbrechliche Inkarnation seines Selbst. Gleichzeitig war die Figur auf dem Grabtuch ganz offensichtlich kein Schatten: Sie war real vorhanden und greifbar, zeigte Gesichtszüge und Blutflecken, auch wenn Erstere verschwanden, wenn man sie aus der Nähe betrachtete; sie hatte Vorder- und Rückseite und schien auf seltsame Weise von innen zu leuchten. Es war etwas, das sie nie zuvor gesehen hatten, etwas, das zwar einem Schatten ähnelte, aber sehr viel komplexer war.

In mancher Hinsicht wird es mehr wie eine Spiegelung gewirkt haben. Das Bild auf dem Grabtuch ist seitenverkehrt und zeigt trotz seiner unscharfen

Umrisse viele Details. Die fahle Gestalt erschien wie eine Mischung aus den undeutlichen Ebenbildern, die den Menschen damals aus den unvollkommenen Spiegeln aus Materialien wie Silber, Bronze und Obsidian[25] entgegenblickten, und den flüchtigen Reflexionen, die man hier und da beim Vorübergehen an polierten Oberflächen und Wasserlachen erhaschte. In der Antike glaubten die Menschen daran, dass reflektierten Bildern eine spirituelle Realität eigen ist. Die Ägypter begruben ihre Toten mit Spiegeln, damit deren Reflexionen sie auf der Reise in die Unterwelt begleiten konnten.[26] Das Grabtuch könnte ganz ähnlich verstanden worden sein – ein Spiegelbild, das Jesus durch den Tod begleitet.

Die Legenden um das Wesen von Spiegelbildern gehen auf den griechischen Mythos von Narziss zurück, jenem jungen Mann, der sich in sein eigenes Spiegelbild auf der Oberfläche einer Quelle verliebte. »Tatsächlich lässt sich dieser Mythos seinem Ursprung nach als archaischer Glaube an die Existenz eines Doppelgängers lesen, in dem die Seele Gestalt annimmt und von dem die Ethnologie bis zum heutigen Tage zahlreiche Beispiele in primitiven Kulturen kennt. Homer schreibt dem Menschen eine doppelte Existenz zu, die eine als fühlbare körperliche Manifestation seines Selbst, die andere in einem unsichtbaren Bild, das der Tod befreien wird«, sagt Sabine Melchior-Bonnet.[27] Der Glaube daran, dass diese zweite Hälfte, die den Körper beim Tod verlässt, sich im Spiegel einfangen lässt, steht hinter so manchem alten Aberglauben, zum Beispiel dem weit verbreiteten Brauch, in einem Raum, in dem ein Toter aufgebahrt liegt, alle Spiegel zu verhängen.[28] Eine sehr lebendige Darstellung hierzu findet sich in einem berühmten Mosaik aus Pompeji über den Sieg Alexanders des Großen in der Schlacht gegen Darius. Einer der Begleiter des persischen Königs liegt verwundet am Boden, im Aufblicken sieht er in einem Schild seine entschwindende Seele gespiegelt – schauriges Vorzeichen seines bevorstehenden Ablebens (Abbildung 52).[29] Was hätten die Betrachter jener Zeit wohl über die Gestalt auf dem Grabtuch, ein ähnliches für immer und ewig auf ein Tuch gebanntes Alter Ego, gedacht?

Spiegel spielen auch bei Initiationsriten eine Rolle. Bei den dionysischen Mysterien sind es dunkle Spiegel, die, wie es der Psychologe Richard Gregory ausdrückt, »die Fantasie mehr anregen als das Auge«.[30] Das ist besonders aufschlussreich im Zusammenhang mit dem berühmten Satz des Paulus über spirituelles Erkennen und die Liebe: »Jetzt schauen wir in einen Spiegel und sehen nur rätselhafte Umrisse, dann aber schauen wir von Angesicht zu Angesicht.«[31] Man hat überzeugend argumentiert, dass diese Aussage auf den Gebrauch von Spiegeln bei heidnischen Mysterienritualen jener Zeit anspielt, bei denen Spiegel die Fantasie des Initianden anregten, bevor dieser auf dem Höhepunkt des Rituals Erleuchtung findet.[32] Paulus' Aussage würde sich auch als Anspielung auf das Grabtuch völlig logisch ausnehmen. Er hätte das Gesicht der Gestalt auf dem Grabtuch genauso als rätselhaftes Spiegelbild des lebendigen Antlitzes Christi deuten können, wie man bei den Mysterienriten seiner Zeit auf rätselhafte Weise die Gottheiten wahrnahm.[33]

Als einzigartiges, schatten- und spiegelbildähnliches Double Jesu hätte das Tuch in mehrfacher Weise von Jesu Anwesenheit gekündet. Da auf natürliche Weise entstandene Abbilder in der Antike als integraler Bestandteil des Abgebildeten betrachtet wurden, wäre dieses Leichentuch kaum mit rationaler Distanz als passives, verfärbtes Stück Stoff gesehen worden. Im 1. Jahrhundert hätte es als kein bisschen rational gegolten, einen Menschen von seinem spirituellen Alter Ego zu trennen. Wenn wir heutzutage den Schatten oder das Spiegelbild von jemandem erblicken, gehen wir zu Recht davon aus, dass der Betreffende zugegen ist, auch wenn wir ihn vielleicht nicht direkt sehen. Genauso werden die Augenzeugen des Grabtuchs im 1. Jahrhundert aus dem Bildnis geschlossen haben, dass Jesus anwesend war, auch wenn er nicht direkt sichtbar war.

Für die ersten Christen zeigte das Grabtuch den lebendigen Jesus in einer Art Spiegelwelt. Ihre große Hoffnung war, dass die Oberfläche des Spiegels sich so rasch wie möglich in nichts auflösen – die Maske von ihm genommen – würde und sie ihm dann von Angesicht zu Angesicht begegnen könnten.

Doch nicht allein sein Aussehen hätte die Interpretation des Abbilds bestimmt. Die Umstände, unter denen es zustande gekommen ist, hätten ebenfalls Einfluss auf die Deutung gehabt. Wäre das Bild zu Jesu Lebzeiten entstanden (wie es die Abgar-Legenden berichten), wäre es als sein spiritueller Doppelgänger betrachtet worden, hätte aber kaum zu Auferstehungsspekulationen Anlass gegeben. Es hat mit Sicherheit eine wichtige Rolle gespielt, dass die Gestalt auf dem Grabtuch als Schatten, Spiegelbild sozusagen, Jesu Leichnam entsprungen schien. Damit ergab sich automatisch die Konnotation Wiedergeburt.

Dass das Grabtuch Jesu Leib eingehüllt hat, wird der Vorstellung, dass seine Seele von seinem Fleisch auf das Tuch übergegangen ist, zusätzlich entgegengekommen sein. Nicht genug damit, dass physischer Kontakt als Vermittler spiritueller Macht galt, glaubten die Juden der Antike auch, dass die

Kleidung eines Menschen von dessen Wesen ganz und gar durchdrungen war. Diese Überzeugung findet sich beispielsweise in der in mehreren Evangelien enthaltenen Erzählung von jener Frau, die seit vielen Jahren an Blutungen litt und beschloss, den Saum von Christi Gewand zu berühren, um zu genesen. In dem Augenblick, da sie das tat, fühlte Jesus, »dass eine Kraft von ihm ausströmte«, und die Frau »spürte deutlich, dass sie von ihrem Leiden geheilt war«.[34] Christi Gewand enthielt oder übertrug genau wie der Schatten des Petrus etwas von der spirituellen Ausstrahlung seines Trägers. Das Leichentuch, das Jesus im Grab eingehüllt hatte, musste in den Augen seiner Zeitgenossen von einer ähnlichen Wirkmächtigkeit durchdrungen gewesen sein – und diese bündelte und verstärkte sich in dem »Wunderbild« auf seiner Oberfläche.[35]

In Anbetracht dieser Umstände und der seinerzeit vorherrschenden Weltsicht können wir nun getrost sagen, dass das Bild auf dem Grabtuch – so es echt ist – von seinen damaligen Betrachtern als Manifestation einer neuen Art von Körperlichkeit gesehen worden sein muss, die Jesus nach seinem Tod angenommen hat. Es hätte von Wiedergeburt gekündet, wenn auch in unerwarteter Form. Für Juden des 1. Jahrhunderts war die Vorstellung von einer Auferstehung die einzige plausible, befriedigende Erklärung für die Gestalt auf dem Grabtuch. Und das Grabtuch wäre für sich genommen schon hinreichend, die Vorstellung zu schüren und aufrechtzuerhalten, dass Jesus auferstanden ist. Die Vision von einem Auferstandenen wäre nicht einmal notwendig: Das Grabtuch bildete seine eigene objektive Vision. Auch ein leeres Grab wäre nicht vonnöten: Das Grabtuch zeigte den neuen Körper, den Jesus nun bewohnte, das Schicksal seines alten, sterblichen Körpers war irrelevant. Auch hätte, wer sich und allen anderen das Grabtuch zu erklären versuchte, nichts über die zeitgenössischen Auferstehungsmythen und -rituale bei anderen Kulturen wissen müssen (obschon man das vermutlich getan hat). Eine nüchterne Bewertung des Grabtuchs auf der Basis des antiken jüdischen Zeitgeistes hätte den Schluss gerechtfertigt, dass Jahwe Jesus von den Toten auferweckt hat.

Von alledem einmal abgesehen lohnt es sich, sich einmal mit einem altehrwürdigen religiösen Brauch einer benachbarten Kultur zu befassen, der sich ebenfalls um eine Art Auferstehungsglauben rankt, welcher dem hier beschriebenen sehr ähnlich ist. In Ägypten war man schon lange zuvor der Überzeugung, dass die Toten als Bilder wieder ins Leben zurückkehren. Der Ka (das spirituelle Double) eines Menschen benötigte, wie man annahm, einen neuen Körper, um weiterbestehen zu können. Daher wurden Verstorbene in Ägypten mit Bildnissen bestattet, die ihrem Ka als »Ersatzheimat« dienen konnten, falls dem einbalsamierten Leichnam etwas zustoßen sollte. Ursprünglich waren diese Bildnisse Statuen gewesen, doch etwa um 2000 v. Chr. hatten sich diese zu Särgen weiterentwickelt, die einer menschlichen Gestalt nachempfunden waren.[36] Wenn wir beispielsweise den prächtigen Sarkophag von Tutanchamun bewundern, dann liegt hier ein potenzieller »spiritueller Körper« des jungen Königs vor, ein postmortales Domizil für dessen Ka (Abbildung 53). Genau genommen haben wir es mit dessen Körper im Hinblick auf die kommende *Auferstehung* zu tun, denn die komplexen Bestattungsriten, die man an dem toten Pharao durchgeführt hat, zielten darauf ab, seine Wiedergeburt als Osiris, dem zyklisch wiedergeborenen Herrscher über das Totenreich, zu gewährleisten. Wer sich die notwendigen Bestattungszeremonien und Grabbeigaben zu leisten vermochte, konnte auf eine Wiedergeburt als Osiris hoffen. Nach altägyptischer Überzeugung begegnen wir, wann immer wir einen Sarkophag in einem Museum bestaunen, einem Auferstandenen von Angesicht zu Angesicht.

In römischer Zeit nahm die große Tradition der ägyptischen Bestattungskunst eine neue, volksnähere Form an. In den 40er-Jahren des 1. Jahrhunderts (zeitgleich mit der Entstehung des Christentums) fing man an, ägyptischen Mumien auf Holz gemalte Porträts (nach der Gegend, in der viele davon hergestellt wurden, auch Fajum-Porträts genannt) mit ins Grab zu geben.[37] Dabei wurden zwei Arten von Gemälden unterschieden: In der Regel wurde das Antlitz des Verstorbenen auf eine kleine Holztafel gemalt und das Porträt in die Leinenbandagen mit eingewickelt (siehe Abbildung 54). Manchmal wurde aber auch ein Grabtuch mit einem Halb- oder Ganzkörperporträt des Toten bemalt und um die Mumie gebunden (siehe Abbildung 8). Auch wenn diese Bildnisse wesentlich bescheidener ausfielen als der Sarkophag des Tutanchamun, so hatten sie doch denselben magischen Auftrag: »Sie waren Stellvertreter, die der Seele einen Körper zum Überleben boten, sollte dem ursprünglichen Körper etwas zustoßen.«[38] Vor allem die bemalten Grabtücher laden natürlich zum Vergleich mit der geheimnisvollen Gestalt auf dem Grabtuch ein, das man um Jesu Körper gewickelt gefunden hatte. Eine treffendere Parallele ist kaum denkbar.

Die Wiedergeburt in einem Bild, das einen Leichnam umgibt, war demnach im antiken Mittelmeerraum nicht nur vage vorstellbar, sondern jenseits der judäischen Südgrenze längst fester Glaubensbestandteil. Die meisten Judäer kannten vermutlich die Bestattungsbräuche ihrer ägyptischen Nachbarn.[39] Doch mir ist es an diesem Punkt nicht so wichtig, ob Jesu Anhänger mit der ägyptischen Vorstellung von Ka und seinem Zufluchtsort im Mumienporträt vertraut waren und die fremde Lehre zur Erklärung des Grabtuchs hätten heranziehen können. Ich möchte vielmehr das Bewusstsein dafür schaffen, dass vor dem Hintergrund bestimmter Vorstellungen über den immateriellen Aspekt einer Person, die Möglichkeit der Wiedergeburt und das Wesen von Bildern – Überzeugungen, die die Juden der Antike mit den Ägyptern mehr oder weniger teilten – die Interpretation eines Bilds, das um einen Leichnam gewickelt gewesen ist, eine recht unstrittige Angelegenheit gewesen sein dürfte. Den Ägyptern lag nichts näher, und ihre jüdischen Zeitgenossen hätten die Dinge ebenso sehen können. Und das geisterhafte Grabtuchbildnis – eine Gestalt, die an die anderen Doubles einer Person, die die Natur hergab, erinnerte und doch weit darüber hinausreichte – war weit suggestiver, als es jedes Bild von Menschenhand je hätte sein können.

Wir können das Grabtuch nun also mit den Augen derjenigen sehen und erklären, die es als Erste sahen – der Juden im 1. Jahrhundert (siehe Abbildung 55). Sobald Jesus gestorben war, löste sich ihrer Vorstellung nach seine geistige Person von seinem sterblichen Körper und wurde zu einem Schatten, einem potenziellen Bewohner des Totenreichs Scheol. Seine sterbliche Hülle musste noch nach den angemessenen Begräbnisriten versorgt werden, aber das Band zwischen seiner Person und seinem Körper war gelöst. Seine Angehörigen und Freunde mögen gehofft haben, er werde am Ende der Zeiten wiederauferstehen (in der Gestalt, die Jahwe für angemessen hielt), aber sie wussten, dass er bis dahin nichts weiter sein würde als ein schlummernder Geist.

Dieses Bild muss sich in dem Augenblick, in dem das Grabtuch entdeckt wurde, mit einem Paukenschlag gewandelt haben. Man wird es auf der Stelle als übernatürliches Zeichen und irgendeine Art metaphysischen Wesens erachtet haben, das mit dem Toten in Verbindung steht. Als seine Ähnlichkeit mit Jesus klar wurde, wird es mit an Sicherheit grenzender Wahrscheinlichkeit als das neue Gefäß gesehen worden sein, in das sein Selbst übergegangen ist, Nachfolger seines irdischen sterblichen Körpers, der wieder zu Staub werden würde. Es muss als ein körperliches Wesen empfunden worden sein, das nach dem Abbild Gottes geschaffen wurde, ein Körper wie der von Adam, aber aus viel feinerem, himmlischem Stoff gewirkt.[40]

Die Ähnlichkeit der Gestalt mit Schatten und Spiegelbildern, ihr sanftes Phosphoreszieren, ihre großen Augen und nicht zuletzt ihre überwältigende Ausstrahlung – all diese Eigenschaften des Grabtuchs müssen Jesu Anhänger davon überzeugt haben, dass er sich ihnen noch einmal lebend zeigte. Die

Gestalt auf dem Grabtuch war kein Geist wie der aus dem Totenreich heraufbeschworene Samuel, sondern ein herrliches, verklärtes, in einen neuen Körper übergegangenes Selbst. Gott hatte das Wunder der Wiedergeburt geschehen lassen, eine göttliche Version der menschlichen Magie, die die ägyptischen Priester zelebrierten.

17

Der aufgefahrene Jesus

Wir haben nun gesehen, wie das Grabtuch die Vorstellung hat nähren können, dass Jahwe Jesus von den Toten auferweckt hat, doch bisher verstehen wir das frühchristliche Verständnis der Auferstehung immer noch nur zur Hälfte. Denn Gott soll Christus nicht nur zu einer Form von irdischer Existenz verholfen, sondern ihn über die Welt erhoben und zu einer Himmelsmacht gemacht haben. Der auferstandene Jesus war ein himmlisches Wesen, nicht nur ein vom Glück begünstigter Mensch.

Diese zusätzliche – himmlische – Dimension der Auferstehung wird besonders eindrücklich illustriert durch die Erzählung von der Bekehrung des Paulus auf der Straße nach Damaskus. Paulus ist als Augenzeuge des auferstandenen Jesus unbestritten: Jesus ist ihm genauso erschienen wie Petrus, Johannes, den Zwölf und allen anderen. Dennoch wird die Erfahrung, die Paulus gemacht hat, nicht als irdische Begegnung dargestellt, sondern als Stimme, die vom Himmel kam: Mit einem Mal umstrahlt ihn »ein Licht vom Himmel«, und er hört eine Stimme, die ihn persönlich anspricht.[1] In dieser Erzählung ist der auferstandene Jesus keine sichtbare Person, die ihren Körper und ihre Wunden auf Erden zeigt, sondern eine unsichtbare spirituelle Macht.

Die Auferstehung Jesu war demnach keine »gewöhnliche« Auferstehung wie die des Lazarus und der Tabita.[2] Solche Wunder waren eindrucksvoll für diejenigen, die daran glaubten, aber sie veränderten die Welt nicht, weil sie einfache Menschen betrafen, die ein zweites Mal sterben würden. Die Erzählungen darüber hatten keinen Einfluss darauf, wie die auferstandene Person wahrgenommen wurde. Mit der Auferstehung Jesu war das etwas anderes. Jesus war nicht nur zum Leben wiedererweckt worden, sondern ihm war das ewige Leben geschenkt, und er war von Jahwe als Mitherrscher über das Universum eingesetzt worden. Genau das hat das Christentum über die reine Verkündigung eines Wunders hinaus zu einer radikal neuen Sicht auf Jesus und das Judentum veranlasst.

Aber bringe ich da nicht zwei getrennte Stadien in Jesu postmortaler Laufbahn durcheinander? Herkömmlicherweise sehen Christen Auferstehung und Himmelfahrt als zwei aufeinanderfolgende Ereignisse, die durch einen Zeitraum von 40 Tagen voneinander getrennt sind: Zuerst wird Christus von den Toten auferweckt und erscheint seinen Jüngern auf Erden (Christi Auferstehung), dann wird er zum Himmel emporgehoben (Christi Himmelfahrt). Diese saubere Trennung, die auf dem Glauben an die leibliche Auferstehung fußt, ist schematisch in der Apostelgeschichte (1,1–11) angelegt und hilft die von Lukas getroffene Unterscheidung erklären zwischen dem späten Bekehrungserlebnis des Paulus nach der Auffahrt Christi in den Himmel und den eigentlichen Auferstehungserscheinungen, die vorher stattfinden. Das Problem mit der zeitlichen Abfolge bei Lukas ist, dass keine andere frühchristliche Quelle diese bestätigt, sondern ihr vielmehr eine ganze Reihe sogar widersprechen.

Im gesamten Neuen Testament (und in allen christlichen Apokryphen) wird von der Auferstehung als einer »Erhöhung« gesprochen, das heißt als einer Auffahrt gen Himmel und als Inthronisation dortselbst. Vorgegeben wird dieses Muster von einem der frühesten christlichen Texte, die uns erhalten sind, einem Lobpreis im Brief des Paulus an die Philipper, in dem es über Jesu Tod und sein Leben nach dem Tod wie folgt heißt:

> »er erniedrigte sich / und war gehorsam bis zum Tod, / bis zum Tod am Kreuz. Darum hat ihn Gott über alle erhöht / und ihm den Namen verliehen, / der größer ist als alle Namen, damit alle im Himmel, auf der Erde und unter der Erde / ihre *Knie beugen* vor dem Namen Jesu.«[3]

Diese direkte Abfolge von Sterben und anschließender himmlischer Erhöhung wird in verschiedenen anderen Texten wiederholt, beispielsweise im Hebräerbrief 10,12: »Dieser aber hat nur ein einziges Opfer für die Sünden dargebracht und *sich* dann für immer *zur Rechten Gottes gesetzt*.«[4] Hier gibt es keine Unterscheidung zwischen Auferstehung und Auffahrt in den Himmel, keinerlei Anzeichen für einen zweistufigen Prozess: Jesus ist direkt zum Himmel aufgestiegen.

Das erste Kapitel der Apostelgeschichte nimmt eine Sonderstellung ein, indem es Christi Himmelfahrt als gesondertes Ereignis versteht, das eine Weile nach Ostern stattgefunden hat. Bischof John Shelby Spong bemerkt dazu: »Auferstehung und Himmelfahrt waren ein Gnadenakt Gottes, und bevor man die beiden auseinanderdividiert hat, beschrieb das Wort *Erhöhung* beide zusammen.«[5] Der erhöhte Jesus wurde mal als der irdische Auferstandene, dann wieder als der zum Himmel Aufgefahrene dargestellt.

Die Aufgabe, die vor uns liegt, ist demnach komplizierter, als nur zu erklären, warum die ersten Christen glaubten, Jesus sei von den Toten auferstanden. Wir müssen ihren Glauben an den erhöhten Jesus erklären, an eine Gestalt also, in der sich Himmel und Erde vereinen. Was hat der Auferstehung Jesu die himmlische Dimension verschafft und sie über ein »normales« Wunder hinaus erhöht? Warum wurde der auferstandene Jesus nicht einfach nur als wiederbelebter Sterblicher, sondern als kosmische Macht gesehen?

Das Unvermögen, die Doppelgestalt des erhöhten Christus befriedigend zu erklären, gehört zu den zentralen Problemen aller bisherigen Auferstehungstheorien. Am augenfälligsten ist das Problem bei jenen, in denen die leibliche Erscheinung Jesu in Fleisch und Blut vorausgesetzt wird. Manche gehen davon aus, dass Jesus die Kreuzigung überlebt hat, möglicherweise dank des Dufts der von Nikodemus ins Grab gelegten Kräuter wieder zu Bewusstsein gekommen ist und dann von seinen Anhängern lebendig gesehen wurde.[6] Das würde im Notfall vielleicht den Glauben an eine einfache Auferstehung im Stile der Lazarus-Rettung erklären, taugte aber nicht einmal ansatzweise als Begründung dafür, dass Jesus zu einem himmlischen Wesen verklärt werden konnte. Das Ganze lädt ein zu abenteuerlichen Mutmaßungen wie der, dass Paulus seinen Glauben an Jesus als »lebensspendenden Geist« aus einer Begegnung mit dem reanimierten Jesus auf der Straße bezog und seine Augen vom »gleißenden Widerschein der Mittagssonne auf Jesu weißem Gewand geblendet« waren.[7] Wie David Friedrich Strauß vor langer Zeit bereits monierte, ist es absurd zu glauben, dass ein rekonvaleszenter Jesus, krank und schwach nach der Pein, die er durchlitten hat, seine Jünger davon hätte überzeugen können, dass er den Tod überwunden und zu einem übermenschlichen Helden mutiert sei.[8]

Traditionalisten, die nicht von dem Glauben lassen können, dass Jesus auf wunderbare Weise in Fleisch und Blut wiedererweckt worden ist, müssen es mit Lukas halten und ihn zu irgendeinem Zeitpunkt von der Erde verschwinden lassen und gen Himmel befördern. Ihn durch die Wolken in die Höhe steigen zu denken mag in der Antike vielleicht plausibel erschienen sein, aber es braucht schon eine besonders blinde Sorte von Glauben, auch heute noch an einer so schwärmerischen Vorstellung festzuhalten. Evangelikale Gelehrte wie Tom Wright, der die Ansicht vertritt, der auferstandene Jesus sei nicht einfach ein körperliches Wesen aus Fleisch und Blut, sondern vielmehr ein »transphysikalisches« Selbst von spiritueller Körperlichkeit, mögen an eine gewisse Form der göttlichen Teleportation glauben, aber leider wird uns über diesen faszinierenden Vorgang nirgends Genaueres berichtet. Das Abgleiten in die Pseudowissenschaft wird nur durch das uralte Mittel eines theologischen Mysteriums verhindert.[9]

Einen rein visionären Jesus auf die Erde zu holen gestaltet sich kein bisschen einfacher. Soweit es die Juden im 1. Jahrhundert betraf, war Jesus mitnichten der Erste, der in den Himmel aufgenommen wurde. Der Tanach berichtet von zwei Männern, Henoch und Elija, die vor ihrem Tod in den Himmel aufgenommen wurden, und es gab Mutmaßungen, dass Mose nach seinem Tod ebenfalls in die Höhe fuhr.[10] Diese Patriarchen wurden vielleicht in Visionen wahrgenommen, aber das heißt nicht, dass sie wahrhaft auferstanden, das heißt mit irgendeiner Form von körperlichem Leben versehen wurden. In der Transfigurationserzählung werden Mose und Elija jeweils kurz auf einem Berggipfel im Gespräch mit Jesus gesehen, aber das wurde nie so verstanden, dass sie vor ihm auferstanden waren. Sie waren vielleicht für den Augenblick auf Erden erschienen, hatten jedoch keinen Teil an einer neuen Schöpfung.

Wäre Jesus nur als Vision gesehen worden, hätte man vielleicht von ihm geglaubt, dass er in den Himmel aufgefahren sei, aber er wäre dabei so tot (und körperlos) wie Mose geblieben. Für sich genommen vermag keine »Visionstheorie« zu erklären, warum Jesu Anhänger glaubten, dass er auferstanden sei. Posthume Visionen Jesu konnten nur dann in einen Auferstehungsglauben münden, wenn sie im Gefolge der Entdeckung des leeren Grabs erfahren wurden. Begreiflicherweise hätten die Jünger Visionen Jesu im Licht der Tatsache, dass sein Körper verschwunden war, interpretieren und zu dem Schluss gelangen können, dass Gott ihn leibhaftig in den Himmel erhoben hat. Doch außer dass sie auf der zweifelhaften Prämisse beruht, dass das Grab tatsächlich leer gewesen ist, setzt diese Theorie obendrein einen höchst unwahrscheinlichen Zufall voraus. Dem Historiker bleibt das Ringen mit der Überlegung, dass Jesu Leichnam vielleicht aus irgendeinem Grund gestohlen wurde – ein alles andere als häufiges Ereignis – und seine Jünger hernach eine Reihe von »Visionen« von der Art hatten, wie sie im Credo des Paulus berichtet werden.

Ein Ausweg aus all diesen Schwierigkeiten ergibt sich, wenn wir dem Grabtuch eine zentrale Rolle einräumen. Im Unterschied zu allen anderen Lösungen erklärt meine »Grabtuchtheorie«, wie ich sie einmal nennen möchte, problemlos den Glauben an einen erhöhten Jesus, der Himmel und Erde durchdringt.

Wie wir im Vorhergehenden gesehen haben, läge es jemandem, der im Judäa des 1. Jahrhunderts gelebt hat, kein bisschen fern, die Gestalt auf dem

Grabtuch als Manifestation des auferstandenen Christus wahrzunehmen – solches hätte sich vor dem Hintergrund der herrschenden Überzeugungen über das Wesen einer Person, Körperlichkeit, Bilder und die Auferstehung mehr oder minder zwanglos ergeben. Dieser Manifestation eine göttliche Dimension zu verleihen, wäre allerdings eine eher schwierigere Angelegenheit gewesen. War Jesus in dem Bildnis auf dem Grabtuch tatsächlich vorhanden? War das Bild selbst sein neuer Leib? Oder war es nur ein Zeichen – ein schattenhafter Doppelgänger –, das seine Verkörperung in einer anderweitig unsichtbaren Form reflektierte? War er in der Nähe dieses Bilds zugegen – wie jemand, der in einem Spiegel sichtbar wird? Oder war das Tuch ein Schleier, durch den hindurch er gesehen werden konnte? Existierte er irgendwie zwischen den beiden Gestalten – Vorder- und Rückseite – auf dem Tuch? Oder befand er sich gar in weiter Ferne, physikalisch von seinem Abbild getrennt wie jemand, den man im Fernsehen sieht?

Da Antworten auf diese Fragen nicht möglich waren, muss die Beziehung zwischen Jesus und der abgebildeten Gestalt als irgendwie undefiniert empfunden worden sein. Seine Person wird zugleich innerhalb und außerhalb des Grabtuchs, als anwesend und als abwesend zugleich gesehen worden sein. Soweit er als anwesend empfunden wurde, war er auferstanden. Wo aber war er, wenn er nicht in dem Tuch präsent war? Als jemand, dem das Leben wiedergegeben worden war, konnte er nicht mehr im Schattenreich schlafen. Also musste er im Himmel weilen, so wie Daniel es in seiner Weissagung von den auferstandenen Toten gesagt hatte, die da »immer und ewig wie die Sterne leuchten« werden.[11] Und genau so muss es erschienen sein – etwas, das von innerem Licht strahlt. Der gerechte Märtyrer, so schien es, hat einen Platz im Himmel.

Es ist wichtig, nicht zu vergessen, dass die ersten Christen das Grabtuch nur sehr selten direkt vor Augen gehabt haben. Ein erinnerter Anblick aber ist ein ganz anderer als der tatsächliche – und erst recht als der einer Beschreibung. (Um ein Gefühl dafür zu bekommen, vermeiden Sie es für den Rest des Kapitels, ein Foto vom Grabtuch anzuschauen.) Bei direkter Betrachtung ist das Grabtuch von einer fühlbaren materiellen Präsenz, die sich schwer ausblenden lässt. Hinzu kommt, dass wir im Angesicht dieses Gegenstands anfangen, analytisch zu denken, jedes kleine Zufallsdetail kritisch beäugen, minimale Schattierungen von Farbe und Textur wahrnehmen, jedes Stückchen Tuch und Bild sorgfältig inspizieren. Mit Abstand vom Gegenstand unserer Betrachtung aber wird unser Denken abstrakter, erinnern wir uns nur noch an die hervorstechendsten Merkmale des Bilds und fügen sie zu einer kohärenten Vorstellung, einem neuen, abstrahierten Bild zusammen. Ein solch abstrahiertes Bild wird auch das Denken der ersten Betrachter des Grabtuchs bestimmt haben, und dieses Bild ist *per definitionem* vom Grabtuch losgelöst, ein Gedankenobjekt und keine Vision, eine ideale und daher überirdische Person.

Diese Empfindung muss sich bestätigt haben, sobald Jesu Anhänger angefangen hatten, in den alten Schriften nachzulesen. Denn eine Reihe der hebräischen Texte, die von himmlischen Gestalten handeln – Texte, von denen wir wissen, dass die ersten Christen sie irgendwann begonnen haben als Prophezeiungen zu sehen –, könnten so gelesen werden, als bezögen sie sich auf das Grabtuch. Die Gestalt darauf hätte, um nur ein Beispiel zu nennen, wie in Daniel 7,13–14 wahrgenommen werden können als »einer wie ein Menschensohn«, ein überirdisches menschenähnliches Wesen, das »zu dem Hochbetagten«, der am Ende aller Tage Gericht hält, kommt und dem die ewige Herrschaft übertragen wird. Wenn sie die Gestalt auf dem Grabtuch mit solchen visionären Gestalten in Zusammenhang brachten, hätten die ersten Christen durchaus zu dem Schluss gelangen können, dass der auferstandene Jesus eine geweissagte himmlische Gestalt ist.

Theoretisch können wir also nachvollziehen, wie das Grabtuch neben der Vorstellung vom auferstandenen Jesus auch diejenige vom aufgefahrenen Christus und Himmelskönig hätte inspirieren können. Der Glaube daran, dass Jesus eine himmlische Gestalt sein müsse, ließe sich darauf zurückführen, dass er nicht nur *in* der Gestalt auf dem Grabtuch wahrgenommen wurde, sondern auch – in Erfüllung der alten Schriften – als *losgelöst* von ihr. Auferstehung bezieht sich demnach auf Jesu Gegenwart im Grabtuch, seine Auffahrt auf eine neue Existenzebene – den Himmel –, von der aus er sich vermittels des Grabtuchs sichtbar macht. Ersteres verortet ihn in seinem Abbild auf Erden, Letzeres weit davon entfernt in kosmischen Sphären: zwei ganz verschiedene Arten, ein und dasselbe Phänomen in Worte zu fassen (siehe Abbildung 55).

Reisende zwischen Himmel und Erde waren in der antiken Welt nichts Ungewöhnliches. Ich habe im Vorhergehenden bereits die Fälle Henoch, Elija und Mose erwähnt, drei große Gestalten der jüdischen Überlieferung, von denen man glaubte, sie seien (vor oder nach ihrem Tod) zum Himmel aufgefahren. Ähnliche Überlieferungen fanden sich bei den Griechen, die weit weniger Skrupel hatten, Menschen gottgleich werden zu lassen. Bei ihnen gab es eine ganze Klasse von Unsterblichen – die Helden –, die durch ihre großen Taten halbgöttlichen Status erlangt hatten. Der berühmteste unter ihnen war Herkules, von dem man glaubte, er sei aus den Flammen des Scheiterhaufens, auf dem er den Tod finden sollte, direkt in den Olymp entrückt worden.[12] Auch ganz normale Menschen konnten sich unter Umständen zu den Göttern gesellen: Der antike Philosoph Empedokles aus Sizilien beispielsweise lebte im 5. Jahrhundert v. Chr. und wurde nach seinem Tod in Legenden verehrt, die sehr daran erinnern, was man über Jesus erzählt hat: »Wenig später als ein Jahrhundert nach seinem Tode sind schon Geschichten im Umlauf, die berichten, wie er die Winde durch einen Zauber beschwichtigt hat, wie er einer Frau das Leben wiedergegeben hat, die nicht mehr atmete, und wie er dann körperlich von dieser Welt des Todes verschwand und ein Gott wurde.«[13] Es gibt keinerlei Berichte darüber, dass bei irgendeinem von diesen Männern bei der Reise gen Himmel ein Bildnis eine Rolle gespielt hat, aber Bilder könnten die Gedankenwelt, die in solchen Geschichten Niederschlag findet, zweifellos entscheidend angeregt haben – oder dazu verwendet worden sein, diese zu instrumentalisieren. Nirgends wird solches deutlicher sichtbar als in der Bestattungskunst des antiken Ägypten.

Unter den Griechen und Israeliten widerfuhr nur wenigen Sterblichen die Aufnahme in den Himmel; bei den Ägyptern handelte es sich dabei um ein allgemein angestrebtes Ziel. Wir haben bereits gesehen, dass der einer menschlichen Gestalt nachempfundene Sarkophag oder das Mumienporträt eines Verstorbenen als Ersatzkörper für deren Ka (den geistigen Teil einer Person) dienen sollte, was einer Interpretation des Grabtuchs als Sitz des auferstandenen Jesus sehr nahekommt. Doch nach ägyptischer Auffassung beschränkte sich Auferstehung nicht auf das Inbeschlagnehmen eines neuen Körpers. Jedem mumifizierten Menschen wurde dabei ein gewisses Maß an Göttlichkeit zuteil: Er wurde nicht nur als sein bestattetes Selbst wiedergeboren, sondern auch als Gott. Das Porträt im Grab diente »als Transformationsmedium des Individuums von einer sterblichen in eine göttliche oder himmlische Daseinsform«.[14] Es ist leicht einzusehen, dass die prächtige Totenmaske Tutanchamuns (Abbildung 53) als Antlitz eines Gottes gesehen worden sein muss, aber die bescheideneren Mumienporträts waren zur Vergöttlichung des Toten nicht minder brauchbar. Die Transfiguration Jesu in seine neue Gestalt auf dem Grabtuch wurde vielleicht in vergleichbarer Weise als Vergöttlichung ausgelegt. Der spektakuläre Einfluss des Grabtuchs könnte schlicht und einfach durch die Tatsache zu erklären sein, dass es natürlicher Herkunft und nicht von Menschenhand geschaffen war, sowie damit, dass es in jüdischem und nicht in ägyptischem Kontext interpretiert wurde.

Ägyptische Bestattungssitten liefern uns jedoch eine noch sehr viel faszinierendere Analogie. In manchen Gräbern des Neuen Reichs, unter anderem auch dem Tutanchamuns, wurde dem Toten als magische Grabbeigabe ein sogenanntes Osirisbett (auch *Korn-Osiris* genannt) beigelegt. Ein besonders schön erhaltenes Exemplar aus dem Grab eines hohen Beamten namens Maiherperi besteht aus einer hölzernen, mit Leinen ausgelegten Form in Gestalt einer Silhouette des Osiris (Abbildung 56).[15] Die Form wurde mit Erde gefüllt, mit Gerste eingesät und gewässert, bevor man sie ins Grab legte; das keimende Getreide bildete dann den Gott ab. Es gibt wenige Texte, die den Sinn dieses Brauchs erläutern, aber wie der Ägyptologe Gwyn Griffith erklärt, »[...] ist es eine zulässige Schlussfolgerung [...], dass das Weiterleben des Verstorbenen das Ziel ist«.[16] Das Getreide, das da im Grab unter der Erde spross, versinnbildlichte die Wiedergeburt des Osiris, und damit half es dem Eigentümer des Grabes zu dessen eigener Wiedergeburt, dieses Mal als Osiris. (Erinnern Sie sich an Paulus und seine Parallele zwischen Auferstehung und keimendem Samenkorn!) Das Kornbild erhob Maiherperi sozusagen ins Reich der Götter. Als gespenstische Silhouette auf Leinen, bewahrt in einem Grab und auf natürliche Weise entstanden, ähnelt es dem Grabtuch in manchem. Es besteht kein Anlass zu bezweifeln, dass das Grabtuch ganz ähnlich als Transformation eines Sterblichen in einen Unsterblichen interpretiert worden sein könnte.

Und dann gab es im 1. Jahrhundert noch eine besondere Überlieferung, die im ganzen Römischen Reich hinlänglich bekannt war: die Apotheose des Kaisers, der Glaube daran, dass den römischen Kaisern nach ihrem Tod ein Thron unter den Göttern eingeräumt werde. Dieser ebenfalls auf eine starke visuelle Bildwelt gestützte Glaube bot dem christlichen Anspruch, der Himmel sei neuerdings durch einen jüdischen Messias bereichert worden, ein fest verankertes Fundament.[17]

Die Römer ihrerseits hatten ihren Glauben an die kaiserliche Apotheose von den Griechen entlehnt. Nach dem Vorbild Alexanders des Großen wurden auch die seleuzidischen und ptolemäischen Herrscher nach ihrem Tod als neue Bewohner der göttlichen Sphären begriffen, sodass die gesamte hellenistische Welt mit dieser Vorstellung vertraut gewesen sein muss.[18] Der erste römische Herrscher, dem nach seinem Tod offiziell göttlicher Status zuerkannt wurde, war Julius Cäsar, Adoptivvater von Oktavian, dem späteren Kaiser Augustus. Vor seiner Bestattung wurde Cäsars Leichnam auf dem Forum Romanum öffentlich aufgebahrt, für die Menge nicht sichtbar, aber durch ein davor gehaltenes Wachsbildnis repräsentiert. Die Volksmenge war zunächst uneins, ob man ihn im Tempel des Jupiter, wie es einem Gott gebührte, oder eher profan in der Kurie des Pompejus einäschern sollte, doch schließlich wurde er auf der Stelle verbrannt und, wie es bei Sueton heißt, »unter die Götter gehoben«. Am ersten Jahrestag erschien während der Spiele, die zu seinen Ehren veranstaltet wurden, jener berühmte Komet, der vom Volk – und von Oktavian – als die zum Himmel strebende Seele Cäsars betrachtet wurde und bei jedermann die Überzeugung festigte, dass er nun wahrhaftig einen Sitz unter den Unsterblichen hatte.[19]

Als Augustus im Jahr 14 selbst starb, wurde seine Aufnahme in die Reihen der Götter bereits als selbstverständlich betrachtet, und sein Begräbnis war ganz darauf ausgerichtet, dem Ausdruck zu verschaffen. Der Körper des Toten wurde in einem großen prunkvollen Trauerzug geleitet, Senatoren trugen den Leichnam auf ihren Schultern. Als die Totenreden gehalten waren, wurde der Leichnam zum Marsfeld gebracht, von dem aus Romulus, der Gründer Roms, der Legende nach auch gen Himmel gefahren war,[20] und dort auf einem Scheiterhaufen verbrannt. Danach erklärte ein Würdenträger unter Eid, er habe das Ebenbild (*effigies*) des toten Kaisers zum Himmel aufsteigen sehen, wie weiland Herkules zum Himmel aufgefahren sei. Das genügte dem Senat als Zeugnis, um in aller Form zu erklären, dass Augustus ein Gott geworden war.[21]

Ungefähr anderthalb Jahrzehnte vor Ostern hatte Augustus nach seinem Tod offenbar die gleiche Reise ins Reich des Göttlichen unternommen wie Jesus. Die Geschichte von der Himmelfahrt des Kaisers war demnach im ganzen Reich – auch unter Roms Untertanen jüdischen Glaubens – bekannt, und die Himmelfahrt Jesu wäre sicher vor dem Hintergrund dieser heidnischen Parallele wahrgenommen worden. Augustus verschwand vor den Augen der Trauernden und wurde dann angeblich gesehen, wie er zum Himmel emporstieg. Konnte Jesus nicht Ähnliches vollbracht haben? Offensichtlich waren die Umstände völlig andere, aber wie die Beispiele aus Ägypten zeigen, funktioniert die Bildwelt der Apotheose in ganz verschiedenen Kontexten.[22]

Als die Feierlichkeiten vorüber waren, wurde der Kontakt zu dem nunmehr göttlichen Kaiser vermittels seiner Porträts gehalten, die ihn sowohl erhöht in seinem neuen Leben als auch in seinen irdischen Tagen darstellten. Die Ähnlichkeit zwischen Kaiser und Porträt ließ die Menschen Letzteres als Stellvertreter für Ersteren wahrnehmen.[23] Das Grabtuch könnte in ganz ähnlicher Weise betrachtet worden sein – als Ebenbild, durch das der abwesende überirdische Jesus auf Erden manifest geworden ist. Wenn die Römer eine vergoldete Statue anschauen und darin ihren zum Gott erhobenen Kaiser sehen konnten, warum sollten Jesu Anhänger dann nicht die ätherische

Gestalt auf dem Grabtuch betrachten und darin den erhöhten Messias sehen? Und das Schicksal seiner sterblichen Hülle wird für ihr Denken keine größere Rolle gespielt haben als das Schicksal der sterblichen Hülle des Kaisers für den Glauben an die Apotheose. Das Fleisch war unwichtig, das Bild allein konnte einen zu den Sternen tragen.

Unserer Hypothese fehlt nun nichts mehr. Auf der Grundlage einer bunten Palette an anthropologischen, archäologischen und kunsthistorischen Belegen können wir vernünftigerweise feststellen, dass das Grabtuch, wenn es wirklich in Jesu Grab gefunden wurde, dessen Anhänger nicht nur dazu veranlasst hätte zu glauben, dass er von den Toten auferstanden, sondern auch dass er zum Himmel aufgefahren sein musste. Mit anderen Worten, es hätte Anlass gegeben, an seine Erhöhung zu glauben.

Nun können wir mithilfe des Grabtuchs die Ostergeschichte neu erzählen.

TEIL 5

Ostern

18

Das Begräbnis und der Mythos

Die Geschichte der Auferstehung beginnt nicht an Ostern, sondern am Karfreitag, dem Tag der Kreuzigung, mit Szenen von kaum vorstellbarer Qual und Folter – der Passion Jesu – und dem Erwerb eines fein gewirkten Leinentuchs. Wenn wir verstehen wollen, was am Ostermorgen geschehen ist, als der auferstandene Jesus zum ersten Mal bezeugt wurde, müssen wir zuerst einmal verstehen, wie Jesus zwei Tage zuvor gestorben und ins Grab gelegt worden ist.

Die Evangelien berichten uns, dass Jesus am Morgen des Karfreitags von Pontius Pilatus verhört und dann zum Tod am Kreuz verurteilt wurde, wie er gegeißelt, geschlagen und mit Dornen gekrönt wurde und wie man ihn schließlich nach Golgota, eine leichte Anhöhe im Nordwesten von Jerusalem, brachte, wo seine Pein ihren Höhepunkt erreichte.[1] Im Prinzip erzählt das Grabtuch, das sein Leiden in entsetzlicher Deutlichkeit schildert, genau diese Geschichte. Wir können darauf verzichten, seine Qualen an dieser Stelle zu wiederholen. So schrecklich sie gewesen sein mag, an Jesu Misshandlung war nichts besonders Ungewöhnliches. Er war lediglich ein weiteres Opfer der effizienten Hinrichtungsmaschinerie des Römischen Reichs.

Jesu Todeskampf am Kreuz dauerte etwa drei Stunden, von Mittag bis gegen drei Uhr nachmittags, »dann hauchte er seinen Geist aus«.[2] Es gibt keinerlei Rechtfertigung welcher Art auch immer für die immer wieder geäußerte Vermutung, er könne irgendwie dem Tod entronnen und vielleicht ins Koma gefallen sein. Drei Stunden solcher Qualen haben mit Sicherheit gereicht, um das Leben von jemandem, der so furchtbar geschlagen wurde wie Jesus, auszulöschen, und das mit Spuren postmortaler Blutungen übersäte Grabtuch, an dem sich zudem ablesen lässt, dass die Totenstarre bereits eingesetzt haben musste, belegt eindeutig, dass er das Kreuz nicht überlebt haben kann.

Es ist das Schicksal von Jesu Leichnam nach seinem Tod, das uns hier interessiert. Die Evangelien sind sich sämtlich einig, dass er in einem Grab zur letzten Ruhe gebettet wurde. Zwar wird dieses Zeugnis manchmal angezweifelt, doch das Glaubensbekenntnis des Paulus und das Vorhandensein des Grabtuchs sprechen klar dafür. Wie Jehohanan, der Gekreuzigte, dessen sterbliche Überreste man 1968 in einem Beinhaus gefunden hat, wurde Jesus von seinen Nächsten bestattet und nicht in ein Massengrab geworfen oder für die Raubtiere als Beute liegen gelassen. Doch über die bloße Tatsache, dass sie stattgefunden hat, hinaus haben wir über seine Bestattung wenig Klarheit. Wenn wir begreifen wollen, was geschehen ist, müssen wir fragen, wie man seinen Leichnam behandelt hat, und dies vor allem vor dem Hintergrund der Indizien, die uns das Grabtuch liefert. Erst dann können wir entscheiden, was am Ostermorgen, als sich das mutmaßliche Wunder der Auferstehung ereignet hat, wirklich geschehen ist.

Nachdem Jesus gestorben war, werden die Seinen darauf bedacht gewesen sein, seinen Leichnam vor Sonnenuntergang in einem Grab unterzubringen, denn nach jüdischem Gesetz darf die Leiche eines Hingerichteten »nicht über Nacht an einem Pfahl hängen bleiben«.[3] Im Falle Jesu wird das Bedürfnis, ihn am selben Nachmittag zu begraben, besonders dringend gewesen sein, denn der nächste Tag war ein Sabbat, an dem keine Arbeit verrichtet – mithin auch kein Begräbnis vorgenommen – werden durfte. In solchen Fällen würde eine Abordnung der Trauernden Pilatus um den Leichnam gebeten haben, damit dem Gesetz Genüge getan werden konnte. Alle Evangelien sind sich einig, dass diese Bitte an Pilatus herangetragen wurde – der Bittsteller war ein wohlhabender Sympathisant Jesu mit Namen Joseph von Arimathäa.

Über das jüdische Gesetz im Bilde und dieses eine Mal nicht darauf aus, unnütze Feindseligkeiten zu provozieren, gab Pilatus seinem Anliegen statt. Den Soldaten, die unter dem Kreuz Wache hielten, wurde Befehl erteilt, Jesus seinen Angehörigen zu übergeben. Das Grabtuch hilft, sich die Szene vor Augen zu führen. Zuerst hat man überprüft, dass er wirklich tot war, indem man ihm mit einer Lanze die Seite öffnete. Dann wurde der Nagel herausgezogen, der seine Füße am *Suppedaneum* hielt. Als Nächstes wurde der Querbalken vom Stamm des Kreuzes gewuchtet und mit dem noch daran befindlichen Leichnam auf die Erde gelegt. Zuletzt wurden die Nägel aus den Handgelenken gezogen. Der Querbalken wurde wieder hinaufgehievt – für künftige Kreuzigungen –, der Körper wurde Joseph zur Versorgung gegeben, und die Soldaten zogen zurück in ihre Quartiere.

Wie Joseph im Einzelnen vorgegangen ist, können wir nicht sicher sagen, aber das Grabtuch in Kombination mit den Evangelien erlaubt eine hinreichend zuverlässige Rekonstruktion. Nach Markus ging Joseph, nachdem er die Erlaubnis hatte, Jesus zu bestatten, hin und »kaufte ein Leinentuch [*sin-*

don]«[4]. Hier ist das Grabtuch, das Joseph dann mit nach Golgota genommen haben muss, ausdrücklich erwähnt. Er kann dort nicht allein hingegangen sein – um einen Leichnam zu einem Grab zu tragen, hätte er die Hilfe von mindestens einem weiteren Mann gebraucht. (Vielleicht hat es sich dabei um Nikodemus gehandelt, der, wie Johannes berichtet, bei dem Begräbnis zugegen war – allerdings ist die Erzählung des Johannes an diesem Punkt nicht vertrauenswürdig, wie ich im Weiteren erklären werde.)

Bevor sie den Leichnam weggetragen haben, werden Joseph und sein Helfer, wer immer das war, ihn bedeckt haben – zum einen, um den verstörenden Anblick eines Leichnams zu unterbinden, zum anderen, um dessen Würde zu wahren. Es ist wahrscheinlich, dass zu diesem Zeitpunkt das Leichentuch bereits Verwendung gefunden hat (Abbildung 13). Die Synoptiker (und das Petrusevangelium) erwähnen im Zusammenhang mit Josephs Versorgung des toten Jesus alle einmütig ein Leichentuch (*sindon*). In all diesen Texten wird gesagt, dass der Körper in das Leinentuch eingewickelt worden sei, bevor er in das Grab gelegt wurde, das heißt, dass Jesus in das Tuch gehüllt zum Grab getragen worden sein muss.[5] Ich sehe keinen Anlass zu bezweifeln, dass das Tuch für den Transport des Leichnams verwendet wurde, zusammen vielleicht mit einer einfachen Tragbahre – damit ließen sich sogar einige der Bluttropfen und -schmierflecken auf dem Tuch erklären, beispielsweise jene an den Füßen und neben dem rechten Ellbogen.[6]

Das würde bedeuten, dass Jesu Leichnam noch am Hinrichtungsort gewaschen wurde. Wie wir gesehen haben, wurde der ins Tuch gewickelte Leichnam definitiv den jüdischen Vorschriften entsprechend gereinigt. Es wäre logisch gewesen, dies draußen an Ort und Stelle vorzunehmen statt in einer dunklen, engen Grabkammer. Wäre der Körper ungewaschen im Grabtuch transportiert, im Grab ausgewickelt, dort gewaschen und dann erneut ins Tuch eingeschlagen worden, sollten wir erwarten, zweierlei Arten von Blutspuren vorzufinden und insgesamt eine Menge mehr Blut.

Das Waschen des Leichnams wird in keinem der kanonischen Evangelien erwähnt, wohl aber im Petrusevangelium, das nicht Eingang ins Neue Testament gefunden hat: »[Joseph] aber übernahm den Herrn, wusch ihn und hüllte ihn in Leinen und brachte ihn in sein eigenes Grab, genannt Garten des Joseph.«[7] Das Evangelium des Petrus beschreibt außerdem eine andere Szene, die in den kanonischen Evangelien fehlt: das Entfernen der Nägel und das Abnehmen des toten Jesus vom Kreuz: »Und dann zogen sie die Nägel aus den Händen des Herrn und legten ihn auf die Erde.«[8] In seiner Beschreibung des Umgangs mit dem Leichnam kann das Petrusevangelium mithin für sich in Anspruch nehmen, genauer zu sein als seine Pendants im Neuen Testament, was die Vermutung nahelegt, dass es sich hier um frühe Überlieferungen aus erster Hand handelt.

Vor dem Hintergrund der Hinweise aus den Evangelien können wir Josephs Vorgehen wie folgt rekonstruieren: Als die Soldaten den Hinrichtungsort verlassen hatten, erschienen Joseph und sein(e) Helfer und bemühten sich um den Leichnam am Fuß des Kreuzes. Zuallererst werden sie die Totenstarre in den Schultern gelöst und die Hände über dem Geschlecht in Lendenhöhe übereinandergelegt haben. damit sie den Körper leichter handhaben und so die Arme in das Leichentuch *(sovev)* mit eingeschlagen werden konnten. Dann werden sie den Leichnam auf den Bauch gedreht haben, um den Rücken abzuwaschen und von Schmutz und geronnenem Blut zu reinigen, wobei die Geißelspuren sichtbar wurden. Dann haben sie vermutlich die mit dem Leichentuch bedeckte Trage herbeigeholt, den Körper umgedreht und auf das Tuch gelegt, um sodann den Leichnam von vorne zu waschen. Sorgsam darauf bedacht, alles »Lebensblut«, das nach dem Tod aus dem Körper ausgetreten ist, zu erhalten, haben sie ihn von Kopf bis Fuß von Schmutz, Schweiß und geronnenem Blut gesäubert. Zum »Lebensblut« gehörten, was der Lanzenwunde entwichen war, sowie die bei Herausziehen der Nägel entstandenen frischen Rinnsale an Händen und Füßen. Beim Säubern der Handgelenke und Unterarme wird es ihnen nicht gelungen sein, das frisch ausgetretene Blut ganz zu verschonen, sodass dieses sich mit Wasser vermischt hat und auf das Tuch getropft ist. Die Dornenkrone ist vermutlich entfernt worden, nachdem das Antlitz rein gewaschen war, die Rinnsale aus Blut, die dabei herausflossen, ließen sie unangetastet.

In Anbetracht des Zustands des Leichnams wird das Waschen einige Zeit in Anspruch genommen haben, aber die Bestattenden werden so rasch wie möglich gearbeitet haben, denn es war bereits spät am Tag, und Jesus musste vor Sonnenuntergang im Grab versorgt sein.[9] Das Grabtuch zeugt von der Sorgfalt, die sie trotz aller Eile walten ließen, um Jesu Leichnam zu waschen – das Einzige, was sie noch für ihn tun konnten. Entgegen der allgemein verbreiteten Ansicht hat es keine Salbung gegeben: Das Grabtuch weist keinerlei Salbenspuren auf, auch erwähnt keines der Evangelien eine Salbung. Joseph und sein(e) Helfer drapierten die zweite Hälfte des Tuchs (die später die Vorderansicht zeigen würde) über dem Toten, nahmen die Trage auf und begaben sich zum Grab.

»An dem Ort, wo man ihn gekreuzigt hatte, war ein Garten, und in dem Garten war ein neues Grab, in dem noch niemand bestattet worden war.

Wegen des Rüsttages der Juden und weil das Grab in der Nähe lag, setzten sie Jesus dort bei.«[10] Dieser Bericht des Johannes ist durch und durch glaubwürdig. Die Hinrichtungsstätte lag unmittelbar neben einem alten Steinbruch, der als Begräbnisstätte genutzt wurde und in dem Obst und Gemüse angebaut wurden. Die Synoptiker berichten uns, dass das Grab aus dem Fels gehauen war, auch das klingt glaubwürdig: Man hat in dem Gebiet mehrere in die felsigen Hänge des ehemaligen Steinbruchs gehauene Gräber gefunden. Matthäus erklärt, das Grab gehöre Joseph von Arimathäa – das ist allerdings weniger wahrscheinlich als Johannes' Aussage, der zufolge es gewählt wurde, weil es nahebei gelegen war. Es wäre sicher ein seltsamer Zufall gewesen, wenn Joseph zufällig ein Grab in der Nähe besessen hätte.

Ist es möglich, die exakte Lage des Grabes zu ermitteln? Die christliche Überlieferung will es, dass es mitten unter der Ädikula der Grabeskirche in Jerusalem liegt. Genau dort soll in den Jahren 325/326 ein Grab freigelegt worden sein, als Kaiser Konstantin daranging, die mutmaßliche Stätte von Jesu Tod und Auferstehung, die damals unter einem römischen Tempel verborgen lag, neu zu gestalten. Zu jedermanns Erstaunen stießen die Arbeiter des Kaisers, nachdem sie sich durch mehrere Gebäudeschichten gegraben hatten, auf ein leeres Grab, das prompt als Heiliges Grab gefeiert wurde.[11] Da die Ädikula seit dem 4. Jahrhundert fast komplett erneuert wurde, können wir nicht wissen, ob die Zuordnung auf irgendetwas Greifbarem, einer Inschrift vielleicht, beruhte oder eine reine Vermutung war. Direkt in Nachbarschaft zur Schädelhöhe (Golgota) war das Grab mit Sicherheit am rechten Platz, aber es gibt in seiner Nähe ein paar weitere Felsengräber aus derselben Epoche, alle leer, und nach allem, was wir wissen, könnte auch eines von diesen die Grabkammer gewesen sein, in der Jesus beigesetzt wurde.[12]

In jedem Fall befand sich das Grab ganz in der Nähe, und der kleine Trauerzug wird nicht lange gebraucht haben, um dorthin zu gelangen. Den Synoptikern zufolge wurden die Männer von mehreren Frauen begleitet, darunter Maria Magdalene. Aber wenn dem so gewesen sein sollte, haben sich diese nicht aktiv an der Beisetzung beteiligt. Von ihnen heißt es lediglich: »[S]ie gaben ihm das Geleit und sahen zu, wie der Leichnam in das Grab gelegt wurde.«[13] Es oblag Joseph und seinem Helfer, die Vorschriften zu erfüllen. Einer innen, einer außen, werden sie die Trage durch den niedrigen, engen Eingang hineingeschoben und dann gemeinsam den noch immer lose in das Tuch eingeschlagenen Leichnam auf ein breites Steinlager gehoben haben. Das war alles. Der Tote war gewaschen und bestattet, es war keine Zeit mehr, noch etwas anderes zu tun. Das Grabtuch blieb genau wie auf der Bahre vom

Kopf bis zu den Füßen lose über den Leichnam gebreitet. Es war sinnlos, ihn einzubinden, da die Frauen am Tag nach dem Sabbat ja kommen wollten, um ihn zu salben.

Nachdem sie ihre Pflicht erfüllt hatten, verließen die Männer die Kammer, rollten einen Felsbrocken (oder ein anderes Hindernis) vor die Öffnung und kehrten bei einbrechender Dämmerung traurig zurück in die Stadt. Mit ihnen ging womöglich eine Gruppe trauernder Frauen, die sechsunddreißig Stunden später zum Gab zurückkehren und es erneut, dieses Mal in fassungslosem Erstaunen, wieder verlassen sollten.

Ich hatte zuvor bereits erwähnt, dass die Begräbnisdarstellung des Johannes nicht vertrauenswürdig ist. Jetzt sehen wir, warum: Seine Beschreibung des Grabes mag sich an verlässlichen Überlieferungen orientieren, doch statt zu berichten, wie Joseph Jesu Leichnam in ein leinenes Leichentuch gehüllt hat, spinnt er eine fantasievolle Geschichte um eine teure Bestattung:

> »Es kam auch Nikodemus, der früher einmal Jesus bei Nacht aufgesucht hatte. Er brachte eine Mischung aus Myrrhe und Aloe, etwa hundert Pfund. Sie nahmen den Leichnam Jesu und umwickelten ihn mit Leinenbinden [*othonia*], zusammen mit den wohlriechenden Salben, wie es beim jüdischen Begräbnis Sitte ist.«[14]

Diese Darstellung lässt sich eindeutig nicht mit der Rekonstruktion vereinbaren, die wir soeben anhand des Grabtuchs und der kurzen Aussagen der synoptischen Evangelien vorgenommen haben. Jesus ist nicht, wie von Johannes berichtet, eine vollständige Begräbniszeremonie zuteil geworden. Sein Körper wurde nicht mit wohlriechenden Kräutern bedeckt und mit Leinenbinden umwickelt, er wurde nur gewaschen und in ein Leinentuch gehüllt. Allein die ungeheuren Mengen an Myrrhe und Aloe – genug, um einen großen Sarg damit zu füllen – sind ein klares Zeichen dafür, dass Johannes eine erfundene Geschichte zum Besten gibt. Es handelt sich um ein Fantasiegemälde, das den königlichen Prunk beschreibt, der Jesus bei seiner Bestattung vielleicht hätte umgeben *sollen*, und nicht um die hastigen Umstände seines tatsächlichen Begräbnisses.[15]

Alles spricht dafür, dass Johannes diese Geschichte in einer anderen Quelle gefunden und von dort übernommen hat. Es kann sein, dass der ursprüngliche Verfasser, wer auch immer das war, von dem Grabtuch gewusst hat und darauf mit den »Leinenbinden« [*othonia*] hat hinweisen wollen.[16] Falls das zutrifft, so ist dieser subtile Hinweis allerdings Johannes entgangen, der diesen Tüchern offensichtlich keinerlei Bedeutung beimaß. Für ihn handelte es sich lediglich um allgemeine Elemente einer typischen Bestattungszeremonie. Später im Text lässt Johannes allerdings eine detaillierte Beschreibung eines anderen Tuchs folgen, über dessen Beschaffenheit er offenbar besonders viel weiß. Er nennt es Schweißtuch oder *Sudarium* (griechisch *soudárion*). Obschon es keinerlei Rolle in seiner Darstellung des Begräbnisses spielt, lohnt es, sich dieses Tuch in diesem Zusammenhang genauer anzuschauen, denn es steht ganz offensichtlich in Zusammenhang mit den Begräbnistüchern.

Das Schweißtuch spielt eine Rolle in der Erzählung über Petrus und den Jünger, den Jesus liebte. Beide eilen am Ostermorgen zum Grab, nachdem Maria Magdalene sie davon in Kenntnis gesetzt hat, dass Jesu Leichnam verschwunden sei. Petrus betritt die Grabkammer als Erster und sieht nicht nur die »Leinenbinden liegen«, sondern dazu auch

> »[...] das Schweißtuch [*soudárion*], das auf [*epi*] dem Kopf Jesu gelegen hatte; es lag aber nicht bei den Leinenbinden [*othonia*], sondern zusammengebunden [*entetuligmenon*] daneben an einer besonderen Stelle«.[17]

Es gibt hier einige Übertragungsprobleme. Das griechische Wort *soudárion* (lateinisch *sudarium*) wurde in der oben zitierten Einheitsübersetzung zutreffend als »Schweißtuch« übersetzt. Es hatte in der Regel die Größe eines Kopftuchs oder Handtuchs, aber wir kennen Ausnahmen, und wenn der Ausdruck nur aus etymologischen Gründen gewählt wurde, könnte das Tuch jegliche Größe gehabt haben. Johannes assoziiert das Tuch mit Jesu Kopf, aber die griechische Präposition *epi* kann alles Mögliche heißen – »auf«, »bei«, »an«, »in der Nähe von« und so weiter – die genaue räumliche Beziehung zwischen Jesu Haupt und dem Tuch ist also unklar. Das Wort *entetuligmenon* schließlich kann entweder »zusammengerollt« oder »zusammengefaltet« bedeuten. Diese ganzen Mehrdeutigkeiten heißen letztlich, dass es nicht ganz leicht ist zu sagen, wo sich Johannes das Schweißtuch im leeren Grab vorgestellt hat.

Eine beliebte Vorstellung im Lager der Grabtuchforscher ist es, dass er ein blutbeflecktes, handtuchgroßes Stück Leinen im Sinn hatte, das seit dem 8. Jahrhundert in der spanischen Stadt Oviedo aufbewahrt wird, eine Reliquie, die als »Schweißtuch von Oviedo« in die Geschichte eingegangen ist.[18] Diese Reliquie ist in jüngster Zeit Gegenstand intensiver wissenschaftlicher Untersuchungen gewesen. Die Forscher behaupten nicht nur, dass es tatsächlich dazu verwendet worden sei, das Antlitz eines Kreuzigungsopfers zu bedecken, sondern dass auch das Muster der Blutspuren darauf mit dem Abbild auf dem Turiner Grabtuch übereinstimme.[19] Diese Behauptung ist schwer zu beurteilen, denn eine Interpretation der Blutflecken auf dem Tuch von Oviedo drängt sich nicht gerade auf, aber ich sehe im Prinzip keinen Grund dafür, dass ein Tuch, das dem gekreuzigten Jesus über das Antlitz gebreitet wurde, nicht bis heute erhalten geblieben sein sollte. Wenn das Grabtuch so wichtig war, wie ich glaube, ist jedes Tuch, das zu ihm in Bezug steht, von potenziellem Interesse.[20] Die Herkunft des Schweißtuchs von Oviedo ist allerdings nicht ganz unproblematisch. Der Legende nach soll sich seine Spur bis ins Jahr 614 zurückverfolgen lassen. Damals wurden die Christen gerade von den vereinten Streitkräften der Perser und der Juden angegriffen.[21] Vor dem frühen 7. Jahrhundert gibt es keine eindeutigen Spuren seiner Existenz, und eine inoffizielle Radiokarbondatierung ließ vermuten, dass es eher um das 7. Jahrhundert denn um das 1. herum entstanden sein könnte (wobei dieses Ergebnis alles andere als überzeugend ist).[22]

Selbst wenn sich nachweisen ließe, dass das Schweißtuch von Oviedo eine echte Reliquie Jesu ist, hieße dies immer noch nicht, dass es sich dabei um das *soudárion* handelt, das Johannes als Schweißtuch erwähnt. Johannes könnte sehr wohl an ein anderes Tuch gedacht haben, und tatsächlich lässt sich mit größerer Plausibilität der Standpunkt vertreten, dass es sich bei dem Tuch in Jesu Grabkammer um einen sehr viel bedeutsameren Fund gehandelt hat – um das Grabtuch selbst.[23] Auch ein großes Leichentuch könnte als *soudárion* bezeichnet worden sein. Das wissen wir, weil ein Bischof namens Arculf im 7. Jahrhundert berichtet hat, er habe in Jerusalem ein mehr als zweieinhalb Meter langes *sudarium* gesehen, von dem gesagt wurde, es handle sich um das Leichentuch Christi.[24] Ab dem 12. Jahrhundert, als das Interesse am Grabtuch – beziehungsweise am Mandylion – zunahm, war nur noch die Rede vom *soudárion*, und es gibt keinen Grund, warum Johannes es nicht auch so bezeichnet haben sollte.[25]

Da wir das Mandylion gerade erwähnen, sollten wir uns auch klarmachen, dass das Grabtuch zu der Zeit, als das Johannesevangelium entstand, möglicherweise gar nicht wie ein großes Leichentuch ausgesehen hat. Was, wenn es zu dem Zeitpunkt schon zum Mandylion geworden war? Könnte es sich bei dem Schweißtuch im Johannesevangelium möglicherweise um das Grabtuch im Mandylionformat (allerdings ohne die Rahmung) gehandelt haben? Das würde mit Sicherheit die eigenartige Präzision von Johannes' Beschreibung des Tuchs erklären, die in mancherlei Hinsicht auf das Mandylion zutrifft. Erstens wäre der Begriff *soudárion* – Schweißtuch – in besonderer Weise angemessen für das Mandylion, denn außer dass er ein Tuch in der richtigen Größe beschreibt, enthält er auch die Konnotation »Schweiß«, die das Undeutlich-Verschwommene des Bildes einfängt. Zweitens verträgt sich die Assoziation mit dem Haupt Christi am besten mit dem heiligen Antlitz des Mandylions. Drittens würde die Beschreibung *entetuligmenon* zur Rekonstruktion des Mandylions als zusammengefaltetem Grabtuch passen. Aus all diesen Gründen – und aus einem weiteren entscheidenden, der in Kürze erläutert werden soll – ist das *soudárion* des Johannesevangeliums meiner Ansicht nach am besten als erste Referenz auf das Mandylion zu deuten.

Was Johannes glaubte, wie das Grabtuch verwendet worden war oder wie das Bild darauf entstanden sein soll, ist schwierig zu sagen. Eines ist jedoch klar: Er hat es nicht für ein Tuch gehalten, in dem Jesus bestattet worden ist. Sein Text spricht von *othonia* (Leinenbinden), und er ist sorgsam bemüht, zwischen diesen und dem *soudárion* (dem Schweißtuch selbst) zu unterscheiden. Vielleicht hielt er Letzteres für ein Tuch, das nur verwendet worden war, als der Leichnam zum Grab getragen wurde. Vielleicht glaubte er auch, Jesus habe das gefaltete Tuch für sein Antlitz verwendet und der Nachwelt so ein lebendiges Zeugnis seines Leidens hinterlassen[26], vielleicht hat er sich aber auch gar kein besonderes Szenario ausgemalt. Johannes hat aller Wahrscheinlichkeit nach wenig oder gar keine Gedanken an den *Gebrauch* des Grabtuchs verwendet. Sein Interesse galt dessen *Bedeutung* als Zeugnis von Tod und Auferstehung Jesu. Für sein Anliegen war es wichtig, es im leeren Grab zu platzieren, aber er hat vermutlich keine Vorstellung gehabt, wie es dorthin gelangt ist.

Eine letzte Frage ist noch offen: Wenn das *soudárion* in der Graberzählung des Johannes das Grabtuch beziehungsweise Mandylion war, warum wird dann das Bild darauf mit keinem Wort erwähnt? Darauf gibt es zwei Antworten. Erstens war sich die Leserschaft des Johannes vermutlich über das Wesen der Reliquie im Klaren – so wie die späteren Christen die Beschaffenheit des Mandylions genau kannten und nicht gesagt bekommen mussten, dass sich darauf ein wundersamer Gesichtsabdruck befand. (Wenn ich sage: »Ich war in Turin und habe mir das Grabtuch angesehen«, erwähne ich auch kaum jemals, dass sich darauf ein Bild befindet.) Zweitens wird, was wir heute als Bild betrachten, im 1. Jahrhundert anders wahrgenommen worden sein. Johannes hätte es als himmlischen Doppelgänger des auferstandenen Jesu betrachtet. Er hat sich eindeutig bemüßigt gefühlt, das Tuch in die Erzählung zu integrieren, aber er hat das Bild möglicherweise deshalb nicht erwähnt, weil er dieses mit dem auferstandenen Jesus gleichgesetzt hat.

Lassen Sie uns auf das Begräbnis zurückkommen.

Der Eingang ist verschlossen, und die Trauernden sind gegangen. Nichts regt sich in der steinernen Grabkammer, kein Atemzug ist zu hören. Hier, in der dunklen, stillen Unterwelt, jenseits aller Grenzen vertrauter Alltagserfahrung, beginnt die geheimnisvolle Wandlung des geschundenen Körpers Jesu vom Fleisch zum Abbild auf dem Tuch. Ganz allmählich entwickelt sich das geisterhafte Bildnis auf dem Leinentuch, das den Gekreuzigten umhüllt, aus dem Nichts entstehen in der Dunkelheit auf der Innenseite des Tuchs zwei schattenhafte Gestalten. Noch immer rührt und regt sich nichts in der Kammer, die Grabesstille bleibt ungestört.

So stelle ich mir nach allem, was ich über das Grabtuch weiß, Jesu Zustand unmittelbar nach seinem Tod vor. Was ist geschehen und hat das Bild entstehen lassen? Warum haben sich die beiden wundersamen Gestalten gebildet? Bisher vermag das niemand ganz sicher zu sagen. Doch alle, die das Grabtuch untersucht und für echt befunden haben, sind einmütig der Ansicht, dass sich die Entstehung des Bildes rein wissenschaftlich erklären lässt. Als Jesus im Grab lag, ist etwas geschehen, was einen Teil der Leinenfasern an der Oberfläche des Tuchs so verfärbt hat, dass sie am Ende ein Muster ergaben, das den darunter- beziehungsweise daraufliegenden Körper abbildete.

Viele Menschen würden akzeptieren, dass es sich hierbei, wie von Ray Rogers vertreten, um eine chemische Reaktion zwischen dem Grabtuch und dem verwesenden Leichnam handelt. Andere würden vor dem Hintergrund ihres christlichen Glaubens daran festhalten, dass sich etwas Übernatürliches ereignet haben muss, um das Tuch mit seiner Zeichnung entstehen zu lassen. Die Mehrzahl der Sindonologen stellt sich vor, dass die Verwandlung des Körpers mit einer gewaltigen Energieentladung – heiliger Strahlung – einhergegangen und das Bild sichtbares Dokument von Gottes Wirken ist. Diese Idee steht natürlich in einem gewissen Spannungsverhältnis zum wissenschaftlichen Materialismus – Wunder sind *per definitionem* nicht wissenschaftlich erklärbar –, ist andererseits aber vom aktuellen Stand wissenschaftlichen Denkens genauso beeinflusst, wie die zahlreichen Versuche, das mutmaßliche Wunder als Phänomen der Kernphysik zu erklären, zeigen. Ob als Ergebnis einer normalen chemischen Reaktion oder als übernatürlicher Strahlungsblitz, das Grabtuch wird heutzutage durch die wissenschaftliche Brille beäugt – eine Verfärbung, die durch einen mysteriösen Prozess zustande gekommen ist.

Vor 2000 Jahren aber hätte man die Dinge ganz anders gesehen. Jeder Versuch aus dem 1. Jahrhundert, die Entstehung des Tuchs zu erklären, hätte sich komplett anders ausgenommen, als was wir heute an wissenschaftlichen Mutmaßungen anstellen. Entsprechend der Argumentation von Teil 4 muss darin die Erscheinung eines oder mehrerer übernatürlicher Wesen eine Rolle gespielt haben, und es muss um Auferstehung (und Himmelfahrt) Jesu gegangen sein. Die unbeseelten Gestalten in meiner Abhandlung wären als beseelt betrachtet worden, statt um Wissenschaft ginge es um Mythen.

Der Zufall will es, dass es eine frühchristliche Darstellung gibt, die genau solches wiedergibt. Sie gehört allerdings nicht zu den kanonischen Evangelien, die sämtlich über den Augenblick der Auferstehung schweigen. Die Erzählung von der Verquickung von Auferstehung und Himmelfahrt zu einem einzigen Ereignis, begleitet von zwei himmlischen Wesen, ist am besten erhalten im Petrusevangelium, das davon berichtet, wie Jesus in der Nacht vor Ostern von zwei engelsgleichen Männern aus dem Grab geholt wird.[27] Dieser Mythos stellt in meinen Augen einen leicht durchschaubaren Versuch dar, das Grabtuch erzählerisch zu würdigen. Er könnte nachgerade geschrieben worden sein, um meine Überlegungen zu illustrieren.

Wie wir gesehen haben, gab es im Prinzip drei Arten, wie das Grabtuch im 1. Jahrhundert betrachtet worden sein könnte: als Engel (oder Engelspaar), als der auferstandene Christus selbst oder als der aufgefahrene Christus beziehungsweise ein Zeichen von ihm (siehe Abbildung 55). Als zweierlei Aspekte ein und derselben Person – anwesend und abwesend – wären der Auferstandene und der Aufgefahrene miteinander verschmolzen. Der Engel (oder ein Engelspaar), der Auferstehung und Himmelfahrt verkündigt hat, wurde entweder allein oder in Begleitung Jesu wahrgenommen. Auf dieser Grundlage können wir sagen, dass jeder frühchristliche Erzähler, der vorhatte, ein Bild von der Auferstehung zu zeichnen, vermutlich eine Geschichte über einen Engel (oder ein Engelspaar) erzählt hätte, der den verstorbenen Jesus im Grab besucht und ihn dann bei seiner Auferweckung von den Toten und seiner Auffahrt in den Himmel begleitet hat. Genau das finden wir im Petrusevangelium.

Demnach hat sich in etwa Folgendes ereignet: Im Anschluss an die Kreuzigung hat Joseph von Arimathäa Jesu Leichnam beigesetzt. Die Ältesten der Juden hatten einige römische Soldaten dafür bezahlt, das Grab zu bewachen. Damit sollten die Jünger daran gehindert werden, Jesu Leichnam zu stehlen und dem Volk wider besseres Wissen zu erzählen, er sei auferstanden.[28] Es entbehrt nicht der Ironie, dass gerade die Ältesten und die von ihnen gedungenen Wachen Jesu Auferstehung letztlich als wahr bezeugen müssen.

»In der Nacht aber, als der Herrentag anbrach und als die Soldaten jeweils zu zweit auf ihrem Posten Wache standen, ließ sich eine große Stimme im Himmel vernehmen. Und sie sahen, wie sich die Himmel öffneten und zwei Männer mit vollem Lichtschein (an sich) von dort herabstiegen und sich dem Grab näherten. Jener Stein aber, der vor der Tür lag, geriet von selbst ins Rollen, rückte zur Seite, das Grab öffnete sich, und beide Jünglinge traten ein. Als das nun jene Soldaten sahen, weckten sie den Centurio und die Ältesten, denn auch diese waren zur Bewachung anwesend. Und während sie erzählten, was sie gesehen hatten, sehen sie von neuem aus dem Grab drei Männer herauskommen und die zwei den einen stützen [...] und den Kopf der zwei bis zum Himmel reichen, den aber dessen, der von ihnen an der Hand geführt wurde, die Himmel überragen.«[29]

Die beiden Männer die mit vollem Lichtschein vom Himmel herabgestiegen sind, gehen problemlos als Inkarnationen der Gestalt auf dem Grabtuch durch.[30] Es heißt, sie hätten Jesu Grab betreten, den Ort also, an dem das Tuch gefunden wurde. Als sie es verlassen, sind sie nicht mehr allein, sondern werden von dem auferstandenen Jesus begleitet, den sie stützen und an der Hand führen. Sobald dieser das Grab verlässt, verwandelt er sich nahtlos in den aufgefahrenen Christus. Während die beiden anderen mit dem Kopf nur bis zum Himmel reichen, überragt Christus den Himmel als Manifestation seiner Auffahrt. Damit ist der Zaubertrick der Grabtuchmotivik komplett.

Die Verbindung zwischen dieser von Engeln begleiteten »Auferstehung-Himmelfahrt« und dem Grabtuch wird durch einen weiteren Vorfall gestützt. Sobald die göttliche Prozession verschwunden ist, kommen die Ältesten und die Soldaten zusammen und diskutieren, was zu tun ist.

Doch sie werden von einer weiteren wundersamen Erscheinung unterbrochen:

»Und während sie noch nachdachten, zeigten sich wieder die Himmel offen und ein Mensch, der herabstieg und in das Grabmal eintrat.«[31]

Ist das ein zurückkehrender himmlischer Begleiter oder wieder ein neuer Engel? Die Frage stellt sich nicht, da die Gestalten nicht individualisiert sind. Was zählt, ist, dass er dem vorherigen Paar ebenbürtig ist. Beim ersten Mal öffnet sich der Himmel, und *zwei* Männer kommen herab und betreten das Grab, jetzt öffnet sich der Himmel, und *ein* Mann kommt herab und betritt das Grab. Der einzige Unterschied ist die Zahl, und auch darin spiegelt sich die Uneindeutigkeit des Grabtuchs – bilden Vorder- und Rückansicht einen Menschen ab oder zwei? Ein Motiv dafür, mit der Anzahl zu jonglieren, könnte sein, dass der Erzähler den Boden bereiten will für die anschließende Graberzählung, in der Maria Magdalene und ihre Begleiterinnen einem mysteriösen Mann begegnen, der in der Grabkammer sitzt.[32] Damit zielte er auf eine weitere Verknüpfung zwischen dem Grabtuch, das von den Frauen im Grab gefunden worden sein muss, und den beiden Männern, die an Auferstehung und Himmelfahrt beteiligt waren.

Die Geschichte, die im Petrusevangelium erzählt wird, repräsentiert sämtliche Aspekte einer animistischen Wahrnehmung des Grabtuchs und vereint seine drei Schlüsselinterpretationen zu einem großen Maskenspiel. Sie ist als literarische Parallele der Grabtuchtheorie so nahe, wie wir es uns nur wünschen können. Und die Übereinstimmung ist insofern besonders beeindruckend, als es sich um die einzige uns erhaltene christliche Darstellung dessen handelt, was Jesus in der Grabkammer widerfahren sein könnte. Dass das Petrusevangelium im 4. Jahrhundert nicht zum Bestandteil des Neuen Testaments wurde (obwohl es seine Fürsprecher hatte), tut seinem dokumentarischen Wert keinerlei Abbruch. Es ist Teil desselben großen Stroms christlicher Bildwelten, der auch die kanonischen Evangelien durchzieht. Den Aussagen nicht kanonischer Werke wie des Petrusevangeliums Beachtung zu schenken ist unerlässlich, wenn wir genau verstehen wollen, wie das Christentum entstanden ist.[33]

Das nächtliche Drama, von dem Petrus berichtet, ließe sich zweifellos als substanzlose Farce abtun, stünde es ganz allein da. Aber das tut es nicht. Das Petrusevangelium liefert zwar die ausführlichste Version einer Kombination aus Auferstehung und Himmelfahrt, aber das gleiche Grundmotiv taucht in einer ganzen Reihe anderer Texte auf, was belegt, dass es gegen Ende des 1. Jahrhunderts weithin bekannt war.[34] Insbesondere hat es Lukas zu seiner Darstellung der Himmelfahrt in der Apostelgeschichte inspiriert.

Die Himmelfahrt wird gleich im ersten Kapitel der Apostelgeschichte erzählt, unmittelbar nachdem Lukas dem Leser noch einmal die Erscheinungen des Auferstandenen ins Gedächtnis gerufen hat, die sich im Verlauf der vergangenen vierzig Tage ereignet hatten. Diese Zeit endet nun, da Jesus seine Jünger am Ölberg außerhalb von Jerusalem versammelt. Er hält dort eine Abschiedsrede und sagt ihnen, dass sie, sobald sie mit dem Heiligen Geist getauft seien, sein Zeugnis bis an die Grenzen der Erde tragen werden:

»Als er das gesagt hatte, wurde er vor ihren Augen emporgehoben, und eine Wolke nahm ihn auf und entzog ihn ihren Blicken. Während sie unverwandt ihm nach zum Himmel emporschauten, standen plötzlich zwei Männer in weißen Gewändern bei ihnen und sagten: Ihr Männer von Galiläa, was steht ihr da und schaut zum Himmel empor? Dieser Jesus, der von euch ging und in den Himmel aufgenommen wurde, wird ebenso wiederkommen, wie ihr ihn habt zum Himmel hingehen sehen.«[35]

Die Bilder decken sich in fast allem mit denen des Petrusevangeliums. Im Zentrum steht die Gestalt des Auferstandenen, der zum Himmel aufsteigt, während den staunenden Augenzeugen zwei Engelsgestalten erscheinen. Die Reihenfolge der Ereignisse ist eine andere – hier erscheinen die Engel erst nach der Himmelfahrt –, aber im Prinzip stimmen die Bilder überein. Die Erzählung passt fast genauso gut zur Interpretation des Grabtuchs wie diejenige des Petrusevangeliums (vergleiche Abbildung 55). Die Art und Weise, wie die Männer genau in dem Augenblick erscheinen, als der Auferstandene außer Sichtweite gerät, ist besonders aufschlussreich, denn als vermittelnde Engel betrachtet stehen die Gestalten auf dem Grabtuch für den abwesenden, zum Himmel aufgefahrenen Jesus.[36] Der Auferstandene entschwindet den Blicken und wird prompt durch zwei Männer ersetzt, die von seinem nunmehr himmlischen Dasein künden: Der Text ist das perfekte Gegenstück zur zweigeteilten Darstellung des Grabtuchs.

Die Tatsache, dass das von Engeln begleitete Auferstehung-Himmelfahrt-Ereignis in der Apostelgeschichte ebenfalls seinen Niederschlag gefunden hat, ist Beleg dafür, dass es sich um eine frühe Erzählung von großem Einfluss gehandelt hat. Das war keine vereinzelte Überlieferung, die nur für ein paar »Häretiker« von Interesse war. Die frühesten Ostererzählungen können als Darstellungen der historischen Ereignisse am Ostertag gelten, sie waren keine der Fantasie entsprungenen Auferstehungslegenden. Kurz danach aber hat jemand beschlossen, die Auferstehungslücke in den Evangelienberichten zu füllen, indem er das Grabtuch, den einzigen »Zeugen«, zurate zog. Die von Engeln geleitete Auferstehung und Himmelfahrt ist nichts anderes als die Übersetzung des auf dem Grabtuch Dokumentierten in eine angemessene, in sich schlüssige Erzählung. Es handelt sich dabei nicht um eine historische Überlieferung – eine Erzählung kann kaum als historisch bezeichnet werden –, aber sie zeigt, wie Auferstehung und Himmelfahrt von den ersten Christen wahrgenommen wurden.

Kernstück der Erzählung ist das Bild von zwei himmlischen Gestalten zur

Rechten und zur Linken des erhöhten Jesus. Dieses Bild, das ich einmal als Triplettgestalt bezeichnen möchte, ist die Quelle aller christlichen Mythenbildung (und möglicherweise auch aller christlichen Bildprogramme).[37] Sein Einfluss beschränkte sich nicht auf Geschichten über Jesus, die erst in der Zeit nach seinem Tod handeln. Das eindeutigste Beispiel für seine Verwendung in einem anderen Kontext ist die berühmte Erzählung von Jesu Verklärung, in der drei seiner Jünger Zeugen einer gloriosen Verwandlung werden, durch die »sein Gesicht leuchtete wie die Sonne« und seine Kleider »blendend weiß wie das Licht« wurden. Zwei himmlische Gestalten (die sich als Mose und Elija herausstellen) treten hinzu und reden mit Jesus.[38] Lukas hatte beschlossen, die Himmelfahrt vierzig Tage aufzuschieben. Wer auch immer die Verklärungsgeschichte ersonnen hat, muss intendiert haben, sie ein Stück vorzuverlegen, verwendet jedoch die gleiche Bildsprache, um Jesu himmlischen Status als Gottessohn schon während seines irdischen Daseins klarzustellen (Abbildung 58).

Der Popularität der drei Gestalten mag, wie wir sehen werden, auch zuträglich gewesen sein, dass man ihnen in gewissen Passagen in der Schrift wiederbegegnet, aber das Fundament für dieses Bild hat meiner Ansicht nach das Grabtuch gelegt. Denn vor dem Grabtuch sahen die Anhänger Jesu nach dessen Tod »Jesus im strahlenden Licht und die zwei Männer, die bei ihm standen«.[39] Die Umstände, die ihre Vision entstehen ließen, tun nichts zur Sache, entscheidend ist die Vision selbst.

Die im Petrusevangelium am besten erhaltene Erzählung von der Auferstehung und Himmelfahrt in Begleitung zweier Engel trägt uns auf den Flügeln frühchristlicher Fantasie zu jenem Augenblick zurück, da Jesus von den Toten auferstand, und zeigt uns sehr genau, wie das Grabtuch von seinen ersten Betrachtern verstanden worden sein muss. Noch heute gibt es Anlass für mancherlei fantastische Ideen. Das Petrusevangelium lässt sich vergleichen mit den Versuchen mancher Sindonologen, sich die Auferstehung als kontrollierte Kernreaktion vorzustellen, bei der Jesu Leichnam in eine Art Quantenkörper transformiert wurde, der zwei Wesenszustände in sich vereint.[40] Moderne Grabtuchforscher verfallen unwillkürlich in wissenschaftliche Exotik, wenn sie das Grabtuch erklären wollen; ihre Vorfahren versuchten es eben mithilfe kosmischer Mythen.

Es ist an der Zeit, solcherlei Spekulationen beiseitezulassen und sich im Weiteren mit den historischen Beweisen zu befassen. Christen glauben nicht deshalb an die Auferstehung, weil sie glauben, jemand sei Zeuge der im Petrusevangelium beschriebenen himmlischen Reisen gewesen, und auch nicht, weil sie darauf wetten würden, dass das Grabtuch durch die strahlende Entmaterialisierung eines menschlichen Körpers zustande kam, sondern weil sie dem Zeugnis des Paulus und der Ostererzählungen in den Evangelien glauben, die sämtlich davon künden, was im Nachhall des vermeintlichen Wunders bezeugt worden ist. Um zu begreifen, was an Ostern wirklich geschehen ist, müssen wir uns auf diese hochwichtigen Beweise konzentrieren.

19

Das alles andere als leere Grab

Morgendämmerung liegt über der alten Stadt Jerusalem. Friedlich, als wäre nichts geschehen, bricht in der Hauptstadt des von Römern besetzten Königreichs Judäa eine neue Woche an. Nichts regt sich. Ein Stück außerhalb der Stadtmauern sieht man eine kleine Gruppe Frauen den Weg entlanggehen, der nach Golgota führt, der Stätte, an der die öffentlichen Hinrichtungen stattfinden. Sie weinen, und jede trägt ein kleines Gefäß mit Salböl in ihren Händen.

Nach einer Weile biegen sie von ihrem Weg ab und folgen einem Pfad an der Flanke des Hügels, bis sie ein Gebiet mit kultiviertem Ackergrund erreichen, in dessen Nähe eine felsige Anhöhe gerade von den ersten schwachen Strahlen der Morgensonne beschienen wird. Am Fuß dieses Felsens befindet sich der Eingang zu einem unterirdischen Grab, ein dunkles, grob in die Felswand gehauenes Rechteck. Daneben liegt ein großer runder Stein, der offenbar aus seiner ursprünglichen Lage vor der Öffnung weggerollt worden ist.

Als die Frauen bemerken, dass der Stein nicht mehr an seinem Platz ist, bleiben sie erstaunt stehen und wechseln ein paar Worte. Zögernd nähern sie sich dem Grab. Eine von ihnen lugt hinein und betritt dann die Kammer. Die anderen folgen ihr. Innen finden sie anstelle des eingewickelten Körpers des Mannes, dessen Bestattung zu vollenden sie hergekommen sind, nichts als ein paar liegen gebliebene Leichentücher – der Körper ist verschwunden! Sie blicken sich betroffen um, fragen sich, was geschehen ist, mutmaßen, wer wohl gekommen sein könnte, den Leichnam ihres geliebten Jesus fortzunehmen. Dann eilen sie, dieses jüngste Unglück bitter beklagend, den Weg nach Jerusalem zurück, um Petrus und den anderen Jüngern zu erzählen, dass der Leichnam nicht mehr dort liegt, wo man ihn hingelegt hatte.

Hier und da ein paar Details hinzugefügt und weggelassen, ist das wohl die Geschichte, wie sie sich heutzutage die meisten von uns über den Besuch der Frauen am Grab am Ostermorgen erzählen, wie wir die vier mythenreichen Darstellungen der Evangelien zu dieser Episode für uns begreifbar machen und miteinander vereinen. Es ist eine fesselnde Geschichte, zu deren Faszination das gespenstische Geheimnis eines leeren Grabes und zu deren Glaubwürdigkeit das Fehlen übernatürlicher Elemente beitragen. Das einzige Problem ist, dass sie, so verführerisch sie auch scheinen mag, ab dem Augenblick, in dem die Frauen das Grab erreichen, historisch unschlüssig ist. Jahrhunderte hindurch haben Gelehrte versucht, der mutmaßlichen Tatsache des leeren Grabs Rechnung zu tragen und diese in ein komplexes Theoriengebäude über den Beginn des Auferstehungsglaubens einzubinden, aber aus dem einen oder anderen Grund sind all ihre Bemühungen gescheitert. Das leere Grab ist eine »Tatsache«, die einfach keine sein will.

Was wir brauchen, ist eine neue Erklärung für den Weg der Frauen zum Grab, die uns verstehen hilft, was wirklich geschehen ist, warum die Geschichte überhaupt erzählt wurde und wie es zu den verschiedenen Versionen gekommen ist, die wir heute kennen. Die gesuchte Erklärung kann uns das Grabtuch liefern.

Zu den Argumenten, die wir bereits dafür ins Feld geführt haben, dass die Graberzählungen auf einer wahren historischen Begebenheit beruhen, können wir nun noch ein weiteres hinzufügen, und dieses gründet sich auf das Grabtuch selbst. Allein durch seine Existenz belegt es, dass Jesu Grab unmittelbar nach dessen Beisetzung besucht wurde. Denn obwohl es anders gedacht war, blieb das Grabtuch nicht über den Toten gebreitet, sondern jemand hat es schon nach kurzer Zeit, noch bevor die Verwesung eingesetzt hatte, entfernt.[1] Das Grabtuch belegt auch, dass die Bestattungszeremonie unvollständig war, und das lässt vermuten, dass jemand zum Grab zurückgekehrt ist, um die Bestattung zu vollenden.

Das, so berichten uns die Evangelien, sind Frauen gewesen. Da Bestattungen im antiken Judäa Familiensache waren, können wir einigermaßen sicher davon ausgehen, dass es Verwandte von Jesus gewesen sind. Es sieht so aus, als stammte Jesus aus einer großen Familie. Die Evangelien erwähnen mindestens zwei Schwestern und vier Brüder, zumindest einige davon waren verheiratet.[2] Dann war da noch seine Mutter Maria, die Johannes bei der Kreuzigung zugegen sein lässt. Jede dieser Frauen oder alle zusammen könnten an der Bestattung teilgenommen haben. Hinzu kommt, dass Jesus aller Wahrscheinlichkeit nach selbst eine Frau hatte. Fromme Juden im 1. Jahrhundert nahmen den Auftrag, den Gott Adam und Eva gegeben hatte – »seid fruchtbar und mehret euch« –, sehr ernst, und es war für einen erwachsenen Mann mehr als ungewöhnlich, unverheiratet zu bleiben. Auch zu jener Zeit gab es Menschen, die im Zölibat lebten, aber es gibt keinerlei Hinweise darauf, dass Jesus zu ihnen gehört hat. Außerdem wurde er ja allem Anschein nach als falscher König von Israel verfolgt und hingerichtet, und ein zölibatär lebender König wäre undenkbar gewesen.[3]

Die Evangelien bieten uns Namen von Frauen, die zum Grab gingen, auch wenn die Auflistungen nicht übereinstimmen. Der eine Name, der durch die Bank auftaucht, lautet Maria Magdalene. Offenbar war sie als wichtigstes Mitglied der Gruppe allen in Erinnerung. Es gibt zwei mögliche Erklärungen für ihre Prominenz: Die erste wäre, dass sie in der Urkirche eine dominierende Persönlichkeit war und die Graberzählungen ihre Rolle überbetonen, um darüber hinwegzutäuschen, dass sie zu dieser Zeit in Wirklichkeit eine Randfigur war; die zweite, dass sie tatsächlich zu den Frauen gehört hat, die die Bestattung vollenden wollten. Im letztgenannten Fall ist es wahrscheinlich, dass sie Jesu Gemahlin gewesen ist. Wie dem auch sei, Maria Magdalene sticht als bedeutsamste weibliche Person am Grab heraus.

Ein historisches Porträt von Maria Magdalene zusammenzustückeln ist extrem schwierig. Unter den christlichen Gnostikern des späten 1. und frühen 2. Jahrhunderts wurde sie als Anhängerin Jesu und als ihm besonders nahe verehrt. Im Philippusevangelium wird sie beispielsweise als »Gefährtin« bezeichnet, und es heißt von ihr: »Der Herr liebte sie mehr als alle anderen Jünger, und er küsste sie oftmals auf den Mund.«[4] Orthodoxe Christen hingegen begannen sie, möglicherweise ihrer Dispute mit den Gnostikern halber, auf der Grundlage fadenscheiniger Argumente als bekehrte Hure zu sehen, eine frauenfeindliche Verunglimpfung. Es gibt Beweise dafür, dass Maria Magdalene eine einflussreiche Rivalin von Petrus war, ein Umstand, der sowohl ihr Fehlen in den kanonischen Evangelien als auch ihre spätere Schmähung erklären würde. Doch bisher liegen diese Rivalität und Maria Magdalenes Rolle in den ersten Tagen des Christentums einigermaßen im Dunkeln.

Johannes irrt demnach definitiv, wenn er Maria Magdalene als einsame Seele porträtiert, die ganz allein zum Grab wandelt. Selbst sein eigener Text verweist auf die Anwesenheit wenigstens einer zweiten Person. Als Maria Magdalene sich an Petrus und den Jünger wendet, den Jesus liebte, sagt sie: »Man hat den Herrn aus dem Grab genommen und *wir* wissen nicht, wo sie ihn hingelegt haben.«[5] Ganz eindeutig ist Maria Magdalene in der Quelle, auf die sich Johannes bezieht und die er nicht sorgfältig genug bearbeitet hat, nicht allein zum Grab gegangen. Allen drei synoptischen Evangelien zufolge wurde Maria Magdalene von einer anderen Maria begleitet. Diese war mit großer Sicherheit Jesu Mutter, deren Anwesenheit bei seiner Bestattung nur zu naheliegend gewesen wäre.[6] Wenigstens eine weitere Frau scheint die beiden begleitet zu haben: Markus nennt sie Salome, Lukas erwähnt eine Johanna.[7]

In modernen Rekonstruktionen der Episode am leeren Grab werden

Maria Magdalene und ihre Begleiterinnen als die einzigen Protagonistinnen angesehen In jedem der vier Evangelien aber werden die Frauen im oder am Grab von einer mysteriösen Engelsgestalt oder zweien angesprochen. Diese oft wenig gewürdigten übernatürlichen Protagonisten ließen sich samt und sonders mit der Gestalt auf dem Grabtuch erklären. Die Engel im Grab werden in jedem Evangelium anders beschrieben, aber jedes erwähnte Detail würde zu dessen Eigenschaften passen.

Ich bin nicht der Erste, der auf die Idee kommt, dass die Engel im Grab mit der Gestalt auf dem Grabtuch zu tun haben könnten. Pfarrer Albert Dreisbach hat ganz nebenbei gefragt, ob die Beschreibung des Johannes, in der es heißt: »Da sah sie zwei Engel in weißen Gewändern sitzen, den einen dort, wo der Kopf, den anderen dort, wo die Füße des Leichnams Jesu gelegen hatten«, möglicherweise durch den Anblick des Grabtuchs inspiriert gewesen sein könnte.[8] Man bedenke, wie gut die Beschreibung der beiden Engel in Johannes' Bericht zu den beiden Gestalten passen würde, die da auf der Steinplatte im Grab lagen. Die Engel sollen an der Stelle gesessen haben, wo Jesus gelegen hat, genau da aber sollte sein Leichentuch sein.

Auch bei Markus und Lukas tauchen die himmlischen Boten im Grab auf. Lukas lässt sich wenig darüber aus, wo genau die »zwei Männer« erschienen waren, und sagt nur, dass sie zu den Frauen traten. Markus hingegen lässt seinen »jungen Mann [...] auf der rechten Seite« im Grab sitzen. Vielleicht leitet sich diese Angabe, die vermutlich aus älteren Quellen überliefert wurde, von irgendeiner direkten Erinnerung an das Ereignis her. Darüber lässt sich heute unmöglich Genaueres sagen.[9] Betont werden sollte an dieser Stelle, dass Markus und Johannes darin übereinstimmen, dass die Engelsgestalt im Grab erschienen war – ein weiteres Indiz für eine mögliche Verbindung zum Grabtuch.

Nur Matthäus lässt den Engel nicht im Grab auftreten, sondern erklärt, dass »ein Engel des Herrn« vom Himmel herabgekommen sei, den Stein vom Grab gewälzt und sich daraufgesetzt habe. Diese Version der Geschichte ähnelt in vielem dem Herabsteigen der himmlischen Boten im Petrusevangelium, bei dem wir bereits eine Verbindung zum Grabtuch gesehen haben. Wie ebenfalls im Vorhergehenden bereits erwähnt, werden das blendende Weiß des Tuchs und das innere Leuchten die frühesten Betrachter beeindruckt haben, und genau diese Eigenschaften schreibt Matthäus dem Engel am Grab zu: »Seine Gestalt leuchtete wie ein Blitz, und sein Gewand war weiß wie Schnee.«[10] Auch soll der Engel die Wachen verschreckt haben (»Die Wächter begannen vor Angst zu zittern und fielen wie tot zu Boden«)[11], und ein paar Verse später ziehen die Frauen »voll Furcht und großer Freude« von dannen. In einer Grabkammer mit dem gespenstischen Grabtuch konfrontiert zu werden könnte durchaus zu einer Mischung aus Angst und Ehrfurcht geführt haben. Obwohl Matthäus also nicht ausdrücklich von einer Gestalt im Grab berichtet, lassen sich seine Beschreibung des Engels und dessen psychologischer Wirkung mit meiner Theorie gut vereinbaren.

Johannes und Markus stimmen mit Matthäus dahingehend überein, dass die Gewänder der Engel weiß waren. Sie mit dem Grabtuch in Verbindung zu bringen erfordert nicht viel Fantasie. Bei Lukas erscheinen die beiden Männer »in leuchtenden Gewändern«.[12] Auch wenn diese Beschreibung die herkömmlichen Engeldarstellungen reflektiert, kann sie durchaus auch daher rühren, dass die Gestalten auf dem Grabtuch einst sehr viel eindrucksvoller wirkten als heute – leuchtende Gestalten in oder hinter einem Schleier aus schneeweißem Tuch.[13]

Die Ambivalenz des Tuchs in Bezug auf die darauf abgebildeten Gestalten – Zeigt es nur eine? Zeigt es zwei? – könnte erklären, warum es bei Markus und Matthäus nur einen Engel am Grab gibt, bei Lukas und Johannes hingegen zwei.[14] Ohne das Grabtuch als Erklärung ist nicht leicht einzusehen, warum die Verfasser des Johannesevangeliums und des Lukasevangeliums unabhängig voneinander einen einzelnen Engel auf zwei vermehrt beziehungsweise warum Markus und Matthäus ein Engelspaar auf eine einzelne Gestalt reduziert haben sollten.

Von großer Bedeutung ist auch, dass die Aufgabe der Engel darin besteht, die Auferstehung zu verkündigen. Bei Markus und Matthäus erklären sie schlicht, dass Jesus auferstanden sei, und deuten auf das leere Grab. Die leuchtenden Gestalten bei Lukas haben die gleiche Botschaft, bringen sie aber völlig anders an: Sie erinnern die Frauen daran, was Jesus ihnen im Hinblick auf seine Auferstehung prophezeit hatte, und eröffnen das Gespräch mit einer rhetorischen Frage, die zum Ausdruck bringt, wie töricht es ist, Jesu Leichnam in einem Grab zu suchen. Bei Johannes stellt der Engel eine Frage, die auf das Gleiche hinausläuft: »Frau, warum weinst du? Wen suchst du?« Was gleichbedeutend ist mit: »Weißt du denn nicht, dass Jesus lebt?«[15]

In allen vier Evangelien wird demnach die Auferstehung von engelhaften Gestalten am Grab verkündet. Die Funktion dieser Grabengel wird treffend zusammengefasst in einem kurzen Verweis bei Lukas (24,23), wo die beiden Emmaus-Jünger von den Frauen berichten, die zum Grab gegangen seien und »erzählten [...], es seien ihnen Engel erschienen und hätten gesagt, er lebe«. Wenn ich recht habe und das Grabtuch in der Tat die Entstehung des Auferstehungsglaubens zu verantworten hat, wäre es völlig logisch, den Gestalten darauf eine Rede in den Mund zu legen, die von der Auferstehung kündet.[16]

Die verschiedenen Begriffe, die die Evangelisten verwenden, um die Engel am Grab zu beschreiben, lassen leicht unterschiedliche Ansichten über die Gestalt(en) auf dem Grabtuch vermuten. Die Engel des Johannes sind die gängigen Mittler zwischen Himmel und Erde, ähnlich denen, die Jesus in der Wüste dienten.[17] Die »zwei Männer« bei Lukas mögen zunächst als eher schlichte, bescheidene Beschreibung durchgehen, bis wir uns an die »zwei Männer« bei Petrus erinnern, die »in vollem Lichtschein herabstiegen« – Engel, denen ebenbürtig, die bei Jakob die Himmelsleiter hinauf- und hinuntergehen.[18] Hinzu kommt, dass die Vorstellung von himmlischen »Männern«, die eine Botschaft auf die Erde bringen, sehr an die altbekannte Geschichte erinnern, da der Herr Abraham bei den Eichen von Mamre aufsucht, um ihm die Geburt seines Sohnes Isaak anzukündigen. Gott erscheint bei dieser Gelegenheit verwirrenderweise als »drei Männer«, von denen sich später zwei als Engel entpuppen.[19] Möglicherweise hat Lukas vorgehabt, eine Verknüpfung mit dieser Episode, einer der geheimnisvollsten und eindrucksvollsten Erscheinungen des Herrn in der hebräischen Bibel, zu schaffen. In diesem Falle stünden Lukas' »Männer« auf der Leiter der himmlischen Glorie offenbar ein Stück weiter oben als die Engel des Johannes.

Am höchsten von allen steht vielleicht der Engel des Herrn bei Matthäus. Die Ausgestaltung dieser Figur, die vor der Kulisse eines Erdbebens vom Himmel herabkommt, erinnert an eine Fülle von Erzählungen aus dem Alten Testament, in der Jahwe selbst in Gestalt seines Engels erscheint.[20] Der Engel des Herrn ist kein himmlischer Lakai, er ist die sichtbare Manifestation des allmächtigen Gottes. Das Grabtuch solchermaßen zu interpretieren würde heißen, wie Mose oder Hagar vor Gott selbst zu stehen. Zumindest wäre dies von einem Juden im 1. Jahrhundert vermutlich so verstanden worden. Die ersten Christen haben dem Ganzen womöglich einen anderen Dreh gegeben, als sie begannen, Jesus als ihren »Herrn« zu sehen.

Der »junge Mann« bei Markus hingegen, der da ruhig im Grab sitzt, erscheint relativ weltlich und ist oft als echte Person interpretiert worden.[21] Warum beschreibt der Verfasser des Markusevangeliums das Grabtuch mit so verhaltenen Worten? Die Antwort lautet, dass ihm das ermöglicht, die Gestalt darauf zu ein paar anderen jungen Männern in Bezug zu setzen, die in seinem Evangelium eine Rolle spielen.[22] Leider ist die Symbolik, die diese »jungen Männer« umgibt, zu komplex, als dass sie sich an dieser Stelle darstellen ließe. Für den Augenblick reicht es festzustellen, dass der »junge

Mann« bei Markus das Äquivalent ist zu den größeren Grabengeln der anderen Evangelien.

Das Grabtuch wird somit zum Schlüssel, der uns die Berichte über Engelserscheinungen im Grab erschließt. Das hilft einerseits zu belegen, dass das Grabtuch echt ist und andererseits die Frauen in der Tat, genau wie von den Evangelien berichtet, am Ostermontag zum Grab gegangen sind. Was aber hat es mit dem angeblichen Verschwinden von Jesu Leichnam auf sich? Können wir diesen seltsamen Bericht, der Geist und Gemüt von Gläubigen und Skeptikern gleichermaßen verwirrt hat, sinnvoll deuten?

Damit diese Erzählungen überhaupt entstehen konnten, mussten die Frauen zwangsläufig etwas Bemerkenswertes erlebt haben, als sie am Grab angelangt waren. Es gibt zwei Motive, die mit großer Beständigkeit alle Berichte durchziehen und vielleicht den nötigen Auslöser geliefert haben könnten: die Entdeckung des leeren Grabs und die Begegnung mit den Engeln. In der modernen Wissenschaft werden Engel gerne als überflüssige Beigaben zu der Geschichte betrachtet, während das leere Grab als ihr eigentlicher Sinn und Zweck gilt. Nun aber, da die Engel sich als Verkörperung eines echten Phänomens verstehen lassen, können wir dieses Urteil getrost fallen lassen und uns mit dem Problem des leeren Grabs auseinandersetzen. Ursprünglich hat im Zentrum der Erzählung über den Besuch der Frauen am Grab die Begegnung mit den Engeln gestanden und nicht die Entdeckung, dass das Grab leer war. Das Fehlen des Leichnams wurde der Erzählung erst zu einem späteren Zeitpunkt hinzugefügt. Seit Jahrhunderten haben die Menschen die Engel für Legende und das leere Grab für eine historische Tatsache gehalten, in Wirklichkeit muss es genau andersherum gewesen sein.

Wozu soll es gut sein, die Entstehung der Graberzählungen ohne den Verweis auf das Fehlen eines Leichnams zu erklären? Dafür gibt es zwei Gründe. Erstens war das leere Grab, so ist anzunehmen, ursprünglich gar nicht Teil der christlichen Verkündigung: Im Credo des Paulus, das man mit Fug und Recht als das erste Glaubensbekenntnis ansehen kann, wird es nicht erwähnt, und für das Auferstehungsverständnis des Paulus war der physische Leib unerheblich. Zweitens gibt es keine glaubwürdige Erklärung für das mutmaßliche Verschwinden von Jesu Leichnam.[23] Die Grabtuchtheorie steht im Einklang mit dem frühchristlichen Zeugnis und schafft das Problem, eine unwahrscheinliche Begebenheit unterbringen zu müssen, aus der Welt.

Wenn aber der Leichnam im Grab geblieben ist, wie ist es dann zu dem Gerücht gekommen, er könne verschwunden sein? Das ist leicht zu erklären. Paulus und die anderen Apostel, die sämtlich das Grabtuch zu Gesicht bekommen hatten, verstanden Auferstehung in dem Sinne, dass Jesus einen neuen, überirdischen Leib angenommen hatte, der seinen alten fleischlichen Leib ablöste. In der Antike beinhaltete jedoch die allgemeine Vorstellung von Auferstehung, dass der fleischliche Leib selbst wieder zum Leben erweckt werde.[24] Das musste zu Verwirrungen führen. Im Unterschied zu den Aposteln kam die große Masse der ersten Christen mit dem Grabtuch nie unmittelbar in Kontakt, und viele von ihnen mussten, als sie etwas von Auferstehung hörten, den allgemein geltenden Vorstellungen gemäß angenommen haben, es handle sich um eine physische Angelegenheit. Sie begriffen das Ganze als die *Wiederbelebung* von Jesu ursprünglichem Körper und nicht als *Neuschöpfung* in einem ganz anderen Körper. Dieses Missverständnis ist im Ersten Korintherbrief, der um die Mitte des 1. Jahrhunderts entstanden ist, dokumentiert. Als diese Christen der zweiten und dritten Generation die Geschichte von den Frauen am Grab übernahmen – ursprünglich die Geschichte der Entdeckung des Grabtuchs durch die Frauen –, haben sie ihr den fehlenden Leib Jesu sozusagen einverleibt. Wenn Jesus auferstanden war, so dachten sie, muss sein fleischlicher Körper sich aufgerichtet und das Grab verlassen haben. Also machten sie dieses vermeintliche Verschwinden zum neuen Kern der Graberzählung, die Engel vereinnahmten sie als Mittler, die das Nötige erklärten. Damit war die seltsame Legende vom leeren Grab geboren.

Eines der Evangelien enthält einen faszinierenden Hinweis darauf, dass die Graberzählungen in ihrer ursprünglichen Form die An- oder Abwesenheit von Jesu Leichnam gar nicht voraussetzen. Nehmen Sie die wörtliche Übersetzung der Textstelle bei Johannes (20,12): »Da sah sie zwei Engel in weißen Gewändern sitzen, den einen dort, wo der Kopf, den anderen dort, wo die Füße des Leichnams Jesu gelegen hatten.« Man bedenke, wo die Engel im Verhältnis zu Jesu Leichnam sitzen. Die ursprüngliche Reihenfolge der Worte, die hier wiedergegeben ist, betont die räumliche Nähe der Engel zu Kopf und Füßen Jesu. Das lässt annehmen, dass sie neben dem Leichnam zu sehen waren, was im Zusammenhang mit dem Grabtuch nur logisch erschiene. Das Verb, das im Zusammenhang mit dem Leichnam verwendet wird (*ekeito* – »lag«), steht im Imperfekt, deutet demnach einen Handlungsverlauf in der Vergangenheit an. Es ließe sich sowohl damit vereinbaren, dass der Leichnam vor Maria Magdalenes Eintreffen verschwunden, als auch damit, dass er noch im Grab befindlich war, als sie sich dort aufhielt. Es kann keinen Zweifel daran geben, dass Johannes es im ersten Sinne verstanden hat, denn er glaubte, dass der Leichnam nicht mehr dort war. Aber die Überlieferung, der er sich verpflichtet sah, scheint von jemandem wie Paulus geformt worden zu sein, dem klar war, dass Jesu »Fleisch und Blut« bei der Auferstehung keine Rolle gespielt hatte. Wenn dem so ist, leitet sich Johannes 20,12 von einer sehr frühen Form der Graberzählung her, einer Art narrativem Fossil, verschüttet zwar unter dicken Schichten von Evangeliensediment, aber nichtsdestoweniger intakt.

Es ist daher wahrscheinlich, dass der Leichnam Jesu im Grab verblieben ist. Im Anschluss an die Ereignisse am Ostermorgen wird er wieder eingehüllt worden und dann wie jeder andere Leichnam sich selbst überlassen geblieben sein, um zu verwesen. Nach etwa einem Jahr wird jemand die Knochen aufgelesen und in einem Beinhaus ein zweites Mal beigesetzt haben.[25] Die Jerusalemer Kirche wird vermutlich den Ort, an dem Jesu sterbliche Überreste ruhten, besonders gewürdigt haben, aber nachdem seine unmittelbaren Verwandten verstorben waren, werden nur wenige Menschen seiner Gebeine gedacht haben; sie waren schließlich nur Staub, das, was von seinem unsterblichen überirdischen Leib übrig geblieben war. Die genaue Kenntnis des Ortes wird vielleicht während des Jüdischen Krieges, da die Versprengten der Jerusalemer Kirche nach Pella geflohen waren, gänzlich verloren gegangen sein.[26] Auf jeden Fall war sie im Jahr 135, als Kaiser Hadrian auf dem vormaligen Golgota einen Venustempel errichten ließ, nicht mehr vorhanden.

Wir können nun den Besuch der Frauen am Grab rekonstruieren.

Es war früh am Morgen, als Maria Magdalene und ihre Gefährtinnen sich dem Grab näherten. Der Eingang war vermutlich durch einen großen Stein verschlossen, und es muss sie mehrere Minuten gekostet haben, diesen auf die Seite zu wälzen. (Das Szenario, dass der Stein auf mysteriöse Weise vor ihrem Eintreffen zur Seite gerollt worden war, hat mit der irrigen Vorstellung zu tun, dass himmlische Wesen im Grab ein und aus gegangen sein müssen.) Jüdische Grabkammern aus jener Zeit hatten grundsätzlich niedrige, enge Eingänge, im Regelfall ungefähr fünfzig mal siebzig Zentimeter groß.[27] Die Frauen mussten sich tief ducken, um hineinzugelangen, aber so sie einmal drinnen waren, konnten sie aufrecht stehen. Im Inneren war es dunkel – der Morgen dämmerte gerade –, sodass sie vermutlich Öllampen dabeihatten, um Licht bei der Arbeit zu haben, dazu Tücher, Kräuter, Salben und Öle, was immer zur Vollendung der Bestattung notwendig war.

Bei Markus heißt es, dass der »junge Mann« auf der rechten Seite des Grabes gesessen habe. Das könnte darauf hindeuten, dass Jesu eingehüllter Leichnam dort gelegen hat. Die Frauen müssen ihn beim Eintreten sofort gesehen haben. Die untere Hälfte des Grabtuchs lag, wie wir gesehen haben, unter dem Körper. Das eine Ende bedeckte die Füße, das obere Ende war lose über den Toten gebreitet und traf an den Füßen auf die untere Hälfte. Um die Salbung vornehmen zu können, mussten die Frauen den oberen Teil des Grabtuchs zurückschlagen, dabei wird wenigstens ein Teil der Vorderansicht des Bilds auf dem Tuch sichtbar geworden sein. Ihre Augen werden sich unterdessen an das dämmrige, nur von Öllämpchen gespendete Licht in der Kammer gewöhnt haben, und ihnen müssen die seltsamen Spuren auf dem Tuch gleich aufgefallen sein. Stellen Sie sich ihre Überraschung und ihren Schrecken vor, als sie das Leichentuch vom Körper nahmen und darauf das Konterfei einer menschlichen Gestalt erblickten. Stellen Sie sich vor, wie der Anblick des geheimnisvollen Antlitzes, das da, nur wenige Zentimeter vom Haupt des gefolterten Jesus entfernt, vor ihnen in der Luft schwebte, auf ihre ohnehin angespannten Nerven gewirkt haben muss.

Selbst wenn das Bild schärfer umrissen war, als das heute der Fall ist (da die Fasern mit dem Alter vergilbt sind und den Kontrast verringert haben), wird es noch immer sehr blass gewesen sein, und die Frauen werden sich gefragt haben, ob ihre Augen sie trogen.

Wenn der Leichnam sich noch im Grab befunden hat – wovon auszugehen ist –, können wir sicher sein, dass sie das Bild an Ort und Stelle gesehen haben, denn nur die Entdeckung des Bilds könnte erklären, warum das Leichentuch aus dem Grab mitgenommen wurde. Wenn niemandem etwas Ungewöhnliches daran aufgefallen wäre, hätte man es, wie beabsichtigt, benutzt, um den gesalbten Leichnam wieder darin einzuhüllen. Es hat allerdings den Anschein, als hätten die Frauen das Tuch nicht sofort mitgenommen, denn es war noch an seinem Platz, als Petrus etwas später am Morgen das Grab selbst aufsuchte (siehe unten, S. 332–341). Das ist nur zu verständlich, denn sie werden kein Ersatztuch bei sich gehabt haben, außerdem hätten sie vermutlich Bedenken bezüglich seiner rituellen Reinheit gehabt.

Für die meisten Grabtuchkundigen haben Maria Magdalene und ihre Gefährtinnen die erste und kostbarste christliche Reliquie entdeckt, materielles Zeugnis von Tod, Bestattung und Auferstehung Jesu. Diese Deutung kollidiert jedoch mit der zeitlichen Abfolge der Dinge und fußt auf einer Verkündigung, die zu jenem Zeitpunkt noch gar nicht stattgefunden hat. Und sie geht an einem wichtigen Punkt vorbei: Dass die Figur im Grabtuch zu jener Zeit nicht als passive, wundersame Verfärbung wahrgenommen wurde, sondern als handelnder Akteur in diesem Drama.

Es ist unmöglich, genau zu wissen, wie die Frauen dort im Grab reagiert haben, aber aller Wahrscheinlichkeit nach werden sie das Grabtuch – bewusst oder unbewusst – als Wesen aus einer anderen Welt, als einen geisterhaften Besucher aus dem unsichtbaren Reich der Schatten, Geister und Dämonen gesehen haben. Zum Allermindesten werden sie es als übernatürliches »Zeichen« betrachtet haben. Sie werden zweifellos erstaunt und erschrocken gewesen sein. Nichts wäre unter diesen Umständen wahrscheinlicher, als dass sie die Bestattung unterbrochen hätten, um den anderen von der geheimnisvollen Gestalt zu berichten, die sie im Grabtuch gesehen hatten.

Sobald das Grabtuch die Grabkammer verlassen hatte, wird seine Interpretation einen eher vorhersehbaren Gang genommen haben. An einem anderen Ort wird der ganze Umfang des Bilds offenbar geworden sein, und seine außergewöhnliche Beschaffenheit – seine »wunderbare« Entstehung, seine schwer fassbare Gestalt und seine durchsichtige Zartheit – hat mit Sicherheit große Ehrfurcht bei denen ausgelöst, die es zu Gesicht bekamen. Wir können uns das Tuch horizontal ausgebreitet denken, so, wie es seit dem 14. Jahrhundert ausgestellt wurde. So gezeigt – zwei geisterhafte Gestalten, die mal sichtbar werden und sich dann wieder dem Blick entziehen –, muss das Tuch wie ein dünner Schleier gewirkt haben, der das Reich des Materiellen, Irdischen von dem des Spirituellen trennt. Die Undeutlichkeit des Bilds wird seine emotionale Wirkmächtigkeit nur verstärkt haben, ein *special effect*, der es wie eine wandelnde Vision, eine ehrfurchtgebietende Offenbarung verborgener Geheimnisse hat wirken lassen.

Schon bald werden manche Augenzeugen angefangen haben, die Gestalten darauf als spirituelle Boten – als Engel – zu bezeichnen. Und so ist der Besuch der Frauen dann in Erinnerung geblieben. Es war die »Engelvision«, die dafür gesorgt hat, dass ihre Geschichte immer wieder erzählt wurde, und nicht die vergebliche Suche nach dem Leichnam.

Im Grunde sind also die Graberzählungen Berichte über die Unterbrechung eines Bestattungsrituals durch die Entdeckung des Grabtuchs. Das Grab war nicht leer, sondern barg nicht nur den Leichnam Jesu, der noch immer dort lag, wo Joseph von Arimathäa ihn hingelegt hatte, sondern auch eine mysteriöse Erscheinung auf seinem Leichentuch. Diese Erscheinung war es, die die Frauen so aufgestört und dafür gesorgt hat, dass ihr Besuch am Grab in jenen Erzählungen erinnert wurde, die letztlich Eingang in die Evangelien gefunden haben.

Es bleibt noch zu untersuchen, wie die Graberzählungen über die Frauen mit einem weiteren wichtigen Aspekt der Zeugenschaft umgehen – der Frage, wer als Erster den auferstandenen Jesus zu Gesicht bekommen hatte. Dies ist ein grundlegendes Problem, das großen Einfluss darauf hatte, wie die Ostererzählungen angelegt und überarbeitet wurden – hier geht es um Macht und Einfluss. Wie wir sehen werden, spiegelt sich in diesen heiligen Erzählungen aus dem 1. Jahrhundert ein erbitterter Kampf der Geschlechter, unheiliger Vorgänger aller zeitgenössischen Diskurse über Frauen in kirchlichen Führungspositionen.

20

Die Erscheinung vor den Frauen

Wer hat den auferstandenen Jesus als Erster zu Gesicht bekommen? Wenn wir das glauben, was wir im Glaubensbekenntnis des Paulus lesen, so war es Petrus, gefolgt von den Zwölf und einer ganzen Menge anderer Männer. Andere christliche Schriften, sowohl aus dem Neuen Testament als auch nichtbiblische, künden von einer anderen Überlieferung, die im 1. Jahrhundert nachweislich hoch im Kurs stand. Dieser Überlieferung zufolge wurde der auferstandene Jesus zuallererst von Maria Magdalene und ihren Gefährtinnen bezeugt.

Für die Grabtuchtheorie ist das eine gute Nachricht, denn wenn der auferstandene Christus mit der Gestalt auf dem Grabtuch gleichzusetzen ist, wären die Frauen in der Grabkammer die Ersten gewesen, die ihn zu sehen bekommen hatten. Damit nicht genug, sind die Erzählungen von der Erscheinung vor den Frauen in Bezug auf das Grabtuch und die Ostereignisse besonders aufschlussreich. Allerdings werden die männlichen Oberhäupter der Kirche im 1. Jahrhundert sie nicht notwendigerweise besonders gutgeheißen haben. Ja, es sieht so aus, als wäre der Anspruch der Frauen, den Auferstandenen als Erste gesehen zu haben, von der kirchlichen Hierarchie vorsätzlich unterdrückt worden und als wäre das der Grund dafür, dass weder Maria Magdalene noch eine der anderen Frauen im Auferstehungscredo des Paulus erwähnt wird. Zum Glück sind nicht alle Urchristen dieser patriarchalischen Linie gefolgt, sondern haben den Glauben, dass der auferstandene Jesus sich zuerst den Frauen gezeigt hat, weitergetragen – und sogar in den Evangelien verankert.

Eine der berühmtesten Erzählungen im Neuen Testament ist die von Johannes berichtete Begegnung zwischen dem auferstandenen Jesus und Maria Magdalene in der Nähe des Grabs, die als Motiv in die Kunst Eingang gefunden hat unter dem lateinischen Namen *Noli me tangere* (deutsch etwa: »Rühr mich nicht an«). Das sind die Worte, die Jesus gegenüber Maria Magdalene in dem Augenblick gesagt hat, als sie ihn erkannte. Mehr als jede andere Episode in den Evangelien verkörpert dieses *Noli me tangere* für Christen die geheimnisvoll entrückte Nähe des auferstandenen Jesus. In gewissem Sinn möchte ich dem zustimmen, denn meiner Meinung nach ist diese Episode eine der ältesten Erzählungen der Evangelien und enthält Elemente echter Augenzeugenberichte, die uns fast in die Reichweite der ursprünglichen Ostererfahrung – das heißt des Grabtuchs – bringen.

Die Erzählung über Maria Magdalenes emotionale Begegnung mit der lebendigen Gestalt ihres Herrn beginnt bei Johannes als Variante der üblichen Graberzählung.[1] Sie kommt an das Grab, als es noch dunkel ist, sieht, dass der Stein vom Eingang weggerückt ist, und eilt zu Petrus und dem Jünger, den Jesus liebte, um ihnen zu sagen, dass Jesu Leichnam abhanden gekommen sei. Danach folgt der Bericht über den Besuch der beiden Jünger im Grab, an den sich Maria Magdalenes eigene Geschichte wie folgt anschließt:

> »Maria aber stand draußen vor dem Grab und weinte. Während sie weinte, beugte sie sich in die Grabkammer hinein. Da sah sie zwei Engel in weißen Gewändern sitzen, den einen dort, wo der Kopf, den anderen dort, wo die Füße des Leichnams Jesu gelegen hatten. Die Engel sagten zu ihr: Frau, warum weinst du? Sie antwortete ihnen: Man hat meinen Herrn weggenommen, und ich weiß nicht, wohin man ihn gelegt hat. Als sie das gesagt hatte, wandte sie sich um und sah Jesus dastehen, wusste aber nicht, dass es Jesus war. Jesus sagte zu ihr: Frau, warum weinst du? Wen suchst du? Sie meinte, es sei der Gärtner, und sagte zu ihm: Herr, wenn du ihn weggebracht hast, sag mir, wohin du ihn gelegt hast. Dann will ich ihn holen. Jesus sagte zu ihr: Maria! Da wandte sie sich ihm zu und sagte auf Hebräisch zu ihm: Rabbuni!, das heißt: Meister. Jesus sagte zu ihr: Halte mich nicht fest; denn ich bin noch nicht zum Vater hinaufgegangen. Geh aber zu meinen Brüdern[8] und sag ihnen: Ich gehe hinauf zu meinem Vater und zu eurem Vater, zu meinem Gott und zu eurem Gott. Maria von Magdala ging zu den Jüngern und verkündete ihnen: Ich habe den Herrn gesehen. Und sie richtete aus, was er ihr gesagt hatte.«

Das Entscheidende an dieser Geschichte ist die Art und Weise, wie der auferstandene Jesus als eine Art Pendant zu den Engeln im Grab fungiert. Genau wie er sind die Engel Boten der Auferstehung, Boten, die Maria Magdalene nicht als solche erkennt. Sie stellen ihr eine Frage, deren Formulierung neuen Glauben säen soll – »Frau, warum weinst du?« –, aber Maria hört die Absicht nicht heraus und betrauert weiterhin den Verlust von Jesu Leichnam. Danach wird sie mit dem Auferstandenen selbst konfrontiert. Wieder erkennt sie nicht, wen sie vor sich hat, und wieder versucht das göttliche Wesen sie dazu zu bringen, dass sie versteht, indem es genau dieselbe Frage wie die Engel stellt: »Frau, warum weinst du?« Noch immer realisiert sie nicht, was geschehen ist, ihre Antwort ist eine Fortführung derjenigen, die sie den Engeln gegeben hat. Erst als Jesus sie mit ihrem Namen anspricht, erkennt sie ihn als den, der er ist.

Der auferstandene Christus des *Noli me tangere* klingt auch in den Beschreibungen der Engel in den synoptischen Evangelien durch. Bei Markus und Matthäus fordert der Engel die Frauen auf: »[...] geht schnell zu seinen Jüngern und sagt ihnen: Er ist von den Toten auferstanden«, während bei Johannes der Auferstandene selbst Maria Magdalene auffordert: »Geh aber zu meinen Brüdern und sag ihnen [...].« Auch bei Matthäus und Lukas werden die Frauen von den Engeln gesandt, den Jüngern die Botschaft zu überbringen; nur bei Johannes ist es der auferstandene Jesus selbst, der Maria Magdalene den Auftrag erteilt, *seine* Botschaft den Jüngern zu übermitteln.[2] Die Schilderungen der Engel in den synoptischen Evangelien und des auferstandenen Jesus bei Johannes stehen sich außerordentlich nahe, so sehr, dass man davon ausgehen kann, dass sie auf einen gemeinsamen Ursprung (eine schriftlich oder mündlich überlieferte Quelle, der zufolge die Auferstehung den Frauen entweder von Engeln oder aber von Jesus selbst verkündet wird) zurückzuführen sind. Wenn der auferstandene Jesus das erzählerische Äquivalent der Engel ist – Gestalten also, die wir bereits als literarische Manifestation der Gestalten auf dem Grabtuch kennengelernt haben –, dann ist anzunehmen, dass auch er eine durch das Grabtuch inspirierte Gestalt ist.

Christi Wiederholung der Frage der Engel bedeutet, dass in dieser Erzählung klar eine Parallele zwischen beiden gezogen wird. Das wiederum legt die Vermutung nahe, dass der ursprüngliche Verfasser der Szene sich über die Parallelbedeutung der Figuren im Klaren war und davon ausgehen konnte, dass seine Leser und Zuhörer diese auch kannten. Als Johannes die Erzählung in sein Evangelium einbaute, war dieses Bewusstsein verloren gegangen, und so wiederholt er sie ohne Sinn und Verstand.

Als weiteres Indiz dafür, dass der ursprüngliche Verfasser von der Existenz des Grabtuchs gewusst hat, kann der Umstand gelten, dass Maria Magdalene Jesus anfänglich nicht erkennt, eines der in den Evangelien immer wiederkehrenden Motive. Die eigentümliche Beschaffenheit des Grabtuchs muss fraglos für Wiedererkennungsprobleme gesorgt haben. So wie wir selbst damit zu kämpfen haben, jemanden, den wir kennen, auf dem Negativ eines schlechten Fotos (vergleiche Abbildung 57) zu identifizieren, werden diejenigen, die Jesus gut kannten, in dem verschwommenen, farbverkehrten Bildnis auf dem Tuch nicht auf Anhieb Ähnlichkeiten gesehen haben. Ihr Gehirn musste eine bisher nie vollbrachte Anpassungsleistung vollbringen: Es musste lernen, in dem seltsam geisterhaften Farbenspiel auf dem Tuch das wahre Antlitz Jesu wiederzuerkennen (Abbildung 3).[3] Wieder würde die Grabtuchtheorie problemlos eine ungeklärte Ungereimtheit der Auferstehungsberichte in den Evangelien erklären können, die in den meisten anderen Theorien keines Wortes gewürdigt wird.

Die Graberzählung bei Johannes lässt sich demzufolge leicht so lesen, als handle sie davon, wie Maria Magdalene das Leichentuch entdeckt. Der erste Eindruck, einem Engelspaar gegenüberzustehen, gefolgt vom Erkennen Jesu in einer zunächst als fremd wahrgenommenen Erscheinung, ist genau das, was wir von einer frühen Schilderung über das Debüt des Grabtuchs erwarten würden.

Noch ein weiterer Aspekt an der Erzählung des Johannes wird durch das Grabtuch erhellt: die wiederholte Anspielung auf die Himmelfahrt Christi. Sobald Maria aus Magdala Jesus erkennt, verbietet er ihr, ihn zu berühren, und begründet dies damit, dass er »noch nicht zum Vater hinaufgegangen« sei. Und dann befiehlt er ihr, den Jüngern nicht, wie man vielleicht erwarten würde, zu sagen, dass er auferstanden ist, sondern dass er zum Himmel auffahren wird: »Geh aber zu meinen Brüdern, und sag ihnen: Ich gehe hinauf zu meinem Vater und zu eurem Vater, zu meinem Gott und zu eurem Gott.« Daraus lässt sich schließen, dass Christi Auffahrt in den Himmel entweder bereits im Schwange ist oder unmittelbar bevorsteht, auf jeden Fall stattfinden wird, bevor er seinen Jüngern als Auferstandener erscheint. Diese scheinbare Verwechslung zwischen Auferstehung und Himmelfahrt hat in der Vergangenheit für Verwirrung gesorgt, aber in unserer Lesart käme darin lediglich die ambivalente Interpretation der Gestalten auf dem Grabtuch als auferstandener und als zum Himmel aufgefahrener Jesus zum Ausdruck.

Die Koppelung von Auferstehung und Himmelfahrt bei Johannes erinnert an die Darstellung im Petrusevangelium. Ein detaillierter Vergleich zwischen diesen beiden Texten erschließt einige faszinierende Übereinstimmungen, die auf eine gemeinsame Quelle für beide hindeuten. So findet beispielsweise die Beschreibung des Engelspaars, das bei Petrus den auferstandenen Jesus an der Hand führt, seine Entsprechung in der Schilderung der Beziehung zwischen den Engeln im Grab und dem auferstandenen Jesus, die am selben Ort erscheinen und dieselben Worte sprechen.[4] Solche Übereinstimmungen legen eine enge Verknüpfung zwischen beiden Erzählungen aus den Tagen der Apostel nahe, da das Grabtuch noch in frischer Erinnerung war.

Die Erzählung von Maria Magdalenes Begegnung mit dem auferstandenen Jesus gibt es in verschiedenen anderen Versionen. Die bekannteste ist die bei Matthäus, in der der Auferstandene auf Maria Magdalene und »die andere Maria« trifft, als beide vom Grab zurück in die Stadt eilen.[5] Diese Darstellung ist genau wie die des Johannes eng verflochten mit der vorhergehenden Graberzählung, die damit endet, dass der Engel zu den Frauen sagt:

> »Fürchtet euch nicht! Ich weiß, ihr sucht Jesus, den Gekreuzigten. Er ist nicht hier; denn er ist auferstanden, wie er gesagt hat. Kommt her und seht euch die Stelle an, wo er lag. Dann geht schnell zu seinen Jüngern und sagt ihnen: Er ist von den Toten auferstanden. Er geht euch voraus nach Galiläa, dort werdet ihr ihn sehen. Ich habe es euch gesagt. Sogleich verließen sie das Grab und eilten voll Furcht und großer Freude zu seinen Jüngern, um ihnen die Botschaft zu verkünden. Plötzlich kam ihnen Jesus entgegen und sagte: Seid gegrüßt! Sie gingen auf ihn zu, warfen sich vor ihm nieder und umfassten seine Füße. Da sagte Jesus zu ihnen: Fürchtet euch nicht! Geht und sagt meinen Brüdern, sie sollen nach Galiläa gehen, und dort werden sie mich sehen.«

Wieder agiert der auferstandene Jesus als Doppelgänger des Engels. Die Reden der beiden Gestalten stimmen hier noch genauer überein als bei Johannes, Jesus wiederholt Teile der Engelsbotschaft praktisch Wort für Wort. Das spricht für das Argument, dass der Engel im Grab und der auferstandene Jesus nichts anderes sind als zwei unterschiedliche Deutungen der Gestalt auf dem Grabtuch. Überdies spricht die Tatsache, dass zwei unabhängige Erzählungen diese strukturelle Ähnlichkeit teilen, dafür, dass die gleichlautende Rede der Engel und des auferstandenen Jesus eine sehr alte Überlieferung sein muss – Matthäus und Johannes singen, wenn man so will, vom gleichen Choralblatt.

Gesagt werden sollte außerdem, dass Jesus seit den frühesten Tagen der Kirche als »der Herr« bezeichnet wurde, sodass die Zuhörerschaft des Matthäus den »Engel des Herrn« ohne Frage als den »Engel Christi« begriffen haben muss. Die Vorstellung, dass Christi persönlicher Engel seine Auferstehung verkündigt, ist vor allem im Licht der in allen drei synoptischen Evangelien vorhandenen Anmerkung interessant, der zufolge die Auferstandenen sein werden »wie die Engel im Himmel«.[6] Der auferstandene Herr spricht also nicht nur die gleiche Sprache wie sein Engel, sondern ist obendrein auch vorzustellen als *Ebenbild* seines Engels. Der Unterschied zwischen beiden ist ein rein theoretischer – oder theologischer.[7]

In den Überlieferungen, auf die Matthäus und Johannes zurückgreifen, wird der auferstandene Jesus durch ein beziehungsweise zwei himmlische Pendants eingeführt. Eine andere frühchristliche Schrift, die *Epistula Apostolorum*, enthält eine Version der Graberzählung, in der die Engel ganz fehlen und die Frauen dem Auferstandenen selbst begegnen.

Die *Epistula* ist ein griechisches Werk, das ins Koptische und ins Aramäische übersetzt wurde und, wie man annimmt, um die Mitte des 2. Jahrhunderts entstanden ist. Auch wenn die Kirche es für eine Collage aus Texten der kanonischen Evangelien hält, bin ich der Ansicht, dass es eher als eigenständige Komposition zu lesen ist und aus demselben Fluss der literarischen Überlieferung schöpft.[8] Ihre Graberzählung liest sich folgendermaßen:

> »Es sind gegangen zu jenem Orte (drei) Frauen: Maria, die zu Martha Gehörige und Maria Magdalena. Sie nahmen Salbe, gossen sie auf seinen Leib, indem sie weinten, und trauerten über das, was geschehen war. Als sie sich aber dem Grabe genähert hatten, blickten sie hinein und fanden seinen den Leib nicht. Und wie sie aber trauerten und weinten, erschien ihnen der Herr und sprach zu ihnen: ›Wen beweinet ihr? Weinet nun nicht mehr! Ich bin's, den ihr suchet. Es gehe aber eine von euch zu euren Brüdern und sage ihnen: Kommet, [...] der Meister ist auferstanden von den Toten.‹ Und Maria Martha kam zu uns und sagte es uns. Und wir sprachen zu ihr: ›Was willst du mit uns, o Weib? Der gestorben ist, ist begraben, und wäre es möglich, dass er lebe?‹ Und wir glaubten ihr nicht, dass unser, der Heiland von den Toten auferstanden wäre. Darauf ging sie zu unserm, dem Herrn zurück und sprach zu ihm: ›Niemand von ihnen hat mir geglaubt inbetreff deiner Auferstehung, dass du lebst.‹ Und er sprach zu ihr: ›Es möge eine andere von euch hingehen zu ihnen, indem sie dies wiederum zu ihnen sagt.‹ Und Sara Maria kam und tat uns dasselbe kund, und sagte es uns wiederum, und nicht haben wir ihr geglaubt. Und sie kehrte zu unserm dem Herrn zurück und auch sie sagte es ihm wie Maria.«[9]

Ein genauer Vergleich dieser Textpassage mit den entsprechenden Passagen in den Evangelien zeigt zahlreiche Übereinstimmungen – der auferstandene Jesus spielt hier die Rolle, die die Engel in den kanonischen Evangelien innehaben. Die Schilderung der plötzlichen Erscheinung Jesu in der *Epistula* (»[sie] blickten hinein und fanden seinen den Leib nicht. Und wie sie aber trauerten und weinten, erschien ihnen der Herr«) ist nahezu wörtlich identisch mit der bei Lukas, in der die beiden geheimnisvollen Männer auftauchen (»sie gingen hinein, aber den Leichnam Jesu, des Herrn, fanden sie nicht. Während sie ratlos dastanden, traten zwei Männer in leuchtenden Gewändern zu ihnen«). Die Aussage der *Epistula*, der Herr sei ihnen erschienen, als sie »trauerten und weinten«, gleicht der bei Johannes, in der es heißt, Maria Magdalene habe den Engel erblickt, »während sie weinte«. Jesu Eingangsworte in der *Epistula* (»Ich bin's, den ihr suchet. Es gehe aber eine von euch zu euren Brüdern und sage ihnen: ›Kommet, unser, der Meister ist auferstanden von den Toten.‹«) ist fast identisch mit der Rede, die der Engel des Herrn bei Matthäus an die Frauen richtet (»Ich weiß, ihr sucht Jesus, den Gekreuzigten […]. Dann geht schnell zu seinen Jüngern und sagt ihnen: Er ist von den Toten auferstanden«).[10] Und schließlich weigern sich die Jünger in der *Epistula* genauso, Marthas und Marias Bericht (»der Meister ist auferstanden von den Toten«) zu glauben, wie sie bei Lukas die Botschaft der Engel am Grab nicht wahrhaben wollen.

Die *Epistula* zeigt demnach die gleichen Überschneidungen zwischen den Engeln und dem auferstandenen Christus, wie sie bei Matthäus und Johannes zu finden sind. Doch während Matthäus und Johannes die Erscheinung des auferstandenen Christus als eigenes Ereignis darstellen, das auf die Erscheinung der Engel folgt, erzählt die *Epistula* sie anstelle der Engelserscheinung und belegt damit schlüssig, dass der auferstandene Jesus und die Engel am Grab austauschbar sind. Die Grabtuchtheorie erklärt im Unterschied zu allen anderen Theorien, wie und warum diese Austauschbarkeit zustande gekommen sein könnte.

Wir haben damit nun also den auferstandenen Jesus »lokalisiert«. Die *Epistula* sieht ihn beim oder im Grab, genau dort also, wo die Grabtuchhypothese ihn bei seinem ersten Erscheinen vermuten würde. Damit nicht genug, ist er, wenn er ursprünglich wirklich als das andere Gesicht der geheimnisvollen Männer oder Engel begriffen wurde, die den Frauen am Ostermorgen entgegentraten, definitiv im Inneren der Grabkammer erstmals gesehen worden – »den einen dort, wo der Kopf, den anderen dort, wo die Füße des Leichnams Jesu gelegen hatten« –, wie es die frühe, von Johannes verwendete Überlieferung will. Wir können somit nicht nur sagen, dass das Grabtuch im Judäa des 1. Jahrhunderts die Kunde von Jesu Auferstehung inspiriert haben könnte und würde, sondern auch, dass es an ebendem Ort entdeckt worden ist, an dem (nach den Berichten der Evangelien) der auferstandene Jesus erstmals gesehen wurde.

Eine weitere Version der Erzählung vom Besuch der Frauen am Grab findet sich am Anfang der Sammlung von Auferstehungsberichten, die an das Ende einiger der frühen Markus-Manuskripte angehängt wurden und als Pseudo-Markus bezeichnet werden:

> »Als Jesus am frühen Morgen des ersten Wochentages auferstanden war, erschien er zuerst Maria aus Magdala, aus der er sieben Dämonen ausgetrieben hatte. Sie ging und berichtete es denen, die mit ihm zusammengewesen waren und die nun klagten und weinten. Als sie hörten, er lebe und sei von ihr gesehen worden, glaubten sie es nicht.«[11]

Im Vergleich zu den überschwänglichen Erzählungen von Johannes, Matthäus und der *Epistula* ist diese Erzählung sehr knapp, aber aus mehreren Gründen dennoch interessant. Erstens stimmt Pseudo-Markus mit der *Epistula* dahingehend überein, dass hier jeder Verweis auf einen Engel fehlt und Maria Magdalene dem Auferstandenen direkt gegenübersteht. Und wieder wie in der *Epistula* geht sie und berichtet den Jüngern, die ihr nicht glauben wollen. Das erzählerische Grundgerüst findet sich auch bei Lukas im Kapitel 24, nur wird der auferstandene Jesus hier durch »zwei Männer« repräsentiert. Das zeigt erneut, dass die Engel am Grab und der auferstandene Jesus in diesen Erzählungen dieselbe Rolle einnehmen, mit anderen Worten: für dasselbe Phänomen stehen – das Grabtuch.

Der zweite interessante Aspekt an den Kapiteln des Pseudo-Markus ist seine Darstellung der Maria Magdalene im Vergleich zu den männlichen Jüngern. So kurz sie auch ist, diese Erscheinungserzählung verleiht Maria Magdalenes Erleben ein besonderes Maß an Bedeutung: Ihr Auftreten »am frühen Morgen des ersten Wochentages« wird gleichgesetzt mit dem Zeitpunkt der Auferstehung Christi, und es wird ausdrücklich gesagt, dass sie die Erste war, die den auferstandenen Jesus zu Gesicht bekommen hat. Als sie geht und den Jüngern berichtet, was sie gesehen hat, glauben sie ihr nicht – nicht nur ihr, wie sich im Weiteren zeigt.[12] Man könnte sie demzufolge für relativ ungläubig halten. Der Kontrast zwischen den Jüngern und Maria Magdalene wird sehr deutlich beim Namen genannt. Sogar wenn der Text lediglich beschreibt, was geschehen ist, gibt es eigentlich keinen Grund, den anfänglichen Unglauben der Jünger so in den Mittelpunkt zu stellen. Genau derselbe Antagonismus wird auch in der *Epistula* benannt, und er klingt sogar bei Lukas an.

Die Frauen verkünden Jesu Botschaft, die Männer sind ungläubig. Hier geht noch etwas anderes vor sich, wird nicht allein Zeitgeschichte berichtet.

Wir beginnen, nicht nur den Schleier über dem Geheimnis Ostern zu lüften, sondern auch die Motive freizulegen, die seine Darstellung in den Evangelien geformt haben. Das wird möglicherweise einen Teil der neutestamentlichen Gelehrtenwelt aufbringen, denn die Beweggründe, die hier am Werk waren, entsprechen nicht unbedingt denen, die wir erwarten würden.

Betrachten Sie die Aufgabe, von der Entdeckung des Grabtuchs durch die Frauen zu berichten, einmal vom Standpunkt eines frühchristlichen Geschichtenerzählers aus. Prinzipiell gab es zwei Arten, das Grabtuch zu sehen: als den auferstandenen Jesus selbst oder als himmlischen Zeugen. Die ersten christlichen Erzähler konnten sich noch zwischen den beiden Beschreibungen des Grabtuchs entscheiden. Wollten sie eine Geschichte über Engel erzählen oder eine über den auferstandenen Jesus? Sie konnten sich auch dafür entscheiden, die beiden Aspekte miteinander zu verweben und eine Geschichte über Engel *und* den auferstandenen Jesus zu erzählen[13] – aber auch das war eine wichtige Richtungsentscheidung. Je nachdem, wie sie diese Grundsatzentscheidung trafen, würde dies die Art und Weise bestimmen, wie das Ereignis und seine Protagonisten in Erinnerung blieben.

An diesem Punkt stellt sich eine wichtige Frage: Wenn diejenigen, die die ursprüngliche Erzählung über die Frauen am Grab überliefert haben, mehrere Möglichkeiten hatten, die Gestalten auf dem Grabtuch zu beschreiben, warum haben sich dann einige dazu entschlossen, diese als den auferstandenen Jesus zu präsentieren? Diese Entscheidung war alles andere als neutral: Sie machte Maria Magdalene und die anderen Frauen zu den ersten Zeugen des auferstandenen Jesus. Das aber war eine ausgesprochen umstrittene Wahl, denn wie wir gesehen haben, räumt Paulus in seinem wenige Jahre nach der Kreuzigung formulierten Glaubensbekenntnis dieses Privileg Petrus ein. Jede Erzählung, die über die Erscheinung des auferstandenen Jesus vor ein paar Frauen am Grab berichtet, widersprach diesem maßgeblichen »Evangelium«. Wie also ist es zugegangen, dass diese Geschichten so erzählt wurden?

Darauf gibt es eine einfache Antwort: Die Erzählungen von den Frauen am Grab, die in den Evangelien fest verankert sind, haben die Rolle der Frauen absichtlich hervorgehoben. Mit anderen Worten: Sie waren angelegt, eine *matriarchalische* Glaubensnachfolge zu begründen, die der patriarchalischen des Petrus und seiner Anhänger widersprach.

Sobald man sich das klarmacht, erhalten die Erzählungen plötzlich eine ganz neue Bedeutung. In allen vier Quellen, in denen die Überlieferung von Jesu Erscheinen vor den Frauen am Grab erhalten geblieben ist (das sind Matthäus, Johannes, die *Epistula* und Pseudo-Markus), sehen die Frauen den auferstandenen Jesus nicht nur, sondern verkündigen den männlichen Jüngern auch seine Auferstehung. Die Frauen werden demnach dargestellt als die ursprünglichen Überbringer der »frohen Botschaft«, als diejenigen, die die eigentlichen Jünger in Kenntnis setzen. Außerdem werden die Frauen in drei der Quellen (Matthäus, Johannes und *Epistula*) vom Auferstandenen selbst mit dieser Aufgabe betraut. Nirgends ist die Rede davon, dass die Frauen es verabsäumt haben könnten, den Jüngern von ihrer Begegnung zu berichten, oder davon, dass die Jünger schon von der Auferstehung erfahren haben, bevor sie die Kunde der Frauen erreicht.

Der hintergründigste Text ist das *Noli me tangere* des Johannes, ein Text, der sorgfältig formuliert wurde, um die maßgebliche Rolle der Maria Magdalene zu unterstreichen. Zum einen wird Maria Magdalene als Jüngerin des auferstandenen Herrn herausgestellt. Er spricht sie mit ihrem Namen an, und sie antwortet »Rabbuni« – was so viel heißt wie »Meister« oder »Lehrer« – und macht damit deutlich, dass sie seine Schülerin ist. Er trägt ihr dann auf, seinen Brüdern zu berichten, dass er zum Himmel auffahren wird. Sie geht auf der Stelle zu ihnen und erklärt, dass sie den Auferstandenen gesehen hat. Kein Leser des 1. Jahrhunderts hätte die hierarchische Metabotschaft dieser Erzählung übersehen können. Maria Magdalene wird zur Gesandten des auferstandenen Christus, zur Überbringerin geheimen Wissens an die das Nachsehen habenden männlichen Jünger.

Der Wunsch, Maria Magdalene herauszustreichen, ist womöglich auch für das berühmteste Detail der Geschichte verantwortlich, den Satz, der dieser Szene den Namen gegeben hat: *Noli me tangere* – »Rühr mich nicht an«. Warum untersagt Christus Maria Magdalene, ihn zu berühren?[14] Hier wird augenscheinlich aktiv ein Kontrast hergestellt zwischen Maria Magdalene und dem ungläubigen Thomas, dem skeptischen Jünger, den der Auferstandene auffordert: »streck deine Hand aus«, damit dieser die Auferstehung »begreift«. Während die tugendhafte Jüngerin bezeugt, den Auferstandenen gesehen zu haben, ohne ihn dazu anfassen zu müssen, besteht der unwürdige männliche Jünger auf greifbaren Belegen.

In der Erzählung des Johannes und in den Pseudo-Markus-Kapiteln wird Maria Magdalene als in einzigartiger Weise privilegierte Jüngerin Jesu dargestellt. Genauso wird sie in einigen der sogenannten »häretischen« frühchristlichen Schriften porträtiert. Im *Evangelium nach Maria* beispielsweise, einer

Schrift aus dem 2. Jahrhundert, sind die männlichen Jünger viel zu furchtsam, um hinauszugehen und das Evangelium zu verkünden, bis Maria Magdalene schließlich aufsteht und ihnen den Rücken stärkt. Dann wird sie gebeten, Christi geheime Lehren zu verkünden:

»Petrus sagte zu Maria: ›Schwester, wir wissen, dass der Retter dich mehr liebte als alle anderen Frauen. Sage uns die Worte des Erlösers, an die du dich erinnerst, die du kennst, nicht aber wir, und die wir nicht gehört haben.‹ Maria antwortete: ›Was euch verborgen ist, ich werde es euch mitteilen.‹ Und sie begann, ihnen folgende Worte zu sagen. ›Ich‹, sagte sie, ›ich sah den Herrn in einer Vision, und ich sagte zu ihm: Herr, ich sah dich heute in einer Vision. Er antwortete mir: Wohl dir, dass du nicht wankst bei meinem Anblick! Denn an dem Ort, wo der Verstand ist, dort ist der Schatz.‹«[15]

Sie fährt fort und erläutert ihnen, was Christus ihr über Visionen, die Seele und vermutlich andere spirituelle Fragen (leider ist der größte Teil ihrer Rede nicht erhalten) mitgeteilt hat, und fordert die Apostel auf, auszuziehen und das Evangelium zu predigen. Maria Magdalene ist auch in der *Pistis Sophia* die Hauptansprechpartnerin des auferstandenen Jesus, der sich folgendermaßen an sie wendet: »Du Selige, welche ich in allen Mysterien derer von der Höhe vollenden werde, rede offen, Du, deren Herz mehr als alle deine Brüder auf das Himmelreich gerichtet ist.«[16] Im Philippusevangelium ist sie die geliebte Gefährtin des Erlösers und wird im gleichen Satz genannt mit Sophia (Weisheit), der Mutter der Engel.[17] Auch in sehr viel früheren Schriften spielt sie eine herausragende Rolle, beispielsweise im gegen Ende des 1. Jahrhunderts entstandenen Thomasevangelium.[18] Wenn man sich erst einmal mit diesen »alternativen« christlichen Überlieferungen vertraut gemacht hat, ist die besondere Würdigung Maria Magdalenes in der Graberzählung bei Johannes nicht mehr ganz so verwunderlich. Überraschend ist, dass diese Textpassage überhaupt in eines der kanonischen Evangelien eingebettet wurde.

Die hohe Wertschätzung der Maria Magdalene als Glaubensbotin und ihr herausragender apostolischer Status scheinen demnach älteren Datums zu sein und noch vor Johannes und vermutlich auch vor Matthäus zu datieren.[19] Die Erzählung von den Frauen am Grab muss demnach in der Mitte des 1. Jahrhunderts entstanden und bewusst so angelegt worden sein, dass sie ihren Autoritätsanspruch im unmittelbaren Kontrast zum Credo des Paulus manifestierte.

Es ist wahrscheinlich, dass in den Sonntagmorgen-Zusammenkünften der Urchristen, die in Bithynien üblich waren, der Erscheinung des auferstandenen Christus vor Maria Magdalene und ihren Gefährtinnen am Grab gedacht wurde. Dieser Ritus, der offenbar bereits vor dem Jahr 85 etabliert war[20], könnte durchaus von einer männlich dominierten Hierarchie eingeführt worden sein, um der Frauen und ihrer Entdeckung (des leeren Grabs oder des Grabtuchs) zu gedenken. Aber es ist wahrscheinlicher, dass er die matriarchalisch gefärbte Überlieferung reflektiert, die sich in Johannes' Erzählung *Noli me tangere* widerspiegelt. Die bithynische Zeremonie fand »vor Sonnenaufgang« statt, was zum Bericht des Johannes passt, dem zufolge Maria Magdalene zum Grab ging, »als es noch dunkel war«.[21] Und um mehr darüber zu erfahren, musste Plinius einige Diakonissen hochnotpeinlich verhören, was wiederum darauf schließen lässt, dass die Gottesdienste auch von Frauen organisiert, möglicherweise sogar gehalten wurden. Mit großer Wahrscheinlichkeit waren diese frühmorgendlichen Andachten ein zeremonielles Nacherleben der Erzählung von den Frauen am Grab, wobei deren epochaler Entdeckung gedacht wurde.

Berücksichtigt man, dass die Erscheinungserzählungen über die Frauen vor den kanonischen Evangelien entstanden sind, und außerdem, was für einen herausragenden Ruf Maria Magdalene von Anfang an als Apostelin hatte, so bleibt nur ein Resümee: dass Maria Magdalene eine frühchristliche Lehrerin gewesen sein muss. Solche Geschichten wären nicht erzählt worden, hätte es sich nicht um eine sehr einflussreiche Persönlichkeit gehandelt und überdies um jemanden, der sich in Konkurrenz befand zu der Männerhierarchie der Urkirche. Die Heldin der »alternativen«, nichtkanonischen christlichen Schriften war kein Hirngespinst der gnostischen Fantasie. Maria Magdalene war eine bedeutende Apostelgestalt, deren wichtige Rolle bei der Entstehung des Christentums von den männlichen Oberhäuptern der Urkirche überaus wirksam vernebelt wurde.

Der »feministischen« Überlieferung zufolge, die sich um Maria Magdalene rankt, hat die erste Erscheinung des auferstandenen Jesus am oder im Grab stattgefunden, genau dort, wo das Grabtuch gefunden wurde. Sie hat sich überdies ereignet, als die Frauen gekommen waren, um die Bestattung zu vollenden, das heißt, den Leichnam Jesu zu salben und wieder in sein Leichentuch zu hüllen. Der Ort passt genau, die Zeit passt genau, und etliche Aspekte der Erzählungen ergeben nur Sinn, wenn diejenigen, die sie verfasst haben, mit dem Grabtuch vertraut gewesen sind. Wer auch immer die ursprüngliche Erzählung von den Frauen am Grab ersonnen hat, muss etwas über die Entdeckung des Grabtuchs am Ostermorgen gewusst haben.

In Anbetracht der patriarchalischen Struktur der jüdischen Gesellschaft des 1. Jahrhunderts ist es mehr als verwunderlich, dass in frühchristlichen Schriften und erst recht in den Evangelien die Entdeckung des Grabtuchs durch Frauen als Begegnung mit dem auferstandenen Jesus erzählt worden sein soll. Man kann daraus nur den Schluss ziehen, dass in die Ausgestaltung der Graberzählungen ein starker weiblicher Beitrag eingeflossen ist, der derart ausgeprägt war, dass die Auferstehungserzählungen der Evangelien zum Schlachtfeld eines erbitterten Kampfes der Geschlechter geworden sind.[22]

Das Auferstehungsproblem lösen zu wollen heißt, genauso sich mit den Motiven der ersten christlichen Erzähler auseinanderzusetzen wie nach der vermutlichen Ursache für den Auferstehungsglauben zu suchen. Die Verweise auf das Grabtuch in den Erzählungen der Evangelien ausfindig zu machen ist nur die eine Hälfte des Problems. Wir müssen uns auch mit der Form der Schilderung befassen. Wie es in den jeweiligen Passagen dargestellt wird, scheint ganz davon abzuhängen, wer die Geschichte ursprünglich verfasst, wer sie überarbeitet hat und wie diese verschiedenen Autoren den jeweiligen Protagonisten ihrer Geschichten gegenüberstanden. Auch noch die kürzeste Evangelienerzählung ist ein potenzielles Stück Propaganda.

Diese Einsicht ist von entscheidender Bedeutung, wenn man das nächste Ereignis verstehen will, das in den Evangelien beschrieben – oder eher ausradiert – wurde: die Erscheinung des Auferstandenen vor Petrus.

21

Petrus am Grab

Was Petrus und seine Anhänger betraf, so war die Erscheinung vor den Frauen nie geschehen. Für sie war Petrus der Erste, der den auferstandenen Jesus zu Gesicht bekommen hatte. Dieser Standpunkt spiegelt sich im Auferstehungscredo des Paulus, das da feststellt, dass Christus am dritten Tag »dem Kephas« erschienen sei.[1] Diese Aussage untermauert unmissverständlich Petri Führungsanspruch in der Kirche.

Es verwundert daher nicht wenig, dass die Erscheinung vor Petrus in den Evangelien an keiner Stelle Erwähnung findet.[2] Lukas erwähnt sie beiläufig, berichtet uns jedoch nichts über die näheren Umstände. Anderweitig herrscht komplettes Schweigen. Was für die apostolische Kirche zum vitalen Bestandteil des Auferstehungszeugnisses werden sollte, war offenbar für diejenigen, die die Auferstehungserzählungen der Evangelien geschrieben haben, von wenig bis gar keinem Interesse.

In Anbetracht dieses Umstands kehren viele Neutestamentler die Begegnung mit Petrus unter den Teppich und ziehen es vor, sich auf die Erscheinungen zu konzentrieren, die in den Evangelien ausführlich erzählt werden.[3] Andere messen ihr beträchtliche Bedeutung zu, glauben in manchen Fällen gar, dass die Erfahrung des Petrus, worin auch immer sie bestanden haben mag, die explosionsartige Verbreitung des Auferstehungsglaubens auslöste, da die anderen Apostel sich durch das Beispiel Petri motiviert sahen, den auferstandenen Jesus mit eigenen Augen sehen zu wollen. Aber sie können nicht sagen, wo oder wann dieses Ereignis stattgefunden hat.[4] Es wird häufig behauptet, dass es Tage oder Wochen nach der Kreuzigung in Galiläa zu der Begegnung gekommen sein muss, eine Mutmaßung, die auf den Verkündigungen der Engel bei Markus und Matthäus fußt, für die es aber keine schlüssigen Belege in Bezug auf den Ort des Geschehens gibt.[5] Kurz: Die neutestamentliche Gelehrtenwelt steht dem Bericht über die Erscheinung vor Petrus komplett ratlos gegenüber.

Das Problem ist jedoch vom Tisch, sobald das Grabtuch in die Gleichung eingebracht wird. Denn obschon die Evangelien die Erscheinung des Petrus verschweigen, so berichten doch zwei davon – Lukas und Johannes – vom

Besuch des Petrus (mit oder ohne einen weiteren Jünger) an Jesu Grab am Ostermorgen, wo er die Leichentücher vorfindet. Wenn Petrus das Grabtuch am Ostermorgen im Grab gesehen hat und es wirklich für eine Inkarnation des auferstandenen Jesus gehalten wurde, dann ginge Petrus als Erster männlicher Zeuge der Auferstehung durch. Der im Credo des Paulus geäußerte Anspruch ließe sich so mit den anderen Evangelienberichten vereinbaren.[6]

In Anbetracht unserer bisherigen Rekonstruktion der Ereignisse ist der Bericht, dass Petrus am Ostermorgen zum Grab ging, als ziemlich wahrheitsgetreu einzustufen. Nachdem sie die verstörende Gestalt auf Jesu Grabtuch entdeckt hatten, werden Maria Magdalene und ihre Begleiterinnen zweifelsohne die Bestattung unterbrochen und sich schleunigst auf den Weg gemacht haben, um den Männern Bescheid zu sagen. Die Evangelien bestätigen dieses Szenario, und wir können annehmen, dass Petrus zu denen gehört hat, die die Frauen antrafen. Wie hat er wohl reagiert? Skeptisch vielleicht, wie einige der Quellen durchblicken lassen – aber sicher wird er auch den Wunsch gehabt haben, die Geschichte zu überprüfen. Die Annahme, dass Petrus das Grab unmittelbar nach den Frauen aufgesucht hat, ist demnach überaus plausibel. Und als er mit seinem Begleiter dorthin kam, »fanden [sie] alles so, wie die Frauen gesagt hatten«.[7]

Wenn wir entscheiden wollen, ob dies für Petrus der Augenblick der Erscheinung war, müssen wir herausfinden, wann und wo diese Erscheinung stattgefunden hat.

Trotz aller Zurückhaltung in Bezug auf dieses Thema liefert das Neue Testament solide Hinweise darauf, dass der auferstandene Christus am Ostertag von Petrus gesehen wurde. Zunächst einmal passt die Aussage im Auferstehungscredo, dass Petrus den Auferstandenen zeitlich vor den Zwölf sah, zu den kanonischen Überlieferungen aus dem Lukas- und dem Johannesevangelium (sowie der *Epistula*), denen zufolge die Erscheinung vor den Zwölf später am Tag in Jerusalem stattfand. Falls diese Erzähltradition auf historischen Tatsachen beruht – was sehr wahrscheinlich ist (siehe unten, Seite 348–351) – und falls Petrus den auferstandenen Jesus zeitlich vor den Zwölf erblickt hat, muss das früher am Tag geschehen sein, irgendwo in der Nähe von Jerusalem.

Untermauert wird dies durch die einzige ausdrückliche Erwähnung der Erscheinung vor Petrus in den Evangelien. Bei Lukas (24,34) teilen die Elf den beiden Emmaus-Jüngern, kurz bevor ihnen selbst der Auferstandene erscheint, mit, dass Jesus auferstanden und dem Petrus erschienen sei. Wieder wird das Erlebnis des Petrus räumlich in oder in der Nähe von Jerusalem und zeitlich am Ostertag verortet. Der Wert dieser Aussage wird ein wenig dadurch getrübt, dass Lukas sie in seine Erzählung einflicht, obwohl ihm der Inhalt des Paulinischen Credos bekannt gewesen ist.[8] Dessen ungeachtet wird das Ereignis in dieser Aussage sehr früh angesiedelt, sodass durchaus denkbar wäre, dass Petrus den auferstandenen Jesus gesehen hat, als er beim Grab war.

Die gleiche zeitliche Abfolge lässt sich aus dem Wortlaut des Glaubensbekenntnisses im Korintherbrief ablesen, dem zufolge Christus »am dritten Tag auferweckt worden« ist. Wie haben die ersten Christen den Zeitpunkt eines Wunders bestimmt, welches niemand direkt bezeugen kann? Womöglich wurde die »Weissagung« aus Hosea (6,2) – »am dritten Tag richtet er uns wieder auf« – als Referenz herangezogen, aber mit großer Sicherheit wird die berechnete der tatsächlichen Abfolge der Ereignisse entsprechen.[9] Zählt man (jüdischem Brauch entsprechend) den Freitag mit, dann ist der Ostersonntag – der Tag, an dem die Frauen sich zum Grab aufmachen – der dritte Tag nach Karfreitag. Man hat daher angenommen, dass als Zeitpunkt der Auferstehung die Entdeckung des »leeren Grabs« definiert wurde, aber wie wir gesehen haben, war das Grab vermutlich nicht leer, und die Frauen fehlen im Credo des Paulus. Die einzige Möglichkeit besteht unter diesen Umständen darin, »am dritten Tag« als Verweis auf die »erste Erscheinung« – die Erscheinung vor Petrus – zu verstehen.[10]

Den übereinstimmenden Aussagen der Evangelien und des Auferstehungscredos zufolge fand die Erscheinung vor Petrus am Ostertag statt, und zwar vor der Begegnung der Zwölf mit dem Auferstandenen. Die einzige andere Information, die wir aus diesem Zeitrahmen über Petrus haben, ist die, dass er – von den Frauen alarmiert – zu Jesu Grab ging und die Leichentücher dort fand. Wenn die Grabtuchtheorie zutrifft, ist das alles, was wir an Information brauchen. Petrus hatte, als er das Grabtuch betrachtete, genau das gleiche Phänomen vor Augen wie die Frauen: ein Leinentuch, auf dem sich eine fahle, engelsgleiche Gestalt abzeichnete. Später würden er und seine Freunde dies als erste Erscheinung des Auferstandenen erinnern.

In den Evangelien sieht die Erinnerung jedoch anders aus. Wie ich bereits erwähnt habe, schildern zwei der Evangelisten – Lukas und Johannes – den Besuch des Petrus am Grab. Die kürzeste ist die von Lukas kunstvoll gestaltete Begegnung auf der Straße nach Emmaus.[11] Nachdem sie dem auferstandenen Jesus (den sie nicht erkennen) vom Bericht der Frauen über die Engel am leeren Grab erzählt haben, fügt einer der Emmaus-Jünger hinzu: »Einige von uns gingen dann zum Grab und fanden alles so, wie die Frauen gesagt hatten; ihn selbst aber sahen sie nicht.« Wir werden auf die Unterhaltung auf der Straße nach Emmaus – wo nicht alles so ist, wie es zu sein scheint – gleich zurückkommen.

Ein etwas ausführlicherer Bericht findet sich in einer früheren Schrift des Lukas, in der es im Anschluss an den Besuch der Frauen am Grab heißt:

> »Petrus aber stand auf und lief zum Grab. Er beugte sich vor, sah aber nur die Leinenbinden [*othonia*] (dort liegen). Dann ging er nach Hause, voll Verwunderung über das, was geschehen war.«[12]

Dieser Vers ist dem Evangelium vermutlich später hinzugefügt worden, stammt aber offenbar aus einer älteren Quelle.[13] Interessant daran ist die merkwürdig zentrale Stellung der Leinenbinden. Petrus geht zum Grab, sieht die Leinenbinden und kehrt nach Hause zurück »voll Verwunderung über das, was geschehen war«: Ist das nicht genau die Art von Bericht, die man nach dem Auffinden des Grabtuchs erwarten sollte? Freilich wird das Grabtuch nicht erwähnt, aber dafür gibt es, wie wir gleich sehen werden, einen einfachen Grund.

Eine etwas ausgefeiltere Version der Geschichte findet sich bei Johannes. In seiner berühmten Erzählung wird Petrus und dem Jünger, den Jesus liebte, von Maria Magdalene berichtet, dass Jesu Leichnam verschwunden sei. Sie hat allerdings nur gesehen, dass der Stein nicht mehr an seinem Platz lag, aber noch nicht ins Grab geschaut und nicht die Engel, erst recht nicht den auferstandenen Jesus, gesehen.

> »Da lief sie schnell zu Simon Petrus und dem Jünger, den Jesus liebte, und sagte zu ihnen: Man hat den Herrn aus dem Grab weggenommen, und wir wissen nicht, wohin man ihn gelegt hat. Da gingen Petrus und der andere Jünger hinaus und kamen zum Grab; sie liefen beide zusammen dorthin, aber weil der andere Jünger schneller war als Petrus, kam er als Erster ans Grab. Er beugte sich vor und sah die Leinenbinden liegen, ging aber nicht hinein. Da kam auch Simon Petrus, der ihm gefolgt war, und ging in das Grab hinein. Er sah die Leinenbinden liegen und das Schweißtuch, das auf dem Kopf Jesu gelegen hatte; es lag aber nicht bei den Leinenbinden, sondern zusammengebunden daneben an einer besonderen Stelle. Da ging auch der andere Jünger, der zuerst an das Grab gekommen war, hinein; er sah und glaubte. Denn sie wussten noch nicht aus der Schrift, dass er von den Toten auferstehen musste. Dann kehrten die Jünger wieder nach Hause zurück.«[14]

Dieser Text enthält gleich mehrere Rätsel. Woher weiß Maria Magdalene, dass der Leichnam verschwunden ist, wenn sie nicht ins Grab geschaut hat? Warum bleibt der Jünger, den Jesus liebte, am Eingang zum Grab stehen, wartet auf Petrus und lässt diesem den Vortritt? Was hat es mit dem seltsamen *soudárion* auf sich, das neben den anderen Tüchern liegt? Wenn dem Jünger, den Jesus liebte, plötzlich aufgegangen ist, dass Jesus auferstanden ist, warum sind er und Petrus dann in aller Ruhe nach Hause zurückgegangen, offenbar ohne irgendwem davon zu erzählen?

Mithilfe des Grabtuchs, gepaart mit der Erkenntnis, dass Johannes seine Geschichte aus derselben Erzählquelle haben muss wie Lukas, lassen sich diese Fragen beantworten.

Zwischen Johannes 20,2–10 und Lukas 24,12 gibt es drei auffällige Abweichungen, die allesamt dafür sprechen, dass Johannes die Darstellung, von der er ausgeht, heftig verändert hat. Erstens fügt Johannes die Gestalt des Lieblingsjüngers hinzu, Lukas hingegen nicht. Da der »Jünger, den Jesus liebte«, eine Figur ist, die nur bei Johannes vorkommt, könnte es sich bei ihm sehr wohl um eine nachträglich eingeführte Gestalt handeln. Zweitens stellt Johannes die Erzählung nahe an den Anfang seines Auferstehungskapitels, bevor Maria Magdalene die Engel im Grab bemerkt, während Lukas sie an die Erzählung von den Frauen am Grab anschließt. Lukas ist mit Sicherheit näher an der ursprünglichen Reihenfolge, denn die Unterbrechung der Graberzählung bei Johannes ist extrem merkwürdig und führt letztlich dazu, dass Maria Magdalene vom Fehlen des Leichnams berichtet, bevor sie überhaupt ins Grab geschaut hat. Ursprünglich muss die Erzählung von den Männern am Grab im Anschluss an die Schilderung der Begegnung zwischen Maria Magdalene und Jesus gestanden haben, und Johannes hat die Reihenfolge umgekehrt, um männliche Jünger die Ersten sein zu lassen, die das Grab betraten, und den Jünger, den Jesus liebte, den Ersten, der an die Auferstehung glaubt. Drittens fügt Johannes der Geschichte ein Leichentuch hinzu, das nirgends sonst Erwähnung findet: das geheimnisvolle *soudárion*.

Wenn man den Jünger, den Jesus liebte, und das *soudárion* aus dem Text des Johannesevangeliums weglässt und dann noch die Reihenfolge umkehrt, hat man eine Erzählung, die ihrer Grundstruktur nach ganz ähnlich ist wie das Kapitel 24 des Lukasevangeliums.[15] Wir können aus alledem den Schluss ziehen, dass Lukas und Johannes ihre Version der Graberzählung beide aus einer gemeinsamen Quelle bezogen haben und die Version des Lukas recht nahe am Original sein muss.

Wenn die Erzählung bei Lukas tatsächlich aus einer relativ frühen Quelle stammt, ist es wahrscheinlich, dass er es mit Augenzeugenberichten zu tun hatte. Das macht sie in Bezug auf das Grabtuch noch spannender. Die Leinenbinden (*othonia*) stehen im Zentrum der Episode, und es ist der Anblick dieser Tücher, der Petrus so staunen lässt. Was war daran so verwunderlich? Hätten sie nur verlassen dagelegen, würde Petrus mit Sicherheit angenommen haben, dass jemand den Leichnam weggebracht hat, und hätte sicher versucht, diesen zu finden.[16] Seine meditative Grübelei auf dem Nachhauseweg lässt vermuten, dass er etwas sehr viel Sonderbareres gesehen hat. In der Vergangenheit ist manchmal gemutmaßt worden, dass ihn die Verteilung der Tücher verwundert habe, ihre Anordnung vielleicht die wundersame Entmaterialisierung von Jesu Leichnam angezeigt habe.[17] Diese Deutung ist jedoch offensichtlich nur zu halten, wenn man eine »transphysikalische« Auferstehung in Fleisch und Blut voraussetzt, für die jedweder plausible Beweis fehlt. Eine weit bessere Erklärung wäre, dass die Leinentücher, die Petrus gesehen hat, mit dem Grabtuch identisch waren und dass er sich gefragt hat, was das zu bedeuten habe.

So zumindest wurde der Text des Johannesevangeliums mehrere Jahrhunderte später in Spanien interpretiert. Einer der faszinierendsten Verweise auf das Leichentuch Christi findet sich in einem alten liturgischen Text, Teil der altspanischen Liturgie – des mozarabischen Ritus – aus dem 6. oder 7. Jahrhundert, der berichtet: »[…] augenblicklich kam Petrus mit Johannes herbeigeeilt und erblickte auf den Leinentüchern des Toten die Spuren des Auferstandenen«.[18] Diese Aussage scheint zu bezeugen, dass das Abbild von Jesu Gestalt auf dem Leinentuch, das man in seinem Grab gefunden hat, damals bekannt war.[19] Das lateinische Wort *vestigium*, das »Fußspur« oder »Fährte« – oder ganz allgemein sichtbare »Spuren« – bedeutet, ist ein treffender Begriff zur Beschreibung der Verfärbungen auf dem Grabtuch. Ja, in einer Version der altspanischen Liturgie wird genau dasselbe Wort im Plural – *vestigia* – verwendet, um ein »übernatürliches« Bildnis Christi auf einem Stück Tuch zu beschreiben, das in der ägyptischen Stadt Memphis aufbewahrt wird.[20]

Es sieht ganz so aus, als hätte der spanische Verfasser erklären wollen, wie bedeutsam die Tücher waren, die von Petrus (und dem Jünger, den Jesus liebte, üblicherweise gleichgesetzt mit Johannes) in der Grabkammer gefunden worden sind und die in den Evangelien so gut wie nicht beschrieben werden. Die Jünger waren nicht deshalb aufgewühlt, so liest es sich, weil die Tücher verlassen waren oder seltsam angeordnet dalagen, sondern weil sie die *vestigia* Jesu darauf erkannten[21], kurz: Sie haben sein Abbild auf dem Grabtuch gesehen.

Struktur und Inhalt des mozarabischen Ritus scheinen beeinflusst gewesen zu sein vom heiligen Leander von Sevilla (gest. 599), der eine Zeit lang in Konstantinopel gelebt hatte, sodass es nicht abwegig ist anzunehmen, dass er zu seiner Zeit im Osten von den wundersamen Spuren auf dem Leinentuch gehört hatte, war doch das Grabtuch/Mandylion nur wenig zuvor in Edessa wiederentdeckt worden. Zusätzliche Hinweise darauf, dass das Vollbild des Grabtuchs in dieser Zeit bezeugt wurde, liefert ein georgisches Manuskript aus dem 6. Jahrhundert, eine apokryphe Autobiografie des Joseph von Arimathäa, in der Joseph berichtet: »Ich aber stieg hinauf zum Heiligen Golgatha, wo das Kreuz des Heilands errichtet worden war, und sammelte in einer Kopfbinde und einem großen Tuch das theure Blut, das aus Seiner heiligen Seite geflossen war [...].«[22]

Der Verfasser dieser Beschreibung des mozarabischen Ritus wusste vermutlich von der erst kurz zurückliegenden Entdeckung des Grabtuchs beziehungsweise Mandylions. Es entbehrt nicht der Ironie, dass er Sinn und Zweck der Erzählung von den Männern am Grab vermutlich besser verstanden hat als Lukas oder Johannes. Die Geschichte von den Männern am Grab ist daher ein klassisches Beispiel dafür, dass die Evangelien nützliche Informationen vermitteln können, von denen ihre Verfasser nichts ahnten.

Wer auch immer die von Lukas und Johannes überlieferte Erzählung von den Männern am Grab ersonnen hat, war alles andere als unbedarft. Er oder sie muss die *vestigia* Jesu, die auf dem Grabtuch zu sehen sind, sehr wohl erkannt haben. Warum also ist nicht die Rede davon, dass Petrus dem auferstandenen Jesus – oder auch nur einem Engel – begegnet ist? Und warum geht er nach Hause, ohne jemandem zu erzählen, was er gesehen hat?

Wenn wir diese Fragen beantworten wollen, müssen wir uns darüber klar werden, welchem Zweck die Erzählung von den Männern am Grab ursprünglich gedient hat. Und dazu müssen wir sie in Relation zu den Überlieferungen von den Frauen am Grab sehen. Wie ich bereits erklärt habe, steht die Schilderung der Begegnung zwischen Maria Magdalene und dem auferstandenen Jesus (*Noli me tangere*) bei Johannes ursprünglich *vor* und nicht nach der Erzählung von Petrus und dem anderen Jünger. Dem Bericht vom ereignislosen und folgenlosen Weg des Petrus zum Grab ging ursprünglich eine denkwürdige Darstellung der Begegnung von Maria Magdalene und ihren Begleiterinnen mit dem auferstandenen Jesus voraus. Sinn und Zweck des Ganzen war der dramatische Gegensatz. Anders als die Frauen sah Petrus nichts und begriff nichts, und während die Frauen nach Jerusalem zurückkehrten, um die Auferstehung zu verkündigen, ging er schweigend nach Hause.

Petrus kommt im Vergleich zu den Jüngerinnen Jesu nicht besonders gut weg.

Noch klarer wird, was die Erzählung von den Männern am Grab bezwecken soll, im Licht unserer Grabtuchtheorie. Denn wenn der auferstandene Jesus in dem Leichentuch gesehen worden wäre, ginge es nicht nur um unterschiedliche Erfahrungen, die den jeweiligen Protagonisten am Grab gewährt wurden, sondern um den grundsätzlichen Gegensatz zwischen den einfühlsamen Frauen, die die Bedeutung des Grabtuchs sofort (oder fast sofort) erfassen, und dem begriffsstutzigen Petrus, dem sie erst viel später aufgeht. Dass die Erzählung den Leser »hängen« lässt, hat einen guten Grund: Sie soll beurkunden, dass Petrus am Anfang auf die große Offenbarung der Auferstehung gar nicht reagiert hat. Tatsächlich haben wir es allem Anschein nach mit einer kalkulierten Umkehrung des im ersten Credo enthaltenen Zeugnisses zu tun. Dort ist Petrus der Erste, der den Auferstandenen zu Gesicht bekommen hat, und die Frauen werden als Zeugen gar nicht erwähnt. Die Graberzählung von den männlichen Jüngern wirkt, als wäre sie als direkte Replik auf das patriarchalisch gefärbte »Evangelium« der Urkirche angelegt.

Ein Überbleibsel der ursprünglich negativen Intentionen hinter der Erzählung lässt sich aus dem zuvor erwähnten Verweis auf diese Episode durch die Emmaus-Jünger bei Lukas herauslesen: »Einige von uns gingen dann zum Grab und fanden alles so, wie die Frauen gesagt hatten; ihn selbst aber sahen sie nicht.« Der letzte Teil des Satzes ist das Entscheidende, aber er bedeutet nicht, wie landläufig angenommen wird, dass Jesu Leichnam verschwunden ist. Denken Sie einmal an den Kontext: In dem Moment, da sie die Geschichte von ihren Glaubensbrüdern erzählen, die den auferstandenen Jesus nicht erkannt haben, erkennen die Emmaus-Jünger den vor ihnen Stehenden selbst nicht! Die »Erscheinung« auf der Straße nach Emmaus ist eine Erzählung über das Nichterkennen Jesu. Erst in der nächsten Szene, bei der Abendmahlzeit im Kreis der Jünger, werden den beiden die Augen geöffnet. Das rückt das Nichterscheinen vor den beiden Jüngern am Grab in ein anderes Licht. Es lässt die Möglichkeit offen, dass die Männer dem auferstandenen Jesus am Grab begegnet sein könnten, ohne es zu wissen. Genau das scheint die Erzählung vermitteln zu wollen: Petrus sah ein Leinentuch, aber er sah nicht die Person darin. Er war auf dem spirituellen Auge blind.

Die Schilderung der morgendlichen Ereignisse durch die Emmaus-Jünger, die mit der Klage endet, dass die Jünger Jesus im Grab nicht gesehen hätten, provoziert eine ärgerliche Reaktion des (noch immer unerkannten) Jesus: »Begreift ihr denn nicht? Wie schwer fällt es euch, alles zu glauben, was die

Propheten gesagt haben. Musste nicht der Messias all das erleiden, um so in seine Herrlichkeit zu gelangen?«[23] Seine Worte sind ein Vorwurf an die Jünger, die zum Grab gegangen waren, und an das Emmaus-Duo zugleich. Warum nur sind sie alle so töricht? Weil sie nicht den auferstandenen Jesus vor Augen haben. Warum sie ihn nicht sehen? Nun, weil es ihnen »schwerfällt […], alles zu glauben, was die Propheten gesagt haben«. Das ist eine zutiefst aufschlussreiche Aussage, denn sie deutet an, dass die Wahrnehmung des auferstandenen Jesus in irgendeiner Form vom Glauben an die Schrift abhängt. Es ist schwer einzusehen, wie sich das vereinbaren lassen sollte mit der traditionellen Vorstellung von einer göttlichen Offenbarung, die ja vermutlich aus sich heraus völlig überzeugend hätte sein müssen. Mit der Grabtuchtheorie hingegen würde es sich problemlos in Einklang bringen lassen, denn seine Bedeutung erhält das Grabtuch schlussendlich durch die Auslegung der alten Schriften. Damit nicht genug, ist die Vorstellung von einem Messias, der leiden muss, um »in seine Herrlichkeit zu gelangen« – die am klarsten in der Verklärungserzählung Gestalt annimmt –, eine treffende Beschreibung der Verwandlung Jesu in die wundersame Gestalt auf dem Grabtuch. Die gesamte Emmaus-Erzählung wirkt wie eine Fabel, penibel konstruiert, die augenscheinliche Blindheit der Jünger vor der Offenbarung des auferstandenen Jesus zu versinnbildlichen.

In allen drei Versionen verrät die Erzählung von den Männern am Grab demnach eine überraschend deutliche petrusfeindliche Haltung. Was ist von diesem unverfrorenen Angriff auf Petrus in den zentralen Texten des Christentums zu halten? Die Antwort findet sich in den nichtkanonischen Evangelien, die Maria Magdalene feiern. Denn außer dass sie den Ruf Maria Magdalenes als weiblichem Apostel von hohem Ansehen bezeugen, spiegelt sich darin auch eine beträchtliche Gegnerschaft zwischen ihr und Petrus.

Besonders offen tritt die Rivalität zwischen Maria Magdalene und Petrus im letzten »Logion« des Thomasevangeliums zutage, in dem Petrus zu den anderen Jüngern sagt: »Mariham soll von uns gehen. Denn die Frauen sind des Lebens nicht würdig« (womit übrigens das ewige Leben gemeint ist). Ihm widerspricht Jesus selbst, der erklärt, dass »jede Frau, wenn sie sich männlich machen wird, […] in das Königreich der Himmel eingehen« wird.[24] Die Tatsache, dass das Thomasevangelium mit diesem Austausch endet, dokumentiert, wie wichtig dieses Thema in den frühchristlichen Diskursen war. Ein ganz ähnlicher Diskurs findet sich am Ende des *Evangeliums nach Maria*. Darin stellt Petrus, nachdem er sich die langen Ausführungen Maria Magdalenes über den Inhalt von Christi Lehren angehört hat, deren Autorität infrage: »Sprach er etwa mit einer Frau heimlich vor uns und nicht offen? Sollen wir umkehren und alle auf sie hören? Hat er sie mehr als uns erwählt?« Maria Magdalene verteidigt sich mutig mit den Worten: »Mein Bruder Petrus, was glaubst du denn? Glaubst du, ich habe mir dies allein im Herzen ausgedacht oder ich lüge über den Erlöser?«, und erfährt Unterstützung durch Levi, der Petrus rügt, weil er sich »gegen die Frau ereifert wie die Feinde«.[25] In der im 3. Jahrhundert entstandenen *Pistis Sophia* beklagt Petrus sich beispielsweise über Maria Magdalene, weil sie zu viel rede, und bringt sie zu dem Bekenntnis: »Ich fürchte mich vor Petrus, weil er mir droht und unser Geschlecht hasst.«[26]

Diese literarischen Scharmützel reflektieren die Geschlechterpolitik der postapostolischen Kirche aus unterschiedlichen Blickwinkeln, aber die Kluft zwischen Petrus und Maria Magdalene ist mit großer Sicherheit historisch gegeben – denken Sie daran, dass sie im Paulinischen Credo fehlt. Wie dem auch sei, das Thomasevangelium belegt, dass Petrus am Ende des 1. Jahrhunderts, als die Evangelien von Lukas und Johannes verfasst wurden, als Frauenfeind porträtiert wurde. Mehr als das brauchen wir nicht, um seine Herabwürdigung in der Graberzählung aus der Sicht der Männer zu begreifen, die offenbar genau wie die Erzählungen von den Frauen am Grab von einem »feministischen« Widersacher des Paulinischen Auferstehungscredos verfasst wurden.

Neben seiner Version der Erzählung über die Männer am Grab gibt es bei Johannes auch eine andere Version der Geschichte von Petrus und dem Begräbnislinnen. Diese Überlieferung stammte offenbar aus Edessa und betraf das mysteriöse andere Tuch, das *soudárion*.

Wie wir gesehen haben, erwähnt der Verfasser des Johannesevangeliums zuerst die »Leinenbinden« (*othonia*) – den Begriff hat er aus einer seiner alten Quellen übernommen. Ihm war nicht klar, dass *othonia* hier anstelle von *sindón* (Leinentuch, in diesem Fall das Grabtuch) stand, und so maß er diesen »Leinenbinden« wenig bis gar keine Bedeutung zu. Das *soudárion* hingegen, das er selbst in die Erzählung einführt, wird sehr genau beschrieben, was dafür spricht, dass er mehr darüber wusste und es als außerordentlich bemerkenswert einstufte.

Die Bedeutung des *soudárion* erschließt sich, wenn man sich einmal den logischen Faden der Erzählung vergegenwärtigt. Als der Jünger, den Jesus liebte, am Grab eintrifft, blickt er hinein und sieht lediglich die *othonia*. Das beeindruckt ihn nicht sonderlich. Kurz darauf trifft Petrus ein, geht in die Grabkammer und sieht nicht nur die *othonia*, sondern auch das *soudárion*, das von außen nicht zu sehen ist – weshalb der Evangelist es »daneben an einer besonderen Stelle« liegen lässt. Der Lieblingsjünger betritt dann ebenfalls die Kammer, und das Einzige, was er zu Gesicht bekommt, ist das *soudárion*. Er sieht es an und glaubt augenblicklich. Was glaubt er? Dass Jesus von den Toten auferstanden ist, wie der nächste Vers annehmen lässt. Damit nicht genug, glaubt er, obwohl er nicht weiß, dass die Schrift weissagt, dass Jesus »von den Toten auferstehen musste«. Genau genommen sagt Johannes, dass das *soudárion* allein ausreicht, den Glauben an die Auferstehung zu begründen.

Auf den ersten Blick mag die Vorstellung, dass ein gefaltetes Schweißtuch Anlass geben sollte, an die Auferstehung zu glauben, zutiefst befremdlich erscheinen. Tatsächlich wäre solches ziemlich unverständlich, wäre da nicht die Möglichkeit, dass zu der Zeit, als das Johannesevangelium geschrieben wurde, das Grabtuch bereits in das Mandylion überführt, das heißt auf Handtuchgröße gefaltet und eingerahmt, worden war, sodass nur Kanten des Tuchs und das Gesichtsporträt darauf sichtbar waren. Ich habe bereits mehrere Argumente dafür angeführt, dass das *soudárion* bei Johannes ein Verweis auf das Mandylion (siehe oben, Seite 296 f.) sein könnte, und dessen Wirkung auf den Jünger, den Jesus liebte, wäre das letzte in dieser Reihe. Selbst in seiner gefalteten Form wäre das Grabtuch noch ein machtvolles Zeichen gewesen, das sich als Offenbarung hätte deuten lassen. Es wäre dann nicht mehr direkt dem auferstandenen Jesus gleichgesetzt worden, aber Jesu Anhänger hätten es dennoch als Repräsentation ihres Herrn gesehen und gewusst, dass es in seinem Grab gefunden wurde. Es überrascht kaum, dass jemand beschlossen hat, der Graberzählung eines Evangeliums einen Verweis auf dieses kostbare Tuch hinzuzufügen.

Die Abfolge, dass Petrus das Grab betritt und das *soudárion* vor allen anderen sieht, entspricht genau der Aussage im Glaubensbekenntnis des Paulus im Ersten Korintherbrief, der zufolge Petrus als Erster dem auferstandenen Christus begegnet ist. Beide sagen auf unterschiedliche Weise das Gleiche, und zwar, dass Petrus der Erste war, der das Grabtuch erblickt hat.

Es sollte noch gesagt sein, dass der Verfasser des Johannesevangeliums seine Leser nicht an der Nase herumführt und die Erscheinung des auferstandenen Christus hinter dem schnöden Bild von einem »Schweißtuch« verbirgt. Er ist vielmehr der Überlieferung gefolgt, die besagt, dass Petrus der Erste war, der das *soudárion* sah, und die neben derjenigen Bestand hatte, der zufolge Petrus der Erste war, der den auferstandenen Christus zu Gesicht bekam. Johannes hat von der Behauptung, Petrus habe vor allen anderen den auferstandenen Christus gesehen, offenbar nichts gewusst. Selbst wenn er sie gekannt hätte, wäre er allerdings nicht imstande gewesen, die Verbindung zur Entdeckung des *soudárion* durch Petrus zu sehen, denn wie die meisten seiner Zeitgenossen stellte er sich den auferstandenen Christus als Wesen aus Fleisch und Blut vor. Erst jetzt, im kritischen Rückblick, wird erkennbar, dass beide Überlieferungen im Prinzip das Gleiche aussagen.

In meinen Augen kann das *soudárion* im Johannesevangelium nichts anderes gewesen sein als eine anachronistische Beschreibung des Grabtuchs als Mandylion, das einzige gefaltete »Schweißtuch«, das den Glauben an die Auferstehung hätte begründen können.

Eine wichtige Frage aber bleibt: Was hat Petrus getan, nachdem er das *soudárion* gefunden hatte? Hat er es sofort mitgenommen, oder hat er es dort gelassen, und jemand anderer hat es später geholt? Das Johannesevangelium enthält nicht den leisesten Hinweis auf das weitere Schicksal des Tuchs (genauso wenig wie die Synoptiker sagen, was aus dem *sindón* geworden ist). Ein paar spätere Quellen liefern jedoch Fingerzeige darauf, dass das Grabtuch von Petrus selbst aus dem Grab genommen worden sein wird.[27]

Die erste dieser Quellen ist die biografische Legende der heiligen Nino, der »Erleuchterin Georgiens«. Ein Teil davon besteht aus »*conjecturae*« – Deutungen oder Wahrsagungen, deren Entstehungsdatum durchaus bis an den Beginn des 4. Jahrhunderts, die Zeit, in der die Glaubensbotin selbst lebte, zurückreichen könnte. In ihren *conjecturae* erinnert sich Nino, dass von dem *soudárion* »gesagt wird, dass Petrus es gefunden, an sich genommen und bewahrt hat, aber wir wissen nicht, ob es je entdeckt worden ist«.[28] Diese Überlieferung könnte vielleicht als blanke Spekulation auf der Grundlage des Johannesevangeliums erscheinen, aber es gibt gute Gründe, sie ernst zu nehmen. Es ist nicht ganz klar, woher Nino stammte, doch welchen Weg auch immer sie in den Kaukasus genommen hat, sie muss durch den Osten der Türkei gereist sein und dabei Edessa passiert haben oder sich in der Nähe aufgehalten haben.[29] Es ist absolut denkbar, dass in der Region noch eine Version der Überlieferung kursierte, in der das *soudárion* die zentrale Rolle spielte – die gleiche Version, auf die sich zuvor bereits der Verfasser des Johannesevangeliums bezogen hatte. Ninos Aussage, dass es zu ihrer Zeit abhanden gekommen war, passt zu dem späteren Bericht, dem zufolge das Mandylion über dem Stadttor von Edessa eingemauert war, ohne dass es zu jener Zeit irgendwer gewusst hätte.[30] Alles in allem scheint das Zeugnis der heiligen Nino glaubwürdig.

Zusätzliche Bestätigung erhält es durch eine weitere unabhängige Quelle aus dem 9. Jahrhundert: die von Iso'dad, dem Bischof von Merw, einem einstmals wichtigen Handelszentrum im heutigen Turkmenistan, auf Syrisch verfassten Kommentaren zum Neuen Testament.[31] Obwohl er fünf Jahrhunderte nach Nino gelebt hat, scheint Iso'dad über das *soudárion* eher mehr zu wissen als sie. Hier eine Passage aus seinem Kommentar zu Johannes:

> »Simon nahm das *Sudarium*, und sie war für ihn wie eine Krone auf dem Kopf. Und jedes Mal, wenn er jemandem die Hände auflegte, setzte er sie sich auf sein Haupt. Er erfuhr oft und viel Hilfe daraus, so wie noch heute die Oberhäupter und Bischöfe der Kirche anstelle jenes *Sudariums* Turbane um Kopf und Nacken tragen.«[32]

Es gibt mehrere Gründe, diesen Bericht ernst zu nehmen. Es ist klar, dass Iso'dad sich auf eine altehrwürdige Kirchentradition stützt, und die nestorianische Kirche, zu der er gehörte, war einst in Edessa gut etabliert. Damit nicht genug, passt die Beschreibung, der zufolge das *soudárion* bei Heilungszeremonien als »Krone« verwendet worden war, zu älteren Berichten über das Mandylion, das offenbar in ähnlicher Weise verwendet wurde. Da wäre beispielsweise die Geschichte über den Apostel Thaddäus, der mit dem Mandylion auf dem Kopf in die Audienzhalle von König Abgar gekommen sein und diesen so von seinen Lähmungen geheilt haben soll.[33] Diese Parallele ist von besonderer Bedeutung, weil das Mandylion nach seiner Wiederentdeckung im 6. Jahrhundert nicht offiziell als das *soudárion* aus dem Grab erkannt worden war, sondern als auf wunderbare Weise entstandenes Selbstporträt galt, das Jesus an König Abgar gesandt hatte. Das bedeutet, dass die Überlieferung des Iso'dad sich nicht auf die Abgar-Legende gründen kann, sondern vielmehr bis in die Zeit der Entstehung des Johannesevangeliums zurückreichen muss, als das Grabtuch noch als *soudárion* gehandelt wurde.

Aus den Überlieferungen der heiligen Nino und des Bischofs von Merw können wir demnach schlussfolgern, dass man zu der Zeit, da das Grabtuch über dem Westtor von Edessa seinen Dornröschenschlaf als Mandylion hielt, geglaubt hat, dass Petrus es aus Jesu Grab genommen hatte. Diese Ansicht ist aus historischer Perspektive einleuchtend, und sie verträgt sich, wie wir sehen werden, damit, was sich im weiteren Verlauf des Ostersonntags ereignet hat.

Das Mysterium der im Paulinischen Credo erwähnten ersten Erscheinung des auferstandenen Jesus vor Petrus scheint damit gelöst. Was Petrus am Ostermorgen in Jesu Grab zum Staunen gebracht hatte, war das Grabtuch gewesen. Jedes kleine Stückchen an Information, das sich über die persönliche Erfahrung des Petrus an Ostern gewinnen lässt, lässt sich damit elegant einbinden.

Nicht minder interessant ist, dass die voneinander abweichenden Darstellungen vom ersten Besuch des Petrus am Grab klar auf vorhandene Spannungen innerhalb der frühen Christenheit schließen lassen. Das Grabtuch war ein Phänomen, das auf unterschiedliche Weise interpretiert (und dargestellt) werden konnte, und die ersten christlichen Autoren machten sich seine Ambivalenz zunutze. Es wurde je nach dem Kontext der Darstellung und dem Wissen beziehungsweise der geistigen Haltung des Verfassers auf ganz unterschiedliche Weise gesehen und porträtiert.

Auf jeden Fall haben Petrus und die anderen männlichen Apostel dessen erstes Schauen des Grabtuchs (den Anspruch der Frauen übergehend) als erste Erscheinung Jesu umgedeutet. Das Credo des Paulus im Ersten Korintherbrief, das diese tendenziöse Berichterstattung zementiert, wurde vermutlich binnen weniger Jahre nach der Kreuzigung allen anderen Aposteln als allgemeingültige Wahrheit vermittelt. Der Ausschluss der Frauen aus dem Credo wurde zweifellos als gerechtfertigt betrachtet, weil diese als Zeuginnen in der Öffentlichkeit ohnehin nicht akzeptiert gewesen wären. Aber ihre Marginalisierung war nicht allein eine schlichte pragmatische Entscheidung, sie reflektierte die tief verwurzelte patriarchalische Haltung dieser Zeit. Und wir sollten das persönliche Element nicht außer Acht lassen: Indem er die Frauen, an erster Stelle Maria Magdalene, aus dem Rampenlicht verdrängte und sich selbst als Erstzeugen darstellte, hat Petrus fraglos seine eigene Autorität zu ihren Ungunsten gestärkt.

Die Frauen ließen solches nicht auf sich sitzen. Während Paulus und die übrigen Instanzen der Jerusalemer Kirche das Glaubensbekenntnis des Ersten Korintherbriefs propagierten, hat jemand, der darauf aus war, der ganz anders gelagerten weiblichen Sicht Gehör zu verschaffen, eine folgenreiche Geschichte erzählt, nach der Petrus zum Grab ging und den auferstandenen Jesus im Grabtuch nicht erkannte. Während diese Darstellung in der nachfolgenden schriftlichen Evangelientradition weitergetragen wurde (und in den Evangelien von Lukas und Johannes bis heute überlebt hat), geriet die mündliche Verkündigung des Paulinischen Credos allmählich in Vergessenheit. Der einzige Evangelist, der sie noch zitiert hat, war Lukas, der sie einigermaßen verschränkt in seine Darstellung des Ostertags eingebaut hat. Statt eine eigene, Petrus wohlgesonnene Interpretation der österlichen Ereignisse aufzuschreiben, haben die Evangelisten sich damit begnügt, die vorhandenen Erzählungen, in denen Petrus deutlich schlechter wegkam, umzumodeln.

Unterdessen hielten sich bei den Urchristen von Edessa Überlieferungen über das *soudárion*, wie man das Grabtuch nach seiner Neuerfindung als Mandylion nannte. Man erzählte sich, wie Petrus das Tuch am Ostermorgen gefunden hatte, es mitgenommen und bei seinen Wunderheilungen auf dem Kopf getragen hatte. Zumindest ein Teil dieser mündlichen Überlieferung muss Johannes bekannt gewesen sein, denn er hat sie in seine Erzählung über den Besuch der Männer am Grab eingeflochten, und sie hat sich in Kirchen, die einen Bezug zu Edessa hatten, über Jahrhunderte gehalten. Die heilige Nino von Georgien und Iso'dad von Merw wussten beide, dass Petrus das *soudárion* aus Jesu Grab genommen hatte, aber keiner von beiden hatte die leiseste Ahnung, dass dies zu dem Zeitpunkt geschehen war, da den Überlieferungen zufolge der Auferstandene erstmals erschienen war. Das Gleiche gilt für den Verfasser des Johannesevangeliums ein paar Jahrhunderte vor ihnen.

Bis heute hatten die Gelehrten kein Mittel an der Hand, Ordnung in dieses Durcheinander an Indizien zu bringen. Nur wenn man das Leinentuch, das Petrus im Grab gefunden hatte, als *das* Grabtuch betrachtet, ergeben sämtliche Puzzleteilchen ein sinnvolles Bild.

22

Die Erscheinung vor den Zwölf

Stellen Sie sich vor, was in Petrus vorgegangen sein muss, als er, das Grabtuch in Händen, Jesu Grabkammer verließ und den steinigen Pfad nach Jerusalem zurückeilte. Er muss außer sich gewesen sein, aufgeregt und bestürzt zugleich. Er hatte seinen geliebten Jesus, kalt und tot für das Begräbnis hergerichtet, daliegen gesehen, aber er hatte auch eine geheimnisvolle Gestalt erblickt, die ihn, so wie die Frauen es berichtet hatten, aus dem Leichentuch heraus anstarrte. Er muss die Gestalt als Zeichen, als Botschafter von jenseits des Grabs, betrachtet und beschlossen haben, sie aus dem Grab herauszuholen. Dann, als er den Leichnam Jesu anhob, erschien vor seinen Augen die zweite Gestalt, diese wandte ihm den Rücken zu.[1] Zwei übernatürliche Besucher, die sich ihm in aller Stille in Jesu Grab gezeigt haben.

Jetzt hielt er sie in Händen, rollte das Tuch zusammen und trug es in die Heilige Stadt. Was hatten sie zu bedeuten? Seine Gedanken müssen sich überschlagen haben. Sein erster Impuls wird mit Sicherheit gewesen sein, es seinen verzagten Brüdern zu zeigen, die genau wie er Jesus gefolgt waren und nun trauerten. Er musste das Tuch so rasch wie möglich zu den Zwölf bringen.

Im Licht der Hinweise, die wir aus dem Neuen Testament erhalten, klingt dieses Szenario plausibel. Das Glaubensbekenntnis aus dem Ersten Korintherbrief und alle Evangelien sind sich einig, dass der auferstandene Jesus, nachdem er am Ostermorgen erstmals – von Petrus oder den Frauen – gesehen worden war, den Zwölf erschienen ist.[2] Diese Erscheinung wird in drei der Evangelien (Matthäus, Lukas und Johannes) als Geburtsstunde des Christentums erinnert, als der Augenblick, in dem der auferstandene Jesus seinen Jüngern aufträgt, hinauszugehen und das Reich Gottes zu predigen. Es kann keinen Zweifel darüber geben, dass es sich um ein Ereignis von ungeheurer Tragweite gehandelt hat. Aber wieder sehen sich die neutestamentlichen Gelehrten nicht in der Lage, Zeit und Ort des Ereignisses zu bestimmen, von seinem genauen Ablauf gar nicht zu reden. Es gibt keinen echten historischen Konsens über den Augenblick, in dem die Kirche als Gemeinschaft der gläubigen Christen gegründet wurde. Das Grabtuch und eine neue, kritische Sichtweise auf die Evangelien können uns helfen, diese Geschichtslücke zu füllen.

Den Bestrebungen, Klarheit in die möglichen Umstände des Ereignisses zu bringen, stehen widersprüchliche Aussagen im Weg. In den Evangelien gibt es unterschiedliche Überlieferungstraditionen, was die Erscheinung vor den Zwölf anbelangt. Der einen zufolge, die man als Jerusalem-Variante bezeichnen könnte, erscheint der auferstandene Christus den Jüngern am Abend des Ostertags in Jerusalem. Diese Überlieferung findet sich in den scheinbar unabhängig voneinander entstandenen Erzählungen bei Lukas und Johannes und wird auch in anderen Quellen wiederholt. Während manche Gelehrte sie als historisch verbürgt sehen, sind doch die meisten anderer Ansicht und gehen davon aus, dass die Erscheinung vor den Zwölf eher, wie von Markus und Matthäus berichtet, Tage oder Wochen nach Ostern in Galiläa stattgefunden haben muss.[3] Diese Galiläa-Variante hat Eingang gefunden ins Petrusevangelium und ins 21. Kapitel des Johannesevangeliums. Bisher hat niemand belegen können, welche der beiden Überlieferungen die historisch zutreffende ist.

Interpretiert man das Ereignis als erstes Zeigen des Grabtuchs, wären wir zu guter Letzt imstande festzustellen, wo es tatsächlich stattgefunden hat. Auf den ersten Blick mag es scheinen, als wären in Bezug auf das Grabtuch beide Überlieferungen gleich plausibel: Das Tuch könnte den Gefährten des Petrus am Ostertag präsentiert worden sein, als sie noch in der Nähe von Jerusalem waren, oder es könnte mit nach Galiläa genommen und ihnen irgendwann später gezeigt worden sein. Bei genauerer Betrachtung scheint der Ostersonntag allerdings das wahrscheinlichere Datum zu sein.

Manchmal wird angenommen, basierend auf der (später von Matthäus wiederholten) Darstellung des Markusevangeliums, wonach die Jünger zum Zeitpunkt von Jesu Gefangennahme im Garten Gethsemane geflohen seien, dass die Zwölf sich schon am Osterwochenende auf den Weg nach Galiläa gemacht haben. Das aber ist unwahrscheinlich. Wenn Petrus am Ostersonntag zu Jesu Grab gegangen ist, kann er die Stadt nicht drei Tage vorher schon verlassen gehabt haben, und wenn er in Jerusalem geblieben ist, haben es die übrigen Jünger vermutlich ebenso gehalten. Hinzu kommt, dass alle Evangelien dahingehend übereinstimmen, dass die Jünger am Ostermorgen in der Stadt waren, wo ihnen die Frauen die Nachricht überbrachten.[4] Dass die Zwölf nach der Kreuzigung noch blieben und Zeugen der Auferstehung wurden, ist außerdem in den ersten Kapiteln der Apostelgeschichte nachzulesen, die sich auf andere Überlieferungen stützen als die Evangelien.[5]

Die Flucht nach Galiläa scheint demnach ein Produkt gelehrter Fantasie zu sein.[6] Als Petrus an jenem Morgen mit seiner seltsamen Trophäe in die Stadt zurückkam, waren seine Freunde vermutlich noch in der Nähe und hielten sich versteckt. Er wird sie, so rasch er konnte, versammelt und ihnen das Grabtuch gezeigt haben. Wenn diese Überlegung stimmt, dann müssen wir uns an die Jerusalem-Variante der Überlieferung halten, wenn wir nach einer halbhistorischen Beschreibung der Erscheinung vor den Zwölf suchen.

Nach seiner dramatischen Schilderung der Erscheinung vor Maria Magdalene lässt Johannes einen seltsam geschraubten Bericht über die Erscheinung Jesu vor den Zwölf folgen. Da ist nirgends die Rede von Aufregung, Überraschung oder großen Gefühlen. Das Ereignis wird als ruhiges Routinetreffen geschildert, bei dem Jesus seinen Jüngern Macht und Autorität überträgt:

> »Am Abend dieses ersten Tages der Woche, als die Jünger aus Furcht vor den Juden die Türen verschlossen hatten, kam Jesus, trat in ihre Mitte und sagte zu ihnen: Friede sei mit euch! Nach diesen Worten zeigte er ihnen seine Hände und seine Seite. Da freuten sich die Jünger, dass sie den Herrn sahen. Jesus sagte noch einmal zu ihnen: Friede sei mit euch! Wie mich der Vater gesandt hat, so sende ich euch. Nachdem er das gesagt hatte, hauchte er sie an und sprach zu ihnen: Empfangt den Heiligen Geist! Wem ihr die Sünden vergebt, dem sind sie vergeben; wem ihr die Vergebung verweigert, dem ist sie verweigert.«[7]

Dieser gelassen abgeklärten Geschichte wird eine weitere angefügt, die berühmte Erzählung vom ungläubigen Thomas, auf die wir später zurückkommen werden.

Bei Lukas ist die Beschreibung der Erscheinung vor den Zwölf sehr viel bunter ausgeschmückt als bei Johannes. Es braucht eine Menge Überredungskunst, die Jünger davon zu überzeugen, dass ihr Meister von den Toten auferstanden ist, und Jesu Rede befasst sich mit der Erfüllung der Weissagungen in der Schrift ebenso wie mit der zukünftigen Rolle der Jünger. Die Handlung beginnt damit, dass die Emmaus-Jünger die Elf und »die anderen Jünger« von dem in Kenntnis setzen, was ihnen auf der Straße und später beim Abendessen widerfahren war:

> »Während sie noch darüber redeten, trat er selbst in ihre Mitte und sagte zu ihnen: Friede sei mit euch! Sie erschraken und hatten große Angst, denn sie meinten, einen Geist zu sehen. Da sagte er zu ihnen: Was seid

> ihr so bestürzt? Warum lasst ihr in eurem Herzen solche Zweifel aufkommen? Seht meine Hände und meine Füße an: Ich bin es selbst. Fasst mich doch an und begreift: Kein Geist hat Fleisch und Knochen, wie ihr es bei mir seht. Bei diesen Worten zeigte er ihnen seine Hände und Füße. Sie staunten, konnten es aber vor Freude immer noch nicht glauben. Da sagte er zu ihnen: Habt ihr etwas zu essen hier? Sie gaben ihm ein Stück gebratenen Fisch; er nahm es und aß es vor ihren Augen.
> Dann sprach er zu ihnen: Das sind die Worte, die ich zu euch gesagt habe, als ich noch bei euch war: Alles muss in Erfüllung gehen, was im Gesetz des Mose, bei den Propheten und in den Psalmen über mich gesagt ist. Darauf öffnete er ihnen die Augen für das Verständnis der Schrift. Er sagte zu ihnen: So steht es in der Schrift: Der Messias wird leiden und am dritten Tag von den Toten auferstehen, und in seinem Namen wird man allen Völkern, angefangen in Jerusalem, verkünden, sie sollen umkehren, damit ihre Sünden vergeben werden. Ihr seid Zeugen dafür. Und ich werde die Gabe, die mein Vater verheißen hat, zu euch herabsenden. Bleibt in der Stadt, bis ihr mit der Kraft aus der Höhe erfüllt werdet.«[8]

Offensichtlich ist ein Großteil dieser Erzählung – unter anderem das Essen und das Gespräch – der Fantasie des Verfassers entsprungen.[9] Aber aus einer Reihe von Gründen lässt sich vermuten, dass sie zusammen mit der Erzählung des Johannesevangeliums auf eine unmittelbare Erinnerung zurückgeht.

Ich hatte weiter oben bereits angemerkt, dass die Zwillingsevangelien von Lukas und Johannes aus dem wilden Durcheinander von miteinander zusammenhängenden Legenden als relativ konzise herausstechen – ein wenig wie zwei Puzzleteile, die aneinander hängen geblieben sind, nachdem das Puzzle auseinandergenommen und die Hälfte der Teile bereits weggeräumt worden ist. Obwohl die Texte durch eine Menge Gemeinsamkeiten miteinander verknüpft sind, gibt es keine gesicherten Hinweise darauf, dass der Verfasser des Johannesevangeliums Lukas gekannt hat oder umgekehrt, das heißt, ihre Parallelerzählungen entspringen vermutlich derselben (sehr früh) verfassten Quelle oder gehen auf unabhängige Augenzeugenberichte zurück (was letztlich auf das Gleiche hinausläuft).

Damit nicht genug, bietet die Jerusalem-Variante eine Erklärung für den frühchristlichen Brauch, sich an Sonntagabenden zu treffen, um »das Brot zu brechen«. Eine Begegnung mit dem auferstandenen Christus würde den Ursprung dieser universal verbreiteten Zeremonie erklären.[10] Da das Herrenmahl offenbar vor dem Jahr 33 eingesetzt wurde, kann es sich nicht um ein

Zeremoniell handeln, das auf einer nicht begründeten Legende basiert. Am meisten leuchtet die Erklärung ein, dass es an die erste gemeinsame Begegnung mit dem auferstandenen Herrn erinnern soll, wie Lukas und Johannes sie aufgezeichnet haben.[11]

Die Jerusalem-Variante der Überlieferung steht somit offenbar auf historisch soliden Füßen. Woran aber lässt sich ihr historisch verbürgter Kern erkennen? Es erscheint logisch und folgerichtig, die Elemente zu vergleichen, die Johannes und Lukas gemein haben.

Außer dass beide Texte feststellen oder stillschweigend voraussetzen, dass die Begegnung am Ostersonntag stattfand, stimmen sie in sechs weiteren Merkmalen überein. Erstens beschreiben beide Evangelisten die Begegnung als ein Treffen, das in einem Haus stattfand.[12] Zweitens erzählen sie vom Erscheinen Jesu in genau der gleichen Art und Weise, beide sagen nur, Jesus sei »in ihre Mitte« getreten.[13] Drittens steht bei beiden Texten der auferstandene Christus im Mittelpunkt, der seine Wunden zeigt. Viertens kommentieren sowohl Johannes als auch Lukas, dass die Jünger mit Freude reagiert hätten. Fünftens verkündet Jesus in beiden Texten die Vergebung der Sünden, und sechstens führen beide die Idee ein, dass Jesus seinen Jüngern den Heiligen Geist herabsendet.

Die beiden letzten Motive, die in theologischen Überlegungen wurzeln, müssen aus einer früheren Version der Erzählung herrühren; auch das bedeutet, dass Johannes und Lukas sich letzten Endes auf dieselbe Quelle berufen haben. Der Rest ist rein deskriptiv und könnte durchaus das tatsächliche Erleben dieses Ereignisses widerspiegeln. Bezeichnenderweise ergeben alle diese vier Aspekte Sinn, wenn man sie auf das Grabtuch bezieht, ja, wenn man zugrunde legt, dass die Begegnung aus dem Anblick des Grabtuchs bestanden hat, addieren sie sich zu einem lebhaften Eindruck von der Erscheinung vor den Zwölf.

Das Eingangsszenario jedenfalls ist zunächst einmal völlig glaubhaft. Nur zwei Tage nach der Kreuzigung werden die Zwölf noch immer extrem auf der Hut vor einer möglichen Verhaftung gewesen sein, und es wäre gefährlich gewesen, sich zusammen sehen zu lassen. Dennoch hatte Petrus einen dringenden Grund, sie zusammenzurufen: Er wollte ihnen das Grabtuch zeigen. Unter den gegebenen Umständen würden wir nichts anderes erwarten als ein nächtliches Treffen hinter verschlossenen Türen. Auch um des Grabtuchs willen würde Petrus auf strikte Geheimhaltung geachtet haben.

Was ist von der Art und Weise zu halten, in der die Erscheinung sich abgespielt haben soll? Oft wird aus der Schilderung, dass Christus plötzlich

»in ihrer Mitte« auftaucht, geschlossen, es müsse dazu der Fähigkeit bedurft haben, durch Wände zu gehen.[14] Mit dem Grabtuch bekommen wir einen neuen, realistischeren Blick auf die Szene. Petrus wird das Tuch unentdeckt – zusammengerollt oder gefaltet – zu dem Treffen gebracht und der versammelten Jüngerschar erst gezeigt haben, als die Türen sicher verriegelt waren. Als das Tuch dann zum ersten Mal ausgebreitet wurde, muss es buchstäblich so gewesen sein, als stünde der auferstandene Jesus plötzlich mitten unter den Zwölf – genau wie die Evangelien es berichten: »in ihrer Mitte.«

Im Zentrum der Jerusalem-Version der Überlieferung steht die Betrachtung von Christi Wunden. Auch dieses Motiv spiegelt womöglich recht genau, was tatsächlich geschehen ist, als die Zwölf das Tuch erstmals zu Gesicht bekamen. Die Blutspuren sind das Faszinierendste an der Gestalt auf dem Grabtuch und werden zweifellos Aufsehen erregt haben, als es erstmals entfaltet wurde. Sie werden dieselben beiden Dinge bewirkt haben wie die Wunden in den Evangelien: Sie belegten, dass der Jesus vor ihnen identisch war mit dem sterblichen Jesus und demonstrierten nicht nur seine ideelle, sondern auch seine quasikörperliche Gegenwart – seine Auferstehung.

Was die Frage der Identifizierung betrifft, so ist es zunächst einmal nicht unmittelbar zwingend, dass der auferstandene Jesus am ehesten an seinen Wunden zu erkennen gewesen sein soll. Wenn die Zwölf eine gemeinsame Vision gehabt hätten, hätten sie Jesus vermutlich an seinem Antlitz und seinen Worten erkannt. Jemand, der in Fleisch und Blut auferstanden ist, sollte vertraut aussehen und klingen. Seine Wunden wären mehr oder minder nebenbei zur Kenntnis genommen worden. Wenn das, was die Zwölf gesehen haben, jedoch das Grabtuch gewesen ist, wären die Spuren von Jesu Verletzungen ein entscheidendes Merkmal der Identifizierung gewesen. Das Antlitz der Gestalt auf dem Grabtuch ist fahl, undeutlich und farbverkehrt, selbst jemand, der ihn gut gekannt hatte, hätte sich seiner Ähnlichkeit mit Jesus nicht hundertprozentig sicher sein können. Die Wundmale aber treten klar und deutlich sichtbar zutage und stellen eine unanfechtbare Verbindung zwischen der Gestalt auf dem Tuch und Jesus her: Er war es, der gekreuzigt und mit Dornen gekrönt wurde – nicht irgendein anonymes Wesen. Wie eine Art übernatürliches Geburtsmal bezeugten sie die Identität des auferstandenen Jesus.

Das zweite Problem war die Daseinsform der Gestalt auf dem Grabtuch. Wenn das Jesus war, in welchem Zustand existierte er dann? Wieder hätten die Blutspuren den Zwölf helfen können, diesbezüglich eine Entscheidung zu treffen. Dem bloßen Auge und den berührenden Händen erscheint die

Gestalt auf dem Tuch ganz und gar substanzlos. Sie könnte gedeutet worden sein als körperloser Geist oder Seele ohne Körper, gefangen zwischen Leben und Tod – oder als wiedererweckter Schatten wie der des Samuel (siehe oben, Seite 264 f.). Vielleicht findet diese Unsicherheit ihren Niederschlag in der überraschenden Bemerkung bei Lukas, dass die Jünger den auferstandenen Christus bei seinem ersten Erscheinen für einen Geist hielten. Die Wunden aber verliehen der Gestalt eine gewisse Körperlichkeit. Im Unterschied zum Abbild des Körpers sind die Blutspuren aus angetrocknetem Blut etwas Greifbares, und sie müssen ursprünglich noch prägnanter gewesen sein als heute. Das hätte das Seine zu der Mutmaßung beigetragen, dass Jesus auferstanden sein musste, denn Auferstehung bedeutete nicht allein posthumes Wiedererscheinen, sondern die Rückkehr zu irgendeiner Form von physischer Existenz. Überdies wäre den Zwölf bewusst gewesen, dass das Blut, das sie auf dem Tuch sahen, Lebensblut war, weil ebendieses für jede Form von Wiedererweckung aus dem Tod als unabdingbar angesehen wurde.

Es werden vornehmlich die Wunden gewesen sein, nehme ich an, die die Zwölf davon überzeugt haben, dass Jesus nicht nur als Geist in dem Grabtuch sichtbar war, sondern dass er zu einem überirdischen Leib, gleichen Blutes mit seinem sterblichen Körper, doch von völlig anderer Beschaffenheit, erweckt worden war.[15]

Die Jerusalem-Version weist demnach genau wie die Erzählungen von den Frauen beziehungsweise Männern am Grab mehrere Merkmale auf, die für die Theorie sprechen, dass die Gestalt auf dem Grabtuch als der auferstandene Jesus gesehen worden ist. Das plötzliche Erscheinen hinter verschlossenen Türen, das merkwürdige Verweilen auf den Wunden lassen genau wie die als überirdisch beschriebene Art des Auftretens vermuten, dass hier in aller Heimlichkeit das blutbefleckte Grabtuch gezeigt wurde. Die Grabtuchtheorie lässt sich überdies mit dem vermutlichen Zeitpunkt und Ort der Erscheinung vor den Zwölf vereinbaren und erklärt, warum die Zwölf nach Petrus die Nächsten waren, die den Auferstandenen zu Gesicht bekamen. Der perfekte Einklang zwischen der Jerusalem-Version der Überlieferung und den Einzelheiten des Grabtuchs kann kaum bedeutungsloser Zufall sein. Ich halte ihn vielmehr für ein weiteres Indiz dafür, dass der Auferstehungsglaube sich dem Grabtuch verdankt.

Die Jerusalem-Variante der Überlieferung ist allem Anschein nach dem Augenzeugenbericht einer Person zu verdanken, die bei diesem epochalen, kirchenstiftenden Ereignis zugegen war. Wer könnte dieser mysteriöse Augenzeuge gewesen sein? Zur Beantwortung dieser Frage müssen wir uns noch einmal etwas ausführlicher mit der Behandlung der Geschlechterfrage in den Evangelienerzählungen befassen. Dabei wird uns nur zu bald eine wohlvertraute Stimme in den Ohren klingen.

Am besten fangen wir mit der Lukas-Version der Erzählung an, die noch verschiedentlich Spuren einer gewissen kritischen Distanz zu den männlichen Jüngern erkennen lässt. Zunächst einmal heißt es, sie hätten sich gefürchtet, als der auferstandene Christus vor ihnen erschienen sei. Das kann gut so gewesen sein, aber ihre Furcht in einer sorgfältig konstruierten Geschichte zu erwähnen sieht sehr nach Berechnung aus. Im *Evangelium nach Maria* kommen die männlichen Jünger ebenfalls nicht allzu gut weg. Es heißt von ihnen, sie seien zu ängstlich gewesen, um hinauszugehen und das Evangelium zu predigen. Ihr Zögern wurde als moralische Schwäche und mangelnde Glaubensfestigkeit bemängelt.

Dann entlarvt Christi erste Frage die Jünger als Zweifler und Zauderer, mit anderen Worten: Ihnen gebricht es genau wie Petrus an spiritueller Sensibilität. Schlimmer: Sie bleiben auch dann noch ungläubig, als er ihnen seine Hände und Füße gezeigt hat, sind also besonders hartnäckig in ihrem Unglauben. Erst als er vor ihren Augen ein Stück Fisch gegessen und ihnen – ganz wichtig – »die Augen für das Verständnis der Schrift« geöffnet hat, akzeptieren die Zwölf endlich, dass der auferstandene Jesus Realität ist. Die unterschwellige Kritik am Verhalten der Jünger in diesem Abschnitt ruft ihr früheres Fehlverhalten in Erinnerung: ihre Weigerung, dem Bericht der Frauen zu glauben, ihr Unvermögen, den auferstandenen Jesus (auf der Straße und im Grab) zu erkennen, das Letzteren zu dem zornigen Ausruf veranlasst: »Begreift ihr denn nicht?« Das ganze Auferstehungskapitel bei Lukas hat eine klar »feministische« Färbung.

Noch deutlicher ausgeprägt ist der männerfeindliche Tenor in den Pseudo-Markus-Kapiteln. Das Erscheinen vor den Zwölf folgt in diesem Text auf die Erscheinungen vor Maria Magdalene und den beiden namentlich nicht genannten »zweien« und auf die mehrfache Weigerung der Jünger, dem Bericht dieser Zeugen Glauben zu schenken:

> »Später erschien Jesus auch den Elf, als sie bei Tisch waren; er tadelte ihren Unglauben und ihre Verstocktheit, weil sie denen nicht glaubten, die ihn nach seiner Auferstehung gesehen hatten.«[16]

Im Zentrum dieses Textes steht klar die spirituelle Pflichtvergessenheit der Jünger, alles andere hat dort keinen Platz. Nirgends ist die Rede von ihrer

Freude, es wird nichts über seine Wunden gesagt, nichts von »Fleisch und Knochen« und davon, dass er Fisch gegessen hat. In Anbetracht dessen, was wir über das matriarchalische Anliegen in den Auferstehungserzählungen gehört haben, sollte uns dieser Angriff auf den Ruf der männlichen Jünger nicht allzu sehr überraschen.

Genau die gleiche Haltung findet sich in der *Epistula*, die eine faszinierende nichtkanonische Version der Jerusalem-Tradition übermittelt. In diesem Text haben die Jünger einmal mehr die Auferstehungsbotschaft der Frauen nicht geglaubt, und hier sieht sich der auferstandene Christus veranlasst, ihnen einen persönlichen Besuch abzustatten:

> »Und darauf sprach der Herr zu Maria und auch zu ihren Schwestern: ›Lasst uns zu ihnen gehen!‹ Und er kam und fand uns drinnen verhüllt. Er rief uns heraus; wir aber dachten, es wäre ein Gespenst, und nicht glaubten wir, dass es der Herr wäre. Und also darauf sprach er zu uns: ›Kommet und fürchtet euch nicht! Ich bin euer Meister, den du, Petrus, ehe der Hahn krähte, dreimal verleugnet hast, und jetzt verleugnest du wiederum?‹ Und wir aber kamen zu ihm, denkend und zweifelnd in unseren Herzen, ob er es vielleicht auch wäre. Und da sprach er zu uns: ›Weshalb zweifelt ihr noch und warum seid ihr ungläubig? Ich bin es, der euch gesagt hat das inbetreff meines Fleisches, meines Todes und meiner Auferstehung. Und damit ihr wisset, dass ich es bin, so lege, Petrus, deine Hand und deine Finger in die Nägelmale meiner Hände, und du selbst, Thomas, lege deine Finger in die Lanzenstiche meiner Seiten, und du aber auch, Andreas, betrachte meine Füße und sieh, ob sie nicht die Erde berühren. Denn es steht geschrieben im Propheten: Eines Dämonsgespenstes Fuß möge nicht haften auf der Erde.‹
> Wir aber also betasteten ihn, damit wir erkennten, ob dass er wahrhaftig im Fleisch auferstanden wäre. Und darauf fielen wir vor ihm auf unser Angesicht, und bekannten unsere Sünden, dass wir ungläubig gewesen seien. Darauf sprach der [...] Herr und unser Heiland zu uns: ›Steht auf, und ich will euch offenbaren, was auf Erden und was oberhalb der Himmel ist und das, was in den Himmeln ist und eure Ruhe, die im Himmelreich, denn mein Vater hat mir die Macht gegeben, mich, euch und diejenigen, die an mich glauben, hinaufzuführen.‹«[17]

Eine noch strengere Maßregelung der Jünger ist schwerlich denkbar. Ihnen wird so gut wie jeder nur mögliche Irrtum zur Last gelegt: Verblendung, Unglaube, Angst, Zweifel, fortgesetzter Unglaube, die Nichtachtung von Christi Botschaft. Am Ende müssen sie ihn berühren und ihre Finger in seine Wunden legen, bevor sie ihren Augen trauen. Zu guter Letzt fallen sie vor ihm nieder und gestehen ihre Sünden. Als er sie aufrichtet, wird Christus ausdrücklich als Erlöser tituliert – sie haben Erlösung bitter nötig.

Im Mittelpunkt der Erzählung steht die seltsam ambivalente Gestalt des Petrus. Zunächst einmal wird er mit dem Verweis auf seine dreimalige Verleugnung Jesu im Haus des Hohenpriesters bloßgestellt.[18] Dann wird er noch vor Thomas aufgefordert, Christi Wunden zu berühren, um sich von der Realität der Auferstehung zu überzeugen. Petrus ist der Gegenpol zu Maria Magdalene und den anderen Frauen, die dem auferstandenen Jesus begegnen und auf der Stelle an ihn glauben.

Der männer- und petrusfeindliche Duktus in den Darstellungen der Erscheinung vor den Zwölf bei Lukas, Pseudo-Markus und in der *Epistula* lässt vermuten, dass alle drei auf eine gemeinsame »feministische« Quelle zurückgehen. (In der Version des Johannes ist kein solches Vorurteil erkennbar; das aber ist, wie wir sehen werden, auf ein paar relativ plumpe Eingriffe zurückzuführen.) Offenbar waren die Evangelienerzählungen von der Erscheinung vor den Zwölf entscheidend von matriarchalischen Interessen geprägt worden.

Und damit kommen wir auf unsere Eingangsfrage zurück: Wenn die Jerusalem-Variante der Überlieferung auf einen Augenzeugenbericht zurückgeht, wer mag dieser Augenzeuge gewesen sein? Die Art des Zeugnisses lässt wenig Raum für Zweifel: Es muss sich um eine Frau gehandelt haben. Und um zum Grundstein für eine so altehrwürdige Überlieferung zu werden, muss sie zumindest von manchen Leuten als wichtige christliche Lehrerin geachtet gewesen sein. Es ist schwer, sich des Verdachts zu erwehren, dass die Jerusalemer Tradition sich auf das Zeugnis der Frau beruft, deren Erinnerung später systematisch durch die männlichen Oberhäupter der Urkirche getilgt wurde: Maria Magdalene.

Das würde die Angriffe auf Petrus in der *Epistula* erklären; in den kanonischen Versionen der Evangelien sind diese möglicherweise gestrichen worden. Und Maria Magdalene ist überdies mit Sicherheit die wahrscheinlichste Quelle, weil sich ihre Rivalität zu Petrus in den beiden eng miteinander verknüpften Überlieferungen über die Frauen am Grab einerseits und über die Männer am Grab andererseits erhalten hat. Er hat sie aus dem Paulinischen Glaubensbekenntnis verdrängt, sie marginalisiert ihn in den Ostererzählungen und macht ihn klein. Es ist kein erbauliches Stück Literatur, aber hätte

Maria Magdalene ihren Platz nicht so vehement verteidigt, wäre ihre Stimme auf immer verloren gewesen.

Eine offensichtliche Frage bleibt: Wenn Maria Magdalene die Augenzeugin ist, auf deren Bericht sich diese Überlieferungen stützen, warum kommt sie dann in der Erzählung über die Erscheinung vor den Zwölf nicht vor? Es ist möglich, dass sie von der Zusammenkunft ausgeschlossen war und die Begebenheit auf der Grundlage ihrer Vertrautheit mit den Zwölf, ihres Wissens um das Tuch und dessen, was ihr hinterrücks zu Ohren gekommen war, rekonstruiert hatte. Aber viel wahrscheinlicher ist meiner Ansicht nach, dass sie beim ersten Zeigen des Tuchs zugegen war, vielleicht hat sie es zusammen mit Petrus den anderen Jüngern präsentiert. Dass sie und die anderen Frauen anwesend waren, wird durch mindestens zwei Quellen nahegelegt. Bei Lukas heißt es, die Gruppe, die er in Jerusalem antraf, waren »die Elf und die anderen Jünger«, worin durchaus die Frauen eingeschlossen gewesen sein können, und wie wir eben gesehen haben, lässt die *Epistula* den auferstandenen Christus Maria Magdalene und ihre Schwestern einladen, ihn zu seinem Besuch bei den Zwölf zu begleiten. Es gibt also Hinweise darauf, dass Maria Magdalene bei dem Ereignis zugegen war, und die Wirklichkeitsnähe der Erzählung lässt es am wahrscheinlichsten erscheinen, dass sie die Urheberin der Jerusalem-Variante der Überlieferung ist.

Bei ihrem Bericht über die Erscheinung vor den Zwölf mag Maria Magdalene die ursprüngliche Skepsis der Männer (und die Unbeirrtheit ihres eigenen Glaubens) übertrieben haben, aber es wäre unklug, diesen Aspekt der Erzählung als blanke Verleumdung abzutun. Die Zwölf werden das Grabtuch sicher nicht auf der Stelle bereitwillig als Verkörperung des auferstandenen Jesus gedeutet haben, und bei manchem hat es sicher mehr Überzeugungsarbeit erfordert als bei anderen. Es ist in der Tat anzunehmen, dass einige aus der Runde das Tuch angefasst und versucht haben, das Wesen der Erscheinung genauer zu ergründen, und dass sie an der Vorstellung gezweifelt haben, es verkörpere Jesus in seiner auferstandenen Form. Maria Magdalene war vielleicht dabei, als die Männer das Tuch erstmals fragend in Augenschein nahmen, und hat diese Begebenheit für ihre Zwecke als unwürdiges Zweifeln dargestellt.

Wenn dies das historische Fundament der Jerusalem-Variante der Überlieferung ist, mutet es seltsam an, dass sich bei Johannes' Version der Erzählung keinerlei Erwähnung des Zweifels aufseiten der Jünger findet, sondern lediglich ein knapper Verweis auf Christi Wunden. Es sieht so aus, als wäre hier der unvorteilhafte Teil der Überlieferung schlicht gestrichen und die dramatische Begegnung zu einem völlig unspektakulären Wiedersehen herabgestuft worden, so als wäre Jesus lediglich von einer kurzen Reise zurückgekommen. Das würde auch die etwas gekünstelte Form der Erzählung erklären helfen.

Ganz hat Johannes den polemischen »feministischen« Textteil allerdings nicht verworfen. Er hat ihn in Gestalt der berühmten Erzählung vom ungläubigen Thomas wiederverwertet:

> »Thomas, genannt Didymus (Zwilling), einer der Zwölf, war nicht bei ihnen, als Jesus kam. Die anderen Jünger sagten zu ihm: Wir haben den Herrn gesehen. Er entgegnete ihnen: Wenn ich nicht die Male der Nägel an seinen Händen sehe und wenn ich meinen Finger nicht in die Male der Nägel und meine Hand nicht in seine Seite lege, glaube ich nicht. Acht Tage darauf waren seine Jünger wieder versammelt, und Thomas war dabei. Die Türen waren verschlossen. Da kam Jesus, trat in ihre Mitte und sagte: Friede sei mit euch! Dann sagte er zu Thomas: Streck deinen Finger aus – hier sind meine Hände! Streck deine Hand aus und leg sie in meine Seite, und sei nicht ungläubig, sondern gläubig! Thomas antwortete ihm: Mein Herr und mein Gott! Jesus sagte zu ihm: Weil du mich gesehen hast, glaubst du. Selig sind, die nicht sehen und doch glauben.«[19]

Diese Textpassage steht der Erzählung aus der *Epistula*, in der die beiden Ungläubigen Petrus und Thomas die Wunden des Auferstandenen betasten, offensichtlich sehr nahe. Die Erzählung des Johannes wurde offenkundig aus einer Version der Jerusalem-Variante der Überlieferung entwickelt, die stark derjenigen ähnelt, die in der *Epistula* erhalten ist, welche ihrerseits zeitlich irgendwo zwischen der Darstellung der Erscheinung vor den Zwölf bei Lukas und der Geschichte vom ungläubigen Thomas angesiedelt ist.[20] Doch statt die Überlieferung als einheitliche Episode zu erhalten, hat Johannes beschlossen, sie zweizuteilen in eine abgeschwächte Darstellung der Erscheinung vor den Zwölf an Ostern und die schillernde Geschichte vom ungläubigen Thomas. Warum?

Es ist leicht einzusehen, warum Johannes das Thema Zweifel aus seiner Darstellung der Ereignisse am Ostertag gestrichen hat: Er wollte den Ruf der Zwölf schützen – oder verbessern. Sein Ziel war es, den Großteil der Jünger – und insbesondere Petrus – vom Stigma des Unglaubens zu befreien. Warum aber hat Johannes die Bürde des Zweifels, nachdem er sie den Zwölf abgenommen hatte, dem unglückseligen Thomas aufgeladen? Diese seltsame Entscheidung lässt sich – wie so vieles andere – mithilfe des Grabtuchs erklären.

Nicht wenigen Wissenschaftlern ist aufgefallen, dass die geheimnisvolle Erzählung vom ungläubigen Thomas in Richtung Grabtuch weist. Pfarrer Albert Dreisbach beispielsweise kam zu dem Schluss, dass sich die Erzählung des Johannes vermutlich auf das Wissen um das Grabtuch gründet und die physische Präsenz der Auferstehung hervorheben sollte, die durch die Wunden so greifbar wirklich erscheint (er veranschaulicht dieses Argument mit einem listig retuschierten Caravaggio, siehe Abbildung 59). Er spekuliert sogar, dass die Erscheinung vor den Zwölf im Paulinischen Credo »ein Überbleibsel einer solchen Erscheinung in Gestalt des Grabtuchs« sei.[21] Dass Dreisbach und andere die Geschichte vom ungläubigen Thomas mit dem Grabtuch in Verbindung bringen, liegt wohl darin begründet, dass Thomas manchen Überlieferungen zufolge als Glaubensbote in Edessa (wo das Grabtuch später aufbewahrt wurde) gewirkt und die dortige Christengemeinde begründet haben soll. Geht man davon aus, dass die Hüter des Grabtuchs zu dieser gehörten, wird deutlich, was Johannes bewegt haben könnte, die Figur des ungläubigen Thomas herauszustreichen. Johannes wusste, dass die Christen von Edessa das Grabtuch des auferstandenen Christus, das *soudárion*, hüteten, und fand, dass ihr Auferstehungsglaube zu sehr daran hing. Die Kritik an Thomas lautete, dass er erst glaubte, als er den auferstandenen Jesus sah. Seine Nachfolger, so wird damit indirekt gesagt, glaubten nur, wenn sie das Grabtuch sehen. Der Stolz der Christen in Edessa kehrt sich gegen sie: »Selig sind, die nicht sehen und doch glauben.«[22]

Wie alle anderen Auferstehungserzählungen, die wir untersucht haben, kann auch die Geschichte vom ungläubigen Thomas als polemische Darstellung einer Auseinandersetzung mit dem Grabtuch verstanden werden, angelegt, um Status und Ansehen der involvierten Augenzeugen zu beeinflussen. Dieses Mal handelt es sich jedoch nicht um eine zur Legende verbrämte Darstellung eines realen historischen Ereignisses, sondern um eine fantasievolle Umdichtung der Jerusalem-Variante der Tradition zu Lebzeiten des Johannes-Verfassers, die dem Tuch von Edessa gerecht werden soll.

Daraus lässt sich nun nicht herleiten, dass Johannes um die ursprüngliche Bedeutung des Grabtuchs wusste. Am Ende des 1. Jahrhunderts werden nur wenige Christen außerhalb von Edessa das Grabtuch gekannt haben, und nur wenige werden sich darüber bewusst gewesen sein, dass es zuvor bereits mit dem auferstandenen Jesus gleichgesetzt wurde. Der Ursprung der christlichen Botschaft war zu jener Zeit längst vergessen, teils deshalb, weil die Auferstehung als physisches Ereignis, als leibliches Wiederauferstehen in Fleisch und Blut umgedeutet worden war, teils, weil das Grabtuch selbst in ein anderes Land gebracht und zum Mandylion verwandelt worden war. Johannes gehörte zu denen, die über das Grabtuch im Bilde waren, und für ihn *bezeugte* dieses die Auferstehung. Als jemandem, der an das leere Grab und die Auferstehung in Fleisch und Blut glaubte, war ihm nicht klar, dass dieses Tuch das einzige Zeugnis der Auferstehung war und von vielen Menschen als Jesu überirdischer, rein geistiger Körper empfunden wurde. Johannes verstand das Grabtuch, wenn man so will, ziemlich ähnlich wie die meisten Grabtuchverehrer unserer Tage.

Nun, da wir die Ereignisse des Ostertags auf der Basis unserer Erkenntnisse über das Grabtuch und der Evangelien unter einem neuen Blickwinkel rekonstruiert haben, bleibt uns nur noch, die außergewöhnliche, matriarchalisch motivierte Trilogie zu untersuchen, die hinter den Auferstehungserzählungen sichtbar wird: die ursprüngliche Erzählung von der Erscheinung vor den Frauen, angelegt, um Rolle und Ansehen der Frauen, die das Grabtuch entdeckt haben, zu erhöhen; die ursprüngliche Erzählung von den Männern am Grab, angetan, das Ansehen von Petrus, einem der führenden Köpfe in einer männlich dominierten Hierarchie, zu mindern; und die ursprüngliche Erzählung über die Erscheinung vor den Zwölf, die Ruf und Autorität dieses Männerrats zu schädigen trachtete. In allen drei Teilen dieser Trilogie ist dieselbe leise, aber deutlich vernehmbare Stimme auszumachen: die der weiblichen Konkurrentin Maria Magdalene.

Die Auferstehungserzählungen bilden demnach ein wichtiges Gegengewicht zur Aussage des Paulinischen Auferstehungsbekenntnisses im Ersten Korintherbrief. Weder die Evangelien noch das Credo liefern eine abgerundete, verlässliche Darstellung des Ostergeschehens, doch wenn wir ihre Aussagen zusammennehmen und im Lichte dessen neu deuten, was wir über das Grabtuch wissen, gelangen wir zu einer einigermaßen ausgewogenen Rekonstruktion des einflussreichsten Wochenendes der Weltgeschichte.

Alles begann damit, dass Jesu weibliche Verwandtschaft sich am frühen Sonntagmorgen auf den Weg machte, seine Bestattung zu vollenden. Binnen Kurzem kehrten die Frauen mit dem Bericht über eine erstaunliche Entdeckung im Grab zurück, die sie unmittelbar bei Jesu Körper gemacht hatten. Petrus machte sich auf, ihre Geschichte nachzuprüfen, und stellte fest, dass sie zutraf – auf dem Grabtuch war tatsächlich eine Gestalt aus einer anderen Welt zu sehen. In dem Glauben, dass diese Gestalt der Überbringer einer göttlichen Nachricht über Jesus und seine messianische Bewegung sei, nahm Petrus das Tuch aus der Grabkammer an sich und brachte es nach Jerusalem zurück. Die Botschaft des Grabtuchs musste so rasch wie möglich Gehör finden, also trat er gleich nach seiner Rückkehr erschüttert und erregt mit seinen Mitaposteln in Kontakt und erbat ein Treffen. An jenem Abend versammelten sich die Zwölf nach vollbrachtem Tagwerk angespannt im oberen Raum, um sich die Erscheinung vorführen zu lassen. Die Frauen waren ebenfalls gekommen. Dann, als alle eingetroffen waren, wurde das Grabtuch hervorgeholt und der versammelten Schar gezeigt.

Einen solchen Augenblick kann es nicht noch einmal gegeben haben. Der Anblick des Grabtuchs muss die Zwölf erschüttert und benommen gemacht haben. Im Lauf des Abends werden sie das Tuch immer wieder aus der Nähe betrachtet und miteinander diskutiert haben. Sie und ihre Gefährten werden den langen Prozess der Bedeutungssuche begonnen und versucht haben, darüber eins zu werden, was es mit der göttlichen Botschaft auf sich hatte, die da anscheinend an sie gerichtet wurde. Im nächsten Kapitel werden wir diese Debatte belauschen.

Eines aber werden sie, als das Tuch ausgebreitet wurde, auf der Stelle gespürt haben: Sie waren nicht mehr allein im Raum. Jemand hatte sich zu ihnen gesellt, eine ehrfurchtgebietende, überirdische Wesenheit.

Der auferstandene Jesus hatte die Bühne der Geschichte betreten.

TEIL 6

Die Geburtsstunde der Kirche

23

Gemäß der Schrift

Beim Aufwachen am frühen Morgen des zweiten Tags der Woche, dem Tag nach Ostern, müssen die Zwölf sich gefragt haben, ob die Erfahrung vom Abend zuvor nichts weiter gewesen war als ein besonders lebhafter Traum. Waren sie wirklich Zeugen jener unfassbaren Erscheinung Jesu gewesen? Blutüberströmt, doch ungebeugt erstand er in dem Leinentuch, in dem er bestattet worden war. Konnte es sein, dass ihr gekreuzigter Held ihnen von jenseits des Grabs erschienen war? Sie werden allen Gefahren zum Trotz Kontakt zueinander gesucht, sich ausgetauscht haben und recht bald zu dem Schluss gekommen sein, dass sie nicht geträumt hatten. Jesus war am Abend zuvor tatsächlich mitten unter ihnen gewesen. Ein Zeichen war ihnen zuteil geworden – eine Botschaft Gottes –, das, kein Zweifel, von einer bevorstehenden Wendung in der Geschichte des Volkes Israel kündete. Nun war es an ihnen, dieses Zeichen zu deuten und seinen prophetischen Gehalt zu ergründen.

Die Lage in Judäa war angespannt an jenem Passahfest – das galt vor allem für die Anhänger Jesu. Zwanzig Jahre hindurch war es im Land (nach dem Aufstand im Jahre 6) relativ ruhig gewesen, die römischen Herrscher der Provinz erwiesen den Juden ein hinreichendes Maß an Respekt, um größere Unruhen zu vermeiden. Mit der Ankunft von Pontius Pilatus aber war alles anders geworden. Als eine seiner ersten Amtshandlungen hatte der neue Statthalter es gewagt, Bildnisse des Kaisers in der Heiligen Stadt aufzustellen. Auch wenn er die Protestierenden im Stadion von Cäsarea verschont hatte, war von jenem Zeitpunkt an klar, dass er für seine jüdischen Untertanen wenig mehr als Verachtung übrighatte. Judäa hatte einmal mehr unter der Knute eines ausgemachten Tyrannen zu leiden, der die geheiligten Überlieferungen der Juden missachtete und deren Beziehung zu Gott zu stören drohte. Zusammen mit der fortdauernden Ausbeutung der Armen durch das römische Steuersystem war dies für manche nicht länger zu ertragen. Widerstand war geboten. Genau wie in den Tagen der Makkabäer forderte das Volk Reformen und Gerechtigkeit. Vor diesem Hintergrund sollten wir die

Bildung des Zwölferkreises als Sinnbild der zwölf Stämme Israels verstehen, deren Erneuerung das Reich Gottes ankündigen würde.[1] Bis zum Karfreitag hatten die Zwölf freudig die Einlösung des Versprechens des ihnen verheißenen gelobten Lands unter der Herrschaft eines charismatischen Nachfahren von König David erwartet.

Der Tag der Kreuzigung machte diese Hoffnung zunichte. Die Zwölf trauerten nicht nur um Jesus, ihren künftigen Messias, sondern auch um den mutmaßlichen Tiefschlag für ihr Anliegen. Es muss den Anschein gehabt haben, als hätte Jahwe sein Volk einmal mehr verlassen und auf Gedeih und Verderb einer ihm feindlich gesonnenen fremden Macht ausgeliefert. Jener Sabbat, an dem sie versuchen mussten, ihren Glauben an Jahwe mit den schrecklichen Ereignissen vom Vortag zu versöhnen muss einer der schwersten ihres Lebens gewesen sein.

Achtundvierzig Stunden, nachdem sie das Grabtuch erblickt hatten, muss sich ihre Stimmung dramatisch gewandelt haben. Der noch immer trauernden, von Jesu Hinrichtung gelähmten Jünger wird sich ein Gefühl außergewöhnlicher Erregung und bevorstehender Befreiung bemächtigt haben. Trotz ihrer großen Angst, so schien es, hatte Jahwe sie nicht verlassen: Er hatte ihnen ein Zeichen, eine machtvolle, wenn auch schwer zu deutende Offenbarung zukommen lassen. Ihr Gott hatte gehandelt. Das Grabtuch belebte die Jünger Jesu neu, verwandelte die Kreuzigung aus einer bitteren Niederlage in eine Quelle der Erleuchtung.

Was genau aber hatte das Tuch eigentlich zu bedeuten? Was sollte es ihnen offenbaren? In den folgenden Tagen und Wochen, da sie mit ziemlicher Sicherheit auf weitere spektakulärere Zeichen gewartet haben werden, müssen sie angestrengt darüber nachgegrübelt haben, was es mit dem Grabtuch und Gottes Willen auf sich hatte. Und eine Deutung göttlicher Weisung bedeutete im Judäa des 1. Jahrhunderts, nach Hinweisen in den alten Schriften zu suchen. Unter den Schriftrollen vom Toten Meer gibt es beispielsweise verschiedene Texte, die als *Pescharim* bezeichnet werden – eine Form der Schriftauslegung, bei der zeitgenössische Ereignisse als Erfüllung bestimmter Textpassagen in den alten Schriften gedeutet werden.[2] Mit dem Auffinden des Grabtuchs hatte man genau die Art von Ereignis, die ein Prophet möglicherweise vorausgesagt hätte. Und die unvergleichliche Beschaffenheit des Zeichens – eine seltsame, bislang ungekannte Art von Bildnis – muss dessen Adressaten in besonderer Weise nach Orientierung aus der Schrift haben lechzen lassen. Wenn Menschen die Bedeutung von Bildern entschlüsseln wollen, versuchen sie zumeist, diese vermittels vorhandener Texte zu deuten, weil sie hoffen, rätselhaft unfassbare Dinge mit fest umrissenen Worten greifbar zu machen. Diese Art Vorgehen ist nicht ungefährlich, und die frühchristliche Deutung des Grabtuchs mithilfe der alten hebräischen Schriften stellt womöglich die abwegigste Bildinterpretation der gesamten Menschheitsgeschichte dar.

Abwegig oder nicht – sie muss ein extrem aufregendes Unterfangen gewesen sein. In kleinen Hausbibliotheken versteckt über die Schriftrollen gebeugt, aus denen sie hier und da Verweise auf die wundersame Gestalt in dem Grabtuch herauszulesen meinten, in kleinen Gruppe zu zweien oder zu dreien erregt die Weissagungen austauschend, die, so schien es, von einem auferstandenen Erlöser kündeten, Texte diskutierend und sich immer wieder mit dem spektakulären Zeichen des Auferstandenen neu vertraut machend: So müssen Jesu engste Vertraute die Bedeutung des Grabtuchs Stück für Stück für sich interpretiert haben. Es war keine Zeit des Handelns, sondern intensiver Besinnung – und Vorfreude. In der Apostelgeschichte wird diese Zeit des Wartens als eine Art Gebetstreffen im großen Kreis dargestellt. Im Anschluss an die Himmelfahrt Christi kehren die Zwölf nach Jerusalem in ihr Haus zurück, »gingen sie in das Obergemach hinauf, wo sie nun ständig blieben«, und »verharrten dort einmütig im Gebet, zusammen mit den Frauen und mit Maria, der Mutter Jesu, und mit seinen Brüdern«.[3]

Dass das Christentum mit einem ausführlichen Studium der alten hebräischen Schriften begonnen hatte, ist keine reine Spekulation, sondern vielmehr eine Schlussfolgerung, die sich aus dem Neuen Testament selbst ergibt. Dort existiert kaum ein Text, der nicht in der Sprache der alten Schriften und Bilder gehalten ist. Der älteste Text, den wir kennen, das Auferstehungsbekenntnis des Paulus im Ersten Korintherbrief, versichert uns, dass beides, Tod und Auferstehung Jesu, »gemäß der Schrift« zu verstehen seien, und die ersten Predigten in der Apostelgeschichte, die Petrus in den Mund gelegt werden, betonen sämtlich die alten Schriften als Fundament aller christlichen Verkündigung. Petrus berichtet beispielsweise, König David, der mutmaßliche Verfasser des Psalters, habe »vorausschauend über die Auferstehung des Christus« gesprochen und auch Mose habe prophezeit: »Einen Propheten [...] wird euch der Herr, euer Gott, aus euren Brüdern erwecken.«[4] Solche Querverweise sprechen sehr für die These, dass das Grabtuch von Anfang an, lange bevor Petrus oder irgendwer sonst in Jerusalem aufstand und das Evangelium zu verkündigen begann, »gemäß der Schrift« gedeutet wurde.

Während dieser kurzen Zeit des Lernens und Debattierens haben, so nehme ich an, bestimmte Glaubenssätze in Bezug auf Jesus Gestalt angenommen, mit denen seine Auferstehung, seine kosmische Daseinsform und seine eminent wichtige Rolle für das jüdische Erlösungsdrama eingeordnet wurden.[5]

Die Christologie – die Lehre von Jesus als erhöhtem, himmlischem Messias – hat ihre Wurzeln in der naiven Gleichsetzung des Grabtuchs mit einer göttlichen Wesenheit. Es als lebendige Verkörperung Jesu zu sehen lag, wie wir gesehen haben, von Natur aus nahe, und da es kurz nach seinem Tod auftauchte, wurde es als Zeichen für seine Verwandlung zu einem verklärten postmortalen Leben in aller Herrlichkeit verstanden. Im Kontext mit der jüdischen Gedankenwelt des 1. Jahrhunderts wurde das Erscheinen einer solchen Gestalt bereitwillig als Form von Auferstehung – wenn auch von unerwarteter, überirdischer Prägung – gedeutet.

Es ist wichtig, sich klarzumachen, dass der Glaube an die Auferstehung nicht spontan entstanden ist, sondern auf der jüdischen Vorstellung von einer zukünftigen Auferstehung der Gerechten basiert. Im Ersten Korintherbrief spricht Paulus dies nicht weniger als dreimal aus:

> »Wenn es keine Auferstehung der Toten gibt, ist auch Christus nicht auferweckt worden. Ist aber Christus nicht auferweckt worden, dann ist unsere Verkündigung leer und euer Glaube sinnlos. Wir werden dann auch als falsche Zeugen Gottes entlarvt, weil wir im Widerspruch zu Gott das Zeugnis abgelegt haben: Er hat Christus auferweckt. Er hat ihn eben nicht auferweckt, wenn Tote nicht auferweckt werden. Denn wenn Tote nicht auferweckt werden, ist auch Christus nicht auferweckt worden. Wenn aber Christus nicht auferweckt worden ist, dann ist euer Glaube nutzlos und ihr seid immer noch in euren Sünden.«[6]

Christliche Apologeten, die davon ausgehen, dass der auferstandene Jesus eine selbstverständliche Realität ist, scheinen diese mehrfach wiederholte Aussage, dass der Glaube an die Auferstehung auf einem bereits vorhandenen Glauben basiert, nicht zur Kenntnis zu nehmen (eben darum ist das Leugnen dieses Glaubens ja eine so schwerwiegende Angelegenheit). Wenn Paulus wirklich auf der Straße nach Damaskus vom himmlisch erhöhten Jesus angesprochen wurde, will nicht recht einleuchten, wie er den Glauben an den auferstandenen Christus von einem anderen Glauben abhängig hat machen können. Wenn man aber davon ausgeht, dass die Auferstehung eine Vorstellung ist, die der Beschäftigung mit dem Grabtuch entsprungen, ja ihrem Wesen nach die Interpretation eines Bilds ist, erscheint das Insistieren des Paulus auf einer Verbindung zwischen dem Glauben an die Auferstehung aller Toten und der Auferstehung Jesu im Besonderen als vollkommen logisch. Hätten die Apostel nicht in der Erwartung einer Auferstehung gelebt, wäre das Grabtuch nicht für die »erste Frucht« der bevorstehenden »Auferstehungsernte« gehalten worden.

Vor Ostern, da können wir sicher sein, hingen die Nachfolger Jesu der Auferstehungsidee nicht eifriger an als alle anderen Juden. Auferstehung war für sie eine vage Hoffnung im Zusammenhang mit der Befreiung des Volkes Israel. Nach Ostern aber wurde es verständlicherweise zum zentralen Dogma ihres Glaubens. In den Tagen unmittelbar nach der Entdeckung des Grabtuchs haben sie vermutlich damit gerechnet, an jeder Ecke auferstandene Märtyrer zu erblicken und im nächsten Augenblick zu erleben, wie das Reich Gottes in aller Herrlichkeit auf Erden anbricht. Zu jener Zeit wird es nicht auf der Hand gelegen haben, dass die vermeintliche Auferstehung Jesu ein einzigartiges Ereignis war und dass das Grabtuch nicht den Beginn kosmischer Umwälzungen bedeutete. Die Gruppe muss über Wochen hinweg in einer Art fiebriger Erwartung gelebt haben, gedämpft nur durch wachsende Ratlosigkeit, als die von ihnen ersehnten Ereignisse Tag um Tag ausblieben.

Inzwischen werden sie hoffnungsvoll die Schriften nach Stellen durchsucht haben, die von Auferstehung kündeten und ihre Interpretation des Grabtuchs bestätigten. Solche Stellen sind eigentlich relativ selten, und nur wenige schienen auf das Tuch anwendbar zu sein. Ezechiels berühmte Vision von der Auferweckung Israels lässt sich mit dem Phänomen auf dem Grabtuch in keinen Zusammenhang bringen – weshalb die ersten Christen sie nie als Auferstehungsprophezeiung zitiert haben.[7] (Hätte es sich tatsächlich um eine fleischliche Auferstehung gehandelt, wäre Ezechiels Vision vermutlich regelmäßig als »Beweis« nach der Schrift herangezogen worden.) Andere Texte scheinen, aus dem Zusammenhang heraus gesehen, das Osterereignis vorwegzunehmen, können jedoch kaum als überzeugende oder erhellende Weissagungen gelesen werden.[8]

Es gibt allerdings zwei Schriften, die sich als Auferstehungstexte eignen und die offenbar beide die Aufmerksamkeit derer erregt haben, die das Grabtuch gefunden hatten: das Buch Jona und Kapitel 12 im Buch Daniel.

Die Geschichte von Jona, dem Propheten wider Willen, ist eine der bekanntesten Erzählungen im Alten Testament. Als Gott Jona bittet, in die verderbte Stadt Ninive zu gehen und dort Umkehr zu predigen, flieht dieser vor seiner Verantwortung und begibt sich an Bord eines Schiffs nach Tarschisch. Erzürnt über seinen Ungehorsam, lässt der Herr einen furchtbaren

Sturm aufkommen, der das Boot auseinanderbrechen zu lassen droht. In ihrer Todesangst suchen die Männer das Schiff nach Jona ab und finden ihn schlafend unter Deck. Als er ihnen gesteht, dass er der Grund für ihr Unglück sei, fragen sie ihn, was zu tun sei, um Gott zu besänftigen. Der Prophet trägt ihnen auf, ihn ins Meer zu werfen, was sie nach einigem Zögern auch tun, »und das Meer hörte auf zu toben«.[9] Der Herr aber war nicht bereit, seinen Propheten dem nassen Grab anheimzugeben, und »schickte einen großen Fisch, der Jona verschlang. Jona war drei Tage und drei Nächte im Bauch des Fisches.«[10] Dann hieß Gott den Fisch Jona an Land ausspeien und wiederholte den Auftrag, nach Ninive zu gehen. Dieses Mal gehorchte Jona. Die Menschen in der Stadt hörten auf seine Mahnungen und zeigten sich bußfertig, sodass Gott auf sein Strafgericht verzichtete.

Jonas seltsame Errettung aus dem Meer wird nicht als wunderbare Bewahrung vor dem Tod dargestellt, sondern als Rückkehr aus dem Tod ins Leben. Jona schreibt, wie er, hilflos den Wellen preisgegeben, immer weiter in die Tiefen des Meeres hinabsinkt, am Ende »tief in der Erde eingeschlossen« war und dann auferweckt wurde: »Das Wasser reichte mir bis an die Kehle, die Urflut umschloss mich […] tief in die Erde kam ich hinab; ihre Riegel schlossen mich ein für immer. Doch du holtest mich lebendig aus dem Grab herauf, Herr, mein Gott.«[11] Diese Erzählung ist als spirituelle Allegorie gedacht, doch in den Augen der ersten Christen ließ die Geschichte von Jona die Auferstehung Jesu vorausahnen und gab ihnen ein probates Mittel an die Hand, das Grabtuch einzuordnen. Wir wissen, dass sie diese Jona-Episode als Weissagung gelesen haben. Denn die Bedeutung Jonas wird in einer Evangelienerzählung deutlich, in der Jesus seine jüdischen Glaubensbrüder rügt, weil sie ein Glaubenszeichen fordern: »Diese Generation ist böse. Sie fordert ein Zeichen; aber es wird ihr kein anderes gegeben werden als das Zeichen des Jona.«[12] Das »Zeichen des Jona« hat allen, die versucht haben, christliche Schriften zu deuten, seit Langem Kopfzerbrechen bereitet.[13] Im Zusammenhang mit dem Grabtuch ließe sich die Stelle als Gleichnis lesen. So wie Jona im Fisch eingeschlossen war, wurde Christus vom Grabtuch umhüllt, und so wie der Fisch den Propheten wieder an Land spie und ins Leben zurückbrachte, hat das Grabtuch Jesus in den Himmel gebracht, jene Sphäre, von der aus er als Auferstandener wiedererschienen ist. Gepriesen als »einer, der mehr ist als Jona«[14], würde das Grabtuch als Zeichen, so hofften die Apostel, ganz Israel dazu bringen, umzukehren, so wie Jona die Menschen von Ninive zur Umkehr gebracht hatte.

Das Buch Jona übte allerdings nicht halb so viel Faszination aus wie das

Buch Daniel. Auf die ersten, noch im Bann der Grabtuchentdeckung gefangenen Christen muss dieser visionäre, psychedelische Text wie eine Schatztruhe an prophetischem Wissen gewirkt haben. Seine Bedeutung sicherte sich das Buch Daniel durch die unmissverständliche Auferstehungsprophezeiung am Ende des eigentlichen Textes, eine Passage, in der die ursprüngliche Wahrnehmung des Tuchs nachzuklingen scheint:

> »Von denen, die im Land des Staubes schlafen, werden viele erwachen, die einen zum ewigen Leben, die anderen zur Schmach, zu ewigem Abscheu. Die Verständigen werden strahlen, wie der Himmel strahlt; und die Männer, die viele zum rechten Tun geführt haben, werden immer und ewig wie die Sterne leuchten.«[15]

Wir können nur spekulieren, welche Ehrfurcht die Begründer der Urkirche ergriffen haben muss, als sie diese Worte in den Tagen nach Ostern gelesen haben. Erfüllte das Grabtuch die Weissagung des Daniel nicht bis ins Kleinste? Zeigte es nicht einen gerechten Märtyrer, Jesus, der in einem ätherischen, himmlischen Körper strahlte und dessen hell leuchtende Augen ewige Wachsamkeit zu verheißen schienen?

Ganz sicher musste dies der Schlüssel zum Verständnis des Grabtuchs sein, festgemeißelt in der Schrift. Und Daniel 12 schien obendrein ein Omen zu sein für das, was kommen würde. Für Israel »kommt eine Zeit der Not, wie noch keine da war, seit es Völker gibt«, eine Zeit, die höchstwahrscheinlich mit der Ankunft des Pilatus begonnen hatte und gewiss anhalten würde bis zum Ende, da die Gerechten erlöst würden. Die Endzeit werde »eine Zeit, zwei Zeiten und eine halbe Zeit« dauern – alternativ 1290 Tage –, »von der Zeit an, in der man das tägliche Opfer abschafft und den unheilvollen Greuel aufstellt«. Während dieser Zeit, so der Prophet, werden »viele [...] geläutert, gereinigt und geprüft«, eine Aussage, die möglicherweise das christliche Ritual der Taufe beeinflusst haben könnte. Nach 1335 Tagen schließlich wird der Gerettete – vermutlich genau wie Jesus – »auferstehen, um [s]ein Erbteil zu empfangen«.

Die Einzelheiten waren diffus, aber die Grundrichtung der Prophezeiung war klar: Eine Zeit nie dagewesenen Übels stand bevor, in der die Gerechten sich läutern sollten und an deren Ende die Verheißung des Grabtuchs – die Auferstehung der Toten – erfüllt würde.

Allmählich beginnen wir das frühchristliche Bekenntnis, Gott habe die Auferweckung Jesu »durch seine Propheten im Voraus verheißen [...] in den heiligen Schriften«, in seiner ganzen Tragweite zu erfassen.[16] Die Propheten – und insbesondere Daniel – bestärkten die Grabtuch-Jünger nicht nur in ihrem Glauben, dass Jesus auferstanden sei, sondern wiesen ihnen auch zunehmend den Weg in ihrem Handeln. Ostern, das war das Auffinden des Grabtuchs, das Bezeugen eines Wunders gewesen. In den Tagen danach – den Geburtsstunden des Christentums – ging es um das Begreifen des Grabtuchs aus den Prophezeiungen der alten Schriften und das Grübeln darüber, was aus alledem zu machen sei.

Nach Ostern wird die erste Sorge der Grabtuch-Hüter der Frage gegolten haben, was mit Jesus passiert war – und was mit jedem anderen passieren würde. Sie nahmen an, dass Jesus wiedererweckt worden sei, und es muss unermesslich tröstlich für sie gewesen sein zu wissen, dass zumindest Daniel die Art der Auferstehung vorhergesehen hatte, deren Zeugen sie gewesen waren. Das bestätigte ihre Deutung des Grabtuchs, und es bestätigte auch die Zuverlässigkeit von Daniels Endzeitprophezeiung, die sie nunmehr als Leitfaden für die Gegenwart heranziehen konnten. Doch außer dass sie über die Ereignisse nachdachten, begannen sie sich zwangsläufig auch mit der Identität Jesu zu befassen. Wer war dieser Mann, der von Gott noch vor Mose und den makkabäischen Märtyrern als der erste Auferstandene ausersehen worden war? Sie hatten den lebenden Jesus als gewöhnlichen Sterblichen gekannt, als Freund, charismatischen Anführer, Verwandten, Ehemann. Nun aber, so scheint es, musste er trotz seiner schmachvollen Hinrichtung als wichtiger Akteur in der Geschichte des Volkes Israel gesehen werden. Und die einzige Möglichkeit zu verstehen, zu wem Jesus geworden – oder wer er, ohne dass sie es wussten, immer gewesen – war, bestand im Studium der Schrift.

Dort Verweise auf den erhöhten Jesus zu finden – dem überirdischen Wesen, das im Grabtuch gesehen wurde – war deutlich leichter, als Auferstehungsprophezeiungen aufzuspüren, denn die hebräische Bibel enthält zahlreiche, nicht fassbare Gestalten, die sich auf die eine oder andere Weise mit dem Grabtuch in Bezug setzen ließen. Wir haben bereits gesehen, wie Paulus den Bogen schlug zwischen Jesus und dem Menschen, der am sechsten Tag der Schöpfung nach dem Bild Gottes geschaffen worden war, und im gleichen Atemzug die Unterscheidung von Adam predigte. Die unerwartete und plötzliche Erscheinung der Gestalt auf dem Grabtuch veranlasste Paulus, diese in einem wohlbekannten biblischen Text auszumachen. Die ersten Apostel beanspruchten Ähnliches für Jesus. Die wichtigsten Gleichsetzungen, die sie vornahmen – Menschensohn und Gottesknecht –, lassen sich beide als biblische Auslegungen des Grabtuchs verstehen.

In allen vier Evangelien wird Jesus häufig als »Menschensohn« bezeichnet, und die Gelehrten haben sich lange gefragt, welche Bedeutung dieser Name hat. Es gibt keinerlei Hinweis darauf, dass er den Juden jener Zeit irgendetwas Besonderes bedeutet haben sollte, für sie muss der Begriff »Menschensohn« gleichbedeutend gewesen sein mit »Mensch«. Es hat den Anschein, als leite sich der Name aus einer Gestalt her, die der Prophet Daniel in einer seiner Visionen gesehen hat.

»Immer noch hatte ich die nächtlichen Visionen: Da kam mit den Wolken des Himmels / einer wie ein Menschensohn. Er gelangte bis zu dem Hochbetagten / und wurde vor ihn geführt. Ihm wurden Herrschaft, / Würde und Königtum gegeben. Alle Völker, Nationen und Sprachen / müssen ihm dienen. Seine Herrschaft ist eine ewige, / unvergängliche Herrschaft. / Sein Reich geht niemals unter.«[17]

Diese Gestalt verdrängt vier schreckliche Tiere, die für »vier Könige, die sich auf der Erde erheben werden« stehen[18] und ist als Personifizierung des siegreichen Israel zu verstehen. Warum aber wurde sie mit Jesus gleichgesetzt?

Betrachten wir den Text einmal vor dem Hintergrund des Grabtuchs: Zunächst einmal beschreibt Daniel die Gestalt mit den Worten »einer wie ein Menschensohn«, was den Vergleich mit der menschenähnlichen Gestalt auf dem Grabtuch förmlich herausfordert. Zweitens ist diese Gestalt erhöht und thront im Himmel, und das würde zu der Wahrnehmung der Grabtuchgestalt als überirdischem Wesen passen. Drittens läutet die Erscheinung das Ende der Geschichte – mithin das ewige Reich Gottes – ein, auch in diesem Zusammenhang wurde dem Grabtuch eine maßgebliche Rolle zugeschrieben. Die Gleichsetzung Jesu mit dem personifizierten Israel aus Daniel 7 ließe sich demnach mit dem Grabtuch begründen. All das aber erklärt noch nicht, warum der Name »Menschensohn« eine solche Bedeutung erlangt hat. Was hat die Verknüpfung der Person Jesu mit dieser Gestalt so populär gemacht?

Lassen Sie uns auf die Auferstehungsprophezeiung in Daniel 12 zurückkommen. Wir haben bereits gesehen, inwiefern diese Weissagung dazu beigetragen hat, die ursprüngliche Deutung des Grabtuchs zu untermauern, aber es ist nicht nur aufschlussreich, was darin gesagt wird, sondern auch, wer dies sagt. Die letzten drei Kapitel des Buchs Daniel berichten von einer Vision, die dem Propheten am Ufer des Tigris zuteil wird und in der ihm von einer mächtigen himmlischen Gestalt die Zukunft Israels offenbart wird:

»Ich blickte auf und sah, wie ein Mann vor mir stand, der in Leinen gekleidet war und einen Gürtel aus feinstem Gold um die Hüften trug. Sein Körper glich einem Chrysolith, sein Gesicht leuchtete wie ein Blitz, und die Augen waren wie brennende Fackeln. Seine Arme und Beine glänzten wie polierte Bronze. Seine Worte waren wie das Getöse einer großen Menschenmenge. Nur ich, Daniel, sah diese Erscheinung; die Männer, die bei mir waren, sahen die Erscheinung nicht; doch ein großer Schrecken befiel sie, sodass sie wegliefen und sich versteckten. So blieb ich allein zurück und sah diese gewaltige Erscheinung. Meine Kräfte verließen mich; ich wurde totenbleich und konnte mich nicht mehr aufrecht halten. Ich hörte den Schall seiner Worte; beim Schall seiner Worte fiel ich betäubt zu Boden und blieb, mit dem Gesicht am Boden, liegen.«[19]

Stellen Sie sich vor, die Zwölf hätten, beseelt von dem erregenden Gefühl, eine gemeinsame Vision gehabt zu haben, diesen Text, unmittelbar nachdem sie das Grabtuch gesehen hatten, gelesen. Es dürfte ihnen nicht schwergefallen sein, die Gestalt darauf mit dem gleichzusetzen, den Daniel gesehen hatte. Er war »in Leinen gekleidet«, und sein – wie Chrysolith und polierte Bronze – leuchtender Körper erinnerte an den phosphoreszierenden Schimmer der Gestalt auf dem Grabtuch. Wir wissen, dass diese ihrer Erscheinung nach später mit einem Blitz verglichen werden sollte[20], und ihre Augen scheinen in der Tat hell zu leuchten wie zwei Fackeln.

Damit nicht genug, war der Mann in Leinen von zwei weiteren Gestalten begleitet, so wie sein *durch* das Grabtuch sichtbares himmlisches Gegenstück von den zwei Gestalten *auf* dem Grabtuch: »Als ich, Daniel, aufblickte, standen noch zwei andere Männer da, der eine diesseits des Flussufers, der andere jenseits.«[21] Hier, in der Schrift, gab es offenbar einen Verweis auf die Dreigestalt – den erhöhten Jesus, flankiert von zwei himmlischen Boten (vergleiche Abbildung 55).[22]

Für einen Augenzeugen des Grabtuchs aus dem 1. Jahrhundert konnte es kaum Zweifel geben, dass Daniel, der sechs Jahrhunderte früher gelebt hatte, die Gestalt gesehen hatte, die sich auf dem Grabtuch Jesu offenbarte. Mit anderen Worten, der himmlische Jesus selbst hatte sich Daniel in der Endzeitprophezeiung um die Auferweckung der Toten aus Kapitel 12 gezeigt.

Doch was ist der Zusammenhang mit den Worten »wie ein Menschensohn« aus Kapitel 7? Was den Verfasser des Buchs Daniel betrifft, nichts: Der »Mann […], der in Leinen gekleidet war«, hat mit der Personifizierung des Volkes Israels rein gar nichts zu tun. Die ersten Christen aber, die den

Text vor dem Hintergrund der österlichen Ereignisse und des Grabtuchs lasen, mussten die beiden Gestalten gleichsetzen. Nicht nur, weil sich jede für sich zu dem Grabtuch in Beziehung bringen lässt, sondern vor allem auch, weil auf beide in gleicher Weise verwiesen wird. In Kapitel 10 nennt der Prophet den in Leinen gekleideten Engel zweimal »eine Gestalt, die aussah wie ein Mensch«. Diese zweimalige Erwähnung der Ähnlichkeit mit einem Menschen muss denen, die das Grabtuch kannten, ungeheuer bedeutsam erschienen sein, und sie haben sie womöglich als Beleg dafür gelesen, dass die beiden Gestalten ein und dieselbe sind.

Der Name »Menschensohn« bezog sich ursprünglich also auf eine große Chimärengestalt, zusammengesetzt aus dem messianischen Herrscher aus Daniel 7 und dem »Mann [...], der in Leinen gekleidet war«, aus den Kapiteln 10 bis 12. Diese Gleichsetzung verwandelte Jesus in ein himmlisches Wesen aus uralter Zeit, das vor Langem einem hebräischen Propheten erschienen war und sich bald als der von Gott bestimmte Herrscher von Judäa erweisen würde. Dieser Vorstellung von einem erhöhten Jesus wurde mit dem Bild der Verklärung Ausdruck verliehen.[23]

In einer Hinsicht aber unterschied sich diese Vorstellung dramatisch davon, was auf dem Grabtuch zu sehen war: Es gab keinerlei Hinweise auf Leiden und Sterben, schon gar nicht auf eine Kreuzigung. Um diesen Aspekt des Bilds zu verstehen, werden sich die Zwölf in erster Linie auf das Buch Jesaja berufen haben.

Das gesamte hochkomplexe Gewirk des Deuterojesaja (i.e. Jes 40–55) durchzieht gleichsam als roter Faden ein Zyklus aus vier Liedern vom »Gottesknecht«. Diese Gestalt wird in Kapitel 42 eingeführt als »Knecht« und »Erwählter« des Herrn, als derjenige, der die Menschheit erlöst und auf der ganzen Erde »das Recht bringt«. Als er später erneut Erwähnung findet, ist er alles andere als ein triumphierender Sieger. Obwohl er letztlich von Gott befreit wird und »seinen Anteil unter den Großen«[24] zugestanden bekommt, muss er zuerst Folter und Verachtung durchleiden: »Ich hielt meinen Rücken denen hin, / die mich schlugen, und denen, die mir den Bart ausrissen, / meine Wangen. Mein Gesicht verbarg ich nicht vor Schmähungen und Speichel.«[25] Seinerzeit wurde diese Gestalt als Verkörperung des lange leidenden Israel betrachtet, aber wie wir gesehen haben, werden Personifizierungen nur zu leicht mit Personen verwechselt, und die ersten Christen setzten diesen Gottesknecht bereitwillig mit Jesus gleich. Einmal mehr stellten sie zu ihrer Freude und Überraschung fest, dass Jesus den Propheten angekündigt worden und in den alten Schriften auffindbar war.

Doch nicht nur sein Leiden schuf eine Querverbindung zwischen dem Gottesknecht und Jesus. Wichtig waren in diesem Zusammenhang auch die ihm zugewiesene Rolle, seine Verklärung und seine Erscheinung:

> »Seht, mein Knecht hat Erfolg, / er wird groß sein und hoch erhaben. Viele haben sich über ihn entsetzt, / so entstellt sah er aus, nicht mehr wie ein Mensch, / seine Gestalt war nicht mehr die eines Menschen. Jetzt aber setzt er viele Völker in Staunen, / Könige müssen vor ihm verstummen. Denn was man ihnen noch nie erzählt hat, / das sehen sie nun; was sie niemals hörten, / das erfahren sie jetzt.«[26]

Der Gottesknecht hat nicht die Gestalt eines gewöhnlichen Sterblichen, sondern spiegelt die Menschheit insgesamt. Er steht über den »Menschen«, ist »groß [...] und hoch erhaben« wie der auferstandene Jesus. Gleichzeitig ist sein Äußeres durch sein Leiden entstellt, so wie die Gestalt auf dem Grabtuch durch die Folter- und Hinrichtungsspuren entstellt ist. Die seltene Kombination aus Erhöhung und physischer Pein bei beiden, Jesus und dem Gottesknecht, muss denen, die versucht haben, sich das Grabtuch zu erklären, besonders wichtig vorgekommen sein, und sie werden selbst jenes Staunen verspürt haben, von dem die Prophezeiung berichtet. Ihrer Ansicht nach konnte Jesaja nur von Jesus gesprochen haben, wie sie ihn auf dem Grabtuch sahen, und bald würden auch die Könige vor ihm verstummen.

Die Rolle des Gottesknechts als Erlöser der Menschheit wird mit verschiedenen Attributen ausgeschmückt, die für die christliche Sicht Jesu fundamentale Bedeutung erlangt haben. Im ersten Lied sagt Gott, er habe ihn »dazu bestimmt, der Bund für mein Volk und das Licht für die Völker zu sein«[27], womit die biblische Basis gelegt ist für die Idee von Jesus als »neuem Bund« zwischen Gott und den Menschen. Vor diesem Hintergrund würde das Grabtuch zu einem ehrfurchtgebietenden Pendant zu den Gesetzestafeln, die Mose auf dem Berg Sinai von Gott erhalten hatte und die einst in der Bundeslade im Allerheiligsten bewahrt worden waren. Als Licht für die Völker war es am Gottesknecht, »blinde Augen zu öffnen, Gefangene aus dem Kerker zu holen und alle, die im Dunkel sitzen, aus ihrer Haft zu befreien«.[28] Gerade dieses letzte Bild wurde bereitwillig im Sinne der Auferstehung gedeutet (man denke daran, mit welchen Worten Jona das Totenreich als Gefängnis beschreibt). Jesus musste demnach im Zusammenhang mit der Auferstehung der Toten eine aktive Rolle spielen. Er hatte den Weg dazu bereits geebnet, denn der Gottesknecht hatte gelitten, um die Sünden Israels zu tilgen: »Doch er wurde durchbohrt wegen unserer Verbrechen, / wegen unserer Sünden zermalmt. Zu unserem Heil lag die Strafe auf ihm, / durch seine Wunden sind wir geheilt.«[29] Die Gleichsetzung der Grabtuchgestalt mit dem leidenden Gottesknecht gab damit Anlass für die Vorstellung, dass Jesu Tod ein Opfer sei, das seinem Volk die Erlösung bringt – daher die Aussage im Paulinischen Auferstehungsbekenntnis: »Christus ist für unsere Sünden gestorben, gemäß der Schrift.«

Das Grabtuch war somit Anlass, Jesus in die Vergangenheit zurück- und in die Zukunft voraus-, ja in die Vollendung der Geschichte des Volkes Israel hineinzudeuten. Seine Wandlung in eine große überirdische Gestalt, die einem Menschen ähnlich ist und auch nicht, eröffnete die Möglichkeit, ihn in den hebräischen Schriften »ausfindig zu machen«. Die biblische Einordnung des gekreuzigten Anführers der Zwölf wird keine Jahre oder Jahrzehnte in Anspruch genommen haben, sondern ist vielleicht binnen weniger Tage nach Ostern von Einzelpersonen begonnen worden und war möglicherweise binnen weniger Wochen durch zahlreiche Diskussionen gefestigt. Jesu posthumer Aufstieg war möglicherweise wirklich kometenhaft.

Als derjenige, der ausersehen war, das Reich Gottes einzurichten, verdiente der Menschensohn und Gottesknecht den Titel, der jedem legitimen König Israels zuerkannt wurde: »Gesalbter des Herrn« – Messias.[30] Die Weissagungen Daniels und Jesajas waren daher ein wichtiges Mittel, die Erhebung des gekreuzigten Jesus zum »Christos« (griechisch für Messias) zu rechtfertigen. Aber sie sind nicht die ausschließliche Begründung dieser zu ihrer Zeit sicher provokanten Bezeichnung Jesu.

Zunächst einmal stand das Grabtuch für den Sieg des Mannes, der von Pilatus als falscher Messias gekreuzigt worden war. Hatte seine Kreuzigung anfänglich alle Hoffnung, Jesus hätte der rechtmäßige Herrscher Israels sein können, verfliegen lassen, so machte seine vermeintliche Auferstehung nun dieses Urteil hinfällig und zementierte seinen Anspruch für alle Zeit. Das Grabtuch löschte die ursprüngliche Schande und Bedeutung der Kreuzigung aus und verschaffte Jesus genau den Status, den seine Mörder ihm versagt hatten.[31]

Nicht minder bedeutsam muss in den Augen derjenigen, die das Grabtuch zu verstehen gesucht haben, die Tatsache gewesen sein, dass das Bildnis aussieht wie eine Spur, die ein gesalbter Körper hinterlassen würde. Zwar wurde die Einfärbung in der Vergangenheit in der Regel auf die Einwirkung von Schweiß zurückgeführt, doch zumindest seit dem 12. Jahrhundert gab es auch die Deutung, es könne sich um Salbenspuren handeln[32], und noch heute versuchen Forscher gelegentlich, das Bildnis zu reproduzieren, indem sie einen unbekleideten, mit Myrrhe und Aloe gesalbten Körper mit Leinentüchern umwickeln.[33] Diese Auslegung hat insofern etwas Verführerisches, als das hebräische Wort *maschiach* »gesalbt« bedeutet. Das Grabtuch wirkte wie das lebensgroße Dokument einer Salbung, und das machte es zum Siegel göttlicher Vorsehung.

Deutet man das Grabtuch unter diesen Vorzeichen, so offenbart sich der auferstandene Jesus durch seine Salbung. Falls aber das Grabtuch tatsächlich Resultat einer Salbung ist, welche Art von Salbung hätte dann stattgefunden haben sollen? Eine wörtliche Auslegung – echte Öle und Gewürze – können wir ausschließen, denn das Grabtuch ist Beweis dafür, dass Jesu Leichnam am Karfreitag nicht gesalbt wurde.[34] Die Grabtuch-Jünger werden die Salbung in einen übernatürlichen Zusammenhang gestellt haben: Jesus musste in eine göttliche Substanz eingetaucht sein. Und für sie wird klar gewesen sein, um was für eine Art Substanz es sich dabei gehandelt hat: den Geist Gottes.

In den alten hebräischen Schriften wird der Geist Gottes oftmals mit einem Windhauch oder mit Lebensatem in Verbindung gebracht, aber es gibt auch Schriften, in denen er als Regen oder Wasser[35] begriffen wird, und solche, in denen er mit dem heiligen Öl in Verbindung gebracht wird, mit dem Gegenstände und Personen gesegnet wurden.[36] Jesu Anhänger hätten Gottes Geist durchaus als eine Art edler Flüssigkeit sehen können, mit anderen Worten: als die Substanz, die zur Salbung verwendet wird. Belege dafür, dass die Urchristen Jesus als Gesalbten im spirituellen Sinne betrachtet haben, finden wir in der Apostelgeschichte. Kurz bevor hier der Heilige Geist über die ersten Nichtjuden »ausgegossen« wird und sie zu Christen macht, berichtet Petrus diesen, »wie Gott Jesus von Nazareth gesalbt hat mit dem Heiligen Geist und mit Kraft«.[37]

Das Grabtuch schien seinerzeit demnach auch zu belegen, dass Jesus zumindest teilweise deshalb als Messias gepriesen wurde, weil er mit dem Heiligen Geist gesalbt worden war. Der Geist war das Medium, in dem – und der Akteur, durch den – Jesus auferweckt worden war. Er bildete die Wesenheit, als die er nach seinem Tod weiterexistierte, so wie Fleisch und Blut die Wesenheit gewesen waren, in der er vor seinem Tod existiert hatte. Wie Paulus es ausdrückt: Jesus, »der dem Fleisch nach geboren ist als Nachkomme Davids, der dem Geist der Heiligkeit nach eingesetzt ist als Sohn Gottes in Macht seit der Auferstehung von den Toten«.[38]

Damit wird die Wahl des posthumen Namens »Christus« (oder »Messias«) für Jesus – sowohl als Eigen- als auch als Beiname – erklärbar.[39] Denn

Gottes Salbung Jesu ging über einen Akt der Einsetzung weit hinaus: Er wurde neu geschaffen als jemand mit einem Körper aus heiligem, heiligendem Geist. »Christus« oder »Jesus Christus« bezieht sich streng genommen allein auf den göttlich gesalbten, im Geist Gestalt gewordenen Jesus, selbst wenn es im Rückblick auch für den sterblichen Jesus verwendet wird.

Diese Interpretation des Grabtuchs half auch, Jesus als in der Schrift verheißenen Messias zu verstehen. Es dürfte der Aufmerksamkeit der Zwölf nicht entgangen sein, dass Gott seinen Knecht in Jesaja 42,1 mit den Worten vorstellt: »Ich habe meinen Geist auf ihn gelegt«, und so eine Brücke schlägt zwischen dieser messianischen Figur und Jesus. Die wichtigste Prophezeiung, was ihren Einfluss auf die frühchristliche Vorstellungswelt betrifft, findet sich jedoch weiter vorne im Buch Jesaja, wo der Prophet von einem Messias aus dem Hause Davids sagt:

> »Doch aus dem Baumstumpf Isais wächst ein Reis hervor, / ein junger Trieb aus seinen Wurzeln bringt Frucht. Der Geist des Herrn lässt sich nieder auf ihm: / der Geist der Weisheit und der Einsicht, der Geist des Rates und der Stärke, / der Geist der Erkenntnis und der Gottesfurcht.«[40]

Wir wissen, dass diese Textpassage unter den ersten Christen als wichtige Weissagung galt, denn auf sie wird sowohl von Paulus als auch vom Verfasser der Offenbarung des Johannes verwiesen.[41] Isais war König über Israel und der Vater von König David, der »Reis«, der aus seinem Baumstumpf emporwächst, ist demnach sowohl ein neuer David als auch der rechtmäßige Herrscher über Israel. Jesus war ein Nachfahre Davids, damit wird die Prophezeiung auf ihn anwendbar, und die Aussage »Der Geist des Herrn lässt sich nieder auf ihm« weist darauf hin, dass Jesaja vom auferstandenen Jesus spricht, der vom Heiligen Geist gesalbt wurde.

Die Bildsprache, mit der dieser königliche Nachkomme beschrieben wird, weist noch mehr Besonderheiten auf. Jesaja nennt die »Wurzel Jesse« ein »Zeichen« – eine militärische Standarte –, das »für die Völker«, für die ganze Welt »aufgestellt« werde.[42] Vor dem Hintergrund des erst kurz zurückliegenden Aufruhrs, den Pilatus ausgelöst hatte, könnte dies als angemessene Beschreibung des Grabtuchs erschienen sein. Gott hatte Jesus sichtbar in einem glorreichen Banner erhöht, als »Retourkutsche« auf die götzendienerischen Standarten, die die Römer in Jerusalem aufzustellen gewagt haben. Noch beziehungsreicher ist das Wort »Reis« als Metapher für den Messias. Das Grabtuch ist, wenn man so will, Jesu Leib buchstäblich entsprossen, und wie wir gesehen haben, verwendet Paulus eine ganz ähnliche Metapher – das Samenkorn, aus dem ein Keim sprießt –, um die Auferstehung zu beschreiben. Jesajas Bild der Erneuerung scheint demnach die Vorstellung von einem auferstandenen Jesus zu beinhalten. Das lässt die Prophezeiung doppelt bedeutsam escheinen, denn in keiner anderen Schrift findet sich auch nur der geringste Verweis auf eine solche Gestalt.

Durch seine Auferstehung rehabilitiert, von den Propheten geweissagt und vom Heiligen Geist gesalbt, kann der Jesus auf dem Grabtuch von seinen Betrachtern kaum für irgendwen anderen gehalten worden sein als für den Messias. Die schockierende Vorstellung von einem gekreuzigten Retter Israels lässt sich am besten erklären als Ergebnis des Nachdenkens und Meditierens über die biblische Bedeutung des Grabtuchs. Und dass Jesus als Messias wahrgenommen wurde, ist meiner Ansicht nach der Tatsache geschuldet, dass das Grabtuch als überirdisches Phänomen und heilige Wandlung gesehen wurde. Alle frühchristlichen Aussagen über das Herabsenden des Heiligen Geistes sollten meiner Meinung nach im Licht dieser Erkenntnis verstanden werden. Aber die Auferstehung ist nicht das einzige machtvolle Bild im Herzen des Christentums, das sich dem Grabtuch verdankt.

Für uns mögen all diese Spekulationen und Auslegungsversuche heute, zweitausend Jahre nach den Ereignissen, nach einem abstrakten Gedankenspiel aussehen. Für die Zwölf und ihre Gefährten aber – fassungslos und bestürzt nach der Kreuzigung und den Osterereignissen – muss all das eine dringliche Aufgabe gewesen sein – vergleichbar vielleicht dem Entziffern einer verschlüsselten Botschaft in Kriegszeiten. Das Grabtuch war ein geheimes Zeichen, eine Offenbarung Gottes und musste so rasch wie irgend möglich »gedeutet« werden.

Der Weg dahin bestand zuallererst einmal darin, mit gesundem Menschenverstand (dem gesunden jüdischen Menschenverstand der Antike, genauer gesagt) zu entscheiden, worum es sich dabei handelte – eine in bislang ungekannter Weise erfolgte Manifestation des lebendigen Jesus –, und zweitens darin, in der Schrift nach Verweisen auf diesen zu suchen. Binnen Wochen muss die Schar der Grabtuchkundigen eine Verbindung zu verschiedenen Texten hergestellt haben, die für sie belegten, dass Jesus auferstanden und darüber hinaus zu einer Gestalt von kosmischer Bedeutung geworden war. Menschensohn, Gottesknecht, Messias – Jesus, so schien es, war all das und mehr: ein engelgleiches Wesen, welches das Volk Israel erneuern und das lang ersehnte Reich Gottes einläuten würde.

Den Zwölf und ihren Gefährten muss es vorgekommen sein, als hätte ihnen jemand den Schlüssel zu den alten Schriften an die Hand gegeben, eine letzte Offenbarung, aus der sich der Sinn zahlloser Prophezeiungen erschloss. Aber mit ihrer Spurensuche nach verborgenen und versteckten Verweisen entfernten sie sich weiter und weiter vom jüdischen Establishment, für das Israel und nicht Jesus der Hauptprotagonist war.

Als Sinnbild ist das Grabtuch unübertroffen. Sogar moderne Skeptiker staunen gelegentlich, wie sehr es die geistlichen Hoffnungen der Menschheit und die prophetische Bildwelt der Schriften widerspiegelt. Die Juden des 1. Jahrhunderts, die über das Grabtuch nachdachten, hatten keine Chance gegen dessen überwältigende suggestive Wirkung. Sie hatten buchstäblich keine andere Wahl, als es so zu interpretieren, wie es geschehen ist, und sich von ihren weniger erleuchteten Zeitgenossen zu distanzieren.

Das Grabtuch macht die Geburt des Christentums nicht unerklärbar, sondern unausweichlich.

24

Die unerwähnten Erscheinungen

Tage, Wochen, Monate gingen ins Land, und nichts geschah. Trotz Jahwes wunderbarem Eingreifen ließ das Reich Gottes weiter auf sich warten. Noch immer säumten Bettler die Straßen von Jerusalem; weit mehr in Sorge um die Erhaltung ihres Fleisches als um die Auferstehung im Geiste, versammelten sich die aus dem Innenhof des Tempels verbannten Blinden und Lahmen in den Hallen am Schiloach- und am Betesda-Teich und hofften auf Heilung, die nie kommen sollte. Die übrigen Bürger gingen, eingeschüchtert von der jüngsten Demonstration römischer Macht, ihren Alltagsgeschäften nach, Kajaphas und seine aristokratischen Zeitgenossen lehnten sich derweil entspannt in ihren luxuriösen Häusern in der Oberstadt zurück und wähnten sich in Sicherheit, nahmen sie doch zuversichtlich an, dass Jesu Kreuzigung für das Land (und sie selbst) ein für alle Mal einen Schlussstrich unter eine Zeit bitterer Unruhen gezogen hatte.[1] Im Tempel – dem prunkvollen, aber ungeliebten Tempel des Herodes – brachten die Priester noch immer das tägliche Opfer an Kaiser Tiberius dar und beugten sich damit kleinlaut den römischen Herrschern über das Gelobte Land.

So aufregend die Offenbarung des Messias auch gewesen sein mochte, die Zwölf müssen schon bald Enttäuschung darüber verspürt haben, dass das messianische Zeitalter noch immer nicht angebrochen war. Es gibt im Buch Daniel Hinweise darauf, dass sie möglicherweise eine Weile darauf würden warten müssen – »Nun begreif und versteh: Von der Verkündigung des Wortes über die Rückführung des Volkes und den Wiederaufbau Jerusalems bis zur Ankunft eines Gesalbten, eines Fürsten, sind es sieben Wochen«[2] –, aber es wird schwer gewesen sein, über längere Zeit Geduld zu bewahren. Manche mögen gar die messianische Bedeutung des Grabtuchs und die Verheißungen der österlichen Ereignisse angezweifelt haben. Um die Gruppe zusammenzuhalten und damit der Glaube an den auferstandenen Jesus lebendig blieb und zur Blüte gelangen konnte, musste etwas geschehen. Wenn Jahwe und Jesus nichts unternahmen, musste die Gruppe selbst handeln.

Genau an diesem Punkt werden die Grenzen der Evangelien und der

Apostelgeschichte als historische Aufzeichnungen ganz deutlich sichtbar. Unmittelbar nach Ostern tritt die frühchristliche Geschichte in ein nebelverhangenes Schattenreich der frommen Ausgestaltung von Überlieferungen und der literarischen Übergriffe ein, in dem es schwierig wird, die wahren historischen Gegebenheiten auch nur schemenhaft auszumachen. Das einzige wirklich Erhellende ist das Glaubensbekenntnis des Paulus zu Beginn des Ersten Korintherbriefs.

Im Anschluss an die Erscheinung vor den Zwölf berichtet dieses Credo von drei weiteren Erscheinungen: vor »mehr als fünfhundert Brüdern zugleich«, vor »Jakobus« und vor »allen Aposteln«. Jede dieser Begebenheiten (oder Reihe von Begebenheiten) stellt eindeutig einen wichtigen Schritt in Richtung auf die Gründung der Urkirche dar. Die Massenbegegnung mit dem auferstandenen Jesus mit über fünfhundert Augenzeugen muss von einigem Einfluss auf die Bewegung gewesen sein und wurde nachweislich als entscheidender Garant für die Wahrheit des Evangeliums erachtet – daher der Zusatz, »die meisten von ihnen sind noch am Leben«. Nicht minder bedeutsam war die Erscheinung vor Jakobus, dem Bruder von Jesus, der zum geachteten Oberhaupt der Jerusalemer Kirche aufgestiegen war. Und hätte es die Erscheinungen vor den Aposteln, den Botschaftern der Kirche, nicht gegeben, hätte sich die Kunde von der Auferstehung Christi nicht in alle Welt verbreitet. Die zweite Hälfte des Paulinischen Credos ist also offensichtlich von entscheidender Bedeutung, wenn man die Anfänge des Christentums verstehen will. Ohne sie würden wir hilflos im Dunkeln tappen.

Wie können wir diese sonst nirgends erwähnten Erscheinungen also sinnvoll einordnen? Nun, wir müssen sie nur als das öffentliche und private Zeigen des Grabtuchs interpretieren. Mithilfe historischer Beweisführung und Fantasie können wir dann grob schlussfolgern, wo, wann und warum diese Erscheinungen stattgefunden haben.

Die Behauptung, Jesu sei »mehr als fünfhundert Brüdern zugleich« erschienen, ist die allererstaunlichste Aussage im gesamten Neuen Testament. Dennoch ist ihr von der Gelehrtenwelt erstaunlich wenig Aufmerksamkeit geschenkt worden. Die meisten erkennen zwar an, dass die Passage möglicherweise von Bedeutung sein könnte, verzichten aber in Anbetracht der fehlenden Beschreibung des Ereignisses darauf, über die genaueren Umstände zu spekulieren.[3] Einige wenige versuchen, ungeachtet dessen, dass die Texte selbst nicht dazu einladen, sie mit dieser oder jener Auferstehungserzählung in Verbindung zu bringen.[4] Wieder andere weisen sie als apologetische Fiktion zurück, weil sie mit ihrem Verständnis des Auferstehungsphänomens kollidieren.[5] Kurz: Die Behauptung, dass der auferstandene Jesus von mehr als fünfhundert Menschen zugleich gesehen worden sein soll, wurde nie genauer untersucht und gehört zu den vielen historischen Rätseln, die von der neutestamentlichen Forschung unter den Teppich gekehrt werden.

Die Mehrzahl der Christen ist auf die kanonischen Evangelien fixiert und sich nicht dessen bewusst, dass ein solches Problem existiert, beziehungsweise möchte lieber nicht daran rühren. Historiker aber müssen ihm ins Auge sehen. Paulus und seine Mitstreiter waren überzeugt davon, dass mehr als fünfhundert ihrer Glaubensbrüder einer Erscheinung des auferstandenen Jesus beigewohnt haben. Welche Begebenheit hatten sie im Sinn?

Bislang haben die einzigen ernst zu nehmenden Versuche, diese Frage zu beantworten, die Erscheinung vor den mehr als fünfhundert mit den Ereignissen der Pfingsterzählung gleichzusetzen versucht.[6] Kapitel 2 der Apostelgeschichte zufolge waren die Zwölf und ihre Gefährten am Pfingsttag (ungefähr sieben Wochen nach Ostern) in einem Haus in Jerusalem zusammengekommen, als der Heilige Geist über sie kam und ihnen die Fähigkeit gab, in Zungen zu reden, sodass »fromme Männer aus allen Völkern unter dem Himmel« sie verstehen konnten, als sprächen sie ihre eigene Sprache.[7] Die Überlegung, dass diese unwahrscheinliche Erzählung identisch ist mit der historischen Erscheinung vor mehr als fünfhundert Brüdern, hat wenig für sich. Nichts an der Pfingstlegende verweist auch nur im Geringsten auf eine Erscheinung des auferstandenen Jesus vor einer großen Menschenmenge. Selbst wenn zwischen dem Herabkommen des Heiligen Geistes und dem auferstandenen Jesus eine Beziehung besteht, so ist zu konstatieren, dass dieses den Evangelienberichten zufolge in einem Haus stattfand und auch nur die Zwölf und diejenigen, die mit ihnen waren, betraf. Diese Szene mit den Aussagen im Glaubensbekenntnis des Paulus gleichzusetzen ist schlicht falsch.

Die Erscheinung vor den mehr als fünfhundert muss für den Augenblick als Bericht stehen bleiben, zu dem sich keine passende Erzählung des Neuen Testaments finden will. Aber wenn wir das Grabtuch zu Hilfe nehmen, können wir uns trotzdem ein Bild davon machen, was geschehen sein könnte. Wenn der auferstandene Christus im Grabtuch gesehen wurde, dann ist sein Erscheinen vor mehr als fünfhundert Menschen leicht erklärt: Nach seinem österlichen Debüt muss das Grabtuch einer großen Menschenmenge gezeigt worden sein. Mehr als fünfhundert Leute können es problemlos zur gleichen Zeit angeschaut haben, und da sie alle miteinander ein ganz bestimmtes, objektiv fassbares Phänomen vor Augen gehabt hatten (nicht etwa fünfhundert und mehr einzelne Halluzinationen), muss ihr gemeinsames Zeugnis extrem beeindruckend ausgefallen sein (wie der Kommentar des Paulus erahnen lässt).

Jeder, der schon einmal mit mehreren hundert anderen im Dom von Turin vor dem Tuch gestanden hat, kann ermessen, was die mehr als fünfhundert Brüder erfahren haben müssen. Zeitgenössische Ausstellungen des Grabtuchs sind definitiv so etwas wie ein Nachstellen der ersten großen Nazoräerversammlung, des Augenblicks, in dem die Kirche als Glaubensgemeinschaft geboren wurde.

Die Lage, in der die Zwölf sich befunden haben müssen, ließe eine öffentliche Zurschaustellung des Grabtuchs als logischen Schritt erscheinen. Mit der Zeit werden sie das Bedürfnis gehabt haben, Bewegung in das Geschehen zu bringen, und ihre ursprüngliche Angst hat vermutlich sehr bald einem neu gewonnenen Vertrauen in die Macht Jesu (und Gottes), sie zu schützen, Platz gemacht. Vielleicht kamen sie zu dem Schluss, dass sie selbst ausersehen waren, bei der Einsetzung des Reiches Gottes, der »Verkündigung des Wortes«, eine Rolle zu spielen. Mit Sicherheit werden sie ihr weltbewegendes Wissen um die Auferstehung mit ähnlich gesonnenen Gefährten haben teilen wollen. Wir können, glaube ich, davon ausgehen, dass die mehr als fünfhundert Brüder ehemalige Anhänger Jesu waren, Sympathisanten, die nicht zum engeren Kreis gehörten. Es ist wahrscheinlich, dass Angehörigen dieser Schar, lange bevor sie ihn selbst zu sehen bekamen, Gerüchte über die Auferstehung Jesu zu Ohren gekommen waren. Ob sie diesen Glauben geschenkt haben oder nicht – auf jeden Fall werden sie sich darum gerissen haben, einen Blick auf das wundersame Tuch werfen zu dürfen. Dass die Zwölf beschlossen, das Tuch auszustellen, sollte uns nicht überraschen. Gott hatte ihnen ein sichtbares Zeichen, ein Feldzeichen, gegeben, das unendlich herrlicher war als die bemalten Fetzen und Bildnisse, die die Standarten der römischen Kohorten zierten. Es war an der Zeit, es aufzustellen und den bedrückten Brüdern – und Israel insgesamt – zu zeigen, dass die Befreiung in Sicht war und die Ankunft des Messias bevorstand.

Wo mag diese erste Ausstellung des Grabtuchs stattgefunden haben? Manche nehmen an, dass sie vor den mehr als fünfhundert Brüdern in Galiläa vonstatten gegangen ist.[8] Es ist möglich, dass die Zwölf und ihre Gefährten nach Galiläa aufgebrochen sind, dort eine ansehnliche Schar Gleichgesinnter zusammenbringen konnten und das Grabtuch irgendwo im Hinterland gezeigt haben. Es gibt allerdings keinerlei verlässliche Hinweise darauf, dass irgendwelche Gefolgsleute Jesu unmittelbar nach der Kreuzigung gen Galiläa aufgebrochen sind. Die Zwölf waren nach Ostern definitiv noch in Jerusalem, und die Apostelgeschichte sagt klar und deutlich, dass die frühen Christen in der Heiligen Stadt geblieben waren, bis man sie zu verfolgen begann. Letzteres war möglicherweise die – mehr oder weniger verzögerte – Folge davon, dass sie angefangen hatten, die Auferstehung Jesu öffentlich zu verkündigen, und im Rahmen dessen werden sie das Grabtuch auch anderen gezeigt haben. Meiner Ansicht nach hat der Auftritt vor den mehr als fünfhundert Brüdern demnach in Jerusalem stattgefunden.

Wir können ausschließen, dass das Grabtuch bei dieser Gelegenheit in einem Privathaus ausgestellt wurde. Mehr als fünfhundert Menschen in einem der bescheidenen Gebäude in den Gassen von Jerusalem zusammenzupferchen ist undenkbar – abgesehen davon werden die Jünger es tunlichst vermieden haben, die Aufmerksamkeit auf ein sicheres Domizil zu lenken, indem sie dort eine Großveranstaltung abhielten. Vorsicht, praktische Erwägungen und die Anzahl der Beteiligten lassen annehmen, dass die Veranstaltung an einem öffentlichen Ort stattgefunden hat. Eine Synagoge, durch die Gegenwart der Torarollen geweiht, wäre ein geeigneter Rahmen gewesen und hätte vielleicht allen Platz geboten, aber es ist unwahrscheinlich, dass die Oberhäupter der Gemeinde der umstürzlerischen Propaganda für einen unsterblichen Messias eine Plattform geboten hätten. Alternativ dazu gab es in der Unterstadt offene Plätze wie die Säulenhallen um den Schiloach-Teich, wo sich eine große Menschenmenge hätte zusammenfinden können, doch ist schwer vorstellbar, dass ein so bedeutendes Ereignis auf der Straße inszeniert worden sein sollte.

Je länger man über die Lage nachdenkt, in der die Zwölf sich befunden haben, desto wahrscheinlicher scheint eine andere Möglichkeit, und zwar eine von dramatischer Tragweite: Das Grabtuch könnte den Brüdern im Tempel gezeigt worden sein.

Zwei Überlegungen sprechen für diesen Ort: Erstens bildete der Tempel einen großen öffentlichen Raum, in dem sich – vor allem während der drei großen Feste im Jahreskreis – die jüdischen Gläubigen drängten und den Zwölf so einen gewissen Schutz vor den Machthabern gewährten. Zweitens war der Tempel im übertragenen Sinne das Herz des Judentums, ein Ort von zentraler Bedeutung für die frommen Hoffnungen und Heilserwartungen der Juden im 1. Jahrhundert. Als Gegenstand frommer Verehrung auf einer Ebene mit der Bundeslade (siehe oben, Seite 374) war das Grabtuch mit Sicherheit in den Tempel überführt worden, und der naheliegende Wunsch, das Tuch vor Jahwe zu bringen, wird bestärkt worden sein durch messiani-

33 Diese Darstellung Jesu von Simone Martini war die Skizze für ein Fresko, ausgeführt in einfachem Rotocker um 1340. Walter McCrone mutmaßte, dass Martini oder ein anderer Künstler das Grabtuch mit einer ähnlichen Technik gemalt haben könnte. Diese Überlegung ist jedoch wenig plausibel. Wie alle Maler des Mittelalters stellt Martini Christus in idealisierter Form dar, und auch seine spezifische Pinselführung lässt sich an keiner Stelle verleugnen.

34 Joe Nickells Kopie des Antlitzes auf dem Grabtuch (hier im Negativ) wurde vermittels eines Tuchs hergestellt, das über ein Flachrelief gebreitet und mit eisenoxidhaltigem Pigment betupft wurde. Das etwas grobschlächtige Bild hält dem Vergleich mit dem Original nicht stand und ist auch technisch völlig anders. Mehr als alles andere zeigt es, dass das Grabtuch unmöglich ein Stück mittelalterlicher Handwerkskunst sein kann.

35 Diese Nachbildung des Bildnisses auf dem Grabtuch wurde von Nicholas Allen mittels einer Technik hergestellt, die man als »Protofotografie« bezeichnet hat. Das zweifellos überaus findig produzierte Bild weist oberflächlich betrachtet einige Ähnlichkeiten mit dem Grabtuch auf, seine optische Struktur aber ist eine ganz andere. Im Unterschied zum Grabtuch schlägt sich hier klar die Richtung des Lichteinfalls nieder. Zudem ist mehr als zweifelhaft, dass irgendwer vor dem 19. Jahrhundert ein solches Bild zustande gebracht haben könnte.

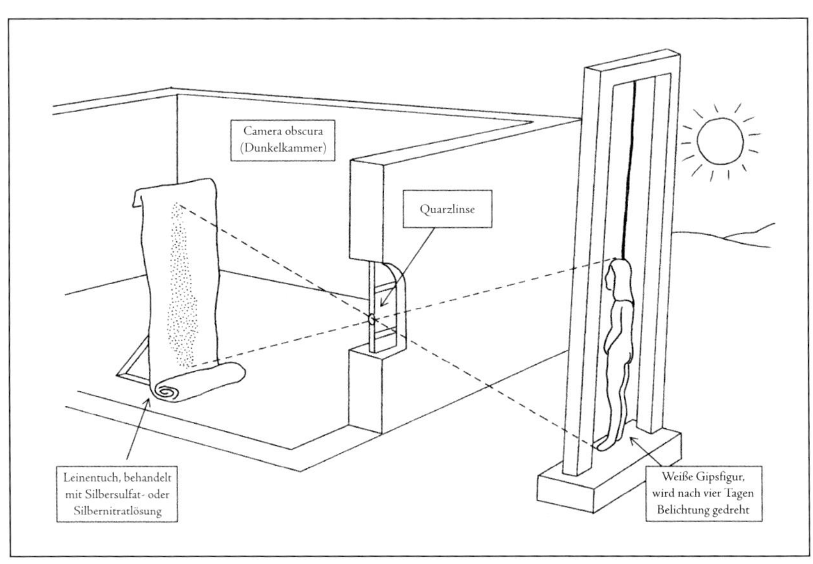

36 Für seine protofotografische Kopie des Grabtuchs spannte Allen ein mit einer lichtempfindlichen Silberverbindung getränktes Leintuch in eine große Camera obscura, die er mit einer bikonvexen Quarzlinse ausgestattet hatte. Dann hängte er vor die Blende eine weiße Gipsstatue, deren Abbild vom Sonnenlicht auf das Leintuch im Inneren projiziert wurde. Nach einer Belichtungszeit von acht Tagen hatte er auf diese Weise das Tuch mit Protofotografien von Vorder- und Rückseite der Gipsstatue versehen.

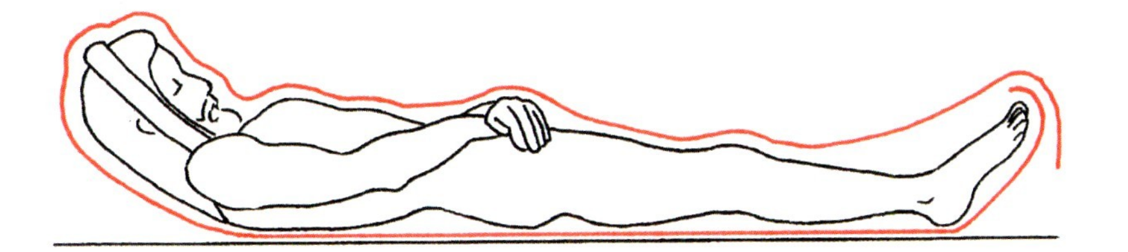

37 Diese Zeichnung illustriert, wie das Grabtuch den Leichnam des auf ihm abgebildeten Mannes umhüllt hat. Die Lage des Tuchs über Zehen und Schienbeinen erklärt das fehlende Abbild der Füße auf der Vorderansicht, die durch die Kopfhaltung bedingte Nähe des Barts zum Brustkorb das vermeintliche Fehlen des Halses. Die Verwendung eines Kinnbands sorgte für die Trennung von Vorder- und Rückansicht.

38 Pflanzen hinterlassen auf dem Papier, mit dem sie gepresst wurden, manchmal schwache Abdrücke. Im Jahr 1942 stellte der französische Apotheker Jean Volckringer diese Abdrücke vor und vertrat die Auffassung, dass diese möglicherweise die Entstehung des Bilds auf dem Grabtuch erhellen helfen könnten. Wodurch genau diese »Volckringer-Muster« zustande kommen, ist bisher nicht abschließend geklärt.

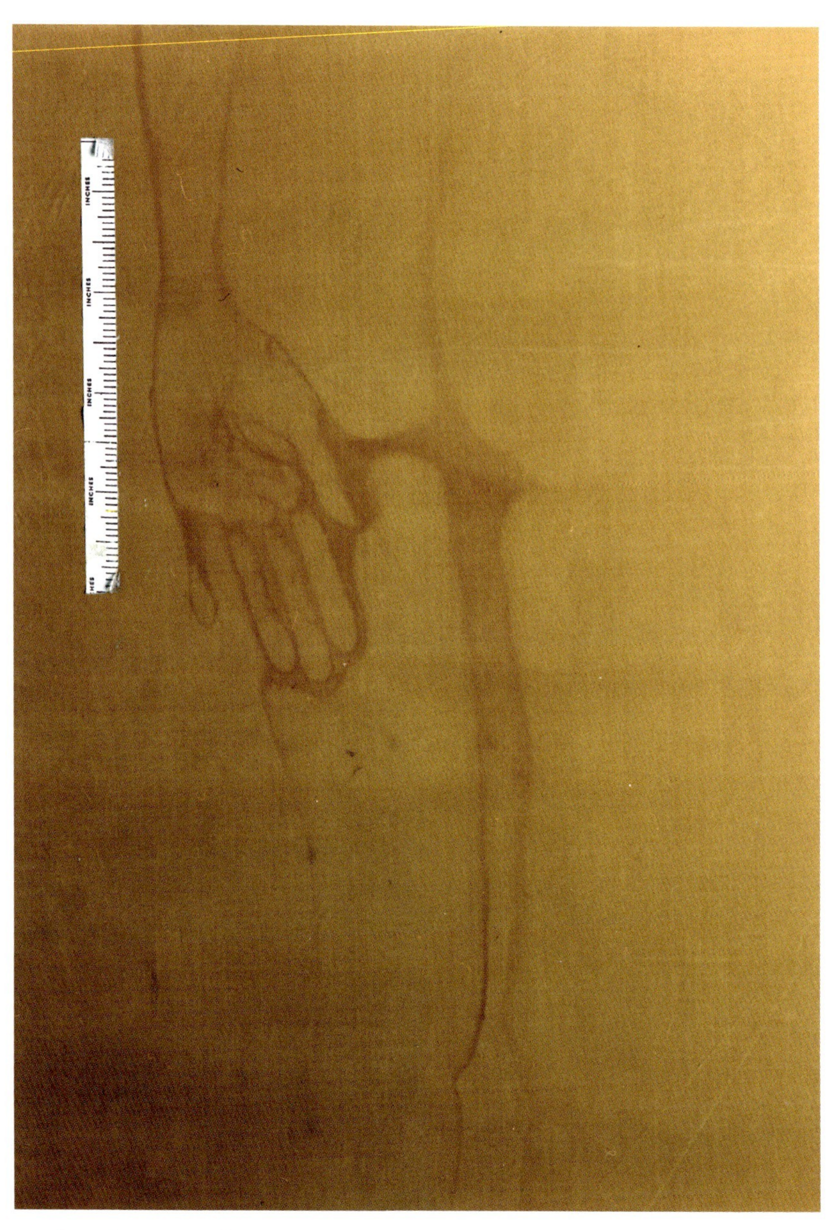

39 Im März 1981 entdeckten Bedienstete des *Jospice International Hospice* in Liverpool den Teilabdruck einer menschlichen Gestalt auf der Matratze eines kurz zuvor an Bauchspeicheldrüsenkrebs Verstorbenen. Dieser Abdruck kommt dem Bildnis auf dem Grabtuch näher als alles andere, was man bisher gesehen hat. Zweifellos handelt es sich um ein natürliches Phänomen, verursacht durch die Reaktion von krankheitsbedingt verändertem Urin mit dem Nylonmaterial des Matratzenüberzugs.

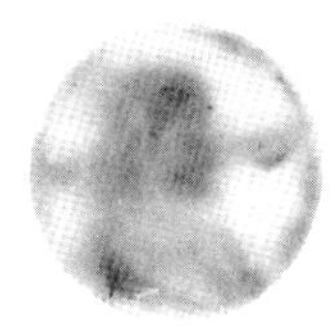

Facsimile of the chemical impression.

Silver medal, belonging to M. Boyer d'Agen, and reputed to be of the XVIth century: Called "Médaille du Campo dei fiori."

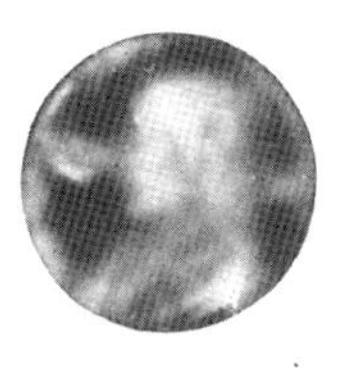

Photographic inversion of the chemical impression

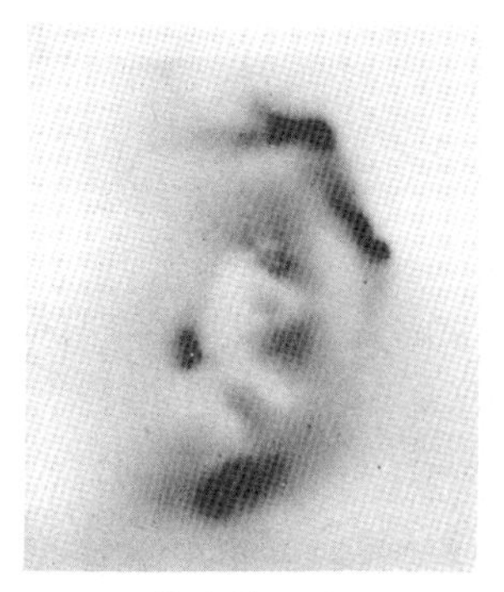

Chemical impression.

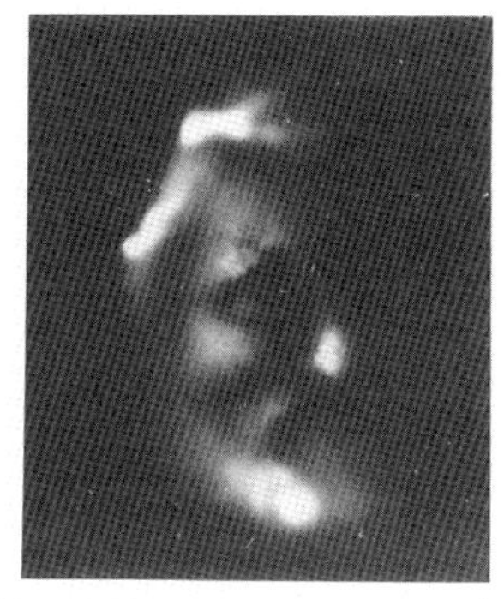

Photographic inversion of the chemical impression.

Head of Christ (plaster mould).

IMPRESSIONS PRODUCED BY CHEMICAL ACTION.

40 Tafel VIII der bahnbrechenden Studie von Paul Vignon aus dem Jahr 1902, *Le linceul du Christ*, die zwei von ihm und seinem Mitarbeiter René Colson angefertigte, durch die Einwirkungen von Gasen entstandene »Vaporografien« zeigt. Diese Bilder beweisen, dass sich durch das Einwirken flüchtiger Stoffe fokussierte Bilder erzeugen lassen – Bilder vor allem, die exakte 3-D-Informationen enthalten. Eine Fotografie (Mitte oben) wirkt im Vergleich dazu flach.

41 Um zu prüfen, ob eine Maillard-Reaktion für das Bildnis auf dem Grabtuch verantwortlich sein kann, behandelten Ray Rogers und Anna Arnoldi ein Stück Leinen, das entsprechend der Techniken des 1. Jahrhunderts hergestellt worden war, mit Ammoniumdämpfen. Die Fasern verfärbten sich auf der Oberfläche strohgelb und wiesen alle bei der Körperzeichnung beobachteten Merkmale auf.

42 Am 13. Oktober 1988 wurde in London und Turin zeitgleich das Ergebnis der Radiokarbondatierung verkündet. Auf der Pressekonferenz im British Museum erklärte Professor Edward Hall (links) den Reportern, dass das Grabtuch bedauerlicherweise eine Fälschung sei – jemand also einfach »ein Stück Leinen hergenommen, es gefälscht und gegeißelt« habe. An seiner Seite sein Kollege Dr. Robert Hedges (rechts) sowie Dr. Michael Tite vom British Museum.

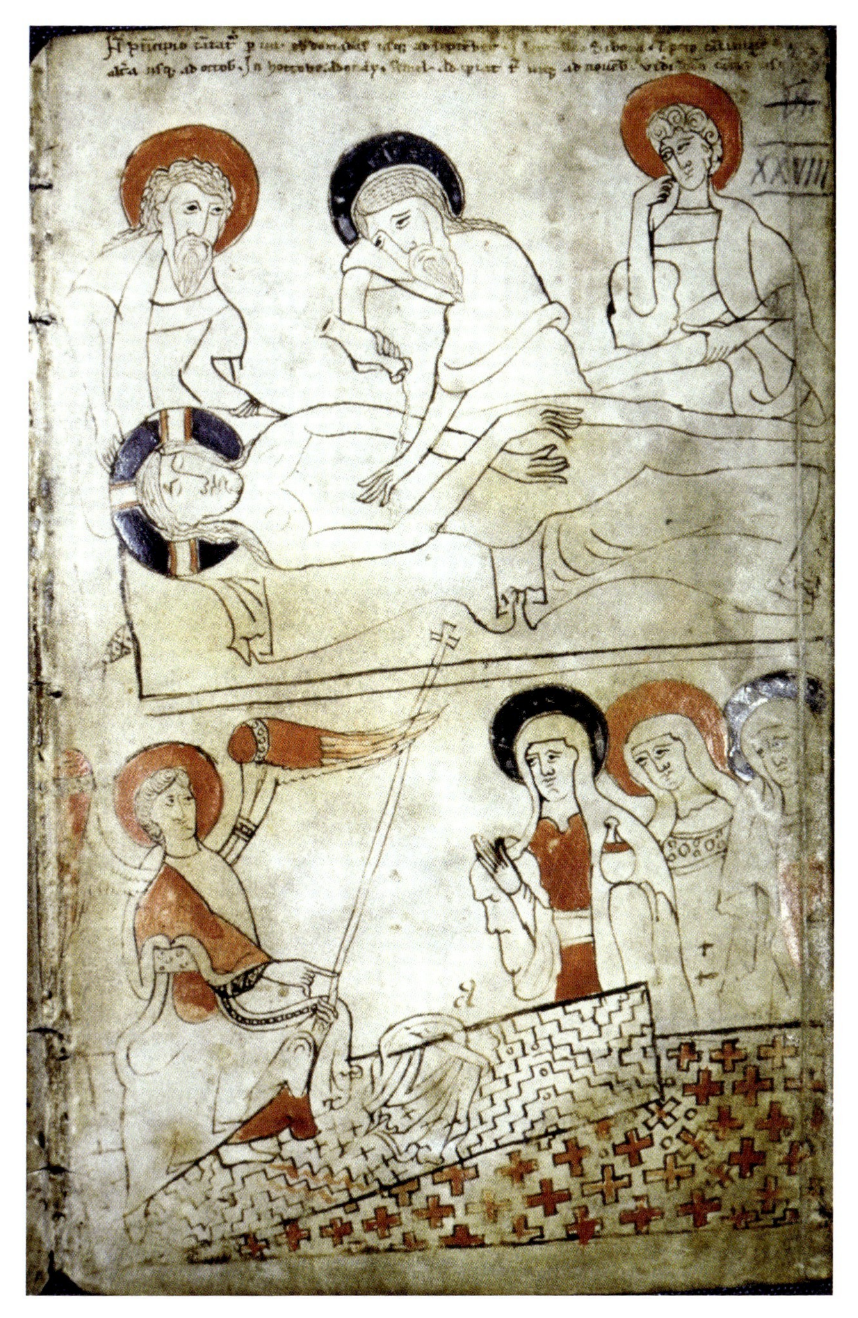

43 Blatt 28r des Codex Pray, einer ungarischen Manuskriptsammlung, die zwischen 1192 und 1195 entstanden ist, zeigt zwei Passionsszenen: die Grablegung und Salbung Christi (oben) sowie die drei Marien (unten). Beide Szenen vermitteln den Eindruck, der Künstler müsse das Grabtuch gekannt haben. Dieses Wissen kann er nur in Konstantinopel erworben haben.

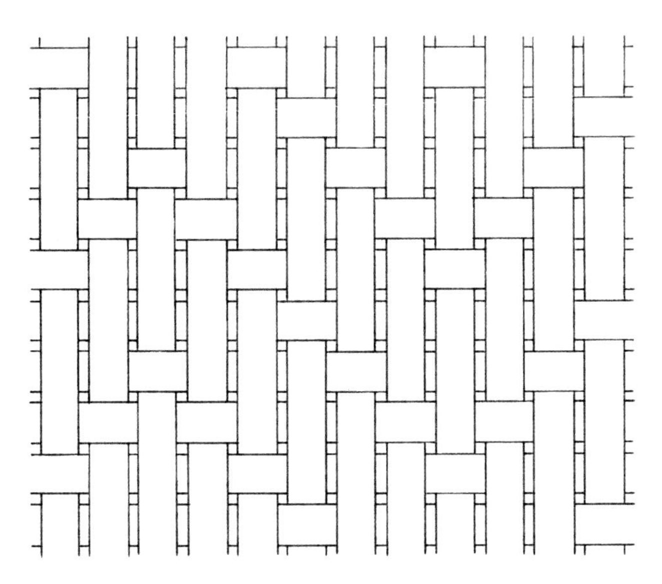

44 Das charakteristische 1/3-Fischgratköpermuster des Grabtuchgewebes entsteht, wenn der Schussfaden abwechselnd über einen und dann unter drei Kettfäden gewebt, das Muster mit jeder Reihe um eins versetzt und mit der vierten Reihe (1/5) in seiner Richtung »umgekehrt« wird.

45 Ausschnitt aus dem oberen Rechteck der Szene mit den drei Marien am Grab aus Blatt 28r des Codex Pray. Das Zickzackmuster erinnert an das Fischgratmuster des Grabtuchs, in das der Künstler außerdem vier winzige, im Rösselsprung angeordnete Kreise eingefügt hat, die in ihrer Anordnung mit den »Schürhakenlöchern« des Grabtuchs übereinstimmen. Die Darstellung kann als solider Hinweis darauf gelten, dass das Grabtuch bereits im 12. Jahrhundert existiert hat.

46 Zu Zeiten des byzantinischen Kaiserreichs wurde das Antlitz Christi auf dem Mandylion stets von einem Tuchrechteck im Querformat umgeben dargestellt. Im Bild ein Beispiel aus dem 12. Jahrhundert aus einer Kirche auf Zypern. Dieses »Landschaftsformat« ist für ein Porträt ungewöhnlich.

47 Die Faltung des Grabtuchs zum Mandylion (nach Ian Wilson). Dreimal der Länge nach gefaltet wird das Grabtuch zu einem handtuchgroßen Stück Stoff, in dessen Mitte das Antlitz Jesu prangt, wie es die Darstellungen des Mandylions gemeinhin wiedergeben. Damit besteht das Mandylion aus acht Schichten, woraus sich seine griechische Bezeichnung *tetradiplon* (»Vierdoppeltes«) erklärt. Auf eine hölzerne Unterlage aufgebracht und mit Gold verziert, wie es ein Augenzeuge berichtet, wird das Tuch für die Allgemeinheit unzugänglich aufbewahrt worden und die Größe des gesamten Bilds allmählich in Vergessenheit geraten sein.

48 Kopie einer Statue der berühmten Artemis von Ephesus aus dem 2. Jahrhundert. Kultbilder wie dieses wurden mit den Göttern und Göttinnen, die sie darstellten, gleichgesetzt. Die Anbetung von »Götzenbildern«, von monotheistischen Religionen als Sünde verurteilt, wurzelt als dem Menschen angeborener Hang zum Animismus tief im Repertoire menschlicher Instinkte.

49 Diese mit Nadeln gespickte kleine Figurine stammt aus Ägypten, sie wurde dort etwa im 3. oder 4. Jahrhundert angefertigt. Sie sollte einer Voodoo-Puppe gleich das Herz des dargestellten Mädchen Ptolemais für dessen Verehrer Sarapammon öffnen.

50 Katholischem Volksglauben zufolge hat sich eines Sommertags im Jahr 1206 Christus selbst in dieses bescheidene Kruzifix in der Kirche von San Damiano bei Assisi begeben, um zum heiligen Franziskus zu sprechen. Christliche Berichte über Heilige, die zeitweise in ihren Bildnissen verkörpert sind und Wunder wirken, gibt es aus dem Mittelalter zuhauf.

(88)

XLIII.

The Soul of man. *Anima hominis.*

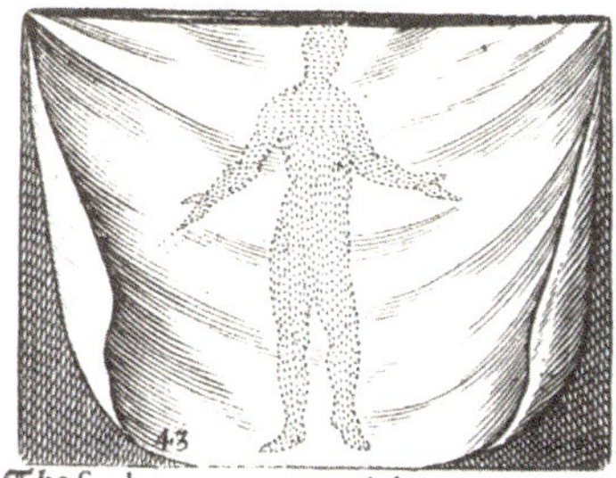

The Soul	*Anima*
is the life of the body,	est vita corporis,
one in the whole:	in toto una:
Only Vegetative	Tantùm *Vegetativa*,
in Plants;	in *Plantis*;
Withal sensitive	Simul *Sensitiva*,
in Animals;	in *Animalibus*;
And also Rational	Etiam *Rationalis*,
in man.	in *Homine*.
This consisteth in	Hæc consistit
three things;	in tribus:
In the understanding	In *Mente* (Intellectu)
	where-

51 Eine Darstellung der »Seele des Menschen« als blasser Silhouette auf einem weißen Stück Tuch. Dieses Bild, das mit dem Grabtuch nichts zu tun hat, zeigt dessen ungeachtet die verbreitete Vorstellung von Seele als etwas Schattenhaftem, schwer Fassbarem.

52 Ausschnitt aus einem Mosaik, das die Schlacht zwischen Alexander dem Großen und dem Perserkönig Darius zeigt. Ein tödlich getroffener Soldat erblickt sich selbst in einem Schild. Dieses Spiegelbild galt jedem Betrachter als Darstellung des inneren Ichs, das den Menschen im Augenblick des Todes verlässt.

53 Tutanchamun wurde in einem Ensemble aus Särgen beigesetzt, deren jeder als prachtvolles Ebenbild des toten Pharao gestaltet war. Das Porträt machte den Sarg zu einem potenziellen Körper für das spirituelle Ich – das Ka –, das wie der Gott Osiris wiedergeboren werden würde. Die Ebenbilder bildeten demnach nichts anderes als »überirdische Leiber« für den jungen König.

54 Eine ägyptische Mumie eines Jugendlichen vom Ende des 1. Jahrhunderts, ausgestattet mit einem Porträt des jungen Mannes. Solche Bilder als Grabbeigaben – sogenannte Fajum-Porträts – begann man in Ägypten etwa zu der Zeit herzustellen, als das Christentum seinen Anfang nahm. Wie die Särge der Pharaonen in Menschengestalt sollten auch sie den Seelen der auferstandenen Toten als neue Behausung dienen.

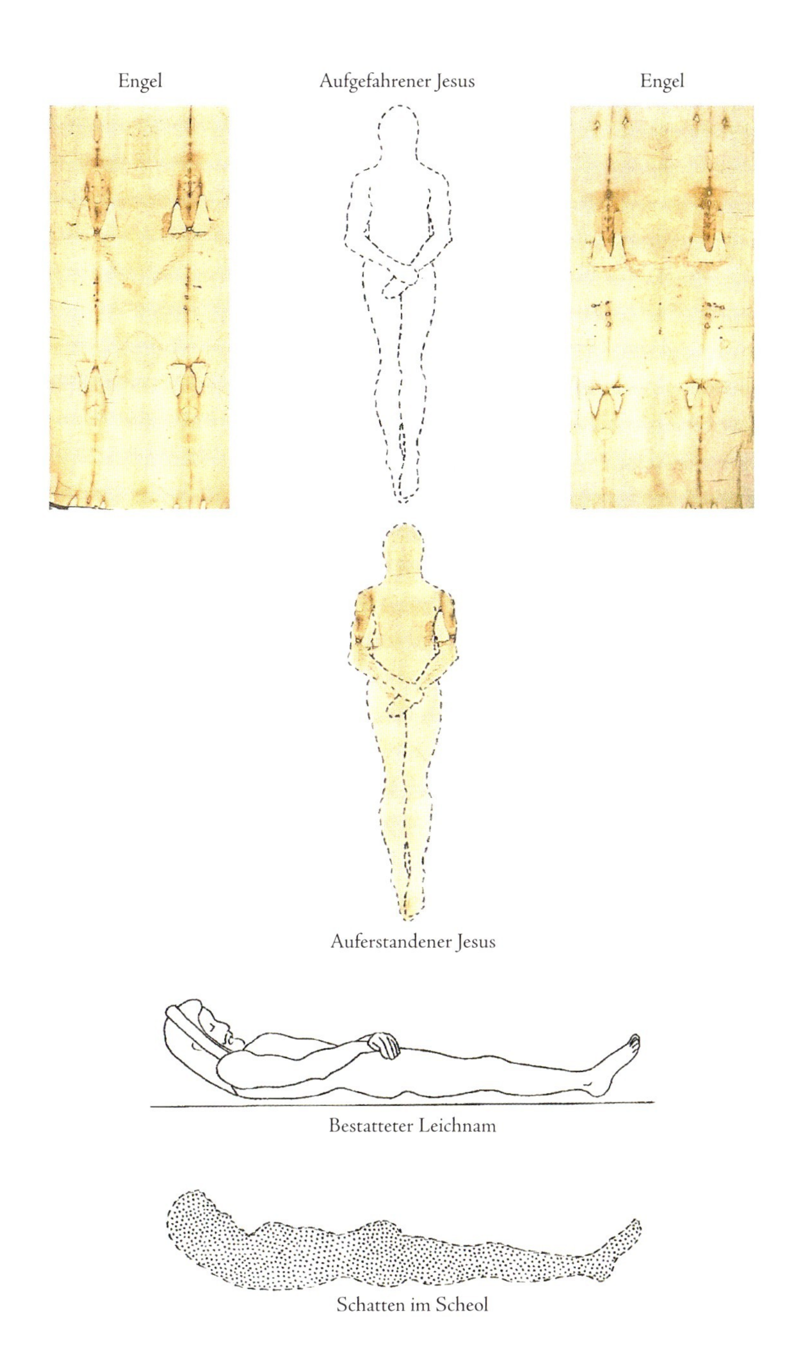

55 Grafik der Vorstellung von Tod und Auferstehung Jesu im 1. Jahrhundert. Unmittelbar nach seinem Tod reduzierte sich Jesu Sein zunächst auf das eines Schattens im Totenreich. Am dritten Tag wurde er von den Toten auferweckt und in einem neuen »überirdischen Leib« (für den das Grabtuch stand) mit neuem Leben erfüllt. Er konnte danach einerseits als im Bildnis des Grabtuchs gegenwärtig – als der Auferstandene – oder auch als bereits darüber erhoben – als der zum Himmel Aufgefahrene – gesehen werden. In letzterem Fall wären die Gestalten auf dem Grabtuch als unabhängige Mittler zwischen Himmel und Erde (Engel) betrachtet worden.

56 Bei diesem seltsam anmutenden Gegenstand handelt es sich um ein Osirisbett, gefunden im Grab eines hohen ägyptischen Beamten namens Maiherperi aus dem 14. Jahrhundert v. Chr. Es besteht aus einer hölzernen, mit einem Leintuch ausgekleideten Form in Gestalt des Gottes Osiris, in die Saatgut eingebracht wurde, das dann im Grab zu sprießen begann und Maiherperis Auferstehung dienen sollte.

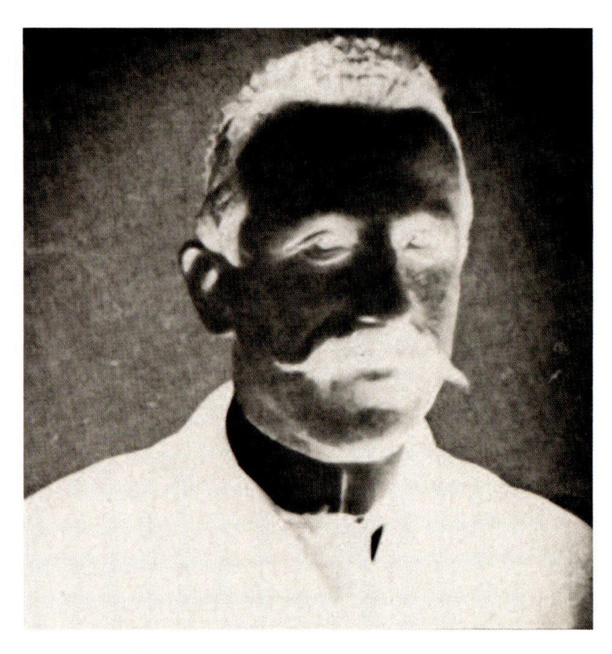

57 Es ist nicht immer leicht, jemanden auf einem Negativ zu erkennen, und das Gesicht auf dem Grabtuch wird seine ersten Betrachter vor das gleiche Problem gestellt haben. Obwohl es keine Fotografie ist, verkehrt es die Farbgebung eines Gesichts in ähnlich ungewohnter Weise. Diejenigen, die den Mann auf dem Tuch gekannt haben, werden zunächst Mühe gehabt haben, die Ähnlichkeit zu sehen, bis sie schlagartig die Erkenntnis überfallen hat.

58 Die Verklärungserzählung, hier dargestellt auf einer russischen Ikone aus dem 15. Jahrhundert, stellt Jesus als strahlendes himmlisches Wesen dar, flankiert von zwei Begleitern (Mose und Elija). Die gleiche Bildsprache liegt auch den Himmelfahrtserzählungen der Schöpfungsgeschichte und des Petrusevangeliums zugrunde, wobei in Letzterem Auferstehung und Himmelfahrt zu einem einzigen Ereignis verschmolzen sind.

59 Die Geschichte vom ungläubigen Thomas, wie sie Albert Dreisbach, angelehnt an ein Gemälde von Caravaggio, sieht. Dreisbach ist der Ansicht, diese berühmte Geschichte sei durch einen frühen Betrachter des Grabtuchs inspiriert, der Letzteres als Beweis für die greifbare Körperlichkeit der Auferstehung gesehen hat. Was aber, wenn das Grabtuch als Beweis für eine geistige Wiedergeburt interpretiert worden wäre? Ob diese pfiffige Montage das wahre Wesen der berichteten Erscheinungen wiedergibt?

sche »Weissagungen« wie Psalm 2,6: »Ich selber habe meinen König eingesetzt auf Zion, meinem heiligen Berg.«

Wir können daher vorläufig davon ausgehen, dass die Präsentation vor den mehr als fünfhundert Brüdern auf dem Areal des Jerusalemer Tempels über die Bühne gegangen ist. Und da die Zwölf sich einig waren, dass es sich bei dem Tuch um etwas ungemein Bedeutsames handelte, werden sie höchstens ein paar Monate, maximal ein Jahr gewartet haben, bis sie das Banner des Auferstandenen entrollten. Eine gute Gelegenheit hätte sich beim Laubhüttenfest im Herbst geboten, bei dem Stadt und Tempel vor Pilgern wimmelten. Vielleicht war dies (das heißt ungefähr sechs Monate nach Ostern) die Gelegenheit, bei der der Schar von Gefolgsleuten das große Zeichen der Auferstehung präsentiert wurde.

Wann und wo auch immer die erste öffentliche Zurschaustellung des Grabtuchs stattgefunden hat, sie wird von den Regierenden als staatsfeindlicher Akt gesehen worden sein. Im Anschluss daran werden die Initiatoren unablässig in Gefahr geschwebt haben, verhaftet zu werden, das Tuch selbst war nicht mehr sicher. Geheimhaltung wurde wichtiger denn je.

Solange sich kein geschriebenes Zeugnis für dieses Ereignis findet, muss alles, was über die Erscheinung vor den mehr als Fünfhundert gesagt wird, in hohem Maße als spekulativ gelten. Aber das hier umrissene Szenario ist durch und durch plausibel und bietet einen logischen Zugang zum Verständnis des Paulinischen Glaubensbekenntnisses. Wenn wir uns die Erscheinung vor den mehr als fünfhundert Brüdern als Zurschaustellung des Grabtuchs denken, können wir das Ereignis dem historischen Dornröschenschlaf entreißen und als kirchenbegründende Schlüsseloffenbarung würdigen.

Die nächste Erscheinung war die vor Jakobus. Nach einem Massenspektakel wie dem geschilderten mag sich die Erscheinung vor einer Einzelperson ein bisschen enttäuschend ausnehmen. Sicher hätte der auferstandene Jesus, nachdem er sich erst einem, dann zwölf und schließlich fünfhundert Menschen »enthüllt« hatte, darin fortfahren sollen und sich Tausenden und Millionen Menschen zeigen sollen, um so das Heil der Menschheit zu befördern. Dennoch ist die Erscheinung vor Jakobus für unsere Überlegungen eine logische Fortsetzung zu dem Ereignis, in das die große Gemeinschaft der Brüder eingebunden war.

Lange bevor es in Rom einen Bischof gab – ein katholischer Papst war noch lange nicht in Sicht –, betrachtete die frühe Kirche Jakobus, Jesu Bruder, als ihr alleiniges Oberhaupt.[9] Die Überlieferung will es, dass er der erste »Bischof« von Jerusalem gewesen sein soll und entweder von seinen Zeitgenossen gewählt oder aber vom auferstandenen Christus selbst verpflichtet worden sei.[10] Es wird in der Regel – ausgehend von einem Abschnitt aus der Apostelgeschichte und dem Brief des Paulus an die Galater – davon ausgegangen, dass Petrus das erste Oberhaupt der Jerusalemer Kirche gewesen ist und Jakobus um die Mitte der 30er-Jahre das Amt von ihm übernommen hat. John Painter aber vertritt energisch den Standpunkt, dass Petrus nie der offizielle Anführer der Nazoräer gewesen sei und Jakobus sie von Anfang an geführt habe.[11] Das Auferstehungsbekenntnis des Korintherbriefs, im Sinne der Grabtuchtheorie gedeutet, versetzt uns in die Lage, den Wahrheitsgehalt beider Positionen zu beleuchten. Petrus, so will es scheinen, war eine Art Verwalter, der zunächst an der Spitze der Gruppe von Grabtuchzeugen stand, seinen Führungsanspruch jedoch zugunsten von Jakobus aufgab, sobald dieser das Tuch erblickt hatte. So gesehen war Jakobus sowohl vom Auferstandenen verpflichtet als auch von den anderen Kirchengründern gewählt. Dass Jesu Bruder die Nachfolge antrat, sollte kaum überraschen: In der Antike waren dynastische Herrschaften gang und gäbe, und in den Frühphasen des Christentums – mit Sicherheit bis zum Ende des 1. Jahrhunderts – hatten Familienangehörige Jesu das Sagen.[12]

Man mag sich fragen, warum Jakobus, wenn er doch eine so wichtige Figur war, heute so wenig bekannt ist. Die Antwort darauf ist einfach: Er wurde in der Apostelgeschichte, der kanonischen Historie der frühen Christenheit, vorsätzlich aus dem Rampenlicht gedrängt, weil sein kompromissloses Festhalten an der jüdischen Tora der späteren nichtjüdischen Kirche ein Dorn im Auge war.[13] In den Paulinischen Briefen, unseren frühesten historischen Zeugnissen, wird Jakobus genauso häufig erwähnt wie Petrus, und an seiner Vorrangstellung herrscht kein Zweifel. Auch in den nichtkanonischen Quellen wie dem Thomasevangelium und den Schriften frühchristlicher Historiker tritt seine überragende Bedeutung deutlich zutage. In der Apostelgeschichte aber, jenem Text, der noch immer die vorherrschende Sicht der frühchristlichen Historie diktiert, wird seine Bedeutung verschleiert. Geschichte wird von Siegern geschrieben, und nach der Dezimierung der Juden durch den Jüdischen Krieg waren die Nachfolger des Jakobus definitiv die Verlierer.

Die Erscheinung vor Jakobus war demnach von unermesslicher Bedeutung. Es war der Augenblick, in dem die herausragendste Figur der jungen Christenheit dem auferstandenen Christus begegnete und seine Hingabe an die nazoräische Sache besiegelte. Wenn meine Theorie stimmt, wird dies der Augenblick gewesen sein, in dem Jakobus als Haupt der Kirche eingesetzt wurde. Die Umstände dieser Begebenheit lassen sich wie folgt rekonstruieren:

Vermutlich waren einige Monate nach Ostern verstrichen, und ganz Jerusalem war einmal mehr erfüllt von Neuigkeiten über Jesus, den »König der Juden«, der am Passahfest gekreuzigt worden war. Seit seiner Hinrichtung hatten Gerüchte über seine angebliche Auferstehung die Runde gemacht, aber nur wenige hatten das Gerede ernst genommen. Nun behaupteten mehr als fünfhundert seiner Anhänger, sie hätten ihn wieder lebend gesehen, nicht in Fleisch und Blut, sondern in einem »überirdischen« Körper, wie er sich auf seinem Grabtuch zeigte. Obgleich niemand in Jerusalem mit der Auferstehung eines einzelnen Märtyrers gerechnet hätte, war die Erscheinung so gut bezeugt, dass viele in der Stadt sich überzeugen ließen. Im Nachhall ihrer kühnen öffentlichen Zurschaustellung des Grabtuchs fanden sich seine Hüter plötzlich an der Spitze einer gar nicht mehr so kleinen neuen Partei, deren Einfluss vermutlich weit über die Schar der Brüder hinausgereicht hat, die sich wie neugeboren fühlen mussten. Neben Ostern selbst muss dieses Ereignis der berauschendste Augenblick im Leben der Kirche gewesen sein.

Und doch blieb der Status quo unverändert. Trotz ihrer Anstrengungen blieb der erhoffte Umbruch – die Einsetzung des Reiches Gottes auf Erden – weiterhin aus. Die römischen Truppen trampelten so hochmütig wie eh und je durch das Gelobte Land, und unverständlicherweise ließ das Kommen des Menschensohns »mit den Wolken des Himmels« auf sich warten. Nichts auf Erden, geschweige denn im Himmel, veränderte sich. Es gab kein kosmisches Beben, keine Massenerweckung der Toten.

Dem aufregenden Triumph der Erscheinung vor den mehr als Fünfhundert muss eine neue Welle der Bestürzung gefolgt sein, gepaart mit dem Bedürfnis, sich wieder auf die revolutionären Hoffnungen der Bewegung zu besinnen. Da Jesus noch nicht bereit war zurückzukehren und sie selbst anzuführen, brauchten die Nazoräer jemanden als seinen irdischen Vertreter, jemanden, um den die Brüder sich scharen konnten. Petrus mag sich in den Monaten nach Ostern um sie gekümmert haben, konnte aber kaum gehofft haben, die Stelle des unsterblichen Jesus einzunehmen. Das konnte nur einer: dessen Bruder Jakobus.

Jakobus war in Jerusalem allem Anschein nach bereits ein Mann von einigem Ansehen gewesen. Möglicherweise stand er im Austausch mit den Jüngern, die das Grabtuch verwahrten. Vermutlich gehörten zu diesen auch Mitglieder seiner Familie, aber es ist unwahrscheinlich, dass er ihre Ansichten übermäßig wohlwollend betrachtete. Einer Sache können wir uns sicher sein:

Vor Ostern war Jakobus kein Gefolgsmann Jesu gewesen.[14] Andernfalls hätte er zu den Zwölf gehören oder unter den mehr als Fünfhundert gewesen sein müssen. Das heißt nicht notwendigerweise, dass er und Jesus einander entfremdet waren – Brüder können selbstredend abweichende politische und religiöse Ansichten vertreten und einander trotzdem nahe sein. Dennoch legt seine offensichtliche Distanz zu den anderen Jüngern in den Monaten nach Ostern den Verdacht nahe, dass es zwischen ihnen gewisse Spannungen gegeben hat.

Das Zeugnis der mehr als fünfhundert Brüder und die anhaltende Begeisterung unter der Jerusalemer Bevölkerung können nicht ohne Einfluss auf Jakobus geblieben sein. Wir können davon ausgehen, dass er mit einer Mischung aus Erregung und Bestürzung vernommen hat, was die Leute über Jesus sagten. Erregung, weil dies bedeutete, dass sein Bruder von Gott in besonderer Weise bevorzugt worden sei, Bestürzung, weil es die Erinnerung an die schändliche Kreuzigung wieder wachrief. Er muss sich Gedanken gemacht haben über das Zeichen, das sie angeblich gesehen hatten, und wenn die Anhänger Jesu nicht auf ihn zugegangen sind, hat er vielleicht von sich aus den Kontakt gesucht, weil er hoffte, das Zeichen mit eigenen Augen sehen zu können. Die anderen Jünger werden eine Annäherung von seiner Seite begrüßt haben. Für jedermann wird nur allzu klar gewesen sein, dass, sollte er sich zu den Nazoräern gesellen, er die neue Führungsperson der Bewegung sein würde. Während sie sich in einer zweiten Wartezeit einzurichten versuchten, dieses Mal an der Spitze einer großen Gruppe von unruhigen Brüdern, müssen sich die Zwölf nur allzu sehr darüber im Klaren gewesen sein, dass sie einen starken legitimierten Führer an ihrer Spitze brauchten. Die Wiederannäherung des Jakobus muss auf sie wie ein göttlicher Segen und notwendiger Bestandteil des göttlichen Plans gewirkt haben.

Die Bemühungen, Jakobus in die neue Sekte zu integrieren, gipfelten darin, dass man ihm das Grabtuch, die offenbarte Auferstehung, zeigte. Das Erleben des Jakobus muss jedoch ein ganz anderes gewesen sein als das der anderen, die vor ihm das Grabtuch zu Gesicht bekommen hatten. Bei den Frauen, Petrus und den Zwölf war die Konfrontation völlig unerwartet geschehen, bei der Schar der fünfhundert Brüder war ihr nichts anderes vorausgegangen als ein Gerücht. Dieses Mal war es anders. Bevor Jakobus das Tuch in Augenschein nahm, wird er sorgfältig die alten Schriften nach Fingerzeigen auf die bevorstehende Auferstehung seines Bruders durchforstet haben. Der Anlass selbst, die Investitur von Christi sterblichem Nachfolger, war von solcher Bedeutung, dass er mit einem gewissen Maß an Feierlichkeit begangen worden sein muss. In Anbetracht der messianischen Philosophie der Gemeinschaft war vermutlich Geheimhaltung geboten. Jakobus hat sich möglicherweise auf das Ganze vorbereitet, indem er ein rituelles Bad nahm. Das war so üblich und vorgeschrieben, um sich zu reinigen, bevor man die Vorhöfe des Tempels betrat, dessen sakralem Charakter das Grabtuch nicht nachgestanden haben dürfte. Vielleicht hat man ihn gesalbt. Am Ende hat man ihn den auferstandenen Jesus schauen lassen.

Es muss eine beängstigende und emotionale Erfahrung für den jungen Mann gewesen sein, plötzlich seinem gekreuzigten Bruder – nun wieder lebendig, aber in eine Gestalt von schockierender himmlischer Glorie verwandelt – gegenüberzustehen. Sein Körper blutend noch und doch strahlend, sein Gesicht ausdruckslos und doch von großer Stärke zeugend. Wir wissen nicht, wie Jakobus reagiert hat, aber wir wissen, dass er den Raum in der Überzeugung verließ, seinen auferstandenen Bruder gesehen zu haben. Die Nazoräer werden die Begegnung als mystische Vereinigung betrachtet haben, die Jakobus in den einen und einzigen Stellvertreter Christi verwandelt hat.

Der Ort, an dem sich die Zeremonie abgespielt hat, ist nicht bekannt, aber es scheint wahrscheinlich, dass es sich um ein Privathaus irgendwo in oder nahe Jerusalem gehandelt hat. Auch wissen wir nicht, wann sie stattgefunden hat. Vielleicht hat man Jakobus das Grabtuch am ersten Jahrestag von Ostern gezeigt; vielleicht musste er bis zum Tag des Versöhnungsfests (Yom Kippur) sechs Monate danach warten, sodass seine Begegnung mit dem Grabtuch vielleicht dem Durchschreiten des Tempelvorhangs vor dem Allerheiligsten gleichkam, das der Hohepriester an diesem Tag betritt. Wir wissen es nicht, weil die Erscheinung vor Jakobus in den offiziellen Annalen der frühchristlichen Geschichte vorsätzlich »vergessen« worden ist.

Nach seiner Erscheinung vor Jakobus und vor derjenigen vor Paulus auf der Straße nach Damaskus erschien der auferstandene Christus »allen Aposteln«. Das Wort »Apostel« bedeutet Botschafter, jemand, der ausgesandt wird, eine Nachricht zu überbringen, in diesem Falle das Evangelium, die frohe Botschaft von der Auferstehung Christi. Nicht lange nachdem Jakobus die Leitung der Urkirche übernommen hatte, wurden demnach einige Nazoräer zu Botschaftern des auferstandenen Herrn erwählt und bekamen als Vorbereitung auf ihre Mission das Grabtuch gezeigt.

Diese Aussendung ist wohl als Reaktion auf dramatische Veränderungen innerhalb der neuen Sekte zu sehen. Im Nachhall der Erscheinung vor den mehr als Fünfhundert und der Bestallung des Jakobus scheinen die Nazoräer zu einer großen, gut organisierten Gemeinde angewachsen zu sein, deren Mitgliederzahl möglicherweise in die Tausende ging. Der Zusammenhalt dieser Gruppierung scheint von Anbeginn an durch quasisozialistische Normen des Zusammenlebens begünstigt worden zu sein; einzelne Mitglieder verkauften ihren Besitz zugunsten der Gruppe, und man lebte in Gütergemeinschaft.[15] Das Wachstum dieser messianischen Sekte muss Kajaphas und die anderen Priester mit Besorgnis erfüllt haben. Sie konnten es sich nicht leisten, eine solche Organisation zu tolerieren. Zur Zeit der ersten Zurschaustellungen des Grabtuchs wurden die Nazoräer offenbar noch als kleines Häuflein feuerköpfiger Fanatiker wahrgenommen; ungefähr ein Jahr später wird man sie als gefährliche Revolutionäre betrachtet haben, deren Aktivitäten für das herrschende Regime eine echte Bedrohung darstellten.

Es ist kein Wunder, dass die Nazoräer unter diesen Umständen verfolgt wurden, und genau davon berichtet die Apostelgeschichte. Im Anschluss an die Verurteilung und Steinigung eines Mannes namens Stephanus, eines mitreißenden Predigers des Evangeliums, geriet die Urgemeinde ins Visier der Jerusalemer Behörden. An der Spitze dieser Übergriffe stand ein junger Eiferer namens Saulus – der künftige Apostel Paulus.

> »An jenem Tag brach eine schwere Verfolgung über die Kirche in Jerusalem herein. Alle wurden in die Gegenden von Judäa und Samarien zerstreut, mit Ausnahme der Apostel. Fromme Männer bestatteten Stephanus und hielten eine große Totenklage für ihn. Saulus aber versuchte die Kirche zu vernichten; er drang in die Häuser ein, schleppte Männer und Frauen fort und lieferte sie ins Gefängnis ein.«[16]

Widersinnigerweise wurde die Kirche durch Saulus' Versuche, sie zu vernichten, nur noch stärker. Während ihrer Zeit der Verbannung aus Jerusalem expandierte sie gewaltig, und dies nicht nur in Judäa und Samarien, sondern offenbar auch in Galiläa.[17] Exil und Ausbreitung sind unauflöslich miteinander verknüpft, denn vor allem die »schwere Verfolgung« hat, wie ich glaube, zur Berufung von Aposteln geführt, die das Evangelium andernorts verkündigen sollten.

Es gibt keinen Anlass zu vermuten, dass Jakobus und die Zwölf Apostel aussandten, solange sie sich in ihren Verstecken in Jerusalem sicher fühlten. In Erwartung des Jüngsten Tages in der Heiligen Stadt, wo sich das kosmische Geschehen zweifellos bündeln würde, hatten sie keinen Grund, irgendwo anders zu missionieren. Nachrichten gelangten auch so aus der Heiligen Stadt in die Provinzen, und es hatten inzwischen genügend Menschen den auferstandenen Jesus in Jerusalem zu Gesicht bekommen, um jedermann dort draußen von der bevorstehenden Erlösung zu berichten. Doch als die Nazoräer der Stadt verwiesen wurden, war mit einem Schlag alles anders. Als Flüchtlinge, von Saulus und seinen Männern gnadenlos gejagt, hing ihre Sicherheit – und die des Grabtuchs – nunmehr, wohin sie sich auch wendeten, von Unterstützern vor Ort ab.

Plötzlich hatten sie ein dringendes Interesse daran, andere zu bekehren. Die beste Möglichkeit, dies zu tun, bestand in der Berufung von Aposteln – vertrauenswürdigen Brüdern und einflussreichen Bürgern vor Ort, die bezeugen konnten, dass Christus wirklich auferstanden war. Den Männern und Frauen, die mit dieser Aufgabe betraut wurden, muss das Tuch gezeigt worden sein. Sie mussten zudem alle das Gleiche verkündigen, denn die Einheitlichkeit ihrer Verkündigung wird für ihren Erfolg entscheidend gewesen sein. Das erste Credo, das Paulus als Evangelium von universaler Gültigkeit präsentiert, ist vermutlich für genau diesen Zweck formuliert worden. Es war das ursprüngliche Apostolische Glaubensbekenntnis.

In Anbetracht der großen Zahl an Aposteln sollten wir nicht erwarten, dass uns in jedem Einzelfall in den Evangelien über deren Einsetzung berichtet wird. Der einzige Apostel, dessen Berufung Aufmerksamkeit verdiente, war Paulus – ein sehr spezieller Fall. Wir können vermuten, dass die Erscheinungen vor den Aposteln in etwa auf dem gleichen Zeremoniell fußten, das bei Jakobus befolgt worden war. Nachdem man sie gelehrt hatte, welche Verweise und Belege sich in den alten Schriften für das Evangelium fanden, werden auch sie sich einer rituellen Waschung haben unterziehen müssen, bevor sie das Grabtuch anschauen durften. In manchen Fällen werden solche Berufungen zum Apostel mit der Taufe einhergegangen sein. Sie müssen stattgefunden haben, wo immer das Grabtuch sich auf seiner Reise von Jerusalem nach Damaskus gerade befand, wo Paulus als Letzter zu der Schar der Apostel stieß. Eine der Straßen nach Damaskus (das nicht notwendigerweise das ursprüngliche Ziel für die Verwahrung des Grabtuchs gewesen sein muss) führte durch die drei Regionen, die laut Apostelgeschichte (9,31) bereits missioniert worden waren – Judäa, Samarien und Galiläa –, sodass wir schlussfolgern können, dass das Grabtuch durch diese Gegenden nach Norden gereist ist und auf dem Weg Apostel berufen wurden.

Die Folgerung, dass manche der Erscheinungen in Galiläa stattgefunden haben müssen, ist vor allem im Licht der Galiläa-Variante der Überlieferung über die Erscheinung vor den Jüngern interessant. So verschwommen und inkohärent sie sich auch präsentieren mag, diese Tradition datiert doch früh genug und ist so beständig, dass sich der Verdacht aufdrängt, sie könne eine historische Basis haben. Markus bleibt in seiner Darstellung am vagesten von allen. Er berichtet lediglich von den Worten des »jungen Mannes« zu den Frauen am Grab: »Nun aber geht und sagt seinen Jüngern, vor allem Petrus: Er geht euch voraus nach Galiläa; dort werdet ihr ihn sehen, wie er es euch gesagt hat.«[18] Ursprünglich fuhr Markus vielleicht in seinen Erzählungen fort und berichtete auch über Erscheinungen in Galiläa, aber nun bricht der Text nach dem nächsten Vers ab, ohne auch nur eine Erscheinung zu erwähnen.[19] Matthäus schließt seine Verkündigung mit der Erscheinung des auferstandenen Jesus vor den Elf auf einem Berg in Galiläa ab. Es wäre unklug, dies als echten historischen Bericht zu deuten, aber es reflektiert immerhin die weit verbreitete Ansicht, dass der auferstandene Christus auch in dieser nördlichen Region geschaut wurde.

Weit mehr von Interesse ist die Erscheinungserzählung vom See Tiberias aus Johannes 21, die eine von alters her überlieferte allegorische Darstellung der Konfrontation mit dem Grabtuch zu enthalten scheint.[20] Bezeichnenderweise findet diese Erzählung einen Widerhall im Petrusevangelium, Letzteres endet mit einer Erscheinungserzählung, die an der Stelle, an der das Manuskript abbricht, noch gar nicht richtig in Gang gekommen ist:

> »Ich aber, Simon Petrus, und Andreas, mein Bruder, (wir) nahmen unsere Netze und gingen weg zum Meer, und bei uns war Leueis, der (Sohn) des Alphaios, den der Herr [...].«[21]

Dieser Text, so dürftig er auch ist, liefert weitere Hinweise darauf, dass Auferstehungserscheinungen in der Nähe des Sees als Realität erinnert wurden. Da die Zwölf das Grabtuch definitiv in Jerusalem zu Gesicht bekommen hatten, sind diese Erscheinungen in Galiläa vermutlich mit der Berufung von Aposteln in Zusammenhang zu bringen.

Bemerkenswert ist außerdem, dass zwar sowohl im Johannesevangelium (21,2) als auch im Petrusevangelium (14,6) Petrus als Erster genannt ist, alle anderen Namen aber keineswegs deckungsgleich sind.[22] Das lässt vermuten, dass Petrus die vorherrschende Persönlichkeit der apostolischen Mission gewesen ist. Den gleichen Eindruck vermittelt Markus, der Petrus eine Sonderstellung unter denjenigen einräumt, die den auferstandenen Christus in Galiläa zu Gesicht bekamen. Es ist nicht anzunehmen, dass er das Tuch allein nach Galiläa gebracht hat, aber Petrus scheint die Ausbreitung der Apostelbewegung in den Norden angeführt zu haben. Das erklärt womöglich, warum Paulus von Petrus und nicht von Jakobus als demjenigen spricht, der seinen Apostelдienst »unter den Beschnittenen« versieht.[23]

In Anbetracht der vielen Augenzeugen, die – vermutlich in Zweiergruppen, um ihr Glaubenszeugnis vor anderen gegenseitig zu bestätigen – Galiläa und die Nachbargebiete kreuz und quer durchstreiften[24], überrascht es kaum, dass die subversive frohe Botschaft von Christi Auferstehung sich in der Region erfolgreich ausbreitete. Wenn wir uns einmal die Auswirkungen dieser Apostelbewegung auf die übrige römische Welt – und darüber hinaus – klarmachen, können wir eines der größten historischen Rätsel aller Zeiten – die Geburt des Christentums – als gelöst betrachten: Wie eine kleine Clique jüdischer Sektierer es hat fertigbringen können, Heerscharen von Juden und Nichtjuden davon zu überzeugen, dass der gekreuzigte Revolutionär der auferstandene Retter der Welt sei.

Hätten die Zwölf nach Jesu Tod lediglich Visionen gehabt oder sich Jesus in besonderer Weise verbunden und zugetan gefühlt und versucht, ihre Zeitgenossen für eine Skandaltheorie über ihren hingerichteten Anführer zu begeistern, wären sie damit nicht weit gekommen. Kaum jemand hätte ihre verquaste Botschaft begrüßt, und der Mangel an Beweisen hätte ihr ohnehin den Garaus gemacht. Das Christentum hätte sich binnen Kurzem im Sande verlaufen. Aber so hat es nicht angefangen. Dass das Christentum siegte, liegt darin begründet, dass es sich auf gute, solide – falsch interpretierte, aber nichtsdestoweniger solide – Beweise stützen konnte. Als sie aus Jerusalem verbannt worden waren, sorgten die findigen Begründer der Urkirche dafür, dass dieser Beweis – ein wundersames Bildnis auf einem Tuch – so vielen Menschen wie irgend möglich, wenn schon nicht unmittelbar, so doch über die sorgsam gesteuerte Verkündigung durch zahlreiche Augenzeugen zur Kenntnis gelangte. Das Zeugnis dieser Boten war wichtig, denn sie alle hatten dasselbe Bild gesehen und konnten daher den auferstandenen Jesus bis ins Kleinste beschreiben, ohne einander widersprechen zu müssen. Und sie alle überbrachten genau die gleiche Botschaft: das Evangelium, wie es Paulus im Ersten Brief an die Korinther definiert.

Galiläa hat womöglich die Berufung mehrerer Dutzend Apostel erlebt, in Samarien und Judäa wird es ebenso gewesen sein. Wenn wir zu diesen die Zwölf und ihre Gefährten, die mehr als fünfhundert Brüder und die beiden wichtigen Personen Petrus und Jakobus rechnen, kommen wir auf mindestens sechshundert Augenzeugen für den auferstandenen Jesus im Gelobten Land – möglicherweise noch viel mehr. Das gab der apostolischen Kirche einen ungeheuer starken Kern und hilft uns verstehen, wie das auf den ersten Blick so abwegige Bekenntnis zum gekreuzigten Christus von einem isolierten Kult zu einem weit verbreiteten Glauben mutieren konnte.

Die Geschichte der »vergessenen Erscheinungen« des auferstandenen Christus – vor mehr als fünfhundert Brüdern, vor Jakobus und vor allen Aposteln – ist die vielleicht bedeutsamste Geschichte, die nie erzählt wurde. Ein phänomenales Epos, das dank der Zufälle und Voreingenommenheiten der frühchristlichen Erzähltradition fast ganz verloren gegangen ist.

In der Vergangenheit haben nicht viele Menschen den Versuch unternommen, diese Erscheinungen zu erklären, geschweige denn, sie als Teil einer kohärenten historischen Schilderung zu deuten. Mithilfe des Grabtuchs lassen sich sämtliche Erscheinungen, die im Paulinischen Auferstehungsbekenntnis Erwähnung finden, als natürliches Phänomen verstehen, als unerlässlicher und notwendiger Schritt im Rahmen der Entstehung des Christentums. Tatsächlich lässt sich vermittels des Grabtuchs zum ersten Mal in der Geschichte das »Evangelium« des Paulus als kurze und prägnante historische Zusammenfassung zur Entstehung der Kirche begreifen. Eine Geschichte voller List und Kühnheit, Leidenschaft und Gewalt, die erst erkennbar wird, wenn man sich die Auferstehung als eine durch den Anblick des Grabtuchs inspirierte Überzeugung denkt.

Wir haben nun die Ursprünge der Geschichte des Christentums von Tod und Bestattung Jesu bis zur Ankunft des Grabtuchs in Galiläa nachgezeichnet. Bis hierher trägt uns das Paulinische Credo aus dem Ersten Korintherbrief, aber es ist beileibe nicht das Ende der Geschichte. Was danach geschah, gehört zu den dramatischsten Ereignissen der frühchristlichen Geschichte. Das Grabtuch wurde, so will es scheinen, verfolgt von den künftigen Erzfeinden der aufblühenden Kirche, nach Damaskus gebracht.

25

Der letzte Apostel

Doch selbst wenn es in Judäa, Samarien und Galiläa Apostel zuhauf geben mochte, die allesamt dieselbe Erlösergestalt bezeugten und dasselbe Evangelium verkündigten, war der Erfolg des Christentums alles andere als garantiert. Die Nazoräer waren durch eine erbarmungslose, von Saulus angeführte Hetzjagd aus Jerusalem vertrieben worden, und im Verlauf der nächsten Jahre wurden sie, wo immer sie auftauchten, von römischen und jüdischen Machthabern verfolgt. An diesem Punkt hätte das Christentum noch immer im Keim erstickt werden können. Dass dies nicht geschah, dass es weiter Bestand hatte und nicht nur im Gelobten Land, sondern auch in anderen Ländern, unter Nichtjuden ebenso wie unter Juden, zur Blüte gelangte, war zum großen Teil eine Folge der »wunderbaren« Bekehrung des Saulus.

Dankenswerterweise liefern unsere Quellen ein gerüttelt Maß an Informationen über die Begegnung des Saulus mit dem auferstandenen Jesus. Wir haben nicht nur sein eigenes Zeugnis in Gestalt seiner Briefe, sondern auch eine ausführliche Darstellung dieser Begebenheit in der Apostelgeschichte. Der Apostel selbst mag in seiner Darstellung »von erschreckender Diskretion« sein, um es mit den Worten des renommierten Paulus-Forschers Jerome Murphy-O'Connor zu sagen, Lukas hingegen von irreführendem Mitteilungsdrang. Aber aufmerksam gelesen geben die Quellen eine ganze Menge über die Offenbarung des Paulus preis.

Der historische Hintergrund der Bekehrung des Saulus wird in mehreren von dem Apostel selbst geschriebenen Textpassagen deutlich. Zunächst einmal ist dem Credo des Ersten Korintherbriefs eine kurze Darstellung seiner Erfahrungen angehängt:

> »Als Letztem von allen erschien er auch mir, dem Unerwarteten, der ›Missgeburt‹. Denn ich bin der Geringste von den Aposteln; ich bin nicht wert, Apostel genannt zu werden, weil ich die Kirche Gottes verfolgt habe.«[1]

Paulus' Verweis auf die Verfolgung der Kirche zeigt an, dass es vor ihm bereits eine Menge Apostel gegeben hatte, denn diese Missionare müssen geholfen haben, die Kirche aufzubauen, die er verfolgte[2], und er umreißt die außergewöhnlichen Umstände seiner Offenbarung.

Diese Umstände werden näher erläutert im Brief des Paulus an die Galater, dessen Eingangsworte eine leidenschaftliche Verteidigung seiner eigenen Berufung darstellen. In dem Bestreben, seine Unabhängigkeit von der Jerusalemer Kirche herauszustreichen, beharrt er darauf, dass seine Verkündigung durch den auferstandenen Christus selbst inspiriert ist:

> »Ich erkläre euch, Brüder: Das Evangelium, das ich verkündigt habe, stammt nicht von Menschen; ich habe es ja nicht von einem Menschen übernommen oder gelernt, sondern durch die Offenbarung Jesu Christi empfangen. Ihr habt doch gehört, wie ich früher als gesetzestreuer Jude gelebt habe, und wisst, wie maßlos ich die Kirche Gottes verfolgte und zu vernichten suchte. In der Treue zum jüdischen Gesetz übertraf ich die meisten Altersgenossen in meinem Volk, und mit dem größten Eifer setzte ich mich für die Überlieferungen meiner Väter ein. Als aber Gott, der mich *schon im Mutterleib* auserwählt und durch seine Gnade berufen hat, mir in seiner Güte seinen Sohn offenbarte [Lutherbibel: »dass er seinen Sohn offenbarte in mir« – Anm. d. Ü.], damit ich ihn unter den Heiden verkündige, da zog ich keinen Menschen zurate; ich ging auch nicht sogleich nach Jerusalem hinauf zu denen, die vor mir Apostel waren, sondern zog nach Arabien und kehrte dann wieder nach Damaskus zurück.«[3]

Diese autobiografische Skizze bildet eine knappe Zusammenfassung der Episode. Paulus macht keinen Hehl aus seinem gewaltsamen Vorgehen gegen die Kirche. Sein Ziel, so bekennt er, war nichts weniger als deren Zerstörung. Seine Feindseligkeit verdankte sich offenbar seinem eifrigen Festhalten an den Traditionen seiner Vorväter, doch sein Leben als »gesetzestreuer Jude« endet mit der alles verändernden »Offenbarung Jesu Christi«, die sein neues Leben »in Christus« einläutet. Die Offenbarung muss in oder in der Nähe von Damaskus stattgefunden haben, denn Paulus berichtet, er sei dorthin zurückgekehrt, nachdem er in Arabien gewesen war.

Eine ähnliche Erzählung finden wir in der Apostelgeschichte (8,1–9), Paulus war der Hauptfeind der jungen Kirche, verfolgte und verhaftete die ersten Gläubigen in Jerusalem und zerstreute sie in alle Winde. Noch immer unter dem Namen Saulus, tritt er zu Beginn des 9. Kapitels erneut in Erscheinung, finster entschlossen, den Gläubigen auch über die Grenzen Jerusalems hinaus nachzustellen:

> »Saulus wütete immer noch mit Drohung und Mord gegen die Jünger des Herrn. Er ging zum Hohenpriester und erbat sich von ihm Briefe an die Synagogen in Damaskus, um die Anhänger des (neuen) Weges, Männer und Frauen, die er dort finde, zu fesseln und nach Jerusalem zu bringen.«[4]

Dann macht er sich auf nach Damaskus, und auf der Straße dorthin ereignet sich kurz vor den Toren der Stadt die berühmte Bekehrungsszene. Die Tatsache, dass die Apostelgeschichte bezüglich des Ortes mit Paulus übereinstimmt, ist ein Hinweis darauf, dass die Überlieferung des Lukas historisch begründet ist (auch wenn sie, wie wir sehen werden, immer wieder in Fiktion abgleitet). Manchmal wird angezweifelt, dass Kajaphas Saulus Briefe nach Damaskus mitgegeben hat, weil seine Rechtsprechung gar nicht bis dorthin reichte. Aber der Hohepriester war von diplomatischer Bedeutung und hatte einen höheren moralischen Status als die übrigen jüdischen Bewohner der Stadt, der Bericht scheint somit glaubhaft. Weniger leicht zu verstehen ist der Umstand, dass Saulus die Christen in Damaskus verfolgen wollte. Der wahre Kampf tobte viel näher an seiner Heimatstadt in Palästina, wo das Christentum zu ungeahnter Blüte gelangt war. Was für einen Sinn hätte es gehabt, ein paar Ausreißer in den Norden zu verfolgen?[5]

Anzunehmen ist, dass Saulus weniger eine zusammengewürfelte Gemeinschaft von Exil-Nazoräern verfolgt, sondern etwas Spezifisches im Auge gehabt hat – und ein Kandidat hierfür könnte das Grabtuch gewesen sein. Im Zuge seiner Nazoräerhatz hatte Saulus mit Sicherheit von der Existenz des heiligen Tuchs erfahren, und Kundschafter, Gerüchte oder Verhöre haben ihm verraten, dass dieses sich in Damaskus befindet. Finster entschlossen, die Kirche zu zerstören, wird er es als seine heilige Pflicht betrachtet haben, des mysteriösen »Götzenbilds« habhaft zu werden – das einzige Mittel, der Ketzerei ein Ende zu machen. Falls Saulus gewusst hat, dass sich das Tuch in Damaskus befindet, musste er sich dorthin begeben.

Verlassen hat er Damaskus als ein anderer – als Christ und unter dem neuen Namen Paulus. Herkömmlicherweise wird seine Bekehrung einer »Vision« zugeschrieben, die er kurz vor den Toren der Stadt gehabt haben soll – so beschreibt es die Apostelgeschichte. Seine eigene Aussage lässt eine andere Ursache vermuten – den Anblick des Grabtuchs.

Nur an drei Stellen nimmt Paulus unmissverständlich Bezug auf den

Augenblick seiner Bekehrung. Zwei sind soeben erwähnt worden: Die Aufzählung im Auferstehungscredo und sein Bericht über die göttliche »Offenbarung« im Galaterbrief. Die dritte Stelle findet sich im Ersten Korintherbrief (9,1): »Bin ich nicht frei? Bin ich nicht ein Apostel? Habe ich nicht Jesus, unseren Herrn, gesehen?« So kurz diese Andeutungen auch sein mögen, sie sind extrem wertvoll, das Historikeräquivalent von roten Diamanten sozusagen.[6]

Über die Bekehrung des Paulus kursieren viele Theorien. Die populärste lautet, dass er eine Vision oder, wie Skeptiker es formulieren würden, eine Halluzination gehabt habe. Seine eigenen Verweise auf dieses Ereignis liefern wenig bis gar keinen Rückhalt für diese These, die sich blindlings auf die wenig zuverlässige Schilderung in der Apostelgeschichte stützt.[7] Alternativ wird spekuliert, dass Paulus einen epileptischen Anfall gehabt habe oder eine schwere Migräne, dass ihn ein Blitz getroffen habe oder er einem wiederbelebten sterblichen Jesus über den Weg gelaufen sei oder gar überhaupt nichts erlebt habe, sondern allein durch Gottes Gnade mit einem Mal begriffen habe, dass er unrecht und die, die er verfolgte, recht hatten.[8] Diese Vermutungen sind wenig mehr als einsame Mutmaßungen und basieren in vielen Fällen auf einem eher naiven Quellenverständnis. Die Hypothese, dass Paulus den auferstandenen Christus im Grabtuch gesehen hat, ist hingegen Teil einer sehr viel größeren Theorie und wird der literarischen Beweislage in allem gerecht.

Zunächst einmal war die Erfahrung des Paulus klar ein visuelles Erleben. Er sagt an keiner Stelle etwas von einem Anfall, Kopfschmerzen oder einer Glaubenskrise, sondern erklärt lediglich, er habe den auferstandenen Jesus geschaut. Die Art von Vision, von der hier die Rede ist, fußt klar auf physischem Sehen »mit eigenen Augen« und nicht auf »Sehen« im übertragenen esoterischen Sinn. Bezeichnenderweise verzichtet Paulus auf den normalerweise für eine Vision verwendeten Begriff *optasia*.[9] Vielmehr nennt er seine Erfahrung im Galaterbrief (1,12), als er sie genauer bezeichnet, eine »Offenbarung« oder »Enthüllung« (*apokalypsis*). Das griechische *apokalypsis* leitet sich von *kalyptra*, dem griechischen Wort für Schleier, her. Der hier vorgestellten Theorie zufolge wurde das Leinentuch buchstäblich als Schleier wahrgenommen, durch den hindurch der auferstandene Jesus sich zeigte. Das Vokabular bei Paulus passt perfekt zu der Vorstellung, dass er das Grabtuch gesehen hat – keine Vision, sondern eine genuine visuelle Wahrnehmung.

Paulus sagt uns auch, was er sah: keinen himmlischen Lichtschein vom Himmel, wie es die Apostelgeschichte will, sondern eine erhöhte, verklärte

Gestalt. Er nannte diese Gestalt Christus, Jesus, unseren Herrn, Jesus Christus und Gottes Sohn.[10] Sicher war die Begegnung keine unmittelbare von Angesicht zu Angesicht, wie die Zusammenkunft mit einem gewöhnlichen Sterblichen, doch der Apostel äußert an keiner Stelle auch nur den geringsten Zweifel an der Wahrhaftigkeit seiner Offenbarung.

Paulus war sich absolut sicher, dass die Erscheinung, die ihm zuteil wurde, von gleicher Art war wie die anderen Auferstehungserscheinungen, darunter die vor »allen Aposteln«, einer Gruppe, zu der er sich nun selbst zählte. Den auferstandenen Jesus selbst gesehen zu haben gehörte zur Definition eines Apostels, und andere Angehörige der Kirche haben den Apostelstatus des Paulus nachweislich anerkannt.[11] Auch die drei »Säulen« der Jerusalemer Kirche, Jakobus, Petrus und Johannes, erkannten ihn an, denn sie gaben seiner Missionierung der Nichtjuden ihren Segen. Ihre Haltung lässt deutlich darauf schließen, dass seine Begegnung mit dem auferstandenen Jesus ein nachweisbarer öffentlicher Akt gewesen ist, den all jene bezeugen können, die bei dieser Gelegenheit bei ihm waren.[12] Schließlich hätten außer einem (direkt an sein Bewusstsein gesendeten) göttlichen Telegramm vom Himmel nur Anblick und Berührung von etwas real Greifbarem den Erzfeind der Nazoräer davon überzeugen können, dass die Auferstehung Jesu eine unumstößliche Tatsache ist. Eine weniger eindeutige Erfahrung – ein plötzlich aufkommendes Schuldgefühl oder eine Halluzination – hätte ihn womöglich verstört oder verwirrt, aber er hätte daraus kaum die gusseiserne Überzeugung bezogen, dass er den auferstandenen Jesus geschaut hat. Paulus hat demnach einem unleugbaren, objektiven Phänomen gegenübergestanden. Der einzig plausible Kandidat für so etwas ist das Grabtuch.

Wir können nun das detaillierte Porträt des auferstandenen Christus, das Paulus im Ersten Korintherbrief (15,35–50) entwirft, sinnvoll deuten. Kein Wunder, unterschied der Apostel doch so sorgsam zwischen dem armseligen, schwachen sterblichen Körper und dem herrlichen auferstandenen überirdischen Körper: Er beschrieb den Unterschied zwischen dem sterblichen Fleisch und der himmlischen Daseinsform, die sich im Grabtuch präsentiert. Kein Wunder auch, dass er Christus als zweiten, erhöhten Adam ansah, den Vorboten einer neuen Form des Menschseins. Das als göttliche Offenbarung wahrgenommene Grabtuch verschaffte nicht nur Zugang zum Reich des Himmlischen, sondern stand auch für eine neue Art von Schöpfung.[13] Gleichzeitig verknüpfte es diese bevorstehende kosmische Verwandlung mit einem ganz bestimmten Menschen: Jesus. Die Metapher vom auferstandenen Körper als einem Keimling, der aus dem Samenkorn des Fleisches hervorgegangen ist, liegt mehr oder weniger auf der Hand, verleiht sie doch der physikalischen Beziehung zwischen dem Grabtuch und dem Körper Jesu im Grab in vollkommener Weise Ausdruck. (Eine reine Vision hätte keinerlei Bezug zwischen sterblichem Körper und überirdischem Körper hergestellt.) Und schließlich wäre es Paulus leichtgefallen, den Gegenstand seines Offenbarungserlebnisses als Jesus zu erkennen, weil andere Ursprung und Bildnis des Grabtuchs bezeugen konnten.

Kurz: Die Beschreibung des auferstandenen Leibes bei Paulus – ein detaillierter, unbestreitbarer Augenzeugenbericht – wird erst dann voll und ganz verständlich, wenn wir davon ausgehen, dass der Auferstehungsglaube durch das Grabtuch inspiriert war.

Nun wird auch die etwa in der Lutherübersetzung verwendete seltsame Formulierung des Paulus verständlich, in der es heißt, dass Gott »seinen Sohn offenbarte in mir«.[14] Diese eigentümliche Verinnerlichung lässt sich mithilfe des Grabtuchs ohne Weiteres erklären. Auf einer Ebene sah Paulus, als er das Grabtuch erblickte, die himmlische Gestalt Jesu, wie Mose einst den Engel des Herrn im brennenden Dornbusch erblickt hatte – als ein göttliches Wesen aus einer anderen Welt, das außerhalb und über ihm steht. Auf einer anderen Ebene aber war ihm das Grabtuch Vorbote für die Errettung der Menschen, ihn selbst, Paulus, eingeschlossen. Denn eine der wichtigsten Überzeugungen, die Paulus aus der Lektüre der Genesis gewonnen hatte, war es, dass der auferstandene Jesus der Archetypus einer neuen Form des Menschseins sei, dessen Nachkommen die Nachfahren Abrahams verdrängen werden. Er schlussfolgerte, dass die Geretteten (zu denen er sich zählte) Christi überirdisches Wesen annehmen würden, so wie die Sterblichen Adams sterbliches Wesen in sich hätten: »Denn wie in Adam alle sterben, so werden in Christus alle lebendig gemacht werden.«[15] Bei näherem Hinsehen bezieht sich das Offenbarungserlebnis des Paulus daher nicht allein auf die Begegnung mit dem göttlichen anderen, sondern ebenso sehr auf die Erkenntnis seines eigenen Anteils an Christi Leib – den Sohn Gottes in sich selbst.

Eine spirituelle Begegnung (ob real oder in der Fantasie), und mag sie auch noch so dramatisch sein, ist kaum mit der darauf folgenden theologischen Reflexion zu verwechseln. Das Grabtuch hingegen schon. Es hatte zwei Aspekte in sich: Es verkörperte den geistigen Anteil an einer Person ebenso wie die spirituelle Wiedergeburt des Gerechten.[16] Als Paulus demnach über das Grabtuch nachsann – was er gewissermaßen an jedem Tag seines Lebens »in Christus« getan hatte –, dachte er nicht nur an die spirituelle Gestalt

Christi, sondern auch an sein eigenes spirituelles Sein. Dieses Sein war nicht etwa eine Daseinsform, die seiner in der Zukunft harrte, sondern ein anderes Selbst, das bereits in ihm lebendig war. Paulus hatte gewissermaßen eine schizophrene Sicht auf sein eigenes Ich: Einerseits war er sein altes äußeres physikalisches Selbst, ein sündiges Kind Adams (der sicheren Verderbnis anheimgegeben), und andererseits ein neues inneres geistiges Selbst, ein Kind Christi (das es in sich zu hegen galt).[17]

Dieses innere spirituelle Selbst wurde als Ergebnis einer »Wiedergeburt« noch zu Lebzeiten begriffen, ein weiterer Gedanke, der die Sekte der Nazoräer vom etablierten Judentum abhob.[18] Paulus zufolge wird der christliche Gläubige zum Gefäß für den Heiligen Geist, Vermittler der Auferstehung und Quelle ewigen Lebens.[19] Der Geist wurde als quasiphysisches Etwas begriffen – daher seine Sichtbarkeit im Grabtuch. In jedem Gläubigen gab es demnach innerhalb des »toten Fleisches«, des sterblichen Körpers, eine Art spirituellen Embryo. Für die ersten Christen war »Wiedergeborenwerden« keine reine Metapher: Es wurde gedacht als realer, göttlicher Prozess, der in ihrem sterblichen Körper seinen Lauf nahm. Sie wurden buchstäblich von innen heraus neu geschaffen. Der Gläubige ging sozusagen schwanger mit seinem besseren Selbst, das einstmals am Tag des Herrn in einen neuen Körper gekleidet werden würde.[20]

Dieser Gedankengang liegt der überraschendsten Aussage des Paulus im Zusammenhang mit seinem Bekehrungserlebnis zugrunde, nämlich dass dieses ihm als dem »Unerwarteten, der Missgeburt«, zuteil wurde (1 Kor 15,8). Dieser Begriff »Missgeburt« versinnbildlicht die Erfahrung einer traumatischen (Wieder-)Geburt, die ihn zur Unzeit ereilte.[21] Er war auf eine solche spirituelle Entbindung völlig unvorbereitet, denn zum Zeitpunkt seiner Offenbarung wütete er unter den Christen und versuchte, der Kirche den Garaus zu machen. Gott aber, der ihn bereits erwählt hatte, bevor er geboren war,[22] handelte an ihm sozusagen wie eine Art Chirurg, der einen Kaiserschnitt durchführte, um ihm vor seiner Zeit zu seinem spirituellen Selbst zu verhelfen.

Es ist wichtig, dass Paulus sich selbst als »die« Missgeburt bezeichnet und nicht als »eine« Missgeburt. Er hatte sich am Ende des Auferstehungscredos soeben als den Letzten unter den Aposteln vorgestellt, dem der Auferstandene erschienen war, und nun verwendet er den bestimmten Artikel, um sich in Relation zu den anderen Aposteln zu verorten. Er hebt sich selbst als den Einzigen unter ihnen heraus, der vor der Zeit »geboren« wurde, er ist *die* Missgeburt im Kreis der Apostel. Das bedeutet auch, dass seine Glaubensgenossen im Gegensatz zu ihm bereit waren, den auferstandenen Jesus zu bezeugen.[23] Es ist schwer vorstellbar, dass sie auf eine echte, physische Begegnung hätten vorbereitet sein können, aber wenn zur apostolischen Berufung die zeremonielle Demonstration des Grabtuchs gehört hätte, wäre die spirituelle Bereitschaft hernach als garantiert vorausgesetzt worden. Aus der Schar der Gläubigen erwählte Kandidaten für das Apostelamt werden mit den einschlägigen Passagen der Schrift vertraut gemacht worden sein, bevor man ihnen das offenbarende Tuch gezeigt hat. Paulus war kein Gläubiger und hatte keine Unterweisung erhalten, er ist mehr oder weniger einfach über das Tuch gestolpert.

Warum sind die Bemerkungen über das Bekehrungserlebnis bei Paulus so knapp gehalten? Ein Grund ist ohne Zweifel, dass dieses einen Gefühlssturm heraufbeschworen hat, an den er sich nicht gerne erinnerte. Ein anderer ist, glaube ich, dass er nicht viel dazu zu sagen hatte, denn das Betrachten des Grabtuchs ist nichts extrem Ereignisreiches. Das Betrachten eines verfärbten Stück Tuchs hat zunächst nichts übermäßig Dramatisches an sich – keine Aktion, keine Worte. Natürlich kann man ein Drama daraus machen – man denke an die Auferstehungserzählungen in den Evangelien –, muss es aber nicht. Als einfaches »Sehen« oder als »Offenbarung« ist es hinreichend beschrieben. Das Bekehrungserlebnis des Paulus wird demnach alles andere als dramatisch, sondern vielmehr eine stille und kontemplative Angelegenheit gewesen sein. Es war nicht das Ereignis selbst, worauf es ankam, sondern vielmehr dessen zeitlose Bedeutung, und darauf hat Paulus in allem, was er geschrieben hat, verwiesen.

Für jemanden, der unvoreingenommen an die Dinge herangeht, ist das Zeugnis des Paulus voller Schwierigkeiten und Widersprüche: Er sagt, dass er den auferstandenen Christus gesehen hat, lässt aber eine genauere Beschreibung der Begegnung vermissen; trotz seiner berüchtigten Vergangenheit ist er sich absolut sicher, dass er das Recht hat, sich einen Apostel nennen zu lassen; er liefert eine detaillierte Beschreibung des auferstandenen Leibes, in der er Jesus den »letzten Adam« nennt, und sagt, er habe das Evangelium, das er verkündigt, »durch die Offenbarung Jesu Christi empfangen«, wobei ihm irgendwie Gottes Sohn auch in ihm selbst offenbar geworden sei. Bisher war es nicht möglich, diese Aussagen zu einer kohärenten Vorstellung davon zusammenzufügen, was Paulus (genau wie die anderen Apostel) wohl gesehen haben könnte. Das Grabtuch aber macht all das verstehbar. Nehmen Sie an, Paulus hat das Grabtuch zu Gesicht bekommen – schon lösen sich alle Schwierigkeiten in nichts auf.

Es gibt einige Passagen in den Briefen des Paulus, die darauf hindeuten, dass er das Grabtuch kannte, eine aber sticht besonders heraus: In seinem Zweiten Brief an die Korinther kommt Paulus auf das Motiv des auferstandenen Leibes zurück und beschreibt es mit Worten, die ohne Zweifel an das Grabtuch denken lassen.[24]

Er unterscheidet in dem Brief zunächst zwischen dem äußeren und dem inneren Selbst des Christen: »Darum werden wir nicht müde; wenn auch unser äußerer Mensch aufgerieben wird, der innere wird Tag für Tag erneuert.«[25] Der Erste, erklärt er, ist sichtbar und vergänglich, der Letztere unsichtbar und ewig. Was aber geschieht, wenn der äußere Mensch stirbt und zum Staub zurückkehrt? Wie könnte das innere spirituelle Wesen weiterleben – oder neu leben –, nachdem sein irdisches Zuhause zerstört ist? Paulus' Antwort darauf lautet, dass ihm ein überirdischer Leib gegeben wird. Wie der aussieht, hat er im Ersten Korintherbrief dargelegt. Hier nun beschreibt er den zukünftigen Leib ganz anders:

> »Wir wissen: Wenn unser irdisches Zelt abgebrochen wird, dann haben wir eine Wohnung von Gott, ein nicht von Menschenhand errichtetes ewiges Haus im Himmel.«[26]

Der sterbliche Körper mag vergehen, aber das spirituelle Selbst, das jedem Christen innewohnt, kann in freudiger Erwartung einem himmlischen Leib entgegensehen, der »nicht von Menschenhand« gemacht ist (*acheiropoietos*).

Diese Formulierung lässt stutzen. Warum auf dem Offensichtlichen herumreiten und ausdrücklich erklären, dass die himmlische Daseinsform der Auferstandenen nicht von Menschenhand gemacht sein wird? Die Aussage, dass etwas »nicht von Menschenhand gemacht« ist, ergibt nur Sinn, wenn es anders sein oder mit etwas von Menschenhand Gemachtem verwechselt werden könnte. Das Wort *acheiropoietos* (»nicht von Hand gemacht«) ist etymologisch klar als Gegensatz zu *cheiropoietos* (»von Hand gemacht«) zu sehen, eine Formulierung, die in der Septuaginta (der alten griechischen Übersetzung der hebräischen Bibel) für heidnische Götzenbilder und Tempel verwendet wird.[27] Für die Zuhörer des Paulus schwang bei dem Wort *acheiropoietos* klar die Konnotation »kein Götzenbild«, »kein heidnischer Tempel« mit. Das aber macht die Sache nur noch geheimnisvoller. Warum einen auferstandenen Leib überhaupt in Bezug zu etwas von Menschenhand Gemachtem, zu heidnischen Bildern oder Tempeln setzen?

All das wird klar, wenn wir uns daran erinnern, dass Jahrhunderte später das Mandylion (das gefaltete Grabtuch) weithin als *Acheiropoieton* bekannt war. Wohl wurden auch andere Bilder als *Acheiropoieta* bezeichnet, aber das Mandylion scheint das Urbild dieser anderen gewesen zu sein, ein wahrhaft »nicht von Hand gemachtes« Bildnis, nach dem mehrere Kopien angefertigt wurden. Als das Grabtuch um die Mitte des 6. Jahrhunderts wiederentdeckt wurde, waren die Menschen von Edessa vermutlich darauf bedacht, es von christlichen Andachtsbildern einerseits und von heidnischen Götzenbildern andererseits zu unterscheiden, und da kam das neutestamentliche Wort *acheiropoietos/on* gerade recht.

Ohne es zu wissen, wiederholten sie die Logik desjenigen, der den Begriff im 1. Jahrhundert erfunden und dabei genau das gleiche Bild – das Grabtuch – im Sinn gehabt hatte. Die ersten Christen haben das Grabtuch fraglos ohnehin für ein *Acheiropoieton* gehalten, weil es für sie als von Gott gegebenes Bild einen krassen Gegensatz bildete zu den Götzenbildern (*cheiropoietoi*), die in heidnischen Tempeln angebetet wurden. Wenn also das Grabtuch als Zeichen für die Auferstehung stand, verwundert es nicht, dass Paulus, der den menschlichen Körper als Tempel für Gottes Geist betrachtete, diesen Begriff auf den auferstandenen überirdischen Leib anwandte. Markus folgte seinem Beispiel, er bezeichnet den auferstandenen Leib Jesu als einen Tempel, der »nicht von Menschenhand gemacht ist«.[28] Das grenzt an eine literarische Gleichsetzung des auferstandenen Jesus mit dem Grabtuch.

Schließlich fährt Paulus bei seiner Beschreibung des überirdischen Leibes mit Worten fort, die diese Beziehung zu besiegeln scheinen:

> »Im gegenwärtigen Zustand seufzen wir und sehnen uns danach, mit dem himmlischen Haus überkleidet zu werden. So bekleidet, werden wir nicht nackt erscheinen. Solange wir nämlich in diesem Zelt leben, seufzen wir unter schwerem Druck, weil wir nicht entkleidet, sondern überkleidet werden möchten, damit so das Sterbliche vom Leben verschlungen werde.«[29]

Das »himmlische Haus« wird demnach nicht nur als *Acheiropoieton*, sondern auch als Kleid betrachtet, das den nackten Körper umhüllt. Die Metapher ist komplex, die Quelle aber ist eindeutig: Paulus denkt an das Grabtuch.[30]

Lassen Sie uns nun auf die wohlbekannte Darstellung der Bekehrung des Paulus in der Apostelgeschichte zurückkommen:

> »Unterwegs aber, als er sich bereits Damaskus näherte, geschah es, dass ihn plötzlich ein Licht vom Himmel umstrahlte. Er stürzte zu Boden und

> hörte, wie eine Stimme zu ihm sagte: Saul, Saul, warum verfolgst du mich? Er antwortete: Wer bist du, Herr? Dieser sagte: Ich bin Jesus, den du verfolgst. Steh auf und geh in die Stadt; dort wird dir gesagt werden, was du tun sollst. Seine Begleiter standen sprachlos da; sie hörten zwar die Stimme, sahen aber niemand. Saulus erhob sich vom Boden. Als er aber die Augen öffnete, sah er nichts. Sie nahmen ihn bei der Hand und führten ihn nach Damaskus hinein. Und er war drei Tage blind und er aß nicht und trank nicht.«[31]

Viele moderne Christen, denen es schwerfällt, die Lukas-Erzählung von der Begegnung der beiden Jünger auf der Straße nach Emmaus zu glauben, haben mit dieser Darstellung einer himmlischen Intervention auf der Straße nach Damaskus keine Probleme. Genauso stellt sich ein – nach der Aufklärung geborener – gläubiger Christ erlebte göttliche Offenbarung vor: ein plötzlicher Blitz vom Himmel ohne irgendwelche seltsam unerklärlichen physischen Attribute. Von diesem Bild ist auch die skeptische Deutung durchdrungen, der zufolge Paulus einer Halluzination erlegen ist. Diese Vorstellung lässt sich vermittels des Auferstehungscredos auf die Auferstehungserscheinungen insgesamt ausdehnen. Die Damaskus-Erzählung des Lukas hat sich als ungemein einflussreich erwiesen, sie bestimmt nicht nur, wie Menschen die Erscheinung vor Paulus verstehen, sondern auch, wie die Erscheinungen davor gesehen werden. Sie ist die Mutter aller »Visionstheorien«.

Es ist daher wichtig, sich darüber klar zu sein, dass die Apostelgeschichte mit ihrer Erzählung von einem göttlichen Überfall auf der Straße nach Damaskus kein bisschen weniger fantasievoll ausgeschmückt ist als die Emmaus-Legende. Es lässt sich zeigen, dass die Erzählung des Lukas aus Schriftstellen und -verweisen zusammengestückelt wurde und in großen Teilen Fiktion ist.

Zunächst einmal gibt es klare Parallelen zu der Erzählung von Mose und dem brennenden Dornbusch[32] und damit auch solche zwischen dem Auftrag des Paulus, die Nichtjuden zur Erlösung, und Moses Mission, die Israeliten aus Ägypten zu führen. Das Licht, das Paulus umstrahlt und die Anwesenheit des Himmlischen symbolisieren soll, gemahnt an die Flamme, in der der Engel des Herrn Mose erscheint. Christus ruft: »Saul, Saul«, der Engel des Herrn ruft »Mose, Mose!«, und die Erklärung »Ich bin Jesus, den du verfolgst« ist fast wortgleich mit Jahwes »Ich bin der Gott deines Vaters [...]«. Jede Mutmaßung, das Licht und die Stimme in der Apostelgeschichte könnten historisch belegt sein, erledigt sich in dem Augenblick, da einem diese Parallelen ins Auge springen. Ebenso ist die Vorstellung, dass Paulus vor der himmlischen Erscheinung zu Boden gestürzt sein soll, nichts weiter als ein literarisches Klischee. Vom Propheten Elias beispielsweise heißt es mehrfach, dass er vor dem Herrn auf sein Angesicht fiel.[33]

Die am besten ausgewiesene Vorlage für die Erzählung in der Apostelgeschichte findet sich im Buch Daniel (10,5–11), in dem der Prophet einem Mann begegnet, »der in Leinen gekleidet war«.[34] Diese Textstelle korrespondiert mit der Erzählung von der Bekehrung des Paulus in mancherlei Hinsicht. Bei Daniel zeichnet sich der Engel durch blendende Helligkeit aus (»Blitz«[...], »brennende Fackeln«), die sehr an das Licht vom Himmel erinnern, von dem Paulus plötzlich umstrahlt wurde. Daniels Begleiter können genau wie die Gefährten des Paulus die Vision nicht sehen, und beide, Daniel und Paulus, stürzen vor der himmlischen Erscheinung zu Boden und werden aufgefordert, sich zu erheben. Es liegt auf der Hand, dass, wer immer die Erzählung der Apostelgeschichte konstruiert hat, eine Parallele hat sehen wollen zwischen dem Erleben des Paulus und Daniels Begegnung mit dem Mann in Leinen. Das mag zum Teil darin begründet liegen, dass Paulus' Auftrag, durch die Verkündigung der Auferstehung Jesu Juden und Nichtjuden auf das Ende aller Zeiten vorzubereiten, als Erfüllung von Daniels Prophezeiung über das Zeitenende und die Auferweckung der Gerechten betrachtet wurde. Dieses gemeinsame Anliegen aber reicht meines Erachtens nicht hin, sämtliche Parallelen schlüssig zu erklären. Daniels Vision handelt von einem Engel, der herkömmlicherweise nicht mit Christus gleichgesetzt wird, auch ist das Motiv für die Offenbarung bei Daniel ein völlig anderes als bei Paulus: Der Apostel erhält den Auftrag, zu predigen, wohingegen der Prophet den Auftrag bekommt: »[H]alte diese Worte geheim und versiegle das Buch bis zur Zeit des Endes!«[35] Auch wenn beide Visionen das Zeitenende zum Thema haben, so ist doch vom Standpunkt des Forschers aus nicht so recht einzusehen, warum die Erzählung von der Bekehrung des Paulus Daniels Vision nachempfunden worden sein soll.

Aus der Perspektive der Grabtuchtheorie hingegen erklärt sich dies ohne Probleme. Wie wir gesehen haben, verstanden die ersten Christen den in Leinen Gekleideten als den auferstandenen Jesus, den in das Grabtuch »Gekleideten«. Daniels Vision eignete sich deshalb so gut als Vorlage für eine Darstellung der Erscheinung vor Paulus, weil man sie für das frühere Erscheinen ein und derselben himmlischen Gestalt hielt. Die kunstvolle Darstellung in der Apostelgeschichte 9,3–9 untergräbt damit nicht nur die Historizität der Erzählung, sondern enthält auch Hinweise auf die mutmaßliche Ursache für die Bekehrung des Paulus: die unerwartete Konfrontation mit dem Grabtuch.

Mithilfe des Grabtuchs lässt sich auch die Wahl der dritten Schriftvorlage für die Erzählung der Apostelgeschichte erhellen: die der Geschichte von Heliodor.[36] Heliodor, Kanzler von Seleukos, dem »König von Asien«, war von diesem ausgesandt worden, den Tempel der Heiligen Stadt zu plündern. Beim Betreten der Schatzkammer wird er von einer furchterregenden himmlischen Erscheinung angegriffen, einem »Pferd mit einem schrecklichen Reiter darauf«. Dieser Mann in goldener Rüstung wird begleitet von zwei jungen Männern »voll gewaltiger Kraft, in strahlender Schönheit und herrlich gekleidet. Sie traten auf Heliodor zu und peitschten von beiden Seiten auf ihn ein; pausenlos schlugen sie ihn mit vielen Hieben.« Der Kanzler stürzt – vorübergehend geblendet – zu Boden und muss von seinen Männern hinausgetragen werden. Wenig später suchen die beiden jungen Männer den mühsam Genesenden noch einmal auf und befehlen ihm: »Nun verkünde du allen die gewaltige Kraft Gottes!« Heliodor gehorcht, und nach seiner Rückkehr in seine Heimat heißt es über ihn: »Vor allen Menschen bezeugte er die Taten des größten Gottes, die er mit eigenen Augen gesehen hatte.«

Die Bekehrung des Heliodor nimmt sich ganz offensichtlich aus wie ein Erzählschnittmuster für die Bekehrung des Paulus und hat die Auflösung der Damaskus-Erzählung aller Wahrscheinlichkeit nach entscheidend geprägt – auch in ihr verliert Paulus kurzfristig das Augenlicht und ist auf die Hilfe anderer angewiesen.[37] Doch erst wenn wir uns den eigentlichen Grund für Paulus' Reise nach Damaskus vor Augen führen, erschließt sich die volle Tragweite des Vergleichs. Genau wie Heliodor den Tempel von Jerusalem zu plündern trachtete, war Paulus offenbar darauf aus, den Christen ihren heiligen Schatz – das Grabtuch – zu rauben. Und genau wie der Kanzler des Seleukos wurde er gerade in dem Augenblick, in dem er sich anschickte, seinen bösen Plan zu vollenden, in seinem Lauf gebremst. Es verwundert nicht, dass ein frühchristlicher Geschichtenerzähler beschlossen hat, sich bei seiner Erzählung von der Bekehrung des Paulus an der des Heliodor zu orientieren.[38]

Paulus sah demnach mit großer Sicherheit kein helles Licht und stürzte auch nicht zu Boden, hörte keine Stimme, die ihn rief, wurde nicht blind und musste auch nicht von seinen Gefährten von dannen geführt werden: All diese Elemente in Lukas' Erzählung sind der Schrift entlehnt. Wenn wir sie ausklammern, bleibt so gut wie nichts. Die Geschichte ist wenig mehr als ein Geflecht aus literarischen Anspielungen. Doch mag auch die Erzählung selbst Fiktion sein, die Quellentexte vermitteln uns Hinweise auf den wahren Charakter des Ereignisses – das Zeigen des Grabtuchs.

Der eigentliche Urheber (nicht Lukas) bediente sich der wohlbekannten

Erzählungen über Mose, Daniel und Heliodor, um das Offenbarungserlebnis des Paulus in die prophetische Tradition des biblischen Israel zu stellen und so mit Bedeutung zu füllen. Seine Fiktion sollte fundamentale Wahrheit vermitteln.

Die verbreitete Ansicht, Paulus habe eine »himmlische, göttliche Vision« gehabt, ist daher nicht gerechtfertigt. Die spektakulären audiovisuellen Effekte im Kapitel 9 der Apostelgeschichte belegen nicht einen Deut verlässlicher, dass die Erscheinung des auferstandenen Christus als leuchtende Vision daherkam, als die Erzählung von seinem Gang nach Emmaus im 24. Kapitel bei Lukas beweist, dass die Jünger ihn dort in Fleisch und Blut antrafen. Die Schriftquellen der Erzählung lassen vielmehr darauf schließen, dass Paulus eine eher unprätentiöse Erscheinung widerfahren ist, die zu gleichen Teilen Ähnlichkeit hatte mit dem Engel des Herrn, dem Mann, der in Leinen gekleidet war, und dem himmlischen Trio, das Heliodor ans Leder ging. Die einzige Möglichkeit, alle drei Analogien unter einen Hut zu bringen ist meiner Ansicht nach die Annahme, dass Paulus das Grabtuch zu Gesicht bekommen hatte.

Die Bekehrungserzählung aus der Apostelgeschichte mag von moderner Warte aus betrachtet irreführend sein, ihr Verfasser aber war nachweislich gut informiert: Er wusste, was Paulus in Damaskus wirklich zugestoßen war. Wenn man genau hinschaut, lässt sich aus der Darstellung in der Apostelgeschichte in Kombination mit dem, was wir über das Grabtuch wissen, und mit Paulus' eigenen Worten die Geschichte dieses Ereignisses recht genau rekonstruieren:

Das Grabtuch befindet sich zu Beginn der Geschichte in Galiläa, wohin es vermutlich durch die unbarmherzige Verfolgung der jungen Kirche durch Saulus geraten war. Irgendwann vor dem Jahr 33 muss die galiläische Missionsbewegung extrem bedroht gewesen sein – entweder durch den lokalen Herrscher Herodes Antipas oder durch Saulus –, sodass das Tuch weiterbefördert wurde und schließlich in Damaskus anlangte. Aller Wahrscheinlichkeit nach befand sich das Haus, in dem es aufbewahrt wurde, innerhalb der Stadtgrenzen selbst und nicht in den Außenbezirken, denn dort hat sich die christliche Gemeinde vermutlich aufgehalten. Wenn seine Wächter geglaubt haben sollten, dass das Tuch in Damaskus sicher war, hatten sie sich schwer geirrt. Saulus hatte von einem Kundschafter oder einem gefangen genommenen Christen nur zu bald erfahren, wo es sich befand, und alles darangesetzt, seiner habhaft zu werden. Eines Tages im Jahr 33 marschierte der zweite Heliodor in Damaskus in das Haus, das als Heiligtum des Grabtuchs fungierte, und hatte endlich Gelegenheit, den Grundstein der nazoräischen Häresie mit eigenen Augen zu betrachten.

In diesem Augenblick stand die Zukunft der gesamten Christenheit auf Messers Schneide. Saulus war in der Position, dem auferstandenen Jesus einen echten Tiefschlag zu verpassen und die Kirche ihrer Offenbarungsreliquie zu berauben. Er hätte einen Blick auf das Tuch werfen und seine augenfälligen Spuren als Täuschungsmanöver oder – schlimmer noch – als Zauberwerk abtun können. Er hätte es zusammenpacken und Kajaphas überbringen oder es an Ort und Stelle vernichten können. Was wäre der Kirche dann noch als Unterpfand von Christi Macht geblieben? Hätte sie das Grabtuch an einen unbeugsamen Saulus verloren, hätte die Urkirche vielleicht allen Schwung eingebüßt, und der Glaube an Christus wäre dahingewelkt.

Aber dazu sollte es nicht kommen. Saulus' erster Blick auf das Grabtuch gab etwas Mysteriöses preis, etwas, das seine Aufmerksamkeit erregte und ihm die Hände band. Statt das Tuch zu konfiszieren oder zu vernichten, fand er sich davon angezogen, von seiner unerklärlich ehrfurchtgebietenden Ausstrahlung hypnotisiert. Je länger er es betrachtete, desto wunderbarer musste es ihm vorkommen. Aber nicht allein das Bild selbst fesselte ihn: Während er das Antlitz der Gestalt auf dem Tuch betrachtete, konnte er sich des Gefühls nicht erwehren, dass da jemand in dem Bildnis verborgen war, jemand, der seinen Blick erwiderte, vielleicht insgeheim über ihn urteilte.

Der arme Ketzerjäger muss sich heftig gegen sein Empfinden gewehrt haben, aber für die Gestalt auf dem Grabtuch mit ihrer einzigartigen Mischung aus Mysterium und animistischer Wirkmacht war er kein ernst zu nehmender Gegner. Ganz allmählich ergab sich Saulus. Gegen alle Erwartung sah er den auferstandenen Jesus taghell vor sich. Zögerlich begann er, sich selbst und seinen Krieg gegen die Kirche in einem neuen Licht zu sehen. Sein moralischer Kompass geriet ins Trudeln, und der auferstandene Jesus entrang dem Abgrund der Niederlage einen bemerkenswerten Sieg.

Solcher Art war die »Offenbarung«, die Paulus in Damaskus widerfuhr. Kein blendendes Licht, keine geisterhafte Stimme aus der Höhe – nur eine eigentümliche Färbung auf einem Stück Stoff. Im Vergleich zu der spektakulären Vision in der Apostelgeschichte 9 mag sich dies geradezu enttäuschend profan ausnehmen, dennoch hat es die Welt verändert. Ja, gerade weil das Tuch ungeachtet all seiner Dramatik so profan ist, konnte es überhaupt Menschen im 1. Jahrhundert, wie Paulus einer war, so ungeheuer beeindrucken. Es war handfester Bestandteil der Welt und ließ sich nicht wegleugnen. Daher stand Paulus genau wie der Jünger, den Jesus liebte, vor Jesu Leichentuch, »sah und glaubte«.

26

Edessa

Die Auferstehungshistorie endet mit der Erscheinung Jesu vor Paulus, dem letzten Zeugen des auferstandenen Jesus. Die Grabtuchhistorie geht weiter und spannt einen Bogen vom 1. bis ins 21. Jahrhundert. Mein Ziel in diesem Buch kann nicht darin bestehen, jeder Abzweigung auf der abenteuerlichen Reise des Grabtuchs von Jerusalem nach Turin zu folgen, aber ich sollte doch kurz erklären, wie es in den Jahren nach der Bekehrung des Paulus, in denen das Grabtuch mehr oder minder in der Versenkung verschwand und aufhörte, als materielle Verkörperung des auferstandenen Christus betrachtet zu werden, vermutlich weiterging. Ausgelöst wurde diese entscheidende Veränderung durch seine Überführung in die mesopotamische Stadt Edessa (heute: Sanlıurfa/Türkei).

Unmittelbar nach seiner Bekehrung, so lässt uns die Apostelgeschichte wissen, war Paulus »drei Tage blind, und er aß nicht und trank nicht«.[1] Seine Blindheit mag symbolische Funktion für die Erzählung haben, aber der Verzicht auf Essen und Trinken ist höchstwahrscheinlich historisch korrekt. Fasten galt stets als probates Mittel, Reue und Umkehr zu signalisieren, außerdem gehörte es zu den Vorbereitungen für eine Taufe.

Paulus ist allem Anschein nach auf der Stelle der örtlichen Christengemeinde beigetreten:

> »In Damaskus lebte ein Jünger namens Hananias. Zu ihm sagte der Herr in einer Vision: Hananias! Er antwortete: Hier bin ich, Herr. Der Herr sagte zu ihm: Steh auf und geh zur sogenannten Geraden Straße, und frag im Haus des Judas nach einem Mann namens Saulus aus Tarsus. Er betet gerade und hat in einer Vision gesehen, wie ein Mann namens Hananias hereinkommt und ihm die Hände auflegt, damit er wieder sieht.«[2]

Hananias, dem Saulus' schlimmer Ruf bekannt ist, sträubt sich zunächst, erhält aber vom Herrn die tröstliche Versicherung, Paulus sei sein »auserwähltes Werkzeug« zur Verkündigung des Evangeliums in aller Welt.

> »Da ging Hananias hin und trat in das Haus ein; er legte Saulus die Hände auf und sagte: Bruder Saul, der Herr hat mich gesandt, Jesus, der dir auf dem Weg hierher erschienen ist; du sollst wieder sehen und mit dem Heiligen Geist erfüllt werden. Sofort fiel es wie Schuppen von seinen Augen, und er sah wieder; er stand auf und ließ sich taufen. Und nachdem er etwas gegessen hatte, kam er wieder zu Kräften.«[3]

Abgesehen vom göttlichen Eingreifen wird hier Paulus' Übertritt zum Christentum durchaus glaubwürdig geschildert. Es reichte nicht hin, dass er (vermittels des Grabtuchs) angefangen hatte, an den auferstandenen Jesus zu glauben, sondern er musste sich auch den nötigen Initiationsriten unterwerfen, deren Höhepunkt die Taufe darstellte. Dass seine dreitägige Fastenzeit der Vorbereitung auf die Taufe diente, lässt sich aus der Feststellung ablesen, dass er unmittelbar danach wieder etwas zu sich nahm.[4] Im Verlauf dieser drei Tage wird ihm auch ein gewisses Maß an Unterweisung in seinem neuen Glauben zuteil geworden sein. Er wird über den Inhalt des später formulierten Auferstehungsbekenntnisses und die entscheidenden Prophezeiungen, auf die dieses sich bezieht, unterrichtet worden sein.[5] Erst danach, an Körper und Seele rituell vorbereitet, konnte er getauft werden. Im Regelfall wäre all dies der ersten Begegnung mit dem Grabtuch vorausgegangen. Die Initiation des Paulus verlief in umgekehrter Reihenfolge – das ist der Grund dafür, dass er sich selbst als »Missgeburt« oder »zur Unzeit geboren« bezeichnet.

Der andere Mann vor Ort, der neben Hananias Erwähnung findet, ist Judas. Paulus, so wird gesagt, wohnt bei ihm in der »Geraden Straße«. Bemerkenswerterweise ist diese Straße, die von Ost nach West verlaufende Hauptstraße einer römischen Stadt, noch im heutigen Damaskus erhalten und trägt im Arabischen denselben Namen – ein hübsches Detail, das der Erzählung Glaubwürdigkeit verleiht.[6] Vor dem Hintergrund, dass Paulus in der Stadt ein Fremder war, ist unmittelbar nach seiner Bekehrung der wahrscheinlichste Gastgeberkandidat niemand anderer als derjenige, dessen Haus er soeben in Beschlag genommen hatte. In diesem Fall war vermutlich das Haus des Judas der Aufbewahrungsort des Grabtuchs in Damaskus, und Judas war sein Hüter. Paulus, von seinem Erlebnis einigermaßen mitgenommen, scheint sich auf Gedeih und Verderb seinem einstigen Widersacher ausgeliefert zu haben, der ihm, nachdem er zum Zeugen seiner Bekehrung geworden war, kaum seine Gastfreundschaft verweigert haben wird. Wohin sonst hätte Paulus sich wenden sollen? Wer sonst hätte ihn aufgenommen?

Wenn man Judas tatsächlich die Verantwortung für das Grabtuch übertragen hatte, muss er in der frühchristlichen Hierarchie relativ weit oben gestanden haben. Lukas zählt (neben Judas Iskariot) noch einen zweiten Judas unter den Zwölf auf: »Judas, der Sohn des Jakobus«.[7] Dieser Judas ist vermutlich gleichzusetzen mit dem mutmaßlichen Verfasser des Judasbriefs im Neuen Testament, der sich selbst »Judas, Bruder des Jakobus« nennt.[8] Jakobus, da sind sich die Gelehrten einig, kann niemand anderer sein als Jakobus, der »Herrenbruder«; demnach müsste Judas ebenfalls ein Bruder von Jesus gewesen sein. Dass einer von Jesu Brüdern den Namen Judas trug, berichten sowohl Matthäus als auch Markus.[9]

Damit wird die Situation klar. Als Bruder von Jesus (und Jakobus) wäre Judas von Natur aus als geeigneter Hüter des Grabtuchs betrachtet worden. Petrus, der das Tuch offenbar in Galiläa verwahrt hatte, muss es an Judas übergeben haben, um seine Spur zu verwischen. Leider ging der Plan nicht auf, was darauf schließen lässt, dass Paulus ein intelligenter Mann gewesen sein muss.[10]

Auch wenn er heute fast vergessen ist, muss Judas in der Urkirche eine bedeutende Persönlichkeit gewesen sein. Doch welche Rolle er auch innegehabt haben mochte, in den Tagen nach Paulus' Ankunft in Damaskus fällte er eine Entscheidung, die den Lauf der Geschichte verändern sollte. Vermutlich in Absprache mit seinen Glaubensbrüdern, unter anderen vermutlich mit Hananias und Paulus, deren Vertrautheit mit dem Feind von unschätzbarem Wert gewesen sein dürfte, beschloss Judas, dass die einzige Chance, die Sicherheit des Grabtuchs zu gewähren, darin bestand, es noch weiter weg ins Exil zu verbringen. Von dem Haus an der Geraden Straße wurde das Leichentuch Christi daher in einen entlegenen Stadtstaat an der Grenze zum Persischen Reich überführt.

Den ersten Hinweis darauf, dass das Tuch nach Edessa gebracht worden sein könnte, enthält die Erzählung vom ungläubigen Thomas bei Johannes. Wie wir gesehen haben, ist diese Erzählung eine sorgfältig konstruierte Kritik an den Anhängern von Thomas, dem Apostel von Edessa. Obwohl generell davon ausgegangen wird, dass Edessa erst gegen Ende des 2. Jahrhunderts missioniert wurde, ist es durchaus möglich, dass es zu Zeiten der Apostel dort eine christliche Bewegung gegeben hat. G. A. Williamson meint dazu:

> »Es wäre in der Tat verwunderlich, wenn die Christenheit, die sich mit so bemerkenswerter Geschwindigkeit über das gesamte römische Imperium ausgebreitet hat, vor einer Region so nahe an Palästina, in der überdies ein ähnlicher Dialekt gesprochen wurde, haltgemacht haben sollte. Lassen Sie

uns nicht vergessen, dass Edessa nur knapp 300 Kilometer von Antiochia, dem Ausgangspunkt aller Reisen des Paulus, entfernt liegt, Ephesus hingegen 800, Rom mehr als 1600 und Spanien 3200.«[11]

Auch wenn die Legenden, die Thomas mit Edessa in Zusammenhang bringen, vergleichsweise spät entstanden sind, ist ihr Inhalt deshalb nicht notwendigerweise unglaubwürdig, und außerdem kennen wir keinen anderen Ort, an dem sich die Anhänger des Thomas an der Gefolgschaft des Johannes hätten reiben können.

Johannes hat meiner Ansicht nach die Geschichte vom ungläubigen Thomas darauf ausgerichtet, einen Glauben zu diskreditieren, der sich in seinen Augen zu sehr auf das Sichtbare – sprich: das Grabtuch – stützte, und das offenbar mit Stolz. Wir können daraus schließen, dass das Tuch sich zu der Zeit, als Johannes dies schrieb, das heißt Ende des 1. Jahrhunderts, in Edessa befunden haben wird. Im Anschluss an die Häretikerjagd des Paulus (die um ein Haar katastrophal ausgegangen wäre) schien es mehr denn je geboten, das Tuch weiterzuverfrachten und der Reichweite der Jerusalemer Priesterschaft zu entziehen. Da es keinerlei Hinweise darauf gibt, dass das Tuch irgendwo sonst in der Region aufbewahrt worden ist, lässt sich vernünftigerweise davon ausgehen, dass es von Damaskus geradewegs nach Edessa gebracht wurde. Gestützt wird diese Annahme durch eine Quelle aus dem 4. Jahrhundert, die *Doctrina Addai*, die die Evangelisierung von Edessa etwa auf das Jahr 33 datiert, das Jahr, in dem vermutlich auch die Bekehrung des Paulus stattfand.[12]

Das Neue Testament berichtet uns unglücklicherweise nichts über die Anfänge des Christentums in Edessa. Um an Informationen über diese Zeit zu gelangen, müssen wir auf die Legenden über die Hinwendung König Abgars zum Christentum – die Abgar-Legende – zurückgreifen.[13] (Er hat Edessa in den Jahren 13 bis 50 regiert.) Nachdem wir aufgrund der Geschichte vom ungläubigen Thomas zu dem Schluss gekommen sind, dass die Evangelisierung von Edessa sehr früh in Gang gekommen ist, können wir annehmen, dass diese Legenden historische Wurzeln haben. Da sie sehr spät aufgeschrieben wurden und von Ungereimtheiten nur so wimmeln, sind sie sehr sorgsam zu interpretieren – sie können uns auf alle möglichen Arten in die Irre führen, wenn wir nicht auf der Hut sind –, aber die Probleme hier sind kaum größer als bei der Auslegung der Evangelien, die von den Gelehrten ebenfalls als historische Quellen behandelt werden.

Die früheste bekannte Version der Abgar-Legende findet sich bei Eusebius von Cäsarea, zu Beginn des 4. Jahrhunderts.[14] Es handelt sich um eine griechische Übersetzung eines längeren Dokuments in syrischer Sprache, das, wie Eusebius berichtet, in den Archiven von Edessa verfügbar war. Dieser Quelle zufolge wurde Edessa zu Zeiten König Abgars von Thaddäus, einem der zwölf Jünger Jesu, missioniert; Jesus selbst soll dies dem König versprochen haben. Abgar hatte, so heißt es, einen Brief an Jesus gesandt und diesen gebeten, zu ihm zu kommen, um ihn von seiner schweren Krankheit zu heilen. Jesus habe zur Antwort gegeben, er könne ihn gegenwärtig nicht aufsuchen, werde ihm aber nach seiner Auffahrt in den Himmel einen seiner Jünger schicken, damit dieser ihm und der Stadt »Leben bringe«. Zur gegebenen Zeit wurde Thaddäus von »Judas, auch genannt Thomas«, nach Edessa gesandt, weshalb Thomas als Gründer der Kirche in dieser Stadt gilt.

Seltsamerweise findet sich in dem Text kein Wort über ein wundersames Tuch oder Bildnis Christi, woraus manch einer geschlossen hat, es habe zu diesem Zeitpunkt kein solches Bild gegeben. Dass dieser Verweis fehlt, ist aber besser zu erklären, wenn man annimmt, dass das Grabtuch zu dieser Zeit verschwunden und vergessen war. Erst um die Mitte des 6. Jahrhunderts sollte es wieder auftauchen. Wie wir gesehen haben, lag es vermutlich in einer Mauernische über dem Westtor von Edessa verborgen.[15]

Die zweitälteste Überlieferung der Abgar-Erzählung präsentiert die *Doctrina Addai*. Im Prinzip stimmt diese Version im Wortlaut weitgehend mit der von Eusebius tradierten überein, aber sie enthält ein Gutteil an zusätzlichem (teils erfundenem, teils überliefertem) Material, das sich in der früheren Ausgabe nicht findet. Der Held der Erzählung, jener Jünger, der das Christentum nach Edessa bringt, heißt hier Addai (eine syrische Form von Thaddäus). Er wird von Judas Thomas ausgesandt und trifft kurz nach Christi Auffahrt zum Himmel ein. Kurz vor seiner Ankunft hören wir jedoch von einem seltsamen Vorfall, an dem Abgars Sendbote an Jesus, ein Mann namens Hannan, beteiligt war:

> »Als Hannan, der Archivar, sah, dass Jesus so zu ihm sprach, malte er kraft seiner Befähigung als königlicher Maler das Bild Jesu mit erlesenen Farben und brachte es mit sich zu König Abgar, seinem Herrn. Dieser schaute es an, nahm es in großer Freude entgegen und stellte es in großer Pracht in einem seiner Palastgebäude auf.«[16]

Die Vorstellung, dass jemand ein Porträt von Jesus zu dessen Lebzeiten angefertigt haben sollte, war im 4. Jahrhundert ungewöhnlich und wirkt eher wie eine volkstümliche Beschreibung des Mandylions.[17] Der Verfasser dieser Zeilen kann das Tuch nicht aus eigener Anschauung gekannt haben, denn er beschreibt es als »mit erlesenen Farben« gemalt, wohingegen Augenzeugen des Mandylions sich sicher waren, dass es, was immer es sein mochte, kein Gemälde war.[18] Die *Doctrina Addai* liefert somit Belege dafür, dass das Grabtuch nicht nur zur Zeit der Herrschaft von König Abgar in Edessa aufbewahrt wurde, sondern dass es auch im 4. Jahrhundert nur noch eine schwache Erinnerung daran gab.

Das sicherste Anzeichen dafür, dass die Abgar-Legenden eine historische Basis haben, ist die Tatsache, dass die Namen der darin Erwähnten übereinstimmen mit denjenigen der Apostel in Damaskus, die in der Apostelgeschichte erwähnt werden und die mit großer Sicherheit für die Überführung des Tuchs von Damaskus nach Edessa gesorgt haben. »Judas, auch genannt Thomas«, der Thaddäus nach Edessa schickt, passt auf Judas, den vermutlichen Hüter des Grabtuchs in Damaskus. (Thomas ist im Grunde kein Name, sondern das aramäische Wort für »Zwilling«, ein Spitzname des Judas).[19] »Hannan« wiederum, der Name des Mannes, der in der *Doctrina Addai* König Abgar das Porträt Jesu überbringt, ist die syrische Form des Namens »Hananias«, des Apostels, der Paulus getauft hat. Diese doppelte Parallele kann kein Zufall sein: In der Apostelgeschichte werden nur zwei Damaszener als Apostel bezeichnet, und beide tauchen als Hauptakteure in der Abgar-Legende auf. Thaddäus ist möglicherweise ein dritter Apostel, der in der Apostelgeschichte nicht vorkommt, oder, was wahrscheinlicher ist, es handelt sich um eine Verwechslung mit Judas Thomas.[20] Wie dem auch sei, die Überführung des Grabtuchs nach Edessa unmittelbar nach der Bekehrung des Paulus, die nach der *Doctrina Addai* im Jahre 33 stattgefunden haben muss, kann inzwischen als historisch wahrscheinlich angesehen werden.

Außer von der Geschichte des ungläubigen Thomas berichtet uns Johannes auch vom *soudárion* – Sudarium – im Grab Jesu. Dieses kann, wie weiter oben erklärt, am ehesten als Verweis auf das Mandylion gedeutet werden, was darauf schließen lässt, dass das Grabtuch irgendwann im Verlauf des 1. Jahrhunderts zum Mandylion wurde. Der Anlass dafür wird kultisch begründet gewesen sein. Zuvor wurde das Grabtuch vielleicht in einer relativ bescheidenen Truhe aufbewahrt und nur gelegentlich betrachtet.[21] Zum Mandylion gefaltet und mit einem Rahmen versehen, wurde das Tuchbild des Antlitzes nun (für diejenigen, denen der Zutritt gewährt wurde) auf Dauer ausgestellt, verehrt und von Gold umhüllt wie so viele Ikonen seither. Das Ganzbild aber blieb dem Blick verborgen. Seine Wandlung zum Mandylion steht demnach für eine tiefgreifende Wende in Bezug auf die Verwendung und die Wahrnehmung des Grabtuchs.

Die Möglichkeit, dass das Tuch unmittelbar nach seiner Ankunft in Edessa sofort zum Mandylion gefaltet wurde, lässt sich ausschließen.[22] Es gibt Hinweise – beispielsweise die Erzählung vom ungläubigen Thomas, in der ausdrücklich Wert auf die Betonung der Wunden an Christi Händen und Seite gelegt wird –, aus denen hervorgeht, dass das gesamte Tuch über mehrere Jahrzehnte hinweg in seiner Gesamtheit sichtbar gewesen sein muss. Das scheint auf den ersten Blick mit der Aussage des Paulus zu kollidieren, der zufolge Christus ihm als »Letztem von allen« erschienen ist. Doch Paulus sagt nicht, er sei die letzte *Person* gewesen, die den auferstandenen Christus gesehen hat, sondern nur, er sei *der letzte der Apostel* gewesen, der den Auferstandenen zu Gesicht bekommen habe.[23] Das Grabtuch mit eigenen Augen gesehen zu haben mag notwendig gewesen sein, um Apostel zu werden, aber es wird nicht hinreichend gewesen sein: Der Betreffende musste außerdem von den Oberhäuptern der Kirche »ausgesendet« werden – genau das bedeutet das griechische Wort *apostolos* (»Abgesandter«). Wer nicht von der Kirchenleitung den Auftrag erhalten hatte, hinauszugehen und zu predigen, war kein Apostel, selbst dann nicht, wenn er den auferstandenen Christus mit eigenen Augen gesehen hatte. Die »mehr als fünfhundert Brüder« waren keine Apostel. Das half den Anführern der Jerusalemer Gemeinde, Kontrolle über die Verkündigung des Evangeliums zu behalten, denn nur die Apostel galten als offizielle Verkünder des einen, wahren Evangeliums. Aus diesem Grund beharrt Paulus so auf seinem Apostelstatus, obwohl seine Vorstellungen in mancher Hinsicht umstritten waren. Der Titel gab ihm die nötige Autorität, mit seinen Gegnern auf Augenhöhe diskutieren zu können.

Als das Grabtuch nach Edessa, Hunderte Kilometer nördlich von Jerusalem, gebracht wurde, hatte es demnach aufgehört, im Dienste der Rekrutierung von Aposteln zu stehen. Es wurde den Menschen dort womöglich auch gezeigt, aber das machte die Betrachter noch nicht zu Abgesandten der Kirche. Im Unterschied zu denjenigen, die das Tuch in Judäa, Samarien und Galiläa zu Gesicht bekommen hatten, waren sie kein Teil der von Petrus angeführten apostolischen Missionsbewegung.[24] Die eilige Überführung des Grabtuchs nach Edessa würde auch das offensichtliche Ende der Auferstehungserscheinungen erklären, das im Auferstehungscredo des Paulus unausgesprochen anklingt. Es war nicht so, dass der auferstandene Christus unmittelbar nach der Bekehrung des Paulus nicht mehr gesehen wurde, nur wurden die späteren Zeugen keine Apostel mehr.

Mit der Zeit führte die Tatsache, dass keine neuen Apostel mehr eingesetzt wurden, unter den Christen allerorten zu der allgemein verbreiteten Überzeugung, dass der auferstandene Jesus aufgehört habe, sich zu zeigen. Von der Mehrheit der Christen wurde er zunehmend als jemand gesehen, der sich einst den Aposteln gezeigt hatte, aber nicht mehr ständig auf Erden gegenwärtig ist. Das Glaubensbekenntnis des Ersten Korintherbriefs hat zu dieser Sicht der Dinge möglicherweise nicht unwesentlich beigetragen.

Unterdessen entwickelte sich die irrige Vorstellung, dass die Auferstehung eine leibliche Wiedererweckung in Fleisch und Blut gewesen sei. Die Apostel waren gegenüber diesem sich ausbreitenden Aberglauben machtlos. Paulus tat in seinem Ersten Brief an die Korinther sein Bestes, die ursprünglich gemeinte geistige Dimension zu erläutern, doch er stand auf verlorenem Posten. Das Grabtuch in weiter Ferne, konnte es in Anbetracht der schwindenden Erinnerung an das apostolische Zeugnis und der abnehmenden Zahl von Augenzeugen im Verhältnis zur Zahl der Neubekehrten nicht ausbleiben, dass die christliche Verkündigung Irrwege ging.

Die Verlagerung von einem spirituellen Verständnis der Auferstehung hin zum Bild einer leiblichen Auferstehung – deutlich sichtbar an den Unterschieden zwischen dem Credo des Paulus und den Evangelien – ist eine der wichtigsten Entwicklungen der christlichen Geistesgeschichte. Gekommen ist es dazu, weil die Vorstellung von einem überirdischen Leib schlicht zu schwierig zu kommunizieren war. Diese Vorstellung ist nur im Licht des Grabtuchs denkbar – oder begreifbar. Das erklärt die Probleme, die das christliche Fußvolk im 1. Jahrhundert mit der apostolischen Sicht der Auferstehung hatte. Die Vorstellung von einem Leichnam, der wieder zum Leben erweckt wird, war hingegen eingängig und vertraut; daher neigten die frischgebackenen Konvertiten dazu, sich den auferstandenen Jesus so vorzustellen. Ganz allmählich kam den Begründern der Kirche die Kontrolle über die von ihnen ursprünglich vorgegebene Sprachregelung abhanden. Vielleicht haben die ersten Verfasser christlicher Texte die Überlieferung vom leeren Grab etwa um die Zeit erfunden, als Paulus seinen Ersten Brief an die Korinther schrieb. Und als das Grabtuch zum Mandylion wurde, das Christi überirdischen Leib endgültig den Blicken entzog, war die Vorstellung von einer fleischlichen Auferstehung nicht mehr aufzuhalten.

Das Verschwinden des Grabtuchs in Edessa hilft auch erklären, warum die Evangelienverweise darauf so unlogisch und dürftig sind. Die ursprünglichen Verfasser der Ostererzählungen hatten vor allem die beseelte Gestalt im Auge, die sie wahlweise als Engel oder den Auferstandenen selbst deuteten; das Leinentuch wurde zum Leinenkleid. Vielleicht ist das geschehen, weil spätere Christen, die die Geschichten neu erzählten, von der Existenz des Grabtuchs zumeist nichts wussten und nicht realisierten, dass der auferstandene Jesus in seinem Leichentuch gesehen worden war. Daher muten die Anspielungen auf das Tuch in den synoptischen Evangelien mehr oder weniger zufällig an. Nur Johannes wusste überhaupt etwas über das Grabtuch, doch selbst er missverstand dessen Beziehung zur ursprünglichen Erzählung. Am Ende des 1. Jahrhunderts war sich niemand mehr über die wahre Bedeutung des Grabtuchs im Klaren, und niemand wusste, dass, wer das Sudarium betrachtete, ebenso sehr Zeuge des auferstandenen Jesus war wie die Apostel selbst.

Wie es dazu gekommen ist? Bedenken Sie, dass das Grabtuch sowohl als direkte Manifestation des auferstandenen Jesus als auch als himmlischer Mittler gesehen wurde, der vom Auferstandenen kündet. In Edessa hat sich offenbar die Deutung als himmlischer Mittler allmählich durchgesetzt. Als der Verfasser des Johannesevangeliums seinen Text schrieb, wurde das Bild von niemandem mehr als auferstandener Jesus betrachtet, sondern galt als sein Engel, seine irdische Inkarnation.[25]

Warum aber sollten die Hüter des Grabtuchs in Edessa die Vorstellung von einer Begegnung mit dem auferstandenen Jesus, der in der ersten Zeit nach Ostern ein solcher Wert beigemessen wurde, aus dem Sinn verloren haben? Ein Grund dafür ist zweifellos darin zu sehen, dass sie keine Missionare waren, deren Anliegen die Verkündigung des Evangeliums war, sondern dass sie Zeit hatten, sich mit der Mystik des Bildnisses, seiner geheimnisvollen Beziehung zum auferstandenen Christus, zu befassen. Gleichzeitig werden Konvertiten in Edessa genau wie andernorts sich veranlasst gesehen haben, die Auferstehung als leibliche zu verstehen. Ursprünglich werden Judas und seine Gefährten in Bezug auf das Grabtuch das apostolische Verständnis weiter gepflegt haben, aber das Tuch wurde von kaum jemandem sonst mehr in Augenschein genommen, und bei der Gemeinschaft insgesamt ist es möglicherweise genau wie bei den Anhängern des Paulus in Korinth zu einer gewissen Verwirrung in Bezug auf die Auferstehung gekommen. Das Grabtuch konnte mit Sicherheit spirituellen Zugang zum auferstandenen Jesus ermöglichen – aber hatten die Apostel ihn nicht in Fleisch und Blut gesehen? Am Ende war niemand mehr da, der das Missverständnis hätte ausräumen können, und sogar diejenigen, die das Grabtuch anschauen durften, begannen seine Bedeutung zu verkennen und realisierten nicht, dass es das Einzige war, was je ein Mensch vom auferstandenen Jesus zu Gesicht bekommen hatte.

TEIL 7

Fazit

27

Ostern und das Grabtuch

Wir haben uns am Anfang dieses Buchs gefragt, was das Christentum entzündet hat, und können nun mit einer ganz einfachen, wenn auch ein wenig überraschenden Antwort aufwarten: das Grabtuch von Turin. Die Gefährten Jesu fanden auf der Innenseite seines Leichentuchs ein seltsames Bildnis und gelangten dadurch zu der Überzeugung, er sei von den Toten auferweckt worden und zum Himmel aufgefahren. Dieser Glaube führte zur Entstehung einer neuen Sekte innerhalb des Judentums: der künftigen Christenheit. Der wahre Begründer des Christentums war nicht Petrus oder Paulus, nicht einmal Jesus, sondern das Grabtuch.

Ich lebe mit dieser Erkenntnis schon mehrere Jahre, dennoch frage ich mich, ob das alles wirklich wahr sein kann. Das Grabtuch ist ein zutiefst unwirkliches Ding, das von der Welt als mittelalterliche Fälschung abgetan wird. Sich darauf einzulassen und zuzugestehen, dass es das eigene Bild von den letzten 2000 Jahren Menschheitsgeschichte über den Haufen wirft, ist eine nervenaufreibende Angelegenheit, fast so wie der Übertritt von einer Religion zu einer anderen. Abgesehen vom Bekenntnis zu einem exotischen Kult lässt sich schwer eine radikalere Abkehr vom intellektuellen Mainstream denken.

Und wie steht es mit dem Ergebnis der Radiokarbondatierung von 1988? Das ist eine Frage, die immer weiter nagt, sogar wenn man sich damit eingehender befasst und herausgefunden hat, wie leicht das Ergebnis zu erschüttern ist. Dem Glauben an ein wissenschaftliches Urteil, das von der öffentlichen Meinung bejaht wird, ist schwer beizukommen. Die Versuchung, »ketzerische« Gedanken aufzugeben und einfach anzunehmen, was einem gesagt wird – und von jedermann sonst geglaubt wird –, ist extrem groß. Das ist beileibe kein Impuls, der sich nur bei Gläubigen findet.

Weil das Akzeptieren meiner Grabtuchtheorie mit so starken Emotionen einhergeht, ist es wichtig, ihre Vorzüge als historische Erklärung deutlich zu benennen. Wir müssen uns vergegenwärtigen, welche Gründe dafür sprechen, sie zu akzeptieren, und wir müssen uns vor Augen halten, dass sie nach allen landläufigen Kriterien angenommen zu werden verdient.

In den vergangenen Jahren haben viele Gelehrte den Umstand betont, dass das Christentum jüdische Wurzeln hat. Heute betrachten wir Ostern als Geburtsstunde des Christentums, aber aus der Sicht der Auferstehungszeugen selbst war es der Höhepunkt einer mehr als tausendjährigen teils heiligen, teils nicht so heiligen Geschichte. Es war ein Wendepunkt, der mitten in die jüdische Geschichte fiel, nicht aber der Anfang von etwas. Damit es so folgenreich werden konnte, wie es letztlich war, musste das Osterphänomen zu gleichen Teilen spektakulär neu und zutiefst jüdisch sein.

Das Grabtuch passt perfekt ins Bild. Als unvergleichliches, komplexes Acheiropoieton (ein »Bildnis, nicht von Menschenhand gemacht«) traf es wie ein Meteorit auf die jüdische Geschichte und erschütterte die traditionelle Weltsicht seiner Entdecker. Aber es stand auch in der paradoxesten Weise, die sich denken lässt, für einen jüdischen König, und um es in Bezug auf Zeit und Ort verstehbar zu machen, musste es mit den Inhalten der jüdischen Texte und Symbole in Einklang gebracht werden. Das Grabtuch wurde daher gleichauf mit dem Tempel, dem Volk und der Tora zum neuen Epizentrum religiöser Gedanken. Die gesamte Geschichte Israels von Adam und Eva über Abraham, Mose, Josua und David bis hin zu Jesus selbst wurde durch den Schleier des Grabtuchs gesehen. Nur so konnte das Christentum in seinen Wurzeln dem Judentum so durch und durch verhaftet bleiben und dabei gleichzeitig so radikal von diesem abweichen, dass es sich schließlich von ihm abspaltete und seiner eigenen Wege ging.

Die Auferstehung war vielen Juden des 1. Jahrhunderts als Endzeitvision bereits lieb und teuer (wie sich beispielsweise am Erhalt des Lebensbluts bei der rituellen Waschung eines verwundeten Toten zeigt) und wurde insbesondere mit Märtyrerschaft in Verbindung gebracht. Von ihrer animistischen Wahrnehmung gelenkt, werden die Anhänger Jesu dessen Bildnis auf dem Grabtuch als lebendige Verkörperung oder als Zeichen seiner gedeutet und das Ganze als Auferstehung eingeordnet haben. Bei der Lektüre der Prophetenworte hierzu, vor allem der Texte von Jona und Daniel, müssen sie zu dem Schluss gekommen sein, dass diese Deutung die richtige ist. In Anbetracht der instinktiven Wahrnehmung von Bildnissen als lebendigem Teil des Abgebildeten und dem unter den Juden verbreiteten Auferstehungsglauben im 1. Jahrhundert lässt sich mit großer Sicherheit davon ausgehen, dass die Entdeckung des Grabtuchs dazu angetan gewesen sein dürfte, den Glauben an die Auferstehung zu begründen.

Die Osterhistorie beginnt am Karfreitag mit der Bestattung Jesu, so beschreibt es das Glaubensbekenntnis des Paulus im Ersten Korintherbrief. Die synoptischen Evangelien berichten übereinstimmend, dass sein Leichnam in ein Leinentuch, das für diesen Anlass vorgesehene *sovev*, gehüllt worden sei; Markus und Lukas lassen anklingen, dass die Bestattung nicht zu Ende gebracht werden konnte. Damit war die Bühne frei für die Entstehung des Bildnisses auf dem Grabtuch. Eine mythisch verbrämte Darstellung seines Aussehens ist im Petrusevangelium erhalten und schimmert auch in verschiedenen anderen Texten durch, beispielsweise in der Auffahrt Christi gen Himmel, wie sie die Apostelgeschichte beschreibt.

Am Morgen des Ostersonntags machen sich Maria Magdalene und andere Frauen auf den Weg zum Grab, um die Bestattung zu vollenden, und entdecken das Bildnis auf dem Leichentuch. Wir können recht sicher sein, dass die Erzählungen von den Frauen am Grab mehr oder minder historisch verbürgt sind, denn in einer in apologetischer Absicht verfassten Fiktion hätten Frauen auf keinen Fall die Hauptrolle gespielt. Auch wäre das Grabtuch nicht erhalten geblieben, wenn die Bestattung am Karfreitag zu Ende geführt worden wäre. Allerdings sind wir nicht gezwungen, an das unwahrscheinliche Konstrukt des leeren Grabs zu glauben. Da sie weder durch das Credo des Paulus bezeugt noch für den Auferstehungsglauben notwendig ist, sollte die Vorstellung, dass Jesu Leichnam verschwunden ist, am besten als spätere Erfindung betrachtet werden, als ein Motiv, das den Graberzählungen hinzugefügt wurde, um dem später entstandenen Glauben an eine leibliche Auferstehung entgegenzukommen.

In ihrer ursprünglichen Fassung handelten die Erzählungen davon, dass die Frauen mit Engeln oder dem auferstandenen Jesus selbst zusammentrafen. Die Engel lassen in mehrerlei Hinsicht an das Grabtuch denken: ihre helle oder weiße Kleidung, die Nähe zum Grab, die Verkündigung der Auferstehung und die Unsicherheit betreffs ihrer Zahl (war es einer oder waren es zwei?). Aufschlussreich ist, dass die Engel austauschbar sind mit der Gestalt des auferstandenen Jesus, so wie man es erwarten würde, wenn sie und der Auferstandene alternative Aspekte oder Interpretationen ein und desselben seltsamen Phänomens gewesen wären. Nicht minder aufschlussreich ist der Umstand, dass Maria Magdalene Jesus zu Beginn nicht erkennt, ein Motiv, das sich auch in anderen Auferstehungserzählungen findet. Die Nähe zum lebendigen Jesus wahrzunehmen wäre selbst seinen engsten Freunden und seiner Familie schwergefallen.

Die Entscheidung, die Gestalt auf dem Grabtuch mit dem auferstandenen Jesus gleichzusetzen, läuft darauf hinaus, den Anspruch der Frauen, in erster Linie den von Maria Magdalene, anzuerkennen, dass sie die Ersten waren, die ihn gesehen haben, kurz, sie die ersten Zeuginnen der Auferstehung waren. Dieser Anspruch widerspricht ausdrücklich dem Zeugnis des Paulinischen Glaubensbekenntnisses im Ersten Korintherbrief, das keine Erscheinung vor den Frauen erwähnt und Petrus als den Ersten anführt, der den auferstandenen Jesus erblickt haben soll. Dies wiederum kann sich nur auf dessen Besuch am Grab unmittelbar nach den Frauen beziehen. Lukas und Johannes berichten beide, dass Petrus das Leichentuch – das Grabtuch – in Augenschein genommen hat. Wenn wir uns die matriarchalisch gefärbte Erzählabsicht vor Augen führen, von der die Auferstehungserzählungen der Evangelien getragen sind, sehen wir, warum dieses Ereignis nicht als Erscheinungserzählung präsentiert wird. Petrus wird mit Vorsatz als unverständig dargestellt.

Die Erscheinung, die sowohl im Auferstehungscredo des Paulus als auch in den Evangelien berichtet wird, ist diejenige vor den Zwölf. Das lässt sich auf der Basis der Jerusalem-Variante der Überlieferung rekonstruieren, die nicht nur die am besten bezeugte Erscheinungserzählung ist, sondern auch der Einsetzung des Herrenmahls, der ursprünglichen Form des sonntäglichen Gottesdienstes, Rechnung trägt. Die Jerusalem-Variante erscheint im Zusammenhang mit dem Grabtuch als ausgesprochen logisch. Petrus wird das Tuch, das er am Morgen aus der Grabkammer mitgenommen hat, bei der erstbesten Gelegenheit seinen Gefährten gezeigt haben. Die Schilderung, wie der auferstandene Christus plötzlich im geschlossenen Raum in ihrer Mitte gestanden hat, die starke Betonung der Wundmale und das bei Lukas formulierte Eingeständnis, dass die Jünger ihn zunächst für einen Geist hielten – all das spricht sehr für die Hypothese, dass sie den Auferstandenen in dem Tuch gesehen haben. Und die Probleme, die die Menschen gehabt haben müssen, die Gestalt auf dem Grabtuch einzuordnen, findet ihren Niederschlag in der anfänglichen Skepsis der Jünger, die nicht glauben wollen, dass es sich wirklich um Jesus handelt (eine Skepsis, die Johannes allein dem ungläubigen Thomas in die Schuhe schiebt).

Mithilfe des Grabtuchs können wir die Ereignisse des Ostermorgens verlässlicher rekonstruieren denn je, und zwar als die Geschichte eines von Augenzeugen offiziell beglaubigten Wunders. Sieht man Ostern als den Zeitpunkt der Entdeckung des Grabtuchs, erscheint der nachfolgende Gang der Ereignisse im Rückblick als nahezu zwangsläufig.

Das Grabtuch wird zweifelsohne von machtvoller Wirkung auf die Gefährten Jesu gewesen sein. Um es mit Theodor Keims Bild zu sagen: Es muss ihnen erschienen sein, als hätten sie ein »Telegramm vom Himmel« erhalten. Als Adressaten dieser Botschaft wäre es für Maria Magdalene und Petrus ein

Unding gewesen, sich nun kein Herz zu fassen, hinauszugehen und über Jesus und seine Auferstehung zu predigen. Wenn Jesus nach seiner entsetzlichen Folter unter den Händen der Römer in verklärter überirdischer Gestalt hat wiedererweckt werden können, was gab es da noch zu fürchten? Wenn sie aus demselben Grund selbst gemartert würden – würde Gott sie nicht ebenso erhöhen? Das Grabtuch macht den plötzlichen Mut der Anhänger Jesu nach der Kreuzigung durch und durch verständlich.

Unterdessen, so scheint es, haben sie begonnen, das Tuch »gemäß der Schrift« einzuordnen, und das hat sie veranlasst, Jesus mit geweissagten Gestalten wie dem Menschensohn und Gottesknecht gleichzusetzen. Ein fantasiebegabter Leser, der die alten hebräischen Schriften mit dem Grabtuch im Hinterkopf durchstöbert, kann überall passende Hinweise finden – daher die vielen Zitate aus Prophezeiungen des Alten Testaments im Neuen Testament. Wir wissen nicht, wann die jeweiligen Gleichsetzungen im Einzelnen vorgenommen wurden, aber wir können sicher sein, dass der Prozess der Schriftauslegung nahezu augenblicklich begonnen hat, denn dieser war das einzige Mittel, das Grabtuch als Zeichen zu verstehen und seiner Bedeutung auf den Grund zu gehen

Von allen Namen, die man Jesus posthum verliehen hat, ist »Messias« (oder »Christus«) der wichtigste. Von Rechts wegen sollte jemand, der von einem römischen Statthalter zu Tode gefoltert und gekreuzigt wurde, nicht im Nachhinein als allmächtiger König gefeiert werden. Das Grabtuch stellte dieses Symbol jüdischen Selbstverständnisses auf den Kopf. Es zeigte Jesus zu einer neuen Daseinsform erhöht, in der die Spuren der Kreuzigung und – ganz entscheidend – der Dornenkrone noch sichtbar waren. Es konnte kein eindeutigeres Zeichen dafür geben, dass das Weltengericht ausgesetzt, Jesu Königswürde von Jahwe anerkannt worden war. Die überirdische Erscheinung des Grabtuchs hat dieser Vorstellung den Boden bereitet, denn es sieht aus, als wäre Jesus vom Heiligen Geist, den man sich als fließende göttliche Substanz vorstellte, ganz und gar durchdrungen. Gott hatte ihn erhöht und gesalbt.

Die Evangelienerzählungen verlieren sich mehr oder weniger nach dem Ostertag, eine Ausnahme macht die im Übrigen wenig zuverlässige Galiläa-Variante der Überlieferung. Das Auferstehungscredo des Paulus aber spricht von einer weiteren Reihe von Erscheinungen nach Ostern: vor mehr als fünfhundert Brüdern, vor Jakobus und vor allen Aposteln. Im Gegensatz zu jeder anderen Auferstehungstheorie vermag die Grabtuchtheorie all diese Berichte problemlos zu erklären.

Die Erscheinung vor den mehr als Fünfhundert lässt sich als öffentliche Zurschaustellung des Grabtuchs vor dem erweiterten Kreis der Jünger Jesu verstehen. Dies muss die Gelegenheit gewesen sein, bei der zum ersten Mal das Evangelium verkündigt wurde und die neue messianische Sekte – die Nazoräer – auf Kollisionskurs mit den Jerusalemer Behörden geriet. Die anschließende Erscheinung vor Jakobus wird hingegen eine eher intime Zeremonie gewesen sein, bei der Jesu Bruder Jakobus in die Sekte aufgenommen und zum neuen Leiter der Gemeinde ernannt wurde. Dann, im Anschluss an die Vertreibung der Nazoräer und die große Verfolgung unter Federführung des jungen Paulus, wurde beschlossen, Apostel zu berufen, Abgesandte, die der Kirche Unterstützer gewinnen und Israel (sympathisierende Nichtjuden eingeschlossen) an die bevorstehende Ankunft des Reichs Gottes auf Erden gemahnen sollten. Um ihren Dienst glaubwürdig verrichten zu können, mussten diese Apostel den auferstandenen Christus selbst gesehen haben, weshalb jeder von ihnen das Grabtuch gezeigt bekam. Die Galiläa-Variante der Überlieferung lässt vermuten, dass einige dieser Apostel in Galiläa berufen wurden, wohin das Tuch unter der Aufsicht von Petrus zur sicheren Aufbewahrung verbracht worden war.

Die »vergessenen« Erscheinungen des Auferstehungscredos lassen sich damit als folgerichtige Schritte in einem ins Rollen gekommenen historischen Prozess verstehen und müssen nicht länger als unwahrscheinliche Abfolge von Wundern, Halluzinationen oder Einbildungen abgetan werden.

Die Überführung des Tuchs von Jerusalem nach Galiläa ebnete den Weg für die Bekehrung des Paulus, des einzigen Augenzeugen des auferstandenen Christus, dessen Bericht wir heute noch besitzen. Die Worte des Paulus lassen sehr stark vermuten, dass, was er gesehen hat, das Grabtuch gewesen ist. Vor allem seine detaillierte Beschreibung im Ersten Korintherbrief liefert uns ein Phantombild des auferstandenen Jesus, das mit der Gestalt auf dem Grabtuch nahezu lückenlos übereinstimmt. Auch die anschließende Formulierung, Gott habe seinen Sohn nicht nur ihm, sondern gar »in ihm« offenbart, lässt sich verstehen als Rückverweis auf die Betrachtung des Grabtuchs. Die Schilderung der Bekehrung des Paulus in der Apostelgeschichte vermittelt zunächst einen ganz anderen Eindruck. Analysiert man die Erzählung jedoch anhand ihrer biblischen Quellen, so ist leicht zu durchschauen, wie sie sich aus einer älteren Überlieferung entwickelt haben muss, die berichtet, wie Paulus unverhofft über den Schatz der Nazoräer gestolpert ist.

Die Bekehrung des Paulus ist der überzeugendste Beleg dafür, dass es tatsächlich ein Auferstehungsphänomen gegeben hat: Mit Sicherheit hat nur eine »objektive Vision« von solcher Überzeugungskraft und Unerschütterlichkeit wie das Grabtuch es vermocht, einen derart rabiaten Inquisitor wie Paulus über Nacht zu einem glühenden Häretiker zu machen. Als echtes, ehrfurchtgebietendes Wunder muss das Grabtuch eine außerordentliche Macht gehabt haben, einen Sinneswandel herbeizuführen.

Der auferstandene Christus ist Paulus allem Anschein nach deshalb in Damaskus erschienen, weil das Grabtuch aus Sicherheitsgründen aus Galiläa fortgebracht worden war. Im Anschluss an Paulus' Bekehrung musste es erneut weggeschafft werden. Das Neue Testament gibt keinerlei Aufschluss darüber, wohin die Reise ging, aber spätere Überlieferungen aus Syrien lassen vermuten, dass es direkt nach Edessa überführt wurde, wo seinerzeit König Abgar herrschte. Bezeichnenderweise schreiben die Legenden die Missionierung Edessas zwei Männern zu – Judas (Thomas) und Hananias –, deren Namen auch in der Apostelgeschichte im Zusammenhang mit der Bekehrung des Paulus genannt werden. Und ein sehr früher Text, die *Doctrinae Addai*, legt einen Zeitpunkt dafür nahe, der sich mit dem vermutlichen Jahr des Geschehens deckt: das Jahr 33.

Die Überführung des Grabtuchs nach Edessa erklärt auch das scheinbare Ende der Erscheinungen. Paulus berichtet, er sei der letzte Apostel, der den auferstandenen Christus zu Gesicht bekommen hat, aber nach ihm können noch viele Nichtapostel das Grabtuch gezeigt bekommen haben – das würde der Aussage des Paulus nicht widersprechen. Das Glaubensbekenntnis des Paulus wurde vermutlich vor dem Jahr 33 formuliert und endet daher mit den Erscheinungen vor den Aposteln; über weitere Erscheinungen in Edessa hätte nichts berichtet werden können. In jedem Fall hat sich die Interpretation des Grabtuchs nach einer gewissen Zeit verändert, und die Menschen haben sich den auferstandenen Jesus mehr und mehr als leibliche Existenz, als ein Wesen aus Fleisch und Blut, vorgestellt. Das Grabtuch wurde damit zu einem himmlischen Double des Auferstandenen. Schlussendlich machte die Umformung des Grabtuchs in das Mandylion jede Chance zunichte, den auferstandenen Jesus in ganzer Gestalt auf dem Grabtuch zu sehen und zu bezeugen. Das Sudarium, wie man es nun nannte, vermochte zwar noch immer, den Glauben an die Auferstehung zu nähren, aber es war zu einem reinen Andachtsbild, zu einer Ikone, geworden.

Zum Glück für die Kirche ist das Verschwinden des auferstandenen Christus der Ausbreitung des Christentums nicht hinderlich gewesen. Der Erfolg des Evangeliums gründete sich auf die Quantität und Qualität der Augenzeugenberichte der mehr oder minder öffentlichen Zurschaustellungen des Grabtuchs in den ersten Jahren seines Daseins, eine kurze, aber heftige Phase der »Offenbarung«. Zu dem Zeitpunkt, als das Tuch nach Edessa verbracht wurde, hatten es mindestens sechshundert Menschen oder mehr gesehen, die, da sie alle dasselbe Bildnis vor sich gehabt hatten, nun übereinstimmende Darstellungen des auferstandenen Jesus liefern konnten. Dass das Christentum ein so einflussreicher Glaube werden konnte, statt nur eine vorübergehende leidenschaftliche, aber bedeutungslose Episode zu bleiben, liegt meines Erachtens allein darin begründet, dass es auf ein von hunderten Augenzeugen bestätigtes echtes, beobachtbares Phänomen bauen konnte. Das Grabtuch macht den Aufstieg des Christentums nachvollziehbar, denn es lieferte die nötige empirische Basis für das gemeinschaftliche Bezeugen der Auferstehung.

So wie uns das Grabtuch ermöglicht, die Geschichte des Auferstehungsglaubens zu rekonstruieren, illustriert es auch, auf welche Art und Weise die Ereignisse ihren Niederschlag in den Evangelien fanden.

Anfänglich war die Verkündigung des Evangeliums überaus gut organisiert, die Apostel sprachen mit einer Stimme – das Auferstehungscredo des Paulus bezeugt dies. Dennoch scheint es von Anfang an Spannungen und Unstimmigkeiten gegeben zu haben, Maria Magdalene hat sich vermutlich über die Frage, wem die Entdeckung des Grabtuchs zuzuschreiben ist, mit Petrus und den Zwölf überworfen. Letztere weigerten sich, sie als erste Zeugin der Auferstehung anzuerkennen, und als Retourkutsche erzählte sie die Geschichte des Ostertags in einer Weise, die ihr Ansehen mehrte und die Jünger in keinem guten Licht erscheinen ließ. Die Missionierung der Nichtjuden durch Paulus und seine Abwendung von der jüdischen Lehrmeinung sorgten in den folgenden Jahrzehnten für weitere Spannungen. Die Autorität der Jerusalemer Kirche war alles andere als gefestigt, und als die Schar ihrer Anhänger immer weiter wuchs, war sie nicht einmal mehr in der Lage, den Kern ihrer eigenen Lehre unter Kontrolle zu behalten.

Die erste Verwirrung bezüglich des Wesens der Auferstehung finden wir unter den Anhängern des Paulus in Korinth. Zumindest ein Teil von diesen hat vor dem Hintergrund der vertrauten Vorstellung von leiblicher Auferstehung das Heilsversprechen der künftigen Wiedererweckung genau so gedeutet. Diese Menschen waren nachweislich verstört, als sie erleben mussten, wie die Leichname ihrer Glaubensbrüder verwesten, und begannen, da ihnen klar wurde, wie unmöglich eine Wiederbelebung sein würde, den Glauben an die Auferstehung der Toten zu verlieren. (Die Auferstehung Jesu konnten sie dabei allerdings ausdrücklich ausnehmen, denn er erstand »am dritten Tag«, als sein Leichnam noch intakt war.) Paulus versuchte ihnen zu erklären, dass sie genau wie Christus in einem komplett neuen, überirdischen Leib wiedererstehen würden, aber die Vorstellung, dass Auferstehung bedeutete, »fleischlich« ins Leben zurückzukehren, war tief verwurzelt. Ganz allmählich wich das von Paulus verkündete apostolische Verständnis von Auferstehung der leiblichen Interpretation, wie sie die Evangelien vertreten.

Endgültig gefestigt wurde der Sieg der falschen Vorstellung von einer Auferstehung in Fleisch und Blut durch die Dezimierung der Jerusalemer Kirche in den 60er-Jahren. Da war zuerst der Justizmord an Jakobus, durch den die Kirche ihres ersten Oberhaupts beraubt wurde. Dann, vier Jahre später, brach der Jüdische Krieg aus, der in der Plünderung Jerusalems im Jahr 70 gipfelte. Eine kleine Schar Christen hat es womöglich geschafft, aus der Stadt zu fliehen, und überquerte den Jordan, um in die Region des Zehnstädtebunds zu gelangen, aber die Macht der Jerusalemer Kirche war gebrochen.[1] Die kirchliche Autorität fiel nun den von Paulus und den anderen Aposteln gegründeten Provinzkirchen zu. Diese vorwiegend nichtjüdischen Männer und Frauen verstanden die Auferstehung so gut wie gar nicht als neue Schöpfung, sondern sahen sie als Wiederbelebung – eine Sicht, die sich in den Evangelien erhalten hat.

Erst vor dem Hintergrund des Grabtuchs wird es möglich, der historischen Komplexität der Auferstehungserzählungen in den Evangelien gerecht zu werden. Allen gemeinsam scheint eine Überlieferung zugrunde zu liegen, in deren Mittelpunkt Maria Magdalene steht. Das Grabtuch wurde in dieser Tradition als lebende, sprechende Person dargestellt, ein erzählerischer Kunstgriff, der sein wahres Wesen seither höchst wirksam verschleiert hat. Gleichzeitig wurde die Erzählung als Kontrapunkt zum Paulinischen Credo im Ersten Korintherbrief angelegt, sodass der Bericht über die Ereignisse mit Vorsatz unausgewogen gestaltet ist. Als diese polemische Geschichte fern von Jerusalem zu kursieren begann, fühlten sich viele bemüßigt, sie nach Belieben weiter auszuschmücken. Wer an eine fleischliche Auferstehung glaubte, fügte den Graberzählungen das Verschwinden des Leichnams hinzu und versah die Erscheinungserzählungen mit physischen Details – man denke daran, wie der Auferstandene bei Lukas ein Stück Fisch verzehrt. Wem das unvorteilhafte Porträt der Jünger missfiel, griff hier entsprechend ein. Ein Autor, Johannes, brachte es gar fertig, die ursprüngliche Attacke auf die Zwölf in eine Kritik an den Anhängern des Apostels Thomas in Edessa umzumünzen, offenbar weil diese ihren Glauben am Grabtuch festmachten. Er hatte keine Ahnung, dass sein eigener Glaube sich letztlich auf dasselbe Stück Leinen gründete.

Am Ende des 1. Jahrhunderts schließlich waren die Dinge, die man sich über die Auferstehung erzählte, wenig mehr als irregeleitete Mythen. Wir können die Entwicklung dieser Mythen nun zurückverfolgen und sie der verschiedenen Schichten von Verdrehungen und Missverständnissen entkleiden. Dies gehört genauso zu der hier präsentierten Theorie wie die Rekonstruktion der historischen Ereignisse, die sich dahinter verbergen.

Es kann kein Zweifel mehr daran bestehen, dass das Grabtuch eine tragfähige Lösung für das uralte Mysterium der Auferstehung bereithält. Es erklärt die vorliegenden Befunde bis ins Kleinste und liefert ein Gesamtbild der Ursprünge des Christentums und der anschließenden Verzerrung des ursprünglichen Evangeliums, das vollkommen stimmig ist. Damit nicht genug, hat die Grabtuchtheorie fünf bedeutende Vorzüge zu bieten, die sie jeder anderen bislang vorgestellten Theorie überlegen machen.

Zunächst einmal basiert diese Theorie auf natürlichen Vorgängen, was sie durch und durch plausibel und sehr viel einfacher erscheinen lässt als Theorien, die außer natürlichen Ursachen noch das Eingreifen Gottes voraussetzen. Zweitens gründet sie sich im Unterschied zu anderen Auferstehungstheorien, die zutiefst hypothetische, angeblich von den Aposteln bezeugte Phänomene voraussetzen, auf einfache empirische Beweise. Die Beweisführung fußt auf Grunderkenntnissen der kulturellen Anthropologie – dem Umstand, dass Menschen unbeseelten Gegenständen, insbesondere natürlichen anthropomorphen Phänomenen wie Schatten und Spiegelungen, vielfach Leben und Wirkmächtigkeit unterstellen – und steht auf soliden theoretischen Füßen. Hinzu kommt, dass sie von bestechender Eleganz ist, weil sie mit einer einzigen Erklärung sämtliche Grab- und Erscheinungserzählungen (auch die des Paulus) miteinander in Einklang bringt. Schließlich ist sie von ungeheurer Erklärungsmacht und trägt nicht nur den in Teil 2 aufgeführten Indizien Rechnung, sondern auch der Verschmelzung von Auferstehung und Himmelfahrt zu einem einzigen Ereignis im Petrusevangelium, der Bildwelt der Verklärung oder Transfiguration, der bekanntermaßen vorhandenen Rivalität zwischen Maria Magdalene und Petrus, dem bei Johannes erwähnten Schweißtuch (*soudárion*), der Gleichsetzung von Jesus mit dem Menschensohn der biblischen Prophezeiung und der Idee des Heiligen Geistes. Keine andere Auferstehungstheorie vermag so viele Rätsel auf einmal zu lösen.

Die Grabtuchtheorie hat noch einen weiteren großen Vorteil: Sie wird dem Grabtuch gerecht. Es mag nach einem seltsamen Statement aussehen, aber wenn das Grabtuch ein echtes Überbleibsel von Jesu Bestattung ist – und das ist es offenbar –, dann sollte es als echte historische Quelle betrachtet werden. Bisher hat man es als akzeptabel und normal erachtet, wenn neutestamentliche Gelehrte das Grabtuch nicht zur Kenntnis genommen haben, aber diese Haltung ist nicht und war nie gerechtfertigt. Das Grabtuch hat Bestand gegen jede Auferstehungstheorie, die den historischen Wahrheitsgehalt der Graberzählungen leugnet, denn es belegt, dass Jesu Bestattung nicht zu Ende geführt wurde, dass Menschen binnen weniger Tage sein Grab aufgesucht und das umhüllende Tuch von seinem Leichnam entfernt haben. Es widerlegt alle Leichenraubtheorien, denn es ist höchst unwahrscheinlich, dass potenzielle Diebe den Leichnam mitgenommen, das Tuch, in das er eingehüllt war, jedoch liegen gelassen haben. Und es widerlegt die Theorie, der zufolge Christus die Kreuzigung überlebt haben soll, denn der Mann, den das Grabtuch geborgen hat, war nachweislich tot. So gut wie jeder, der sich mit der Frage der Auferstehung befasst hat, hat die Reliquie für irrelevant gehalten und die Augen vor dem allerwichtigsten Beweisstück mutwillig verschlossen.

Das Einzige, was vermeintlich gegen die Echtheit des Grabtuchs spricht, ist die Radiokarbondatierung aus dem Jahr 1988. Skeptiker werden zweifellos ihr Fähnchen in diese laue Brise hängen. Ich habe im Vorhergehenden dargelegt, wie wenig Vertrauen wir in dieses unbestätigte Ergebnis setzen sollten, auch wenn bislang nicht genau auszumachen ist, was bei seinem Zustandekommen im Einzelnen schiefgelaufen sein könnte. Eine mangelhaft durchgeführte wissenschaftliche Untersuchung belegt jedenfalls nichts. Wie der Oxford-Professor Christopher Ramsey sehr richtig feststellt, ist die Datierung aus dem Jahr 1988 alles andere als ein endgültiges Ergebnis und sollte im Rahmen eines multidisziplinären Ansatzes auf den Prüfstand gestellt werden.[2]

Wir können uns sicher sein: Die Grabtuchtheorie ist in sich schlüssig. Die Herausforderungen, die Reimarus und seine rationalistischen Nachfahren umgetrieben haben, sind letztlich gemeistert: Die Geburt des Christentums kann zu guter Letzt in eine komplett säkulare Weltsicht integriert werden. Der Auferstehungsglaube der ersten Christen lässt sich durch und durch einsichtig erklären, ohne dass dazu ein Wunder bemüht werden müsste.

Am Beginn des 20. Jahrhunderts vertrat der deutsche Theologe Rudolf Bultmann den Standpunkt, dass es niemals möglich sein werde zu ergründen, was das Christentum hat entstehen lassen. Diese im Übrigen weit verbreitete Ansicht basierte zum Teil auf der nüchternen Einsicht, dass man in Anbetracht der vorhandenen schriftlichen Quellen als neutestamentlicher Forscher nie werde imstande sein, das Wesen der Auferstehung abzuleiten.[3] Was die Grenzen neutestamentlicher Forschung angeht, lag Bultmann richtig, nicht aber mit seiner Überzeugung, dass es nicht gelingen werde, die Quelle aller christlichen Verkündigung aufzuspüren. Gegenwärtig ruht diese in einem feuersicheren Behältnis im Dom zu Turin – ein altes Stück Leinen, auf dem sich das geisterhafte Abbild eines gekreuzigten Mannes befindet. Das Turiner Grabtuch ist mitnichten ein Stück mittelalterliche Fälschungskunst, sondern jener Gegenstand, an dem sich vor zwei Jahrtausenden der Glaube an die Auferstehung entzündete und der der neuen Religion des Christentums den Weg bereitete. Das Grabtuch, das umstrittenste Bildnis der Welt, ist nichts Geringeres als das Abbild des auferstandenen Christus, Alpha und Omega aller christlichen Historie.

Zeittafel

Die Geschichte des Grabtuchs auf einen Blick

Diese Zeittafel fasst das Schicksal des Grabtuchs in den vergangenen 200 Jahren noch einmal kurz zusammen. Die Rekonstruktion der ersten 1000 Jahre fußt auf Ian Wilsons Theorie, dass das Grabtuch von Turin und das Mandylion identisch sind. Einige der frühen Zeitangaben sind Näherungen, der genaue zeitliche Ablauf bleibt noch zu klären. Wichtige Wendepunkte in seiner Geschichte sind fett gedruckt. Diese Ereignisse unterteilen die Geschichte des Grabtuchs in acht Kapitel, die auf der rechten Seite der Tabelle umrissen werden. Einige wichtige historische Geschehnisse, die für die Geschichte des Grabtuchs von Belang sind, sind kursiv gedruckt.

	2010	Jüngste Ausstellung des Grabtuchs
2000	2002	Geheime Restaurierung des Grabtuchs
	1988	Radiokarbondatierung
	1978	STURP-Untersuchung
	1931	Zweite Fotoserie (Enrie)
1900	1902	Erste wissenschaftliche Untersuchung (Delage und Vignon)
	1898	**Erste Fotografien vom Grabtuch (Pia)**
	1861	*Herzog Viktor Emanuel II. von Savoyen besteigt Italiens Thron*

Das große Rätsel
(1989 – heute): Seit es 1898 zum ersten Mal fotografiert wurde, ist das Grabtuch Gegenstand wissenschaftlicher Neugier und Untersuchungen. Heute ist es weit mehr als nur eine Reliquie von religiöser Bedeutung.

Das heilige Grabtuch
(1453–1898): Nach dem Fall Konstantinopels steht es den

1800

1700

1694 Das Grabtuch wird in der neuen Kapelle untergebracht

1600

1598 Alfonso Paleotto veröffentlicht seine Grabtuchstudie

1578 Das Grabtuch wird dauerhaft nach Turin verbracht

1532 Bei einem Feuer in Chambéry wird das Tuch stark beschädigt

1516 Franz I. von Frankreich besucht Chambéry, die Kopie von Lierre wird angefertigt

1500

1502 Das Tuch wird für längere Zeit in Chambéry untergebracht

1453 *Konstantinopel fällt an die Türken*

1453 Margaret de Charny überlässt das Grabtuch Ludwig I. von Savoyen

1418 Das Grabtuch wird Margaret de Charny und Humbert de Villersexel zur Aufbewahrung gegeben

1400

1389 Das Grabtuch wird erneut in Lirey ausgestellt und ist Anlass für eine weitere Kontroverse

1355/1356 Das Grabtuch wird in Lirey ausgestellt und sorgt für Kontroversen

1300

1203/1204 Vierter Kreuzzug, das Grabtuch wird von Robert de Clari in Konstantinopel gesehen

1200

1192–1195 Entstehung des Codex Pray

1171 Die Sindon wird von William of Tyre in Konstantinopel gesehen

neuen Besitzern, den Savoyern, frei, die Sache des Grabtuchs zu betreiben. Das Tuch wird mehr und mehr als echtes Relikt der Grablegung Christi verstanden, wenn auch seine Herkunft in Vergessenheit gerät. In der Kapelle von Chambéry fällt es um ein Haar einem Feuer zum Opfer, schließlich wird es nach Turin überführt. Während dieser Zeit wird das Ganzbild weithin bekannt und in Malereien und Stichen reproduziert, das Tuch selbst aber ist nur selten zu sehen. Nur hin und wieder wird es, meist zur Feier wichtiger Staatsereignisse, größeren Ansammlungen von Pilgern präsentiert.

Die dubiose Reliquie (1355–1453): Ein ganzes Jahrhundert hindurch versuchen die Besitzer des Grabtuchs, die de Charnys, dessen Ruf zu festigen.

Die Beutereliquie (1204–1355): Das 1204 aus Konstantinopel entwendete Grabtuch bleibt über anderthalb Jahrhunderte verschollen. Schließlich taucht es im französischen Dörfchen Lirey wieder auf.

Die geheime Sindon (944–1204): Das von byzantinischen Truppen aus Edessa entführte Mandylion wird 944 nach Konstantinopel verbracht, wo es von den Mitgliedern des

1100			kaiserlichen Hofs triumphal empfangen und in Augenschein genommen wird. Danach wird es in der Pharoskirche versteckt gehalten. Die wahre Beschaffenheit des Tuchs wird der städtischen Oberschicht offenbart, bleibt aber ansonsten ein Geheimnis. Offiziell bleiben Mandylion und Sindon zwei getrennte Reliquien.
	1092	Brief des byzantinischen Kaisers, in dem von Christi Begräbnislinnen die Rede ist	
1000			
	958	Erste Erwähnung der Sindon in der Pharoskirche	
	944	**Das Grabtuch/Mandylion wird nach Konstantinopel gebracht**	
900			**Das Mandylion** (ca. 550–944): Bei der Erneuerung der Stadtmauern im 6. Jahrhundert wird das Grabtuch in Edessa in Gestalt des Mandylions wiederentdeckt. Rasch wird es zu einer der berühmtesten Reliquien der Christenheit, und über rund 400 Jahre hinweg ist es Edessas kostbarster Schatz. Es wird mit dem verloren gegangenen Porträt Christi aus der Abgar-Legende gleichgesetzt und für den auf wundersame Weise entstandenen Abdruck von Christi Antlitz auf einem Leinentuch gehalten. Man bewahrt es in einem Schrein verschlossen auf, und nur sehr wenige Menschen haben das Privileg, es im entfalteten Zustand anschauen zu dürfen.
800			
	730	Johannes von Damaskus bezeichnet das Mandylion als *himétion*	
700			
	639	*Muslimische Besetzung Edessas*	
600			
	Ca. 550	**Das Mandylion wird in Edessa erneut aufgefunden**	
500			**Ein verlorenes Porträt** (ca. 100–550): Mehr als 500 Jahre hindurch liegt das Grabtuch in einer Nische oberhalb des Westtors in der Stadtmauer von Edessa (heute: Sanlıurfa) verborgen. Während dieser Zeit nimmt das Christentum an Bedeutung zu und

400

wird zur alleinigen Religion des Römischen Reichs. Alles Wissen um das Grabtuch gerät in Vergessenheit. Es wird nur noch sehr dunkel als für König Abgar geschaffenes, mittlerweile verloren gegangenes Porträt Christi erinnert.

325 *Kaiser Konstantin leitet die Konstantinische Wende ein, an deren Ende das Christentum unter Kaiser Theodosius zur Staatsreligion des Römischen Reichs wird (380)*

300

200

135 *Zweiter jüdischer Aufstand, Hadrian zerstört den jüdischen Staat*

100

Ca. 100 Das Grabtuch/Mandylion wird über dem Westtor von Edessa verborgen

Ca. 70–100 Entstehung der Evangelien

70 Zerstörung Jerusalems, Ende des Jüdischen Kriegs

Ca. 33 Das Grabtuch wird nach Damaskus gebracht; Bekehrung des Paulus; das Grabtuch wird nach Edessa überführt

30 Kreuzigung Jesu, Ostern

Das Zeichen

(ca. 30–100): Anfänglich wird das Grabtuch als Zeichen des auferstandenen Jesus betrachtet. In Edessa wird aus ihm das Mandylion.

0

Dank

Das Grabtuch von Turin mag heutzutage ein bekanntes und viel diskutiertes Bildnis sein, es ist aber auch ein höchst intimer Gegenstand: das Grabtuch eines auf grausame Weise hingerichteten Mannes. Ich habe in diesem Buch kaum von der historischen Person Jesu gesprochen, da die Geschichte, die ich zu erzählen habe, erst unmittelbar nach seinem Tod beginnt, doch ich finde, jeder von uns – ob Christ oder nicht – sollte Würde und Leiden dessen Rechnung tragen, der in dem Tuch zur Ruhe gebettet wurde. Vor allem anderen bewahrt es diesem Mann ein ehrendes Angedenken.

Das Grabtuch mag von der Allgemeinheit als frommes Schelmenstück betrachtet werden, zum Glück aber hat es auch immer seine Anhänger gehabt. Mein eigenes Bild von ihm fußt auf mehr als einem Jahrhundert Forschung von freigeistigen Wissenschaftlern und Gelehrten, deren Arbeit vom intellektuellen Establishment vielfach komplett ignoriert, ja oftmals lächerlich gemacht wurde. Ich möchte an dieser Stelle besonders Yves Delage und Paul Vignon meinen Tribut zollen, den Begründern der Sindonologie, Pierre Barbet, dem einstigen Militärchirurgen, John Jackson, dem führenden Kopf der STURP-Aktion, Ray Rogers, dem unbeirrtesten und hartnäckigsten unter den STURP-Forschern, sowie dem herausragenden Grabtuchhistoriker Ian Wilson. Ohne die Neugier, Hingabe und Entschlossenheit dieser Männer – sowie anderer Männer und Frauen vom selben Schlag – wüssten wir über den einflussreichsten Gegenstand der Weltgeschichte so gut wie nichts. Obwohl wir einander nie begegnet sind, hat Ian Wilson mich per E-Mail freundlicherweise mit Informationen versorgt, desgleichen Nicholas Allen und Mark Guscin, die beide wichtige Beiträge zur Untersuchung des Grabtuchs geleistet haben. Auch die Arbeit von John Loken sei hier erwähnt, er war der Erste, der auf die potenzielle Bedeutung des Grabtuchs als Zeichen oder wahrgenommene Verkörperung des auferstandenen Jesus aufmerksam gemacht hat.

Wie die meisten Menschen wusste ich über das Grabtuch so gut wie nichts, als ich im Jahr 2002 als Postdoc zu einer Arbeitsgruppe zur Förderung interdisziplinärer Ansätze in den Humanwissenschaften am King's College in Cambridge stieß. Das »Description Project«, wie man es getauft hatte, erwies sich als echte Herausforderung: Eine gemeinsame Basis für Altphilologen, Anthropologen, Historiker, Kunsthistoriker und Literaturwissenschaftlern zu finden war alles andere als einfach, aber unsere Diskussionen waren stets lebhaft und anregend. Meine entscheidende Eingebung zu Beschaffenheit und Bedeutung des Grabtuchs ist ein direktes Ergebnis der in dieser Runde geäußerten Ideen und Überlegungen – dies hat schließlich zur Entstehung dieses Buchs geführt. Ich möchte mich bei Simon Goldhill, dem Begründer des »Description Project«, und meinen Mitstreitern – an vorderster Front Soumhy Venkatesan und Andy Merrills – für ihre anregende Gesellschaft über vier Jahre hinweg bedanken. Ich wünschte nur, ich hätte mit ihnen über das Grabtuch diskutieren können – es wäre das perfekte Thema für eine unserer hitzigen Debatten gewesen!

Von 2004 bis 2006 erhielt ich ein vom Leverhulme Trust und vom Newton Trust finanziertes Stipendium, das mir Gelegenheit gab, ernsthaft über das Grabtuch nachzudenken und trotzdem meine Karriere als Kunsthistoriker weiterverfolgen zu können. Ich bin meinen akademischen Betreuern Joanna Cannon, Paul Binski und Paul Hills extrem dankbar, dass sie mir geholfen haben, in den Genuss dieses Stipendiums zu kommen. Auch mit ihnen hätte ich gerne über meine außerplanmäßigen Untersuchungen zum Grabtuch gesprochen, aber die Notwendigkeit, Stillschweigen zu bewahren, ließ solches nicht zu.

Aufgrund der extremen Sensibilität des Themas wusste ich von Anfang an, dass ich mit meiner Theorie hinterm Berg halten musste, bis sie reif zur Veröffentlichung war. Freunde und Kollegen habe ich im Dunkeln gelassen. Während der letzten sieben Jahre hat nur eine Handvoll Leute über mein Interesse am Grabtuch und an der Frage der Auferstehung Bescheid gewusst, daher habe ich auch relativ wenigen für ihre direkte Beteiligung an dem Projekt zu danken. Andererseits bin ich denen, die mir zur Seite standen, zu mehr Dank verpflichtet als die meisten anderen Autoren ihren Ratgebern und Helfern.

In einem sehr frühen Stadium, als meine Theorie noch relativ unstrukturiert dahindümpelte, bat ich Andrew Chapman, Virginia Brilliant sowie Alexander und Graham Greene um Rat, die sich allesamt als ungemein hilfsbereit erwiesen. Dann, im Jahr 2006, hatte ich das ungeheure Glück, der Doyenne der britischen Verlagslandschaft, Philippa Harrison von Ed Victor Ltd., vorgestellt zu werden. Philippas Bedeutung für dieses Projekt kann gar nicht hoch genug veranschlagt werden. Sie hat mich im Verlauf der vergangenen sechs Jahre durch den verschlungenen Prozess begleitet, der aus einer guten Idee ein lesbares Buch macht, mich an jeder Wegbiegung ermutigt und beraten, zahllose Kapitelentwürfe lektoriert und sich freundlicherweise erboten, als meine Agentin zu fungieren. Wohl kaum ein Autor hat so viel unschätzbare Unterstützung erfahren. Meine Dankesschuld gegenüber Philippa Harrison ist unermesslich, vor allem ihr ist es zu verdanken, dass dieses Buch das Licht der Welt erblickt hat.

Ich hatte außerdem das Glück, dass Tom Weldon, der Geschäftsführer von Penguin Books UK, den Mut und die Weitsicht hatte, ein so unorthodoxes Projekt zu übernehmen, als es an der Zeit war, an einen Verlag heranzutreten. Ihm bin ich sehr dankbar, ebenso meinem Lektor bei Viking, Joel Rickett, dessen zuverlässiger Rotstift das ziemlich sperrige Manuskript, das ich ihm übergeben habe, ungemein verbessert hat und der die Veröffentlichung des Buchs mit großer Fachkenntnis und Besonnenheit begleitet hat. Ich danke überdies Brian Tart bei Penguin Inc. USA für seine redaktionellen Kommentare, Trevor Horwood für sein penibles Lektorat des Textes und Gesche Ipsen für die Beschaffung der Abbildungen.

Über Jahre hinweg an einem zutiefst kontroversen Thema zu arbeiten ist nicht immer einfach und wäre ohne die Unterstützung von Freunden und Familienangehörigen nicht möglich gewesen. An diejenigen unter euch, die sich gefragt haben, was um Himmels willen ich wohl treibe: Dankeschön für eure Geduld – und ich hoffe, das Warten hat sich für euch gelohnt. Worte zu finden, mit denen sich die Dankbarkeit meiner Familie gegenüber angemessen ausdrücken ließe, ist schwer. Meine Mutter, mein Bruder und meine Schwester, deren Glauben an mich und meine merkwürdige Idee nie ins Wanken geriet, gaben mir die Kraft, das Projekt überhaupt anzupacken, und ihr aufrichtiges Interesse hat mich bei der Stange gehalten. Sie hinter mir zu wissen hat alles sehr, sehr viel leichter gemacht, und ich bin ihnen allen zutiefst dankbar für das Lesen und Kommentieren des Manuskripts. Meiner Schwester danke ich außerdem für die Erstellung der hervorragenden Karten und für ihre Hilfe bei den Zeichnungen.

Meine Partnerin Mousumi war die ganze Zeit über meine größte Stütze. Als ich ihr im Sommer 2004 von meiner verrückten Idee erzählte, kann sie wohl kaum ermessen haben, wohin uns das führen und wie lang und beschwerlich die Reise werden würde. Dennoch hat sie meine Entscheidung, Segel zu setzen, nie infrage gestellt und war immer da, wenn ich Hilfe – und ein Lektorenauge – gebraucht habe. Ohne ihre unverbrüchliche Liebe und

Unterstützung hätte ich Mühe gehabt, die Aufgabe zu Ende zu führen, und ohne ihren unwiderstehlichen Sinn für Humor wäre es sehr viel weniger vergnüglich gewesen, sie anzugehen. Ich bin ihr dankbarer, als ich es je auszudrücken vermag.

Anmerkungen

1 Die Auferstehung

1 Tacitus, *Annalen*, 15,44, dt. Ausgabe, München, Artemis, 1982, S. 751
2 Die frühesten christlichen Dokumente sind die in den 50er-Jahren verfassten Briefe des Paulus, das Tun des sterblichen Jesus würdigt er allerdings an keiner Stelle. Die ältesten nichtchristlichen Erwähnungen Jesu finden sich in den zwei Generationen nach der Kreuzigung verfassten *Jüdischen Altertümern* des Flavius Josephus. Zu den Quellenangaben siehe Kap. 5, Anm. 10
3 Apg 1,8
4 Apg 2,32
5 1 Kor 15,14
6 Röm 1,4
7 Mt 28,17
8 Mt 28,13
9 Siehe Crafer 1913–1914, S. 506 f., Evangeliou 1992
10 Zitiert in Hoffmann 1987, S. 86, deutsches Zitat aus Lona 2005, S. 282
11 Tertullian, *De carne Christi liber* (1956, S. 19)
12 Es wird geschätzt, dass 70 Prozent der *Wahren Lehre* des Kelsos in Origenes' Gegenschlag gegen Kelsos – *Contra Celsum* – erhalten sind (siehe Hoffmann 1987, S. 44 f.).
13 Zum Thema »Gott ist tot« siehe Wilson 1999
14 Reimarus 1972, Bd. 2, S. 180–206. Siehe auch Dawes 2000, S. 54–86
15 Die »Ohnmachtstheorie« wurde erstmals um 1780 von Karl Bahrdt vorgeschlagen, später folgten seiner Argumentation Heinrich Paulus und Karl Venturini. Sehr gute Zusammenfassungen der Auferstehungsrekonstruktionen dieser Autoren finden sich in Schweitzer 1984, S. 79–94.
16 Strauß 1864, Bd. 1, S. 155
17 Siehe Strauß 1969, Bd. 2, S. 645–663, und, ein wenig pamphletischer, Strauß 1864, Bd. 1, S. 155–164. Spinoza erklärte die Erscheinungen im 17. Jahrhundert zu von Gott angestoßenen subjektiven Visionen (siehe Keim 1883, S. 645). Neuere Ausführungen zur Theorie der subjektiven Visionen finden sich in Habermas 2006, S. 83, und Habermas 2001.
18 Siehe Keim 1872, S. 605. Nach Lüdemann 1994, S. 83, Anm. 255, wurde die »objektive Visionshypothese« erstmals von Christian Hermann Weiße im Jahr 1838 vertreten.
19 Siehe z. B. Freeman 2009, S. 32–34
20 Übersichten über diese Ansätze liefern Wright 2003, S. 697–706, Habermas/Licona 2004, S. 81–131, Allison 2005, S. 201–213, 269–311, sowie Habermas 2006.

21 Zum Urchristentum als sozialer Bewegung siehe Mack 2001. Zur Auferstehung als christlicher Weiterführung heidnischer Mythen siehe z.B. Freke/Gandy 2003 sowie Doherty 2005. Diese Überlegungen gehen zurück auf Bruno Bauer im 19. Jahrhundert (siehe Beilby/Eddy 2010, S. 17).
22 Vgl. Lüdemann 1994, S. 28: »Es ist ja ein Jammer, dass durch die künstliche Einteilung in christliche und nichtchristliche Quellen kaum ein Althistoriker (oder auch klassischer Philologe) zur Frage der Auferstehung Jesu Stellung genommen hat, von Außenseitern abgesehen.«
23 So vertritt z.B. Willi Marxsen die Ansicht, dass Petrus und die Jünger nach Jesu Tod zwar offensichtlich etwas Einschneidendes erlebt haben müssen, es aber mangels Beweisen unmöglich ist zu ergründen, worin dieses Erleben bestanden hat (siehe Marxsen 1970), wohingegen Edward Schillebeeckx annimmt, dass die Jünger nach der Kreuzigung von einem Gefühl der Gnade und Vergebung erfüllt waren, eine spirituelle Erfahrung, die sich später in Berichten über das »Sehen« des Auferstandenen Luft machte (siehe Schillebeeckx 1979, S. 379–397).
24 Siehe Habermas 2006
25 Wright 2003, S. 706 f.
26 Ebenda, S. 718. Eine kurze und prägnante Kritik an Wrights Standpunkt liefert Allison 2005, S. 345–350.
27 Die gegenwärtig umfassendste Entgegnung auf Wright findet sich meines Wissens in Carrier 2005a, enthalten in einer Sammlung von Aufsätzen über die Auferstehung aus rationalistischer Perspektive (Price/Lowder 2005). So eindrucksvoll dieses Werk aus vieler Autoren Feder sein mag, so reflektiert es doch vor allem die Uneinigkeit aufseiten derjenigen, die sich gegen die Vorstellung einer Auferstehung wehren.
28 Freeman 2009, S. 39. Vgl. MacCulloch 2009, S. 95: »Historiker werden diese Berichte nie sinnvoll deuten können.«

2 Das Grabtuch von Turin

1 Das Grabtuch wird gegenwärtig in einer feuersicheren Schatulle im nördlichen Querschiff des Doms aufbewahrt, derweil die Königskapelle nach einem 1997 von einem Unbekannten gelegten Brand renoviert wird (siehe Wilson 1999, S. 13 f.).
2 Joh 19,34
3 Siehe Wilson 1999, S. 64–66
4 Zur Farbe »von altem Elfenbein« siehe Walsh 1965, S. 14, Wilson 2010, S. 6, zum Bleichen des Tuchs siehe Rogers 2008, S. 18, 35, 99
5 Die beste – bislang nicht endgültig belegte – Hypothese zur Entstehung des Abbilds auf dem Grabtuch findet sich in Kapitel 12, eine ausführliche Kritik zu den vielen Versuchen, das Grabtuch künstlich nachzubilden, in Antonacci 2000, S. 73–96.
6 Ich übergehe die völlig unlogische These, das Grabtuch sei am Ende des 14. Jahrhunderts von Leonardo da Vinci geschaffen worden. Andere Spielarten dieser Idee finden sich z.B. in Picknett/Prince 1994 sowie in Haziel 2005. Eine hilfreiche Replik darauf liefert Antonacci 2000, S. 84–93.
7 Eine chronologische Auflistung der historischen Ereignisse rund um das Grabtuch gibt Wilson 1999, S. 357–427. Zur Dokumentation siehe Chevalier 1900. Eine deutsche Übersetzung der Stellungnahme des Bischofs Pierre d'Arcis ist am Ende von Wilson (1980, S. 295) zu finden.

8 Siehe unten, S. 233–235, zur Stellungnahme von Pierre d'Arcis

9 Zum *Stundenbuch des Herzogs von Berry* (im frz. Original: *Très Riches Heures du Duc de Berry)* siehe Lognon/Cazelles 1969. Die Parallele zwischen dem »Schmerzensmann« und dem Bildnis auf dem Grabtuch zieht Wilson 1998, S. 387.

10 Im Jahr 1467 schrieb Kardinal Francesco della Rovere (der spätere Papst Sixtus IV.), auf dem Grabtuch befinde sich »das Antlitz Christi [...], gezeichnet von Seinem eigenen Blut« (zitiert in Wilson 1999, S. 385). Ähnliche Aussagen zugunsten der Echtheit des Grabtuchs gibt es von italienischen Höflingen aus den Jahren 1494 und 1503, die eine tiefe Verehrung der Reliquie dokumentieren, siehe ebenda, S. 388 f.

11 Einen kurzen Abriss des Feuers von 1532 gibt Wilson 1999, S. 100 f., Walsh 1965, S. 24 f.

12 Zur Kapelle für das Grabtuch siehe Scott 2003

13 Siehe Chifflet 1624, S. 145–150, sowie die Kommentare zu seiner Arbeit in Chevalier 1900, S. 14–17. Chifflets Interpretation hat eine Harmonisierung der Evangeliendarstellungen ermöglicht, und auch andere Tuchreliquien, z. B. das Grabtuch von Besançon, wurden danach als authentisch erachtet.

14 Zitiert in Wilson 1999, S. 398

15 Zu Pia und seinen Aufnahmen von 1898 siehe Walsh 1965, S. 23–35, und Wilson 1980, S. 28–32

16 Zitiert in Walsh 1965, S. 28

17 Zur Feststellung des Bischofs Pierre d'Arcis, das Tuch sei »mit Schlauheit gemalt« oder, wie Walsh sagt, »klüglich gemalt«, siehe Wilson 1980, S. 296. Im Gegensatz zu d'Arcis war Geoffroy II. de Charny davon überzeugt, dass das Tuch echt und seinem Vater großzügig überlassen worden sei. Margaret de Charny gab an, das Tuch sei von ihrem Großvater »errungen« worden (siehe Chevalier 1900, S. 28 und 32). Es besteht kein Grund anzunehmen, Geoffroy II. und seine Tochter hätten nicht wirklich geglaubt, dass Geoffroy I. das Tuch erworben und nicht in Auftrag gegeben hat. Eine Diskussion hierzu findet sich weiter unten, S. 234 f.

18 Walsh 1965, S. 52

19 Siehe Delage 1902. Zu Delages Vortrag siehe Walsh 1965, S. 65 f., Wuenschel 1954, S. 17–28, Wilson 2010, S. 30–32

20 Siehe Wuenschel 1954, S. 25–26, Walsh 1965, S. 147–149

21 Zitiert und übersetzt in Walsh 1965, S. 90 f.

22 Siehe Tylor 1873 und Frazer 1991 (erstmals veröffentlicht 1871 beziehungsweise 1890)

23 Zu Barbet siehe Walsh 1965, S. 111–118

24 Eine Liste der unter Wissenschaftlern anerkannten Veröffentlichungen des STURP-Teams findet sich unter www.shroud.com/78papers.htm

25 Wie Belting 1998, S. 9, so treffend bemerkt: »Kunsthistoriker haben etwas gegen das Grabtuch.« Versuche, etwas Intelligentes dazu zu sagen, haben immer etwas zutiefst Theoretisches und versuchen das unbehagliche Geheimnis seiner Herkunft zu verschleiern.

26 Der einzige Kunsthistoriker, der sich überhaupt zu Mutmaßungen darüber verstiegen hat, wie das Bildnis auf dem Grabtuch künstlich erzeugt worden sein könnte, war Noemi Gabrielli, der als Mitglied der Kommission von 1973 vor den Untersuchungen des STURP-Teams einen Bericht verfasste. Sie ging davon aus, dass es sich um ein wie auch immer geartetes Renaissancewerk handelte, und schrieb es einem großen unbekannten Schüler Leonardo da Vincis zu, eine These, die sie dazu zwang anzunehmen, dass das gegenwärtige Tuch ein Ersatz für das echte Lirey-Tuch aus dem 14. Jahrhundert sein müsse. Diese Deutung ist aus vielen Gründen unhaltbar, wie sich im Verlauf meiner Beweisführung zeigen wird. Der südafrikanische Kunsthistoriker Nicholas Allen hat versucht, das Grabtuch als

mittelalterliche Fotografie zu erklären, eine These, auf die ich im Folgenden genauer eingehen werde (siehe oben, S. 181–185).

27 Zitiert in Meacham 2005, S. 99. Fr. Rinaldi, von dem dieses Zitat stammt, berichtete, dass Ballestrero dieses Statement »beinahe fröhlich« von sich gab.

28 Die Stellungnahme von Papst Johannes Paul II. zur Evolutionstheorie findet sich unter anderem in der *Botschaft von Papst Johannes Paul II. an die Mitglieder der Päpstlichen Akademie der Wissenschaften anläßlich ihrer Vollversammlung am 22. Oktober 1996*. www.stjoseph.at

29 Der Vatikan selbst blieb bei seinem Schweigen und ließ Schlagzeilen zu, die da lauteten: »Vatikan räumt ein, dass das Grabtuch eine Fälschung ist« (Schlagzeile zitiert in Meacham 2005, S. 106).

30 Meacham 2005, S. ii. Eine höchst kritische Stellungnahme zur »Konservierungsmaßnahme« von 2002 findet sich ebenda, S. 147–236. Die Sicht der leitenden Konservatorin liefert Flury-Lemberg 2003.

31 Zitat aus: http://www.vatican.va/holy_father/benedict_xvi/speeches/2010/may/documents/hf_ben-xvi_spe_20100502_meditazione-torino_ge.html und aus *Welt online* vom 2.5.2010: http://www.welt.de/kultur/article7437993/Papst-Benedikt-XVI-betet-am-Grabtuch-Christi.html

32 Vgl. Joh 19,34

33 Zitiert in Wilson 2010, S. 284, der die Wirkung von Johannes Pauls Anbetung und seiner Ansprache wie folgt beschreibt: »Die vielen Fotos vom Papst, der in schlichtem Weiß vor dem Grabtuch kniet, sprechen lauter als alles, was die Radiokarbondatierung hätte sagen können, von der er selbst absolut nicht überzeugt war. Und die Worte seiner Ansprache bekräftigen dies: »Das Turiner Grabtuch ist eine Herausforderung für den Verstand. [...] Die von dem Grabtuch ausgehende geheimnisvolle Faszination drängt danach, sich Fragen zu stellen über die Beziehung zwischen dem heiligen Linnen und der historischen Geschichte Jesu. Zitiert aus http://www.artdirect-kunstkreis.de/Sindone_Papst.htm

34 Siehe Loth 1910, S. 90. Siehe auch Chevalier 1900, S. 50–55

35 Wilson 1980, S. 278

3 Das Judentum vor Ostern

1 Tacitus, *Historien 5*, 1984, S. 525

2 Ein Zeitgenosse von Pontius Pilatus, der große jüdische Philosoph Philon von Alexandria, nannte ihn »von unbiegsamer Gemütsart und wegen des damit verbundenen Stolzes nicht leicht zu erbitten« und lamentierte über die zahllosen »durch Geld erkauften richterlichen Aussprüche, die schimpflichen Bedrückungen, verübten Räubereyen, Behandlungen mit Schlägen, andere Beleidigungen, öftere Hinrichtungen der Unschuldigen und die unzähligen äußersten Grausamkeiten« (Philon von Alexandria, *Die Gesandtschaft an den Cajus*, Leipzig 1783, S. 124). Philons Porträt wird noch übertroffen durch verschiedene Anekdoten des Flavius Josephus.

3 Episoden um Pontius Pilatus finden sich in den beiden wichtigsten Werken des Flavius Josephus: *Die Geschichte des Jüdischen Krieges* (aus dem Jahr 75) und *Des Flavius Josephus Jüdische Altertümer* (aus dem Jahr 94). Moderne Historiker schätzen die Zuverlässigkeit des Josephus insbesondere in Bezug auf die Zeit der römischen Herrschaft über Palästina relativ hoch ein, wenngleich man freilich dem unausweichlichen Einfließen seiner eigenen Partisanenattitüde Rechnung tragen muss. Siehe Bilde 1988, S. 191–200, Broshi 1982

4 Die Episode wird berichtet in Josephus, *Der Jüdische Krieg*, II. Buch, 169–174 (2005, S. 176 f.), und Josephus, *Des Flavius Josephus Jüdische Altertümer*, Buch XVIII, 3,1 (1898, S. 514). Einzelheiten zu dieser Episode siehe Kraeling 1942; Schürer 1973–1987, Bd. 1, S. 380–381, 384; Ferguson 2003, S. 416; sowie Bond 1998, S. 79–84. Kraeling 1942, S. 272 f., schlussfolgert, dass es sich bei der militärischen Einheit um eine Kohorte der Infanterie mit 500 bis 1000 Mann gehandelt haben muss. Gibson (2009) vertritt die Ansicht, dass die Standarten zu Kasernen im Westteil und nicht zur Antonia oberhalb des Tempels der Stadt gebracht wurden (S. 89).

5 Siehe Kraeling 1942, S. 269–276. Zu römischen Feldzeichen siehe Watson 1969, S. 127–131. Die militärischen Standarten galten in der Tat als göttlich und wurden, wenn die Soldaten sich in ihren Unterkünften aufhielten, in speziellen Schreinen untergebracht, vor denen Bitt- und Opfergaben dargebracht wurden.

6 Josephus, *Altertümer*, Bd. II, Buch XVIII, 3, 1, S. 514

7 Finkelstein/Silberman 2002, S. 12. Die ältesten Teile der hebräischen Bibel gehen vermutlich auf das 8. Jahrhundert v. Chr. zurück, aber der Hauptteil scheint Ende des 7. Jahrhunderts unter König Josiah in Juda zusammengefügt worden zu sein. Ende des 5. Jahrhunderts wurde das ganze Epos einer gründlichen Überarbeitung unterworfen und fertiggestellt. Außer Finkelstein/Silberman 2001 ist hierzu noch Friedman 1988 zu nennen sowie Lane Fox 1991, hier vor allem S. 175–200. Siehe außerdem unten, Anm. 10

8 In der ursprünglichen hebräischen Bibel schreibt Jahwe sich YHWH, im Deutschen wird dies in aller Regel zu Jahwe.

9 Gen 1,31

10 Gen 1,26–27, Gen 2,7. Das Vorhandensein von zwei verschiedenen Darstellungen zur Erschaffung des Menschen lässt sich am ehesten auf der Grundlage der »Urkundenhypothese« verstehen, die die gegenwärtige Textversion der Tora als eine im 5. Jahrhundert erfolgte Zusammenfassung von vier Dokumenten (J, E, D und P) sieht. Die erste Erzählung über die Erschaffung des Menschen stammt aus P, die zweite aus J. Zu dieser »Vier-Dokumenten-Hypothese« siehe Friedman 1988

11 Gen 1,26

12 Gen 3,19

13 Gen 17,4.8

14 Siehe Ex 31,18 und 40,20. Zu den Zehn Geboten siehe Ex 20,1–17 und Dtn 5,6–21. Wie die Erzählungen von der Erschaffung des Menschen und der Sintflut sind auch die Zehn Gebote in zwei dieser Quellen (in diesem Falle Fragment P und D) erhalten, aus denen sich später die Tora entwickeln sollte. Daher sind sie in etwas abgewandelter Form in zwei Quellen vorhanden (s. o., Nr. 10).

15 Die Gelehrten debattieren noch darüber, wann Israel zum Monotheismus übergegangen ist, aber es hat den Anschein, als habe es spätestens seit dem 7. Jahrhundert eine Partei gegeben, die die Anbetung eines einzigen Gottes gepredigt hat (siehe Finkelstein/Silberman 2002, S. 267–269. Im 6. und 7. Jahrhundert v. Chr. hat sich der Monotheismus vermutlich als vorherrschende jüdische Lehre etabliert (siehe Knight 2008, S. 28 f.). Es ist nicht sicher, ob das erste Gebot heißen soll, dass Jahwe der einzige Gott Israels oder ob er nur sein Hauptgott sein solle (siehe Lane Fox 1991, S. 54–55).

16 Ex 32

17 In der Deuteronomiums Version der Zehn Gebote feiert der Sabbat die Befreiung der Israeliten aus der Knechtschaft (Dtn 5,15).

18 Siehe z. B. Finkelstein/Silberman 2002, S. 258 ff. Zu den frühen Propheten zählen das Buch Josua, das Buch der Richter, das Buch Samuel sowie das Erste und das Zweite Buch

der Könige. Die beiden Bücher der Chronik decken dieselbe historische Zeitspanne ab wie die Bücher der Könige und Samuel, sind als historische Quellen jedoch noch weniger verlässlich als diese (siehe Lane Fox 1991, S. 195–197, Friedman 1988, S. 211–213).

19 2 Sam 7,12–13

20 1 Kön 8,10–11

21 2 Kön 24,14

22 Die Geschichte Israels bis zur Babylonischen Gefangenschaft wird von manchen Forschern als »die erste Bibel« bezeichnet. Wie Richard Friedman (2007, S. 308) berichtet, hat der Bibelforscher David Noel Freedman die ersten elf geschichtlichen Berichte der Bibel (die Bücher Genesis, Exodus, Levitikus, Numeri, Deuteronomium, Josua, Richter, 1. und 2. Buch Samuel, 1. und 2. Buch der Könige) die »Grunderzählung« genannt. Sie «bildete den Kern, um den herum der Rest der Bibel aufgebaut wurde. [...] Die übrigen Bücher der hebräischen Bibel (Altes Testament) und das Neue Testament sollten dann von den Gemeinschaften, die sie bewahrten, ebenfalls im Kontext der zentralen Ereignisse der Grunderzählung gesehen und verstanden werden.«

23 Zur Entstehung der Synagogen siehe Ferguson 2003, S. 573–582

24 Der sogenannte Deuterojesaja war ein unbekannter Prophet, der, wie man heute weiß, gegen Ende der Gefangenschaft zwischen etwa 550 und 450 v. Chr. die Kapitel 40–55 des Buches Jesaja geschrieben hat (siehe z. B. Lane Fox 1991, S. 97). Für die Juden im 1. Jahrhundert stammte freilich das gesamte Buch vom Propheten Jesaja, der etwa im 8. Jahrhundert v. Chr. gelebt hat.

25 Ez 1,26–8,6, 11 und 16,39 f.

26 Ez 34,23–24. Die Rückkehr des Hauses David wurde auch von Ezechiels Zeitgenossen Jeremia (Jer 23,5; 33,15–17) prophezeit.

27 Zur messianischen Bewegung zu Jesu Lebzeiten siehe Sanders 1992, S. 295–298; Sanders 1996, S. 277 f., 350–355; Wright 1992, S. 307–330. Sowohl Sanders als auch Wright betonen, dass die Menschen nicht davon ausgingen, dass der Messias notwendigerweise ein Nachfahre von David sein müsse.

28 Ez 37,1–10

29 Ez 37,11–12

30 Zur Entstehung der Tora, des Kernstücks jüdischer Identität, das sich aus Texten und Überlieferungen herauskristallisiert hat, die seit Jahrhunderten kursierten, siehe Friedman 1988, S. 295–299; siehe oben, Anm. 7

31 Dan 7,13–14

32 Dan 12,2–3

33 Laut Nickelsburg 1972, S. 170–174, entsprang die Auferstehungsidee dem Mythos des verfolgten Weisen, dem am Ende Rechtfertigung zuteil wird. Letztere wurde dann irgendwann als postmortal verortet.

34 Siehe Wright 2003, S. 32–45, 85–103; Watson 2005, S. 104–106. Zum Schattenreich in den hebräischen Schriften siehe Cohn-Sherbok 1996, S. 188

35 Vgl. Gen 1,1–2

36 Zum Zweiten Buch der Makkabäer siehe Nickelsburg 1981, S. 118–121

37 2 Makk 7,11 und 21–23

38 Siehe Wright 2003, S. 131–140; Vermes 2008, S. 47 f. Zu den Sadduzäern allgemein siehe Saldarini 2001; Sanders 1992, S. 317–340; Sanders 1996, S. 369; Ferguson 2003, S. 519 f.

39 Siehe Wright 2003, S. 190–202; Vermes 2008, S. 51–54. Über die Pharisäer allgemein siehe Saldarini 2001; Sanders 1992, S. 380–451; Sanders 1996, S. 73 f., 199 f., 307–310; Ferguson 2003, S. 514–519

40 Siehe Wright 2003, S. 181–189; Vermes 2008, S. 48–51. Über die Essener allgemein siehe Sanders 1992, S. 341–379; Sanders 1996, S. 307 ff.; Ferguson 2003, S. 521–531
41 Josephus, *Geschichte des Jüdischen Krieges* I, 148–158 (2005, S. 52 f.)
42 Über Antipater siehe Schürer 1973–1987, Bd. 1, S. 270–277. Idumäa war eine südliche Nachbarregion von Judäa, die um 125 von Johannes Hyrkanus, dem größten König des Hasmonäerreichs, unterworfen worden war.
43 Siehe Netzer 2006, S. 119–178. Zum Tempel des Herodes, siehe auch Josephus, *Jüdische Altertümer* XV, 11 (1899, S. 356 ff.); Sanders 1992, S. 51–69; Ferguson 2003, S. 562–565
44 Zu Judas dem Galiläer und seiner »Philosophie« siehe Josephus, *Jüdische Altertümer* XVIII,1 (1899, S. 505)

4 Das Zeugnis des Paulus

1 Die Apostelgeschichte berichtet uns, dass Paulus in Tarsus geboren wurde, einer Stadt in Kilikien (im Süden der heutigen Türkei), dass er römischer Staatsbürger war, ein Rang, der ihn mit gewissen Privilegien versah, und dass er ein Schüler des großen Gamaliël I. (siehe Apg 16,37; 21,39; 22,3; 22,25–29) gewesen sei. Keine diese Angaben lässt sich nachprüfen. Zu der Feststellung, Paulus sei römischer Staatsbürger gewesen, siehe Murphy-O'Connor 1996, S. 39–41, die gegenteilige Ansicht vertritt Roetzel 1999, S. 19–22.
2 Siehe Phil 3,5 zur Pharisäer-Vergangenheit des Paulus, sowie Apg 22,3. Roetzel diskutiert den Pharisäer-Status des Paulus (Roetzel 1999, S. 24).
3 Apg 9,1 und Gal 1,13
4 Wissenschaftler datieren die Bekehrung des Paulus meist zwischen 32 und 34. Was unser Anliegen betrifft, so hängt nicht allzu viel an einer genauen Chronologie seines Werdens. Ich halte mich allgemein an Roetzel 1999, S. 182 f. Laut Roetzel ist es »ausgesprochen schwierig, das Leben des Paulus zeitlich so zu rekonstruieren, dass man dem Ergebnis Glauben schenken mag«. Informationen aus Paulus' eigener Feder finden sich im ersten Kapitel des Galaterbriefs.
5 Gal 2,1–10. Eine Erörterung der Begründung für Paulus' zweite Reise nach Jerusalem findet sich bei Painter 1999, S. 62 f. und bei Murphy-O'Connor 1996, S. 132–136. Die meisten Gelehrten setzen das von Paulus erwähnte Treffen mit dem in Apg 15 berichteten gleich. Paulus sagt, er sei »aufgrund einer Offenbarung« nach Jerusalem gekommen, aber Murphy-O'Connor vertritt die Ansicht, dass es sich eher um den Wunsch handelte, sich von der Kirche in Antiochia zu distanzieren.
6 Zur Bedeutung der Paulusbriefe als Quellen für die urchristliche Geschichte siehe z. B. Barnett 2005, S. 15; Wedderburn 2004, S. 8–10, sowie Burkett 2002, S. 292–293
7 Gal 2,2. Zum Konflikt zwischen Paulus und Petrus in Antiochia siehe Gal 2,11–14
8 Zum ersten Korintherbrief siehe Brown 1997, S. 511–540; Knight 2008, S. 180–182
9 1 Kor 15,13 f.
10 1 Kor 15,1–7. Das griechische Wort *euangelion* bedeutet übersetzt »frohe Botschaft« und wurde ursprünglich im Zusammenhang mit guter Kunde aus dem Herrscherhaus verwendet (siehe Ferguson 2003, S. 46).
11 Die zweite Hälfte von 1 Kor 15,6, in der es um das Überleben der mehr als fünfhundert Brüder geht, muss von Paulus selbst hinzugefügt worden sein, beim Rest des Abschnitts, der die Verse 3–7 umfasst, aber handelt es sich zweifelsohne um eine zusammenhängende mündliche Überlieferung, die der Apostel zitiert.

12 Siehe Fuller 1972, S. 10–14. Price vertritt die Ansicht, dass 1 Kor 15,3–11 eine postpaulinische Ergänzung ist, weil seine Aussage, dass Paulus das Evangelium als Glaubensüberlieferung »empfangen« hat, im Widerspruch steht zu dessen Erklärung in Gal 1,11–12, der zufolge er das Evangelium von keinem Menschen, sondern direkt von Gott empfangen hat (Price 2005, S. 73–76). Das ist wenig überzeugend. Paulus verwendet das Wort »Evangelium« an diesen Stellen in zweierlei Sinn: 1. als Festschreibung der Ereignisse um die Auferstehung, und 2. als persönliche Auslegung der Auferstehung. Ganz ähnlich verwenden wir heute das Wort sowohl für die Kernbotschaft des christlichen Glaubens als auch für eine spezielle literarische Textgattung (vgl. Mk 1,1).

13 Die im Vorhergehenden zitierte Übersetzung verwendet in Vers 2 die Formulierung »an dem Wortlaut festhalten« für das griechische *tini logo* und illustriert die Genauigkeit, mit der Paulus sich bei seinen Worten an die Überlieferung hält (siehe Wright 2003, S. 318).

14 Gal 2,2 und 7–9

15 1 Kor 15,11

16 Siehe z.B. Crossan 1993, S. 391–394

17 Siehe Philon, *Gegen Flaccus*, 83 (1964, S. 146). Zu Jehohanan siehe Zias und Sekeles 1985. Gibson (2009, S. 110, 132) wendet sich gegen die verbreitete Vorstellung, dass Hingerichteten im römisch beherrschten Judäa generell die Bestattung versagt wurde.

18 Eine Diskussion hierzu findet sich unten, S. 332–334.

19 Wright (2003, S. 382) zufolge ist *ophthe* ein »normales Wort für normales Sehen«. Es ist eine passive Form zu *horao* – »gesehen werden, sichtbar werden, sich zeigen«. Paulus verwendet in 1 Kor 15,8 zum einen das Wort *ophthe*, zum anderen in 1 Kor 9,1 die aktive Form desselben Verbs – *heoraka* – »gesehen haben«. Zur allgemeinen Verwendung dieses Wortes siehe Fuller 1972, S. 31 f.

20 Lüdemann bevorzugt die Formulierung »erschien« (Lüdemann 1994, S. 53 ff.), siehe auch Wright 2003, S. 323.

21 Wichtig für alles Weitere: Das Glaubensbekenntnis des Petrus unterscheidet die fünfte Erscheinung Christi – »allen Aposteln« – von der vor den Zwölf. Vgl. dazu auch 1 Kor 9,1 und 2 Kor 11,13. Knight diskutiert die vorchristliche Verwendung des Begriffs »Apostel« (Knight 2008, S. 287). Lukas' Unklarheit in Bezug auf die Personengruppen »Apostel« und »die Zwölf« mag motiviert gewesen sein durch den Wunsch, die kirchliche Autorität auf die Zwölf als vermeintliche Erben Jesu zu beschränken.

22 1 Kor 15,8 f.

23 Paulus selbst bezeichnet seine Verkündigung in Abgrenzung zur Alltagsweisheit oder der Weisheit der übrigen Welt als »Torheit«. Eine hilfreiche Auslegung dieser Textstelle liefert Carrier 2005a, S. 118–154.

24 1 Kor 15,35–49. Wobei ich die Verse 39–41 in Klammern setzen würde, um die Struktur des Arguments deutlicher zu machen. Es ist möglich, dass die Verse 39–41 von Paulus nachträglich eingefügt wurden, um die kosmischen Dimensionen seiner Beweisführung deutlicher zu machen. Ursprünglich scheint Vers 42 unmittelbar nach Vers 38 gestanden zu haben.

25 Vgl. Wright 2003, S. 342 f. Dass Paulus diese Fragen als feindselig empfunden hat, lässt sich an seiner ungehaltenen Antwort ablesen – »Was für eine törichte Frage!« Dass diese Fragen im Zusammenhang stehen mit Zweifeln an der künftigen Auferstehung der Toten, ergibt sich zwingend aus 1 Kor 15,12 (»wie können dann einige von euch sagen: Eine Auferstehung der Toten gibt es nicht?«).

26 Dieser Einwand war in der Antike wohlbekannt und wurde später von Augustinus diskutiert. Wright (2003, S. 343, Anm. 89) ist der Ansicht, dass der Einwand im Korintherbrief

nicht übermäßig schwer zu deuten sei, da er die mehr oder minder universal verbreitete Sicht der heidnischen Antike wiedergab.

27 Technisch gesehen bedeutet die Formulierung des Paulus *soma pneumatikon* (»geistlicher Leib«) einen Körper *für* den Geist und nicht einen Geistkörper. Genaueres hierzu siehe Wright 2003, S. 348–352. Paulus und seine Mitapostel interpretierten den auferstandenen Körper jedoch gleichzeitig als aus Geist geformt und als Gefäß *für* den Geist (siehe oben, S. 376 f.). »Geistlicher Leib« – wie es in der Luther-Übersetzung heißt – wäre demnach eine in jeder Hinsicht angemessene Übersetzung, in der Einheitsübersetzung wurde allerdings für »überirdisch« entschieden.

28 Paulus spielt hier möglicherweise mit der verbreiteten heidnischen Vorstellung, dass Sterne und Planeten die Körper der Unsterblichen sind, denn viele seiner korinthischen Konvertiten waren Nichtjuden (vgl. 1 Kor 12,2).

29 Zum Begriff »Glanz« (griechisch *doxa*, auch »Ruhm«, »Ehre«) in diesem Zusammenhang siehe Wright 2003, S. 345 f. Seiner Ansicht nach ist das Wort »Glanz« hier nicht wörtlich zu nehmen, sondern im Sinne von »Ehre« oder »Würdigung« zu verstehen.

30 Dieses im antiken Mittelmeerraum verbreitete Bild des alljährlichen Sterbens und Wieder-zum-Leben-Erwachens in Gestalt der Korn-Gottheit behandelt Frazer 1913, Tl. 4, Bd. 2, Kap. 45 ff., S. 581–649.

31 Paulus' Vorstellung, nach der der auferstandene Körper eine geistige Wesenheit darstellt, die mit dem sterblichen Körper nichts zu tun hat, entspricht genau der pharisäischen Sicht, die Josephus in seinem *Jüdischen Krieg* vorstellt. 2. Buch, 8, 14: »Die Seelen sind nach ihrer Ansicht alle unsterblich, aber nur die der Guten gehen nach dem Tode in einen anderen Leib über, während die der Bösen ewiger Strafe anheimfallen« (2005, S. 174). »Alle haben wir sterbliche, aus vergänglichem Stoff gebildete Leiber; in dem Leibe aber wohnt eine unsterbliche Seele, ein Teil der Gottheit. […] Wisst ihr denn nicht, dass die, welche nach dem Gesetz der Natur aus dem Leben scheiden und die von Gott entliehene Schuld heimzahlen, wenn der Geber sie wieder nehmen will, lange Dauer ihres Hauses und Geschlechtes erlangen, reine Seelen behalten, die der Erhörung ihrer Gebete sicher sein können und in dem heiligsten Raume des Himmels Wohnung nehmen, von wo sie im Verlauf der Aeonen wiederum in unbefleckte Leiber wandern dürfen« (Josephus, *Der Jüdische Krieg* 3, S. 372–374, 2005, S. 279). Riley (1995, S. 21) gibt zu bedenken, dass in diesem Zusammenhang das Argument des Paulus aus dem Ersten Korintherbrief »als mögliche, ja, typische pharisäische Lehre« gesehen werden muss. Wir sollten uns allerdings darüber klar sein, dass Josephus hier vielleicht eine Lehre beschreibt, die vor allem von christlichen Pharisäern vertreten wurde. Wie dem auch sei, seine Ausführungen bestätigen, dass viele Juden im 1. Jahrhundert den künftigen auferstandenen Körper als völlig anders beschaffen sahen als den sterblichen, in der Zeit verhafteten. Zu Paulus' Vorstellung, die unsterbliche Person sei ein Teil Gottes, der in unserem Körper wohnt, siehe oben, S. 92 f..

32 Gen 3,19

33 Paulus bezeichnet Christus als den »letzten Adam«, weil er die beiden Parallelerzählungen von der Erschaffung des Menschen als zwei getrennte Ereignisse betrachtet: a) Gottes Schöpfung des irdischen Adam am zweiten oder dritten Schöpfungstag, als »es auf der Erde noch keine Feldsträucher« gab und »noch keine Feldpflanzen« wuchsen (Gen 2,4–7), b) Gottes Erschaffung Christi »nach seinem Bilde« am sechsten Tag (Gen 1,26 f.). Die Vorstellung, dass die Schöpfungsgeschichte die Erschaffung zweier Adams beschrieb, war während des 1. Jahrhunderts im Judentum weit verbreitet und wird unter anderen bereits von Philon von Alexandria diskutiert (siehe Goff 2009, S. 119–121, der Philons Ausführungen zur Schöpfung zitiert, sowie *De opificio mundi*, 134 (in deutscher Übersetzung er-

schienen als *Über die Weltschöpfung*, 1964, Bd. 1, S. 74 f.). Paulus ist im Gegensatz zu Philon der Ansicht, dass der sterbliche Mensch dem geistigen Menschen vorausgehen muss. Das entspricht zum einen seiner Überzeugung, dass die Auferstehung die Geburt des zweiten Adam repräsentiert, und zum anderen seiner eigenen Erfahrung des geistig Wiedergeborenwerdens noch zu Lebzeiten. Das bedeutet, dass er die Schöpfungsgeschichte in der Genesis allegorisch verstanden hat, sprich, die Auferstehung (die Erschaffung des zweiten Adam) als Ereignis des sechsten Schöpfungstags begreift, dem am siebten Schöpfungstag der Anbruch des Reiches Gottes folgen wird.

34 1 Kor 15,50

35 Eine vergleichbare Haltung zur leiblichen Auferstehung findet sich in einer vorpaulinischen christlichen Formulierung. In den Grußworten seines Briefs an die Römer zitiert Paulus einen frühchristlichen Katechismus, in dem Jesu auferstandenes Sein dessen sterblicher Existenz gegenübergestellt wird: »das Evangelium von [Gottes] Sohn, der dem Fleisch nach geboren ist als Nachkomme Davids, der dem Geist der Heiligkeit nach eingesetzt ist als Sohn Gottes in Macht seit der Auferstehung von den Toten, das Evangelium von Jesus Christus, unserem Herrn« (Römer 1,3–4). Als Nachfahre von David (und damit von Adam) hat Jesus demnach im Fleisch gelebt, diese Daseinsform wird dann dem Heiligen Geist gegenübergestellt und zu ihm in Bezug gesetzt, indem Jesus auferweckt und als Gottes Sohn eingesetzt worden ist. Hätte man geglaubt, dass Jesus in Fleisch und Blut auferstanden sei, wäre die Gegenüberstellung von Fleisch und Geist sinnlos.

36 Siehe Anm. 33

5 Ostern und die Folgen

1 Tacitus, *Annalen*, 15,44 (1982, S. 749)

2 Wright 1992, S. 360 (dt. Ausgabe 2011, S. 451). Theoretiker, die die Existenz Jesu anzweifeln, wehren sich dagegen, dies als Beleg für die christliche Historie zu akzeptieren, und wenden ein, Tacitus habe seine Informationen von Christen bezogen, die die Evangelien kannten (vgl. Wells 1982, S. 16 f.; Doherty 2005, S. 202). Es gibt zwei Gründe, dies anzuzweifeln: Erstens spricht Tacitus von Jesu Hinrichtung als einem Rückschlag für die Bewegung, hatte mithin keine Vorstellung von der positiven Sicht, die die Christen bald nach der Kreuzigung auf die Ereignisse gewonnen hatten. Zweitens wird ihm die Information, Ursprungsland des »unheilvollen Aberglaubens« sei Judäa, höchstwahrscheinlich nicht von evangelientreuen Christen übermittelt worden sein, denn die Evangelien gehen davon aus, dass Christus in Galiläa gewirkt hatte. Aus römischer Perspektive allerdings hatte das Unheil in Jerusalem seinen Lauf genommen, ausgelöst durch die von der Kreuzigung zutiefst erschütterten Apostel. Die Römer haben spätestens seit der Verfolgung durch Nero von der Christenheit gewusst, und Tacitus hat sich in Bezug auf deren Ursprung vermutlich auf eine authentische römische Quelle verlassen.

3 Falls Jesus drei Tage vor seinem Erscheinen vor Petrus gestorben war, wie es das Auferstehungsbekenntnis will, wird er wahrscheinlich nicht vor der Amtszeit von Pilatus (d.h. vor dem Jahr 26) gekreuzigt worden sein, denn Petrus war allem Anschein nach bis zu den 50er- und 60er-Jahren aktiv. Eine etwas umfassendere Darstellung zu den Ursprüngen des Christentums findet sich in Josephus, *Jüdische Altertümer*, Buch XVIII, 3, 3 (1985, S. 515 ff.). Üblicherweise wurde diese Passage als unabhängiges Zeugnis für das christliche Evangelium gehandelt, aber Teile des Textes sind derart christenfreundlich, dass seine

Echtheit mehr als zweifelhaft erscheint. Die meisten neutestamentlichen Gelehrten halten es inzwischen zumindest teilweise für einen später von Christen hinzugefügten und durch die Evangelien beeinflussten Einschub und erachten es als von geringem historischen Wert (siehe z.B. Ehrman 1999, S. 61 f.; Crossan 1999, S. 10–14).

4 Vgl. Apg 24,5 bzw. 9,2. Apg 11,26 zufolge wurden die Anhänger Christi erstmals in Antiochia als Christen bezeichnet. Manche Leute sind der Ansicht, diese Entwicklung lasse sich auf das Ende der 30er- oder den Anfang der 40er-Jahre zurückführen (z.B. Barnett 2005, S. 32), aber das ist hochspekulativ. Wann immer der Begriff auch entstanden sein mag, es bietet sich an, die Nachfolger Christi von Anfang an als Christen zu bezeichnen.

5 Matthäus zufolge wurde der Name Petrus, gleichbedeutend mit »der Fels«, dem Jünger Simon Barjona von Jesus verliehen, weil dieser damit dessen Wichtigkeit für die spätere Kirche unterstreichen wollte: »Du bist Petrus, und auf diesen Felsen werde ich meine Kirche bauen (Mt 16,18, vgl. auch Joh 1,42). In den Evangelien und in der Apostelgeschichte wird Simon durchweg Petrus (oder Simon Petrus) genannt, obwohl nicht sicher ist, ob er diesen Namen nicht erst womöglich nach der Kreuzigung erhalten hat. Paulus, der ihn erstmals im Jahr 35 traf, nannte ihn stets Petrus oder Kephas.

6 Siehe hierzu Mk 14,37–41; Joh 18,10 f.; Joh 18,15–27 und Joh 21,15–17

7 Apg 9,31 f. Petrus als Missionar siehe Painter 1999, S. 75, 239

8 Siehe Eusebius, *Kirchengeschichte*, 3.1 (2006, S. 151); Hieronymus, *Berühmte Männer*, 1,1–2 (2010, S. 161)

9 Siehe Josephus, *Der Jüdische Krieg*, V. Buch, Kapitel 11–13 (§ 451), 2005, S. 418; Brown 1994, S. 947–948

10 Siehe Josephus, *Jüdische Altertümer*, XX. Buch, Kap. 9, 1, 1898, S. 667. Der Verweis auf »Jesus, der Christus genannt wird«, als Bruder des gesteinigten Jakobus gilt allgemein als ältester nichtchristlicher Verweis auf Jesus. Manche Leute betrachten ihn als später hinzugefügt (siehe z.B. Wells 1986, S. 11), in meinen Augen entbehrt dies aber jeder Grundlage.

11 Siehe Josephus, *Jüdische Altertümer*, XX. Buch, Kap. 9, 1, 1898, S. 677; Gal 1,19; Mt 13,55; Mk 6,3; Eusebius, *Kirchengeschichte*, 2.23, 2006, S. 142, der sich auf Hegesippus beruft

12 Jesu Schwestern sind erwähnt in Mt 13,56 und Mk 6,3. Die Bruderbeziehung zwischen Jesus und Jakobus beleuchten Painter 1999, S. 213–220, und Bütz 2005, S. 13–16. Die Tatsache, dass sein Bruder im 1. Jahrhundert in Judäa zu einer berühmten Persönlichkeit wurde, ist ein klares Zeichen dafür, dass Jesus eine historische Persönlichkeit war. Wer die Existenz Jesu leugnet, müsste argumentieren, Jakobus sei lediglich »Bruder im Geiste« einer Mythengestalt gewesen (siehe z.B. Doherty 2005, S. 57 f.; Wells 1986, S. 21). Das aber ist nicht überzeugender als die Ansicht der Theologen, der zufolge die beiden Cousins waren.

13 Zu den drei »Säulen« siehe Eisenman 2000, S. 194 f.

14 Zu den Zwölf siehe Knight 2008, S. 109 f., 288; Wedderburn 2004, S. 21–24; Wells 1986, S. 122–140. Mit Ausnahme des Auferstehungsbekenntnisses im Ersten Korintherbrief bezieht Paulus sich nie auf die Zwölf. Auch beim Apostelkonzil ist von ihnen auffälligerweise keine Rede (siehe Gal 2,1–10). In Lukas' Darstellung des Apostelkonzils (Apg 15) hingegen tauchen sie unter der irrführenden Bezeichnung »die Apostel« auf (siehe oben, S. 78).

15 Siehe Sanders 1985, S. 103–106; Knight 2008, S. 109; Wedderburn 2004, S. 23. Spannenderweise gab es in Qumran einen ähnlichen Zwölferkreis und über diesem noch einen übergeordneten Dreierrat (siehe Allegro 1964, S. 112).

16 Zu den Aposteln Wedderburn 2004, S. 23 f.; Knight 2008, S. 286 f.; Wells 1986, S. 126–129

17 Siehe 1 Thess 1,1 und 2,6; 1 Kor 4,6 und 9,1 sowie 1 Kor 9,5 f. (vgl. auch Apg 14,14), dazu 2. Kor 8,18–23. In Phil 2,25 wird auch Epaphroditus als *apostolos* bezeichnet, aber hier bedeutet der Begriff vermutlich nur Bote.

18 Röm 16,7; zu Junia siehe Epp 2005
19 Wie wir sehen werden, ist Maria Magdalene vermutlich ebenfalls eine einflussreiche Glaubensbotin gewesen. In späteren Überlieferungen war Maria als »Apostelin der Apostel« bekannt (siehe Haskins 2008, S. 74). Zu Maria Magdalene siehe Haskins 2005; Meyer 2004; Schaberg 2003; de Boer 2004
20 1 Kor 12,27
21 Apg 17,13 und 19,29
22 Sueton, *Kaiserviten, Claudius* (2000, S. 591). Siehe auch Wright 1992, S. 354 f. Der Zeitpunkt der Vertreibung wird in der Regel mit dem Jahr 49 angegeben, basierend auf der Information der Apostelgeschichte, dass Paulus bei seiner Ankunft in Korinth (die mit großer Sicherheit diesem Jahr zugeordnet werden kann) auf ein Ehepaar – Aquila und Priszilla – traf, die »vor kurzem aus Italien gekommen [waren]. [...] Klaudius hatte nämlich angeordnet, dass alle Juden Rom verlassen müssten« (Apg 18,1 f.).
23 Lk 24,46
24 Apg 1,8
25 Fuller 1972, S. 2
26 Siehe z.B. das Auferstehungsbekenntnis des Paulus sowie Römer 1,1–5. Zum belehrenden Charakter des Römerbriefanfangs siehe z.B. Hengel 1976, S. 59 f. Auch die Apostelgeschichte lässt Petrus schon in seinen ersten Predigten Jesus als den Messias verkündigen (Apg 2,36, 3,18–20).
27 Zur »Vergebung der Sünden« siehe Wright 1996, S. 268–274. Er fasst die Hauptpunkte wie folgt zusammen: »Vom Standpunkt eines Juden im 1. Jahrhundert aus betrachtet konnte ›Vergebung der Sünden‹ niemals nur ein rein persönlicher Segen sein, wenngleich es das mit Sicherheit auch war. [...] Die Situation des einzelnen Individuums stand hinter der des Volkes insgesamt zurück« (S. 271).
28 Vgl. Dunn 2003, S. 209: »Es war die Tatsache, dass Jesus als Messias gekreuzigt wurde, dass die Kreuzigung Kernstück und Höhepunkt von Jesu messianischer Sendung darstellte, die die Gemüter so erregte.« Wie unangemessen Jesus als jüdischer Messias wirkte, diskutiert auch Cohn-Sherbok 1996, S. 191 f.
29 Dtn 21,23. Paulus bezieht sich auf diesen Fluch in Gal 3,13.
30 Tom Wright zählt sechs oder sieben Punkte auf, in denen sich der frühchristliche Glaube von der traditionellen jüdischen Auffassung von Auferstehung unterscheidet (siehe Wright 2003, S. 681; Stewart 2006, S. 18 f., 31).
31 1 Kor 15,16 f.
32 Vgl. Cohn-Sherbok 1996, S. 188: »Erst mit dem rabbinischen Judentum [im 2. Jahrhundert] wurde die Lehre von einer allgemeinen Auferstehung der Toten zu einem zentralen Gesichtspunkt der jüdischen Theologie.«
33 Siehe Wright 2003, S. 681; Stewart 2006, S. 19
34 Römer 8,10 f. Dieselbe Vorstellung von einem dem Individuum innewohnenden Geist wird u. a. beschworen in Gal 2,19 f., in 1. Thess 5,4 f. und in 1 Kor 6,13–20. Dieser Vorstellung von einer inneren »Auferstehung« noch zu Lebzeiten wird in den neutestamentlichen Briefen klar Ausdruck verliehen (z.B. Röm 8,10: »Wenn Christus in euch ist, dann ist zwar der Leib tot aufgrund der Sünde, der Geist aber ist Leben aufgrund der Gerechtigkeit«, Kol 3,1: »Ihr seid mit Christus auferweckt; darum strebt nach dem, was im Himmel ist«, und in 1 Petr 1,3: »Er hat uns in seinem großen Erbarmen neu geboren, damit wir durch die Auferstehung Jesu Christi von den Toten eine lebendige Hoffnung haben.« Es ist wichtig, sich zu vergegenwärtigen, dass diese neue Verwendung des Begriffs keine rein metaphorische war (wie man heute annimmt), sondern dass die Urchristen die Taufe als eine Art meta-

physischen Prozess empfanden, eine geistige Transformation, die das Selbst für die Auferstehung oder Transformation bei Anbruch des Reichs Gottes bereit machte (vgl. 2 Kor 3,18: »Wir alle spiegeln mit enthülltem Angesicht die *Herrlichkeit des Herrn* wider und werden so in sein eigenes Bild verwandelt, von Herrlichkeit zu Herrlichkeit, durch den Geist des Herrn.«

35 Siehe z.B. Römer 6,1–11. Zur Vorstellung von einer spirituellen Wiedergeburt siehe oben S. 400f.

36 Joh 3, 3f.

37 Stewart 2006, S. 18

38 Apg 20,7 ist eine der »Wir-Passagen« und mithin relativ vertrauenswürdig. Zu den sonntäglichen Zusammenkünften siehe Swinburne 2003, S. 164. Paulus nennt das gemeinsame wöchentliche Mahl das »Herrenmahl« (1 Kor 11,20). Andere ausdrückliche Erwähnungen der Eucharistiefeier am Sonntag, dem »Tag des Herrn«, finden sich u. a. in der frühchristlichen *Apostellehre* oder *Didache* des Hippolyt (Schöllgen 1991; Hennecke 1924, S. 555) und in den *Apologien Iustinus des Märtyrers* (siehe Swinburne 2003, S. 165; Krüger 1904). Schließlich bricht der Auferstandene bei Lukas am Ostersonntag mit seinen Jüngern das Brot und isst ein Stück Fisch, d. h., auch bei Lukas trifft sich die Gemeinschaft zu einem gemeinsamen symbolischen Mahl. Zu diesem Thema siehe auch Bauckham 1982.

39 Swinburne 2003, S. 163f., hat sicher recht, wenn er sagt, dass, wäre die neue Praxis des Sonntagsgottesdienstes zu dem Zeitpunkt, da die Urgemeinde zerstreut wurde, nicht längst fest etabliert gewesen, »wir bestimmt eine Fülle an widerstreitenden Meinungen zu der Frage zu hören bekommen hätten, wann der geeignete Zeitpunkt dafür wäre, dazu gewisse Anweisungen von oben (so wie die Dispute um die Beschneidung und den Verzehr von Opferfleisch dem Vernehmen nach durch das in der Apostelgeschichte beschriebene Apostelkonzil von Jerusalem geschlichtet worden sind). Vgl. dazu Bauckham 1982, S. 231: »Schon die allgemeine Verbreitung des Brauchs spricht für dessen frühe Wurzeln.«

40 Plinius, der Jüngere: *Plinius Caecilius Secundus, Sämtliche Briefe*, Zürich, Stuttgart: Artemis, 1969, S. 423f.

41 Die Verlagerung des Gottesdienstes auf einen anderen Wochentag lässt sich nicht mit der Entstehung eines neuen heidnischen Mythos über eine sterbende und wiederauferstehende Gottheit erklären. In Swinburne 2003 heißt es dazu auf S. 165: »Außerhalb des Christentums gibt es keine logische Erklärung für die Heiligung des Sonntags.«

42 Gibbon 1923, Bd. 2, S. 2. Hier zitiert aus: Edward Gibbon: *Verfall und Untergang des römischen Imperiums*, 2007, S. 1194 (digital), entspricht Bd. 2, S. 123

43 Gibbons Thema ist weniger die Entstehung des Christentums als vielmehr das Geschick des Römischen Reichs, und er diskutiert fünf Punkte, durch die die neue religiöse Institution auf längere Sicht begünstigt wurde: »Überspannter Eifer, die unmittelbare Erwartung einer anderen Welt, ein Anspruch auf Wundertaten, die Ausübung einer strengen Tugend und die Verfassung der Urkirche, dies waren die Mitursachen für die erfolgreiche Ausbreitung des Christentums im Römischen Reich.« (Gibbon 2007, S. 1278 digital, entspricht Bd. 2, S. 188)

44 Der Vergleich zwischen der Entstehung der Kirche und einem zeitgenössischen UFO-Kult findet sich in Festinger et al. 1956, S. 23–25. Siehe auch Wright 2003, S. 697–701, mit einem Angriff auf Festingers Argumentation.

45 Vgl. Apg 4

46 Zur Ausbreitung des Christentums in den 30er-Jahren siehe Barnett 2005, S. 30–32

47 Freeman 2003, S. 124

48 Siehe Apg 13,50; 14,5.19; 19,23–41

49 Wright 1992, S. 444–455. Hier entsprechendes Zitat aus Wright 1998, S. 459

6 Die Evangelienerzählungen

1 Die Jerusalemer Kirche hat das Exil vermutlich östlich des Jordans in Pella überdauert, einer Stadt in der Region des Zehnstädtebundes. Spätere Quellen, als da wären Eusebius: *Kirchengeschichte*, 3.5 (2006, S. 154), und Epiphanius: *Panarion*, 29.7,7–8 (1987–1994, Bd. 1, S. 118), berichten, dass die Jerusalemer Kirche zu Beginn des Jüdischen Kriegs in diese Gegend ausgewichen ist. Inwieweit diese Überlieferung als historisch gesichert betrachtet werden kann, ist umstritten (siehe Brandon 1957, S. 169–172), aber es gibt gute Gründe, ihr zu vertrauen (siehe z. B. Eisenman 2006, S. 411 f., 510–514).
2 Zum Bruch mit dem Judentum siehe Knight 2008, S. 266–275, und Rowland 1985, S. 299–301
3 Zur Entstehung der christlichen Ämter siehe Freeman 2003, S. 136–142, und Knight 2008, S. 283–294
4 Siehe oben, S. 389, und Lüdemann 2002, S. 174–179
5 Vgl. Römer 16,1.3.7; siehe Pagels 1981, S. 108–110
6 Gal 3,28
7 1 Tim 2,12. Frauen in kirchlichen Diensten sind auch erwähnt in 1 Tim 3,8–11 und 5,2.
8 Chilton 2005, S. 112
9 Siehe Pagels 1981, S. 108–110
10 Siehe Ehrman 2003
11 Siehe Ehrman 1999, S. 41–45, und Lane Fox 1991, S. 126 f. Nur eines der Evangelien (das vierte) enthält im Text einen Hinweis auf seinen Verfasser, im letzten Kapitel heißt es, es sei geschrieben von dem »Jünger, den Jesus liebte«. Wer dieser Jünger war, ist allerdings ungewiss, die Gleichsetzung mit Johannes datiert erst aus dem 2. Jahrhundert (siehe Lane Fox 1991, S. 129, 205).
12 Siehe z. B. Burkett 2002, S. 157, 181, 196, 216; Knight 2008, S. 331–334
13 Zur Beziehung zwischen Johannes und den Synoptikern siehe Rowland 1985, S. 326; Robinson 1985; Burkett 2002, S. 216–219; Knight 2008, S. 333
14 Joh 20,1 f., 11–18
15 Allein aus dem Fehlen des Steins hätte sie solches freilich nicht schließen können. Diese Ungereimtheit ist nur eine von vielen, die nahelegen, dass Johannes bereits vorhandene Ostererzählungen umgeschrieben hat. Siehe oben, S. 312, 334–336, 339–341, 355–357.
16 Mk 16,1–8
17 Mt 28,1–10
18 Zur angeblichen Bewachung des Grabes, die historisch definitiv nicht gegeben gewesen sein kann, siehe Carrier 2005b, S. 358–364; Tobin 2009, S. 538–539
19 Lk 24,1–11
20 Wright 2003, S. 589
21 Wenn es unbedingt nötig war, wurden vor Gericht auch Frauen angehört, aber den Vorrang hatten, so verfügbar, definitiv männliche Zeugen. Zu dieser komplexen Thematik siehe z. B. Wright 2003, S. 607 f. Schaberg 2003, S. 227 f., zitiert dazu Osiek 1993, S. 103 f. Josephus steht in Buch 4 seiner *Jüdischen Altertümer* für die Haltung des männlichen Durchschnittsbürgers im 1. Jahrhundert, wenn er behauptet, Mose habe im Zusammenhang mit der städtischen Gerichtsbarkeit gesagt: »Auch soll das Zeugnis der Weiber nicht zulässig sein wegen der ihrem Geschlechte eigenen Leichtfertigkeit und Dreistigkeit.« Flavius Josephus *Jüdische Altertümer*, Buch 4, Kap. 8, Absatz 15, Halle an der Saale: Otto Hendel, 1889, S. 231

22 Siehe u.a. Origenes' *Contra Celsum*, 2.59 (elektronische Ausgabe der *Bibliothek der Kirchenväter*, 1. Reihe, Band 52 und 53, München 1926, S. 109: »ein halbrasendes Weib«, http://www.origenes.de/download/celsum.pdf), sowie Lona 2005, S. 185 (eine exaltierte Frau)
23 Joh 20,2
24 Joh 20,7
25 Lk 24,24
26 Zur Frage des ursprünglichen Endes des Markusevangeliums siehe Wright 2003, S. 617–624; Fuller 1972, S. 64–68. Gegenwärtig wird wieder darüber diskutiert, ob das Markusevangelium ursprünglich wirklich mit 16,8 aufgehört hat oder nicht. Meiner Ansicht nach ist dem nicht so.
27 Joh 20,19–23
28 Joh 20,24–9
29 Mt 28,16–20
30 Lk 24,13–35
31 Lk 24,27
32 Lk 24,34
33 Lk 24,36–53
34 Zahrnt 1960, S. 144
35 Apologeten warten hin und wieder mit Begründungen dafür auf, dass diese Zeugen im Paulinischen Glaubensbekenntnis nicht aufgeführt werden, aber die meisten Argumente sind schwach und wenig überzeugend. Richard Swinburne wendet beispielsweise ein, dass die Emmaus-Jünger zwar Augenzeugen der Auferstehung gewesen seien, aber kein Apostelamt innegehabt hätten, folglich »nicht wichtig genug waren, um als offizielle Zeugen genannt zu werden« (Swinburne 2003, S. 150). Man fragt sich, warum Jesus so viel Zeit mit ihnen verbracht hat, wenn sie so unwichtig waren, und warum Lukas sie so groß herausstellt. Swinburne behauptet auch, dass »die Erscheinung auf der Straße nach Emmaus sich schlicht als erster Teil der Erscheinung vor den Zwölf verstehen lässt«, weil »die Erscheinung vor den versammelten Jüngern die beiden Wanderer auf der Straße nach Emmaus einschließt«. Das ist genauso wenig überzeugend: Lukas erzählt die Emmaus-Erscheinung und die Erscheinung vor den Zwölf als zwei durch Zeit, Ort und zwischenzeitliches mysteriöses Entschwinden Jesu voneinander getrennte Einzelereignisse, und das Auferstehungsbekenntnis des Paulus führt die Erscheinung vor Petrus ebenfalls gesondert vor derjenigen vor den Zwölf auf, obwohl Petrus an jenem Abend ebenfalls anwesend war.
36 Swinburne bringt es in seiner Harmonisierungsbegeisterung »ohne allzu große Schwierigkeiten« fertig, die Erzählung vom ungläubigen Thomas und die Erscheinung am See Genesaret (und andere Erzählungen) mit der Erscheinung »vor mehr als fünfhundert Brüdern zugleich« gleichzusetzen (siehe Swinburne 2003, S. 156–159). Das ist schlicht unglaubwürdig.
37 Wie ich erläutert habe, enthielt das Markusevangelium ursprünglich keinerlei Erscheinungserzählungen. Aus Mk 16,7 ist jedoch klar ersichtlich, dass der Autor des Evangeliums zumindest an die Erscheinung vor den Elf glaubte.
38 Strabon, Buch X, 3,23, 2004, S. 241. Dieser Abschnitt wird in ähnlichem Kontext auch zitiert in Mayor 2000, S. 194.

7 Wie es weiterging

1 Apg 26,24

2 Ein entschlossener Apologet bringt es trotzdem fertig, aus dem Auferstehungsbekenntnis des Paulus zu schlussfolgern, dass dieser von einem leeren Grab gewusst haben muss, und die Ansicht zu vertreten, dass er es bei seinem Besuch in Jerusalem vermutlich besichtigt habe (siehe Craig 1989, S. 112–114).

3 Mögliche Ausnahme von der Regel: Die Graberzählung bei Matthäus scheint sich an die Erzählung von Daniel in der Löwengrube anzulehnen (siehe Carrier 2005b, S. 360–364).

4 Mk 16,12

5 Mt 28,17

6 Eine unmittelbare Beschreibung der Auferstehung findet sich im nichtkanonischen Petrusevangelium (siehe oben, S. 299–301), aber niemand würde diese für einen Augenzeugenbericht über das Wunder halten. Die Auferstehungserzählungen des Lukas finden sich unter 24,50 f., und in Apg 1,6–12.

7 Plinius, *Naturgeschichte*, 2.23 (digitalisierte Fassung von G. Tafel, C. Osiander und G. Schwab, *Römische Prosaiker in neuen Übersetzungen*, Stuttgart, 1840, S. 150, http://books.google.de/books?hl=de&id=2h4BAAAAMAAJ&q=komet#v=snippet&q=komet&f=false).

8 Vgl. Martin 1991, S. 93: »Sicherlich liegt es nicht außerhalb des Möglichen, dass ein natürliches Phänomen – beispielsweise jemand, der aussah wie Jesus – eine kollektive Fehlwahrnehmung unter Jesu Anhängern ausgelöst haben kann, die durch Gerüchte und Spekulationen befeuert wurde« (vgl. Schonfield 1996, S. 199–207). Goulder 1996, S. 52–55, vergleicht die Erscheinungen des Auferstandenen mit Phänomenen wie dem mutmaßlichen Auftauchen von Bigfoot, betrachtet sie allerdings eher als Halluzinationen denn als Illusionen.

9 Habermas 2006, S. 85 f.

10 Eine Ausnahme macht vielleicht Johannes Loken, der meine eigene Argumentation vorwegnimmt, sie aber völlig anders aufrollt und dabei eine unnötige Theorie bemüht, der zufolge Jesu Leichnam von der Jerusalemer Obrigkeit entwendet worden sei. Siehe Loken 2006

11 Zu direkten Vergleichen, die den Ursprung des Christentums erhellen helfen, siehe Ashton 2000, S. 6–28; Smith 1990, S. 36–53. Jede historische Erklärung basiert letztlich auf der Verwendung von Analogien. »Alles wahrhaft Einzigartige«, so Ashton (Ashton 2000, S. 6), »ist, genau genommen, unbegreiflich.« Genau das ist der Grund dafür, dass christliche Apologeten die Ähnlichkeiten zwischen dem christlichen Glauben an die Auferstehung und anderen, verwandten Überzeugungen herunterspielen: Sie möchten Ostern unbegreiflich machen. Smith merkt dazu an, dass es der Versuch ist, erhellende Vergleiche mit der Auferstehung zu unterlaufen, der »der christlich-apologetischen Rede vom ›Einzigartigen‹ solche Dringlichkeit verleiht« (Smith 1990, S. 42).

12 Zum Pelops-Mythos siehe Gantz 1993, S. 532–534, 540–545, 646; Burkert 1972, S. 108–119

13 Die Pelops-Story widerlegt Tom Wrights Argument, es gebe keinen Vorläufer für den christlichen Glauben an die »leibliche« Auferstehung Jesu (siehe Wright 2003, S. 32–84). In seinem umfassenden Überblick über heidnische Mythen über ein Leben nach dem Tod hat Wright den Fall Pelops übersehen, obwohl sich die Legende in mehreren der von ihm verwendeten griechischen und lateinischen Quellen findet.

14 Mayor 2000. Einen Überblick über ihr Buch liefert Naddaf 2003.

15 Mayor 2000, S. 4
16 Siehe ebenda, S. 105
17 Ebenda: »Poliert und ausgestellt muss der Knochen unweigerlich zu Geschichten über sein besonderes Aussehen und seine Herkunft eingeladen haben.«
18 Ebenda.

8 Ein einzigartiges Spektakel

1 Wilson 1999, S. 18. Vgl. Schwalbe/Rogers 1982, S. 6; Tribbe 1983, S. 142; Zugibe 2005, S. 173
2 Siehe z. B. Wilson 1999, S. 75. Vgl. Schwalbe/Rogers 1982, S. 6: »Die blasse Beschaffenheit des Bildes lässt große Probleme bei seiner Ausführung vermuten.«

9 Das Grabtuch unter der Lupe

1 Vignon 1902, S. 137
2 Siehe Jackson et al. 1977, S. 74–78; Wilson 1980, S. 197 f. Zur Kritik an diesem Experiment siehe Nickell 1998, S. 88–90
3 Jackson et al. 1977, S. 78
4 Zum Test mit dem VP-8-Image Analyzer siehe Jackson et al. 1977; Wilson 1980, S. 198–200; Heller 1983, S. 38–40; Wilson 1986, S. 47–49
5 Zur STURP-Analyse siehe Heller 1983; Tribbe 1983, S. 117–151; Wilson 1986, S. 47–63; Antonacci 2000, S. 6–13
6 Siehe Pellicori 1980; Gilbert/Gilbert 1980; Heller 1983, S. 138 f.; Rogers 2008, S. 49–51
7 Siehe Morris et al. 1980; Heller 1983, S. 135 f.; Rogers 2008, S. 58 f.
8 Siehe Accetta/Baumgart 1980; Rogers 2008, S. 60 f.
9 Zu den Bluttests von 1973 siehe Wilson 1980, S. 56–60. Auszüge daraus finden sich in McCrone 1999, S. 9–12. Heller hält wenig von den 1973 durchgeführten Blutuntersuchungen (Heller 1983, S. 13 f.).
10 Siehe Wilson 1986, S. 56, sowie die Farbabbildungen Nr. 11 und 12
11 Siehe Antonacci 2000, S. 43; Wilson 1999, S. 86
12 Siehe Morris et al. 1980, S. 45 f.; Pellicori 1980, S. 1918; Tribbe 1983, S. 131 f.; Rogers 2008, S. 58 f.
13 Heller/Adler 1981, S. 92. Als zwölften Punkt listen sie die »forensische Beurteilung der verschiedenen Wunden und Blutspuren« auf, und bei der erneuten Abarbeitung der Liste fügt Heller »den positiven immunologischen Test auf menschliches Albumin« hinzu (Heller 1983, S. 216). Siehe auch Rogers (2008, S. 37 f.), der einen zusätzlichen Jodazidtest zur Bestätigung ihrer Ergebnisse durchführte.
14 Heller 1983, S. 186
15 Der italienische Medizinprofessor Baima Bollone, der größere Proben in Händen gehalten hat als Heller und Adler, nimmt für sich in Anspruch, nicht nur sagen zu können, dass das Blut eindeutig von einem Menschen stammt, sondern auch, dass es der seltenen Blutgruppe AB angehört (siehe Bollone 1998, S. 175–180; Wilson 1999, S. 127 ff.; Antonacci 2000, S. 28). Leider sind Bollones Ergebnisse nicht in einer anerkannten Wissenschaftszeitschrift erschienen. Zugibe (2005, S. 217 f.) stellt Bollones Ergebnisse infrage. Einzelfallberichte über weitere Untersuchungen an den Blutflecken liefert Wilson 1999, S. 127–139.

16 Lavoie 1998, S. 97
17 Siehe z. B. Barbet 1963, S. 16; Wuenschel 1954, S. 35–37
18 Siehe Miller/Pellicori 1981, S. 75 f., 82, 85; Tribbe 1983, S. 135; Antonacci 2000, S. 26
19 Siehe Heller/Adler 1981, S. 90; Tribbe 1983, S. 134; Heller 1983, S. 185 f.; Wilson 1999, S. 132; Antonacci 2000, S. 26
20 Siehe Jumper et al. 1984, S. 460; Wilson 1986, S. 95; Case 1996, S. 44 f.; Lavoie 1998, S. 59; Antonacci 2000, S. 41 f. Antonacci merkt außerdem an, dass »auf den veröffentlichten Mikrophotographien von den Blutspuren dort, wo das angetrocknete Blut vom Tuch abgefallen ist, weiße Fasern sichtbar werden, die darauf schließen lassen, dass die Blutspuren auf das Tuch gelangt sind, bevor sich die Körperzeichnung gebildet hat«. Die Entstehung der Körperzeichnung wurde, wie man auf den UV-reflektografischen Aufnahmen vom Grabtuch erkennen kann, außerdem von den Serumhalos um die Blutspuren gehemmt (siehe Rogers 2008, S. 16, 20).
21 Siehe Lavoie 1998, S. 90–100
22 Siehe Zugibe 2005, S. 142, 214
23 Zu Bilirubin siehe Heller/Adler 1981, S. 89; Jumper et al. 1984, S. 459; Case 1996, S. 57–59; Wilson 1999, S. 132 ff.; Antonacci 2000, S. 29. Weitere Belege dafür, dass auch altes Blut hellrot ausfallen kann, liefert Wilson (1999, S. 132 ff.). Eine alternative Erklärung für den Rotton des Bluts auf dem Grabtuch siehe oben, Seite 147.
24 Aus einem Vortrag vor dem Chemistry Department am Queen Mary College der University of London, gehalten im Juli 1984 (zitiert in Wilson 1986, S. 96)
25 Siehe Jumper et al. 1984, S. 450 f.; Lavoie 1998, S. 60 f.; Wilson 1999, S. 116 f.; Antonacci 2000, S. 36; Rogers 2008, S. 28
26 Siehe Rogers 2008, S. 29
27 Siehe Heller/Adler 1981, S. 99; Jumper et al. 1984, S. 451; Tribbe 1983, S. 145; Lavoie 1998; S. 60 f.; Wilson 1999, S. 117; Rogers 2008, S. 15, 28
28 Siehe Jumper et al. 1984, S. 451; Antonacci 2000, S. 36; Rogers 2008, S. 15
29 Siehe Wilson 1986, S. 56; Wilson 1999, S. 116
30 Siehe Mottern et al. 1980, S. 42; Morris et al. 1980, S. 45 f.; Jumper et al. 1984, S. 453; Tribbe 1983, S. 140; Wilson 1986, S. 56; Rogers 2008, S. 59
31 Siehe Miller/Pellicori 1981, S. 75, 84; Rogers 2008, S. 51
32 Siehe Ghiberti 2002, Abschnitt 14 und Tafel 12, zur Bildverarbeitung siehe Fanti/Maggiolo 2004
33 Siehe Fanti/Maggiolo 2004, S. 492; Zugibe 2005, S. 187 f.; Rogers 2008, S. 4
34 Rogers 2008, S. 28
35 Siehe ebenda, S. 31–33
36 Siehe ebenda, S. 91–93, 99
37 Siehe Heller 1983, S. 199 f.; Rogers 2008, S. 44
38 Siehe Heller/Adler 1981, S. 95; Heller 1983, S. 199 f.; Case 1996, S. 61–63
39 Rogers 2008, S. 44
40 Ebenda
41 Siehe Heller 1983, S. 199 f.; Rogers 2008, S. 44, 51, 99, 101
42 Laut Meacham (2005, S. 133) zog Rogers sich 1982 »nach einem Streit mit Johannes Jackson« aus dem Gebiet der Sindonologie zurück.
43 Zu den Untersuchungen von Raes siehe Raes 1976; Wilson 1980, S. 79–85; McCrone 1999, S. 18
44 Siehe Wilson 1999, S. 105–107; Wilson 2010, S. 74–76; Flury-Lemberg 2001, S. 56; Flury-Lemberg 2005, S. 21

45 Siehe Flury-Lemberg 2001, S. 56, 60. Flury-Lembergs Untersuchungen sind kundig kommentiert in Wilson 2010, S. 70–81.
46 Siehe Flury-Lemberg 2001, S. 58
47 Ebenda
48 Siehe Josephus, *Jüdische Altertümer*, Buch 3, Kap. 7 (Halle, 1898, S. 163). Dieser Abschnitt ist nicht uninteressant im Zusammenhang mit Joh 19,23 f., der Textstelle, in der die Soldaten unter dem Kreuz um Jesu »durchgewebtes« Gewand losen (siehe Brown 1994, S. 957). Sanders stellt fest, dass »die blaue Tunika unter anderem deshalb bemerkenswert war, weil sie an einem Stück gewebt war, was einen extrem breiten Webstuhl voraussetzt« (Sanders 1992, S. 99). Er geht allerdings davon aus, dass das nahtlose Gewand des Hohenpriesters aus Wolle bestand.
49 Zu den Stoffen, die für jüdische Priestergewänder verwendet wurden, siehe Sanders 1992, S. 94–102
50 Plinius, *Naturgeschichte*, 19.3, 3. Band (Buch 12–19) der Übersetzung von G. C. Wittstein, Leipzig, 1881 (elektronisch verfügbar unter: http://www26.us.archive.org/stream/dienatugeschicht01plin/dienatugeschicht01plin_djvu.txt).
51 Siehe Rogers/Arnoldi 2003, S. 108; Zugibe 2005, S. 291; Rogers 2008, S. 18
52 Siehe Plinius, *Naturgeschichte*, 19,18 (siehe oben). In Theophrastus, *Naturgeschichte der Gewächse*, Band I, Buch 9, Kap. 12 (1822, S. 336) heißt es: »Ein anderer Mohn heißt der Herkulische; er hat ein Blatt wie das Seifenkraut, womit man die Leinwand wäscht, eine weiße oberflächliche Wurzel und eine weiße Frucht. Von dieser Art macht die Wurzel Erbrechen, man wendet sie auch mit Honigwasser gegen die Fallsucht an (http://books.google.de/books?hl=de&id=iqo-AAAAcAAJ&q=wolle#v=snippet&q=seifenkraut&f=false). Plinius, *Naturgeschichte* 19,4 (siehe oben), erinnert sich nur ungenau an diese Stelle bei Theophrast und schreibt die Bleichwirkung diesem Mohn zu.
53 Siehe Rogers 2008, S. 39
54 Siehe ebenda, S. 51
55 Siehe ebenda, S. 19. Auch Zugibe bevorzugt diese Erklärung (Zugibe 2005, S. 216).
56 Hierzu siehe Rogers 2005; Rogers 2008, S. 40–43, 57
57 McCrone 1999, S. 303–305
58 Siehe Wilson 1980, S. 90
59 Frei 1979, S. 198
60 Ebenda
61 Frei 1983, S. 279 (vgl. auch S. 282)
62 Eine hilfreiche Diskussion der Arbeiten Freis und der Resonanz darauf liefern Wilson 1999, S. 142–154; Zugibe 2005, S. 283–289; Wilson 2010, S. 62–65.
63 Scannerini 1998, S. 218. Nickell vertritt die Ansicht, dass, sollten die Pollendaten korrekt sein (was er stark bezweifelt), ein Fälscher »auf einem der mittelalterlichen Tuchmärkte in Troyes (nahe bei Liery) ein importiertes Tuch erworben haben könnte« (Nickell 1998, S. 113). Dieses Argument würde nicht nur erforderlich machen, dass das Tuch aus dem Nahen Osten eingeführt wurde, sondern es müsste außerdem das anatolische Grasland durchreist (siehe Frei 1979, S. 198; Frei 1983, S. 282), sprich: zufällig dieselbe Route genommen haben, die sich bei der Rekonstruktion des Wegs, den das Grabtuch genommen hat, als die wahrscheinlichste erwiesen hat. Dieses Szenario ist nicht völlig unmöglich, aber es strapaziert unsere Gutgläubigkeit doch erheblich.
64 Scannerini 1998, S. 223
65 Siehe Wilson 2010, S. 65
66 Siehe hierzu Kohlbeck/Nitowski 1986; Wilson 1999, S. 155–158; Antonacci 2000, S. 109; Zugibe 2005, S. 311 f.; Wilson 2010, S. 66–68

67 Kohlbeck/Nitowski 1986, S. 23
68 Siehe Heller/Adler 1981, S. 86; Heller 1983, S. 126; Wilson 1999, S. 144–146; McCrone 1999, S. 85; Antonacci 2000, S. 55
69 Siehe McCrone 1999, S. 85. Zur Kritik an McCrones Gemäldetheorie siehe oben, S. 176–179. Cormack erachtet die Pigmentpartikel ebenfalls als wichtig (Cormack 1997, S. 121), wenngleich er zugeben muss, dass es »ein echtes Problem« ist herauszufinden, wie die Körperzeichnung gemacht worden ist (Cormack 1997, S. S. 116 f.).
70 Siehe Wilson 1999, S. 146; Zugibe 2005, S. 253 f.
71 Wilson 1999, S. 146

10 Die Blutspuren

1 Siehe Delage 1902, S. 684 f.
2 *Lancet* vom 26. April 1902, S. 1201. Der Autor beurteilt die Arbeit Delages und Vignons als Entdeckung im Hinblick auf potenzielle bildgebende Eigenschaften von Leichnamen im Allgemeinen und lobt sie als »ungemein bemerkenswertes und interessantes Beispiel dafür, in welchem Maße die jüngsten Entwicklungen wissenschaftlicher Forschung Überlieferungen und umstrittene Fragen der Geschichte in neuem Licht erscheinen lassen können«.
3 Siehe Antonacci 2000, S. 15 f. E. A. Wuenschel listet noch einige mehr auf: Donnet, Romanese, Rodinò and Luna (Wuenschel 1954, S. 34). Gegen diese Armee überzeugter Mediziner hielten Skeptiker mit der einsamen Größe eines Dr. Michael Baden an, eines New Yorker Gerichtsmediziners, der, von einem Journalisten um eine Stellungnahme zu einigen Fotos gebeten, massive Zweifel an der Echtheit des Tuches anmeldete (siehe Nickell 1998, S. 59–61, 67–70, 75). Baden bekannte sich allerdings dazu, kein Experte auf dem Gebiet zu sein, und seine Kommentare können nicht als ausgereiftes Urteil gelten.
4 Zum Parament von Narbonne siehe Sterling 1987, S. 218–225; Nash 2000
5 Zu Naddo Ceccarelli, siehe Chelazzi Dini et al. 1998, S. 100–103; Bagnoli/Bellosi 1985, S. 118–120
6 Belegen lässt sich dies, indem man die Entfernung zwischen Wunde und Fingerspitzen bestimmt (siehe Bucklin 2002, S. 273).
7 Das traditionelle Verständnis gründet sich auf Lk 24,39; Joh 20,27; Ps 22,16; Sach 13,6.
8 Siehe Ps 34,20. Zur Platzierung der Nägel siehe Barbet 1963, S. 115–119. Zur Weissagung siehe Ex 12,46; Num 9,12; Joh 19,36
9 Siehe Zugibe 2005, S. 72–74
10 Siehe ebenda, S. 75–79, 81–89. Zugibe steht Barbet zutiefst kritisch gegenüber und beschuldigt ihn, ein »einzelnes, unhaltbares, ungültiges Experiment an einem amputierten Arm durchgeführt zu haben« (Zugibe 2005, S. 67). Man hat auch gemutmaßt, der Nagel könnte zwischen Elle und Speiche durch das Ende des Unterarms getrieben worden sein. Barbet und Zugibe weisen diese Überlegung zu Recht zurück (Barbet 1963, S. 109; Zugibe 2005, S. 74).
11 Siehe Zugibe 2005, S. 66, 78–79. Etwas weiter hinten (S. 255) geißelt Zugibe »Leute, die Dinge in der Bibel aus dem Zusammenhang reißen, um ihr Anliegen zu belegen«.
12 In dieser Hinsicht ist Zugibe selbst in besonderem Maße anfällig, er bezieht sich sogar auf das Zeugnis christlicher Mystiker. Beispielsweise verweist er zum Beleg dessen, dass die Füße nicht mit einem, sondern mit zwei Nägeln fixiert worden waren, auf die Erscheinungen der hl. Brigida (ebenda, S. 93).

13 Antonacci zitiert dazu die Ansichten verschiedener Ärzte (Antonacci 2000, S. 17). Diese Vorstellung ist beeinflusst durch Barbets Betrachtungen zu der Handgelenkswunde und lehnt sich an dessen Vermutung an, dass der Gekreuzigte nach Luft gerungen und sich dabei auf und ab bewegt haben muss, wodurch sich seine Armstellung und damit auch die Spur des herabsickernden Blutes verändert haben (siehe Barbet 1963, S. 108 f.). Diese Überlegungen wurden – wiederum von Zugibe – infrage gestellt (siehe Zugibe 2005, S. 117–118).
14 Zugibe 2005, S. 223
15 Ebenda, S. 223 f.
16 Bucklin 2002, S. 273. Das Gleiche sagen Wilson (1999, S. 64) und Antonacci (2000, S. 21).
17 Siehe Vignon 1902, S. 33 f.; Zugibe 2005, S. 93–95 (zur Theorie von Dr Gambescia)
18 Vignon 1902, S. 33
19 Bucklin 1998, S. 100. Auch andere Autoren sprechen von hantelförmigen Malen (siehe z. B. Wilson 1999, S. 56; Zugibe 2005, S. 194).
20 Zur Beschaffenheit eines *Flagrum* siehe Vignon (1902, S. 36, 39) und Barbet (1963, S. 46)
21 Siehe Zugibe 2005, S. 19
22 Siehe Barbet 1963, S. 45 f. (Plautus-Zitat); Bucklin 1998, S. 100; Zugibe 2005, S. 22
23 Weitere Beispiele siehe Wilson 1999, S. 57 f.; Pfeiffer 2000, S. 94. Wilson resümiert: »Der übergeordnete Gesichtspunkt bei allen Darstellungen der Geißelung Jesu, ganz gleich, welcher Epoche sie entstammen, ist allerdings, dass sie auch nicht im Entferntesten einem ernsthaften Vergleich mit der überzeugenden Logik der Spurenverteilung auf dem Grabtuch standhalten.«
24 Siehe Barbet 1963, S. 98; Antonacci 2000, S. 20
25 Bucklin 2002, S. 272
26 Siehe Wilson 1980, S. 44 f.; Antonacci 2000, S. 101. Zum Patibulum siehe auch Barbet 1963, S. 40–42, 99; Brown 1994, S. 912 f., 948; Zugibe 2005, S. 46–48; Wilson 2010, S. 46
27 Vgl. Zugibe 2005, S. 195: »Ein Anblick, der mit Abschürfungen erklärbar wäre, findet sich im Bereich der rechten Schulter. [...] Auch im Bereich des linken Schulterblatts findet sich ein Bild, das zu Schürfwunden passen würde. Diese Verletzungen lassen sich mit der Vorstellung vereinbaren, dass sie beim Tragen des Querbalkens entstanden sind.« Zu der Frage, wie das Patibulum getragen wurde, siehe Barbet 1963, S. 41, 99–101; Antonacci 2000, S. 101; Zugibe 2005, S. 46–48
28 Wie Zugibe erklärt, können »selbst winzige Wunden heftig bluten, solange das Herz schlägt«, und »die Geißelmale wurden viele Stunden vor dem Abnehmen vom Kreuz zugefügt, sodass sich auf den Wunden Blutkrusten gebildet haben müssen, die es schwer machen zu verstehen, wie die Geißelmale so exakt umrissene Formen haben hinterlassen können« (Zugibe 2005, S. 219).
29 Ebenda, S. 221
30 Siehe ebenda, S. 215, 221
31 Ebenda, S. 219. Das passt zu der Tatsache, dass sich auf dem Grabtuch keine Schweißspuren nachweisen lassen (S. 220).
32 Siehe Danby 1933, S. 120 (*Mischna*, Schabbat XXIII, 5, 2005, Wiesbaden, S. 167). Auch in der Apostelgeschichte wird über die Totenwaschung (Apg 9,37) berichtet. Zur Beschreibung von Jesu Leichnam im nichtkanonischen Petrusevangelium siehe oben, S. 291.
33 Ganzfried 1978, Bd. 3, S. 1051. Zur Anwendbarkeit dieser Vorschrift auf die Grabtuchgestalt siehe Lavoie 1998, S. 67–75; Wilson 1999, S. 88; Antonacci 2000, S. 117 f. All diese Autoren nehmen fälschlicherweise an, dass der Leichnam, den das Grabtuch umhüllt hat, nicht gewaschen wurde.
34 Das verträgt sich beispielsweise mit Mischna-Vorschriften über »unreines« Blut, wie sie La-

voie diskutiert (1998, S. 70–74), die entsprechenden Vorschriften finden sich in Danby 1933, S. 289 f., 653 f. (*Mischna*, Nazir 7,2, Oholoth 3,5, S. 384, S. 834).

35 Siehe Ganzfried 1978, Bd. 3, S. 1052 f.; Lev 17,11

36 Ganzfried 1978, Bd. 3, S. 1052 f.

37 Wilson 1999, S. 88 f. (und seine Referenz: Ganzfried 1978, Bd. 3, S. 1051–1053). Wilson merkt an, dass die Verwendung eines *sovev* im Fall eines gewaltsamen Todes auch vom jüdischen Gelehrten Nachmanides beschrieben wurde.

38 Siehe Wilson 1999, S. 88. Fulbright 2005 erläutert, dass man »lange Grabtücher, in die der Leichnam der Länge nach eingeschlagen wurde, in der Nähe von Jerusalem ausgegraben hat«, und zeigt eine Fotografie der Biblical Archaeological Society von einer solchen Bestattung in der Nähe von Givat ha-Mivtar. Leider führt sie zu dieser Information keine Quelle an.

39 Zur Beschreibung der Wunde siehe Barbet 1963, S. 133 f.; Bucklin 1998, S. 99; Wilson 1999, S. 65

40 Zur Beschaffenheit einer römischen Lanze, siehe Bulst 1957, S. 68; Antonacci 2000, S. 100 f.; Wilson 2010, S. 49

41 Zu den antiken Quellen für diesen Brauch siehe Bulst 1957, S. 50 f.;, Barbet 1963, S. 51 f.

42 Joe Nickell stellt sich beispielsweise vor, dass sich aus seiner solchen Wunde eine »massive Blutung ergossen hätte, die zumindest den unteren Teil des Oberkörpers und den Oberschenkel bedeckt haben müsste« (Nickell 1998, S. 66). Er scheint dabei jedoch an eine Wunde gedacht zu haben, die einem Lebendigen zugefügt wurde. Die Spuren auf dem Tuch hingegen stammen von einer Wunde, die einem aufrecht hängenden Leichnam zugefügt wurde.

43 Bucklin 1998, S. 99

44 Siehe Barbet 1963, S. 133

45 Zu den Wasserflecken auf dem Grabtuch siehe Wilson 2010, S. 79–83

46 Siehe Barbet 1963, S. 137; Wilson 1980, S. 29 (vor allem seinen Verweis auf Dr. David Willis); Zugibe 2005, S. 196

47 Nach Barbet haben viele der Mediziner, die das Grabtuch untersucht haben, gemutmaßt, dass die Lanze den rechten Vorhof des Herzens durchbohrt hat, andere glauben, sie habe lediglich den Brustkorb und die rechte Lunge durchstochen. Zu den unterschiedlichen medizinischen Einschätzungen siehe Barbet 1963, S. 137 f.; Zugibe 2005, S. 139–143. Zugibe ist der Ansicht, dass der Winkel der Klinge abhängig ist »davon, wie weit über dem Erdboden der Gekreuzigte sich befunden hat, von der Größe des Soldaten, der die Lanze geführt hat, davon, wo der Soldat gestanden hat (auf einer Erhebung, ebener Erde, etc.), von der Länge des Lanzenschafts, davon, wie die Lanze geführt wurde, und vielem mehr (Zugibe 2005, S. 155).

48 Joh 19,34

49 Bucklin 1998, S. 99. Vgl. Wilson 1980, S. 51 (Befund von Dr. David Willis). Meiner Ansicht nach sind die klaren Bereiche innerhalb des Flecks nichts weiter als Lücken zwischen einzelnen Blutrinnsalen (z. B. Ausfransungen am unteren Ende des Flecks) oder Stellen, an denen das Blut durch eine Falte im Tuch daran gehindert wurde, sich auszubreiten. Jede klare Flüssigkeit, die aus der Wunde ausgetreten wäre, hätte sich auf der Stelle mit dem Blut vermischt (siehe Zugibe 2005, S. 142 f.).

50 Siehe Wilson 1999, S. 394

51 Siehe Barbet 1963, S. 24, 142, 149, 151 f.; Bucklin 1970, S. 25. Vignon ging davon aus, dass die Flecken mit den Brandspuren von 1532 zu tun haben (Vignon 1902, S. 20).

52 Siehe Wilson 1999, S. 66 (Zitat von Dr. Joseph Gambescia); Zugibe 2005, S. 196

53 Die reflexionsspektroskopische und mikroskopische Untersuchung des STURP-Teams ergab, dass die Fersen der Grabtuchgestalt vergleichsweise schmutzig waren (siehe Heller 1983, S. 112). Dazu Heller: »Was könnte logischer sein als Schmutz an den Füßen eines Mannes, der barfuß gelaufen ist? Natürlich wurde niemand mit Schuhen oder Sandalen ans Kreuz geschlagen. [...] Es ist nicht so viel Schmutz vorhanden, dass man ihn mit bloßem Auge sehen könnte, folglich hat ihn auch kein Fälscher dort platziert.«

54 Vgl. Zugibe 2005, S. 214: »Nach dem Eintreten des Todes gerinnt Blut, das noch aus einer Wunde tritt, eher selten, es trocknet vielmehr ein. Jede Art von Feuchtigkeit kann es erneut verflüssigen.«

55 Vgl. Ganzfried 1978, Bd. 3, S. 1051, wo es heißt, dass jemand, der eines gewaltsamen Todes gestorben ist, zur Bewahrung des Lebensbluts nicht nur in seinen Kleidern bestattet werden soll, sondern sogar zusammen mit der blutgetränkten Erde von der Stelle, an der er gestorben ist.

56 Eine hilfreiche Aufnahme eines solchen Rinnsals, die zeigt, wie sich das Blut auf dem Arm eines Mannes verteilt, der in der gleichen Position liegt wie die Grabtuchgestalt, findet sich in Lavoie (1998, S. 83). Lavoies eigene Theorie zur Entstehung des Rinnsals weicht allerdings von meiner ab, denn er geht davon aus, dass die Nägel entfernt wurden, als das Patibulum noch am Kreuz hing, ein Szenario, das ich für unwahrscheinlich halte.

57 Zugibe 2005, S. 193

58 Nickell 1998, S. 67, Nickell zitiert zur Untermauerung seiner Argumentation ein Beispiel: Giovanni da Milanos Pietà in der Florenzer Galleria dell' Accademia (abgebildet in Janson 1962, S. 274), die keinerlei erkennbaren Bezug zum Bild auf dem Grabtuch hat.

59 Wilson 1999, S. 60

60 Zur »Dornenhaube« siehe Barbet 1963, S. 93–97; Bucklin 1998, S. 99; Zugibe 2005, S. 36 f.

61 Was den Weg angeht, den das Blut durch das Haupthaar genommen hat, glaubt Zugibe, dass seiner »forensischen Rekonstruktion der Spuren einer Dornenhaube zufolge das Haar mit Blut getränkt und anfänglich trocken gewesen ist, sodass die Wirkung des Blutes ein bisschen wie die von Haarspray gewesen sein muss« (Zugibe 2005, S. 193). Lavoie ist der Ansicht, dass die Blutspuren, die man auf den Stirnlocken sieht, ursprünglich an der Seite des Gesichts verlaufen sind und das Tuch nachträglich gespannt worden ist (siehe Lavoie 1998, S. 104–111), aber Zugibes Beobachtung macht diese Hypothese unnötig. Auch spielt die Dichte des Haupthaars vermutlich eine Rolle für die relativ kompakte, auffällige Erscheinung der Locken, die auf beiden Seiten heruntergehangen haben werden, als der Gekreuzigte das Haupt zum Sterben neigte.

62 Zitiert in Lavoie 1998, S. 66

11 Die Körperzeichnung

1 Zur heißen Metallstatue siehe Ashe 1966, zur Fotografievorläufer-Hypothese siehe oben, S. 181–185, zum aufgemalten Schatten siehe Wilson 2005, zum Auftupfen von Säure siehe die Einwände von Heimburger/Fanti 2010. Einen guten Überblick über die verschiedenen Betrugstheorien geben Antonacci 2000, S. 47–59, 73–96, und Zugibe 2005, S. 245 f., 252–262.

2 Zitiert in Lavoie 1998, S. 65

3 Siehe McCrone 1999, S. 121 f., 287 f. McCrone bezieht sein Wissen über Simone Martini von der Rückseite einer Postkarte.

4 Siehe Heller/Adler 1981, S. 90; Miller/Pellicori 1981, S. 84; Schwalbe/Rogers 1982, S. 10–24; Tribbe 1983, S. 144; Jumper et al. 1984, S. 450–455; Rogers 2008, S. 28

5 Siehe Schwalbe/Rogers 1982, S. 24; Tribbe 1983, S. 143 f.; Jumper et al. 1984, S. 454 f.

6 Siehe Schwalbe/Rogers 1982, S. 24; Antonacci 2000, S. 37 f.

7 Eine hilfreiche Zusammenfassung der Beweislage findet sich in Jumper et al. 1984, S. 453.

8 Siehe Heller/Adler 1981, S. 97 f.; Heller 1983, S. 148 f., 173 f., 178–180, 194–196; Tribbe 1983, S. 133 f.; Wilson 1986, S. 89–91; Antonacci 2000, S. 53 f.

9 Siehe Heller/Adler 1981, S. 99 f., und oben, S. 152 f.

10 Erwähnenswert ist die Beurteilung McCrones durch Edward Hall, einen der Wissenschaftler, der an dem Radiokarbontest von 1988 beteiligt war. Im Gespräch mit Wilson gab Hall »unumwunden zu, dass er McCrone für einen schlechten Wissenschaftler halte, der sich zu sehr auf die subjektive Einschätzung dessen verlassen würde, was er durch ein Mikroskop sähe« (Wilson 1999, S. 272).

11 Siehe Nickell 1998, S. 100–106. Akzeptiert wird Nickells »Lösung« offenbar von Lane Fox (Lane Fox 1991, S. 250 f.).

12 Siehe Nickell 1978a; Nickell 1978b

13 Siehe Nickell 1998, S. 133–140

14 Siehe Antonacci 2000, S. 74, zu experimentellen Belegen für seine Kritik. Eine allgemeine Kritik an Nickells Theorie findet sich in Antonacci 2000, S. 73–76; Zugibe 2005, S. 255 f.

15 Zugibe 2005, S. 231; vgl. auch Barbet 1963, S. 91, und Bucklin 1970, S. 25

16 Siehe Zugibe 2005, S. 179 f., 231; Bucklin 1970, S. 25. Mithilfe lebensgroßer Fotografien und dreidimensionaler Bildverarbeitung haben Mediziner verschiedene Anzeichen von Verletzungen im Gesicht des Gekreuzigten festgestellt (siehe Zugibe 2005, S. 37, 179 f., 230–232). Ich nehme allerdings an, dass manche der Befunde Artefakte sind.

17 Nickell bekennt allerdings, dass seine Abriebtechnik nicht »durch und durch mechanisch« ist (Nickell 1998, S. 104).

18 Siehe Picknett/Prince 1994. Eine knappe Zurückweisung der Fotografievorläufer-Theorie findet sich in Ware 1997, S. 265.

19 Zu Allens Theorie siehe Allen 1993, Allen 1995 und Allen 2010. Wilson formuliert eine überzeugende Kritik an Allens Beweisführung in Wilson 1999, S. 291–297. Antonacci und Zugibe tun es ihm gleich (Antonacci 2000, S. 84–93; Zugibe, S. 261–263). Vor Kurzem hat Keith Laidler unter dem Eindruck von Allens Überlegungen den Standpunkt vertreten, dass das Grabtuch eine Fotografie sei, die gegen Ende des 13. Jahrhunderts von Tempelrittern angefertigt worden sei, um das einbalsamierte Haupt Jesu für die Nachwelt festzuhalten (siehe Laidler 2000, hier insbesondere. S. 163–167).

20 Zur Fotografie als Erfindung des 19. Jahrhunderts und Produkt der visuellen Kultur jener Zeit siehe Crary 1990 sowie Kemp 1990, S. 167–220

21 Die ersten Berichte über die Verwendung von Linsen in einer Camera obscura gibt es aus dem 16. Jahrhundert (siehe Antonacci 2000, S. 90; Zugibe 2005, S. 262).

22 Antonacci 2000, S. 92. Vgl. Ware 1997, S. 264: »[Allen] setzt, ohne entsprechende Belege und ohne Rechtfertigung unausgesprochen das Vorhandensein einer Linsentechnologie voraus, die erst Jahrhunderte später erfunden werden sollte.«

23 Allen 2010, S. 63 f., mutmaßt, dass der »frühe Fotograf« möglicherweise in einem kühlen Klima gearbeitet haben könnte. Und er räumt ein, dass er den Leichnam (mit Haut und Haaren) womöglich hätte weiß anstreichen müssen, damit er genügend Sonnenlicht reflektiert. Ware wendet ein, dass in Anbetracht der Linsentechnologie des 14. Jahrhunderts eine realistische Belichtungszeit im Bereich von Monaten gelegen haben würde, damit die Sache überhaupt möglich war.

24 Vermittels Röntgenfluoreszenzspektroskopie konnten nur Calcium, Strontium und Eisen nachgewiesen werden (siehe Morris et al. 1980, S. 45 f.; Heller 1983, S. 136). Wie oben (S. 152 f.) beschrieben, wurden auf dem Stoff auch Silberpartikel von dem Behältnis, in dem das Grabtuch aufbewahrt wurde, gefunden, spielen in diesem Zusammenhang aber keine Rolle. Zu den Silberspuren auf Allens Replika siehe Ware 1997, S. 264 f.

25 Allen 2010, S. 16–21, akzeptiert, dass das Blut auf dem Tuch echt ist. Er glaubt dennoch, dass die Geißelspuren durch »mindestens zwei Stempel aufgebracht wurden« (womit ein regelmäßiges dreiteiliges Muster gewährleistet wäre) und das Blut andernorts »mit oder ohne ein Bindemittel auf Eisenbasis« aufgetropft oder aufgepinselt wurde (S. 137–138). Er beteuert überdies, dass »das Aufbringen des Bluts den Gewohnheiten der Zeit gemäß erfolgt ist – gemeint ist das Ende des 13. Jahrhunderts« (S. 75, vgl. S. 94), eine Aussage, die er nicht mit passenden Referenzen untermauert.

26 Siehe Schwortz 2000: »Allens Bild liefert die nötigen Belege, Fotografie als bildgebenden Prozess im Falle des Grabtuchbildes auszuschließen.« Schwortz legt eine profunde Kritik der Allen'schen Theorie vor. Siehe auch Ware 1997, S. 264 f.

27 Dass Licht mit der Entstehung der Körperzeichnung nichts zu tun hat, wird durch die Untersuchungen am VP-8 Image Analyzer deutlich, die zeigen, dass die Abstufungen der Farbintensität durch den Abstand zwischen Tuch und Körper und nicht durch unterschiedliche Helligkeitsgrade bestimmt sind (siehe oben , S. 135 f.). In einen VP-8 Analyzer gefüttert ergeben Allens Fotografievorläufer ein scheußlich verzerrtes Bild (siehe Antonacci 2000, S. 86, Abb. 62 und 64).

28 Siehe Piczek 1995 und Piczek 1996. Piczek lässt die möglichen Auswirkungen der Totenstarre außer Acht. Ihre Untersuchung kommt zu der unmöglichen Schlussfolgerung, dass »die obere und die untere Hälfte des Tuchs zum Zeitpunkt der Bildentstehung absolut glatt, glatter als jedes andere Tuch unter normalen Bedingungen, gewesen sein müssen« (Piczek 1996), und ist mit einer merkwürdigen Zeichnung illustriert, die weder zu der Gestalt auf dem Grabtuch passt, noch korrekte anatomische Proportionen zeigt – die Beine sind für eine perspektivische Zeichnung eindeutig zu lang. Weitere Kritikpunkte an Piczeks Analyse finden sich in Laidler 2000, S. 267.

29 Zugibe 2005, S. 196 f., erklärt die Darstellung der Füße auf diese Weise und zitiert dabei Bulst, der das Gleiche sagt.

30 Siehe Rogers 2008, S. 43 f.

31 Zur Verwesungsgeschwindigkeit eines Leichnams siehe unten, Kap. 12, Anm. 36

32 Wissenschaftliche Analysen des Bildnisses auf dem Grabtuch sprechen für die These, dass keine größeren Verzerrungen zu erwarten sind, wenn das Tuch lose über den Körper eines Menschen geschlagen wurde (siehe Ercoline/Jackson 1982; Latendresse 2005). Latendresse merkt übrigens auch an, dass die Bildintensität an einem beliebigen Punkt durch die kürzeste Distanz zwischen Körper und Tuch bestimmt wird und es sich nicht, wie Ercoline/Jackson annehmen, um eine schlichte vertikale Projektion handelt.

33 Kleinere Verzerrungen vor allem in der Gesichtsregion demonstrieren Ercoline/Jackson 1982 sowie Latendresse 2005.

34 Allen 2010, S. 64, weist auf die relative Breite des Beckens hin, die der Gestalt eine beinahe feminine Erscheinung verleiht. Ercoline/Jackson bestätigen seine Beobachtung (Ercoline/Jackson 1982, S. 577 f.), ebenso Latendresse 2005.

35 Eine zusammenfassende Erläuterung der Totenstarre gibt Zugibe 2005, S. 212.

36 Laidler 2000, S. 185

37 Zugibe 2005, S. 213, stellt kurz und bündig fest: »Hätte die Totenstarre noch nicht eingesetzt gehabt, hätten die Abbilder der Beine symmetrisch ausfallen müssen.« Er kommt

daher zu dem Schluss, dass sich »der Mann auf dem Grabtuch [bei Eintritt des Todes] in hängender Haltung befunden haben muss«. Vgl. Bucklin 1998, S. 99

38 Diese Zeichnung wird besprochen in Wilson 1984 und in Brown 1994, S. 947, 952, Anm. 37. Die Füße zeigen bei diesem Beispiel nach außen, das aber spielt für unsere Diskussion um das Grabtuch keine Rolle. Barbet merkt dazu an, dass der erste literarische Verweis auf ein Suppedaneum aus dem 6. Jahrhundert stammt, und weist daher die Vorstellung, es könne bei Jesu Kreuzigung Verwendung gefunden haben, als »Produkt künstlerischer Einbildungskraft« zurück (Barbet 1963, S. 43, 64). Zugibe wehrt sich aus ähnlich unzureichenden Gründen ebenfalls gegen die Verwendung eines Suppedaneums (Zugibe 2005, S. 58, 96).

39 Siehe Schwortz 2000 zur Diskussion dieses Aspekts

40 Genaueres dazu in Knight/Lomas 1998, S. 199, 201 f. Diese Autoren schließen aus dieser und anderen Beobachtungen bizarrerweise, dass der Mann auf dem Grabtuch noch am Leben war, als man ihn darauf bettete, und dass er auf einem weich gepolsterten Lager geruht habe.

41 Vgl. Zugibe 2005, S. 213: »An der Schulter und an den Ellbogen muss die Totenstarre gewaltsam gelöst worden sein, damit die auf dem Grabtuch zu beobachtende Haltung möglich wurde.« Es wird übrigens häufig argumentiert, die über dem Geschlecht gekreuzten Hände seien ein Hinweis auf mittelalterliche Prüderie (siehe z. B. Nickell 1998, S. 55). Für diese Behauptung gibt es wenige Belege. Man kennt jede Menge Beispiele von Leichnamen und Grabbeigaben aus der Antike, die in ähnlicher Weise präpariert wurden (siehe z. B. Wilson 1999, S. 90); es handelt sich demnach nicht um eine spezifisch mittelalterliche Pose. Davon abgesehen waren die Juden der Antike nicht weniger prüde als die Europäer des Mittelalters, und die Bestattung des Mannes auf dem Grabtuch war überdies noch nicht zu Ende geführt, was bedeutete, dass der Leichnam noch von anderen Personen gesehen werden würde. Wenn es sich wirklich um Jesus gehandelt hat, wissen wir historisch gesichert, dass seine Bestattung von Frauen zum Abschluss gebracht werden sollte, womit dieses Minimum an Totenwürde umso selbstverständlicher erscheint.

42 Siehe Picknett/Prince 1994; Laidler 2000, S. 259–269

43 Vgl. Zugibe 2005, S. 179: »Durch die angehobenen Schultern, zwischen die sich der Kopf des Verstorbenen gesenkt hat, ist die Halsregion nicht erkennbar.« Die Vorwärtsneigung des Kopfes erklärt auch die verlängerte Nackenregion der Rückenansicht (siehe ebenda, S. 213).

44 Siehe z. B. Picknett/Prince, die Vorder- und Rückenansicht gemessen und dann erklärt haben, der Mann auf dem Grabtuch müsse am Rücken fünf Zentimeter länger gewesen sein, als es die Vorderansicht erwarten lässt, und diesen Unterschied als Beleg dafür werten, dass es sich bei dem Grabtuch um eine Fälschung handelt (Picknett/Prince 1994, S. 134–138).

45 Siehe Zugibe 2005, S. 190 f.

46 Siehe z. B. Antonacci 2000, S. 64

47 Vgl. ebenda, S. 177: »Mithilfe des magnetischen Lassos aus dem Bildbearbeitungsprogramm Photoshop hat Barrie Schwortz gezeigt, dass die Seitenansichten des Gesichts in den dunkleren Bereichen des Bildes tatsächlich schwach erkennbar sind.«

48 Siehe Danby 1933, S. 120 (*Mischna*, Schabbat 23.5, 2005, S. 167)

49 Diese Zahl stammt aus einem Diagramm, bei dem die Bildintensität gegen den Tuchabstand vom Körper aufgetragen wurde, siehe Jackson et al. 1977, S. 77 (vgl. dazu auch Nickell 1998, S. 92 f.).

50 Vgl. Bulst 1957, S. 95: »Haupthaar und Bart haben sich wie ein Rahmen um das Gesicht gelegt, auf dem das Tuch ruhen konnte.« Die leeren Stellen zwischen dem Gesicht und

seinem »Haarrahmen« sind vermutlich darauf zurückzuführen, dass das Tuch den Raum zwischen Wangenknochen und Locken überspannt hat, und weniger auf die Wirkung des Kinnbands.

12 Ein natürlich entstandenes Abbild Jesu?

1 Josephus berichtet, dass unter Tiberias Alexander im Jahr 46 zwei Söhne von Judas dem Galiläer gekreuzigt wurden, aber es gibt keinerlei Hinweise darauf, dass einer davon von den Römern oder von der judäischen Bevölkerung als Messias betrachtet wurde. Siehe Josephus, *Altertümer*, 20. Buch, Kap. 5 (1898, S. 651).

2 Siehe Knight/Lomas 1998, S. 185–215, 314–322

3 Siehe Straiton 1989. Straitons These pflichtet Laidler in Teilen bei (Laidler 2000, S. 203–205, 219–220). Zu Belegen für muslimische Kreuzigungen im Mittelalter siehe Laidler 2000, S. 197–202, und Zugibe 2005, S. 53.

4 Auch wenn man spekuliert, dass die Akteure keine Muslime, sondern Christen waren, lässt sich diese Hypothese nicht merklich aufwerten. Es erübrigt sich zu sagen, dass die Christen des Mittelalters mit den jüdischen Begräbnisriten nicht wesentlich vertrauter waren als ihre muslimischen Zeitgenossen. Selbst wenn im Mittelalter tatsächlich irgendein frommer Mensch den Tod am Kreuz gefunden haben sollte, wird sein Leichnam kaum in der gleichen Weise unvollständig bestattet worden sein wie der des Mannes auf dem Grabtuch. (Ein Beispiel für eine mittelalterliche Kreuzigung mit nicht tödlichem Ausgang wird aus England berichtet, siehe dazu Binski 2004, S. 201.)

5 Delage schätzt die Wahrscheinlichkeit dafür, dass das Grabtuch von der Kreuzigung eines »Doppelgängers Jesu« stammt, auf 1:1010, eine Zahl, die man nicht allzu wörtlich, sondern vielmehr als Illustration dafür nehmen sollte, wie unwahrscheinlich es ist, dass sämtliche Umstände von Jesu Sterben und Bestattung exakt gleich nachvollzogen worden sein sollten (Delage 1902, S. 686).

6 Siehe z. B. Vignon 1902, S. 134–170; Barbet 1963, S. 32–35; Volckringer 1991, S. 15

7 Zu dieser Mutmaßung siehe Antonacci 2000, S. 211–236, und Zugibe 2005, S. 273–274. Zugibe kritisiert die Röntgenstrahlen-Hypothese von Giles Carter (siehe Zugibe 2005, S. 266–278; Rogers 2008, S. 77–93).

8 Zur Diskussion über eine Koronaentladung siehe Fanti et al. 2005; Zugibe 2005, S. 268–273; Rogers 2008, S. 83–86. Ursprünglich stand ein Erdbeben als Quelle der elektrischen Strahlung im Mittelpunkt der Hypothese, aber Fanti et al. 2005 mutmaßen, dass die Koronaentladung »Abfallprodukt eines Teilchenphänomens bei der Auferstehung sein könnte«, desgleichen Mary und Alan Whanger 1998, S. 124.

9 Siehe Rogers 2008, S. 31–33, 56–58, 86–93

10 Ebenda, S. 93. Vgl. Jumper et al. 1984, S. 456: »[...]der Prozess, der zu der vorgefundenen chemischen Beschaffenheit geführt hat, fand bei niedrigen Temperaturen (unter 200 Grad Celsius) statt, denn man hat keine Pyrolyserückstände gefunden.« Miller/Pellicori merken an, dass das Körperbild unter UV-Licht nicht fluoresziert, ein weiterer Beweis dafür, dass es sich um keine Hitzereaktion handelt (Miller/Pellicori 1981, S. 84).

11 Siehe Antonacci 2000, S. 222–232

12 Rogers 2008, S. 80–81.

13 Ein weiteres Problem, das jeder Strahlungshypothese zuwiderläuft, ist das Bild auf der Rückseite des Tuchs im Bereich des Haupthaars (siehe oben, S. 141 f.). Rogers fragt dazu:

»Welche Art von Strahlung würde an keiner anderen Stelle außer dort, wo die Haare sehr dicht sind, ein Tuch durchdringen und färben?« Außerdem ist die Tatsache zu berücksichtigen, dass die Körperzeichnung sich nicht unter den Blutflecken und Serumabsonderungen findet; von Röntgenstrahlen oder jeder anderen Art von Strahlung aber wären diese problemlos durchdrungen worden. Hinzu kommt, dass wir, wenn für das Bild Röntgenstrahlen verantwortlich wären, die von allen Körperteilen ausgehen, ein eher skelettartiges Bild erwarten sollten (siehe Rogers 2008, S. 91).

14 Siehe Volckringer 1991. Diskussionen zur Arbeit von Volckringer finden sich in Barbet 1963, S. 33–35, und in Wilson 1986, S. 99 f. Alan Mills hat eine Hypothese entwickelt, der zufolge Singulett-Sauerstoff sowohl für die von Volckringer beobachteten Pflanzenabbilder als auch für die Körperzeichnung auf dem Grabtuch verantwortlich sein soll (siehe Mills 1995; Knight/Lomas 1998, S. 314–322), aber seine Überlegungen sind bislang von keinem anderen Wissenschaftler verifiziert worden.

15 Näheres zu diesem Abbild auf einer Krankenhausmatratze in Wilson 1999, S. 416; Laidler 2000, S. 176

16 Zu diesem Experiment und Vignons anschließender Analyse siehe Vignon 1902, S. 154–162

17 Diese Beobachtung ist derart bedeutsam, dass es lohnt, Vignons Schlussfolgerung in voller Länge zu zitieren: »Die lichtempfindliche Platte registrierte selbst geringfügigste Höhenunterschiede, wie man beim Vergleich mit der Münze sehen kann. Davon abgesehen nahm die Bildintensität mit zunehmender Entfernung derart rasch ab, dass die Halsgrube oder der Abfall der rechten Schulter sehr viel deutlicher zutage traten als bei der Fotografie. Zweifellos liefert die Fotografie Einzelheiten, die das ohne Linse gewonnene Abbild nicht liefert, andererseits ist die Fotografie jedoch trügerisch, was die Wiedergabe der Oberflächenstruktur betrifft. Bei der Fotografie vermittels einer Linse haben wir womöglich den Eindruck, dass die rechte Schulter fast genauso weit nach vorne steht wie die linke und dass das Kinn nur ein ganz klein wenig vorsteht. Das chemische Abbild hingegen übertreibt die Abstufungen der abzubildenden Oberfläche eher, und unsere Abbildung ist nicht flach, sondern wirkt wie ein zerklüftetes Relief« (Vignon 1902, S. 161).

18 Siehe z. B. unten, Anm. 39. Jackson et al. weisen die Vaporografie-Theorie auf der Basis eines unzureichenden Experiments zurück, aus dem ein schlecht aufgelöstes Bild hervorging, das nach Bearbeitung durch den VP-8 Image Analyzer »irgendwie deformiert« wirkte (Jackson et al. 1982, S. 569 f.). Ihre Vaporografie (abgebildet in Antonacci 2000, S. 62) ist weit weniger kohärent und klar als diejenigen von Vignon und seinem Kollegen René Colson. Diese frühen Bilder, die Jackson und seine Kollegen ignorieren, lassen vermuten, dass Vaporografien die dreidimensionalen Eigenschaften des Grabtuchbilds teilen.

19 Vgl. Joh 19,39 f.

20 Siehe Vignon 1902, S. 162–170

21 Zum Fehlen von Aloe und Myrrhe auf dem Grabtuch siehe Rogers 2008, S. 43 f.

22 Siehe Vignon 1902, S. 155. Diskussionen und kritische Stellungnahmen zu verschiedenen Kontakttheorien liefern Antonacci 2000, S. 63–68; Zugibe 2005, S. 248–251; Rogers 2008, S. 94.

23 Rogers/Arnoldi 2003. Das gleiche Argument findet sich in Rogers 2008, S. 29–31, 99–120.

24 Siehe Rogers 2008, S. 109

25 Siehe ebenda, S. 38, und oben, S. 144 f.

26 Siehe Rogers/Arnoldi 2003, S. 108

27 Rogers 2008, S. 100

28 Ebenda

29 Siehe Vignon 1902, S. 163 f. Rogers stellt, allerdings ohne eine Quelle zu nennen, fest: »Viele

Grabtücher wurden in archäologischen Kontexten untersucht, und manche davon weisen Teilbilder auf« (siehe Rogers 2008, S. 31).

30 Rogers/Arnoldi 2003, S. 109; vgl. Rogers 2008, S. 105

31 Siehe Rogers 2008, S. 102

32 Siehe ebenda, S. 101, 106, 115

33 Siehe Zugibe 2005, S. 282

34 Rogers/Arnoldi 2003, S. 112

35 Siehe Rogers 2008, S. 108, 118 f. Rogers merkt außerdem an, dass die Konzentration von schwereren Molekülen wie Putrescin und Cadaverin mit abnehmender Distanz vom Körper rasch abnimmt, und erklärt, dies sei »ein wichtiger Faktor bei der Berechnung der maximalen Auflösung eines bildgebenden Mechanismus auf der Basis von Diffusionsprozessen« (ebenda, S. 115). Auch wenn Rogers Vignon keinen Tribut zollt, so kommentiert er doch, dass die Ablehnung des Diffusionsprozesses auf Gasbasis als bildgebendem Mechanismus durch das STURP-Team ein Fehler sei. Obwohl die STURP-Wissenschaftler recht hatten mit der Schlussfolgerung, der bildgebende Prozess habe nichts mit der Diffusion von Gasen durch das Tuch zu tun, hätte die laterale Diffusion auf der Tuchoberfläche doch nicht als potenzieller Faktor ausgeschlossen werden dürfen (siehe ebenda, S. 112).

36 Mannix 2011, S. 6. Fanti lehnt die Maillard-Reaktion hauptsächlich deshalb als Mechanismus ab, weil es keinerlei Anzeichen von flüssigen Verwesungsprodukten gibt (Fanti et al. 2005). Rogers zitiert (in 2008, S. 116) allerdings eine Studie aus jüngster Zeit von Arpad Vass et al., die zu dem Schluss kommen, dass Verwesung »generell zwischen 36 und 72 Stunden nach Eintritt des Todes« einsetzt. Mit anderen Worten: Es hätte durchaus genügend Zeit für den Ablauf der Maillard-Reaktion und das Abnehmen des Tuchs gegeben, bevor der Leichnam zu verwesen begann.

37 Siehe z.B. Rogers (2008, S. 106), der mutmaßt, dass »eine solche Situation durch die verlangsamte Farbbildung im Rahmen der Maillard-Reaktion bei geringen Temperaturen zustande kommen kann«.

38 Ebenda, S. 102

39 Vgl. Mills 2009, S. 20, der die Maillard-Reaktion als bildgebenden Prozess mit folgenden Worten ablehnt: »Es ist doch so, dass man, genau wie bei der Vignon-Hypothese, statt eines strukturierten Bildes eine Silhouette erwarten müsste.«

40 Vgl. Ps 16,10

13 Das Fiasko der Radiokarbondatierung

1 Damon et al. 1989, S. 611

2 Zur Radiokarbondatierung und den damit verbundenen Problemen siehe Meacham 1986; Antonacci 2000, S. 155–158

3 Currie 2004, S. 204

4 Vgl. Meacham 2005, S. 54: »Ich habe um die 150 C-14-Proben von neolithischen, bronzezeitlichen und frühgeschichtlichen Fundorten ausgegraben, eingesandt und interpretiert. Von den gewonnenen Daten galten 110 als glaubwürdig, 30 als unzuverlässig und 10 als problematisch.«

5 Dieses Beispiel und andere finden sich in Antonacci 2000, S. 157, Meacham 1986; Wilson 1999, S. 263–265. Auf S. 192 berichtet Wilson über den Fall des Lindow Man, einer Moorleiche, die man 1984 in der englischen Grafschaft Cheshire gefunden und 1986, nur

zwei Jahre vor dem Grabtuch, karbondatiert hatte: Drei verschiedene Labors erhielten Gewebeproben: Harwell datierte die Leiche auf das 5. Jahrhundert n. Chr., Oxford auf das 1. Jahrhundert n. Chr. und das British Museum schließlich auf das 3. Jahrhundert v. Chr. Jedes Labor behauptete, sein Ergebnis sei richtig und weise lediglich eine Schwankung von ± 100 Jahren auf. Die drei Ergebnisse zusammen umfassten aber eine Spannbreite von 800 Jahren.

6 Meacham 2005, S. 55

7 Zitiert in Wilson 1999, S. 264

8 Zitiert in Antonacci 2000, S. 171

9 Zum Vergleich der Testergebnisse aus verschiedenen Labors siehe Burleigh et al. 1986; Gove 1996, S. 77–81; Antonacci 2000, S. 174 f.

10 Siehe Burleigh et al. 1986, S. 574

11 Coghlan 1989

12 Ebenda

13 Drei Archäologen – William Meacham, Roberto Ciarla und Maurizio Tosi – hatten angeboten, die Radiokarbondatierung zu überwachen, aber dieses Angebot wurde nicht angenommen. Siehe Meacham 2005, S. 83

14 Gove 1996, S. 14

15 Zum Turiner Protokoll siehe Antonacci 2000, S. 177 f.; Gove 1996, S. 174 f.

16 Siehe Meacham 2005, S. 75; Gove 1996, S. 153 (der sich über Meachams Rat lustig macht)

17 Zitiert in Antonacci 2000, S. 177

18 Selbst die aufgespleißten Fäden hätte man noch an ihrer Beschaffenheit erkannt (siehe Gove 1996, S. 154, 163).

19 Zu den Einwänden gegen die Blindtests siehe Gove 1996, S. 154, 163, 168–170; Meacham 2005, S. 73, 91

20 Zitiert in Gove 1996, S. 252

21 Einzelheiten zum Vorgeplänkel der Radiokarbondatierung von 1988 siehe Gove 1996, S. 177–252; Wilson 1999, S. 245–260; Meacham 2005, S. 52–90. Unnötig zu erwähnen, dass in Damon et al. 1989 sämtliche Schwierigkeiten unter den Teppich gekehrt wurden.

22 Vgl. Gove 1996, S. 295: »Ich dankte einmal mehr der Vorsehung, die dafür gesorgt hat, dass die 14C-Ergebnisse nicht durch die Beteiligung von STURP-Forschern verdorben werden konnten.«

23 Siehe Gove 1996, S. 261; Meacham 2005, S. 90; Wilson 2010, S. 87

24 Siehe Meacham 2005, S. 92, 96 f.; Rogers 2008, S. 63–76

25 Zitiert in Wilson 1999, S. 23

26 Siehe Bollone 1998, S. 120

27 Siehe Wilson 1999, S. 264

28 Wilson 1999, S. 313, der hier Gove et al. 1997 zitiert

29 Gove 1996, S. 160, 291

30 Siehe Kouznetsov et al. 1996. Zur Kritik an diesem Artikel siehe Jull et al. 1996

31 Siehe z. B. Antonacci 2000, S. 159–164

32 Siehe Gove 1996, S. 308 f.; Wilson 1999, S. 313–315; Garza-Valdes 1998

33 Siehe Benford/Marino 2002; Benford/Marino 2005

34 Flury-Lemberg 2007, S. 15; vgl. Flury-Lemberg 2003, S. 60

35 Rogers 2005, S. 192

36 Siehe Kersten/Gruber 1994, die über die Untersuchungen der katholischen Gegenreformatoren berichten.

37 Siehe Couzin 2006

38 Meacham 2005, S. 144. Meacham weist dessen ungeachtet jeden Verdacht auf eine Verschwörung als »offenkundigen Unsinn« zurück, vor allem, weil er sich nicht vorstellen kann, »wer so etwas tun sollte, und warum« (S. 117).

39 Zitiert aus dem BBC-Dokumentarfilm *Shroud of Turin: material evidence*, von David Rolfe, gesendet am 22. März 2008 auf BBC2

40 Internetseite der ORAU: http://c14.arch.ox.ac.uk/embed.php?File=shroud.html (Stand 28. Dezember 2011)

14 Das Grabtuch im Osten

1 Zum Vierten Kreuzzug und der Eroberung von Konstantinopel siehe Bartlett 1999, S. 199–210; Tyerman 2006, S. 538–554; Herrin 2007, S. 262–265

2 Siehe Gibbon 1923, Bd. 6, S. 405–412

3 De Clari 1998, S. 90. *Chroniken des Vierten Kreuzzugs*, Pfaffenweiler: Centaurus-Verlags-Gesellschaft, 1998, S. 134. Zur Diskussion dieser Passage siehe Wilson 1980, S. 106 f., 189 f.; Dembowski 1982; Wilson 1999, S. 200, 219–225; Scavone 2006, S. 12

4 Siehe Mt 27,59; Mk 15,46; Lk 23.53. Dembowski zufolge ist »das Wort *sydoines* ein maskulines Substantiv […] angelehnt an das lateinische Wort *sindon, sindonis* für Leinwand […]« (Dembowski 1982, S. 15).

5 Peter Dembowski, Fachmann für altfranzösische Literatur, erklärt dazu: »Vor 1650 bedeutete *figure* im Französischen dasselbe wie im Lateinischen, das heißt: ›Gestalt‹, ›Form‹, ›Umriss‹« (Dembowski 1982, S. 16). Da es von dem Leichentuch hieß, es habe sich »völlig aufgerichtet«, sodass man die Gestalt darauf »ganz sehen konnte«, ist klar, dass es ein Bildnis von Jesu Körper zeigte. Skeptiker, die sich von der Bedeutung des Wortes im modernen Französisch leiten lassen, sind fälschlicherweise der Ansicht, Robert habe lediglich von einem Porträt gesprochen (siehe z. B. Nickell 1998, S. 54).

6 Zur Diskussion des möglichen Reisewegs, den das Grabtuch von Konstantinopel nach Lirey genommen hat, siehe Piana 2007; Wilson 2010, S. 194–214

7 Belting 1981, S. 163

8 Zitiert in Lavoie 1998, S. 65

9 Mesarites 1952, S. 288. Eine Diskussion dieser Textstelle liefern Wilson 1980, S. 190; Dubarle 1985, S. 37–39; Wilson 1999, S. 204, 370; Scavone 2006, S. 11.

10 Hans Belting zögert nicht, *syndoines* und *sindones* gleichzusetzen (siehe Belting 1981, S. 163). Das Nikolaos von »Grabtüchern«, der Mehrzahl also, schreibt, wiegt nicht allzu schwer. In der Pharoskirche war nur von einer *sindon* die Rede (siehe unten), und wenn die Reliquie von Hand ausgestellt wurde, wie die Beschreibung Robert de Claris es vermuten lässt, hat sie womöglich wie ein Tuchpaar gewirkt. Green merkt an, dass Johannes von Damaskus im 8. Jahrhundert ebenfalls den Plural verwendet hat, um Christi Grabtuch zu beschreiben (Green 1969, S. 329).

11 Seltene Darstellungen des unbekleideten Christus aus dem 14. Jahrhundert finden sich in Steinberg 1983, S. 131–133.

12 *Aperilepton* war möglicherweise einst ein geläufiger Begriff für Christus (siehe Dubarle 1985, S. 3, Anm. 20). Trifft das zu, erhebt sich zunächst einmal die Frage, warum dieser seltsame Begriff Eingang in das theologische Vokabular gefunden hat. Schließlich waren Körper in der Malerei des Mittelalters ganz und gar durch ihre Umrisse definiert. Möglicherweise war der Begriff durch das verschwommen-umrisslose Bild auf dem Grabtuch in-

spiriert. Direkt oder indirekt hat Nikolaos' Beschreibung des in das Leichentuch gehüllten Leichnams als *aperilepton* möglicherweise dem seltsam ätherischen Aussehen der Gestalt auf dem Grabtuch Rechnung getragen. Siehe auch Dubarle 1985, S. 42, der den Begriff *aperigraptos* diskutiert, mit dem mehr oder weniger dasselbe gemeint ist.

13 Siehe Riant 1878, S. 216; Wilson 1999, S. 368

14 Siehe hierzu Riant 1878, S. 208; Joranson 1950; Wilson 1980, S. 189; Scavone 2006, S. 7–9

15 Siehe Mazzucchi 1983; Wilson 1999, S. 365; Scavone 2006, S. 5

16 Zum Codex Pray siehe Berkovits 1969, S. 19 f.; Dubarle 1985, S. 44–46; Bongert 1995, S. 98–101; Lejeune 1995, S. 104–109; Dubarle 1998, S. 47–57; Dubarle 2000

17 Vgl. Joh 19,39 f.

18 Vgl. Mk 16,5 f.

19 Siehe Wilson 1980, S. 181 f.

20 Zitiert in Dubarle 2000, S. 183

21 Siehe Dubarle 1985, S. 44; Dubarle 2000, S. 183

22 Siehe Dubarle 1985, S. 45; Dubarle 2000, S. 185 f. Die ungewöhnliche Webart des Grabtuchleinens erregte auch die Aufmerksamkeit des Künstlers, der das Pilgerabzeichen von 1355 entworfen hat (Abbildung 9).

23 Vgl. Dubarle 1985, S. 45

24 Diese Übereinstimmung wird erstmals erwähnt in Dubarle 1998, S. 51. Dubarle schreibt die Beobachtung einem Dr. Y. Cartigny zu. Der fünfte Kreis im unteren Rechteck steht womöglich für die Schäden rings um die vier großen Schürhakenlöcher.

25 Zur Abbildung von Kreuzen als Symbole für Christi Leiden auf liturgischen Gewändern siehe Marriott 1886, S. 173; Norris 1949, S. 32. Siehe auch Hill 1993 zur Symbolik des Kreuzes als Leib Christi.

26 Zum Polystaurion siehe Walter 1982, S. 13–16; Woodfin 2004, S. 297

27 Schon seit dem 1. Jahrhundert steht der Zelebrant des Abendmahls für Christus. Die Symbolik von Priestergewändern ist komplex und ändert sich immer wieder. Papst Sylvester ordnete an, dass der zelebrierende Priester – in Erinnerung an das Leinen, in dem Jesus begraben wurde – Leinen tragen sollte (siehe Marriott 1886, S. 107 f.). Ab dem 8. Jahrhundert wurden die Obergewänder eines Bischofs als Symbol für Christi Leib verstanden (siehe Woodfin 2004, S. 297), wohingegen im 15. Jahrhundert ein Patriarch von Thessaloniki das Polystaurion als Versinnbildlichung von Christi Passion sah (siehe Marriott 1886, S. 173). Ähnliche Überlegungen werden die Grundlage für die polystaurionähnliche Darstellung des Grabtuchs im Codex Pray gebildet haben.

28 Wilson 1980, S. 295

29 Der Erste, der das Pierre-d'Arcis-Memorandum von 1389 diskutiert hat, war Canon Lalore. Er schreibt darüber in einem Artikel 1877, der von Chevalier ausführlich erörtert wird (Chevalier 1899, S. 9–13). Zu den modernen Autoren, die sich der Überzeugung von Pierre d'Arcis anschließen, dass die Reliquie ein Werk von Menschenhand sei, gehören Nickell und Lane Fox (Nickell 1998, S. 12–17; Lane Fox 1991, S. 250), wobei Letzterer sich auf Nickells Darstellung beruft.

30 Zur Geschichte der Archäopteryx-Kontroverse, die in gewisser Weise der Grabtuch-Kontroverse ähnelt, siehe Chambers 2002.

31 Siehe Chevalier 1900, S. xv, xxiii

32 Zu der Behauptung, das Schweigen derer von Charny habe dazu beigetragen, das Grabtuch als Fälschung erscheinen zu lassen, siehe Nickell 1998, S. 15 f.

33 Siehe Chevalier 1900, S. xvii, xviii

34 Im Jahr 1205 schrieb Theodor Angelos, ein Neffe des kurz zuvor gestürzten byzantini-

schen Kaisers, an Papst Innozenz III. und erbat sich dessen Hilfe bei der Rückeroberung u.a. »des Leintuchs, in das unser Herr Jesus Christus nach seinem Tod gehüllt war« und das damals in Athen bewahrt wurde (siehe Piana 2007, S. 45; Scavone 2006, S. 15; Wilson 2010, S. 211–214). Ähnlicher diplomatischer Druck wäre mit Sicherheit auch 1389 ausgeübt worden.

35 Chevalier 1900, S. 28

36 Zu diesem Argument siehe z.B. Nickell 1998, S. 12, 21, 41–48

37 Meacham 1983, S. 309

38 Zur Frühgeschichte der Portland-Vase siehe Walker 2004, S. 17f., sowie Painter/Whitehouse 1990, S. 24–27. Man hat in der Tat die Ansicht vertreten, dass die Vase im 16. Jahrhundert hergestellt wurde (siehe Eisenberg 2003), aber die Argumentation hat sich nicht durchsetzen können, da sie nicht auf dem fehlendem Herkunftsnachweis beruht, sondern auf einer zweifelhaften ikonografischen Analyse.

39 Siehe oben, S. 237

40 Zu Wilsons Mandylion-Theorie siehe Wilson 1980, S. 145–177; Drews 1984, S. 31–75; Kersten/Gruber 1994, S. 142–201; Wilson 1999, S. 208–240; Antonacci 2000, S. 122–154; Wilson 2010, S. 111–188

41 Zu den Beispielen gehören die Madonna von Guadalupe (siehe Freedberg 1989, S. 110f.), das Acheiropoieton im Lateran (siehe Belting 2004, S. 76–82; Zaninotto 2000) und das heilige Antlitz von Lucca (siehe Webb 1986; Manselli et al. 1984).

42 Siehe Runciman 1931; Cameron 1981

43 Ins Englische übersetzt in Guscin 2009, S. 7–69. Wilson 1980, S. 301–315, enthält eine Übersetzung ins Deutsche.

44 Guscin 2009, S. 11

45 So bezeichnete z.B. der Patriarch von Konstantinopel, Germanus, das Bild im 18. Jahrhundert als »Abdruck von Christi schweißgetränktem Antlitz« (zitiert in Wilson 1980, S. 131). Guscin führt mehrere Fälle ausdrücklicher Kritik an Quellen an, die das Bildnis für gemalt halten (siehe Guscin 2009, S. 75, 131, 205). Weitere Beispiele für die Deutung des Bilds als Ergebnis von Schweißabsonderungen siehe Guscin 2009, S. 25, 29, 153

46 Lk 22,44

47 Siehe Guscin 2009, S. 25, 77, 85

48 In ähnlicher Weise spricht ein alter lateinischer Text von der »Stadt Edessa, [...] in der ein blutiges Bild des Herrn aufbewahrt wird« (siehe Wilson 1999, S. 366; Kersten/Gruber 1997, S. 189–201).

49 Zitiert in Guscin 2009, S. 180. Wilson und Runciman sind sich darin einig, dass Symeons Aussage darauf schließen lässt, dass das Bildnis extrem verschwommen gewesen sein muss (siehe Belting, 1981, S. 161; Wilson 1980, S. 134; Runciman 1931, S. 250).

50 Zum Ursprung dieser Legende siehe Wolf 1998, S. 169

51 Entsprechende Verweise finden sich in den Thaddäus-Akten aus dem 7. Jahrhundert (siehe Guscin 2009, S. 146), der *Nouthesia Gerontos* aus dem 8. Jahrhundert (siehe Guscin 2009, S. 154), der *Epistola Abgari* aus dem 9. Jahrhundert (siehe Ragusa 1989, S. 35, 50, Anm. 3), und der *Vita Alexii* aus dem 10. Jahrhundert (siehe Wilson 1999, S. 366).

52 Siehe Guscin 2009, S. 90, 94, 112

53 Siehe Mt 27,35; Mk 15,24; Lk 23,34; Joh 19,23. Zur Mandylion-Beschreibung des Johannes von Damaskus siehe Guscin 2009, S. 152. Von Leon, dem Anagnosten, wird das Mandylion Ende des 10. Jahrhunderts als *peplos* (»Gewand«) bezeichnet (siehe Wilson 1999, S. 213; Drews 1984, S. 39). Sogar der Begriff »Mandylion« selbst, der seit dem 8. oder 9. Jahrhundert gebräuchlich ist, lässt womöglich darauf schließen, dass das Tuch relativ groß gewesen

sein muss, wenn es sich wirklich, wie Guscin annimmt, vom lateinischen Wort *mantellum* (für »Hülle« oder »Decke«) herleitet (siehe Guscin 2009, S. 179). Siehe auch weitere Kommentare zur Etymologie des Wortes bei Guscin 2009, S. 205. Das englische Wort *mantle* leitet sich ebenso wie das deutsche Wort »Mantel« ebenfalls von *mantellum* her, im Altenglischen bezeichnete *mandylion* einen Überwurf oder Umhang, wie ihn z. B. ein Ritter über seiner Rüstung trug.

54 Siehe Guscin 2009, S. 95, 146. Zum Begriff *tetradiplon* siehe Wilson 1980, S. 139–142; Drews 1984, S. 36–41; Wilson 1999, S. 213–215, Fulbright 2005; Wilson 2010, S. 140 f. Cameron zufolge würde der Begriff *tetradiplon* »allem Anschein nach wirklich für die Vorstellung sprechen, dass das fragliche Tuch vierfach gefaltet wurde«. Er hält dies jedoch für nebensächlich, da es heißt, Christus habe nur sein Antlitz mit dem Tuch getrocknet (Cameron 1981, S. 22, Anm. 35). Das aber ist irrelevant. Siehe dazu auch unten, Kap. 18, Anm. 26

55 Der *Narratio* aus dem 10. Jahrhundert zufolge war das Tuch auf einer Holztafel befestigt und mit Gold verziert worden (Guscin 2009, S. 33). Eine Rekonstruktion der Faltung findet sich in Wilson 1999, S. 214.

56 Bevor es nach Konstantinopel gelangte, wurde das Tuch möglicherweise einmal aus seinem Rahmen genommen, und zwar, als man es um die Mitte des 6. Jahrhunderts in Edessa gefunden hatte. Zum mutmaßlichen Datum seiner Entdeckung siehe Cameron 1981, S. 5–10. Belege dafür, dass das Gesamtbild zu Beginn des 7. Jahrhunderts einigen wenigen Menschen bekannt gewesen sein muss, siehe oben, Seite 335 f. Die religiöse Ehrfurcht, mit der das Mandylion in Edessa betrachtet wurde und die eine öffentliche Zurschaustellung unmöglich gemacht hätte, schildert die entsprechende Darstellung in der *Narratio* (Guscin 2009, S. 64 f.).

57 Andere interpretierten die Blutspuren offenbar als Wassertropfen, da es »selbst in einem mäßig gedämpften Licht praktisch unmöglich [ist], einen Unterschied zwischen ›Körperbild‹ und ›Blutflecken‹ auf dem Grabtuch auszumachen« (Wilson 1980, S. 143), und setzten so die Vorstellung in die Welt, Christus habe sein Antlitz mit Wasser benetzt und dann mit dem Tuch abgetrocknet.

58 Zitiert in Guscin 2009, S. 207, Zitat hier aus Gervasius von Tilbury, 2009, S. 330. In seiner *Historia Ecclesiastica* aus dem 12. Jahrhundert berichtet uns Ordericus Vitalis, dass das Mandylion »des Herrn körperliche Gestalt und Größe den Hinblickenden erkennen lässt« (zitiert in Guscin 2009, S. 206; Wilson, 1999, S. 368). Auch in einer anonymen lateinischen Quelle, die etwa um 1130 datiert, ist die Rede von einem Linnen, auf dem der ganze Leib Jesu dargestellt sei (siehe Wilson 1999, S. 367), ebenso in den 1211 verfassten *Otia Imperialia* (deutsch: *Kaiserliche Mußestunden*) des Gervasius von Tilbury (siehe Guscin 2009, S. 206 f.; Gervasius von Tilbury 2009, Bd. II, Nr. 23, S. 330). Auch wird darauf in zwei griechischen Texten verwiesen, die das Tuch als *tetrádiplon* bezeichnen. Beide berichten, wie König Abgar seinen Boten gebeten habe, Christi ganze körperliche Erscheinung in einer Zeichnung festzuhalten (siehe Guscin 2009, S. 90 f., 94 f., 146), was andeutet, dass dieser Wunsch auf den umgefalteten Seiten des Mandylions als erfüllt angesehen wurde.

59 Die fortgesetzte Weigerung zeitgenössischer Skeptiker, anzuerkennen, dass das Mandylion auf die eine oder andere Weise dem Grabtuch nahestehen oder ähnlich sein könnte, gründet auf einer verbreiteten Antipathie gegen jegliche Mutmaßung, das Grabtuch könne älter sein als angenommen und nicht aus dem 13. Jahrhundert stammen. Nicht minder wichtig ist allerdings ein methodischer Fehler, der von Historikern, die sich mit der Reliquie befassen, oft begangen wird. Sowohl Steven Runciman als auch Averil Cameron, die beiden einflussreichsten Autoren zum Thema, gehen von der Vermutung aus, dass die frühesten Verweise auf die Reliquie die besten Hinweise auf ihre Beschaffenheit liefern (siehe Run-

ciman 1931; Cameron 1981). Diese Annahme basiert auf dem geschichtswissenschaftlichen Prinzip der Bevorzugung älterer Quellen gegenüber jüngeren. Dies ist angemessen für Ereignisse, bei denen ältere Quellen zeitlich näher dran an Augenzeugenberichten und deshalb im Prinzip verlässlicher sind, nicht aber für die Untersuchung von Gegenständen, die im Unterschied zu Ereignissen lange Zeiträume überdauern, was bedeutet, dass für sie die besseren Augenzeugenberichte unter Umständen von späteren Quellen geliefert werden. Im Falle des Mandylions ist das Zeugnis derer, die es im Jahr 944 in Konstantinopel zu Gesicht bekommen haben, demjenigen älterer Autoren vorzuziehen, die möglicherweise nur Hörensagen wiederholt haben.

60 Siehe Guscin 2009, S. 30–37, Wilson hat versucht, die Frühgeschichte des Mandylions auf der Grundlage dieser Legende zu rekonstruieren (siehe Wilson 1980, S. 150–156; Wilson 1999, S. 223–241; Wilson 2010, S. 127–134). Auch wenn ich mit der Grundvermutung übereinstimme, der zufolge die Reliquie über den Westtoren der Stadt eingemauert war, glaube ich doch, dass die Umstände ihrer Bergung und Entdeckung überdacht werden müssen.

15 Das beseelte Grabtuch

1 *Shroud of Christ?* TV-Dokumentation auf Channel 4 vom 7. April 2004

2 Vgl. Freedberg 1989 (S. 436 f.), der den »Augenblick«, in dem diese ästhetische Betrachtungsweise sich in Europa durchsetzte, zeitlich und gedanklich mit Roger de Piles' *Einleitung in die Malerey in Grundsätzen* gleichsetzt.

3 Zu Animismus und Anthropomorphismus siehe Guthrie 1993 und Guthrie 2002

4 Wie es der Kunsttheoretiker Tom Mitchell ausdrückt: »Das Phänomen des lebenden Bilds oder der beseelten Ikone ist eine anthropologische Universalie, ein Aspekt der grundsätzlichen Ontologie von Bildern als solchen« (Mitchell 2005, S. 11).

5 Guthrie 2002 argumentiert, dass historisch betrachtet der Animismus möglicherweise eine wichtige Ursache für die Entstehung religiöser Überzeugungen war.

6 Zu den Statuen des Jagannätha und seiner Verwandten siehe Gell 1998, S. 144–149

7 Auch damit wird den Jüngern Zugang zur »Seele« des Gottes gewährt. Der Anthropologe Alfred Gell drückt es so aus: »Von allen Öffnungen des Körpers signalisieren die Augen am unmittelbarsten ›Einblick und Verinnerlichung‹, das heißt die Vereinnahmung von Verstand und Intentionalität.« Wichtig ist dabei, dass die Augen der Gottheit weit geöffnet erscheinen (Gell 1998, S. 135 f.).

8 Apg 19,23–41

9 Apg 19,35

10 Zu alten heidnischen Bildnissen, die »ungemalt« und »nicht von Menschenhand gemacht« sind, siehe Freedberg 1989, S. 33–37, 66–74; Belting 1994, S. 64–69; McBeath/Gheorghe 2005. Das berühmteste *Diipetes* war das Palladion, ein hölzernes Schnitzbild der Pallas Athene, das im Tempel der Vesta in Rom aufbewahrt wurde (siehe dazu McBeath/Gheorghe 2004). Andachtsbilder wie das Palladion galten nicht nur als Verkörperung des Gottes, den sie darstellten, sondern als himmlische Gestalten selbst. Uns mag es heute als offensichtlich erscheinen, dass solche Statuen in Wirklichkeit von Menschen gemacht wurden, aber der antike Glaube an ihren göttlichen Ursprung war zweifellos tief verwurzelt. Auch Christen haben gewissen von Menschenhand gefertigten Bildern einen göttlichen Ursprung nachgesagt (siehe z. B. die Madonna von Guadalupe, mehr dazu siehe oben, Kap. 14, Anm. 41), und solche Zuschreibungen erfolgen noch heute – man denke nur an

den Kult um den Schleier von Manopello, ein ganz offensichtlich gemaltes Bild, das mehr und mehr als »zweites« Grabtuch verehrt wird (siehe Gaeta 2005).

11 Freedberg 1989, S. 34 f., zitiert Pausanias und kommentiert dessen Worte wie folgt: »Seine Erscheinung ließ etwas Göttliches ahnen«, obwohl (oder vielleicht weil) es »überirdisch und ganz anders als die normalen griechischen Gottheiten war. [...] Nichts konnte die Fischer davon abhalten, wegzuwerfen, was sie da in ihren Netzen gefunden hatten, aber es sah aus wie eine Gottheit.« Die ursprüngliche Geschichte findet sich in Pausanias' *Description of Greece*, 10.19,3 (1965–1969, Bd. 4, S. 471–473).

12 Siehe Freedberg 1989, S. 265

13 Dies ist eines der Hauptthemen in Freedberg 1989

14 Brilliant 1991, S. 7. Später beschreibt er sein Buch als einen Versuch, »den magischen Effekt zu analysieren, den ein Porträt auf seinen Betrachter ausübt« (S. 20).

15 Nicht nur Bilder werden vor animistischem Hintergrund betrachtet. Alfred Gell beschreibt in genialer Weise den »Fahrzeug-Animismus«, der für unser Verhältnis zu unseren Autos so typisch ist (Gell 1998, S. 18 f.). Siehe auch Guthrie 1993, S. 60 f., 119 f. Unbestritten ist es jedoch so, dass anthropomorphe Bilder unser animistisches Bewusstsein in besonderer Weise in Beschlag nehmen (vgl. Freedberg 1989, S. 73: »Die Vermenschlichung eines Bildes macht dessen animistische Dimension greifbarer und beängstigender zugleich«). Unser Hang, Dinge animistisch zu betrachten und anthropomorph zu deuten, hängt eng mit unserer Neigung zusammen, unbeseelten Dingen Vorsatz und Absicht zu unterstellen. Daniel Dennett nennt diesen Drang die »intentionale Haltung« (Dennett 1987).

16 Guthrie 1993, S. 54. Möglicherweise ist der Begriff »Animismus« damit nicht voll umfänglich beschrieben (siehe Gell 1998, S. 121–133), aber eine tiefergehende Diskussion seiner Ursachen und Ausdrucksformen würde an dieser Stelle zu weit führen.

17 Vgl. Guthrie 1993, S. 3: »Wenn wir die Welt auf menschliche und menschenähnliche Dinge hin anschauen, stoßen wir überall darauf. Im Nachhinein mögen wir viele unserer Deutungen als Irrtum interpretieren, aber diejenigen, bei denen wir richtiggelegen haben, rechtfertigen unsere Strategie. Weil es so tief in uns verwurzelt ist, dass wir ja nichts Bedeutsames übersehen dürfen, unterläuft uns die anthropomorphe Deutung von Dingen unwillkürlich und will uns spontan glaubwürdig, ja sogar zwingend scheinen.«

18 Siehe Num 21,6–9, 2 Kön 18,4. Zur Kupferschlange als magischem Bildnis, das »im Wertesystem der Bibel fest verankert ist«, siehe Schäfer 1997, S. 30.

19 2 Makk 12,40. Zu dieser Episode, siehe Bohak 2008, S. 119–121. Schäfer 1997, (S. 33 f.), stellt eine »enge Korrelation zwischen Magie und Götzenverehrung« fest.

20 Zur Magie im antiken Judentum siehe Segal 1987, S. 79–108; Bohak 2008, S. 70–142; Schäfer 1997. Bohak zufolge »ist die vermeintliche Unvereinbarkeit von Magie und Monotheismus blanke Augenwischerei« (Bohak 2008, S. 68). Schäfer vertritt hingegen die Ansicht, dass im biblischen Judentum und auch danach »Magie als Teil der Religion und nicht als Widerspruch dazu betrachtet wurde« (Schäfer 1997, S. 33). Zu magischen Praktiken und Überzeugungen im antiken Judentum und im Zusammenhang mit den Ursprüngen des Christentums siehe z. B. Smith 1973, S. 217–237; Sanders 1996, S. 207–235.

21 Siehe dagegen z. B. Wilson 1980 (S. 152), der davon überzeugt ist, dass das Grabtuch als Verstoß gegen das zweite Gebot empfunden worden wäre.

22 Vgl. Dunn 2003 (S. 253) mit Beispielen aus Henoch, Elias, Esra, Baruch und Mose: »Im jüdisch-monotheistischen Glauben konnte (offenbar) die Vorstellung von einem himmlisch Erhöhten [das heißt zu himmlischem Ruhm Verklärten] bestehen, ohne dass sich der Gedanke regte, dass besagter Monotheismus dadurch angegriffen würde oder überdacht werden müsse.«

23 Zu diesem Thema siehe Ferguson 2003, S. 507–511; Freedberg 1989, S. 55 f.; Gibson 2009, S. 85 f., 139

24 Mit Bezug auf diese ausgegrabenen Bildnisse schreibt Goodman, dass die »Einstellung betreffs der Zulässigkeit von Tierbildnissen klar eine andere war« (Goodman 1987, S. 16, Anm. 28). Gibson stellt fest, dass sie von »derart hoher Qualität waren, dass sie sich in jedem römischen Stadthaus, sogar in Pompeji, achtbar ausgenommen hätten« (Gibson 2009, S. 86).

25 Siehe Num 21,4–9; Ex 25,18–22; 1 Kön 6,23–28, 8,6–7

26 Siehe Gen 16,7–14 (Erscheinung vor Hagar); Ex 3,1–6 (Erscheinung vor Mose); Ex 13,21 f. (als Anführer der Israeliten); Gen 28,12 (Jakobsleiter); Gen 18 (drei Männer bei den Eichen von Mamre). Weitere Erzählungen, in denen Gott als »Mensch« verkleidet erscheint, finden sich in Gen 32,24–30 und Josua 5,13–15.

27 Siehe z. B. Wright 1992, S. 258; Dunn 1989, S. 150 f.

28 Vgl. Dunn 1989, S. 129: »Eines der Hauptmerkmale des späten christlichen und nichtchristlichen Judentums ist die ungeheure Entwicklung des Vokabulars, die sich mit der Beschreibung von Zwischenwesen zwischen Mensch und Gott ergab.«

29 Zum Buch Henoch siehe Nickelsburg 1981, S. 46–55 (dt. Ausgabe: *Das Buch Henoch*, 1853, Kap. 1/5, S. 1, Kap. 6,2, S. 3). Teile dieses Werks stammen aus dem 3. Jahrhundert v. Chr.

30 Vanderkam 1989, S. 7 f.; Berger 1981, Bd. II, S. 322. Die Jahrhunderte zuvor entstandene ursprüngliche Genesis-Erzählung erwähnt die Erschaffung von Engeln mit keinem Wort.

31 Charles 1908, S. 38

32 Tobit 12,15, http://www.mutev.de/htmldocs/Das%20Buch%20Tobit.htm, und http://www.uibk.ac.at/theol/leseraum/bibel/tob12.html

33 Zu weißem Leinen als Zeichen besonderer Reinheit im Zusammenhang mit dem jüdischen Priesteramt siehe Sanders 1992, S. 96–101

34 Siehe Dunn 1989, S. 152 f., mit Verweis auf die einzelnen Schriftrollen, hier zitiert aus 1QS, der Gemeinderegel, http://www.qumran.org/js/qumran/hss/1qs

35 Vgl. Wilson 1980, S. 152 f. Wilson mutmaßt, dass die Jünger große Bedenken gehabt haben müssen, was den Verstoß des Grabtuchs gegen die Reinheitsgesetze betraf.

36 Mt 28,1–4

16 Der auferstandene Jesus

1 Siehe oben, S. 380 f., und Kap. 20, Anm. 3

2 Vgl. Freedberg 1989, S. 276: »Wenn wir ein hinreichend ähnliches Bild sehen, setzen wir es in Bezug zu dem Prototyp, für den es steht […].«

3 Dieses Argument ist in jüngster Zeit von Loken vertreten worden (2006, S. 107–142). Bemerkenswerterweise wurde es von deutschen Gelehrten des 19. Jahrhunderts vorweggenommen, die sich Gedanken über die Entdeckung der (vermeintlich rein weißen) Leichentücher durch die Jünger gemacht haben. Was den Glauben an die Auferstehung betrifft, merkt Strauß an: »Den ersten Anstoß, vermuthete man, habe es gegeben, daß am zweiten Morgen nach dem Begräbnis sein Grab leer gefunden wurde, dessen Leintücher zuerst für Engel, dann für eine Erscheinung des Auferstandenen selbst gehalten worden seien« (Strauß 1835, Bd. 2, S. 655). Siehe dazu auch Keim 1883, S. 326.

4 Celano 1955, S. 240 f. Diese Geschichte ist typisch für die Art von Wunder, an die viele Christen immer geglaubt haben (siehe Freedberg 1989, S. 283–316).

5 Zum Leib-Seele-Dualismus siehe Humphrey 1999
6 Humphrey 1999 (S. 3) zitiert Volksbefragungen aus den 1980er-Jahren, denen zufolge seinerzeit 88 Prozent aller Amerikaner und 61 Prozent aller Europäer an die Existenz einer Seele sowie 71 Prozent der Amerikaner und 43 Prozent der Europäer an ein Weiterleben der Seele nach dem Tod glaubten.
7 Siehe Watson 2005, S. 102–106
8 Homer, *Odyssee*, 11,476 (2007/2011, S. 171). Gregory Riley merkt dazu an, dass Seelen bei Homer und anderen griechischen Dichtern als Nachbilder oder Bildchen (*eidola*) »verbrauchter Menschen« betrachtet wurden (Riley 1995, S. 48–50). Damit nicht genug, behielten »die Toten nicht nur ihre Erscheinung (*eidolon*), sondern je nach den Umständen sogar die Male (Stigmata) der Verletzungen, die zu ihrem Ableben geführt haben. […] die Toten bewahrten ihre Stigmata als essenzielles Merkmal ihrer *eidola*« (ebenda, S. 50 f.). Im Zusammenhang mit dem Bildnis auf dem Grabtuch, das die Spuren von Jesu Folter und Kreuzigung deutlich zeigt, liest sich das sehr aufschlussreich.
9 Vermes 2008, S. 20 f.
10 1 Sam 28,3–25. Zur Bedeutung der *'elohim* siehe Wright 2003, S. 93 f.
11 Gen 2,7; 3,19
12 2 Kor 4,7
13 Siehe Platon, *Der Staat*, 10.620, Übersetzung von Friedrich Schleiermacher, Projekt Gutenberg, Ende Kapitel 31, oder http://www.opera-platonis.de/Politeia10.html. Zum Reinkarnationsglauben in der Antike siehe Wright 2003, S. 77–79; Burkert 1977, S. 300–306; Dodds 1951, S. 150–156; Watson 2005, S. 105, 116
14 Siehe Freedberg 1989, S. 278–279.
15 Freedberg vertritt die Ansicht, dass der Glaube an die Seelenwanderung den allgemein verbreiteten Hang zur Personifizierung von Porträts nicht hinreichend erklärt, weil Letztere auf einer tief in uns verankerten kognitiven Identifizierung mit der Person auf dem betrachteten Bildnis basiert und nicht auf einer allgemein vorherrschenden kulturellen Überzeugung über Seelen und deren Fähigkeiten (Freedberg, 1989, S. 276–278). Ich stimme Freedbergs Analyse im Prinzip zu, doch wo immer der Person eine unauslöschliche »Seele« zuerkannt wird, kann der Reinkarnationsglaube als Erklärungsansatz für die instinktive Gleichsetzung von Bild und Prototyp begriffen werden.
16 Der einzige möglicherweise verwertbare Hinweis auf einen Reinkarnationsglauben im antiken Judentum findet sich in den Evangelien an der Stelle, da Herodes Antipas Jesus für den von den Toten auferstandenen Johannes hält: »Zu dieser Zeit hörte der Tetrarch Herodes, was man von Jesus erzählte. Er sagte zu seinem Gefolge: Das ist Johannes der Täufer. Er ist von den Toten auferstanden; deshalb wirken solche Kräfte in ihm (Mt 14,1–2; vgl. Mk 6,14–16; Lk 9,7–9). Die ursprüngliche Bedeutung dieser Worte ist schwer zu ermessen, aber man hat die Ansicht vertreten, sie zeugten von der Überzeugung, dass die »Kräfte« eines Toten in einem anderen Menschen wirksam werden könnten (siehe Harvey 1994, S. 69). Wright hat für diese Deutung allerdings nicht allzu viel übrig (Wright 2003, S. 413, Anm. 44).
17 Vgl. Wedderburn 1999, S. 69: »[…] zu behaupten, jemand sei von den Toten auferstanden, ließe sich mit einer beträchtlichen Bandbreite an Beschreibungen einer potenziellen Begegnung mit der betreffenden Person vereinbaren«. Zur Austauschbarkeit von Reinkarnation und Auferstehung siehe Tylor 2005, Bd. 2, S. 2–4.
18 Foucault 2003 (S. 46–78) enthält eine zum Klassiker avancierte Darstellung dieses vormodernen Weltbilds.
19 Siehe z. B. Frazer 1968, Teil 1, Kap. 3, S. 15–69; Kap. 55, S. 783 ff.; von Negelein 1902
20 Frazer 1968, Kap. 3, S. 64

21 Später bestand unter den Urchristen ein ungeheures Interesse an wundersamen Abbildern. In der Kirche von Lydda gab es beispielsweise eine Säule, auf der die Jungfrau Maria ihr Abbild hinterlassen haben soll, als sie sich einst dagegen lehnte. In Nordafrika existierte eine Tuchreliquie, die angeblich das Bildnis des hl. Stefan trug (siehe Belting 2004, S. 70 bzw. S. 64). Zur religiösen Aufladung von Fußabdrücken und anderen Körperabdrücken siehe Gibson 2005 (S. 167–170) und Dubabin 1990 (S. 85–89), der Beispiele von Abdrücken anführt, von denen man glaubte, sie belegten »die Gegenwart der Gottheit, die sich ihren Gläubigen zeigte« (S. 86).

22 Zur allgemeinen Gleichsetzung von Seele und Schatten siehe Frazer 1968, Kap. 18, S. 277. Belege für diesen Glauben unter den Juden der Antike liefern Van der Horst 1977 und Van der Horst 1979 (S. 33–35). Anhand einer Reihe von biblischen und rabbinischen Texten kommt Van der Horst zu dem Schluss, dass diese »keinen Zweifel daran (lassen), dass auch im Judentum der hellenistisch-römischen Zeit sich diese Vorstellung vom Schatten als einflussreicher Kraft vorgefunden hat« (Van der Horst 1979, S. 35). Zur mittelalterlichen jüdischen Vorstellung von Schatten siehe Trachtenberg 1939, S. 214 f. Van der Horst mutmaßt, dass ähnliche Aussagen auch in gnostischen Texten zu finden waren, z. B. in der *Hypostase der Archonten* (Van der Horst 1979, S. 35 f.). Zu Letzterer siehe Kaiser 2006, S. 77, und Robinson 1990, S. 161–169, 165, 167.

23 Apg 5,15. Siehe hierzu Van der Horst 1977; Van der Horst 1979, S. 30; Stoichita 1997, S. 55. Selbst die Gegenwart und Macht Gottes ließen sich in Gestalt eines Schattens denken, vgl. die Verheißung der Geburt Jesu durch Gabriel in Lk 1,35: »Der Heilige Geist wird über dich kommen, und die Kraft des Höchsten wird dich überschatten.« Zu Lk 1,35 siehe Van der Horst 1977, S. 211 f. Vgl. dazu auch Sanders 1992, S. 72: »Im Palästina des 1. Jahrhunderts galt es als allgemein akzeptierte Überzeugung, dass die Unreinheit eines Leichnams auf einen übergehen konnte, wenn man den Leichnam überschattete bzw. von diesem ›überschattet‹ wurde.«

24 James 1924, S. 185; Westerhoff 1999, S. 177. Für die These, dass dieser Text, wie Dreisbach argumentiert, das Wissen um das Grabtuch reflektiert, spricht die enge Verbindung zwischen Thomas und Edessa.

25 Zu Spiegeln in der Antike siehe Melchior-Bonnet 1994, S. 21–28; Gregory 1997, S. 47–49, 56–60

26 Siehe Gregory 1997, S. 48

27 Melchior-Bonnet 1994, S. 114

28 Siehe ebenda, Anm. 2; vgl. Frazer 1968, Kap. 18, S. 282

29 Siehe Mack 1994, S. 153 f. Ich finde diese Interpretation des Motivs einleuchtender als Ada Cohens Vermutung, dass der Künstler die illusionistische Macht seiner Kunst vermittels Reflexion kommentieren wollte. Siehe hierzu auch Taylor 2008, S. 140–143.

30 Gregory 1997, S. 57. Zu Spiegeln als spirituelle Doppelgänger siehe auch Goldberg 1985, S. 3–7. Zu Spiegeln im Zusammenhang mit Magie im Judentum siehe Trachtenberg 1939, S. 43, 128, 185, 215, 219, 302 Nr. 56

31 1 Kor 13,12

32 Siehe Seaford 1984. Seaford zufolge »heißt das nicht, dass Paulus diese Mysterienrituale aus erster Hand kannte« (ebenda, S. 120).

33 Eine wunderbare Darstellung eines solchen Initiationsritus findet sich auf den Wänden der Villa der Mysterien in Pompeji. Interpretation dieser Szene siehe Taylor 2008, S. 128–133.

34 Mk 5,29 f. Vgl. Mt 9,20–22 und Lk 8,43–48 sowie Mt 14,36 und Apg 19,12. Weitere Beispiele für Kleidung als Verkörperung einer nicht anwesenden Person gibt Frazer 1968, Kap. 13, S. 216.

35 Tylor 2005, Bd. 2, Kap. 14, S. 153, berichtet über »gewisse Ceremonien […], die in China allgemein sind, dass man nämlich den Geist eines in der Ferne Verstorbenen in einem Hahn (einem lebenden oder künstlichen) nach Hause bringt, und dass man den entweichenden Geist eines Kranken, der schon seinen Körper verlassen hat, in dessen Rock lockt und auf diese Weise zurückführt«. Das Grabtuch hätte als der »Rock« gesehen werden können, in dem sich Jesu Geist aufhielt.

36 Siehe Taylor 2000, S. 10

37 Zu den Fajum-Porträts siehe Doxiadis 1995; Bierbrier 1997; Walker 2000. Warum es zu dieser neuen Form von Begräbniskunst gekommen ist, weiß man bisher nicht. Möglicherweise lässt sich eine Verbindung zwischen Fajum-Porträts und dem Bekanntwerden des Grabtuchs im ägyptischen Raum erwägen (ohne dabei auf christlichen oder jüdischen Spuren zu wandeln). Auf jeden Fall ist die zeitliche Nähe verblüffend. Gesagt sein sollte noch, dass sich laut Doxiadis »[…] unter den Porträtierten vermutlich auch Juden und Christen als Angehörige der hellenisierten Bevölkerung, die den ägyptischen Umgang mit Tod und Sterben in hohem Maße übernommen hatte, fanden, auch wenn wir hierfür zum gegenwärtigen Zeitpunkt keine konkreten Beweise haben«.

38 Mack 1994, S. 178. Doxiadis 1995, S. 45, bezeichnet sie als »optische Inkarnationen ihrer Vorbilder«.

39 Judäa stand immer in enger Verbindung zu Ägypten, und in Alexandria gab es eine besonders große und wichtige jüdische Population mit engen Banden zum Mutterland: Man denke nur an die Alexandriner, die in Jerusalem mit dem hl. Stephanus diskutierten (Apg 6,9), und den von Felix besiegten ägyptischen Beinahe-Messias (Josephus, *Der Jüdische Krieg*, 2. 261–263, 2005, 2. Buch, Kap. 13, S. 189).

40 Es sollte gesagt sein, dass der Schatten selbst vermutlich nicht als ganz und gar körperlos, sondern dass »die Seele der seinerzeit vorherrschenden philosophischen Vorstellung nach eher als ›Körper‹ aus besonders feinkörnigem Material begriffen wurde« (Riley 1995, S. 56; vgl. Tylor 2005, Bd. 1, Kap. 11, S. 424). Um auferstehen zu können, musste sie allerdings von Gott in einen neuen Körper gekleidet werden.

17 Der aufgefahrene Jesus

1 Apg 9,3–6. Vgl. Apg 22,6–11; 26,12–18. Eine Analyse dieser Episode findet sich weiter unten im Text (siehe S. 402–404).

2 Joh 11,1–44 und Apg 9,36–42

3 Phil 2,8–10. Mit der Bezeichnung »der größer ist als alle Namen« ist vermutlich »Herr« (*kyrios*) gemeint, jener Titel, mit dem Christi Universalherrschaft bekräftigt wird (siehe Dunn 2003, S. 246). Dunn zufolge war die Anerkennung Christi als Herr »das öffentliche Bekenntnis zu dem Glauben, dass ›Gott ihn von den Toten auferweckt hat‹«, weil »die Auferstehung als entscheidendes Moment seiner Erhebung zum Herrn verstanden wurde«. Zur Auferstehung als Vehikel für Christi ewigen Ruhm siehe Newman 1997.

4 Vgl. Hebr 12,2; Röm 8,34; Eph 1,20; 1 Petr 3,21 f. Wir finden diese Bildwelt einigermaßen überraschend sogar in der auf Lukas'schen Quellen gründenden Apostelgeschichte. Bei seiner ersten Predigt am Pfingsttag setzt Petrus die Auferstehung ausdrücklich mit Christi Erhöhung im Himmel gleich: »Diesen Jesus hat Gott auferweckt, dafür sind wir alle Zeugen. Nachdem er durch die rechte Hand Gottes erhöht worden war […]« (Apg 2,32 f.; vgl. Apg 5,30 f.). Die Idee hier ist fraglos, dass Jesus vom Grab direkt zur Rechten Gottes erho-

ben worden ist – und dass die Apostel Zeugen dieses außerordentlichen Ereignisses waren. Anzumerken ist noch, dass Lk 23,43 und Lk 16,22 ebenfalls die direkte Auffahrt aus dem Grab in den Himmel zu beinhalten scheinen.

5 Spong 1991, S. 224. Vgl. Barker 1996, S. 5: »An anderer Stelle im Neuen Testament wird nicht zwischen Auferstehung und Himmelfahrt unterschieden«; Dunn 2003, S. 265: »Die Auferstehung selbst war die Erhöhung, die Jesus in sein neues Dasein [als Herr] erhob. Paulus steht im Neuen Testament damit nicht allein, nur die Apostelgeschichte liefert in ihrem ersten Kapitel eine andere Version.« Die einzige Ausnahme macht vielleicht noch der 1 Timotheus 3,16, ein später Pastoralbrief, der vermutlich nicht von Paulus selbst verfasst wurde.

6 Joh 19,39 f.

7 Graves/Podro 1953, S. 805

8 Siehe oben, S. 20

9 Zum Phänomen der »Transphysikalität« siehe Wright 2003, S. 477 f. Wright sieht das historische Problem, das sich durch diese Vorstellung ergibt: »Wenn Jesus wieder in einem wie auch immer gearteten physikalischen Körper (wenn wir es einmal so nennen wollen) lebendig geworden wäre [...], dann wäre, wenn dieser physikalische Körper nach einer kleinen Weile sein Dasein beendete (ohne dass der Körper in irgendein Grab gelegt wurde), eine Erklärung für diesen neuen Stand der Dinge fällig« (Wright 2003, S. 654). Er sagt allerdings nirgends, wie oder warum der »transphysikalisch veränderte« Jesus sein Dasein beenden sollte.

10 Von Henoch heißt es schlicht: »Henoch war seinen Weg mit Gott gegangen, dann war er nicht mehr da; denn Gott hatte ihn aufgenommen« (Gen 5,24). Elija wurde durch einen feurigen Wagen von seinem Diener Elischa getrennt und fuhr im Wirbelsturm zum Himmel empor (2 Kön 2,11). Diese weithin bekannte Erzählung hat der Vorstellung von Jesu Auffahrt in den Himmel in den Köpfen der ersten Christen womöglich den Weg bereitet, vor allem weil Jesus manchmal mit Elias in Zusammenhang gebracht wird (vgl. Mk 6,15). Darüber, dass Mose zum Himmel aufgefahren sei, ist in der Bibel nichts zu lesen; hierzu siehe Dunn 1989, S. 17; Wright 2003, S. 95.

11 Dan 12,3

12 Zu Tod und Entrückung des Herkules siehe Diodorus Siculus, 4.38.4–5 (1993, Buch I–X, Teil 2, S. 378); Burkert 1977, S. 319–324. Man hat außerdem manchmal angenommen, die Götter selbst seien ehemalige Könige, die unsterblich geworden sind; man bezeichnet diesen Glauben als Euhemerismus.

13 Dodds 1970, S. 80 f.

14 Corcoran 1997, S. 50

15 Siehe Griffiths 1980, S. 167–169

16 Ebenda, S. 167 f. Hinter dieser Vorstellung steht der Glaube, »dass das Prinzip von Sterben und Wiedergeborenwerden in der Natur die Auffassung von Tod und Sterben des Menschen beeinflusst hat« (Griffiths 1980, S. 170).

17 Zu Kult und Apotheose römischer Kaiser siehe Ferguson 2003, S. 207–212; MacCormack 1981, S. 94–106; Price 1987. Kreitzer 1990 mutmaßt, dass die Vorstellung von der Apotheose römischer Kaiser der Entstehung der Christologie Auftrieb gegeben haben wird, und kommt zu dem Schluss, dass römischem Alltagsglauben »bei jedem Versuch, christologischem Denken im Neuen Testament nachzuspüren, angemessener Raum« gewährt werden muss (S. 217). Neutestamentler ignorieren die Parallele immer noch mit der zweifelhaften Begründung, dass sie »eine vorwiegend politische und keine religiöse Funktion innehatte« (Dunn 2003, S. 247). Zur überflüssigen Unterscheidung zwischen politischer und religiöser Funktion von Glaubensinhalten siehe Gradel 2002, S. 27–53. Siehe unten, Anm. 22.

18 Zum Alexander-Kult siehe Ferguson 2003, S. 204 f.
19 Zu Bestattung und Vergöttlichung von Julius Cäsar siehe Price 1987, S. 71 f.; Sueton 2000, S. 137–139
20 Zum Romulus-Mythos siehe Livius 1987, S. 47
21 Zur Bestattung von Augustus, siehe Cassius Dio, *Römische Geschichte*, 56.34–42 (1961–1970, Bd. 7, S. 74–99), http://books.google.de/books?hl=de&id=3a8-AAAAcAAJ&q=augustus#v=snippet&q=augustus&f=false, sowie Sueton 2000, S. 315; Price 1987, S. 73–82
22 Man mag geneigt sein anzunehmen, dass es zwischen beiden grundlegende Unterschiede gibt, repräsentiert doch die Apotheose eines römischen Kaisers eine in erster Linie politische Botschaft, dazu angetan, die Macht der herrschenden Dynastie zu mehren, wohingegen die Himmelfahrt Jesu ein spontaner Glaube war, entstanden auf der Basis rein religiöser Erfahrungen. Die heidnische Vorstellung war eine vordergründig aufrechterhaltene Fiktion, die christliche hingegen ein echtes Glaubensanliegen. Damit würde man jedoch das Bekenntnis zur kaiserlichen Vergöttlichung falsch verstehen. Das Konzept mag den politischen Zielen der römischen Kaiser dienlich gewesen sein, das aber hielt die Beteiligten nicht davon ab, es ernst zu nehmen – sprich, als religiös zu verstehen. Price zufolge »waren für die Vergöttlichung eines bestimmten Kaisers der politische Kontext und die politischen Argumente wichtig, gleichzeitig damit aber auch die Überzeugung, dass die Apotheose Wirklichkeit war. Der einstige Herrscher stieg in der Tat zum Himmel auf, und sein Nachfolger begründete seinen Kult, weil er daran glaubte« (Price 1987, S. 80). Und das Volk tat es ihm gleich. Begonnen hatte dieser Kult damit, dass das römische Volk Zeuge eines seltsamen himmlischen Phänomens – eines Kometen – wurde und dieses als göttlichen Cäsar pries.
23 Die Beziehung zwischen dem Kaiser und seinem Bildnis erklärt Athanasius Alexandrinus im 4. Jahrhundert wie folgt: »Das Bild zeigt nämlich die Gestalt und die Züge des Königs, und im König zeigt sich die im Bilde dargestellte Gestalt. Denn die volle Ähnlichkeit zeigt das Bild des Königs, so dass, wer das Bild betrachtet, in ihm den König sieht, und wer wieder den König sieht, erkennt, dass er auf dem Bilde ist. Da aber völlige Ähnlichkeit vorliegt, so könnte das Bild auf das Verlangen hin, nach dem Bilde noch den König zu sehen, sagen: ›Ich und der König sind Eins; denn ich bin in ihm und er ist in mir […]‹« (Bardenhewer et al., 1913, S. 248, im Englischen zitiert in Freedberg 1989, S. 392). Vgl. Belting 2004, S. 119: »Im kaiserlichen Bildkult waren die Person und ihr Bildnis gleichgesetzt. Dieser Brauch führte dazu, dass das Bild in nahezu alle Ehren und Rechte eingesetzt wurde, die dem Kaiser selbst zukamen.«

18 Das Begräbnis und der Mythos

1 Zur geografischen Lage von Golgota siehe Biddle 1998, S. 65–92, Gibson 2009, S. 116–122
2 Den ungefähren Zeitrahmen geben Mt 27,45–50; Mk 15,33–39; Lk 23,44–47; Joh 19,14–17.
3 Siehe Dtn 21,22 f. Dass dieses Gebot für Kreuzigungsopfer galt, berichtet Josephus: »Ja, sie trieben ihren Frevelmut so weit, dass sie die entseelten Körper unbeerdigt beiseite warfen, während doch die Juden für das Begräbnis ihrer Toten so ängstlich besorgt sind, dass sie selbst die Leichen der zum Kreuzestod Verurteilten vor Sonnenuntergang abnehmen und bestatten« (Josephus, *Der Jüdische Krieg*, 4.317, 2005, S. 330).
4 Mk 15,46
5 Zum Beispiel Mt 27,59 f.: »Josef nahm ihn und hüllte ihn in ein reines Leinentuch. Dann

legte er ihn in ein neues Grab, das er für sich selbst in einen Felsen hatte hauen lassen.« Dass der Leichnam in das Tuch gehüllt wurde, bevor er ins Grab verbracht wurde, wird auch ausdrücklich im Petrusevangelium erwähnt: »[Joseph] aber übernahm den Herrn, wusch ihn und hüllte ihn in Leinen und brachte ihn in sein eigenes Grab, genannt Garten des Josef« (Petrusevangelium 6,24, Kraus/Nicklas 2004, S. 37). Das Einhüllen des Leichnams in ein einziges großes Leinentuch ist auch im Talmud vorgesehen (siehe Brown 1994, S. 1245).

6 Bennett ist sich sicher, dass das Grabtuch nicht zum Transport des Leichnams verwendet worden sein kann; ihre Meinung gründet sich jedoch auf die Überzeugung, dass Jesu Leichnam nicht gewaschen wurde (und wird daher von Zugibe abgelehnt; siehe Bennett 2001, S. 26, 128). Sie postuliert die Verwendung von zwei Leintüchern: einem, um den Leichnam zu transportieren, einem zweiten – dem Grabtuch –, um ihn zu bestatten. Das aber ist völlig unnötig. Eine Beschreibung einer jüdischen Begräbnisprozession jener Zeit findet sich in Lk 7,11–17.

7 Petrusevangelium 6,24 (Kraus/Nicklas 2004, S. 37). Zum Petrusevangelium siehe Foster 2010; Foster 2007; Ehrman 2003, S. 13–28; Crossan 1988. Crossan geht von einem frühen Entstehungsdatum des Petrusevangeliums im 1. Jahrhundert aus. Eine Zusammenfassung der herrschenden Ansichten und verfügbaren Argumente zugunsten eines Entstehungsdatums im 2. Jahrhundert gibt Foster 2010, S. 169–172.

8 Petrusevangelium 6,21 (Kraus/Nicklas 2004, S. 37). In Mk 15,46 und Lk 23,53 heißt es, Joseph von Arimathäa habe Jesus vom Kreuz abgenommen. Das ist extrem unwahrscheinlich. Die römischen Soldaten verfügten über die notwendigen *furcillae* (»Heugabeln«), den Querbalken vom Stamm zu heben, und hätten sicher dafür gesorgt, dass Patibulum und Nägel bewahrt wurden. In einem irrt das Petrusevangelium: Es legt die Kreuzigung Jesu den Juden und nicht den Römern zur Last.

9 Vgl. Lk 23,54

10 Joh 19,41 f.

11 Zur Entdeckung des Heiligen Grabes siehe Brown 1994, S. 1282; Biddle 1998, S. 80–85; Gibson 2009, S. 149–154

12 Zu diesem und anderen Gräbern rund um Golgota siehe Biddle 1999, S. 65–70, 81–83; Gibson 2009, S. 120 (Abbildung 10), 121, 129, 151, 154. Wie Gibson wiederholt erwähnt, wurden die Inhalte all dieser Gräber im Jahr 44, als Jerusalems Grenzen um das Gebiet Golgota erweitert wurden, entfernt. Sie waren demnach leer, als man sie erneut vorfand. Wenn das Grab Jesu im Jahr 44 noch irgendwelche Überreste enthalten hat, wird man diese andernorts beigesetzt haben. Das mag freilich die Kunde vom leeren Grab mit befördert (siehe unten, Seite 311–313) und außerdem die Diskussionen um das Grab von Talpiot beeinflusst haben (siehe dazu unten, Kap. 19, Anm. 25).

13 Lk 23,55; vgl. Mt 27,61 und Mk 15,47

14 Joh 19,39 f.

15 Siehe Brown 1994, S. 1260–1264

16 Dafür, dass die Verse 39 f. aus anderer Quelle stammen und später hinzugefügt wurden, spricht: a) dass die Erzählung des Johannes, wenn man diese Verse weglässt, im Prinzip sehr nahe an die synoptischen Evangelien herankommt (siehe Brown 1994, S. 1271 f.), b) dass der Anfang von Vers 40 (»Sie nahmen den Leichnam Jesu«) im Prinzip die Fortführung von Vers 38 darstellt (»Also kam er und nahm den Leichnam ab«). Zum Beleg, dass die *othonia* in Lk 24,12 ursprünglich auf das Grabtuch gemünzt waren, siehe oben, S. 332–336. Die Verwendung des Plurals steht dem nicht entgegen, denn sowohl Nikolaos Mesarites als auch Johannes von Damaskus sprechen vom Grabtuch im Plural

(siehe oben, S. 227–229 und Kap. 14, Anm. 10). Robinson zufolge ist das Wort *othonia* »so gut wie sicher nicht als Verkleinerungsform, sondern als Oberbegriff für Leinentücher oder Tücher, in diesem Falle Leichentücher, zu verstehen« (Robinson 1985, S. 291). Fulbright ist der gleichen Ansicht (Fulbright 2005).

17 Joh 20,7

18 Zum Schweißtuch von Oviedo siehe Bennett 2001; Guscin 1998; Guscin 2004

19 Siehe Bennett 2001, S. 84–89

20 Das Bildnis auf dem Grabtuch schließt die Möglichkeit aus, dass es sich bei dem Tuch von Oviedo um ein Leichentuch handeln könnte. Die Verwendung eines Tuchs zum Bedecken des Gesichts von Verstorbenen ist wohl in der Mischna vorgesehen (siehe Fulbright 2005), wäre aber nur bei einem normal bekleideten Leichnam vonnöten, nicht bei einem unbekleideten, der bereits in ein *sovev* eingehüllt ist.

21 Zur Geschichte des Schweißtuchs von Oviedo siehe Bennett 2001, S. 20–37; Guscin 1998, S. 9–20. Zur Belagerung von Jerusalem im Jahr 614 siehe Bennett 2001, S. 29 f.

22 Zur Radiokarbondatierung des Schweißtuchs von Oviedo siehe Bennett 2001, S. 78–83; Guscin 1998, S. 76–88. Bennett steht den bisher erzielten, mit Sicherheit nicht endgültigen Ergebnissen verständlicherweise skeptisch gegenüber. Aussagekräftiger ist meiner Ansicht nach das Schweigen der Geschichtswissenschaft zum Schicksal der Reliquie vor dem 7. Jahrhundert.

23 Dass das Sudarium mit dem Grabtuch identisch ist, wurde in der Vergangenheit gemutmaßt (siehe Wilson 1980, S. 71 f.), aber nie erschöpfend diskutiert.

24 Siehe Wilson 1980, S. 104 f.; Wilson 2010, S. 147–149 (Arculf bezeichnet das Tuch mit *sudarium*, dem lateinischen Wort für das griechische *soudárion*). Vgl. dazu auch Meacham 1983, S. 288: »In der aramäischen Umgangssprache wurden als *soudára* auch größere Tücher bezeichnet […].«

25 Als Sudarium wird das Tuch u. a. bezeichnet von William von Malmesbury (um 1150, siehe Riant 1878, S. 211), von Nicholas Soemundarson (1157, siehe Riant 1878, S. 214), von Kaiser Balduin II. von Konstantinopel (1247, siehe Riant 1878, S. 135) sowie vom französischen König Karl VI. (1389, siehe Chevalier 1900, Anhang, S. I).

26 Das mag uns heute unlogisch erscheinen, wurde aber offenbar von Ordericus Vitalis geglaubt, der sich vorstellte, Christus habe sein Antlitz mit dem Mandylion abgetupft und ihm dabei ein Abbild seiner gesamten Gestalt aufgeprägt (siehe oben., Kap. 14, Anm. 58).

27 Das Thema einer Zusammenlegung von Auferstehung und Himmelfahrt ist diskutiert worden von Johannes Dominic Crossan (siehe Crossan 1988, S. 337–362).

28 Vgl. Mt 27,62–66. Zur Fiktion vom bewachten Grab siehe oben, Kap. 6, Anm. 18.

29 Petrusevangelium 9,35–10,40 (Kraus/Nicklas 2004, S. 41–43)

30 In den hebräischen Schriften werden Engel häufig schlicht als »Männer« bezeichnet (siehe z. B. Gen 18,2; 32,24).

31 Petrusevangelium 11,44 (Kraus/Nicklas 2004, S. 45)

32 Petrusevangelium 13,55 (Kraus/Nicklas 2004, S. 47)

33 Zur Auferstehung in der gnostischen Literatur siehe Franzmann 1996, S. 156–159. Dass Werke außerhalb des Bibelkanons wertvolle Informationen über die Ursprünge des Christentums enthalten, wird von vielen neutestamentlichen Gelehrten entweder heruntergespielt oder von der Hand gewiesen. Dieses Vorurteil hat dafür gesorgt, dass (mit Ausnahme vielleicht des Thomasevangeliums) nichtkanonische Texte wie das Petrusevangelium, deren Wert dem der kanonischen Evangelien ebenbürtig ist, nicht angemessen ernsthaft als historische Quellen gewürdigt wurden. Das ist womöglich ein schwerwiegender Fehler, genauso wie das Ignorieren des Grabtuchs.

34 Zu diesen Texten gehören eine frühe lateinische Übersetzung des Markusevangeliums (Codex Bobiensis), die Himmelfahrt des Jesaja und die apokryphen Akten des Pilatus (siehe Crossan 1988, S. 341–345, 355).
35 Apg 1,9–11
36 Man hat gemutmaßt, dass die beiden Männer, die bei Christi Auffahrt gen Himmel zugegen waren, an Gestalten aus der jüdischen Apokalypseliteratur angelehnt seien (siehe z. B. Crossan 1988, S. 346), aber es ist gegenwärtig keine Quelle bekannt, die vor der Apostelgeschichte verfasst wurde.
37 Ich habe den Verdacht, dass der Bildwelt gewisser Evangelienerzählungen die Fehlinterpretation und Umdeutung primitiver christlicher Kunst zugrunde liegen. Diese Möglichkeit wurde in Graves/Podro 1953, S. XIV–XV, diskutiert.
38 Mt 17,1–13; Mk 9,1–13; Lk 9,28–36
39 Lk 9,32
40 Siehe z. B. Antonacci 2000, S. 224

19 Das alles andere als leere Grab

1 Zu dem Argument, dass das Tuch vor dem Einsetzen der Verwesungsprozesse (die 36 bis 72 Stunden nach Todeseintritt begonnen hätten) vom Leichnam entfernt worden sein muss, siehe Rogers 2008, S. 107, 110, 116.
2 Mk 6,3; Mt 13,55 f. Paulus bestätigt, dass Jesu Brüder verheiratet waren (1 Kor 9,5).
3 Dies wird durch zweierlei Indizien untermauert: a) Jesus wurde von einem Kreis aus zwölf Jüngern unterstützt, die für die zwölf Stämme Israels stehen (siehe 1 Kor 15,5), b) die Römer kreuzigten ihn als falschen König, wie man anhand von Mt 27,29.37; Mk 15,17.26; Lk 23,38; Joh 19,2–3.19–22 und der Wundmale nachvollziehen kann, die die Dornenkrone auf dem Grabtuch hinterlassen hat. Das Argument, Jesus sei aus religiösen Gründen ehelos geblieben, steht auf wackligen Füßen und stützt sich auf die unzuverlässigen Aussagen der Evangelien.
4 Zitiert in Pagels 1981, S. 110. Zum Ansehen Maria Magdalenes unter den Gnostikern siehe Lüdemann 2004, S. 214; Lüdemann 2002, S. 175, Spruch 55 aus dem Philippusevangelium.
5 Joh 20,2
6 Vgl. Tabor 2006, S. 78–80
7 Mk 16,1; Lk 24,10. Zu einer Bestattung gehörte normalerweise die gemeinschaftliche Totenklage, Lukas liegt demnach womöglich richtig, wenn er die Gruppe auf fünf oder mehr beziffert (wenngleich die öffentliche Totenklage im Fall einer Hinrichtung untersagt war).
8 Joh 20,12. Dreisbach 1997 fragt: »Könnte dies der allererste Verweis auf die Vorder- und Rückansicht des Mannes auf dem Grabtuch sein?« Siehe auch Loken 2006, S. 110, 122, 131, 138.
9 Man mag annehmen, dass Markus' Information mit der archäologischen Beweislage zur Ädikula der Grabeskirche in Jerusalem kollidiert, die von manchen Leuten für das Grab gehalten wird, in dem Jesus tatsächlich beigesetzt wurde. Die Ädikula besteht heute aus einem kleinen Raum mit einer einzelnen Grabbank auf der rechten Seite. Doch wie Martin Biddle gezeigt hat, ist die heutige Gestalt der Ädikula Jahrhunderte später unter dem Einfluss der Beschreibung des Markusevangeliums entstanden (siehe Biddle 1998, S. 63, 139).
10 Mt 28,3. Aufschlussreich ist, dass der Engel hier wie der virtuelle Zwilling Jesu in der Verklärungsszene bei Mt 17,2 geschildert wird. Zur Verklärung siehe oben, S. 303. Vgl. dazu auch Offb 1,12–16, in der eine ähnliche Gestalt beschrieben ist.
11 Vgl. dazu Mt 17,6, wo die Jünger sich vor Ehrfurcht mit dem Gesicht auf den Boden werfen,

eine Stelle, die Ähnlichkeiten hat mit der in Dan 10, in der der Prophet Daniel sich vor dem Mann, »der in Leinen gekleidet« war, niederwirft (siehe oben, S. 371–373).

12 Lk 24,4

13 Siehe Lee 2004 (S. 16, 71) zur traditionellen ikonografischen Verknüpfung zwischen heller Kleidung und himmlischen Wesen. Bemerkenswert ist zudem, dass in der gesamten Offenbarung des Johannes fein gewirktes Leinen mit Engeln assoziiert ist und dass es dort in Kapitel 15,6 heißt, sie seien »in ein glänzendes Leinen gekleidet«. Faszinierenderweise wird im apokryphen Barnabasevangelium (einem geheimnisvollen Text, der in spätmittelalterlichem Latein erhalten ist) ein ganz ähnlicher Engelsbesuch geschildert – hier verhüllen die Engel ihre strahlenden Leiber ausdrücklich hinter weißem Leinen (siehe Ragg/Ragg 1907, S. 485). Kontext und Funktion dieser Engelerscheinung ähneln der Erscheinung der Grabengel in vieler Hinsicht.

14 Diese unklare Beschreibung schlägt sich in vielen modernen Diskussionen um das Grabtuch nieder. Interessant ist, dass sich bereits Kelsos über die entsprechende Uneinheitlichkeit bezüglich der Zahl der Engel ausgelassen hat (siehe Hoffmann 1987, S. 90; Lona 2005, S. 305).

15 Joh 20,13. Das gleiche Szenario findet sich in den Eingangsfragen des »jungen Mannes«, den die Frauen dem Petrusevangelium zufolge im Grab sitzend vorfinden: »Wozu seid ihr gekommen? Wen sucht ihr? Nicht (etwa) jenen Gekreuzigten? Er ist auferstanden und fortgegangen, woher er gesandt wurde« (Petrusevangelium 13, 56, Kraus/Nicklas 2004, S. 49).

16 Ein gnostischer Text aus dem frühen 3. Jahrhundert, der sogenannte *Tractatus Tripartitus*, beschreibt tatsächlich, wie Jesu Leben von seinem sterblichen Leib auf die Engel übertragen wird, und kommt dabei unserer Interpretation des Bilds auf dem Grabtuch ungemein nahe: »[…] und als er hinabgelegt war in das Grab wie ein Toter, glaubten die Engel, dass er lebendig ist, und [empfingen] von ihm das Leben, von dem, der gestorben war« (siehe Nagel, S. 84; Robinson 1990, S. 101). Die Engelgestalten kommen hier dem neu belebten Jesus nicht minder nahe als die Gestalten auf dem Grabtuch.

17 Siehe Mt 4,11

18 Gen 28,12

19 Gen 18,2; 19,1

20 Siehe oben, S. 259

21 Siehe z. B. Morison 1958, S. 158–165; Schonfield 1996, S. 199–205

22 Mehr zu diesen jungen Männern findet sich z. B. in Fowler 1998; Haren 1998; Guscin 2006.

23 Zu den verschiedenen Versuchen, das vermeintliche Verschwinden von Jesu Leichnam zu erklären, siehe Habermas/Licona 2004, S. 93–103; Allison 2005, S. 201–204; Carrier 2005b

24 Zum Auferstehungsverständnis in der antiken Welt siehe Wright 2003, S. 32–206

25 Das wirft die faszinierende Möglichkeit auf, dass Jesu Beinhaus in einem Grab außerhalb der Agrippamauer beigesetzt worden sein und von Archäologen gefunden werden könnte (siehe oben, Kap. 18, Anm. 12). Ja, vor Kurzem wurde bereits behauptet, man habe Jesu sterbliche Überreste in einem Grab im Osten von Jerusalem, dem sogenannten Talpiot-Grab, gefunden (siehe Tabor 2006, S. 22–33; Jacobovici/Pellegrino 2007; Feuerverger 2008). Es liegt auf der Hand, dass es gegen diese Behauptung jede Menge Widerspruch gibt, aber ganz und gar unmöglich ist es nicht, und die statistische Analyse der epigrafischen Befunde von Feuerverger sind ungemein spannend. Das Talpiot-Grab ist mit Sicherheit nicht das Grab, in das Jesus am Karfreitag gelegt wurde, aber es könnte dasjenige sein, in dem man seine sterblichen Überreste (und die anderer Familienangehöriger) nach 44 beigesetzt hat.

26 Siehe oben, Kap. 6, Anm. 1

27 Siehe Kloner/Boaz 2007, S. 52

20 Die Erscheinung vor den Frauen

1 Joh 20,1–19
2 Auch sagt bei Matthäus und Markus der Engel am Grab zu den Frauen: »Ihr sucht Jesus«, während bei Johannes der auferstandene Jesus selbst Maria fragt: »Wen suchst du?« Vgl. dazu dieselbe Frage bei Lk 24,5: »Was sucht ihr den Lebenden bei den Toten?«
3 Allen stellt fest, dass man, wenn man das Negativbild des Grabtuchs eine Weile intensiv betrachtet, beim Abwenden ein positives Nachbild wahrnehmen kann (Allen 1995, S. 34, Anm. 4). Vielleicht wurde das Antlitz Jesu Maria und anderen auf diese Weise »offenbar«.
4 Mit anderen Worten: In Joh 20,3–17 klingt die Bildwelt der Triplettgestalt nach. Hinzu kommt, dass die Eingangsworte des auferstandenen Jesus an Maria in Joh 20,15 (»Frau, warum weinst du? Wen suchst du?«) fast genauso klingen wie die Worte des Grabengels an Maria und ihre Begleiterinnen im Petrusevangelium (13, 56): »Wozu seid ihr gekommen? Wen sucht ihr?« Und so, wie Jesus seine Rede in Joh 20,17 beschließt, indem er seine Auffahrt in den Himmel verheißt (»Ich gehe hinauf zu meinem Vater und zu eurem Vater, zu meinem Gott und zu eurem Gott«), so verkündet der Grabengel im Petrusevangelium: »[…] er ist auferstanden und dorthin fortgegangen, woher er gesandt wurde.« Johannesevangelium und Petrusevangelium haben außerdem die Auferstehungserzählung am See Gennesaret gemeinsam (siehe oben, S. 392 f.).
5 Mt 28,1–10
6 Mk 12,25. Vgl. Mt 22,30; Lk 20,36
7 Die Graberzählung um die Frauen enthält bei Matthäus noch eine weitere interessante Wendung, hier heißt es über die Frauen, als Jesus ihnen entgegenkommt und sie grüßt: »Sie gingen auf ihn zu, warfen sich vor ihm nieder und umfassten seine Füße.« Richard Carrier erklärt dazu, das Bild der Frauen zu Jesu Füßen erinnere an Psalm 132, in dem der Dichter auszieht, »eine Stätte für den Herrn« zu finden, eine Wohnung »für den starken Gott Jakobs«, und gelobt: »Lasst uns hingehen zu seiner Wohnung und niederfallen vor dem Schemel seiner Füße« (siehe Carrier 2005a, S. 189 f.). Zur Bekräftigung der Verknüpfung fährt Carrier fort (Carrier 2005a, S. 229 f., Anm. 361), dass »sich niederwerfen« zwar ein starkes Matthäus-Motiv sein mag, aber »in neun anderen Versen, in denen er sich dessen bedient, nie das Wort ›Füße‹ erwähnt wird […] diese Erwähnung somit ein wichtiger Aspekt ist«. In dem Augenblick, in dem wir den auferstandenen Jesus durch das Grabtuch ersetzen, gewinnt diese Anspielung an Bedeutung. Als das Tuch, das Jesus bei seiner Erhöhung umhüllt hat, und irdische »Wohnung« des auferstandenen Jesus zugleich wäre das Grabtuch leicht als Wohnstatt oder »Zelt« des auferstandenen Jesus wahrnehmbar gewesen, wie es in mehreren Briefen des Paulus heißt (z. B. 2 Kor 5,1–4, siehe oben, S. 302–303).
8 Zur *Epistula Apostolorum* siehe Fuller 1972, S. 192–194; Crossan 1988, S. 234–236; Hills 2009; Duensing, 1925. Im Hinblick auf die Auferstehungsdoktrin spiegelt sich darin mit den Worten Tom Wrights »eine theologische Position, die der des Neuen Testaments, anderer apostolischer Väter und der Apologeten in vielem ähnelt« (Wright 2003, S. 499). An keiner Stelle kopiert die hier erzählte Ostergeschichte jedoch eines der kanonischen Evangelien wörtlich, außerdem unterscheidet sie sich inhaltlich von diesen deutlich.
9 Zitiert in Fuller 1972, S. 192, dt. Zitat aus Duensing, 1925, S. 8 f. Ich habe mich hier gegen die äthiopische und für die koptische Version entschieden.
10 Jesu Worte in der *Epistula* (s. o.) – »Wen beweinet ihr? Weinet nun nicht mehr! Ich bin's, den ihr suchet. Es gehe aber eine von euch zu euren Brüdern und sage ihnen: ›Kommet, un-

ser, der Meister, ist auferstanden von den Toten‹« – klingen ganz wie die Worte, die Jesus in Joh 20,15–17 an Maria Magdalene richtet: »Frau, warum weinst du? Wen suchst du? [...] Geh aber zu meinen Brüdern und sag ihnen [...].« Diese Übereinstimmungen sind ein weiteres Zeichen für gemeinsame schriftliche Vorlagen oder mündliche Überlieferungen.

11 Mk 16,9–11. Zu Pseudo-Markus siehe Fuller 1972, S. 155–157. Dieses »längere Ende« des Markusevangeliums wird als kanonisch behandelt, obwohl die meisten Gelehrten sich darüber einig sind, dass es dem Evangelium irgendwann im 2. Jahrhundert nachträglich hinzugefügt wurde.

12 Vgl. Mk 16,13 f.

13 Vgl. Joh 20,11–17

14 Der im Text genannte Grund – »denn ich bin noch nicht zum Vater hinaufgegangen« – ist meiner Meinung nach literarisch motiviert. Er ergibt anderweitig keinen Sinn (Warum sollte es eher erlaubt sein, Jesus nach seiner Auffahrt in den Himmel zu berühren?) und scheint als Überleitung zum nächsten Vers erdacht worden zu sein. Ältere Erklärungen dieser Textstelle finden sich z. B. in Wright 2003, S. 666; Fuller 1972, S. 138 f.

15 Robinson 1990, S. 525. Zum Evangelium nach Maria siehe außerdem Robinson 1990; King 2003, hier zitiert aus Lüdemann, 2006, S. 97 f.

16 Schmidt 1905, S. 16, http://www.archive.org/stream/koptischgnostiscooschmuoft#page/16/mode/2up/search/maria

17 Siehe Robinson 1990, S. 148; Lüdemann 1997, S. 158, Spruch 55 im Philippusevangelium

18 Zum Thomasevangelium siehe Robinson 1990, S. 124–138. Zitate hier aus Lüdemann, 1997, S. 129–148. Maria spielt auch eine wichtige Rolle in der gegen Ende des 1. Jahrhunderts entstandenen *Sophia Jesu Christi* und dem um 100 verfassten *Dialog des Erlösers*. Im englischen Original zitiert aus Robinson 1990, S. 220–243 bzw. 244–255, in der Übersetzung aus Lüdemann 1997, S. 256–270 (*Sophia Jesu Christi*) und S. 270-280 (*Dialog*). In all diesen Schriften wird voller Lob von Maria gesprochen, wird sie herausgestellt als diejenige, die wahrhaftig versteht. Erwähnt werden muss an dieser Stelle auch die *Erste Apokalypse des Jakobus* (Robinson, S. 260–268; Lüdemann 1997; S. 288–296), in der Maria zusammen mit Salome, Martha und Arsinoe als Frau gepriesen wird, die über besondere spirituelle Fähigkeiten verfügt.

19 Brown 1979 (S. 154) mutmaßt, dass die überragend gestaltete Figur der Maria Magdalene der gnostischen Tradition möglicherweise durch deren Porträt im Johannesevangelium inspiriert sein könnte. Das Vertrauen in ihre apostolische Autorität genoss allerdings zu dem Zeitpunkt, als das Johannesevangelium verfasst wurde, bereits weithin Anerkennung. Die in Anmerkung 18 oben zitierten Texte sind alle mehr oder weniger gleichzeitig mit dem Johannesevangelium entstanden, und die drei anderen Versionen der Erzählungen um die Frauen am Grab (Matthäus, Pseudo-Markus und *Epistula*), die sämtlich ebenfalls ihre besondere Rolle herausstreichen, stammen aus ungefähr der gleichen Zeit oder sind älter.

20 Plinius schrieb diesen Brief um das Jahr 110 (Plinius 1969, S. 423 f.). Einige der von ihm Befragten behaupteten, sie hätten bereits 25 Jahre vorher Abstand vom Christentum genommen, was heißen würde, dass die Zeremonien, von denen die Rede ist, vor dem Jahr 85 stattgefunden haben müssen.

21 Joh 20,1

22 Eine gut durchdachte Untersuchung des potenziellen weiblichen Beitrags zur Entstehung der Passions- und Auferstehungshistorien liefert Crossan 1999, S. 527–573. Crossan merkt auf der Grundlage kulturvergleichender anthropologischer Studien an, dass »weibliche Klagepoesie einen direkten sozialen Protest gegen unterdrückerische männliche Institutionen – egal ob politischer, wirtschaftlicher oder religiöser Natur – darstellt« (S. 541),

und glaubt, dass »zwischen der Entstehung der Passions- und Auferstehungshistorien und der Klagetradition seitens der Frauen ein grundlegender Zusammenhang« besteht (S. 528).

21 Petrus am Grab

1 1 Kor 15,5
2 Ulrich Luz (zitiert in Lüdemann 1994, S. 117) drückt es noch direkter aus: »Aber es ist doch erstaunlich, dass es im Neuen Testament keinen ausführlichen Bericht von der Ersterscheinung des Petrus gibt und dass die anfängliche Führungsrolle des Petrus in der Jerusalemer Urgemeinde nur in der späten Apostelgeschichte wirklich wichtig wird.«
3 Siehe z.B. Wright 2003 (S. 324), der sich nur einige wenige Sätze über die Erscheinung abringt und lediglich auf die doppelte Erwähnung in 1 Kor 15,5 und Lk 24,34 verweist.
4 Siehe, z.B. Marxsen 1968, S. 90–100; Lüdemann 1994, S. 112–125, 208
5 Siehe z.B. Fuller 1972, S. 35; Lüdemann 1994, S. 208. Dieses Argument hängt nicht nur an der fragwürdigen Annahme, dass Mk 16,7 der früheste und zuverlässigste Bericht ist, den wir zur Verfügung haben, sondern macht es auch nötig, die anders lautenden chronologischen Verweise in Lk 24,34 und 1 Kor 15,4 f. »wegzuerklären«.
6 Bislang haben sich die Neutestamentforscher mit den Erzählungen von den Männern am Grab genauso schwer getan wie mit der Erscheinung vor Petrus – was wenig überrascht, da es sich um zwei Seiten derselben Medaille handelt. Skeptiker haben generell versucht, die Grab-Erzählungen um die Männer als Erfindungen der Evangelien abzutun, und stellen sich beispielsweise auf den Standpunkt, dass Lk 24,12 und Lk 24,24 nichts weiter sind als »Ausschmückungen« des von Markus erzählten Besuchs der Frauen am Grab (siehe z.B. Carrier 2005a, S. 165). Theologen neigen unterdessen dazu, die bei Johannes entwickelte Vorstellung zu favorisieren, der zufolge der Jünger, den Jesus liebte, aus dem Anblick der Leichentücher auf die Auferstehung geschlossen hat, und versuchen, sich auf der Basis einer wörtlichen Auslegung der Geschichte vorzustellen, wie die Anordnung der Tücher ein solches Wunder hat bezeugen können (siehe zu diesen Interpretationen z.B. Robinson 1985, S. 293).
7 Lk 24,24
8 Mehrere Indizien sprechen dafür, dass Lk 24,34 später hinzugefügt wurde. Zum einen nimmt der Vers sich in dem umgebenden Text seltsam aus und unterbricht den natürlichen Fluss der Erzählung, nimmt – wie Reginald Fuller es ausdrückt – »der Erzählung von den Emmaus-Jüngern den Wind aus den Segeln« (Fuller 1972, S. 112; vgl. Marxsen 1970, S. 51 f.). Zum anderen wird hier das einzige Mal im ganzen Lukasevangelium von Petrus als Simon gesprochen, was darauf schließen lässt, dass Lukas die Formulierung übernommen hat. Drittens, so Fuller, wiederholt er fast wörtlich die entsprechenden Sätze aus dem Paulinischen Auferstehungsbekenntis: »Er ist auferweckt worden [...] und erschien dem Kephas [...].«
9 Es ist nicht sehr wahrscheinlich, dass die Vorstellung von einer Auferstehung am dritten Tag aus Hosea 6,2 hergeleitet ist, weil es, wie Fuller 1972 (S. 24) erklärt, »in den Zeugnissen und Belegtexten der Urgemeinde nirgendwo eindeutige Hinweise auf die Verwendung von Hosea 6,2 gibt«.
10 Zur Diskussion dieser Frage siehe Fuller 1972, S. 23–27; Lüdemann 1994, S. 69; Wright 2003, S. 322. Natürlich hätte der Zeitpunkt der Auferstehung sich auch durch die frühmorgendliche Erscheinung vor den Frauen bestimmen lassen können. Das liest sich z.B. aus

den Pseudo-Markus-Versen heraus, die besagen, dass Christus Maria Magdalene erschienen sei, nachdem er »am frühen Morgen des ersten Wochentages auferstanden war« (Mk 16,9). Aber es ist unwahrscheinlich, dass die im Paulinischen Glaubensbekenntnis genannte Chronologie auf Erscheinungen basiert, die im Credo selbst nicht benannt werden.

11 Lk 24,13–27

12 Lk 24,12

13 Zu dieser Frage siehe Fuller 1972, S. 101–103; Lüdemann 1994, S. 173

14 Joh 20,2–10

15 Das Johannesevangelium wurde nicht an einem Stück geschrieben, sondern ist ein vielschichtiger Text, der Material enthält, das zu unterschiedlichen Zeitpunkten verfasst und überarbeitet wurde (siehe Ashton 2007). Wir sind bereits auf ein klares Beispiel dieses Überarbeitungsprozesses gestoßen: die Neufassung der Erzählung von den Frauen am Grab, in der Maria Magdalenes Begleiterinnen fehlen, eine Textänderung, die durch die unachtsame Verwendung der ersten Person Plural in Marias Worten in Joh 20,2 verraten wird (siehe oben, S. 307). Zum Johannesevangelium als mehrfach überarbeiteter Evangeliendarstellung siehe Ashton 2007; Fortna 1989; Bultmann 1971, S. 6 f.

16 Vgl. Joh 20,2.15

17 Siehe z. B. Maier 1991, S. 184 f.; Swinburne 2003, S. 182 f. Wie Robinson allerdings ausführt, entspricht der Begriff der »Entmaterialisierung [...] einer eindeutig dem 20. Jahrhundert zuzurechnenden Vorstellung von der Beziehung zwischen Körper und Geist, Materie und Energie«. Juden im 1. Jahrhundert hätten eher in Begriffen wie »erwachen« und »sich herausbegeben« gedacht.

18 Eigene Übersetzung (im Englischen). Das lateinische Original ist zitiert in Green 1969, S. 329, Anm. 12: »ad *monumentum* Petrus cum Johanne cuccurrit, recentiaque in linteaminibus defuncti et resurgentis vestigia cernit«.

19 Sindonologen vertreten diesen Standpunkt seit Langem. Siehe beispielsweise Wilson 1980, S. 104 ff.

20 Siehe Bulst 1957, S. 113, Anm. 10; S. 125 f., Anm. 91. Im Zusammenhang mit diesem ägyptischen Bildnis sollte auch das Tuchbild des hl. Stephanus in Nordafrika erwähnt sein (siehe oben, Kap. 16, Anm. 21).

21 Man hat dagegen argumentiert, dass *vestigia* hier im übertragenen Sinne zu verstehen sei und lediglich den »gefalteten Zustand der Leichentücher, die den nicht mehr anwesenden Körper noch immer zu umhüllen scheinen«, bezeichnet (Green 1969, S. 329, Anm. 12). Das ist unwahrscheinlich – nicht nur weil die »vestigia [...] in linteaminibus« kaum den »Zustand der Tücher« bezeichnet haben werden, sondern weil die Vorstellung von einem entmaterialisierten Körper im Grab neuzeitlich und keinesfalls mittelalterlich ist (siehe oben, Anm. 15).

22 Wilson 1999, S. 236, Zitat Dan Scavone. Das genaue Vokabular zur Beschreibung der Tücher ist mir nicht ganz klar, denn der georgische Originaltext ist nicht veröffentlicht, aber die »Kopfbinde« und das »große Tuch« scheinen mit *soudárion* und *sindón* extrem gut vereinbar. Es gibt eine Übersetzung des Textes ins Deutsche (siehe Harnack 1901, S. 923), aus der die Formulierungen Scavones stammen.

23 Lk 24,25 f.

24 Robinson 1990, S. 138; Lüdemann, 1997, S. 148

25 Ebenda, S. 526 f.; Lüdemann 2006, S. 105

26 Zitiert in Lüdemann 2002, S. 178. Siehe ebenda, S. 174–177, zur Rivalität zwischen Maria und Petrus in verschiedenen anderen Schriften. Siehe außerdem King 2003, S. 172 f.

27 Andere christliche Schriften des 2., 4. und 5. Jahrhunderts behaupten, dass die *othonia* von Pilatus und seiner Frau oder von Joseph von Arimathäa aus dem Grab genommen wurden

(siehe Green 1969, S. 328 f.). Diese Berichte sind klar der Fantasie ihrer Verfasser entsprungen.

28 Zitiert in Green 1969, S. 329. Siehe außerdem Guscin 2004, S. 19–22, zur hl. Nino und dem Grabtuch. Das Manuskript über das Leben der hl. Nino stammt aus dem 13. Jahrhundert, aber laut Green 1969 (S. 329, Anm. 11) »scheinen die Visionen der heiligen Nino zu den am wenigsten zweifelhaften Aspekten ihres mythenumwucherten Lebens zu gehören [...] möglicherweise handelt es sich um Zeugenberichte der petrischen Überlieferung aus dem 4. und 5. Jahrhundert«.

29 Die Quellen sind uneins, was ihren Ursprungsort anbelangt: Einmal heißt es, sie sei aus Kappadokien, dann wieder, sie sei aus Jerusalem, Rom, Konstantinopel oder Gallien.

30 Siehe oben, S. 242 f.

31 Zu Isoʻdad von Merw siehe Bennett 2001, S. 23 f.; Green 1969, S. 329; Guscin 2004, S. 22–24

32 Zitiert in Bennett 2001, S. 24.

33 Wie in der *Narratio de imagine edessena* berichtet (siehe Guscin 2009, S. 27)

22 Die Erscheinung vor den Zwölf

1 Vgl. Ex 33,23, wo Moses der Anblick von Gottes Rücken verheißen wird

2 Die beiden Emmaus-Jünger lasse ich außer Betracht, da die Erzählung nachweislich fiktiv ist (siehe oben, S. 111), und rede hier von den Zwölf statt von den Elf, weil sie auch im Auferstehungsbekenntnis so genannt werden. Allem Anschein nach waren sie offiziell als die Zwölf bekannt, unabhängig davon, wie viele bei einer bestimmten Gelegenheit zugegen waren.

3 Zur Einschätzung der Jerusalem-Tradition als der historisch korrekten siehe z. B. Swinburne 2003, S. 156. Zur Galiläa-Tradition siehe z. B. Fuller 1972, S. 34 f.; Lüdemann 1994, S. 124, 208; O'Collins 1980, S. 22–32, 36–38.

4 Vgl. O'Collins 1980, S. 36: »Die Darstellung der Gefangennahme in Gethsemane lässt nicht notwendigerweise auf eine Flucht nach Galiläa schließen. Tatsächlich sind sich sowohl die beiden Galiläa-Traditionen (Markus und Matthäus) als auch die beiden Jerusalem-Traditionen (Lukas und Johannes 20) darin einig, dass Jesu Jünger sich bis zum Ostertag in Jerusalem befanden [...].« Zur Flucht der Jünger siehe Mk 14,50 und Mt 26,56.

5 Zur Verwendung von Quellen in der Apostelgeschichte siehe Brown 1997, S. 316–318

6 Vgl. Fuller 1972, S. 34: »Die Vermutung, dass die Jünger, unmittelbar nachdem sie Jesus verlassen hatten und geflohen waren, auf der Stelle nach Galiläa gegangen seien [...]«, wurde von M. Albertz als »Legende der Kritik« zurückgewiesen.

7 Joh 20,19–23

8 Lk 24,33.36–49

9 Man bedenke, dass die reißerischen Verweise auf den auferstandenen Jesus, der seinen Jüngern demonstriert, dass er »Fleisch und Knochen« hat und dann um ein Stück Fisch bittet, nur bei Lukas vorkommen und in den entsprechenden Erzählungen bei Johannes, Markus und in der *Epistula* fehlen. Das verstärkt den Verdacht, dass sie vom Verfasser des Lukasevangeliums in apologetischer Absicht hinzugefügt wurden.

10 Siehe oben, S. 67 f. Johannes schildert die Erscheinung »am Abend dieses ersten Tages der Woche« (Joh 20,19) und schafft damit eine zeitliche Verknüpfung mit dem Herrenmahl, wohingegen Lukas' Bericht über den gemeinsamen Verzehr von gebratenem Fisch an eine

gemeinsame Mahlzeit denken lässt. In einer korrespondierenden Passage in den Pseudo-Markus-Kapiteln wird berichtet, dass der auferstandene Jesus den Elf erschien, »als sie bei Tisch waren« (Mk 16,14).

11 Man könnte argumentieren, dass die Evangelienberichte durch den wöchentlichen Gottesdienst inspiriert wurden, aber das würde den Ursprung des sonntäglichen Rituals nicht erklären. Nun könnte man freilich auch den Standpunkt vertreten, dass die Erzählungen auf dem Sonntagsritual gründen, aber das würde ein extrem frühes Entstehungsdatum implizieren – mit Sicherheit vor dem Jahr 55, dem Entstehungsjahr des Ersten Korintherbriefs, in dem Paulus über das Herrenmahl berichtet und auf die Treffen am ersten Tag der Woche verweist, wenn nicht gar vor dem Jahr 33, als die Christengemeinden bereits versprengt waren (siehe oben, S. 93 f.).

12 Zwei Parallelerzählungen – Pseudo-Markus und die *Epistula* – verlegen die Handlung nach drinnen und lassen dieses Szenario als wahrscheinlichstes erscheinen.

13 Auf Griechisch: *este eis to meson* (Joh 20,19) und »*este en meso auton*« (Lk 24,36)

14 Siehe z.B. Wright 2003, S. 605

15 Natürlich wären sie in der Lage gewesen, die Blutspuren als Flecken zu verstehen, die durch die Berührung des Grabtuchs mit Jesu Wunden zustande gekommen sind. Aber auch eine solche rationale Erklärung hätte sie nicht daran gehindert, sie gleichzeitig auch als Teil der beseelten Gestalt auf dem Grabtuch zu sehen. Genauso wenig wird das rationale Verstehen der künstlerischen Techniken, die zur Herstellung eines Gnadenbilds angewandt werden, dessen animistischer Interpretation entgegenstehen.

16 Mk 16,14

17 *Epistula Apostolorum* 11–12, Duensing, 1925, S. 10 f.

18 Siehe Mk 14,66–72; Mt 26,69–75; Lk 22,54–62; Joh 18,15–27

19 Joh 20,24–29

20 Die These, dass die Episode um den Zweifler Thomas von Johannes aus der Jerusalem-Tradition heraus geschaffen wurde, wird von Riley 1995 (S. 69–99) verfochten (allerdings fehlt hier der Verweis auf die *Epistula*).

21 Siehe Dreisbach 2001; vgl. dazu auch Loken 2006, S. 126, Anm. 12. Als gläubiger Christ verfolgt Dreisbach diesen Gedanken nicht weiter, sondern interpretiert die Auferstehung im Weiteren als spirituelles Ereignis, das in Gestalt von Visionen wahrgenommen wurde. Loken mutmaßt, dass die Geschichte vom ungläubigen Thomas »teilweise auf einer zweiten Präsentation des Bildnisses auf dem Grabtuch oder auf einer veränderten Haltung der Jünger gegenüber dem Bildnis beruht«.

22 Eine interessante Deutung der Erzählung vom ungläubigen Thomas, die ganz ähnlich Spannungen zwischen Thomas- und Johannes-Anhängern nahelegt, gibt Riley 1995, S. 100–126 (vgl. dazu auch Pagels 2004, S. 36–79). Neutestamentler versuchen der Episode oftmals einen positiven »Dreh« zu geben, indem sie darauf hinweisen, dass der Jünger Jesu Wunden trotz Aufforderung nicht berührt habe und er der Erste gewesen sei, der Jesus mit »Mein Herr und mein Gott« tituliert (siehe z.B. Wright 2003, S. 664, 668, 677 f.). Dieser Aspekt der Geschichte aber ist vermutlich ein Zufallsrelikt aus der ursprünglichen Quelle des Johannes, in der Thomas einer von mehreren Jüngern gewesen sein wird, die Christi Wunden berührt und sich zu ihm als Herrn und Gott bekannt haben (vgl. *Epistula* 11–12, die diese ursprüngliche Quelle vermutlich genauer wiedergibt). Johannes kann nicht das Ziel gehabt haben, Thomas in einem guten Licht dastehen zu lassen, denn er endet mit Christi harscher Kritik an Thomas als Moral von der Erzählung.

23 Gemäß der Schrift

1 Zur Symbolik der zwölf Stämme Israels siehe Sanders 1996, S. 183–189
2 Zu den in diesem Zusammenhang wichtigen Schriftrollen siehe Vermes 1995, S. 320–323, 333–356. Über Pescharim schreiben Eisenman 2002, S. 80 f., 85, und Painter 1999, S. 231.
3 Apg 1,12–14
4 Apg 2,31; 3,22
5 Unnötig zu erwähnen, dass die ersten Christen die Bedeutung des Grabtuchs, solange dieses bekannt war und erinnert wurde, immer wieder gemäß der Schrift zu deuten versucht haben werden. Es ist daher nicht möglich, genau zu sagen, wann der prophetische Gehalt der einzelnen Texte erstmals diskutiert wurde. Einige der »Weissagungen«, die ich hier erörtere, sind vielleicht erst sehr viel später in die Diskussion eingeflossen, und zweifellos waren die ersten Interpreten des Grabtuchs an Aspekten interessiert, die ich hier gar nicht erwähne. Den genauen Hergang der Exegese nachzuvollziehen ist jedoch nicht wichtig; es kommt darauf an, sich darüber klar zu werden, in welchen Zeiträumen sie abgelaufen sein und zu welchem Ergebnis sie geführt haben könnte.
6 1 Kor 15,13–17
7 Ez 37,1–10, zitiert im Vorhergehenden, S. 58 f.
8 Zum Beispiel Hos 6,2: »Nach zwei Tagen gibt er uns das Leben zurück, am dritten Tag richtet er uns wieder auf« (eine Stelle, auf die das Auferstehungsbekenntnis des Ersten Korintherbriefs anspielt – siehe oben, S. 76), sowie Ps 16,10: »Er gibt ihn nicht der Unterwelt preis, und sein Leib schaut die Verwesung nicht« (zitiert von Petrus in Apg 2,31).
9 Jona 1,15
10 Jona 1,17
11 Jona 2,5 f. Die Jona-Geschichte scheint um den Psalm herum konstruiert. Jona spricht vom Bauch des Walfischs (Jona 2,2–9), der für seine spirituelle Entfremdung von Gott steht, vom Ertrinken und vom Gefangensein im Totenreich. Der Autor des Buchs Jona hat dem Totenreich in dieser Bildwelt die Gestalt eines großen Fischs gegeben.
12 Lk 11,29. Vgl. Mt 12,39 und 16,4. Die Jona-Erzählung hat außerdem die Evangelienerzählungen vom Beruhigen des Sturms auf dem See (Mt 8,23–27; Mk 4,35–41; Lk 8,22–25) und Jesu Gang über das Wasser inspiriert (Mt 14,22–33; Mk 6,45–52; Joh 6,15–21). In beiden Fällen wird Jesus bezeichnet als »einer, der mehr ist als Jona« (Lk 11,32).
13 Die Schwierigkeiten beginnen mit Matthäus, der eine Parallele zu den »drei Tagen und Nächten« zieht, die Jesus im Grab verbracht hat: »Denn wie Jona drei Tage und drei Nächte im Bauch des Fischs war, so wird auch der Menschensohn drei Tage und drei Nächte im Innern der Erde sein« (Mt 12,40). Die ursprüngliche Verknüpfung der Jona-Geschichte mit Jesus kann wohl kaum auf dieser vermeintlichen Parallele beruhen, denn Jesus hat keine »drei Tage und Nächte im Innern der Erde verbracht«. Matthäus' Version dieser Wendung zeigt jedoch, dass die Jona-Geschichte mit der Auferstehung in Zusammenhang gebracht wurde. Lukas zielt auf eine bessere Interpretation, obschon die Worte, die er Jesus in den Mund legt, ein wenig doppelbödig klingen: »Denn wie Jona für die Menschen von Ninive ein Zeichen war, so wird es auch der Menschensohn für diese Generation sein« (Lk 11,30). Die Verwendung des Futurs zeigt an, dass es sich um einen Verweis auf die Auferstehung handelt und nicht um den Höhepunkt der irdischen Laufbahn Jesu. Man kann das so lesen, dass das »Zeichen« das Grabtuch gewesen ist, das Zeichen, dass Jesus aus den wässrigen Abgründen der Unterwelt entronnen war (siehe Wright 2003, S. 432 f.).
14 Lk 11,32. Vgl. Mt 12,41; siehe auch Mt 12,6.42

15 Dan 12,2 f.
16 Röm 1,2
17 Dan 7,13 f.
18 Dan 7,17
19 Dan 10,5–9
20 Vgl. Mt 28,3
21 Dan 12,5
22 Weitere Stellen, an denen ein Trio aus drei Engelsgestalten als Akteur ins Spiel kommt, finden sich in 2 Makk 3,24–26, mehr dazu siehe Gen 18,2.
23 Bezeichnenderweise enthält Matthäus' Version der Verklärungsszene eine unmissverständliche Anspielung auf Dan 10,9–12 (siehe Mt 17,7) und zeigt damit klar, dass die Gestalt des in Leinen gekleideten Mannes mit dem Menschensohn in Verbindung gebracht wurde.
24 Jes 53,12
25 Jes 50,6. Vgl. 53,3–6: »Er wurde verachtet und von den Menschen gemieden, ein Mann voller Schmerzen, mit Krankheit vertraut. Wie einer, vor dem man das Gesicht verhüllt, war er verachtet, wir schätzten ihn nicht.«
26 Jes 52,13–15
27 Jes 42,6
28 Jes 42,7
29 Jes 53,5
30 Siehe oben, S. 58
31 Falls es diesbezüglich noch irgendeinen Zweifel gegeben haben sollte, so stand einer der Gesänge des Gottesknechts laut und vernehmlich für seine Unschuld: »Ich weiß, dass ich nicht in Schande gerate. Er, der mich freispricht, ist nahe. [...] Seht her, Gott, der Herr, wird mir helfen. Wer kann mich für schuldig erklären?« (Jes 50,7–9).
32 Der Codex Pray von 1192–1195 lässt vermuten, dass das Bild auf dem Grabtuch mit der Salbung von Christi Leib in Zusammenhang gebracht wurde, denn es vereint in ungewöhnlicher Weise die Darstellung des Grabtuchs mit dem Szenario der Salbung (siehe oben, S. 230–235).
33 Siehe z. B. Kersten/Gruber 1994, S. 352–359
34 Siehe oben, S. 200, und Kap. 12, Anm. 21. Die Salbung hätte von den Frauen vorgenommen werden sollen, die am Ostermorgen zum Grab gingen.
35 Vgl. Jes 44,3 f.
36 Siehe Ex 30,22–33. In 1 Sam 16,13 z. B. wird David offenbar durch die Salbung mit dem Heiligen Geist konsekriert: »Samuel nahm das Horn mit dem Öl und salbte David mitten unter seinen Brüdern. Und der Geist des Herrn war über David von diesem Tag an.«
37 Apg 10,38. Dieser Vers reflektiert vermutlich eine sehr alte christliche Formel: Man beachte die Ähnlichkeit mit der Formulierung in Apg 1,8 (vgl. Joh 20,22) und vor allem in Röm 1,4. Natürlich ging Lukas davon aus, dass Jesus bei seiner Taufe gesalbt worden war, doch das Wirken des Geistes wurde ursprünglich mit der Auferstehung in Verbindung gebracht (vgl. Röm 1,4), die letztlich durch die Taufe symbolisiert wird (zum engen Bezug zwischen Auferstehung und Taufe siehe Barker 1996, S. 27–55). Auf der Suche nach einer passenden Weissagung zum Herabkommen des Heiligen Geistes haben sich die Jünger sicher mit Jesaja befasst. In Jes 61,1 heißt es: »Der Geist Gottes, des Herrn, ruht auf mir; / denn der Herr hat mich gesalbt. Er hat mich gesandt, damit ich den Armen eine frohe Botschaft bringe / und alle heile, deren Herz zerbrochen ist.« Fast wörtlich übernommen wird diese Weissagung in Lk 4,18. Nicht minder von Bedeutung ist Joël 3,1 f., wo Gott eine Zeit vorhersagt, da er seinen »Geist ausgieße über alles Fleisch«; diese Weissagung wird wörtlich zitiert in Apg 2,17.

38 Römer 1,3–4
39 Diese Verwendung des Namens findet sich in allen Evangelien und Episteln: z.B. Mt 1,1; Mk 1,1; Joh 1,17; Apg 4,10; Röm 1,1; 1 Petr 1,1; 1 Joh 1,3; Offb 1,1,
40 Jes 11,1 f.
41 Siehe Röm 15,12; Offb 5,5. Als wolle er Jesajas Worte bestätigen, prophezeit auch Daniel die »Ankunft eines Gesalbten, eines Fürsten« (Dan 9,25 f.).
42 Jes 11,10–12

24 Die unerwähnten Erscheinungen

1 Die Überzeugung, der Kajaphas in Joh 11,50 Ausdruck verleiht (vgl. auch Joh 18,14), ist sicher historisch zutreffend: »Ihr bedenkt nicht, dass es besser für euch ist, wenn ein einziger Mensch für das Volk stirbt, als wenn das ganze Volk zugrunde geht.«
2 Dan 9,25
3 Siehe z.B. Perkins 1984, S. 89; Barnett 2005, S. 18
4 Richard Swinburne, der durchaus bereit ist, »kleinere Fehler und ein winziges Maß an theologischem Sendungsbewusstsein« in den Evangelienerzählungen zu tolerieren, mutmaßt, dass auch die Auferstehungserzählungen nicht frei davon sind (siehe oben, Kap. 6, Anm. 35). Typischer ist Tom Wrights vorsichtiger Kommentar, die Erscheinung vor den Fünfhundert sei ein Ereignis gewesen wie jenes, über das Mt 28,16–20 berichtet (auch wenn Matthäus nur Elf erwähnt; Wright 2003, S. 325).
5 Siehe z.B. Price, der »allein die Vorstellung einer Auferstehungserscheinung vor mehr als fünfhundert Menschen zugleich für ein spätes apokryphes Stück Literatur« hält, das an »die Extravaganzen des Pilatusevangeliums erinnert« (Price 2005, S. 80 f.).
6 Siehe z.B. Gilmour 1961; Fuller 1972, S. 36; Lüdemann 1994, S. 129 f.
7 Für Ungläubige klang das wie unverständliches Lallen, wie die Apostelgeschichte uns wissen lässt: »Andere aber spotteten: Sie sind vom süßen Wein betrunken« (Apg 2,13). Der Vorwurf der Trunkenheit wird unter Ungläubigen, die ihre frühen christlichen Zeitgenossen »in Zungen reden« hörten, nicht unüblich gewesen sein, und Lukas wollte Letztere womöglich in Schutz nehmen.
8 Wright und Swinburne sind beide davon überzeugt (siehe oben, Anm. 4).
9 »Eines der größten Probleme, die sich einem modernen Historiker bei der Suche nach der Rolle des Jakobus in den Weg stellen, ist die Voreingenommenheit des modernen Lesers. [...] Das Neue Testament selbst ist bereits einseitig und tendenziös. In den ersten Jahrhunderten finden wir noch Überlieferungen, die diese Voreingenommenheit korrigieren, und solche, die sie verstärken. Auf lange Sicht haben diejenigen gesiegt, die die Voreingenommenheit verstärken, und der moderne Leser interpretiert das Neue Testament nun von dieser Warte aus« (Painter 1999, S. 270 f.). Siehe außerdem unten, Anm. 13.
10 Siehe ebenda, S. 155
11 Siehe ebenda, S. 42–44
12 Vgl. ebenda, S. 151: »Der wichtigste Aspekt im Hinblick auf eine Führungsrolle war es, der Familie Jesu anzugehören.« Zu den dynastischen Prinzipien frühchristlicher Herrschaftsverhältnisse siehe Bütz 2005, S. 115–122.
13 Vgl. Painter 1999, S. 56: »[Lukas] trachtete danach, die Rolle des Jakobus zu marginalisieren, weil er sich darüber im Klaren war, dass Jakobus zur Frage der Beschneidung und zum Leben nach dem jüdischen Gesetz eine unnachgiebige Haltung vertrat, die Lukas selbst

nicht sonderlich sympathisch war.« Painter führt noch weitere Gründe für die historische Verdrängung des Jakobus an (ebenda, S. 269–276).

14 In der Vergangenheit haben neutestamentliche Gelehrten auf der Grundlage von Mk 3,31–35 häufig angezweifelt, dass Jakobus zu Jesu Lebzeiten dessen Gefolgsmann gewesen sei (vgl. dazu auch Mt 12,46–50; Lk 8,19–21; Joh 7,3–5). In jüngster Zeit sind Gelehrte zu dem Schluss gekommen, dass diese Stelle mehrere Deutungen zulässt und Jakobus vermutlich ein enger Vertrauter Jesu war (siehe Painter 1999, S. 11–41; Bütz 2005, S. 20–47). Ich bin zwar ebenfalls der Ansicht, dass die Indizien aus den Evangelien nicht schlüssig sind, finde jedoch, dass die Aussagen des Paulinischen Auferstehungsbekenntnisses, wenn man sie im Licht der Grabtuchtheorie liest, entschieden gegen diese neue Deutung sprechen.

15 Zu den Maßen der Jerusalemer Kirche siehe Apg 2,41; 4,4; 6,7, zum Leben in der Gemeinschaft siehe Apg 2,44 f.; 4,32–5,11

16 Apg 8,1.3. Zu Beginn von Apg 8 heißt es, dass alle Christen über Judäa und Samarien verstreut wurden und nur die Apostel (mit denen Lukas die Zwölf meinte) von der Verfolgung ausgenommen waren und in Jerusalem bleiben durften. Das ist durch und durch unlogisch, nicht zuletzt deshalb, weil Paulus selbst berichtet, er habe als junger Mann versucht, die Kirche zu zerstören (Gal 1,13). Diese Aussage reflektiert vermutlich Lukas' Überzeugung, dass die Kirchenführung in der Heiligen Stadt unablässig gegenwärtig war.

17 Apg 9,31

18 Mk 16,7

19 Wenn das Markusevangelium in der Tat ursprünglich mit einer Erscheinung in Galiläa geendet hatte, dann ist es wahrscheinlich, dass diese genau wie in Joh 21,1–11 und im Fragment am Ende des Petrusevangeliums am See Gennesaret angesiedelt worden ist.

20 Angelpunkt dieser Allegorie ist das »Menschenfischen« (vgl. Mt 4,19; Mk 1,17), und sie harrt noch einer endgültigen Erklärung.

21 Petrusevangelium 14,60 (Kraus/Nicklas 2004, S. 49)

22 Petrus steht außerdem im Mittelpunkt von Lk 5,1–11, einer anderen Version derselben Erzählung.

23 Gal 2,8

24 Vgl. Mk 6,7 und Lk 10,1

25 Der letzte Apostel

1 1 Kor 15,8 f.

2 Vgl. Gal 1,22 f.

3 Gal 1,11–17. An dieser Stelle ist ausnahmsweise die Version der Lutherbibel angeführt (Gal 1,16), deren Formulierung eher trifft, worauf der Autor abhebt [Anm. d. Ü.]. Zum Umgang mit dem Wort »Evangelium« siehe oben, Kap. 4, Anm. 12, sowie unten, Kap. 26, Anm. 5.

4 Apg 9,1 f.

5 Der Grund für Saulus' Reise nach Damaskus ist unter den Gelehrten umstritten und bis heute nicht abschließend geklärt. Eine Diskussion zu dem Thema findet sich in Murphy-O'Connor 1996, S. 69 f.

6 Andere Stellen in den Briefen des Paulus werden gelegentlich als Anspielungen auf sein Damaskuserlebnis verstanden (2. Kor 4,6; 12,1–4; Phil 3,8), aber da nicht klar ist, was diese zu bedeuten haben, können wir sie hier außer Acht lassen. Zur Interpretation dieser Textstellen siehe z. B. Lüdemann 1994, S. 72 f.; Wright 2003, S. 384–388.

7 Wie Wright zu Recht anmerkt: »Was allem Anschein nach geschah, ist, dass das gelehrte kritische Establishment sein hochgehaltenes Prinzip vergessen hat, Paulus' eigene Briefe als Primärquelle und die Apostelgeschichte als Sekundärquelle zu lesen« (Wright 2003, S. 376).

8 Zur Epilepsietheorie siehe Landsborough 1987 sowie Dewhurst/Beard 2003, S. 83 f. Zur Migränetheorie siehe Göbel et al. 1995. Zur Blitztheorie siehe Bullock 1994. Zur Verwechslungstheorie siehe z. B. Kersten/Gruber 1994, S. 328 f.; Thiering 1992, S. 139; Graves/Podro 1953, S. 804–806. Zur letzten Alternative siehe Schillebeeckx 1979, S. 37. Er deutet die Bekehrung des Paulus als eine »durch Glauben motivierte Erfahrung in Reaktion auf eine eschatologische Offenbarung, die sich vor christologischem Hintergrund als Bestätigung des Auferstandenen verstehen ließ«. Gegen diese These wehrt sich Wright 2003, S. 701–706.

9 Die von Paulus verwendeten Worte *ophthe* und *heoraka* sind beides Formen des Verbs *horao*, das schlicht »gesehen werden«, »sichtbar werden« oder »sich zeigen«« heißt (siehe oben, Kap. 4, Anm. 19). Wie Tom Wright anmerkt, »[...] meint Paulus ein ›Sehen‹, das sich von den vielen Formen der spirituellen Erfahrungen unterscheidet, mehr ein ›Sehen‹ mit den Augen des Herzens, das viele Christen zu den verschiedensten Zeitpunkten der Geschichte erfahren haben. [...] Für ihn war es ein einmaliges Erleben, das ihn zum Apostel erhoben hat und sich nicht wiederholen würde« (Wright 2003, S. 382). Vgl. Fuller 1972, S. 32: »[Paulus] unterscheidet [sein Erleben] ausdrücklich von der Art von visionärem Erfahren, auf das der Zweite Korintherbrief verweist (2. Kor 12,2–4).« Fuller merkt außerdem an (S. 33), dass Apg 26,19 die einzige Stelle ist, an der eine Auferstehungserscheinung im Neuen Testament als Vision bezeichnet wird, ein Umstand, den »der Verfasser der Apostelgeschichte des Lukas zu verantworten hat«.

10 Diese Wortwahl ist entnommen aus 1 Kor 15,3; 1 Kor 9,1; Gal 1,12; Gal 1,15 f. Wenn Paulus Jesus als Gottes Sohn bezeichnet, will er dessen einzigartiger Nähe zu Gott Ausdruck verleihen, die in der Auferstehung ihren Niederschlag gefunden hat. Er betrachtet Christus nicht als Aspekt Gottes (eine Vorstellung, die erst später entstanden ist), sondern als zweite Macht im Himmel. Zur Entwicklung der Vorstellung von der Göttlichkeit Jesu siehe Dunn 1989. Erstmals eindeutig beim Namen benannt wird Jesu Göttlichkeit in Joh 1,1–18.

11 Aus diesem Grund konnte er es sich leisten, von sich selbst in 1 Kor 15,9 zu sagen: »[...] ich bin nicht wert, Apostel genannt zu werden«. Die Korinther wussten, dass der Apostelstatus vor allem auf dem Geschenk einer göttlichen Offenbarung beruhte und nicht auf der persönlichen Eignung.

12 Vgl. Wright 2003, S. 383: »Es ist bemerkenswert, dass [der Erste Korintherbrief] 15,1–11 als Ganzes klar von einem öffentlichen Ereignis spricht, für das es Belege in Gestalt von Zeugen gibt, die etwas gesehen haben und befragt werden können.«

13 Paulus erwähnt die Vorstellung von einer neuen Schöpfung bei mehreren Gelegenheiten: z. B. 2 Kor 5,17 und Gal 6,15.

14 Das griechische *en emoi* – »in mir« – wird aus praktischen Gründen häufig mit »mir« übersetzt. Diese Übersetzung mag »grammatikalisch möglich« sein (Marxsen 1970, S. 102), aber für den eigentlichen Sinn – »in mir« – spricht, was später im selben Brief von Paulus ausgeführt wird: »Ich bin mit Christus gekreuzigt worden, nicht mehr ich lebe, sondern Christus lebt in mir« (Gal 2,19 f.) Der Apostel nimmt hier nachweislich Bezug auf sein Bekehrungserlebnis, das er als spirituelles Sterben und Wiederauferstehen begriffen hat. Eine Diskussion dieser Stelle findet sich in Barcley 1999, S. 23–26.

15 1 Kor 15,22

16 In dieser Weise würde das Grabtuch zu einem Zeichen, dessen komplexe Aussage an die der Evangelien heranreichte und das einerseits die Person des auferstandenen Jesus re-

präsentierte und andererseits spirituelle Werte und Einsichten vermittelte. In Anbetracht dessen, wie unterschiedlich Paulus seinem Erleben Ausdruck verleiht, wurde die Ansicht vertreten, dass er sozusagen aus der Sprache des Galaterbriefs in die des Korintherbriefs gewechselt hat, das heißt, dass er eine Offenbarung nichtvisionärer Natur hatte, über die er im Nachhinein berichtet hat und die dann möglicherweise als das »Sehen« einer göttlichen Gestalt wahrgenommen wurde (siehe z.B. Marxsen 1970, S. 105 f.). Diese These ist nicht nur hoch spekulativ, sondern verträgt sich auch nicht mit seinem Glaubensbekenntnis im Ersten Korintherbrief.

17 Eine lebendige Beschreibung des inneren Konflikts, der in Paulus getobt hat, findet sich in Röm 7,14 f. (siehe oben, S. 92 f.).

18 Die Taufe war ein wichtiges Zeichen für den Eintritt in dieses neue Leben, deshalb spricht Paulus davon, dass alle, die getauft sind, »auf Christus Jesus getauft« wurden (Röm 6,3; Gal 3,27). Vgl. 1 Kor 12,12 f. Zum paulinischen Verständnis von Taufe siehe Dunn 2003, S. 442–459, und oben, Kap. 5, Anm. 34.

19 Siehe Röm 8,11, zitiert im Vorhergehenden, S. 92 f.

20 Siehe oben, Kap. 4, Anm. 31, zum »pharisäischen« Parallelglauben, wie Josephus ihn überliefert.

21 Das hier verwendete griechische Wort *ektroma* bedeutet »eine Geburt zur Unzeit, eine Fehlgeburt zum Beispiel« (Wright 2003, S. 327). Paulus setzt sich mit diesem Begriff womöglich selbst herab, denn das Wort *ektroma* konnte auch als Schimpfwort verwendet werden (siehe Wright 2003, S. 327; Fuller 1972, S. 43).

22 Siehe Gal 1,15

23 Alternative Erklärungen finden sich in Wright 2003, der mutmaßt, Paulus wolle sich hier mit Miriam aus Num 12,12 vergleichen (Wright 2003, S. 328 f.), und in Fuller 1972, S. 43, der glaubt, Paulus sei von seinen Gegnern als »Missgeburt« bezeichnet worden.

24 Siehe außerdem Röm 8,29; 2 Kor 4,4–6; Gal 3,27; Phil 3,20 f.; Eph 4,24; Kol 1,15, 3,9–10

25 2 Kor 4,16

26 2 Kor 5,1

27 Siehe Légasse 1997, S. 33 f., 129, Anm. 46. Siehe außerdem z.B. die Septuaginta-Version von Lev 26,1 und Jes 2,18.

28 Siehe Mk 14,58. Das Wort *acheiropoietos* wird zudem verwendet in Hebr 9,11 und 9,24 sowie in Kol 2,11; in beiden Fällen steht es im Zusammenhang mit der Auferstehung. Zu Paulus' Sicht des menschlichen Körpers als eines Tempels siehe 1 Kor 3,16 f.; 2 Kor 6,16 (vgl. Joh 2,18–21).

29 2 Kor 5,2–4

30 Man könnte annehmen, dass die Erwähnung eines Tuchs in diesem Zusammenhang auf den Taufritus anspielt, der vorsieht, dass der Täufling in ein Leinentuch gehüllt wird (vgl. Smith 1973, S. 176, 216). Das aber wirft die Frage auf, warum ein Tauftuch mit dem ewigen Leben und einem »nicht von Menschenhand gemachten« Körper assoziiert sein sollte. Statt die Bildwelt des Paulus zu erklären, verleiht die Tauftheorie nur der gleichen Grundidee Ausdruck – einer rituellen geistigen Wiedergeburt –, für die auch das Grabtuch steht.

31 Lukas wiederholt die Geschichte bei zwei weiteren Gelegenheiten (Apg 22,6–11 und 26,12–19), Apg 9,3–9 aber scheint seiner Quelle am nächsten zu kommen. Zwischen den drei Versionen bei Lukas bestehen gravierende Unterschiede. In der soeben zitierten Passage heißt es z.B. über Paulus' Begleiter, sie »hörten zwar die Stimme, sahen aber niemand«, wohingegen es in Apg 22,9 heißt: »Meine Begleiter sahen zwar das Licht, die Stimme dessen aber, der zu mir sprach, hörten sie nicht.« Die Aspekte aber, die in den Erzählungen übereinstimmen, tauchen in Paulus' eigenem Zeugnis gar nicht auf: Lukas berichtet wiederholt,

dass Paulus ein helles Licht sah und eine Stimme hörte, der Apostel selbst aber sagt von beidem gar nichts. (Wie Wright 2003, S. 383, anmerkt, fällt das Licht in Paulus' Bericht über den Auferstandenen durch sein Fehlen ins Auge.) Paulus ist zutiefst davon überzeugt, den auferstandenen Jesus gesehen zu haben, aber Lukas lässt diesen entscheidenden Punkt weg. Christi Worte an Paulus in Apg 26,16 legen jedoch eine sichtbare Manifestation nahe: »Steh auf, stell dich auf deine Füße! Denn ich bin dir erschienen, um dich zum Diener und Zeugen dessen zu erwählen, was du gesehen hast und was ich dir noch zeigen werde.« Diese Worte stammen aller Wahrscheinlichkeit nach aus der Vorlage, die Lukas als Quelle gedient hat, sie fehlen in Apg 9, sind hier aber erhalten. Die mysteriösen Formulierungen »was du gesehen hast und was ich dir noch zeigen werde« könnten durchaus als Verweis auf das Grabtuch gelesen werden. In Apg 9 gibt es weitere Hinweise darauf, dass Paulus Jesus in der Tat gesehen hat, aber es handelt sich um Spuren einer Erscheinung, die eigentlich nur Christi Unsichtbarkeit in Lukas' Beschreibungen der Offenbarung unterstreichen. Es scheint, als hätte Lukas die Gestalt Christi aus einer übernommenen Beschreibung einer Vision herausgestrichen, ohne die entsprechenden Bezüge mit zu entfernen. Sein Motiv dafür mag gewesen sein, dass er glaubte, der auferstandene Jesus sei eine Gestalt in Fleisch und Blut gewesen, die allein den Elf und einigen ihrer Gefährten erschienen war, bevor sie in den Himmel auffuhr. In Lukas' Sicht der Dinge hat die Bekehrung des Paulus nach Jesu Himmelfahrt stattgefunden, sodass er den auferstandenen Jesus auf Erden nicht zu Gesicht bekommen hat. Vgl. dazu Ashton 2000, S. 83, Anm. 17: »Lukas sagt an keiner Stelle, dass Paulus Jesus wirklich gesehen hat, was möglicherweise mit seiner Überzeugung zu tun hat, dass die Begegnung mit dem auferstandenen Jesus eine unerlässliche Vorbedingung dafür ist, als Apostel gelten zu können: Für Lukas gab es (mit Ausnahme einer Stelle in Apg 14,4–6) nur zwölf Apostel, und Paulus gehörte nicht zu ihnen.« Hinzu kommt, dass er nicht zulassen konnte, dass der auferstandene Jesus im Rahmen einer Vision erfahrbar wurde, denn das hätte möglicherweise die Vermutung nahegelegt, dass die Erscheinungen vor den Elf ebenfalls Visionen gewesen wären, was den Glauben an die leibliche Auferstehung unterminiert hätte. Daher also die bizarre Erfindung einer unsichtbaren Sichtbarwerdung: Paulus wird von einem himmlischen Licht geblendet, doch der ihm Offenbarte – Christus – bleibt ungesehen.

32 Ex 3

33 Siehe Ez 1,28; 3,23; 43,3. Siehe außerdem Wright 2003, S. 396, Anm. 65.

34 Zitiert im Vorhergehenden, S. 372

35 Dan 12,4

36 2 Makk 3. Siehe Wright 2003, S. 390 f.

37 Der Auftrag, der Heliodor im Zweiten Buch der Makkabäer (2 Makk 3,34) erteilt wird, schimmert auch in Christi Worten in der Apostelgeschichte durch (Apg 26,16–18), mit denen Paulus aufgefordert wird, »vor dem Volk und vor den Heiden« zu bezeugen, was er gesehen hat, während Heliodor beauftragt wird: »Nun verkünde du allen die gewaltige Kraft Gottes!« Zu Apg 26,16, siehe oben, Anm. 31.

38 Einem kundigen Urchristen, der im Zweiten Buch der Makkabäer las, konnten die Übereinstimmungen zwischen der Beschreibung der göttlichen Wesen, die Heliodor überfielen, und den Gestalten auf dem Grabtuch, die Paulus bis ins Mark erschüttert hatten, nicht entgehen. Zugegeben, das Grabtuch hatte keine Reiter vorzuweisen, aber als schrecklich konnte es dennoch empfunden werden, und zwei strahlende junge Männer ließen sich darin ebenfalls sehen. Wie Daniels Vision von einem in Leinen gekleideten Mann, der von zwei Nebenfiguren begleitet wird, bietet auch die Geschichte von Heliodor eine Parallele aus der Schrift zu der Triplettgestalt, die im Grabtuch gesehen wird. Es ist möglich, dass

die beiden »herrlich gekleideten jungen Männer« in 2 Makk 3,26 Lukas' Beschreibung der zwei Männer »in leuchtenden Gewändern« im leeren Grab beeinflusst haben (Lk 24,4). Zudem ist das Szenario, dass die beiden jungen Männer auf den Höfling von beiden Seiten her einpeitschten, bis dieser fast sein Leben aushauchte, in den kreuzförmigen Geißelspuren der Gestalt auf dem Grabtuch in gespenstischer Weise widergespiegelt.

26 Edessa

1 Apg 9,9
2 Apg 9,10–12
3 Apg 9,17–19
4 Die dreitägige Fastenzeit ist zudem ein Spiegel der Vorstellung, dass die Auferstehung »am dritten Tag« erfolgt ist. Das lässt vermuten, dass frühen Taufzeremonien grundsätzlich eine dreitägige Fastenzeit voranging und der Ritus als symbolisches Nachempfinden von Christi Kreuzigung, Tod und Auferstehung über drei Tage hinweg gefeiert wurde.
5 Das mag klingen, als kollidiere es mit Paulus' Worten in Gal 1,16, denen zufolge er »keinen Menschen zurate zog«, aber er hat in dieser Passage (Gal 1,11–17) nicht die Grundform des Evangeliums im Sinn, das alle Apostel – ihn selbst eingeschlossen – verkündeten (vgl. 1 Kor 15,11), sondern seine eigene höchstpersönliche Lehre, die er, wie er glaubt, von Gott selbst durch die Offenbarung seines Sohnes und durch sein eigenes Meditieren über die Schriften bezogen hat (siehe oben, Kap. 4, Anm. 12).
6 Siehe Maier 1991, S. 252
7 Lk 6,16. Vgl. Apg 1,13. Der in Joh 14,22 erwähnte »Judas« (nicht Judas Iskariot) ist vermutlich ein Verweis auf ebendiesen Judas.
8 Jud 1,1
9 Siehe Mk 6,3; Mt 13,55. Zur Identität des Judasbrief-Verfassers siehe Brown 1997, S. 748–750, 756–758; Burkett 2002, S. 446.
10 Interessanterweise heißt es in den *Pseudoklemetinischen Rekognitionen*, dass Paulus, »jener verhasste Mensch, mit Vollmacht des Hohenpriesters Kaiphas nach Damaskus reise, um die Gläubigen hier zu verfolgen, namentlich aber um den Petrus hier aufzusuchen [...].« (Hilgenfeld, 1848, S. 79, http://books.google.de/books?hl=de&id=IkEAAAAAYAAJ&q=damaskus#v=snippet&q=damaskus&f=false, im Englischen aus Jones 1995, S. 108). Das ist plausibel und passt zu der Vorstellung, dass Paulus dem Grabtuch hinterherreiste, welches sich offenbar in Galiläa im Besitz von Petrus befand. Es kann als gesichert betrachtet werden, dass Petrus nicht in Damaskus war, als Paulus in die Stadt kam, zum einen, weil er in Apg 9 nicht erwähnt wird, zum anderen, weil Paulus berichtet, er habe ihn erst Jahre später kennengelernt (Gal 1,18).
11 Zitiert in Guscin 2009, S. 158. Siehe ebenda, S. 157–159, zur Christianisierung von Edessa.
12 Zur *Doctrina Addai* siehe Phillips 1876 sowie Illert 2007. Die Erzählung der *Doctrina* beginnt mit den Worten: »Im Jahr 343 der Königsherrschaft der Griechen und unter Herrschaft unseres Herrn Tiberius römischen Kaisers, unter der Königsherrschaft König Abgars, des Sohns König Maanus, am 12. Oktober [...]«. Das entspricht dem 33. Jahr der christlichen Zeitrechnung, das heißt dem Jahr 32. Ein Gutteil der Handlung spielt sich vor der Christianisierung der Stadt ab, woraus sich schließen lässt, dass diese erst im folgenden Jahr betrieben wurde. Eusebius siedelt die Evangelisierung von Edessa in seiner *Kirchengeschichte* (1,13; Eusebius 1989, S. 114) im Jahr 340 der seleuzidischen Ära an – das entspricht

dem Jahr 28/29 nach christlicher Zeitrechnung – und bestätigt, dass sie um die Zeit der postulierten Auferstehung stattfand, wenngleich der Zeitpunkt leicht mit meiner Chronologie der Auferstehungsereignisse kollidiert. Die runde Zahl könnte allerdings auch darauf schließen lassen, dass Eusebius aus der Erinnerung ein näherungsweises Datum genannt hat.

13 Zu Abgar V. siehe Segal 1970, S. 12, 62–65, 72–76

14 Eusebius, *Kirchengeschichte*, 1,13 (1989, S. 111 ff.)

15 Siehe oben, S. 242 f., Kap. 14, Anm. 60

16 *Doctrina Addai*, Illert 2007, S. 135 ff.

17 Dass es ein authentisches Porträt Christi geben sollte, wurde vor dem 6. Jahrhundert ganz und gar nicht als abwegig empfunden. Die Gnostikersekte der Karpokrater behauptete, Bilder zu besitzen, die nach einem von Pilatus angefertigten Porträt Jesu gemalt worden seien (siehe Drews 1984, S. 76–96). Die mutmaßliche Urheberschaft dieser Vorlage legt nahe, dass diese Bilder Jesus während oder nach seiner Passion gezeigt haben.

18 Siehe oben, S. 238 f.

19 Johannes übersetzt »Thomas« grundsätzlich ins Griechische – *didymos* –, um seine Leser an den Gehalt des Namens zu erinnern. Es ist unwahrscheinlich, dass Judas wirklich ein Zwilling, erst recht ein Zwillingsbruder Jesu gewesen sein soll, wie es das *Thomasbuch* aus dem 3. Jahrhundert will (siehe Robinson 1990, S. 201, bzw. Lüdemann 1997, S.222). Er hat sich womöglich magischen Praktiken verschrieben, durch die er sich über das Grabtuch mit Jesus identifiziert hat, dessen doppeltes Abbild ja als spirituelle Zwillinge von Jesus gelten musste. Zu der Möglichkeit, dass magische Rituale Teil der urchristlichen Religionspraxis gewesen sein könnten, siehe Smith 1978.

20 Siehe Eisenman 2002, S. 175 ff. »Judas, der Sohn des Jakobus« wird in Lk 6,16 als einer der zwölf Apostel aufgeführt, in Mt 10,3 und Mk 3,18 jedoch durch Thaddäus ersetzt.

21 Zum Beleg, dass das Grabtuch ursprünglich in einem Gefäß verwahrt wurde, siehe Guerreschi/Salcito 2002 sowie Guerreschi/Salcito 2005

22 Siehe Wilson 1980, S. 152–154

23 Aus drei Gründen sollte die Floskel »als Letztem von allen«, mit der Paulus seinen persönlichen Anhang an das Auferstehungsbekenntnis des Ersten Korintherbriefs beginnt, meiner Ansicht nach als besondere Illustration seiner Position unter den Aposteln verstanden werden: 1) sie nimmt den Bezug zu »allen Aposteln« im vorhergehenden Vers auf, 2) sie nimmt die Selbstanklage in Vers 9 vorweg, dass er »der geringste unter den Aposteln« sei, und hilft ihm 3) seinen Selbstverweis als »Missgeburt« zu erklären (siehe hierzu oben, S. 401). All das lässt die Möglichkeit offen, dass andere Nichtapostel den auferstandenen Christus nach ihm gesehen haben.

24 Paulus, der das Grabtuch in Damaskus zu Gesicht bekommen hatte, war (nicht nur in dieser Hinsicht) eine Ausnahme. Er hat seine Berufung vermutlich drei Jahre nach seiner Bekehrung bei einem Zusammentreffen mit Petrus und Jakobus in Jerusalem erhalten (Gal 1,18 f.).

25 Es gibt Grund zu der Annahme, dass das Grabtuch sich in den Gestalten des Parakletos und des Engels der Offenbarung bei Johannes wiederfindet, die beide himmlische Doppelgänger Jesu darstellen, aber dieses Thema ist zu komplex, um es an dieser Stelle zu diskutieren.

27 Ostern und das Grabtuch

1 Siehe oben, Kap. 6, Anm. 1

2 Siehe oben, S. 222 f. Genau genommen ist im Zusammenhang mit der Osterdebatte das Ergebnis der Radiokarbondatierung bedeutungslos. Wann immer es geschehen ist: Das Grabtuch legt Zeugnis ab davon, dass ein verschwommenes anthropomorphes Bildnis entstehen kann, wenn man einen Menschen so kreuzigt, wie es von Jesus in den Evangelien berichtet wird, seinen Leib nach den Geboten der jüdischen Bestattungsbräuche reinigt, ihn in ein vermittels der Textilherstellungstechniken des 1. Jahrhunderts gefertigtes Leinentuch hüllt und dieses dann binnen weniger Tage wieder vom Leichnam nimmt. Selbst wenn jemand darauf bestünde, dass das Tuch aus dem Mittelalter stammt, könnte man zu Recht argumentieren, dass ein diesem in allen Einzelheiten ähnliches auch in Jesu Grabkammer gefunden worden sein könnte. Das mag spitzfindig erscheinen, aber es macht deutlich, wie wenig das Ergebnis der Radiokarbondatierung letztlich gegen die Grabtuchtheorie auszurichten vermag.

3 Bultmanns Skepsis in Bezug auf die historische Untersuchung der Erzählungen des Neuen Testaments ist zusammengefasst in seinem berühmten Ausspruch: »Denn freilich bin ich der Meinung, dass wir vom Leben und von der Persönlichkeit Jesu so gut wie nichts mehr wissen können, da die christlichen Quellen sich nicht dafür interessiert haben, außerdem sehr fragmentarisch und von der Legende überwuchert sind, und da andere Quellen über Jesus nicht existieren« (Bultmann 1970, S. 10). In Bezug auf die Auferstehung schrieb er: »Das Osterereignis, sofern es als historisches Ereignis neben dem Kreuz genannt werden kann, ist ja nichts anderes als die Entstehung des Glaubens an den Auferstandenen, in dem die Verkündigung ihren Ursprung hat. Das Osterereignis als die Auferstehung Christi ist kein historisches Ereignis; als historisches Ereignis ist nur der Osterglaube der ersten Jünger fassbar. Der Historiker kann seine Entstehung bis zu einem gewissen Grade begreiflich machen durch Reflexion auf die persönliche Verbundenheit der Jünger mit Jesus; für ihn reduziert sich das Osterereignis auf ihre visionären Erlebnisse. Der christliche Osterglaube ist an der historischen Frage nicht interessiert« (Bultmann 1985, S. 61 f.).

Literatur

Alle biblischen Zitate wurden – falls nicht anders vermerkt – der Einheitsübersetzung (1980 ff.) entnommen.

Antike Quellen

Cassius Dio: *Römische Geschichte*. In: *Sammlung der neuesten Übersetzungen der griechischen prosaischen Schriftsteller.* Teil 4, Bd. II, hrsg. v. F. A. Stroth, übers. v. J. A. Wagner, Frankfurt a. M. 1784. Im Original zitiert aus: *Dio's Roman History*. Übers. v. E. Cary, 9 Bde., London 1961–1970

Http://books.google.de/books?hl=de&id=3a8-AAAAcAAJ&q=augustus – v=snippet&q=augustus&f=false

Diodorus Siculus: *Griechische Weltgeschichte*. Bd. I–X, Teil 2, übers. v. G. Wirth und O. Veh, Stuttgart 1993. Im Original zitiert aus: *Diodorus Siculus*. 12 Bde., übers. v. C. Oldfather et al., London 1961–1970

Epiphanius von Salamis: *Panarion*. Reihe »Bibliothek der Kirchenväter«, 1. Reihe, Bd. 38, übers. von J. Hörmann, Kempten/München 1919. Im Original zitiert aus: *The Panarion of Epiphanius of Salamis*. 2 Bde., übers. v. F. Williams, Leiden 1987–1994

http://www.unifr.ch/bkv/kapitel2316.htm (in Auszügen)

Eusebius von Cäsarea: *Kirchengeschichte*. Darmstadt 2006. Im Original zitiert aus: *The History of the Church from Christ to Constantine*. Hrsg. v. A. Louth, übers. v. G. Williamson, London 1989

Hieronymus, Sophronius Eusebius: *De viris illustribus – Berühmte Männer*. Hrsg., übers. und kommentiert v. C. Barthold, Mülheim/Mosel **2010**. Im Original zitiert aus: St. Jerome: *On Illustrious Men*. Übers. v. T. P. Halton, Washington 1999

Homer: *Odyssee*. Zürich und München 2007/2011. Im Original zitiert aus: *Odyssey*. Übers. v. R. Fitzgerald, London 1962

Josephus: *Des Flavius Josephus Jüdische Altertümer*. 2 Bde., übers. v. Heinrich Clemente, Halle/Saale 1898

Josephus: *Der Jüdische Krieg*. Wiesbaden 2005

Livius: *Römische Geschichte*. Bde. I–III, München und Zürich 1987. Im Original zitiert aus: *Livy*. Übers. v. B. Foster, 14 Bde., London 1967–1968

Origenes: *Contra Celsum*. Reihe »Fontes Christiani«, Bd. 50, Freiburg i. Br. 2012. Im Original zitiert aus: *Against Celsus*. Übers. v. H. Chadwick, Cambridge 1953

Pausanias: *Beschreibung Griechenlands*. Zürich 1998. Im Original zitiert aus: *Description of Greece*. 4 Bde, hrsg. und übers. v. W. Jones, London 1965–1969

Philo von Alexandria: *Die Gesandtschaft an den Gajus*. Leipzig 1783. Im Original zitiert aus: *Embassy to Caius*. Hrsg. und übers. v. E. Smallwood, Leiden 1961

– ders.: *Gegen Flaccus*. Bd. 7, Berlin 1964. Im Original zitiert aus: *Philo's Flaccus: the first pogrom*. Hrsg. und übers. v. S. W. van der Horst, Leiden 2003

– ders.: *Über die Weltschöpfung nach Moses*. Bd. 1, Berlin 1964. Im Original zitiert aus: *On the Creation of the Cosmos According to Moses*. Hrsg. und übers. v. D. Runia, Leiden 2001

Platon: *Der Staat*. Übers. v. F. Schleiermacher, Berlin 1985 (hier zitiert aus http://www.opera-platonis.de/Politeia10.html). Im Original zitiert aus: *The Republic*. Übers. v. D. Lee, 2. Aufl., Harmondsworth 1974

Plinius: *Naturgeschichte*. Reihe »Römische Prosaiker in neuen Übersetzungen«, Bd. 175, übers. und erläutert v. P. H. Külb, Stuttgart 1840. http://books.google.de/books?hl=de&id=2h4BAAAAMAAJ&q=komet – v=snippet&q=komet&f=false

Im Original zitiert aus: Pliny the Elder: *Natural History*. 10 Bde., übers. v. H. Rackham, London 1961–1968

Plinius Caecilius Secundus: *Sämtliche Briefe*. Zürich 1969. Im Original zitiert aus: Pliny the Younger: *The Letters of Pliny the Younger*. Hrsg. v. B. Radice, Harmondsworth 1963

Strabon: *Geographika*. Hsrg. v. S. Radt, Göttingen 2004. Im Original zitiert aus: Strabo: The Geography of Strabo. 8 Bde., übers. v. H. Jones, London 1960–1969

Suetonius: Kaiserviten. Hrsg. und übers. v. H. Martinet, Düsseldorf 2000. Im Original zitiert aus: Lives of the Twelve Caesars. Ware 1997

Tacitus: *Annalen*. München/Zürich 1982. Im Original zitiert aus: *The Annals of Imperial Rome*. Übers. v. M. Grant, überarb. Ausg., London 1996

Tacitus: *Historien*. München 1984. Im Original zitiert aus: *Tacitus*. 5 Bde., übers. v. M. Hutton et al., London 1962–1970

Tertullianus, Quintus Septimius Florens: *De carne Christi liber*. Hrsg., übers. und kommentiert v. E. Evans, London 1956

Theophrastus von Eresos: *Naturgeschichte der Gewächse*. Altona 1822, http://books.google.de/books?hl=de&id=iqo-AAAAcAAJ&q. Im Original zitiert aus: *Enquiry into Plants*. 2 Bde., hrsg. und übers. v. A. Hort, London 1961.

Tilbury, Gervasius von: *Otis imperialia*. Stuttgart 2009

Neuere Literatur

Accetta, J. S., und J. S. Baumgart: »Infrared reflectance spectroscopy and thermographic investigations of the Shroud of Turin«. In: *Applied Optics*. Vol. 19, 1980, Nr. 12, S. 1921–1929

Allegro, J.: *The Dead Sea Scrolls: a reappraisal*. 2. Aufl., London 1964

Allen, N.: »Is the Shroud of Turin the first recorded photograph?« In: *South African Journal of Art History*. Vol. 11, 1993, S. 23–32

– ders.: »Verification of the nature and causes of the photo-negative images on the Shroud of Lirey-Chambéry-Turin«. In: *De Arte*. 1995, S. 21–35

– ders.: *The Holy Shroud and the Crystal Lens*. 2. Aufl., Port Elizabeth 2010

Allison, D.: *Resurrecting Jesus: the earliest Christian tradition and its interpreters*. New York 2005

Antonacci, M.: *The Resurrection of the Shroud: new scientific, medical and archaeological evidence*. New York 2000

Ashe, G.: »What sort of picture?« In: *Sindon*. 1966, S. 15–19
Ashton, J.: *The Religion of Paul the Apostle*. London 2000
– ders: *Understanding the Fourth Gospel*. 2. Aufl., Oxford 2007
Bagnoli, A., und B. Bellosi (Hrsg.): *Simone Martini e ›chompagni‹*. Ausstellungskatalog, Siena, Pinacoteca nazionale, 27. März – 31. Oktober 1985, Florenz 1985
Barbet, S.: *A Doctor at Calvary*. Übers. v. Earl of Wicklow, New York 1963
Barcley, W. B.: *Christ in You: a study in Paul's theology and ethics*. Oxford 1999
Bardenhewer, O., Th. Schermann und K. Weyman: *Des Heiligen Athanasius ausgewählte Schriften*. Reihe »Bibliothek der Kirchenväter«, Bd. I, München 1913
Barker, M.: *The Risen Lord: the Jesus of history as the Christ of faith*. Edinburgh 1996
Barnett, S.: *The Birth of Christianity: the first twenty years*. Cambridge 2005
Bartlett, W. B.: *God Wills It! An illustrated history of the Crusades*. Stroud 1999
Bauckham, R. J.: »The Lord's Day«. In: *From Sabbath to Lord's Day: a biblical, historical, and theological investigation*. Hrsg. v. D. A. Carson, Grand Rapids 1982, S. 221–250
Beilby, J., und S. Eddy (Hrsg.): *The Historical Jesus: five views*. London 2010
Belting, H.: *Das Bild und sein Publikum im Mittelalter*. Berlin 1981. Im Original zitiert aus: *The Image and its Public in the Middle Ages: form and function of early paintings of the Passion*. Übers. v. M. Bartusis und R. Meyer, New York 1981
– ders.: *Bild und Kult. Eine Geschichte des Bildes vor dem Zeitalter der Kunst*. München 2004. Im Original zitiert aus: *Likeness and Presence: a history of the image before the era of art*. Übers. v. E. Jephcott, London 1994
– ders.: »In search of Christ's body. Image or imprint?«. In: *The Holy Face and the Paradox of Representation*. Hrsg. v. H. L. Kessler und G. Wolf, Bologna 1998, S. 1–11
Benford, S., und J. Marino: *Historical support for a 16th-century restoration in the Shroud C-14 sample area*. Florissant (Colorado) 2002, http://www.shroud.com/pdfs/histsupt.pdf, abgerufen am 15.01.2012
– dies.: *New historical evidence explaining the »invisible patch« in the 1988 C-14 sample area of the Turin Shroud*. Florissant (Colorado) 2005, http://www.shroud.com/pdfs/benfordmarino.pdf, abgerufen am 15.01.2012
Bennett, J.: *Sacred Blood, Sacred Image: the Sudarium of Oviedo*. Littleton (Colorado) 2001
Berger, K.: *Das Buch der Jubiläen*. Gütersloh 1981
Berkovits, I.: *Illuminated Manuscripts in Hungary, XI–XVI Centuries*. Übers. v. Z. Horn, Budapest 1969
Biddle, M.: *Das Grab Christi*. Übers. v. H. Pitt-Killet, Gießen und Basel 1999. Im Original zitiert aus: *The Tomb of Christ*, Stroud 1999
Bierbrier, M. (Hrsg.): *Portraits and Masks: burial customs in Roman Egypt*. London 1997
Bilde, S.: *Flavius Josephus between Jerusalem and Rome: his life, his works and their importance*. Sheffield 1988
Binski, S.: *Becket's Crown: art and imagination in Gothic England 1170–1300*. London 2004
Bohak, G.: *Ancient Jewish Magic: a history*. Cambridge 2008
Bollone, B.: *Sindone: la prova*. Mailand 1998
Bond, H.: *Pontius Pilate in History and Interpretation*. Cambridge 1998
Bongert, Y.: »L'iconographie du Christ et le Linceul de Turin«. In: *L'identification scientifique de l'homme du Linceul, Jesus de Nazareth. Actes du Symposium Scientifique International, Rome 1993*. Hg. v. A. Upinsky, Paris 1995, S. 93–101
Brandon, S. G. F.: *The Fall of Jerusalem and the Christian Church: a study of the effects of the Jewish overthrow of A.D. 70 on Christianity*. London 1957
Brilliant, R.: *Portraiture*. London 1991

Broshi, M.: »The credibility of Josephus«. In: *Journal of Jewish Studies*. Vol. 33, 1982, S. 379–384
Brown, R.: *The Community of the Beloved Disciple*. London 1979
– ders.: *The Death of the Messiah*. London 1994
– ders.: *An Introduction to the New Testament*. New York 1997
Bucklin, R.: »Legal and medical aspects of the trial and death of Christ«. In: *Medicine, Science and the Law*. Vol. 10, 1970, S. 14–26
– ders.: »An autopsy on the man of the Shroud«. In: *Non fait de main d'homme. Actes du troisième symposium scientifique international du CIELT, Nizza 1997*. Paris 1998, S. 99–101
– ders.: »The Shroud of Turin: a pathologist's viewpoint«. In: *The Shroud of Turin: unraveling the mystery. Proceedings of the 1998 Dallas Symposium*. Hrsg. v. Adler, Alexander (North Carolina) 2002, S. 271–276
Bullock, J. D.: »Was Saint Paul struck blind and converted by lightning?«. In: *Survey of Ophthalmology*. Vol. 39, 1994, Nr. 2, S. 151–160
Bulst, W.: *The Shroud of Turin*. Übers. v. S. McKenna und J. Galvin, Milwaukee 1957
Bultmann, R.: *Jesus*. Tübingen 1970. Im Original zitiert aus: *Jesus and the Word*. Übers. v. L. Smith und E. Huntress, London 1935
– ders.: *Neues Testament und Mythologie*. München 1985. Im Original zitiert aus: »New Testament and Mythology«. In: *Kerygma and Myth*. Hrsg. v. H. Bartsch, übers. v. R. Fuller, London 1953
– ders.: *Das Evangelium des Johannes*. Göttingen 1968. Im Original zitiert aus: *The Gospel of John: a commentary*. Übers. v. G. Beasley-Murray, Oxford 1971
Burkert, W.: *Homo necans, Interpretationen altgriechischer Opferriten und Mythen*. Berlin/New York 1972. Im Original zitiert aus: *Homo necans: the anthropology of ancient Greek sacrificial ritual and myth*. Übers. v. S. Bing, London 1983
– ders.: *Griechische Religion der archaischen und klassischen Epoche*. Stuttgart 1977. Im Original zitiert aus: *Greek Religion*. Übers. v. J. Raffan, Oxford 1985
Burkett, D.: *An Introduction to the New Testament and the Origins of Christianity*. Cambridge 2002
Burleigh, R., et al.: »An intercomparison of some AMS and Small Gas Counter Laboratories«. In: *Radiocarbon*. Vol. 28, 1986, S. 571–577
Bütz, J.: *The Brother of Jesus and the Lost Teachings of Christianity*. Rochester (Vermont) 2005
Cameron, A.: »The Sceptic and the Shroud«. In: *Continuity and Change in Sixth-century Byzantium*. London 1981
Carrier, R.: »The spiritual body of Christ and the legend of the empty tomb«. In: *The Empty Tomb: Jesus beyond the grave*. Hrsg. v. R. M. Price und J. J. Lowder, New York 2005a, S. 105–231
– ders.: »The plausibility of theft«. In: *The Empty Tomb: Jesus beyond the grave*. Hrsg. v. R. M. Price und J. J. Lowder, New York 2005b, S. 349–368
Case, T.: *The Shroud of Turin and the C-14 Dating Fiasco: a scientific detective story*. Cincinnati 1996
Celano, T. von: *Die Wunder des Heiligen Franziskus*. Werl 1955. Im Original zitiert aus: *The Life of St Francis of Assisi and the Treatise of Miracles*. Übers. v. C. Bolton, Assisi 1997
Chambers, S.: *Bones of Contention: the archaeopteryx scandals*. London 2002
Charles, R. H. (Hrsg.): *The Testaments of the Twelve Patriarchs*. Übers. von R. H. Charles, London 1908
Chelazzi Dini, G., et al.: *Five Centuries of Sienese Painting*. Übers. v. C. Warr, London 1998
Chevalier, U.: *Le Saint Suaire de Turin: est-il l'original ou une copie?* Chambéry 1899
– ders.: *Étude critique sur l'origine du St Suaire de Lirey-Chambéry-Turin*. Paris 1900

Chifflet, J. J.: *De linteis sepulchralibus Christi Servatoris crisis historica.* Antwerpen 1624
Chilton, B.: *Mary Magdalene: a biography.* New York 2005
Coghlan, A.: »Unexpected errors affect dating techniques«. In: *New Scientist.* Vol. 123, 30. 09. 1989, Nr. 1684, S. 26
Cohen, A.: *The Alexander Mosaic: stories of victory and defeat.* Cambridge 1997
Cohn-Sherbok, D.: »The Resurrection of Jesus: a Jewish view«. In: *Resurrection Reconsidered.* Hrsg. v. G. D'Costa, Oxford 1996, S. 184–200
Corcoran, L.: »Mysticism and the mummy portraits«. In: *Portraits and Masks: burial customs in Roman Egypt.* Hrsg. v. M. Bierbrier, London 1997, S. 45–53
Cormack, R.: *Painting the Soul: icons, death masks and shrouds.* London 1997
Couzin, J.: »Breakdown of the year: scientific fraud«. In: *Science.* Vol. 314, 2006, Nr. 22, S. 1853
Crafer, T. W.: »*The work of Porphyry against the Christians, and its reconstruction*«. In: *Journal of Theological Studies.* Vol. 15, 1913a, Nr. 59, S. 360–395
– ders.: »*The work of Porphyry against the Christians, and its reconstruction*«. In: *Journal of Theological Studies.* Vol. 15, 1913b, Nr. 60, S. 481–512
Craig, W. L.: *Assessing the New Testament Evidence for the Historicity of the Resurrection of Jesus.* Reihe »Studies in the Bible and Early Christianity«, Bd. 16, Lewiston (New York) 1989
Crary, J.: *Techniques of the Observer: on vision and modernity in the nineteenth century.* London 1990
Crossan, J. D.: *The Cross that Spoke: the origins of the Passion narrative.* London 1988
– ders.: *The Historical Jesus: the life of a Mediterranean Jewish peasant.* Edinburgh 1993
– ders.: *The Birth of Christianity: discovering what happened in the years immediately after the execution of Jesus.* New York 1999
Currie, L. A.: »The remarkable metrological history of radiocarbon dating [II]«. In: *Journal of Research of the National Institute of Standards and Technology.* Vol. 109, 2004, Nr. 2, S. 185–217
Dahlheim, W.: *Augustus.* München 2010
Damon, S. E., et al.: »Radiocarbon dating of the Shroud of Turin«. In: *Nature.* Vol. 337, 16. 02. 1989, Nr. 6208, S. 611–615
Danby, H. (Hrsg.): *The Mishnah.* Übers. v. H. Danby, Oxford 1933
Dawes, G. (Hrsg.): *The Historical Jesus Quest: landmarks in the search for the Jesus of history.* 2. Aufl., Louisville 2000,
De Boer, E.: *The Gospel of Mary: beyond a Gnostic and a biblical Mary Magdalene.* London 2004
De Clari, R.: *Chroniken des Vierten Kreuzzugs.* Pfaffenweiler 1998. Im Original zitiert aus: *La conquête de Constantinople.* Hrsg. v. S. Lauer, Paris 1924
Delage, Y.: »Le linceul de Turin«. In: *Revue scientifique.* Ser. 4, Vol. 17, 1902, Nr. 22, S. 683–687
Dembowski, S.: »Sindon in the old French chronicle of Robert de Clari«. In: *Shroud Spectrum International.* Vol. 1, 1982, Nr. 2, S. 13–18
Dennett, D.: *The Intentional Stance.* Cambridge (Massachusetts) 1987
Dewhurst, K., und A. W. Beard: »Sudden religious conversions in temporal lobe epilepsy«. In: *Epilepsy and Behaviour.* Vol. 4, 2003, Nr. 1, S. 78–87
Dillmann, A.: *Das Buch Henoch.* Leipzig 1853
Dodds, E. R.: *Die Griechen und das Irrationale.* Übers. v. H.-J. Dirksen, Darmstadt 1970. Im Original zitiert aus: *The Greeks and the Irrational.* London 1951
Doherty, E.: *The Jesus Puzzle: did Christianity begin with a mythical Christ?* Ottawa 2005
Doxiadis, E.: *The Mysterious Fayum Portraits.* London 1995

Dreisbach, A.: *The Shroud of Turin: its ecumenical implications.* Florissant (Colorado) 1997, http://www.shroud.com/dreisbc2.htm, abgerufen am 15. 01. 2012

– ders.: *Thomas and the cenacle reconsidered.* International Conference on the Shroud of Turin – Dallas 2001, Florissant (Colorado) 2001, http://www.shroud.com/pdfs/dreisbc3.pdf, abgerufen am 15. 01. 2012

Drews, R.: *In Search of the Shroud of Turin: new light on its history and origins.* Totowa (New Jersey) 1984

Dubabin, K. M. D.: »Ipsa deae vestigia ... footprints divine and human in Graeco-Roman monuments«. In: *Journal of Roman Archaeology.* Vol. 3, 1990, S. 85–109

Dubarle, A.: *Histoire ancienne du Linceul de Turin.* Bd. 1, Paris 1985

– ders.: *Histoire ancienne du Linceul de Turin.* Bd. 2, Paris 1998

– ders.: »L'icona del Manoscritto Pray«. In: *Le icone di Cristo e la Sindone: un modello per l'arte cristiana.* Hrsg. v. F. Cavazzuti und L. Coppini, Mailand 2000, S. 181–188

Duensing, H. (Hrsg.): *Epistula apostolorum: nach dem äthiopischen und koptischen Texte.* Bonn 1925

Dunn, J.: *Christology in the Making.* 2. Aufl., London 1989

– ders.: *The Theology of Paul the Apostle.* 2. Aufl., London 2003

Ego, B.: *Das Buch Tobit.* Reihe »Jüdische Schriften aus hellenistisch-römischer Zeit« (JSHRZ), Gütersloh 1999

Ehrman, B.: *Jesus: apocalyptic prophet of the new millennium.* Oxford 1999

– ders.: *Lost Christianities: the battles for scripture and the faiths we never knew.* Oxford 2003

Eisenberg, J.: »The Portland Vase: a glass masterwork of the later Renaissance?« In: *Minerva.* Vol. 14, 2003, Nr. 5, S. 37–41

Eisenman, R.: *Jakobus, der Bruder von Jesus.* Übers. v. D. und G. Bandini, München 2000. Im Original zitiert aus: *James the Brother of Jesus.* London 2002

– ders.: *The New Testament Code: the cup of the Lord, the Damascus Covenant, and the blood of Christ.* London 2006

Epp, E. J.: *Junia: the first woman apostle.* Minneapolis 2005

Ercoline, W., J. Jackson und R. C. Downs: »Examination of the Turin Shroud for image distortions«. In: *Proceedings of the 1982 IEEE Conference on Cybernetics and Society – Seattle 1982.* New York 1982, S. 576–579

Evangeliou, C.: »Plotinus's anti-Gnostic polemic and Porphyry's ›Against the Christians‹«. In: *Neoplatonism and Gnosticism.* Hrsg. v. R. T. Wallis, New York 1992, S. 111–128

Fanti, G., und R. Maggiolo: »The double superficiality of the frontal image of the Turin Shroud«. In: *Journal of Optics A: Pure and Applied Optics.* Vol. 6, 2004, Nr. 6 S. 491–503

Fanti, G., F. Lattarulo und O. Scheuermann: *Body image formation hypotheses based on corona discharge.* The Third Dallas International Conference On The Shroud Of Turin, Dallas (Texas) 8.–11. 09. 2005, http://www.dim.unipd.it/fanti/corona.pdf, abgerufen am 15. 01. 2012

Ferguson, E.: *Backgrounds of Early Christianity.* 3. Aufl., Cambridge 2003

Festinger, L., et al.: *When Prophecy Fails.* Minneapolis 1956

Feuerverger, A.: »Statistical analysis of an archaeological find«. In: *Annals of Applied Statistics.* Vol. 2, 2008, Nr. 1, S. 3–54

Finkelstein, I., und N. A. Silberman: *Keine Posaunen vor Jericho. Die archäologische Wahrheit über die Bibel.* C. H. Beck, München 2002. Im Original zitiert aus: *The Bible Unearthed: archaeology's new vision of ancient Israel and the origin of its sacred texts.* London 2001

Flury-Lemberg, M.: »The linen cloth of the Turin Shroud: some observations on its technical aspects«. In: *Sindon,* 2001, Nr. 16, S. 55–76

– dies.: *Sindone 2002.* Turin 2003

– dies.: »Das Turiner Leinen«. In: *Iconographica Christiana*. Hrsg. v. W. Telesko und Leo Andergassen, Regensburg 2005, S. 15–26
– dies.: »The invisible mending of the Shroud, the theory and the reality«. In: *British Society for the Turin Shroud (BSTS) Newsletter*. 2007, Nr. 65, S. 10–27
Fortna, R.: *The Fourth Gospel and its Predecessor: from narrative source to present Gospel*. Edinburgh 1989
Foster, P.: »The Gospel of Peter«. In: *Expository Times*. Vol. 118, 2007, Nr. 7, S. 318–325
– ders.: *The Gospel of Peter: introduction, critical edition and commentary*. Leiden 2010
Foucault, M.: *Die Ordnung der Dinge, Eine Archäologie der Humanwissenschaften*. Frankfurt a. M. 2003. Im Original zitiert aus: *The Order of Things: an archaeology of the human sciences*. 3. Aufl., London 2002
Fowler, M.: »Identification of the Bethany Youth in the Secret Gospel of Mark with other figures found in Mark and John«. In: *Journal of Higher Criticism*. Vol. 5, 1998, Nr. 1, S. 3–22
Franzmann, M.: *Jesus in the Nag Hammadi Writings*. Edinburgh 1996
Frazer, J. G.: *Der goldene Zweig: das Geheimnis von Glauben und Sitten der Völker*. Übers. v. H. v. Bauer, Reinbek bei Hamburg 1991. Im Original zitiert aus: *The Golden Bough: a study in magic and religion*. 3. Aufl., 8 Bde., London 1980
Freedberg, D.: *The Power of Images: studies in the history and theory of response*. London 1989
Freeman, C.: *The Closing of the Western Mind*. London 2003
– ders.: *A New History of Early Christianity*. London 2009
Frei, M.: »Il passato della Sindone alla luce della palinologia«. In: *La Sindone e la scienza. Atti del II congresso internazionale di Sindonologia – Torino 1978*. Hrsg. v. S. Coero-Borga, Turin 1979, S. 191–200
– ders.: »Identificazione e classificazione dei nuovi pollini della Sindone«. In: *La Sindone: scienza e fede. Atti del II convegno nazionale di Sindonologia – Bologna 1981*. Hrsg. v. L. Coppini und F. Cavazzuti, Bologna 1983, S. 277–284
Freke, T., und S. Gandy: *The Jesus Mysteries: was the original Jesus a pagan god?* London 2003
Friedman, R.: *Wer schrieb die Bibel?* Köln 2007. Im Original zitiert aus: *Who Wrote the Bible?* London 1988
Fulbright, D.: »A clean cloth: what Greek word usage tells us about the burial wrappings of Jesus«. In: *British Society for the Turin Shroud (BSTS) Newsletter*. 2005, Nr. 62
Fuller, R.: *The Formation of the Resurrection Narratives*. London 1972
Gaeta, S.: *L'altra Sindone: la vera storia del volto di Gesù*. Mailand 2005
Gantz, T.: *Early Greek Myth: a guide to literary and artistic sources*. Baltimore 1993
Ganzfried, S.: *Kizzur Schulchan Aruch*. 3 Bde., übers. v. Dr. S. Bamberger, Frankfurt a. M. 1978. Im Original zitiert aus: *Code of Jewish Law (Kitzur Shulchan Aruch)*. 4 Bde., übers. v. H. E. Goldin, New York 1963
Garza-Valdes, L.: *The DNA of God*. New York 1998
Gell, A.: *Art and Agency: an anthropological theory*. Oxford 1998
Gervasius von Tilbury: *Kaiserliche Mußestunden – Otia Imperialia*. Übers. und mit Anm. vers. v. H. E. Stiene, Stuttgart 2009
Ghiberti, G.: *Sindone, le immagine 2002: Shroud images*. Turin 2002
Gibbon, E.: *Verfall und Untergang des römischen Imperiums*. Berlin 2007. Im Original zitiert aus: *The Decline and Fall of the Roman Empire*. 6. Aufl., 7 Bde., London 1923
Gibson, S.: *The Cave of John the Baptist*. London 2005
– ders.: *The Final Days of Jesus: the archaeological evidence*. New York 2009
Gilbert, R., und M. Gilbert: »Ultraviolet-visible reflectance and fluorescence spectra of the Shroud of Turin«. In: *Applied Optics*. Vol. 19, 1980, Nr. 12, S. 1930–1936

Gilmour, S. M.: »The Christophany to more than five hundred brethren«. In: *Journal of Biblical Literature*. Vol. 80, 1961, S. 248–252

Göbel, H., et al.: »Headache classification and the Bible: was St Paul's thorn in the flesh migraine?« In: *Cephalalgia: an international journal of headache*. Vol. 15, 1995, Nr. 3, S. 180–181

Goff, M.: »Genesis 1–3 and conceptions of humankind in 4Q Instruction, Philo and Paul«. In: *Early Christian Literature and Intertextuality, Bd. 2: Exegetical Studies*. Hrsg. v. C. Evans und H. Zacharias, London 2009, S. 114–25

Goldberg, B.: *The Mirror and Man*. Charlottesville 1985

Goodman, M.: *The Ruling Class of Judaea: the origins of the Jewish revolt against Rome A.D. 66–70*. Cambridge 1987

Goulder, M.: »The baseless fabric of a vision«. In: *Resurrection Reconsidered*. Hrsg. v. G. D'Costa, Oxford 1996, S. 48–61

Gove, H.: *Relic, Icon or Hoax? Carbon dating the Turin Shroud*. Bristol 1996

Gove, H., et al.: »A problematic source of organic contamination of linen«. In: *Nuclear Instruments and Methods in Physics Research – Section B*. Vol. 123, 1997, S. 504–507

Gradel, I.: *Emperor Worship and Roman Religion*. Oxford 2002

Graves, R., und J. Podro: *The Nazarene Gospel Restored*. London 1953

Green, M.: »Enshrouded in silence: in search of the first millennium of the Holy Shroud«. In: *Ampleforth Journal*, Vol. 74, 1969, Nr. 3, S. 320–345

Gregory, R.: *Mirrors in Mind*. London 1997

Griffiths, J. G.: *The Origins of Osiris and His Cult*. Reihe »Studies in the history of religions (Supplements to Numen)«, Bd. 40, Leiden 1980

Guerreschi, A., und M. Salcito: *Photographic and computer studies concerning the burn and water stains visible on the Shroud and their historical consequences*. Florissant (Colorado) 2002, http://www.shroud.com/pdfs/aldo3.pdf, abgerufen am 16. 01. 2012

– dies.: *Further studies on the scorches and the watermarks*. Florissant (Colorado) 2005, http://www.shroud.com/pdfs/aldo4.pdf, abgerufen am 16. 01. 2012

Guscin, M.: *The Oviedo Cloth*. Cambridge 1998

– ders.: *The History of the Sudarium of Oviedo: how it came from Jerusalem to Northern Spain in the seventh century A.D.* New York 2004

– ders.: »Further possibilities for the interpretation of Mark 14.51–52«. In: *British Society for the Turin Shroud (BSTS) Newsletter*. 2006, Nr. 64, S. 53–56

– ders.: *The Image of Edessa*. Leiden 2009

Guthrie, S.: *Faces in the Clouds*. Oxford 1993

– ders.: »Animal animism: evolutionary roots of religious cognition«. In: *Current Approaches in the Cognitive Science of Religion*. Hrsg. v. I. Pyysiäinen und V. Anttonen, London 2002, S. 38–67

Habermas, G.: »Explaining away Jesus' Resurrection: the recent revival of hallucination theories«. In: *Christian Research Journal*. Vol. 23, 2001, Nr. 4, S. 26–31, 47–49

– ders.: »Mapping the recent trend toward the bodily Resurrection appearances of Jesus in light of other prominent critical positions«. In: *The Resurrection of Jesus: John Dominic Crossan and N. T. Wright in dialogue*. Hrsg. v. R. Stewart, London 2006, S. 78–92

Habermas, G., und M. Licona: *The Case for the Resurrection of Jesus*. Grand Rapids 2004

Haren, M. J.: »The naked young man: a historian's hypothesis on Mark 14.51–52«. In: *Biblica*. Vol. 79, 1998, Nr. 4, S. 525–531

Harnack, A.: »Ein in georgischer Sprache überliefertes Apokryphon des Josef von Arimathia«. In: *Sitzungberichte der Königlich Preussischen Akademie der Wissenschaften*. Nr. 17, Berlin 1901

Harvey, A.: »They discussed among themselves what this ›rising from the Dead‹ could mean (Mark 9.10)«. In: *Resurrection: essays in honour of Leslie Houldon*. Hrsg. v. S. Barton und G. Stanton, London 1994, S. 69–78

Haskins, S.: *Maria Magdalena*. Bergisch Gladbach 2008. Im Original zitiert aus: *Mary Magdalene: the essential history*. London 2005

Haziel, V.: *La Passione secondo Leonardo: il genio di Vinci e la Sindone di Torino*. Mailand 2005

Heimburger, T., und G. Fanti: *Scientific comparison between the Turin Shroud and the first handmade whole copy*. Frascati 2010, http://www.acheiropoietos.info/proceedings/HeimburgerWeb.pdf, abgerufen am 16. 01. 2012

Heller, J. H.: *Report on the Shroud of Turin*. Boston 1983

Heller, J. H., und A. D. Adler: »A chemical investigation of the Shroud of Turin«. In: *Canadian Society of Forensic Sciences Journal*. Vol. 14, 1981, Nr. 3, S. 81–103

Hengel, M.: *The Son of God: the origin of Christology and the history of Jewish-Hellenistic religion*. Philadelphia 1976

Hennecke. E.: *Neutestamentliche Apokryphen*. Tübingen 1924

Herrin, J.: *Byzantium: the surprising life of a medieval empire*. London 2007

Hilgenfeld, A.: *Die clementinischen Recognitionen und Homilien*. Jena 1848, http://books.google.de/books?hl=de&id=IkEAAAAAYAAJ&q=damaskus – v=snippet&q=damaskus&f=false

Hill, T.: »The cross as symbolic body: an Anglo-Latin liturgical analogue to the Dream of the Rood«. In: *Neophilologus*. Vol. 77, 1993, Nr. 2, S. 297–301

Hills, J. (Hrsg.): *The Epistle of the Apostles*. Übers. v. J. Hills, Santa Rosa (Kalifornien) 2009

Hoffmann, R.: *Celsus on the True Doctrine*. Oxford 1987

Humphrey, N.: *Leaps of Faith: science, miracles and the search for supernatural consolation*. 2. Aufl., New York 1999

Illert, M.: *Doctrina Addai*. Reihe »Fontes Christiani«, Bd. 45, Turnhout 2007

Jackson, J., et al.: »The three dimensional image on Jesus' burial cloth«. In: *Proceedings of the 1977 United States Conference of Research on the Shroud of Turin, Albuquerque (New Mexico) 1977*. New York 1977, S. 74–94

– ders.: »Three dimensional characteristic of the Shroud image«. In: *Proceedings of the 1982 IEEE Conference on Cybernetics and Society – Seattle 1982*. New York 1982, S. 559–575

Jacobovici, S., und C. Pellegrino: *The Jesus Tomb: the discovery that will change history forever*. London 2007

James, M. R.: *The Apocryphal New Testament*. Übers. v. M. R. James, Oxford 1924

Janson, H. W.: *A History of Art: a survey of the visual arts from the dawn of history to the present day*. London 1962

Jones, F.: *An Ancient Jewish Christian Source on the History of Christianity: pseudo-Clementine Recognitions 1.27–71*. Atlanta 1995

Joranson, E.: »The problem of the spurious letter of Emperor Alexius to the Count of Flanders«. In: *American Historical Review*. Vol. 55, 1950, S. 811–832

Jull, A. J. T., et al.: »Factors affecting the apparent radiocarbon age of textiles: a comment on ›Effects of fires and biofraction of carbon isotopes on results of radiocarbon dating of old textiles: the Shroud of Turin‹, by D. A. Kouznetsov et al.« In: *Journal of Archaeological Science*. Vol. 23, 1996, Nr. 1, S. 157–160

Jumper, E., et al.: »A comprehensive examination of the various stains and images on the Shroud of Turin«. In: *Advances in Chemistry, Series 205: Archaeological Chemistry – III*. Hrsg. v. J. Lambert, Washington, D. C., S. 447–476

Kaiser, U. U. (Hrsg.): *Die Hypostase der Archonten: Nag-Hammadi-Codex II,4*. Übers. v. U. U. Kaiser, Berlin und New York 2006

Keim, T.: *Jesu von Nazara*. Bd. 1–3, Zürich 1872. Im Original zitiert aus: *The History of Jesus of Nazareth*. 6 Bde., übers. v. E. Geldart und A. Ransom, London, 1883

Kemp, M.: *The Science of Art: optical themes in western art from Brunelleschi to Seurat*. London 1990

Kersten, H., und E. Gruber: *Das Jesus-Komplott: die Wahrheit über das »Turiner Grabtuch«*. München 1997. Im Original zitiert aus: *The Jesus Conspiracy: the Turin Shroud and the truth about the Resurrection*. Rockport (Massachusetts) 1994

King, K.: *The Gospel of Mary of Magdala: Jesus and the first woman apostle*. Santa Rosa (Kalifornien) 2003

Kloner, A., und Z. Boaz: *The Necropolis of Jerusalem in the Second Temple Period*. Leuven 2007

Knight, C., und R. Lomas: *The Second Messiah: Templars, the Turin Shroud and the great secret of freemasonry*. London 1998

Knight, J.: *Christian Origins*. London 2008

Kohlbeck, J. A., und E. L. Nitowski: »New evidence may explain image on Shroud of Turin«. In: *Biblical Archaeology Review*. Vol. 12, 1986, Nr. 4, S. 18–29

Kouznetsov, D., et al.: »Effects of fires and biofraction of carbon isotopes on results of radiocarbon dating of old textiles: the Shroud of Turin«. *Journal of Archaeological Science*. Vol. 23, 1996, Nr. 1, S. 109–121

Kraeling, C. H.: »The episode of the Roman standards at Jerusalem«. In: *The Harvard Theological Review*. Vol. 35, 1942, Nr. 4, S. 263–289

Kraus, T. J., und T. Nicklas: *Das Petrusevangelium und die Petrusapokalypse*. Berlin und New York 2004

Kreitzer, L.: »Apotheosis of the Roman emperor«. In: *Biblical Archaeologist*, Vol. 53, 1990, Nr. 4, S. 210–217

Krüger, G.: *Die Apologien Iustinus des Märtyrers*. Tübingen und Leipzig 1904

Laidler, K.: *The Divine Deception: the Church, the Shroud and the creation of a holy fraud*. London 2000

Landsborough, D.: »St Paul and temporal lobe epilepsy«. In: *Journal of Neurology. Neurosurgery, and Psychiatry*. Vol. 50, 1987, Nr. 6, S. 659–664

Lane Fox, R.: *The Unauthorized Version: truth and fiction in the Bible*. London 1991

Latendresse, M.: »The Turin Shroud was not flattened before the images formed and no major image distortions necessarily occur from a real body«. Montreal 2005, http://www.sindonology.org/papers/latendresse2005a.pdf, abgerufen am 16. 01. 2012

Lavoie, G.: *Unlocking the Secrets of the Shroud*. Allen (Texas) 1998

Lee, D.: *Transfiguration*. London 2004

Légasse, S.: *The Trial of Jesus*. Übers. v. J. Bowden, London 1997

Lejeune, J.: »Étude topologique des Suaires de Turin, de Lier et de Pray«. In: *L'identification scientifique de l'homme du Linceul Jesus de Nazareth. Actes du Symposium Scientifique International, Rome 1993*. Hsrg. v. A. Upinsky, Paris 1995, S. 104–109

Lognon, J., und R. Cazelles: *Les Très Riches Heures du Duc de Berry*. London 1969

Loken, J.: *The Shroud was the Resurrection: the body theft, the Shroud in the tomb, and the image that inspired a myth*. Ann Arbor 2006

Lona, Horacio E.: *Die wahre Lehre des Kelsos*. Freiburg 2005

Loth, A.: *La photographie du Saint Suaire de Turin*. Paris 1910

Lüdemann, G.: *Die Auferstehung Jesu*, Göttingen 1994. Im Original zitiert aus: *The Resurrection of Jesus*. Übers. v. J. Bowden, London 1994

– ders.: *Die Bibel der Häretiker*. Stuttgart 1997

– ders.: *Die Auferweckung Jesu von den Toten*. Lüneburg 2002. Im Original zitiert aus: *The Resurrection of Christ: a historical enquiry*. New York 2004

– ders.: *Das Judas-Evangelium und das Evangelium nach Maria.* Stuttgart 2006
McBeath, A. und A. D. Gheorghe: »Meteor beliefs project: the Palladium in ancient and early Medieval sources«. In: *WGN, the Journal of the International Meteor Organization.* Vol. 32, 2004, Nr. 4, S. 117–121
– ders.: »Meteor beliefs project: meteorite worship in the ancient Greek and Roman worlds«. In: *WGN, the Journal of the International Meteor Organization,* Vol. 33, 2005, Nr. 5, S. 135–144
MacCormack, S.: *Art and Ceremony in Late Antiquity.* Berkeley 1981
McCrone, W. C.: *Judgment Day for the Shroud of Turin.* New York 1999
MacCulloch, D.: *A History of Christianity: the first three thousand years.* London 2009
Mack, B.: *The Christian Myth: origins, logic and legacy.* London 2001
Mack, J. (Hrsg.): *Masks: the art of expression.* London 1994
Maier, S.: *In the Fullness of Time: a historian looks at Christmas, Easter and the early Church.* New York 1991
Mannix, D.: »Shroud image formation: some notes on the mechanism proposed by Rogers and Arnoldi«. In: *British Society for the Turin Shroud (BSTS) Newsletter.* 2011, Nr. 74, S. 2–6
Manselli, R., et al.: *Lucca, il Volto Santo e la civiltà medioevale. Atti, convegno internazionale di studi – Lucca, Palazzo Pubblico 21–23 Oktober 1982.* Lucca 1984
Marriott, W.: *Vestiarum Christianum: the origin and gradual development of the dress of the holy ministry in the Church.* Oxford 1886
Martin, M.: *The Case against Christianity.* Philadelphia 1991
Marxsen, W.: *Die Auferstehung Jesu v. Nazareth.* Gütersloh 1968. Im Original zitiert aus: *The Resurrection of Jesus of Nazareth.* Übers. v. M. Kohl, London 1970
Mayor, A.: *The First Fossil Hunters: paleontology in Greek and Roman times.* Oxford 2000
Mazzucchi, C.: »La testimonianza più antica dell'esistenza di una sindone a Costantinopoli«. In: *Aevum,* Vol. 57, 1983, S. 227–231
Meacham, W.: »The authentification of the Turin Shroud: an issue in archaeological epistemology«. In: *Current Anthropology,* Vol. 24, 1983, Nr. 3, S. 283–311
– ders.: *Radiocarbon measurement and the age of the Turin Shroud.* Florissant (Colorado) 1986 http://www.shroud.com/meacham.htm, abgerufen am 15. 01. 2012
– ders.: *The Rape of the Turin Shroud: how Christianity's most precious relic was wrongly condemned, and violated.* Raleigh (North Carolina) 2005
Melchior-Bonnet, S.: *Histoire du Miroir.* Paris 2001. Im Original zitiert aus: *The Mirror: a history.* Übers. v. K. Jewett, London 1994
Mesarites, N.: »Die Palastrevolution des Johannes Komnenos«. Übers., eingeleitet und erklärt v. F. Grabler. In: *Die Kreuzfahrer erobern Konstantinopel.* Reihe »Byzantinische Geschichtsschreiber«, hrsg. v. Endre Ivanka, Graz/Wien/Köln 1952, S. 288
Meyer, M.: *The Gospels of Mary: the secret tradition of Mary Magdalene.* New York 2004
Miller, V., und S. Pellicori: »Ultraviolet fluorescence photography of the Shroud of Turin«. In: *Journal of Biological Photography* Vol. 49 1981, Nr. 3, S. 71–85
Mills, A.: »Image formation on the Shroud of Turin: the reactive oxygen intermediates hypothesis«. In: *Interdisciplinary Science Reviews* Vol. 20, 1995, Nr. 4, S. 319–327
– ders.: »Hypotheses for image formation on the Turin Shroud«. In: *British Society for the Turin Shroud (BSTS) Newsletter.* 2009, Nr. 69, S. 16–22
Mitchell, W. J. T.: *What Do Pictures Want? The Lives and Loves of Images.* Chicago 2005
Morison, F.: *Who Moved the Stone?* 2. Aufl., London 1958
Morris, R. A., et al.: »X-ray fluorescence investigation of the Shroud of Turin«. In: *X-ray Spectrometry.* Vol. 9, 1980, Nr. 2, S. 40–47

Mottern, R. W., et al.: »Radiographic examination of the Shroud of Turin – a preliminary report«. In: *Materials Evaluation*. Vol. 38, 1980, Nr. 12, S. 39–44
Murphy-O'Connor, J.: *Paul: a critical life*. Oxford 1996
Naddaf, G.: »The bones of giants«. In: *Classical Review*, Vol. 53, 2003, Nr. 1, S. 195–197
Nagel, S.: *Der Tractatus Tripartitus aus Nag Hammadi Codex 1*. Tübingen 1998
Nash, S.: »The Parement de Narbonne: context and technique«. In: *The Fabric of Images: European paintings on textile supports in the fourteenth and fifteenth centuries*. Hrsg. v. C. Villers, London 2000, S. 77–87
Negelein, J. von: »Bild, Spiegel und Schatten im Volksglauben«. In: *Archiv für Religionwissenschaft*, 1902, Bd. 5, S. 1–37
Netzer, E.: *The Architecture of Herod, the Great Builder*. Tübingen 2006
Newman, C.: »Resurrection as glory: divine presence and Christian origins«. In: *The Resurrection*. Hrsg. v. S. Davis et al., Oxford 1997, S. 59–89
Nickell, J.: »The Shroud of Turin unmasked«. In: *The Humanist*. 1978a, Jan.–Feb., S. 20–22
– ders.: »The Shroud of Turin – solved!«. In: *The Humanist*. 1978b, Nov.–Dez., S. 30–32
– ders.: *Inquest on the Shroud of Turin*. New York 1998
Nickelsburg, G. W. E.: *Resurrection, Immortality and Eternal Life in Intertestamental Judaism*. Reihe »Harvard Theological Studies«, Bd. 26, London 1972
– ders.: *Jewish Literature between the Bible and the Mishnah*. London 1981
Norris, H.: *Church Vestments: their origin and development*. London 1949
o. A.: *Mischna*. Wiesbaden 2005
O'Collins, G.: *The Easter Jesus*. 2. Aufl., London 1980
Osiek, C.: »The women at the tomb: what are they doing there?«. In: *Ex auditu*, Vol. 9, 1993, S. 97–107
Pagels, E.: *Das Geheimnis des fünften Evangeliums: Warum die Bibel nur die halbe Wahrheit sagt*. München 2004. Im Original zit. aus: *Beyond Belief: the secret gospel of Thomas*. London 2003
– ders.: *Versuchung durch Erkenntnis: die gnostischen Evangelien*. Frankfurt a. M. 1981. Im Original zitiert aus: *The Gnostic Gospels*. London 1980
Painter, J.: *James: the brother of Jesus in history and tradition*. Edinburgh 1999
Painter, K., and D. Whitehouse: »The history of the Portland Vase«. In: *Journal of Glass Studies*. Vol. 32, 1990, S. 24–84
Pellicori, S.: »Spectral properties of the Shroud of Turin«. In: *Applied Optics*. Vol. 19, 1980, Nr. 12, S. 1913–1920
Perkins, S.: *Resurrection: New Testament witness and contemporary reflection*. London 1984
Pfeiffer, H.: »Le piaghe di Cristo nell'arte e la Sindone«. In: *Le icone di Cristo e la Sindone: un modello per l'arte cristiana*. Hrsg. v. F. Cavazzuti and L. Coppini, Milan 2000, S. 89–104
Phillips, G. (Hrsg.): *The Doctrine of Addai, the Apostle*. Übers. v. G. Phillips, London 1876
Piana, A.: *Sindone: gli anni perduti*. Mailand 2007
Picknett, L., und C. Prince: *Turin Shroud: In Whose Image? The shocking truth unveiled*. London 1994
Piczek, I.: *Is the Shroud a painting?* Florissant (Colorado) 1995, http://www.shroud.com/piczek.htm, abgerufen am 17. 04. 2011
– ders.: *Alice in Wonderland and the Shroud of Turin*. Florissant (Colorado) 1996, http://www.shroud.com/piczek2.htm, abgerufen am 17. 04. 2011
Price, R. M.: »Apocryphal apparitions: 1 Corinthians 15:3–11 as a post-Pauline interpolation«. In: *The Empty Tomb: Jesus beyond the grave*. Hrsg. v. R. M. Price und J. J. Lowder, New York 2005, S. 69–104
Price, R. M., und J. J. Lowder (Hrsg.): *The Empty Tomb: Jesus beyond the grave*. New York 2005

Price, S. R. F.: »From noble funerals to Divine Cult: the consecration of Roman emperors«. In: *Rituals of Royalty: power and ceremonial in traditional societies*. Hrsg. v. D. Cannadine und S. Price, Cambridge 1987, S. 56–105
Raes, G.: »Appendix B – Rapport d'Analise«. In: *La S. Sindone (Rivista diocesana torinese)*. 1976, Jan., S. 79–83
Ragg, L., und L. Ragg (Hrsg..): *The Gospel of Barnabas*. Übers. und eingeleitet v. L. Ragg und L. Ragg. Oxford 1907
Ragusa, I.: »The iconography of the Abgar cycle in Paris Ms. Lat. 2688 and its relationship to Byzantine cycles«. In: *Miniatura*, 1989, Nr. 2, S. 35–51
Reimarus, H. S.: *Apologie oder Schutzschrift für die vernünftigen Verehrer Gottes*. Frankfurt 1972. Im Original zitiert aus: *Fragments*. Hrsg. v. C. Talbert, übers. v. R. Fraser, Philadelphia 1972
Riant, P.: *Exuviae sacrae constantinopolitanae*. Bd. 2, Genf 1878
Riley, G.: *Resurrection Reconsidered: Thomas and John in controversy*. Minneapolis 1995
Robinson, J.: »The Shroud and the New Testament«. In: *La Sindone e la scienza. Atti del II congresso internazionale di Sindonologia – Torino 1978*. Hrsg. v. S. Coero-Borga, Turin 1979
– ders.: *The Priority of John*. London 1985
Robinson, J. (Hrsg.): *The Nag Hammadi Library*. New York 1990
Roetzel, C.: *Paul: the man and the myth*. Edinburgh 1999
Rogers, R.: »Studies on the radiocarbon sample from the Shroud of Turin«. In: *Thermochimica Acta*. Vol. 425, 2005, Nr. 1–2, S. 189–194
– ders.: *A Chemist's Perspective on the Shroud of Turin*. Florissant (Colorado) 2008
Rogers, R., und A. Arnoldi: »The Shroud of Turin: an amino-carbonyl reaction (Maillard reaction) may explain the image formation«. In: *Melanoidins*. Vol. 4, 2003, S. 106–113, http://www.shroud.com/pdfs/rogers7.pdf, abgerufen am 17. 04. 2011
Rowland, C.: *Christian Origins: an account of the setting and character of the most important Messianic sect of Judaism*. London 1985
Runciman, S.: »Some remarks on the image of Edessa«. In: *Cambridge Historical Journal*, Vol. 3, 1931, Nr. 3, S. 238–52
Saldarini, A.: *Pharisees, Scribes and Sadducees in Palestinian Society*. 2. Aufl., Cambridge 2001
Sanders, E.: *Jesus and Judaism*. London 1985
– ders.: *Judaism: practice and belief, 63 BCE–66 CE*. London 1992
– ders.: *Sohn Gottes. Eine historische Biographie Jesu*. Stuttgart 1996. Im Original zitiert aus: *The Historical Figure of Jesus*. London 1993
Scannerini, S.: »Tracce botaniche sulla Sindone«. In: *Sindone: cento anni di ricerca*. Hrsg. v. B. Barberis und G. M. Zaccone, Rom 1998
Scavone, D.: *Acheiropoietos Jesus images in Constantinople: the documentary evidence*. 2006, http://www.shroudstory.com/scavone/scavone1.htm, abgerufen am 9. 06. 2011
Schaberg, M.: *The Resurrection of Mary Magdalene: legends, apocrypha, and the Christian Testament*. London 2003
Schäfer, S.: »Magic and religion in ancient Judaism«. In: *Envisioning Magic: a Princeton seminar and symposium*. Hrsg. v. S. Schäfer und H. Kippenberg, Leiden 1997, S. 19–43
Schillebeeckx, E.: *Jesus: an experiment in Christology*. New York 1979
Schmidt, C. (Hrsg.): *Koptisch-Gnostische Schriften*. 1. Bd, Leipzig 1905, im Original zitiert aus: *Pistis Sophia*. Übers. v. V. Macdermot, Leiden 1978, http://www.archive.org/stream/koptischgnostiscooschmuoft-page/16/mode/2up/search/maria
Schöllgen, G.: *Die Didache*. Reihe »Fontes Christiani«, Bd. 1, Freiburg i. Br. 1991
Schonfield, H.: *The Passover Plot*. 3. Aufl., Shaftesbury 1996

Schürer, E.: *The History of the Jewish People in the Age of Jesus Christ (175 B.C. – A. D. 135).* 3 Bde., hrsg. und überarb. v. G. Vermes et al., Edinburgh 1973–87
Schwalbe, L. A., und R. N. Rogers: »Physics and chemistry of the Shroud of Turin: a summary of the 1978 investigation«. In: *Analytica Chimica Acta.* Vol. 135, 1982, S. 3–49
Schweitzer, A.: *Geschichte der Leben-Jesu-Forschung.* Tübingen 1984. Im Original zitiert aus: *The Quest of the Historical Jesus.* Hrsg. und übers. v. J. Bowden, London 2000
Schwortz, B.: *Is the Shroud of Turin a medieval photograph? A critical examination of the theory.* Florissant (Colorado) 2000, http://www.shroud.com/pdfs/orvieto.pdf, abgerufen am 09. 06. 2011
Scott, J. B.: *Architecture for the Shroud: relic and ritual in Turin.* Chicago 2003
Seaford, R.: »1 Corinthians 13.12«. In: *Journal of Theological Studies.* Vol. 35, 1984, Nr. 1, S. 117–120
Segal, A.: *The Other Judaisms of Late Antiquity.* Atlanta 1987
Segal, J. B.: *Edessa: »The Blessed City«.* Oxford 1970
Smith, J. Z.: *Drudgery Divine: on the comparison of early Christianities and the religions of late antiquity.* London 1990
Smith, M.: *Clement of Alexandria and a Secret Gospel of Mark.* Cambridge (Massachusetts) 1973
– ders.: *Jesus the Magician.* Wellingborough 1978
Spong, J. S.: *Rescuing the Bible from Fundamentalism.* New York 1991
Steinberg, L.: *The Sexuality of Christ in Renaissance Art and Modern Oblivion.* London 1983
Sterling, C.: *La peinture médiévale à Paris 1300–1500.* Bd. 1, Paris 1987
Stewart, R. (Hrsg.): *The Resurrection of Jesus: John Dominic Crossan and N. T. Wright in dialogue.* London 2006
Stoichita, V.: *A Short History of the Shadow.* London 1997
Straiton, M.: »The man in the Shroud: a 13th-century crucifixion action-replay«. In: *Catholic Medical Quarterly,* Vol. 40, 1989, S. 135–143
Strauss, D. F.: *Das Leben Jesu.* Ausg. von 1835, Darmstadt 1969. Im Original zitiert aus: *The Life of Jesus Critically Examined.* 4. Aufl., 3 Bde., London 1846
– ders.: *Das Leben Jesu.* Leipzig ca. 1864. Im Original zitiert aus: *A New Life of Jesus.* 2 Bde., London 1865
Swinburne, R.: *The Resurrection of God Incarnate.* Oxford 2003
Tabor, J.: *The Jesus Dynasty: the hidden history of Jesus, his royal family, and the birth of Christianity.* London 2006
Taylor, J.: »Before the portraits: burial practices in Pharaonic Egypt«. In: *Ancient Faces: mummy portraits from Roman Egypt.* Hrsg. v. S. Walker, 2. Aufl., London 2000, S. 9–13
Taylor, R.: *The Moral Mirror of Roman Art.* Cambridge 2008
Thiering, B.: *Jesus the Man: a new interpretation from the Dead Sea Scrolls.* London 1992
Tobin, S.: *The Rejection of Pascal's Wager: a skeptic's guide to the Bible and the historical Jesus.* Gamlingay 2009
Trachtenberg, J.: *Jewish Magic and Superstition: a study in folk religion.* New York 1939
Tribbe, F.: *Portrait of Jesus? The illustrated story of the Shroud of Turin.* New York 1983
Tyerman, C.: *God's War: a new history of the Crusades.* London 2006
Tylor, E. B.: *Die Anfänge der Cultur: Untersuchungen über die Entwicklung der Mythologie, Philosophie, Religion, Kunst und Sitte.* Nachdr. v. 1873, Leipzig 2005. Im Original zitiert aus: *Primitive Culture: researches into the development of mythology, philosophy, religion, art, and custom.* 4. Aufl., 2. Bde., London 1903
Van der Horst, S. W.: »Peter's shadow«. In: *New Testament Studies.* Vol. 23, 1977, S. 204–213

– ders.: »Der Schatten im Hellenistischen Volksglauben«. In: *Studies in Hellenistic Religions*. Hrsg. von M. J. Vermaseren, Leiden 1979, S. 33–35
Vanderkam, J. (Hrsg.): *The Book of Jubilees*. Louvain 1989
Vermes, G.: *The Dead Sea Scrolls in English*. 4. Aufl., Sheffield 1995
– ders.: *The Resurrection*. London 2008
Vignon, S.: *The Shroud of Christ*. London 1902
– ders.: *Le Saint Suaire de Turin devant la science, l'archéologie, l'histoire, l'iconographie, la logique*. 2. Aufl., Paris 1939
Volckringer, J.: *The Holy Shroud: science confronts the imprints*. Hrsg. v. R. Morgan, übers. v. V. Harper, Manly (North South Wales) 1991
Walker, S.: *Ancient Faces: mummy portraits from Roman Egypt*. 2. Aufl., London 2000
– ders.: *The Portland Vase*. London 2004
Walsh, J.: *Das Linnen*, Frankfurt a. M. 1965. Im Original zitiert aus: *The Shroud*. London 1964
Walter, C.: *Art and Ritual of the Byzantine Church*. London 1982
Ware, M.: »On proto-photography and the Shroud of Turin«. In: *History of Photography*. Vol. 21, 1997, Nr. 4, S. 261–269
Watson, G. R.: *The Roman Soldier*. London 1969
Watson, S.: *Ideas: a history from fire to Freud*. London 2005
Webb, D. M.: »The Holy Face of Lucca«. In: *Anglo-Norman Studies, IX: Proceedings of the Battle Conference*. Hrsg. v. R. A. Brown, Wolfeboro 1986, S. 227–237
Wedderburn, A. J. M.: *Beyond Resurrection*. London 1999
– ders.: *A History of the First Christians*. London 2004
Wells, G. A.: *The Historical Evidence for Jesus*. Buffalo 1982
– ders.: *Did Jesus Exist?* Überarb. Ausg., London 1986
Westerhoff, M.: *Auferstehung und Jenseits im koptischen Buch der Auferstehung Jesu Christi, unseres Herrn*. Wiesbaden 1999
Whanger, M., und A. Whanger: *The Shroud of Turin: an adventure of discovery*. Franklin (Tennessee) 1998
Wilson, A. N.: *God's Funeral*. London 1999
Wilson, I.: *Eine Spur von Jesus*. Freiburg i. Br. 1980. Im Original zitiert aus: *The Turin Shroud*. London 1978
– ders.: *Jesus: the evidence*. London 1984
– ders.: *The Evidence of the Shroud*. London 1986
– ders.: *Das Turiner Grabtuch*. München 1999. Im Original zitiert aus: *The Blood and the Shroud*. London 1998
– ders.: *The Shroud: the 2000-year-old mystery solved*. London 2010
Wilson, N. D.: »Father Brown fakes the Shroud«. In: *Books and Culture – a christian review*. 2005, März/April, o. S.
Wolf, G.: »From Mandylion to Veronica: picturing the ›disembodied‹ face and disseminating the true image of Christ in the Latin West«. In: *The Holy Face and the Paradox of Representation*. Hrsg. v. H. Kessler und G. Wolf, Bologna 1998, S. 153–179
Woodfin, W.: »Liturgical textiles«. In: *Byzantium: faith and power*. Ausstellungskatalog, Metropolitan Museum of Art, Hrsg. v. H. C. Evans, New York 2004
Wright, N. T.: *Das Neue Testament und das Volk Gottes*. Übers. v. R. Behrens, Marburg 2011. Im Original zitiert aus: *The New Testament and the People of God. Christian Origins and the Question of God*. 1. Bd., London 1992
– ders.: *Jesus and the Victory of God. Christian Origins and the Question of God*. 2. Bd., London 1996

– ders.: *The Resurrection of the Son of God. Christian Origins and the Question of God.* 3. Bd., London 2003

Wuenschel, E. A.: *Self-portrait of Christ: the Holy Shroud of Turin.* New York 1954

Zahrnt, H.: *Es begann mit Jesus von Nazareth,* Stuttgart 1960. Im Original zitiert aus: *The Historical Jesus.* Übers. v. J. Bowden, London 1963

Zaninotto, G.: »L'Acheropita del Ss. Salvatore nel Sancta Sanctorum del Laterano«. In: *Le icone di Cristo e la Sindone: un modello per l'arte cristiana.* Hrsg. v. F. Cavazzuti und L. Coppini, Mailand 2000, S. 164–180

Zias, J., und E. Sekeles: »The crucified man from Giv'at ha-Mivtar: a reappraisal«. In: *Israel Exploration Journal.* Vol. 35, 1985, S. 22–27

Zugibe, F.: *The Crucifixion of Jesus: a forensic enquiry.* New York 2005

Personenregister

Biblische Namen sind in der Schreibweise der Einheitsübersetzung wiedergegeben.

K

L

M

N

O

P

Q

R

S

T

Orts- und Sachregister

Biblische Namen sind in der Schreibweise der Einheitsübersetzung wiedergegeben.

F

H

K

L

M

N

O

P

Q

R

S

T

U

Abbildungsnachweis

1. Das Grabtuch in voller Länge, © 1978 Barrie M. Schwortz Collection, STERA, Inc., alle Rechte vorbehalten
2. Grabtuch, Frontalansicht, © 1978 Barrie M. Schwortz Collection, STERA, Inc., alle Rechte vorbehalten
3. Das Antlitz auf dem Grabtuch, © 1978 Barrie M. Schwortz Collection, STERA, alle Rechte vorbehalten
4. Grabtuch, Rückansicht, © 1978 Barrie M. Schwortz Collection, STERA, Inc., alle Rechte vorbehalten
5. Blut- und Wasserflecken auf dem Grabtuch. © 1978 Barrie M. Schwortz Collection, STERA, Inc., alle Rechte vorbehalten
6. *Poker holes* oder »Schürhakenlöcher« auf dem Grabtuch, © 1978 Barrie M. Schwortz Collection, STERA, Inc., alle Rechte vorbehalten
7. Ägyptisches Grabtuch mit lebensgroßem Porträt einer Frau, um 170–200, © 2012, Copyright der Aufnahme: Metropolitan Museum of Art/Art Resource/Scala, Florenz
8. Grabtuch mit dem Porträt eines Kinds, um eine Mumie gewickelt aufgefunden, Ägypten, um 230–250, © The Trustees of the British Museum
9. Pilgerabzeichen mit einer Darstellung des Grabtuchs, ca. 1355, Musée de Cluny, © RMN/ Jean-Gilles Berizzi
10. Jean Colombe, Christus als »Schmerzensmann«, angebetet vom Herzog und der Herzogin von Savoyen, aus dem Stundenbuch des Herzogs von Berry, *Très Riches Heures du Duc de Berry*, um1485, Musée Condé, Chantilly. Mit freundlicher Genehmigung der Bridgeman Art Library
11. Gemalte Kopie des Grabtuchs aus der Kirche von St. Gommaire, Lierre, Belgien, 1516. Mit freundlicher Genehmigung der Ian Wilson Collection
12. Giovanni Testa, Ausstellung des Grabtuchs bei seiner Ankunft in Turin, Kupferstich, 1578, © 1999 Barrie M. Schwortz Collection, STERA, Inc., alle Rechte vorbehalten
13. Giovanni Battista della Rovere, *Christus, in das Grabtuch gehüllt, am Fuße des Kreuzes*, 1625–1630, Pinacoteca Sabauda, Turin © Barrie M. Schwortz Collection, STERA, Inc., alle Rechte vorbehalten
14. Secondo Pia, © Barrie M. Schwortz Collection, STERA, Inc. alle Rechte vorbehalten
15. Grabtuch, Vorderansicht (im Negativ), © 1978 Barrie M. Schwortz Collection, STERA, Inc., alle Rechte vorbehalten
16. Das Gesicht auf dem Grabtuch, Vorderansicht (im Negativ), © 1978 Barrie M. Schwortz Collection, STERA, Inc., alle Rechte vorbehaltenw
17. Das STURP-Team bekommt das Grabtuch erstmals zu Gesicht, 8. Oktober 1978, © 1978 Barrie M. Schwortz Collection, STERA, Inc., alle Rechte vorbehalten
18. Die Grabtuch-Ausstellung von 2010, © Lucy de Wesselow
19. Das Gesicht auf dem Grabtuch, abgebildet vermittels des VP-8 Image Analyzer, © 1997 Barrie M. Schwortz Collection, STERA, Inc., alle Rechte vorbehalten

20. Mikrofotografie des Grabtuchgewebes im Bereich eines Blutflecks © 1978 Mark Evans Collection, STERA, Inc., alle Rechte vorbehalten
21. Mikrofotografie von Grabtuchgewebe aus dem Bereich der Körperzeichnung, © 1978 Mark Evans Collection, STERA, Inc., alle Rechte vorbehalten
22. Mikrofotografie von Grabtuchfasern aus dem Bereich der Körperzeichnung, © 2002 Raymond N. Rogers Collection, STERA, Inc., alle Rechte vorbehalten
23. Grablegung Christi (Ausschnitt), *Parement de Narbonne*, entstanden gegen Ende des 14. Jahrhunderts, © RMN Musée du Louvre/Michèle Bellot
24. Naddo Ceccarelli, *Schmerzensmann*, ca. 1347, © Liechtenstein Museum, Wien
25. Hände und Unterarme des Mannes auf dem Grabtuch, © 1978 Barrie M. Schwortz Collection, STERA, Inc., alle Rechte vorbehalten
26. Zeichnung des Gekreuzigten auf dem Grabtuch, wie er – noch ans *Patibulum* genagelt und vom Kreuz genommen – dagelegen haben muss.
27. Die Füße des Mannes auf dem Grabtuch, © 1978 Barrie M. Schwortz Collection, STERA, Inc., alle Rechte vorbehalten
28. Die Geißelspuren auf dem Rücken des Mannes auf dem Grabtuch, © 1978 Barrie M. Schwortz Collection, STERA, Inc., alle Rechte vorbehalten
29. Rekonstruktion eines römischen *Flagrum*, aus Vignon 1939, S. 56, Abb. 27
30. Duccio di Buoninsegna, *Die Geißelung Christi* (Ausschnitt), Dom von Siena, 1308–1311, © 2012 Photo Opera Metropolitana Siena/Scala, Florenz
31. Seitenwunde des Mannes auf dem Grabtuch, © 1978 Barrie M. Schwortz Collection, STERA, Inc., alle Rechte vorbehalten
32. Wunden an Scheitel und Hinterkopf des Mannes auf dem Grabtuch, © 1978 Barrie M. Schwortz Collection, STERA, Inc., alle Rechte vorbehalten
33. Simone Martinis Sinopie für ein Fresko Christi (Ausschnitt), ca. 1340, Papstpalast Avignon, © Giraudon/The Bridgeman Art Library
34. Joe Nickell, Kopie des Antlitzes auf dem Grabtuch, © Joe Nickell
35. Nicholas Allen, Negativ einer »Protofotografie« des nachempfundenen Grabtuchs
36. Anordnung der Allen'schen Camera obscura (nach Nicholas Allen)
37. Zeichnung der Grabtuchhülle über dem Gekreuzigten
38. Jean Volckringer, Pflanzenabdrücke auf Papier (Positiv und Negativ). Mit freundlicher Genehmigung der Ian Wilson Collection
39. Teilabdruck einer menschlichen Gestalt auf einer Matratze (»Jospice-Abdruck«), © Mills Media Group
40. Paul Vignon und René Colson, Vaporografien aus Vignon 1902, Tafel VIII
41. Ray Rogers und Anna Arnoldi, Leinenverfärbung durch eine Maillard-Reaktion, © 2001 Raymond N. Rogers Collection, STERA, Inc., alle Rechte vorbehalten
42. Verkündung der Ergebnisse der Radiokarbondatierung, London, 13. Oktober 1988, © *Daily Telegraph*, 1988
43. *Die Salbung und die drei Marien am Grab*, aus dem Codex Pray, Blatt 28r, © Ungarisches Nationalmuseum Budapest
44. Zeichnung des 1/3-Fischgratköpermusters des Grabtuchgewebes
45. *Die drei Marien am Grab* (Ausschnitt), Codex Pray, Blatt 28r, © Ungarisches Nationalmuseum Budapest
46. »Mandylion« aus dem 12. Jahrhundert in der Michaelkirche von Pano Lefkara, Zypern, © Svetlana Tomekovic/Catherine Jolivet-Lévy
47. Zeichnung zur Rekonstruktion der Umwandlung des Grabtuchs in das Mandylion (nach Wilson)

48. Kopie der Statue der Artemis aus dem Ephesus-Museum in Selcuk, Türkei, um 135–175, © The Bridgeman Art Library
49. Ägyptische Figurine einer mit Nadeln gespickten Frau aus dem 3. oder 4. Jahrhundert, ausgestellt im Louvre, © RMN Musée du Louvre/Hervé Lewandowski
50. Das Kruzifix von San Damiano, Assisi, 12. Jahrhundert, © www.assisi.de, P. Gerhard Ruf
51. »Die Seele des Menschen«, aus Comenius' *Orbis Sensualium Pictus* (»Die sichtbare Welt«), übers. von Charles Hoole, London, 1659, © The British Library Board
52. Ausschnitt aus dem *Alexandermosaik*, 1. Jahrhundert, Museo Archeologico Nazionale, Neapel, © Alinari/The Bridgeman Art Library
53. Teil des zweiten Sarkophags von Tutanchamun (ca.1370–1352 v. Chr.), Museum of Egyptian Antiquities, Kairo. Mit freundlicher Genehmigung der Bridgeman Art Library
54. Mumie eines Jugendlichen, ausgestattet mit einem Fajum-Porträt, Ägypten, ca. 80–100 n. Chr., © 2012 The Metropolitan Museum of Art/Art Resource/Scala, Florenz
55. Zeichnung zur im 1. Jahrhundert herrschenden Vorstellung von Tod und Auferstehung/Himmelfahrt Jesu
56. Kornosiris aus dem Grab von Maiherperi aus dem 14. Jahrhundert v. Chr., © Museum of Egyptian Antiquities, Kairo
57. Secondo Pia (Negativ), © Barrie M. Schwortz Collection, STERA, Inc., alle Rechte vorbehalten
58. *Verklärung*, Gemälde in einer Kirche in Volotovo bei Novgorod aus dem 15. Jahrhundert, © The Bridgeman Art Library
59. Albert Dreisbach, Bildmontage zu Caravaggios *Der ungläubige Thomas*, © 2003 Revd. Albert R. Dreisbach Jr. Collection, STERA, Inc., alle Rechte vorbehalten

Die Rechteinhaber einiger Abbildungen konnten trotz intensiver Recherche nicht ermittelt werden. Der Verlag bittet Personen oder Institutionen, welche die Rechte an diesen Abbildungen haben, sich zwecks angemessener Vergütung zu melden.